政府会计

——理论、实务与案例精析

崔运政 孙志霞 国长青／编著

立信会计出版社
LIXIN ACCOUNTING PUBLISHING HOUSE

图书在版编目(CIP)数据

政府会计:理论、实务与案例精析 / 崔运政,孙志霞,
国长青编著. --上海:立信会计出版社,2019.1
ISBN 978 - 7 - 5429 - 6066 - 5

Ⅰ. ①政… Ⅱ.①崔… ②孙… ③国… Ⅲ. ①预算会
计 Ⅳ. ①F810.6

中国版本图书馆 CIP 数据核字(2019)第 014152 号

策划编辑　　余　榕
责任编辑　　余　榕
封面设计　　南房间

政府会计——理论、实务与案例精析
Zhengfu Kuaiji Lilun Shiwu yu Anli Jingxi

出版发行	立信会计出版社

地　　址	上海市中山西路 2230 号	邮政编码	200235
电　　话	(021)64411389	传　真	(021)64411325
网　　址	www.lixinaph.com	电子邮箱	lixinaph2019@126.com
网上书店	http://lixin.jd.com		http://lxkjcbs.tmall.com
经　　销	各地新华书店		

印　　刷	上海肖华印务有限公司	
开　　本	787 毫米×1092 毫米	1/16
印　　张	43.75	
字　　数	849 千字	
版　　次	2019 年 1 月第 1 版	
印　　次	2019 年 7 月第 3 次	
印　　数	3001—4500	
书　　号	ISBN 978 - 7 - 5429 - 6066 - 5/F	
定　　价	108.00 元	

如有印订差错,请与本社联系调换

序　言

2015年以来，财政部陆续印发了《政府会计准则——基本准则》、部分具体准则和《政府会计制度——行政事业单位会计科目和报表》，标志着有中国特色的政府会计标准体系初步建成，在我国政府会计发展进程中具有里程碑式的意义。为帮助读者学习理解政府会计准则和制度，崔运政博士与几位他在山东省高端会计人才培养项目一起学习的同学，共同编著了这本《政府会计——理论、实务与案例精析》。

通篇来看，这本书具有全、新、细、实四个特点。

所谓全，是指较为全面。本书将政府会计概括为政府财政会计和政府单位会计，并分别做了全面阐述和介绍，有助于读者从整体上理解和把握政府会计的内涵；同时，本书将截至目前已经出台的政府会计具体准则、应用指南以及行业事业单位执行《政府会计制度》的补充规定，全部囊括并纳入本书的讲解、介绍范围，旨在帮助读者更完整、深入地掌握政府会计制度，帮助科研院所、高校、医院等事业单位的财务人员更好地理解和运用政府会计。

所谓新，是指方法创新。本书在阐述过程中，能够将理论与实务很好地融合在一起，并力求方法创新。例如，在实务讲解部分，本书既结合制度的规定，说明会计核算和账务处理如何操作，做好制度与实操的衔接，又从理论的层面，将制度与实操背后的内在逻辑和理论依据进行总结分析，从而使读者"知其然，更知其所以然"。《政府会计制度——行政事业单位会计科目和报表》区分财务会计科目和预算会计科目，分别介绍了财务会计处理和预算会计处理。这种方法虽然增强了《政府会计制度》的可操作性,但却人为割裂了财务会计与预算会计的关系,没有充分体现出财务会计与预算会计适度分离并相互衔接的特点。为此,本书将财务会计与预算会计有效地融合在一起,在介绍财务会计科目时,一并讲解预算会计的账务处理;在介绍预算会计科目时,同时讲解财务会计的账务处理,从而比较系统、直观地展示出财务会计与预算会计的各自特点与相互关系。另外,本书对部分内容通过"二维码"扫描的方式进行介绍和讲解,既有助于增强读者的环保意识,减少纸张使用,也有助于提高读者阅读的趣味性。

所谓细,是指明细直观。在政府会计制度中,无论是预算会计科目还是财务会计科目,对于明细核算的要求越来越高,部分会计科目的明细核算链条长达7级以上。从目前会计核算的实践来看,明细科目的使用普遍存在模糊不清、把握不准、运用不足的问题,支出功能分类科目、支出经济分类科目的使用更是大量存在乱用、误用的问题。针对上述问题,本书不仅详细介绍了政府会计中明细核算(包括明细科目和辅助核算)的方式和方法;同时,在案例部分将会计分录中的会计科目、支出功能分类科目、支出经济分类科目全部细化到最末级科目,从而增强直观性和针对性,便于读者参考借鉴和直接运用。

所谓实,是指注重实用。本书的编者长期在财政、财务管理和政府会计核算一线工作,对政府会计实务工作有着较深刻的认识。长期的财务会计实践,使他们对政府会计从业人员欠缺什么、需要什么、想要什么有着直接的感受,对财政、财务管理和政府会计核算中的重点、难点有着切身的体会。为此,作者把多年来学习、工作实践中的所思所想、所感所悟,融汇于字里行间,贯穿于全书始终,充分展示出本书的实用性特点。特别是本书结合每个会计科目的特点,兼顾行政单位、事业单位和行业事业单位的不同需要,精心挑选了极具代表性的案例,对部分重点案例还做了精心的解析,有助于读者更好地理解领会。

本书的三位作者均为正高级会计师或高级会计师,具有博士或硕士学位,是山东省首批行政事业类高端会计人才。早在2015年他们在上海国家会计学院集中学习期间，就合作编著了《行政事业单位会计理论与实务》，当时我也欣然应邀为之作序。4年来，虽然他们早已完成了山东省高端会计人才培养项目的学习，但仍密切关注政府会计制度的发展与改革，笔耕不辍，共同编著了这本《政府会计——理论、实务与案例精析》。这本书汇聚了他们长期在行政事业单位工作，作为政府会计改革的亲历者、参与者和见证者，对政府会计相关问题的深刻感悟，具有一定理论水平和较高实践水准，对学习理解政府会计准则和制度有很好的参考价值。这是他们个人努力的成果，也是由山东省财政厅和上海国家会计学院联合实施的山东省高端会计人才培养项目取得成效的又一项证明。即便不论这本书较高的应用价值，仅就几位作者持续、深入、系统学习的精神，我也愿意继续向各位读者郑重推荐。

作者完稿之时恰逢改革开放40周年。回望40年会计改革与发展历程，可谓精彩纷呈！究其原因，得益于在党中央领导下社会各界的协力推进，其中就包括崔运政博士等三位作者的不断求索。我坚信，有党中央的英明领导，有财政部的积极推动，有社会各界的共同努力，中国会计的明天一定会更美好！

李扣庆

2019年1月

前　言

自 2013 年党的十八届三中全会提出建立权责发生制的政府综合财务报告制度以来,国家财政部拉开了政府会计改革的序幕,相继发布了《财政总预算会计制度》《政府会计准则——基本准则》《政府会计准则第 1 号——存货》《政府会计准则第 2 号——投资》等政府会计具体准则、《〈政府会计准则第 3 号——固定资产〉应用指南》等准则应用指南、《政府会计制度——行政事业单位会计科目和报表》,构建起一套统一、科学、规范和系统的政府会计准则和制度体系。

作为长期从事财政财务管理一线的实务工作者和山东省首批行政事业高端会计人才,我们密切关注着政府会计改革的进程,实时学习和领会陆续发布的政府会计准则和制度,积极主动地思考和探索制度、准则实施的具体路径。在学习和探索过程中,我们深刻认识和体会到这次政府会计改革是一次重大的制度变革,对于广大行政事业单位来说,是一次巨大挑战,在实施过程中也存在着很多的困难和问题。如何全面理解政府会计准则,如何准确实施政府会计制度,如何顺利实现政府会计改革目标,是我们一直都在思考的问题。基于以上考虑,我们历时一年之久,终于完成了《政府会计——理论、实务与案例精析》的写作任务。

本书共分三篇二十章。第一篇(第一章至第三章)为政府会计总论,第二篇(第四章至第十章)为政府财政会计,第三篇(第十一章至第二十章)为政府单位会计。本书以政府会计准则和制度体系为主线,系统阐述了政府会计的基本理论及改革框架,全面分析、介绍了政府会计制度的各项内容;同时,本书精心挑选了大量翔实、具体、有针对性的会计核算案例,并结合会计制度规定,对重点案例做了精确解析,帮助读者更加精准地理解和掌握政府会计准则和制度体系。总体来看,本书既适合各级政府财政、政府单位会计培训和自学,也适合作为本、专科院校相关专业的参考教材,是一本全面解读我国政府会计准则和制度的专业书、工具书。

本书由烟台市财政局高级会计师、经济学博士崔运政主持编写。本书的编写分工如下:第一章至第十一章,第十四章中的第七节,第十五章中的第八节、第九节,由崔运政编写;第十二章至第十三章,第十四章中的第一节至第六节,第十六章,第二十章,由山东大学齐鲁医院正高级会计师孙志霞编写;第十四章中的第八节至第十四节,第十五章中的第一节至第七节,第十七章至第十九章,由山东省医学科学院高级会计师国长青编写。初稿完成后由崔运政负责总纂并定稿。

本书在写作过程中得到了上海国家会计学院、山东省财政厅、立信会计出版社等相关单位和领导的大力支持。上海国家会计学院李扣庆院长在百忙之中欣然应邀作序——这已经是他第二次为我们作序了。烟台市财政局资深总预算会计专家孙祥茂先生不辞辛苦地对第二篇政府财政会计部分进行了全面审阅。同时,本书还参考了国内、国外公开出版的有关刊物、教材和学术著作,吸收了有关专家、学者的最新研究成果,在此一并表示衷心的感谢!

由于作者水平有限,加之时间仓促,对政府会计准则和制度的认识可能不够全面和透彻,书中难免有错误和不妥之处,恳请读者提出批评和建议(作者邮箱:cuiyunzheng@163.com)。随着政府会计改革的不断深入,我们也将充分吸纳读者的宝贵建议,对本书进行修改和完善,以便为读者提供更好的服务。对于读者的批评指正,我们将不胜感激。

潮平两岸阔,风正一帆悬。乘着政府会计改革的东风,我们将与广大从事财政、财务工作的同仁们一起,共同踏上政府会计准则和制度的发展与改革新征程。

编　者

2019 年 1 月

目　　录

第三篇　政府单位会计

第一篇

政府会计总论

第一章 政府会计的基本理论

第一节 政府会计的概念与规范体系

会计是以货币为主要计量单位,运用专门的方法,对会计主体的经济活动进行连续、系统、全面地反映和监督的一项经济管理活动。会计存在的目的是为社会组织实现运行目标而服务。

一、社会组织

社会组织按照组织目标可以分为政府、营利组织和非营利组织。政府是指国家进行统治和社会管理的机关。政府有广义和狭义之分。广义的政府是指行使国家权利的所有机关,包括立法、行政和司法机关;狭义的政府是指国家权力的执行机关,即国家行政机关。营利性组织(Profit Organizations)是以营利为目的,为社会提供私人物品,资源的提供者期望获取投资收益①。非营利组织(Non-Profit Organization,NPO)是指不以营利为目的的组织,它的目标通常是支持或处理个人关心或者公众关注的议题或事件。非营利组织有时也称为第三部门(the third sector),与政府部门(第一部门)和企业界的私部门(第二部门),形成三种影响社会的主要力量。非营利组织并不意味着亏损,非营利组织必须要产生收益,以提供其活动的资金,只不过它不以营利为目的,且其收入和支出也都受到一定限制。

二、社会组织会计体系

与社会组织分类相对应,我国的会计体系具体分为政府会计、企业会计和非营利组织会计。

---

① 需要注意,"营利"与"赢利"和"盈利"是有区别的。"赢",意为"赚",相对于"赔",从而,"赢利"指赚得利润(用作动词),或者指利润(用作名词)。"盈",意为充满、多余,"盈利"即指利润,或者较多的利润。而"营"的意思是谋求,"营利"相应地是指以利润为目的。因而,"营利"组织并不是指一定要赚得利润的组织,也不是赚取较多利润的组织,而是指以利润为目的的组织。

（一）政府会计

根据国际会计准则委员会的定义,政府会计是指用于确认、计量、记录和报告政府和政府单位财务收支活动及其受托责任履行情况的会计体系。由于各个国家的政治经济体制和管理体制不同,政府会计的内涵也有一定差别。与其他国家相比,我国政府会计的核算范围要相对宽泛一些,不仅包括立法、行政和司法机关,还包括了我国所特有的事业单位。而在很多国家,事业单位实际上是归入了非营利组织会计核算的范畴。

（二）企业会计

企业会计是指以企业为主体,以其经营资金运动为对象,旨在提高企业经济效益的一种专业会计。

（三）民间非营利组织会计

民间非营利组织会计是不以营利为目的,以财务收支活动为核心,适用于各种民间非营利组织的一种专业会计。我国的民间非营利组织主要包括依照国家法律、行政法规登记的社会团体、基金会、民办非企业单位和寺院、宫观、清真寺、教堂等。为了规范民间非营利组织的会计核算,财政部专门制定并发布了《民间非营利组织会计制度》,自2005年1月1日起实施,从而打破了民间非营利组织无会计制度可循的局面,提高了非营利组织的财务信息透明度。

三、政府会计体系

（一）政府会计体系的构成

在2015年以前,我国并没有制定统一的政府会计准则或制度,也未对政府会计进行官方权威的定义。尽管学界已经习惯并逐渐使用"政府会计"替代"预算会计",但业界仍然习惯使用"预算会计""行政事业单位会计"等称谓。这一时期,我国的政府会计体系或者说预算会计体系主要包括财政总预算会计、行政单位会计、事业单位会计,以及税收征管部门的税收会计、人民银行国库部门的国库会计、社会保险经办机构的社会保险基金会计等。其中,事业单位会计除一般事业单位会计外,还包括行业事业单位会计。

2015年,财政部发布了《政府会计准则——基本准则》,自2017年1月1日起施行。这是我国发布的第一个"政府会计"方面的制度、办法和规定。按照准则的规定,政府会计准则适用于各级政府、各部门、各单位,其中各部门、各单位是指与本级政府财政部门直接或者间接发生预算拨款关系的国家机关、军队、政党组织、社会团体、事业单位和其他单位。从这个适用范围可以看出,我国的政府会计体系涵盖了政府、行政单位、事业单位、军队、社会团体等。根据《政府会计准则——基本准则》,财政部于2017年制定并发布了《政府会计制度——行政事业单位会计科目和报表》,自2019年1月1日起施行,鼓励行政事业单位提前执行。这个制度文件将行政单位会计制度、事业单位会计制度以及行业事业单位会计制度合并成一套统一的行政事业单位会计制度。而此前在 2015 年财政部又对 1997 年发布的《财政总预算会计制度》进行了修订,自 2016 年 1 月 1 日起施行。从上述规定可以看出,我国的政府会计包括政府财政会计(财政总预算会计)和政府单位会计两部分。此外,还包括税收征管部门的税收会计(包括关税会计)、人民银行国库部门的国库会计、社会保险经办机构的社会保险基金会计等政府专门会计。

(二) 政府会计规范体系

目前主要市场经济国家政府会计规范模式分为三类:会计制度模式、会计准则模式和"准则＋制度"模式。其中,会计制度模式,主要有德国、芬兰、西班牙等欧洲大陆国家采用,以强制性的制度形式对政府会计核算内容进行明确规定,并要求政府单位遵照执行。会计准则模式,主要有美国、英国、加拿大等国家采用,会计规范主要由会计准则构成,以会计准则规范会计确认、计量和报告,以使用指南或手册来规范账务处理和业务操作,不制定会计制度。"准则＋制度"模式,主要以法国为代表,用会计准则形式规范会计确认、计量和报告等会计事项,以会计制度为核心规范具体会计业务操作。

我国实行的是"准则＋制度"政府会计模式。其中,准则包括政府会计基本准则、具体准则和应用指南,制度目前主要包括财政总预算会计制度、政府单位会计制度。

1. 基本准则

基本准则作为我国政府会计的"概念框架",主要起统驭政府会计具体准则、应用指南和政府会计制度的作用,并为政府会计实务问题提供处理原则。目前,基本准则,即《政府会计准则——基本准则》已经于 2015 年 10 月 23 日发布,自 2017 年 1 月 1 日起施行。

2. 具体准则

具体准则主要规定政府发生的经济业务或事项的会计处理原则。截至目前,财政部已经制定并发布了《政府会计准则第 1 号——存货》《政府会计准则第 2 号——投资》《政府会计准则第 3 号——固定资产》《政府会计准则第 4 号——无形资产》《政府会计准则第 5 号——公共基础设施》《政府会计准则第 6 号——政府储备物资》《政府会计准则第 7 号——会计调整》《政府会计准则第 8 号——负债》《政府会计准则第 9 号——财务报表编制和列报》等政府会计具体准则。

3. 应用指南

应用指南主要是对具体准则的实际应用做出操作性规定。截至目前,财政部制定并发布了《〈政府会计准则第 3 号——固定资产〉应用指南》,对固定资产的折旧年限、折旧计提时点等做了明确。

4. 政府会计制度

政府会计制度主要规范政府会计科目及其使用说明、报表格式及其编制说明等,便于会计人员进行日常核算。目前,财政部制定并发布了《财政总预算会计制度》《政府会计制度——行政事业单位会计科目和报表》2项政府会计制度,同时制定下发了医院、基层医疗卫生机构、高等学校、中小学校、科学事业单位、彩票机构、国有林场和苗圃等单位执行《政府会计制度——行政事业单位会计科目和报表》的补充规定和衔接规定。条件成熟时,还要制定政府成本会计制度,主要规定政府运行费用归集和分摊方法等,反映政府向社会提供公共服务的支出和机关运行成本等信息。

第二节　政府会计的发展演变

政府会计制度的变迁是伴随着预算管理体制改革而进行。新中国成立以来,我国政府会计围绕政府财政收支管理和核算,经历了不断实践、不断总结、不断改革和不断完善的渐进过程。

一、初步形成时期

新中国成立后的"一五"时期是我国预算会计工作的起步时期,也是我国预算会计制度的初步形成时期。为了扭转新中国成立之初的国民经济面临的困难局面,政务院在1950年出台了《关于统一国家财政经济工作的决定》,实行高度集中的统收统支办法。1951—1952年,随着国家财政经济状况的开始好转,为了调动地方的积极性,我国开始实行在中央统一领导下的初步分级管理,国家预算划分为中央、大行政区和省(市)三级管理。

随着财政体制的构建,较为系统的政府预算制度以及为政府预算服务的政府会计制度也逐步形成。1950年3月,政务院颁布《中央金库条例》,规定国库工作委托中国人民银行代理,国库机构的设置原则上是一级预算设立一级国库,并实行垂直领导。其后财政部制订发布了《中央金库条例施行细则》,就中央金库的会计设置和核算进行了明确,这是新中国在会计核算制度方面颁行的第一部行政规章[①]。同年12月12日,财政部颁布《各级人民政府暂行总预算会计制度》,对各级人民政府关于财政收支、调拨及资产负债增减的一切会计事项包括会计科目、会计凭证及簿记、会计事务处理程序、决算、会计交代等内容做了具体规定;12月13日,财政部又颁发了《各级人民政府暂行单位预算会计制度》,对各机关的会计事项,做了详尽规定,以满足政府预算管理的实际需要。

《各级人民政府暂行总预算会计制度》《各级人民政府暂行单位预算会计制度》

---

① 陈乐忧.中国政府会计60年变迁[J].财会通讯·综合(上),2009(12).

的颁布,首次为国家财政机关及行政、事业单位的会计工作确立了体系完整的统一规范,为我国政府会计管理与核算工作奠定了坚实基础。此后,政府会计体系和制度经过了 60 多年的调整与改革,最终我们发现,我国政府会计的最终模式仍然是 1950 年确定的财政会计(总预算会计)和单位会计的"两位一体"模式。

二、削弱破坏时期

1958 年,我国开始实行"大跃进",对各项规章制度提出了"先破后立,立在其中""彻底放权、大力简化"的口号和要求,无论是政府会计还是企业会计都受到很大的影响,"以表代账""无账会计"流行泛滥,会计工作受到严重挫折。

1959 年 6 月 6 日,为了使农业税的征收年度与预算年度一致,财政部发布《关于农业税征解会计的规定》,决定自 1959 年起,将农业税的征收年度由跨年制(自当年 3 月 1 日起至次年 2 月底止)改为历年制(自 1 月 1 日起至 12 月底止)。

1961 年,在党中央"调整、巩固、充实、提高"八字方针指导下,以及"经济越发展、会计越重要"的论断要求下,财政部开始恢复和加强预算会计工作。1965 年 9 月,财政部印发了《预算会计工作改革要点》,提出要按照不同情况和不同的需要,分别设计预算会计制度。其中,财政总会计制度,由财政部统一规定;各单位的会计制度,由财政部制定《行政事业单位会计制度》《行政事业单位简易会计制度》《报销单位财务收支处理办法》3 项制度,普通制度原则上应用于会计业务繁重的中央、省级和较大的市级单位,简易制度原则上适用于专县级和一部分中央级、省市级业务比较简单的单位,人员很少、经费有限的单位适用于报销办法;各种差额预算管理单位、自收自支单位等适用的会计制度,由中央各部门和各省、市、区财政厅(局)根据需要自行制定并报财政部备案。《预算会计工作改革要点》同时提出,改革记账方法,根据预算会计办理收支的特点,将"借贷记账法"改为"同收同付有收有付的收付记账法"。

三、恢复完善时期

党的十一届三中全会以来,我国预算会计工作进入新的发展阶段。1985 年 1 月 21 日,第六届全国人民代表大会常务委员会第九次会议审议通过《中华人民共和国会计法》,这是我国第一部会计方面的法律。

加强和完善会计基础管理的同时,在 60 年代计划经济统收统支体制下建立起来的预算会计制度,已经越来越不适应改革开放形势发展的需要,为此财政部及时对财政总预算会计制度和事业行政单位预算会计制度进行了修订完善。

财政总预算会计方面,1983 年财政部根据当时预算管理的要求,在原 1963 年总预算会计制度的基础上,制定了《财政机关总预算会计制度》,并于 1988 年再次进行了修订。

行政事业单位会计方面,1988年,财政部对1966年《行政事业单位会计制度》进行了修订,并颁发了新的《事业行政单位预算会计制度》,将单位预算会计制度的适用范围由实行统收统支、全额预算管理模式的单位,扩大到各种预算管理方式的单位,并区分全额单位、差额单位和自收自支单位分别设置了不同的会计科目①。

四、全面改革时期

1993年以来,在企业会计准则实施的同时,老的预算会计制度也已经表现出很多与经济发展和预算管理不相适应的地方。为此,财政部于1997年颁布了《财政总预算会计制度》《事业单位会计准则(试行)》《事业单位会计制度》,1998年又发布了《行政单位会计制度》,从而构成了预算会计制度的基本框架。预算会计基本框架的构建,一是重新划分了预算会计体系,将行政单位与事业单位共用一套相同的会计制度,调整为分别执行两套会计制度,同时,鉴于乡镇财政管理已基本定型,将乡镇财政会计核算纳入全国统一的财政总预算会计制度。二是对事业单位会计首次实行准则管理。三是第一次比较系统、完整、全面地提出了会计核算的一般原则,即财政总预算会计制度的9项原则、行政单位的10项原则和事业单位的11项原则。四是记账方法由资金收付记账法统一调整为借贷记账法,并与记账方法相适应,将预算会计要素划分为资产、负债、净资产、收入和支出五类。

随着1997年、1998年预算会计制度的改革,行政单位会计与事业单位会计正式分立,原预算会计由"两位一体"(财政总预算会计和单位预算会计)演变为"三位一体"(财政总预算会计、事业单位会计和行政单位会计)。

五、深化改革时期

随着经济体制改革的深入和经济社会的快速发展,我国预算会计的环境发生了很大的变化。财政职能的转变,财政收支内容的扩展,部门预算编制、国库集中收付和政府采购制度的改革,都对预算会计提出了更高的要求,现行预算会计制度在收付实现制会计基础、固定资产核算、会计信息报告等方面存在的问题和局限性也逐步凸显出来。鉴于上述情况,财政部从2011年起,制定颁布了行政单位、事业单位以及行业事业单位的会计制度,分批分步实施预算会计制度改革。

这一时期的预算会计改革,增加了"在建工程""待处理财产损溢""受托代理资产""政府储备物资""公共基础设施""应缴税费""应付政府补贴款""受托代理负债"等相关科目,充实细化资产、负债的核算;进一步改进了会计核算方法,在对固定资产采用"双分录"核算方法的基础上,增加了在建工程、无形资产、政府储备物资等相关科目的"双分录"核算;参照权责发生制的要求,增加了固定资产折旧和无

---

① 王晨明.中国政府预算会计的改革与发展——纪念建国六十周年[J].中国农业会计,2009(10).

形资产摊销的会计处理规定,计提折旧和摊销时冲减相关净资产,而非计入当期支出;单位基本建设投资继续按照《国有建设单位会计制度》的规定单独建账、单独核算的同时,将基建账相关数据定期并入单位会计"大账",提高了单位会计信息的完整性。

六、规范统一时期

2006 年在《国民经济和社会发展第十一个五年计划纲要》中,第一次用"政府会计"取代了原先的"预算会计"的提法。2013 年十八届三中全会通过的《中共中央关于全面深化改革若干重大问题的决定》,2014 年修订的新《预算法》都对政府综合财务报告提出了明确要求。2014 年 12 月,国务院批转了财政部《权责发生制政府综合财务报告制度改革方案》(国发〔2014〕63 号),明确提出要建立健全政府会计核算体系,推进财务会计与预算会计适度分离并相互衔接,在完善预算会计功能基础上,建立政府会计准则体系,健全完善政府会计制度,增强政府财务会计功能,夯实政府财务报告核算基础,为中长期财政发展、宏观调控和政府信用评级服务。

2015 年,财政部正式发布《政府会计准则——基本准则》(财政部第 78 号令),自 2017 年 1 月 1 日正式实施,该准则的发布是政府会计首次以完整独立的形态出现。《政府会计准则——基本准则》将政府会计分为预算会计和财务会计两个系统,两者在统一采用借贷记账法的前提下分别采用收付实现制和权责发生制为基础进行会计核算,并且针对不同的报告目标编制决算报告和财务报告。在此基础上,财政部于 2017 年 10 月印发了《政府会计制度——行政事业单位会计科目和报表》,自 2019 年 1 月 1 日起施行,鼓励行政事业单位提前执行。

第三节 政府会计前提、会计基础与会计要素

一、政府会计前提

会计核算的基本前提一般包括会计主体、持续经营、会计期间与货币计量等四方面的内容。政府会计作为会计的一个分支,它的基本前提自然也应包括上述四方面内容,只不过由于政府会计的非营利性,我们一般将"持续经营"假设调整为"持续运行"假设。

(一) 会计主体

会计主体是指会计确认、计量和报告的空间范围,也就是会计所服务的特定的经济组织。会计主体假设从空间上明确和界定了会计活动的范围,解决了会计为

谁核算、为谁记账的问题。对政府会计而言,会计核算的主体就是各级政府、各部门、各单位,其中,各部门、各单位是指与本级政府财政部门直接或者间接发生预算拨款关系的国家机关、军队、政党组织、社会团体、事业单位和其他单位。

有三点需要说明。一是政府会计主体是指各级政府及各部门、单位本身,而不是指各级政府的财政部门或行政事业单位的财务部门。这主要是由于各级政府及行政事业单位发生的各项收支业务,是围绕着政府及单位职责履行和业务开展而实施,财政、财务部门只是受政府或单位委托或指派,具体组织实施,因此不能越俎代庖成为会计主体。二是按照《政府会计准则——基本准则》的要求,军队尽管属于政府会计核算的主体,但军队并不适用于《政府会计准则——基本准则》,而是继续沿用2002年制定的《中国人民解放军会计规则》。三是已纳入企业财务管理体系的单位和执行《民间非营利组织会计制度》的社会团体,不适用《政府会计准则——基本准则》。

(二) 持续运行

对政府会计来讲,如果说政府会计主体假设明确了会计确认、计量和报告的空间范围,那么持续运行假设则明确了政府及行政事业单位会计核算的时间范围和内容范围,因为只有在政府及单位各项业务活动能够持续运行的前提下,其资金才会不断地进行运动,也才能不断发生各种各样的经济业务,会计核算才会有记录的内容。

(三) 会计分期

无论是企业会计还是政府会计,我国通常以日历年度作为会计年度,即每年1月1日至12月31日为一个会计年度,期间再进一步细分为季度和月度。按照《政府会计准则——基本准则》的规定,政府会计核算应当划分会计期间,分期结算账目,按规定编制决算报告和财务报告。会计期间至少分为年度和月度。会计年度、月度等会计期间的起讫日期采用公历日期。

(四) 货币计量

会计主体的经营活动各不相同、非常复杂。就政府会计主体而言,其会计核算对象的基本内容是资产、负债、净资产(结余)、收入和支出(费用)。要对这些不同的经济活动进行综合反映,必须要实行统一的计量尺度。考虑到货币是商品的一般等价物,能用来计量所有会计要素,货币计量就成为会计核算的一个基本前提。政府会计核算应当以人民币作为记账本位币,发生外币业务时,应当将有关外币金额折算为人民币金额计量,同时登记外币金额。

二、政府会计基础

会计上确认一个会计期间的收入与费用从而确定其损益的标准,称为会计基础或会计处理基础。会计基础主要有两种:一种是收付实现制,或称现金基础、现金制;另一种是权责发生制,或称应计基础、应计制。

(一) 收付实现制与权责发生制

收付实现制以收入与费用的确认按款项是否已经收付为标准。凡本期收到的款项,均作为本期收入入账,而不论该项收入是否是在本期实现的;凡本期支付的款项,均作为本期费用(或支出)入账,而不论该笔支出是否是在本期发生的。

权责发生制以收入与费用的确认按权利已经形成和义务(责任)已经发生为标准。也就是说,对于收入,不论款项是否收到,以权利形成确定其归属期;对于费用,不论款项是否付出,以支付责任的发生确定其归属期。

(二) 政府会计基础的采用

由于收付实现制的预算会计难以实现财政收支的匹配,无法正确地计量政府及行政事业单位的产出与成本;同时也不能反映政府已经发生的未来负债,从而导致产生一定的道德风险,从 20 世纪 90 年代以来,不少西方国家都在尝试和推进权责发生制的会计和预算改革,其中,新西兰、澳大利亚等实行了完全的权责发生制,还有很多国家实行的是修正的收付实现制或修正的权责发生制,即部分地采用一些权责发生制方法来弥补传统的收付实现制的缺陷,或者在采用权责发生制的同时,保留了一定程度和范围的收付实现制的做法。

新中国成立以来,我国的政府会计一直采用收付实现制作为会计核算基础。1997 年颁布的《事业单位会计准则》明确规定,事业单位"会计核算一般采用收付实现制,但经营性收支业务核算可采用权责发生制";1998 年颁布的《行政单位会计制度》则明确规定,行政单位"会计核算以收付实现制为基础";1997 年颁布的《财政总预算会计制度》也明确提出,"总预算会计核算以收付实现制为基础"。2011 年至 2014 年,财政部对行政事业单位会计准则和会计制度进行了集中修订,在将特殊业务权责发生制的适用范围扩大到行政单位的同时,规定医院等部分行业事业单位的会计核算实行权责发生制。

2015 年,财政部对 1997 年颁布的《财政总预算会计制度》进行了修订,首次将权责发生制引入总预算会计,规定"总会计的会计核算一般采用收付实现制,部分经济业务或者事项应当按照规定采用权责发生制核算"。同年财政部出台了《政府会计准则——基本准则》,将政府会计体系明确为由预算会计和财务会计构成,其中,预算会计实行收付实现制,国务院另有规定的,依照其规定;财务会计实行权责发生制。

三、政府会计信息质量要求

会计信息质量要求是对会计主体财务报告中所提供会计信息质量的基本要求,是使财务报告中所提供会计信息对使用者决策有用所应具备的基本特征。根据《政府会计准则——基本准则》的规定,政府会计信息质量要求包括以下 7 项。

（一）可靠性

政府会计主体应当以实际发生的经济业务或者事项为依据进行会计核算，如实反映各项会计要素的情况和结果，保证会计信息真实可靠。

（二）全面性

政府会计主体应当将发生的各项经济业务或者事项统一纳入会计核算，确保会计信息能够全面反映政府会计主体预算执行情况和财务状况、运行情况、现金流量等。

（三）相关性

政府会计主体提供的会计信息，应当与反映政府会计主体公共受托责任履行情况以及报告使用者决策或者监督、管理的需要相关，有助于报告使用者对政府会计主体过去、现在或者未来的情况做出评价或者预测。

（四）及时性

政府会计主体对已经发生的经济业务或者事项，应当及时进行会计核算，不得提前或者延后。

（五）可比性

政府会计主体提供的会计信息应当具有可比性。同一政府会计主体不同时期发生的相同或者相似的经济业务或者事项，应当采用一致的会计政策，不得随意变更。确需变更的，应当将变更的内容、理由及其影响在附注中予以说明。不同政府会计主体发生的相同或者相似的经济业务或者事项，应当采用一致的会计政策，确保政府会计信息口径一致，相互可比。

（六）可理解性

政府会计主体提供的会计信息应当清晰明了，便于报告使用者理解和使用。

（七）实质重于形式

"实质"是指经济业务的经济实质，"形式"是指经济业务的法律形式。实质重于形式的原则，要求政府会计主体应当按照经济业务或者事项的经济实质进行会计核算，不限于以经济业务或者事项的法律形式为依据。

与企业会计相比，政府会计的信息质量要求缺少了重要性、谨慎性原则，增加了全面性原则。所谓重要性原则，就是指企业提供的会计信息应当反映与企业财务状况、经营成果和现金流量等有关的所有重要交易或者事项。所谓谨慎性原则，就是指企业对交易或者事项进行会计确认、计量和报告应当保持应有的谨慎，不应高估资产或者收益、低估负债或者费用。

之所以取消这两项原则，主要就是因为与企业相比，政府经济业务较为简单，会计核算事项也不复杂，重要性和谨慎性原则对政府会计信息质量的适用性不强。而之所以增加了全面性原则，则是出于政府预算管理和会计核算现实状况的考虑。因为长期以来，行政事业单位的预算管理和会计核算一直较为薄弱，截至目前仍有大量的经费收支未完全纳入部门预算和单位会计核算,账外账、小金库等问题仍然较为严重,在会计原则中增设"全面性"原则,强调将各项经济业务或者事项统一纳入会计核算,无疑能够体现出国家对政府会计管理的导向和要求,对保障会计信息的完整性具有至关重要的作用。

四、政府会计要素与政府会计等式

会计要素是对会计对象的基本分类,是提供会计信息的指标体系,是会计报表的基本组成项目。对各项会计要素的确认、计量、报告进行规范,不仅是建立会计理论的基础,也是设置会计科目和编制会计报表的依据。《政府会计准则——基本准则》将政府会计分为预算会计和财务会计,会计要素也相应分为预算会计要素和财务会计要素。预算会计要素包括预算收入、预算支出与预算结余。财务会计要素包括资产、负债、净资产、收入和费用。

会计等式也叫会计平衡等式、会计平衡公式或会计恒等式,是指会计要素之间存在的必然相等的关系。

(一) 静态会计恒等式

通过净资产的定义可以看出,净资产就是资产扣除负债后的余额。据此,我们可以导出如下公式:

$$资产-负债=净资产 \qquad (1-1)$$

等式(1-1)的含义,一方面从数量关系上看,对政府单位而言,单位的资产总额扣除单位的负债总额后的余额,就是属于政府单位所有的资产净值;另一方面从会计要素的经济含义上看,政府单位的资产必须先要扣除归属于债权人的负债后,其余额才是归属于出资人的净资产,这表明对债权人权益的保护要优先于对出资人权益的保护。

政府单位从事业务活动,必须拥有或控制一定数量的能满足其需要的资产。这些资产无论是以什么具体形态存在,归根结底,一部分是由行政事业单位的出资人(即国家)提供的,即净资产;另一部分则是由单位的债权人提供的,即负债,出资人和债权人共同构成对政府单位资产的占有。因此,对等式(1-1)进行变形,可以得出:

$$资产=负债+净资产 \qquad (1-2)$$

等式(1-2)作为最基本的会计恒等式,反映了资产、负债、净资产三要素之间的内在联系和数量关系,表明了单位在一定时点上的财务状况,因此等式(1-2)也称为静态会计恒等式。由于资产、负债、净资产是构成资产负债表的要素,该公式是编制资产负债表的理论基础,故此又被称为资产负债表等式。需要注意的是,会计恒等式右边的负债和净资产两个要素的位置,通常情况下是不能颠倒的。因为两者前后位置的变化,虽然在数学意义上不影响等式的成立,但在经济意义上还是稍有不同的。"负债"列在"净资产"前面,表明对债权人的权益保护要优先于所有者,即当政府单位撤销清算时,单位资产先要用于偿还债务,剩余的净资产才能由国家(出资人)进行处置。

(二)动态会计恒等式

政府单位在运行过程中,必须会取得一定数额的收入,同时也必然会发生一定数额的支出(或费用)。一定时期的收入和支出(费用)相配比,收支相抵后的余额即为结余(或盈余)。据此,可以推导出收入、支出(费用)和结余的等式关系:

$$预算会计:预算收入-预算支出=预算结余 \tag{1-3}$$

$$财务会计:收入-费用=盈余 \tag{1-4}$$

等式(1-3)和等式(1-4)反映了经济业务运行过程中,收入和支出(费用)的配比关系及结余(盈余)的形成。由于这几项会计要素均是政府单位的资金运动在同一会计期间的动态表现,由其构成的会计等式通常称为动态会计等式。而从企业会计来看,收入、费用和利润是构成利润表的要素,动态会计等式是编制利润表的理论基础,因此该等式又被称为利润表等式。对政府单位来讲,等式(1-3)是预算会计编制预算收入支出表的理论基础,等式(1-4)是编制收入费用表的理论基础。

(三)综合会计恒等式

做进一步分析,收入可以导致政府单位资产的增加或负债的减少,最终导致净资产的增加,而费用可导致资产的减少或负债的增加,最终导致净资产的减少。如果收入大于费用,净资产将按照等式(1-4)确定的盈余数额增加;如果收入小于费用,净资产将按照等式(1-4)确定的盈余数额(负数)减少。考虑到收入与费用对盈余以致进一步地对净资产的影响,我们可以将等式(1-2)和等式(1-4)合并在一起,最终形成等式(1-5)和等式(1-6):

$$资产=负债+净资产+盈余 \tag{1-5}$$

$$资产=负债+净资产+收入-费用 \tag{1-6}$$

等式(1-5)和等式(1-6)反映了政府单位在运行过程中盈余以及净资产的增减变动情况,因此属于动态会计恒等式。如果是在期初,尚未发生收入和费用,也未形成盈余,等式(1-5)和等式(1-6)就可简化成等式(1-2)。而如果是在期末,收入、费用相抵后形成的盈余,实际上就是净资产的一部分,那么会计等式(1-5)和等式(1-6)也同样恢复到期初的等式(1-2)的形式和状态。由此可见,等式(1-5)和等式(1-6)是等式(1-2)在发生收入、费用,形成盈余后的表现形式,而等式(1-2)则是等式(1-5)和等式(1-6)在收入和费用结转以后的表现形式。

由于资产、负债、净资产是构成资产负债表的三个会计要素,而收入、费用、盈余(属于净资产的组成部分)则是构成收入费用表的三个会计要素,等式(1-5)和等式(1-6)将资产负债表和收入费用表联系结合起来,从而揭示了资产负债表和收入费用表表内要素相互间的内在联系和数量上的关系,以及两表之间有关项目的关系。不仅如此,会计恒等式还是设置账户、复式记账的理论依据。

第二章 政府会计的基本方法

第一节 政府会计科目

会计核算方法是指会计对会计主体已经发生的经济活动进行连续、系统、全面反映和监督所采用的方法。主要包括设置会计科目及账户、复式记账、填制和审核凭证、登记账簿、成本计算、财产清查和编制财务会计报告等几种方法。

政府财务会计的会计要素分为资产、负债、净资产、收入和费用五类,政府预算会计的会计要素分为预算收入、预算支出和预算结余三类。但是面对单位复杂的核算业务,仅仅将会计要素分为上述几类进行会计核算显然过于粗犷,也难以满足各有关方面对会计信息的需要。这就要求我们在会计要素的基础上,对会计要素做更进一步的细化和分类,即为会计科目。

一、政府会计科目的概念与分类

所谓会计科目,是指按照经济业务的内容和经济管理的要求,对会计要素的具体内容进行分类核算的项目。会计科目是设置账户和归集、核算各项经济业务的依据。与会计要素分类相适应,我们可以将政府会计科目分为对应的类别。其中,总预算会计科目分为资产、负债、净资产以及收入、支出五大类;政府单位会计中的预算会计科目分为预算收入、预算支出和预算结余三大类,财务会计科目分为资产、负债、净资产、收入、费用五大类。

会计科目按其所提供信息的详细程度及其统驭关系和核算层次的不同,又分为总分类科目和明细分类科目。总分类科目又称总账科目或一级科目,在会计要素(或者大类会计科目)下直接开设,是对会计要素具体内容进行总括分类,提供总括信息的会计科目。明细分类科目又称明细科目,是对总分类科目做进一步分类,提供更详细更具体会计信息的会计科目。总分类科目对明细分类科目具有统驭作用,明细分类科目对总分类科目起补充和说明作用。

二、政府会计科目的设置原则

（一）统一性

政府会计准则、财政总预算会计制度、政府单位会计制度等均由财政部负责统一制定，总账会计科目的名称和编码必须统一，各级政府和各行政事业单位不得自行更改。会计科目的统一性，保证了预算执行中会计核算的一致性及可比性。

（二）适应性原则

政府会计科目的设置要与政府预算收支分类科目相适应，体现国家预算管理的需要。政府预算收支分类科目表示的内容，要有相应的会计科目与之对应，从而实现政府总预算与部门预算编制的有机衔接，有助于会计科目记录和反映的内容与预算执行情况的对比分析，满足预算管理的需要。

（三）实用性原则

政府会计科目的设置，既要全面系统地核算和监督预算资金执行情况，又要尽量简化核算事务，力求简繁适度。

三、政府会计科目的运用

财政总预算及各行政事业单位应该按照下列规定运用会计科目：

（1）对于有关法律、法规允许进行的经济活动，应当按照政府会计制度的规定使用会计科目进行核算；不得以政府会计制度规定的会计科目及使用说明作为进行有关经济活动的依据。这一要求的内在含义就是要区分会计核算的技术性问题与政策性问题。严格来说，会计准则和会计制度属于技术性层面，而财务规则和财务制度则属于政策性（规范性）层面，因此，在具体会计核算过程中，不能以技术性层面的要求替代政策性层面的要求。比如，按照会计制度的规定，行政事业单位的银行存款利息收入应当记入"利息收入"会计科目，但如果财政部门规定利息收入属于应上缴财政的款项时，单位就不能以会计制度的规定为理由，拒绝将利息收入上缴财政。

（2）应当按照会计制度的规定设置和使用会计科目，不需使用的总账科目可以不用；在不影响会计处理和编报会计报表的前提下，可以根据实际情况自行增设制度规定以外的明细科目，或者自行减少、合并会计制度规定的明细科目。

（3）应当使用会计制度统一规定的会计科目编号，不得随意打乱重编，以便于填制会计凭证、登记账簿、查阅账目，实行会计信息化管理。

（4）在填制会计凭证、登记会计账簿时，应当填列会计科目的名称，或者同时填列会计科目的名称和编号，不得只填列会计科目编号、不填列会计科目名称。

（5）设置明细科目或进行明细核算，除遵循会计制度规定外，还应当满足权责发生制政府部门财务报告和政府综合财务报告编制的其他需要。

第二节　政府会计账户与会计账簿

一、政府会计账户

账户是用来记录各个会计科目所反映的经济业务内容的一个空间或场所,具体就是指在会计工作中,为了反映有关单位的经济活动情况及其结果,对其所有经济业务所做的分类记录。账户与会计科目既有联系也有区别。一方面,账户是根据会计科目设置的,设置会计科目的目的就是为了设置账户,因此,会计科目的名称就是会计账户的名称,两者核算的经济内容是一致的;另一方面,会计科目只有名字,仅仅可以说明反映的具体经济内容,而会计账户具有一定的结构与格式,可以记录和反映会计要素增减变化及结果。账户除列明"账户名称"(即会计科目名称)外,一般还设有"日期""记账凭证号数""摘要""借方""贷方""余额"等栏。设置账户是会计核算的重要方法之一。

同会计科目的分类相对应,账户按其所提供信息的详细程度及其统驭关系不同分为总分类账户(简称总账账户或总账)和明细分类账户(简称明细账),其中总账是根据总分类科目设置,明细分类账户是根据明细分类科目设置,分别用来反映总分类会计科目和明细分类会计科目的增减变动及变动结果情况。

二、政府会计的记账方法

为了对会计要素进行核算,反映和监督各级政府及行政事业单位的经济活动,在按一定原则设置了会计科目,并按会计科目开设了账户之后,就需要采用一定的记账方法将经济业务登记在账户上。按照登记经济业务方式的不同,记账方法可分为单式记账法和复式记账法。

单式记账法是一项经济业务发生,一般只在一个会计科目进行登记的方法。单式记账法只能反映经济业务的一个侧面,会计记录之间不存在相互钩稽关系,账户与账户之间没有必然的内在联系,也没有相互对应平衡的概念,因此,不能全面、系统地反映经济业务的来龙去脉,也不便于检查账簿记录的正确性。

复式记账法是从单式记账法发展演变而来的。这种记账方法是对所发生的经济业务,以相等的金额在两个或两个以上账户中进行登记的方法。在复式记账法下,由于对每项经济业务都以相等的金额在相互对应的账户中做双重记录。因此,账户之间存在相互钩稽关系,可以了解每项经济业务的来龙去脉,还可以用试算平衡的方法检验账簿记录的正确性,是一种比较科学的记账方法,因此被世界各国广泛采用。

复式记账方法有多种,如借贷记账法、增减记账法和收付记账法,其中收付记账法又分为现金收付记账法和资金收付记账法。

在我国,20世纪60年代以前运用的记账方法是国际通用的借贷记账法。借贷记账法以"借"和"贷"两个字作为记账符号,在任何一个账户中均设置"借""贷"两个相反的记账方向,一方用来核算账户的增加额,另一方用来核算账户的减少额。

20世纪60年代以后,我国会计界遵循复式记账原理,创造了我国独特的增减记账法和资金收付记账法。其中,资金收付记账法是以"收""付"作为记账符号,并用收、付来表示资金、费用和收益的增减变动,从1966年起被行政事业单位长期使用,直到1998年我国进行预算会计改革时才予摒弃;增减记账法是以"增""减"作为记账符号,并以"同增同减、有增有减"作为记账规则,于20世纪60年代由我国商业系统率先提出,并被商业企业广泛采用,直到1993年我国进行企业会计改革时才予以终止,正式恢复借贷记账法。

三、政府会计凭证

会计凭证是记录经济业务、明确经济责任、按一定格式编制的据以登记会计账簿、进行会计监督的书面证明。会计凭证按其填制程序和用途不同,可以分为原始凭证和记账凭证两种。

(一)原始凭证

原始凭证是在经济业务发生时从外单位取得或由本单位有关人员自行填制的凭证,是发生会计事项唯一合法的证明,是填制记账凭证、登记明细账的原始依据。原始凭证按照来源划分,可分为外来原始凭证和自制原始凭证。

(二)记账凭证

记账凭证是根据审核无误的原始凭证或原始凭证汇总表编制的,并作为登记账簿依据的凭证。按照经济业务是否涉及货币资金以及货币资金的运动方向,各级政府及政府单位的记账凭证可以分为收款凭证、付款凭证和转账凭证三种。

四、政府会计账簿

会计账簿是会计核算过程中,以会计凭证为依据,运用账户,序时、分类地记录和反映各项经济业务活动的簿籍。设置和登记账簿是正确组织会计核算的重要环节,是会计核算的一项重要方法,也是划清经济责任、进行会计分析和检查的重要依据。账簿按其用途可以分为总账、明细账、日记账和备查账四种。

账簿的
具体分类

单位应根据会计制度的规定和单位实际管理的需要设置备查账簿。根据政府会计制度的统一规定,政府单位应该设置备查簿对部分业务进行登记管理,具体包括:①商业汇票。②应收票据。③核销的应收账款。④核销的其他应收款。⑤以借入、经营租赁租入方式取得的固定资产。⑥成本无法可靠取得的公共基础设施，盘盈的成本无法可靠取得的公共基础设施。⑦成本无法可靠取得的文物文化资产。⑧成本无法可靠确定的罚没物资。⑨应付票据。⑩应付政府补贴款，核销的应付政府补贴款。⑪核销的应付账款。⑫核销的预收账款。⑬核销的其他应付款。⑭核销的长期应付款等。

第三节 政府会计报告

一、政府会计报告的构成

政府会计核算的目标就是向会计信息使用者提供与政府及政府单位财务状况、预算执行情况等有关的会计信息，反映受托责任履行情况。提供会计信息的主要渠道就是会计报告。政府会计报告包括政府决算报告和政府财务报告两部分。

（一）政府决算报告

政府决算报告是综合反映政府会计主体年度预算收支执行结果的文件。政府决算报告应当包括决算报表和其他应当在决算报告中反映的相关信息和资料。政府决算报告的编制主要以收付实现制为基础，以预算会计核算生成的数据为准。《政府会计准则——基本准则》并未对政府决算报告的具体情况及编制要求等进行明确，相关内容将由财政部另行规定。

决算报表是政府决算报告的重要组成内容。按照《财政总预算会计制度》的规定，总会计报表是反映政府财政预算执行结果和财务状况的书面文件，具体包括资产负债表、收入支出表、一般公共预算执行情况表、政府性基金预算执行情况表、国有资本经营预算执行情况表、财政专户管理资金收支情况表、专用基金收支情况表等会计报表和附注。按照政府单位会计制度的规定，决算报表主要包括预算收入支出表、预算结转结余变动表、财政拨款预算收入支出表等。

（二）政府财务报告

政府财务报告是反映政府会计主体某一特定日期的财务状况和某一会计期间的运行情况和现金流量等信息的文件。政府财务报告应当包括财务报表和其他应当在财务报告中披露的相关信息和资料。政府财务报告的编制主要以权责发生制为基础，以财务会计核算生成的数据为准。政府财务报告包括政府综合财务报告和政府部门财务报告。

1. 政府综合财务报告

政府综合财务报告主要反映政府整体财务状况、运行情况和财政中长期可持续性等信息,内容包括财务报表、政府财政经济分析和政府财政财务管理情况。

（1）财务报表包括会计报表和报表附注,会计报表包括资产负债表、收入费用表、当期盈余与预算结余差异表。其中:当期盈余与预算结余差异表,反映政府整体权责发生制基础当期盈余与现行会计制度下当期预算结余之间的差异。

（2）政府财政经济分析,是以财务报表为依据,结合国民经济形势,对政府财务状况、运行情况以及财政中长期可持续性等内容进行分析。

（3）政府财政财务管理情况,主要反映政府财政财务管理的政策要求、主要措施和取得成效等。

2. 政府部门财务报告

政府部门财务报告主要反映政府部门(单位)的财务状况、运行情况等信息,具体包括财务报表和财务分析。

（1）财务报表包括会计报表和报表附注,会计报表包括资产负债表、收入费用表、当期盈余与预算结余差异表、净资产差异表。其中:净资产差异表,反映政府部门权责发生制基础年末净资产与现行会计制度下年末净资产之间的差异。

（2）财务分析主要包括资产负债状况分析、运行情况分析、相关指标变化情况及趋势分析,以及政府部门财务管理方面采取的主要措施和取得的成效等。

政府会计报告的构成如图 2-1 所示。

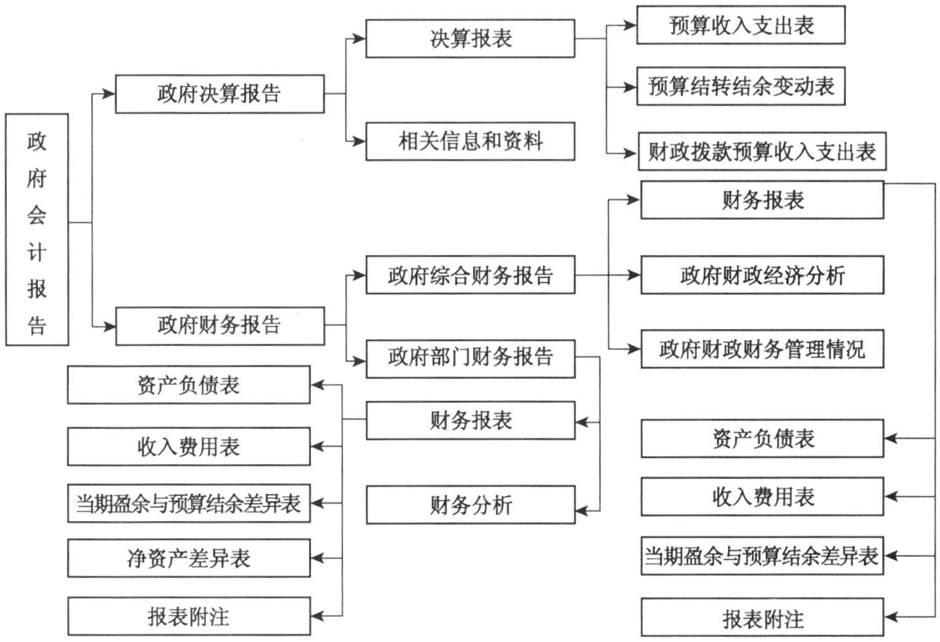

图 2-1　政府会计报告构成图

二、政府会计报告的编制要求

(一)格式统一

会计报告的格式、内容由财政部门和主管部门按照统一领导、分级管理的原则,依据财务管理和会计制度的规定统一确定。单位编制会计报告,要严格按照统一规定的格式、内容和编制方法,不得随意删改,以保持报告和报表的统一性和报表数据的可比性。

(二)数字真实

各级政府及行政事业单位编制会计报告要以核对无误的会计账簿记录为依据,不得以估计数、推算数填列,更不得弄虚作假,隐瞒收支情况。财务报表数据计算要准确,各表之间数字有钩稽关系的,必须相互衔接。

(三)内容完整

会计报告体系中的各类报表要编制齐全,不得缺表,对各财务报表中包含的每个项目的数据,除未发生者外,都必须填列齐全、不得遗漏,特别要注意将有关收支项目全部编入财务报表中,不得放在表外。同时,在编制财务报表后,要针对财务报表有关需要说明的事项,编写财务情况说明书,形成完整的财务报告。

(四)说明清晰

会计报表之外的附注、财务分析以及其他相关信息,均为会计报告的重要组成部分,对报告的完整性及会计信息使用者的分析决策具有重要作用。

(五)准确披露

单位不能以附注披露代替确认和计量,不恰当的确认和计量也不能通过充分披露相关会计政策而得到纠正。如果按照政府会计准则和制度规定披露的信息,不足以让报表使用者了解特定经济业务或事项对财务状况和运行情况的影响时,单位还应当披露其他必要信息。

(六)编报及时

单位应按照财务制度规定的时间及时编制会计报告,并按照财政部门和主管预算单位规定的时间和程序要求报送。

第三章 政府收支分类科目与政府会计科目

第一节 政府收支分类科目与政府会计科目的关系

在各级政府和行政事业单位的经费收支和预算管理活动中,同时使用着会计科目和预算科目。对政府会计核算与政府预算管理而言,两者同等重要,不可或缺。如果没有这两种科目,政府预算收支活动的管理将无法顺利进行,大量的财务会计信息也将无法如实反映。

政府收支分类科目也称预算科目,是国家预算收支项目的总分类和明细分类,具体指国家预算收入和预算支出项目分类的名称。政府会计科目是按照经济业务的内容和经济管理的要求,对财政总预算及政府单位会计要素的具体内容进行分类核算的项目。政府收支分类科目与政府会计科目既有联系也有区别。

一、预算科目与会计科目的联系与区别

一方面,财政总预算会计核算的对象就是预算资金,行政事业单位经费的主要资金来源是政府预算,因而,政府预算资金的活动就构成了政府会计核算的主要对象。所以政府会计的核算,既要按照会计管理的规定使用会计科目,体现会计工作与会计管理的要求,又要同时执行国家预算管理的规定使用预算科目,满足国家对预算管理的要求,这就从根本上决定了会计科目与预算科目之间的必然联系。

另一方面,会计科目和预算科目都是特定的分类方法。其中,会计科目是按资金性质进行的分类,是为了满足会计核算的要求;预算科目是按预算收支内容进行的分类,是为了满足国家预算管理的要求。这就决定了会计科目与预算科目具有不同的管理重点。

二、预算科目与会计科目的结合使用

在实际工作中,会计科目与预算科目的关系是通过建立总分类会计科目和明细分类会计科目表现出来的。财政总预算会计制度要求,一般公共预算本级收入、

政府性基金预算本级收入、国有资本经营预算本级收入、财政专户管理资金收入等收入类会计科目，要按照《政府收支分类科目》中的"收入科目"进行明细核算；一般公共预算本级支出、政府性基金预算本级支出、国有资本经营预算本级支出、财政专户管理资金支出等支出类会计科目，要根据《政府收支分类科目》中"支出功能分类科目"设置明细科目，并根据管理需要，按照"政府预算支出经济分类科目"进行明细核算。政府单位会计制度也要求，预算会计中的财政拨款预算收入、事业预算收入、上级补助预算收入等全部的预算收入类科目，都要按照《政府收支分类科目》中"支出功能分类科目"的项级科目进行明细核算；行政支出、事业支出、经营支出、上缴上级支出等全部的预算支出类科目，也要按照《政府收支分类科目》中"支出功能分类科目"的项级科目和"部门预算支出经济分类科目"的款级科目进行明细核算。

从财政总预算及政府单位会计科目的设置情况看，预算科目看似是作为会计科目的明细科目，从而依附于和隶属于会计科目而存在的。但严格来讲，其实是预算科目在主导会计科目，因为预算科目体现着国家预算管理政策要求与管理规定，为了实现这一目标，会计科目的明细科目必须按照预算科目来设置，并按照国家预算管理的要求对拨付到行政事业单位的预算资金进行核算和反映。

同时，从预算管理的角度看，预算科目与会计科目的辩证关系还体现在：一方面，预算科目可以脱离会计科目而独立存在的，无论是财政部门下达的预算指标文件还是预决算报告，无论是预算收入还是预算支出，都要通过预算科目反映而不必依托会计科目。另一方面，预算科目无论是对预算收入和预算支出的反映，还是对财政预决算的反映，最终仍然要通过会计核算并主要通过会计科目的核算来实现。

会计科目与预算科目间的这种双重性的关系，以及它们之间的有机结合与交叉运用，既充分体现了行政事业会计核算的特点，又满足了预算管理的要求，实现了国家对预算资金的延伸管理与监督。

第二节　政府收支分类科目设置情况

政府收支分类，就是按照一定的原则、方法对政府收入和支出项目进行类别和层次划分，以便客观、全面、准确地反映政府活动，从而有效地为政府预算的编制、执行和决算提供基础性的技术平台。因此，政府收支分类体系是编制政府预决算、组织预算执行以及预算单位进行会计核算的重要依据。

一、政府收支分类科目的改革演变过程

我国政府收支科目框架体系的形成及演变大致可以分为两个阶段：第一阶段为新中国成立后至2006年的传统职能阶段，科目设置的计划经济色彩比较深厚；

第二阶段为 2007 年至今的公共财政阶段,科目设置体现市场经济体制下的公共财政管理要求。

(一) 传统职能阶段

新中国成立后,我国参照苏联模式确定了适应计划经济体制下建设型财政管理体制要求的预算收支科目。这一预算收支科目体系自确立以来,虽然也有些小的调整,但总体框架基本没变。1997 年,财政部在修订印发 1998 年的预算科目时,将预算科目名称由"国家预算收支科目"修改为"政府预算收支科目"。这一名称上的调整,财政部尽管未做任何说明,但还是预示着我国的财政预算管理已经拉开了改革的序幕,表明我国即将由与计划经济相适应的传统财政模式,走向与市场经济相适应的公共财政模式。

需要说明的是,虽然实现了从"国家预算收支科目"到"政府预算收支科目"的转变,但在某种程度上看,这种变化只是形式上的变化,预算科目体系的本质与内核并未做根本调整。

(二) 公共财政阶段

1. 全面改革阶段

针对预算收支科目存在的问题,2006 年财政部制定发布了《政府收支分类改革方案》,从 2007 年 1 月 1 日起在全国范围内实施。

《政府收支分类改革方案》将政府收支分类体系划分为收入分类、支出功能分类和支出经济分类,通过收入科目对政府收入进行统一分类,全面、规范、细致地反映政府各项收入;建立新的政府支出功能分类体系,更加清晰地反映政府各项职能活动;建立新的支出经济分类体系,全面、规范、明细反映政府各项支出的具体用途。改革后,新的政府收支分类能够有效克服原政府预算收支分类的弊端,基本实现"体系完整、反映全面、分类明细、口径可比、便于操作"的具体改革目标。

2. 优化完善阶段

在新预算法实施前,各级政府和各部门单位主要是按功能分类编制预算,没有全面系统地按支出经济分类编制预算。2015 年新修订的《预算法》实施后,要求各级政府和各部门单位在按功能分类编制预算的基础上,还要按经济分类编制预算,现行支出经济分类的局限性逐渐显现出来。为此,财政部于 2017 年印发《支出经济分类科目改革方案》,从 2018 年 1 月 1 日起正式全面实施。

支出经济分类改革方案将原支出经济分类科目删除转移性支出、预备费等政府预算专用的科目,新增一些体现部门预算特点的科目,以此保留作为部门预算支出经济分类科目;在此基础上,增加设置一套政府预算支出经济分类科目,从而形成相互独立、各有侧重、统分结合的支出经济分类体系。其中,政府预算支出经济分类主要用于政府预算的编制、执行、决算、公开和总预算会计核算,部门预算支出经济分类主要用于部门预算编制、执行、决算、公开和部门单位会计核算。两套经济分类之间保持对应关系,以便部门预算和政府预算保持衔接。

二、政府收支分类体系的主要内容

政府收支分类体系由收入分类、支出功能分类、支出经济分类三部分组成,其中,支出经济分类又具体分为政府预算支出经济分类和部门预算支出经济分类。

(一) 收入分类

收入分类主要反映政府收入的来源和性质,说明政府的"钱"是从哪里来的。根据目前我国政府收入构成情况,结合国际通行的分类方法,将政府收入分为类、款、项、目四级。四级科目逐级细化,以满足不同层次的管理需求。2019 年收入分类共设五个类级科目,具体包括税收收入、社会保险基金收入、非税收入、债务收入、转移性收入,类以下又相应设有款、项、目级科目。

(二) 支出功能分类

支出功能分类主要反映政府活动的不同功能和政策目标,反映政府职能活动的支出总量、结构与方向,说明政府究竟做了些什么。根据社会主义市场经济条件下政府职能活动情况及国际通行做法,将政府支出分为类、款、项三级。从类到款再到项,这种由大到小、由粗到细分层次的科目设置,可以使支出功能科目能够清楚地反映政府支出的内容和方向。类级科目综合反映政府职能活动,如国防、外交、教育、科学技术、社会保障和就业、环境保护等。款级科目反映为完成某项政府职能所进行的某一方面的工作,如"教育"类下的"普通教育"。项级科目反映为完成某一方面的工作所发生的具体支出事项,如"水利"款下的"抗旱""水土保持"等。考虑到我国行政事业单位的不同特点以及部门预算管理的实际需要,支出功能分类项级科目没有完全按政府职能分类设置,而是采用了三种不同办法:

一是按职能设置。如"机关服务""小学教育""初中教育""高中教育""高等教育""综合医院""妇产医院""儿童医院"等。这类项级科目,着重于相关单位支出的完整反映。

二是按活动设置。以人大的支出为例。人大机关以及人大所属事业单位预算均分为基本支出预算和项目支出预算。对人大机关的基本支出,单独设置"行政运行"科目反映;基本支出之外的项目支出,属于专门活动的,如会议、立法、监督等,单设"人大会议""人大立法""人大监督"科目反映,其他项目支出,未单设科目的,则设置"一般行政管理事务"反映。对人大所属事业单位的基本支出,单独设置"事业运行"科目反映;基本支出之外的项目支出,属于专门活动的,分别在"人大会议""人大立法""人大监督"等科目反映,未单设对应科目的,在"其他人大事务支出"科目反映。按活动设置项级科目,着重于相关单位支出的细化,有助于对单位活动项目的完整反映。

三是分行业设置。对企业的支出,统一按国家统计局《国民经济行业分类》设置。比如,在"资源勘探信息等支出"类"制造业"款下,设置了"纺织业""医药制造业""非金属矿物制造业""交通运输设备制造业"等项级科目,与国民经济行业统计保持一致。

(三) 支出经济分类

支出经济分类主要反映政府支出的经济性质和具体用途,说明政府的钱具体是怎么花出去的。从形式上看,各项财政支出,虽然都表现为资金从政府流出,但最终的经济影响是存在差异的。有些表现为政府的商品和服务购买,直接对社会的生产和就业产生影响,并最终影响资源配置;有些表现为资金的无偿转移,关系到收入分配,最终对社会生产和就业产生间接影响。因此,支出按功能分类后还要再按经济性质进行分类:一方面,可以进一步细化预算,体现政府各项职能的具体支出差别,比如是发放工资,购置低值易耗的办公用品,还是购买资本性资产;另一方面,也是非常重要的一点,就是方便对政府的支出进行经济分析。从某种意义上讲,支出经济分类是对政府支出活动更为明细的反映。全面、明细的支出经济分类是进行政府预算管理、部门财务管理以及政府统计分析的重要手段。

按照简便、实用的原则,支出经济分类科目设类、款两级。其中,类级科目主要反映政府支出的总括经济分类用途,比如工资福利支出、商品和服务支出、对个人和家庭的补助等。款级科目是对类级科目的细化,主要体现部门预算编制和预算单位财务管理等有关方面的具体要求。如基本建设支出进一步细分为房屋建筑物购建、专用设备购置、大型修缮等。

需要注意的是,支出经济分类科目中的工资福利支出、对个人和家庭的补助虽然都属于人员经费,但我们仍要在人员经费的基础上进一步细分为工资福利和对个人家庭的补助,这主要是由两者不同的经济性质决定的。工资福利支出作为购买性支出,体现的是政府的市场性再分配活动;而对个人和家庭的补助支出作为转移性支出,体现的是政府无偿的、单方面的支持与补助。

根据政府预算管理和部门预算管理的不同特点和需要,支出经济分类科目分为政府预算支出经济分类科目和部门预算支出经济分类科目。

1. 政府预算支出经济分类

政府预算支出经济分类体现政府预算的管理要求,主要用于政府预算的编制、执行、决算、公开和总预算会计核算。2019 年政府预算支出经济分类共设有类级科目 15 个,款级科目 62 个。类级科目具体包括:机关工资福利支出、机关商品和服务支出、机关资本性支出(一)、机关资本性支出(二)、对事业单位经常性补助、对事业单位资本性补助、对企业补助、对企业资本性补助、对个人和家庭的补助、对社会保障基金补助、债务利息及费用支出、债务还本支出、转移性支出、预备费及预留、其他支出。

2. 部门预算支出经济分类

部门预算支出经济分类体现部门预算的管理要求,主要用于部门预算的编制、执行、决算、公开和部门单位会计核算。2019 年部门预算支出经济分类共设有类级科目 10 个,比政府预算支出经济分类科目少 5 个;款级科目 96 个,比政府预算支出经济分类科目多 34 个。类级科目具体包括:工资福利支出、商品和服务支出、对个人和家庭的补助、债务利息及费用支出、资本性支出(基本建设)、资本性支出、对企业补助(基本建设)、对企业补助、对社会保障基金补助、其他支出。

3. 两套支出经济分类的对应关系

政府预算支出经济分类与部门预算支出经济分类采用不同的编码。其中,部门预算支出经济分类沿用原来的支出经济分类科目编码(3 开头的编码,如 301 类工资福利支出),政府预算经济分类则启用 5 开头的编码(如 501 类机关工资福利支出)。两套支出经济分类科目之间存在着对应关系,使部门预算和政府预算保持衔接。

4. 两套支出经济分类科目的运用

预算编制环节,预算单位按照部门预算经济分类、对应的政府预算经济分类编制部门预算并报财政部门,财政部门按照政府预算经济分类编制本级政府预算报同级人民代表大会批准后,在原有按部门预算经济分类批复部门预算的基础上,将政府预算经济分类作为部门经费来源和申请款项的控制科目一并批复。

两套支出经济分类的对应关系

预算执行环节,支付指令按照政府预算支出经济分类填制,财政总预算会计按支付指令中记录的政府预算经济分类科目记账。执行中如需要对政府预算"类"级科目调剂的,应当报财政部门批准,部门单位不得自行办理;需要对政府预算"款"级科目调剂的,由各部门单位按照财政部门规定办理。部门单位预算会计核算使用部门预算经济分类科目记账,部门单位预算会计核算涉及的部门预算支出经济分类科目要与支付指令中使用的政府预算支出经济分类科目保持严格的对应关系。

决算编制环节,部门决算编制使用部门预算经济分类,以部门单位预算会计核算数据为基础生成;政府决算编制使用政府预算经济分类,以财政总预算会计数据为基础生成。

第三节 支出功能分类科目的具体使用

一、行政单位(包括实行公务员管理的事业单位)的科目使用

行政单位涉及的项级科目主要包括"行政运行""归口管理的行政单位离退休"

"未归口管理的行政单位离退休""机关事业单位基本养老保险缴费支出""机关事业单位职业年金缴费支出""行政单位医疗""公务员医疗补助""一般行政管理事务""住房公积金""提租补贴""购房补贴"和相关的专项职能活动科目等。行政单位的各项支出主要按照以下要求使用功能分类科目。

（一）基本支出

对于行政单位基本支出,统一在"行政运行"科目反映。

（二）住房改革支出

对于行政单位按人力资源和社会保障部、财政部规定的基本工资、津贴补贴和规定比例为职工缴纳的住房公积金,列"住房改革支出"款下的"住房公积金"项级科目;行政单位按房改政策规定的标准,向职工(含离退休人员)发放的租金补贴,列"住房改革支出"款下的"提租补贴"项级科目;行政单位按房改政策规定,向符合条件的职工(含离退休人员)、军队(含武警)向转役复员离退休人员发放的用于购买住房的补贴,列"住房改革支出"款下的"购房补贴"项级科目。

（三）医疗经费支出

对于行政单位基本医疗保险缴费,未参加医疗保险的行政单位的公费医疗经费,行政单位按国家规定享受离休人员、红军老战士待遇人员的医疗经费等,列"行政事业单位医疗"款下的"行政单位医疗"项级科目;行政单位的公务员医疗补助经费,列"行政事业单位医疗"款下的"公务员医疗补助"项级科目。

（四）离退休经费支出

对于行政单位开支的离退休经费(由行政单位发放的离退休人员个人待遇经费、公用经费等),列"行政事业单位离退休"款下的"归口管理的行政单位离退休""未归口管理的行政单位离退休"项级科目;对于实施养老保险制度由行政单位缴纳的基本养老保险费支出,列"行政事业单位离退休"款下的"机关事业单位基本养老保险缴费支出"项级科目;对于实施养老保险制度由行政单位缴纳的职业年金支出,列"机关事业单位职业年金缴费支出"项级科目。

（五）专项职能活动支出

对于一些行政单位承担的行政管理专项支出,凡设置了专门的项级科目的,在单独设置的项级科目中反映;未设置专门科目的,统一在"一般行政管理事务"科目反映。如《政府收支分类科目》中"纪检监察事务"款下设有"大案要案查处""派驻派出机构""中央巡视"等项级科目。中央纪检监察机构发生的查处大要(专)案的支出,派驻各部门和单位的纪检监察人员的专项业务支出,巡视机构的专项业务支出,就应相应列"大案要案查处""派驻派出机构""中央巡视"科目。地方纪检监察机关发生的查处大要(专)案的支出,派驻各部门和单位的纪检监察人员的专项业务支出,巡视巡察机构的专项业务支出,前两项支出与中央纪检监察机关一样,列"大案要案查处""派驻派出机构"科目,但由于"中央巡视"科目只反映中央纪检监察巡视机构的专项业务支出,地方不能使用,同时又未单设专门的"地方巡视(察)"科目,因此地方巡视巡察机构的专项业务支出就应该列入"一般行政管理事务"科目。

需要强调的是,"行政运行""归口管理的行政单位离退休""未归口管理的行政单位离退休""行政单位医疗""公务员医疗补助""一般行政管理事务"等科目,只有由行政单位使用,事业单位不能使用。

二、事业单位的科目使用

事业单位涉及的项级科目主要包括"事业运行""机构运行""××事业机构""机关服务""事业单位离退休""机关事业单位基本养老保险缴费支出""机关事业单位职业年金缴费支出""事业单位医疗""住房公积金""提租补贴""购房补贴""其他××支出"以及相关的专项业务活动科目等。事业单位的各项支出主要按照以下要求使用功能分类科目。

(一)基本支出及专项业务活动支出

对于事业单位基本支出,凡是单设"事业运行""机构运行""××事业机构"(如林业事业机构、扶贫事业机构、地震事业机构、气象事业机构)等事业运行类科目的,均在相关的事业运行类科目反映;未单设运行类科目的,在与单位职能对应的专项业务活动科目反映;未单设与其职能对应的专门科目的,在"其他××支出"科目反映。上述事业单位不包括为行政单位(包括实行公务员管理的事业单位)提供后勤服务的各类后勤服务中心、医务室等附属事业单位,这类事业单位的基本支出应列"机关服务"科目。

对于事业单位承担的专业业务活动支出,凡设置了专门的项级科目的,在单独设置的项级科目中反映;未设置专门科目的,统一在"其他××支出"科目反映。

比如林业部门的技术推广机构,由于在"林业"款级科目下设置"林业事业机构"科目,其基本支出就应列"林业事业机构"科目,其项目支出则应列"林业技术推广"科目。由于"水利"款级科目下未设置"事业运行"等运行类科目,水利部门的水质监测机构的基本支出和项目支出,就应全部列"水质监测"科目。对于教育部门的招生考试院,由于"教育支出"类下未设置与其职能对应的专门功能科目,其基本支出和项目支出只能在"其他教育支出"科目反映。

(二)住房改革支出

对于事业单位按人力资源和社会保障部、财政部规定的基本工资、津贴补贴和规定比例为职工缴纳的住房公积金,列"住房改革支出"款下的"住房公积金"项级科目;事业单位按房改政策规定的标准,向职工(含离退休人员)发放的租金补贴,列"住房改革支出"款下的"提租补贴"项级科目;事业单位按房改政策规定,向符合条件的职工(含离退休人员)、军队(含武警)向转役复员离退休人员发放的用于购买住房的补贴,列"住房改革支出"款下的"购房补贴"项级科目。

（三）医疗经费支出

对于事业单位基本医疗保险缴费，未参加医疗保险的事业单位的公费医疗经费，事业单位按规定享受离休人员待遇的医疗经费等，列"行政事业单位医疗"款下的"事业单位医疗"科目。

（四）离退休经费支出

对于事业单位开支的离退休经费（由事业单位发放离退休人员个人待遇经费、公用经费等），列"行政事业单位离退休"款下的"事业单位离退休"科目；对于实施养老保险制度由事业单位缴纳的基本养老保险费支出，列"行政事业单位离退休"款下的"机关事业单位基本养老保险缴费支出"项级科目；对于实施养老保险制度由事业单位缴纳的职业年金支出，列"机关事业单位职业年金缴费支出"项级科目。

（五）机关服务支出

为行政单位（包括实行公务员管理的事业单位）提供后勤服务的各类后勤服务中心、医务室、信息中心等附属事业单位的支出，除医疗经费、离退休经费外，统一在"机关服务"科目反映。医疗经费、离退休经费分别列"事业单位医疗""事业单位离退休""机关事业单位基本养老保险缴费支出""机关事业单位职业年金缴费支出"等相关科目。

这里有两点需要注意：一是"事业运行""机构运行""××事业机构""机关服务""事业单位离退休""事业单位医疗""其他××支出"等，均为事业单位专用科目，行政单位不能使用。同时，在实际工作中也经常会遇到，通过行政单位安排的，支持经济社会发展的部分专项资金，找不到准确的对应科目只能通过"其他××支出"反映。在这种情况下，"其他××支出"科目也可以用于行政单位。二是为行政单位（包括实行公务员管理的事业单位）提供后勤服务的各类后勤服务中心、医务室、信息中心等附属事业单位，只有当其仅为机关本身提供服务时，相关支出才列"机关服务"科目；如果属于为整个系统服务的，其支出应列有关的项级科目或"其他××支出"项级科目。如人力资源和社会保障部门的信息中心的支出，就不应列"机关服务"科目，而应在"信息化建设"项级科目反映。

三、部分特殊项目的处理

（一）跨功能的部门支出的反映

支出功能分类并不是按部门分类，因此，跨功能的部门支出应该分解归入其对应的各个支出功能分类科目中去。如卫生部门所属卫生学校支出，应在"教育支出"科目反映，而不应在"卫生健康支出"科目反映；教育部门下属医科大学附属医院支出，应使用"卫生健康支出"科目，不能列入"教育支出"；农村环境保护支出应列"节能环保支出"科目，不能列入"农林水支出"科目；财政部门所属的出版社支出，应在"文化旅游体育与传媒支出"科目反映，而不能使用"财政事务"科目；税务部门所属的报社支出,也应在"文化旅游体育与传媒支出"科目反映,而不能使用"税收事务"科目。

(二)社会保险基金支出的反映

政府收支分类中的"社会保险基金支出"类级科目,反映的是政府从社会保险基金中列支的各项支出。在实际工作中不少行政事业单位误将财政安排本单位的养老保险金、医疗保险金、失业保险金等,列入"社会保险基金支出"中的有关科目。其实,"社会保险基金支出"仅指政府从社会保险基金中安排的支出,并不包括财政承担和安排的要缴入社会保险基金的社会保险缴费。

(三)归口管理支出的反映

政府收支分类中设置了"归口管理的行政单位离退休""事业单位离退休"分别用于反映实行归口管理的行政单位、事业单位开支的离退休经费,设置了"离退休人员管理机构"用于反映实行归口管理的离退休人员管理机构的支出,此外还设置了"未归口管理的行政单位离退休",反映未实行归口管理的行政单位开支的离退休支出。

在实际工作中,很多单位不明白归口管理的含义。其实所谓归口管理就是指离退休经费归口财政部门内部的社会保障司(处、科)进行管理。从 1995 年起,为深化改革和加强离退休经费管理,理顺资金分配渠道,财政部逐步对中央级行政单位和事业单位的离退休经费,以及离退休人员管理机构的经费,由混在各个部门的行政事业经费中管理,改为由社会保障司归口管理。因此,所谓归口管理的离退休支出,就是指归口于社会保障司(处、科)统一管理、统一下达的离退休经费。

在实际工作中,不少地方尽管未按照财政部的要求对离退休经费实行归口管理,但为了实现对离退休经费的全面统计,也将离退休经费列入归口管理的相关科目。因此,行政事业单位要结合当地实际情况,根据同级财政部门的要求使用归口科目。

第四节 支出经济分类科目的具体使用

一、货币化改革补贴

对于货币化改革补贴应适用的经济科目问题,财政部曾经出过两个版本的解释。一是在《政府收支分类改革问题解答》(中国财政经济出版社 2006 年版)一书中,财政部认为,目前正在进行的交通补贴、移动通信补贴、住宅电话补贴等职务消费货币化改革,其实质是将干部职工因公务活动需要而发生的支出加以货币化,直接补助给个人,属于对个人的一种支出。因此,其支出应该列入"工资福利支出"类下的"津贴补贴"科目。二是在财政部办公厅《关于印发政府收支分类改革后有关科目具体运用解答的通知》（财办预〔2006〕18号）中，财政部认为，各单位在实施职工福利货币化改革时发放给个人的各类补贴，如"取暖费""通信补贴"等，列入经济分类"商品和服务支出"下的相关款，而不应列入"工资福利支出"下的"津贴补贴"。

第一个解释的重点是公务活动支出货币化，强调将以前公务活动而发生的支出由单位报销，改为直接以货币的形式发放给个人，比如实行通信补贴改革后领导干部的住宅电话费由据实报销改为发放住宅电话补贴。第二个解释的重点是福利货币化，强调将对个人的普惠性福利由单位报销改为直接以货币的形式发放给个人，比如职工取暖费由根据缴费单据报销改为根据职务发放取暖补贴。但是在实际工作中，我们很难区分哪些补贴是职务消费货币化，哪些补贴是职工福利货币化。而且经常是在职务消费货币化改革的过程中，出于公平的考虑而将原来排除在职务消费之外的群体，一并纳入补贴范围，从而将职务消费货币化改革演变成职工福利货币化改革。同时，我们在推进职工福利货币化改革的过程中，一般也都是根据职务高低制定不同的发放标准，从而使职工福利货币化改革又具有了职务消费货币化改革的特征。比如，我们在对领导干部发放移动通信补贴和住宅电话补贴的同时，一并将原来并未享受电话费报销待遇的其他职工也纳入改革范围，对他们发放通信补贴。同时，我们将报销取暖费改为发放取暖补贴的过程中，也是按照职务高低确定不同的享受标准，使取暖补贴具有职务消费货币化的特点。

从《2017年政府收支分类科目》来看，货币化改革补贴实际上分别列入了"工资福利支出""商品和服务支出""对个人和家庭的补助"等3个支出经济分类科目。一是对于移动通信补贴、住宅电话补贴等通信补助，在工资和津贴补贴制度改革时已经归并进入津贴补贴，自然就相应列"工资福利支出"类下的"津贴补贴"款级科目。二是机关单位车改后对公务员发放的公务交通补贴，仍然按照公务用车相关费用的列支渠道，列入"商品和服务支出"下的"其他交通费用"科目。三是向在职和离退休人员发放的采暖补贴、物业服务补贴，作为对个人和家庭的补助支出事项，分别列入"对个人和家庭的补助"下的"采暖补贴""物业服务补贴"科目。

上述科目安排也并不完全合理。比如实行车改前所有的车辆费用，实行职工住宅采暖补贴改革前的在职职工和离退休人员宿舍取暖费，实行职工住宅物业服务改革前的在职职工和离退休人员宿舍的物业管理费，都是在"商品和服务支出"下的相关科目反映。而实行相关改革后，公务交通补贴继续留在"商品和服务支出"下的科目进行反映，而采暖补贴、物业服务补贴则调整到"对个人和家庭的补助"下进行反映，明显属于双重标准。

2018年实行政府支出经济分类改革后，将机关事业单位在职人员的采暖补贴、物业服务补贴由"对个人和家庭的补助"调整到"工资福利支出"，并入"津贴补贴"款级科目统一反映，将离休人员、退休人员的采暖补贴、物业服务补贴，分别并入"离休费"和"退休费",继续保持在"对个人和家庭的补助"类;而公务交通补贴继续保留在"商品和服务支出"下的"其他交通费用"科目反映。这种科目调整,与2017年相比要理顺一些,但单独把公务交通补贴保留在"其他交通费用"科目,尽管有助于完整反映预算单位在交通方面支出情况,仍然没有彻底解决与采暖补贴和物业补贴科目设置"双重标准"的问题。因此,我们认为应该将公务交通补贴理顺到"工资福利支出"中反映。

二、住房改革支出

支出经济分类科目中涉及住房改革支出的科目包括住房公积金、提租补贴和购房补贴三项。目前中央直属部门在编报部门预算的同时,还要单独编报涵盖上述三项内容的住房改革支出预算。对于住房公积金大家都比较熟悉,而提租补贴和购房补贴因为主要适用于中央财政和中直部门,大多数的地方行政事业单位不是特别熟悉,还有很多人搞不清楚住房补贴与提租补贴和购房补贴的关系。

住房公积金是指单位及其在职职工,按照国务院《住房公积金管理条例》的规定缴存的长期住房储金。职工和单位住房公积金的缴存比例均不得低于职工上一年度月平均工资的5%;有条件的城市,可以适当提高缴存比例。职工个人缴存的住房公积金,由所在单位每月从其工资中代扣代缴,通过往来款项核算;单位为职工缴存的住房公积金则应由单位列支出,通过"住房公积金"科目反映。

提租补贴是指根据《中共中央办公厅、国务院办公厅关于转发建设部等单位关于〈在京中央和国家机关进一步深化住房制度改革实施方案〉的通知》(厅字〔1999〕10号)中稳步提高公有住房租金、提高房租与提高职工收入相结合的精神,从2000年4月1日起,为在京中央和国家机关及事业单位干部职工因提高房租所增发的补贴(简称提租补贴),其中,正司级130元,科员及其以下人员70元,平均90元。

购房补贴是指根据《国务院关于进一步深化城镇住房制度改革加快住房建设的通知》(国发〔1998〕23号)规定,自1998年停止实物分房后,对房价收入比超过4倍以上地区的无房和住房未达标职工发放的住房货币化改革补贴资金。国发〔1998〕23号文件规定发放的是住房补贴,而且地方一般也根据上述文件要求采取"住房补贴"的说法;但中央财政根据《中共中央办公厅、国务院办公厅关于转发建设部等单位关于〈在京中央和国家机关进一步深化住房制度改革实施方案〉的通知》(厅字〔1999〕10号)的精神,一直采用"购房补贴"的说法。目前在京中央单位按照《中共中央办公厅　国务院办公厅转发建设部等单位〈关于完善在京中央和国家机关住房制度的若干意见〉的通知》(厅字〔2005〕8号)规定的标准执行,京外中央单位按照所在地人民政府住房分配货币化改革的政策规定和标准执行。也就是说,地方行政事业单位为职工发放的住房补贴也应使用"购房补贴"科目反映和核算,但实际工作中好多单位使用"提租补贴"科目反映发放给职工的住房补贴。

2017 年以前,住房公积金、提租补贴和购房补贴等三项支出全部作为"对个人和家庭的补助"的一部分,分别单设款级科目进行反映。2018 年实行政府支出经济分类改革后,将住房公积金以及在职人员的提租补贴和购房补贴由"对个人和家庭的补助"类调整到"工资福利支出"类,其中,住房公积金作为一个款级科目单独反映,而提租补贴和购房补贴则并入"津贴补贴"科目,不再单设款级科目;离退休人员的提租补贴、购房补贴继续留在"对个人和家庭的补助"类,但分别并入"离休费"和"退休费"款级科目,不再单设。之所以做上述调整,主要是考虑到住房公积金只有在职人员享受,因此,住房公积金和在职人员的提租补贴和购房补贴,属于政府对在职职工的一种工资性待遇,其实质是一种购买性支出,因此要将其调入"工资福利支出"类;而离退休人员的提租补贴和购房补贴,属于政府对离退休人员的一种无偿的单方面的补助,其实质是一种转移性支出,因此将其并入离退休费,继续保留在"对个人和家庭的补助"类。

三、委托业务费与劳务费

委托业务费与劳务费是经常容易混淆的两个科目。按照《政府收支分类科目》的解释,委托业务费是指因委托外单位办理业务而支付的委托业务费,劳务费是指支付给外单位和个人的劳务费用。

两种概念界定都属于典型的以委托业务费解释委托业务费,以劳务费解释劳务费,表述模糊、范围笼统,既不清晰又不明确。比如单位委托旅行社代办出国办签证、机票等,委托中介机构搞培训和会议,属不属于委托业务;律师服务费、项目评审费、测绘费等究竟应列劳务费还是委托业务费;单位在编制之外聘用人员费用应列劳务费还是工资福利支出。这些问题单纯从《政府收支分类科目》的解释和界定来看,很难进行区分和明确。

我们认为,委托业务是指本单位在执行工作和实施项目任务过程中,因自身不具备专业资质、条件和能力或其他因素,而通过合同或协议的方式,委托其他单位或社会专业机构完成全部或部分工作、项目任务,因上述委托业务所支付的费用即为委托业务费。从上述定义可以看出委托业务费有三个特点:一是公对公,是单位对单位的委托,而不是单位对个人的委托;二是委托的业务属于应由本单位履行职能工作或实施的项目任务,只是由于受资质、条件、时限、能力等因素制约,本单位自身难以实施,为了确保职能履行和业务开展,只好委托其他单位实施;三是要签订合同和协议,对双方的责、权、利以及实施效果等相关事项进行约定。

劳务费一般是指接受个人独立提供的各种非雇佣的劳务活动所支付的费用,以及接受其他单位提供的不属于本单位职能或工作任务组成部分的劳务活动所支付的费用。

劳务费与委托业务费的主要区别体现在三个方面:

一是劳务费与委托业务费的支付对象不同。劳务费一般针对个人,而委托业务费一般是针对单位。单位支付的与本单位之外的个人有关的业务活动费用,一般都应列"劳务费",而不能列"委托业务费"。例如,临时聘用人员及钟点工的工资、支付给单位之外个人的稿费、翻译费等,都属于劳务费的范畴。

二是劳务费与委托业务费核算的依据不同。劳务费的支付一般有对方收到该笔款项的签字,同时单位要履行个税的代扣代缴义务。委托业务费的支付一般有双方就委托业务事项签订的合同,并取得对方提供的发票。

三是劳务费与委托业务费的主体不同。劳务费的主体是人工费用,而委托业务费包括人工费用、材料费用、差旅费、办公费以及其他相关的耗费等。委托业务费尽管在支出经济分类科目中是一个科目,但由于其中涉及的内容和项目比较多,所以单位在申报预算时,应区分办公费、会议费、差旅费、劳务费等支出经济分类详细测算委托业务费的构成,但在具体安排使用及会计核算过程中,全部归集到"委托业务费"科目。劳务费的主体是人工费用,因此申报预算时的测算也相对简单。

四、部分支出的科目适用情况

(一)应休未休假补贴

根据《职工带薪年休假条例》的规定,行政事业单位职工连续工作1年以上的,享受带薪年休假,职工在年休假期间享受与正常工作期间相同的工资收入。单位确因工作需要不能安排职工休年假的,经职工本人同意,可以不安排职工休年假,但对职工应休未休假天数,单位应当按照该职工日工资收入的300%支付年休假工资报酬。剔除已经包含在工资和津贴补贴中正常发放的部分后,单位还应再支付日工资收入2倍的报酬。

对于这2倍的应休未休假补贴如何列支,《政府收支分类科目》对此也未作明确规定。我们认为,从本质上来看,应休未休假补贴是对在职职工应休假未休假的劳动给予的劳动报酬,属于典型的购买性支出,因此,部门预算支出经济分类应列"工资福利支出"类下的"其他工资福利支出"科目,而不能列"对个人和家庭的补助"科目。

(二)外聘人员支出

外聘人员包括编制外长期聘用人员和临时聘用人员。在2017年以前,编制外长期聘用人员,包括劳务派遣人员以及公安部门、交通警察部门经人力资源部门同意而招聘的合同制协警等,所发生的劳务报酬及社保缴费等应在"工资福利支出"类下的"其他工资福利支出"科目反映;临时聘用人员,包括单位外聘专家、教练、教师以及执法部门临时聘请的协管人员等支出,通过"商品和服务支出"类下的"劳务费"科目反映。2018年支出经济分类改革后,劳务派遣人员的费用不再在"其他工资福利支出"科目列支,改为从"劳务费"科目列支。这主要是由于劳务派遣人员的劳动关系在劳务派遣公司,派遣人员并不属于行政事业单位人员,行政事业单位也并不与派遣人员直接发生关系,而是通过派遣公司与派遣人员发生关系。因此,劳务派遣人员的相关费用属于单位应支付给派遣公司的劳务费,而不是工资福利支出。

(三) 伙食费支出

伙食费支出分散在多个部门预算支出经济分类科目中。其中,在"工资福利支出"下设有"伙食补助费"的款级科目,在"商品和服务支出"下的"差旅费""因公出国(境)费用""会议费""培训费",以及在"对个人和家庭的补助"下的"生活补助"等科目中也都包含伙食费的内容。

单位发给职工的伙食补助费,因公负伤等住院治疗、住疗养院期间的伙食补助费,军队(含武警)人员的伙食费等,列"工资福利支出"下的"伙食补助费"科目。同时,出差期间按规定发生的伙食补助费列"差旅费"科目,公务出国(境)按规定发生的伙食费列"因公出国(境)费用"科目,国内培训期间按规定发生的伙食费列"培训费"科目,国外培训期间发生的伙食费列"因公出国(境)费用"科目,会议期间按规定发生的伙食费列"会议费"科目,公务接待过程中按规定发生的餐费列"公务接待费"科目。

(四) 公务租车费用

公务租车费用属于交通费用,但应列"公务用车运行维护费""其他交通费用"存在分歧。如果列"公务用车运行维护费",那就属于"三公"经费,而列"其他交通费用"则不属于"三公"经费。

2015 年以前,"公务用车运行维护费"反映公务用车租用费、燃料费、维修费、过桥过路费、保险费、安全奖励费用等支出;表明车改后单位租赁公务用车发生的费用属于"公务用车运行维护费",即属于"三公"经费的一部分。

2017 年,财政部对交通费用科目的反映内容进行了调整,"其他交通费用"反映"反映单位除公务用车运行维护费以外的其他交通费用。如公务交通补贴,租车费用、出租车费用,飞机、船舶等的燃料费、维修费、保险费等",从而明确将租车费用排除在"三公"经费之外。

(五) 困难职工和遗属的生活补助

在 2017 年以前,行政事业单位职工和遗属生活补助全部列"对个人和家庭的补助"下的"生活补助"科目。2018 年支出经济分类科目改革后,在职职工的困难生活补助,作为购买性支出,改列"工资福利支出"下的"其他工资福利支出"科目,行政事业单位职工遗属生活补助继续列"生活补助"科目。

(六) 离退休人员的各项支出

离休人员的离休费、护理费和其他补贴,退休人员的退休费和其他补贴分别直接在"离休费""退休费"两个科目反映。用于离退休人员的一些其他杂项支出,则根据支出的具体内容分别列入"商品和服务支出""对个人和家庭的补助"类下相关的款级科目。其中,离休人员特需费、公用经费和退休人员公用经费列入"其他商品和服务支出"科目,医疗费列入"医疗费补助"科目,抚恤金、丧葬费列入"抚恤金"科目。

(七) 加班发生的餐费支出

在职人员因加班发生的餐费支出,不属于"公务接待费",也不属于"伙食补助费",应列入"其他商品和服务支出"科目。

(八) 办公室用的茶叶、矿泉水、卫生纸支出

办公室用的矿泉水、卫生纸支出都属于一般办公条件必备物品,因此应列入"办公费"科目。

对于办公用的茶叶有一些分歧,有的认为不属于办公必备物品,不符合中央八项规定。其实对于正常的办公用茶,国家还是允许的。2018 年福建省财政厅就专门下发了《关于明确省直机关办公用茶开支标准的通知》(闽财行〔2018〕4 号),对办公用茶的概念、开支标准等进行了明确。

按照福建省财政厅的规定,办公用茶是指在办公区域内为接待与工作有关来访或开展专项工作的人员,以及召开会议时提供茶水所购买的茶叶。本着保障工作需要和厉行节约的原则,办公用茶按上年年末在编实有人数(不含借用人员、聘用人员、挂职干部等)人均支出标准限额内据实报销,原则上以本省普通茶叶为主。具体标准为,按上年年末在编实有人数每人每年不超过 300 元,在此基础上,在本单位内部会议室召开且参加对象以外单位为主的会议,在办公用茶总量不足的前提下,会议用茶可按参会人员每人每半天不超过 5 元标准限额内据实报销(应附会议通知及参会人员签到表)。福建省财政厅同时规定,办公用茶采购所需经费在单位日常公用经费中开支,列"办公费"科目。

(九) 图书购置支出

对于各级图书馆、学校图书馆以及单位图书室、借阅室购买收藏的图书,列入"资本性支出——其他资本性支出"科目,或在"资本性支出"类级科目下设"图书购置"款级科目,并按固定资产进行管理;用于其他方面的图书购置支出,一般应列入"办公费"科目。

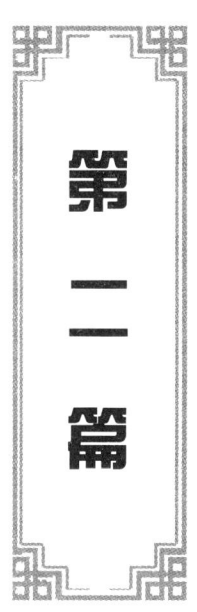

第二篇

政府财政会计

第四章 政府财政会计概述

第一节 政府财政会计的概念与特点

一、政府财政会计的概念

政府财政会计即政府财政总预算会计，又称总预算会计、总会计，是各级政府财政核算、反映、监督政府财政预算执行及各类财政性资金活动的专业会计。政府财政会计与政府单位会计共同构成政府会计。

总预算会计作为"总预算"的"会计"，既是政府会计的一个分支，也是政府财政预算管理的重要组成部分。因此，预算管理覆盖到哪里，会计核算就要延伸到哪里；预算管理扩展到哪里，会计核算就要跟踪到哪里。与五级财政相适应，总预算会计也分为中央、省、市、县、乡五级总会计。

2015年，财政部对1997年颁布、1998年实施的《财政总预算会计制度》进行了修订，自2016年1月1日起施行。考虑到社会保险基金的特殊性，社会保险基金预算未纳入财政总预算会计制度核算范围，而是适用专门的《社会保险基金会计制度》。同时，财政专户管理资金、专用基金和财政代管资金等严格来讲并不属于4类预算范围，但由于业务相对单一，核算相对简单，将其一并纳入总预算会计进行核算和反映。也就是说，财政总预算会计制度的核算范围包括一般公共预算、政府性基金预算、国有资本经营预算以及财政专户管理资金、专用基金和财政代管资金等。

二、政府财政会计的特点

财政总预算会计与企业会计、政府单位会计相比，有以下特点：

（1）宏观层次较高。总预算会计为国家预算执行服务，对财政性资金进行核算和监督，为合理调度预算资金提供会计信息，并为宏观经济管理提供信息。

（2）对资金绩效重视程度高。总预算会计核算政府的预算收支情况，虽然不进行成本核算和损益核算，但随着财税体制改革的不断深化，对资金绩效越来越重视,绩效评价工作不断深入开展。

(3) 会计信息政策性强。总预算会计信息的使用者主要为本级政府、上级财政部门以及社会公众。因此,总预算会计所提供的会计信息,不仅要符合一般的会计原则,还要符合《预算法》的要求,满足人民代表大会、上级财政部门、本级政府对预算管理和财政决策方面的需要,满足社会公众了解和监督政府的信息公开需要。

(4) 收支确认一般采用收付实现制。总预算会计一般以收付实现制为收支确认信息质量要求,部分经济业务或者事项应当按照规定采用权责发生制核算。其中,对地方各级财政来讲,财政国库管理制度改革后,只有对因实施财政国库管理制度改革而形成的年终预算结余资金,各级总预算会计可以实行权责发生制账务处理。

(5) 资产科目相对单一。总预算会计以收入、支出核算为主,不经手现金,不会形成固定资产和无形资产,因此没有现金收付和固定资产、无形资产核算业务,同样也没有设置"库存现金""固定资产""无形资产"等资产类科目。

(6) "双分录"应用广泛。财政总预算会计既要反映预算收支执行情况,又要反映资产负债变化状况,为了兼顾预算管理和财务管理需要,在会计核算时广泛采用了"双分录"核算办法。比如:核算地方政府债券转贷款、主权外债转贷款、政府持有的各类股权投资等,均需采用"双分录"核算办法。

第二节　政府财政会计的会计信息质量要求与会计科目设置

一、财政总预算会计的会计信息质量要求

根据《政府会计准则——基本准则》,政府会计的信息质量要求包括可靠性、全面性、相关性、及时性、可比性、可理解性及实质重于形式7项。财政总预算会计制度将全面性并入可靠性,同时考虑到总预算会计业务以收付实现制为核算基础,很少存在"实质"与"形式"的差异,从而未体现实质重于形式的原则,因此其会计信息质量要求共有以下5项:

(1) 可靠性。总预算会计应当以实际发生的经济业务或者事项为依据进行会计核算,如实反映各项会计要素的情况和结果,保证会计信息真实可靠,全面反映政府财政的预算执行情况和财务状况等。

(2) 相关性。总预算会计提供的会计信息应当与政府财政受托责任履行情况

的反映、会计信息使用者的监督、决策和管理需要相关,有助于会计信息使用者对政府财政过去、现在或者未来的情况做出评价或者预测。

（3）及时性。总预算会计对于已经发生的经济业务或者事项,应当及时进行会计核算。

（4）可比性。一方面,同一政府财政不同时期发生的相同或者相似的经济业务或者事项,应当采用一致的会计政策,不得随意变更。确需变更的,应当将变更的内容、理由和对政府财政预算执行情况、财务状况的影响在附注中予以说明。另一方面,不同政府财政发生的相同或者相似的经济业务或者事项,应当采用统一的会计政策,确保不同政府财政的会计信息口径一致、相互可比。

（5）可理解性。总预算会计提供的会计信息应当清晰明了,便于会计信息使用者理解和使用。

二、会计科目设置

总预算会计的会计要素包括资产、负债、净资产、收入与支出。与会计要素相对应,总预算会计科目也分为资产、负债、净资产、收入、支出五大类,具体会计科目的类别、名称、编码如表4-1所示。各级总会计应当按照《财政总预算会计制度》的规定运用会计科目。

表 4-1　　　　　　　　总预算会计科目设置情况表

序号	科目编号	会计科目名称	序号	科目编号	会计科目名称
一、资产类			13	1045	应收主权外债转贷款
1	1001	国库存款	14	1071	股权投资
2	1003	国库现金管理存款	15	1081	待发国债
3	1004	其他财政存款	二、负债类		
4	1005	财政零余额账户存款	16	2001	应付短期政府债券
5	1006	有价证券	17	2011	应付国库集中支付结余
6	1007	在途款	18	2012	与上级往来
7	1011	预拨经费	19	2015	其他应付款
8	1021	借出款项	20	2017	应付代管资金
9	1022	应收股利	21	2021	应付长期政府债券
10	1031	与下级往来	22	2022	借入款项
11	1036	其他应收款	23	2026	应付地方政府债券转贷款
12	1041	应收地方政府债券转贷款	24	2027	应付主权外债转贷款

（续表）

序号	科目编号	会计科目名称	序号	科目编号	会计科目名称
25	2045	其他负债	37	4002	政府性基金预算本级收入
26	2091	已结报支出	38	4003	国有资本经营预算本级收入
三、净资产类			39	4005	财政专户管理资金收入
27	3001	一般公共预算结转结余	40	4007	专用基金收入
28	3002	政府性基金预算结转结余	41	4011	补助收入
29	3003	国有资本经营预算结转结余	42	4012	上解收入
30	3005	财政专户管理资金结余	43	4013	地区间援助收入
31	3007	专用基金结余	44	4021	调入资金
32	3031	预算稳定调节基金	45	4031	动用预算稳定调节基金
33	3033	预算周转金	46	4041	债务收入
34	3081	资产基金	47	4042	债务转贷收入
	308101	应收地方政府债券转贷款	五、支出类		
	308102	应收主权外债转贷款	48	5001	一般公共预算本级支出
	308103	股权投资	49	5002	政府性基金预算本级支出
	308104	应收股利	50	5003	国有资本经营预算本级支出
35	3082	待偿债净资产	51	5005	财政专户管理资金支出
	308201	应付短期政府债券	52	5007	专用基金支出
	308202	应付长期政府债券	53	5011	补助支出
	308203	借入款项	54	5012	上解支出
	308204	应付地方政府债券转贷款	55	5013	地区间援助支出
	308205	应付主权外债转贷款	56	5021	调出资金
	308206	其他负债	57	5031	安排预算稳定调节基金
四、收入类			58	5041	债务还本支出
36	4001	一般公共预算本级收入	59	5042	债务转贷支出

第五章 预算收入的核算

第一节 预算收入概述

一、预算收入的概念

预算收入也称财政收入,是指政府财政为实现政府职能,根据法律法规等所筹集的资金。

总会计核算的预算收入包括一般公共预算本级收入、政府性基金预算本级收入、国有资本经营预算本级收入、财政专户管理资金收入、专用基金收入、转移性收入、债务收入、债务转贷收入等。

需要注意的是,对于一般公共预算、政府性基金预算和国有资本经营预算 3 类预算,会计制度专门强调,总会计核算的收入是指 3 类预算的本级收入,而对其他收入项目则没有这种规定。这主要是由于一般公共预算、政府性基金预算和国有资本经营预算 3 类预算,征收部门将各项收入征收入库时,会按照分成比例或税种归属关系,将收入分别缴入中央、省、市、县各级政府国库。财政总会计作为本级政府的会计核算主体,只是负责核算缴入本级政府国库、纳入本级预算管理的那部分收入,而并不对本行政辖区内产生的所有的预算收入进行核算。

比如,县一级政府的预算收入,只是指缴入县级国库,纳入县级预算管理的县级收入;县域行政辖区内产生的,缴入中央、省、市三级的收入,尽管也通过本级国库报解处理,但应分别作为中央、省、市三级政府的预算收入,纳入各自的预算管理,由中央、省、市三级的总会计分别核算,并不需要县级财政总会计进行核算。

二、预算收入的组织机构

预算收入来源于各个方面,为了确保预算收入及时足额缴入国库,国家设立了专门的征收和监缴管理机构来组织和监督预算收入。这些专门的机构包括征收机关和出纳机关。

（一）征收机关

征收机关负责财政收入的征收管理,包括税务机关、海关和财政机关。

1. 税务机关

税务机关主要负责各项税收以及税务行政事业性收费、税务部门罚没收入、教育费附加、地方教育附加等税务机关征收的其他收入。2018 年,中央国家机构改革前,税务机关分为国税机关和地税机关。2018 年机构改革后,合并省级及以下国税、地税机构,从 2019 年 1 月 1 日起,将基本养老保险费、基本医疗保险费、失业保险费、工伤保险费、生育保险费等各项社会保险费交由税务部门统一征收;同时,按照便民、高效的原则,合理确定非税收入征管职责划转到税务部门的范围。

2. 海关

海关是国家的进出关境监督管理机关,具体负责监管进出境的运输工具、货物、行李物品、邮递物品等。在实施监管的同时,海关还要按照规定对进出境运输工具、货物、物品征收关税、进口增值税和进口消费税,对进出中国国境的船舶征收船舶吨税,此外还要负责征收进口货物滞报金等海关行政事业性收费和海关罚没收入。

需要注意的是,增值税和消费税的征收机关,实际上应为税务机关而不是海关。为了简化手续、避免税款流失,财政部、国家税务总局和海关总署共同规定,由税务机关委托海关在进口环节代为征收。因此,海关是关税和船舶吨税的征收机关,而进口增值税和进口消费税则实为海关代替税务部门征收——"海关代征两税"的说法也正是由此而来。在征收机关每年对外公布征收的收入时,进口增值税和进口消费税实际上是反映到了税务机关的征收数据中,而未包括在海关的征收数据中。

3. 财政机关

财政机关主要负责征收行政事业性收费、专项收入、罚没收入、政府性基金收入、国有企业上缴利润、其他收入等。需要注意的是,行政事业性收费和罚没收入一般都有具体的行政事业单位负责具体征收,但为了便于加强财政监管,简化统计核算手续,一般都将财政部门作为这些收费和罚没的征收机关,而将具体征缴部门称为执收执罚部门。2018 年国税、地税合并后,财政机关负责征管的非税收入适合税务机关征管的,将会逐步划转到税务机关征收。

（二）国家金库

国家金库简称国库,是财政资金的出纳和保管机构,负责办理预算收入的收纳、划分、留解和预算支出的拨付业务。

国库机构按照国家财政管理体制设立,原则上一级财政设立一级国库。中央国库业务由中国人民银行经理,地方国库业务由中国人民银行分支机构办理;未设中国人民银行分支机构的地区,由上级中国人民银行分支机构与有关地方政府财政部门协商后,委托有关银行业金融机构办理。中央设立总库;省、自治区、直辖市设立分库;省辖市、自治州设立中心支库;县和相当于县的市、区设立支库。支库以下经收处的业务,由专业银行的基层机构代理。

三、预算收入的收纳、划分、报解与退库

(一) 预算收入的收纳入库

支库是国库的基层库,各级预算收入缴入基层国库为正式入库。因此,征收机关和国库计算入库数字和入库日期,都以支库收纳数额和入库的日期为准。

预算收入进入国库后,各级国库将该日所收库款按类编制预算收入日报表,连同有关凭证附件转同级财政总会计;财政总会计据以编制记账凭证,记录国库存款和预算收入的增加。预算收入进入预算外资金专户后,开户银行将有关收款凭证转开户的财政总会计,总会计据以编制记账凭证,记录其他财政存款和专户管理收入的增加。

(二) 预算收入的划分

为适应各级政府行使职权的需要,根据事权与财权相结合、财力与事权相匹配的原则,需要将预算收入在各级政府之间进行划分。预算收入在各级财政之间的这种划分,是政府间财政关系的一项基本内容,是实现政府预算分级管理,确保财权、事权统一,解决中央财政与地方财政以及地方各级财政之间分配关系的核心内容。

从1994年起,我国开始实行分税制财政体制改革,按照税种划分中央与地方的收入。其中,将维护国家权益、实施宏观调控所必需的税种划为中央税;将同经济发展直接相关的主要税种划为中央与地方共享税;将适合地方征管的税种划为地方税(见表5-1)。

表5-1　　　　　　　　　现行中央与地方财政收入划分

项　目	一般公共预算	政府性基金预算	国有资本经营预算
中央固定收入	关税,海关代征消费税和增值税,消费税,证券交易印花税,各银行总行、各保险公司总公司集中缴纳的收入(包括增值税、利润和城市维护建设税),未纳入共享范围的中央企业所得税等	铁路建设基金,民航发展基金,旅游发展基金,大中型水库移民后期扶持基金,三峡水库库区基金,中央特别国债经营基金,中央特别国债经营基金财务收入,核电站乏燃料处理处置基金,可再生能源电价附加,船舶油污损害赔偿基金,废弃电器电子产品处理基金	国务院国资委监管的中央企业、财政部履行出资人职责的企业以及中央部门和单位所属企业上缴的国有资本经营收益

（续表）

项　目	一般公共预算	政府性基金预算	国有资本经营预算
中央地方共享收入	增值税：中央分享 50%，地方分享 50%；纳入共享范围的企业所得税：中央分享 60%，地方分享 40%；个人所得税：中央分享 60%，地方分享 40%；资源税：海洋石油资源税为中央收入，其余资源税为地方收入	农网还贷资金，港口建设费，国家电影事业发展专项资金，大中型水库库区基金，彩票公益金，彩票发行机构和彩票销售机构的业务费用，国家重大水利工程建设基金	
地方固定收入	城镇土地使用税，城市维护建设税（不含各银行总行、各保险总公司集中缴纳的部分），房产税，车船税，印花税（不含证券交易印花税），耕地占用税，契税，烟叶税，土地增值税等	海南省高等级公路车辆通行附加费，国有土地使用权出让金，国有土地收益基金，农业土地开发资金，城市基础设施配套费，小型水库移民扶助基金，车辆通行费，污水处理费	地方各级人民政府及其部门、机构履行出资人职责的企业上缴的国有资本收益

（三）预算收入的报解

预算收入的报解是指通过国库，按预算收入的划分和预算体制规定的留解比例，向上级国库和同级财政机关报告预算收入情况，并将属于上级财政的预算收入解缴到相应级次的国库。预算收入报解的具体工作由各级国库负责办理，国库对收纳的预算收入，应按照《政府收支分类科目》的最末级（目级）收入科目统计，及时办理库款的报解。

（四）预算收入的退库

预算收入退库是指各级国库部门根据国家政策及有关规定，由财政部门或征收机关签发收入退库凭证，将已入库的预算收入款项退还给纳税单位或纳税人的行为。

各级预算收入退库的审批权属于本级政府财政部门。中央预算收入、中央和地方共享收入的退库，由财政部或财政部授权的机构批准。地方预算收入的退库，由地方政府财政部门或其授权的机构批准。办理预算收入退库，必须按照国家规定直接退给申请单位或申请个人，任何部门、单位和个人不得截留、挪用退库款项。

四、预算收入的确认

一般公共预算本级收入、政府性基金预算本级收入、国有资本经营预算本级收入、财政专户管理资金收入和专用基金收入应当按照实际收到的金额入账。转移性收入应当按照财政体制的规定或实际发生的金额入账。债务收入应当按照实际发行额或借入的金额入账，债务转贷收入应当按照实际收到的转贷金额入账。

已建乡(镇)国库的地区,乡(镇)财政的本级收入以乡(镇)国库收到数为准。县(含县本级)以上各级财政的各项预算收入(含固定收入与共享收入)以缴入基层国库数额为准。

未建乡(镇)国库的地区,乡(镇)财政的本级收入以乡(镇)总会计收到县级财政返回数额为准。

第二节　市级预算收入

一、一般公共预算本级收入

一般公共预算是指对以税收为主体的财政收入,安排用于保障和改善民生、推动经济社会发展、维护国家安全、维持国家机构正常运转等方面的收支预算。一般公共预算本级收入是指政府财政筹集的纳入本级一般公共预算管理的税收收入和非税收入。

(一) 会计科目设置

财政总预算应设置"一般公共预算本级收入"科目,核算政府财政筹集的纳入本级一般公共预算管理的税收收入和非税收入。"一般公共预算本级收入"科目平时贷方余额反映一般公共预算本级收入的累计数;年终结转后,本科目应无余额。

一般公共
预算收入的
构成与口径

"一般公共预算本级收入"科目应当根据《政府收支分类科目》中"一般公共预算收入科目"规定进行明细核算。

为了简化操作,使会计分录看起来更为简洁,在本书的案例分析中,凡是涉及预算收入分类、支出经济分类、政府预算支出经济分类的明细核算,在进行会计分录处理时,将直接使用最末级科目。

(二) 主要账务处理

(1) 收到款项时,根据当日预算收入日报表所列一般公共预算本级收入数,借记"国库存款"等科目,贷记"一般公共预算本级收入"科目。

(2) 年终转账时,"一般公共预算本级收入"科目贷方余额全数转入"一般公共预算结转结余"科目,借记"一般公共预算本级收入"科目,贷记"一般公共预算结转结余"科目。

【例 5-1】 某县财政总预算会计发生以下业务:

(1) 收到中国人民银行国库报来的"一般公共预算本级收入日报表"以及相关收入缴库凭证(见表5-2)。

表5-2 　　　　　　　　　　　×× 县级预算收入日报表　　　　　　　单位：元

科目名称	本日收入	科目名称	本日收入
增值税	140 000	罚没收入	130 000
国内增值税	140 000	一般罚没收入	130 000
国有企业增值税	180 000	公安罚没收入	90 000
集体企业增值税	−40 000	卫生罚没收入	40 000

借：国库存款　　　　　　　　　　　　　　　　　　　　　 270 000
　　贷：一般公共预算本级收入——国有企业增值税　　　　　 180 000
　　　　一般公共预算本级收入——集体企业增值税　　　　　 −40 000
　　　　一般公共预算本级收入——公安罚没收入　　　　　　 90 000
　　　　一般公共预算本级收入——卫生罚没收入　　　　　　 40 000

（2）年终转账时，将上述业务形成的一般公共预算本级收入进行转账处理。

借：一般公共预算本级收入——国有企业增值税　　　　　　 180 000
　　　一般公共预算本级收入——集体企业增值税　　　　　　 −40 000
　　　一般公共预算本级收入——公安罚没收入　　　　　　　 90 000
　　　一般公共预算本级收入——卫生罚没收入　　　　　　　 40 000
　　贷：一般公共预算结转结余　　　　　　　　　　　　　　 270 000

一般公共预算本级收入主要经济业务会计核算情况如表5-3所示。

表5-3 　　　　一般公共预算本级收入主要经济业务会计核算情况表

经济业务	会计核算
（1）收到一般公共预算收入	借：国库存款 　　贷：一般公共预算本级收入
（2）年终转账	借：一般公共预算本级收入 　　贷：一般公共预算结转结余

二、政府性基金预算本级收入

政府性基金预算是对依照法律、行政法规的规定在一定期限内向特定对象征收、收取或者以其他方式筹集的资金，专项用于特定公共事业发展的收支预算。政府性基金预算本级收入是指政府财政筹集的纳入本级政府性基金预算管理的非税收入。

（一）政府性基金预算的形成背景和过程

1996年，针对一些地方和部门存在的擅自将财政预算资金转为预算外资金、擅自设立基金或收费项目、预算外资金的使用脱离财政管理和各级人大监督等问题，国务院下发了《关于加强预算外资金管理的决定》（国发〔1996〕29号），规定从

1996年起将养路费、车辆购置附加费、铁路建设基金等13项数额较大的政府性基金(收费)纳入财政预算管理。

根据国务院国发〔1996〕29号文件精神,1996年12月13日财政部下发了《关于制发政府性基金预算管理办法的通知》(财预字〔1996〕435号),明确提出,纳入预算管理的政府性基金管理在财政预算上采用单独编列办法,即各级财政部门单独编列一张"政府性基金收支预算表",将基金收入与基金支出按照一一对应的原则排列,不计入一般预算收入总计和一般预算支出总计——这就标志着政府性基金预算的正式形成。尽管按照国务院的要求,从1996年起就将13项基金纳入预算管理,而按照财预字〔1996〕435号的规定,《政府性基金预算管理办法》从1997年1月1日起执行,因此,政府性基金预算实际上是从1997年起开始设立。

2002年,财政部、中国人民银行下发了《关于将部分政府性基金纳入预算管理的通知》(财预〔2002〕359号),决定自2002年7月1日起,将部分尚未纳入预算管理的政府性基金全部纳入预算管理,从而将所有政府性基金均纳入预算管理。

(二) 会计科目设置

财政总预算应设置"政府性基金预算本级收入"科目,用于核算政府财政筹集的纳入本级政府性基金预算管理的非税收入。"政府性基金预算本级收入"科目平时贷方余额反映政府性基金预算本级收入的累计数;年终结转后,本科目应无余额。

政府性基金
预算收入的
具体内容

"政府性基金预算本级收入"科目应当根据《政府收支分类科目》中"政府性基金预算收入科目"规定进行明细核算。

(三) 主要账务处理

(1) 收到款项时,根据当日预算收入日报表所列政府性基金预算本级收入数,借记"国库存款"等科目,贷记"政府性基金预算本级收入"科目。

(2) 年终转账时,本科目贷方余额全数转入"政府性基金预算结转结余"科目,借记"政府性基金预算本级收入"科目,贷记"政府性基金预算结转结余"科目。

【例5-2】 某市财政总预算发生以下业务:

(1) 收到中国人民银行国库报来的"政府性基金预算本级收入日报表"和相关收入缴库凭证(见表5-4)。

表5-4　　　　　　　　　　　　××市级预算收入日报表

科目名称	本日收入	科目名称	本日收入
政府性基金收入	18 000 000	国有土地使用权出让收入	10 000 000
城市基础设施配套费收入	5 000 000	土地出让价款收入	8 000 000
污水处理费	3 000 000	补缴的土地价款	2 000 000

借：国库存款 18 000 000

贷：政府性基金预算____城市基础设施
　　本级收入　　配套费收入 5 000 000

政府性基金预算____污水
本级收入　　处理费 3 000 000

政府性基金预算____国有土地使用权____土地出让
本级收入　　出让收入　　价款收入 8 000 000

政府性基金预算____国有土地使用权____补缴的
本级收入　　出让收入　　土地价款 2 000 000

（2）年终，对上述业务形成的收入进行转账处理。

借：政府性基金预算____城市基础设施
　　本级收入　　配套费收入 5 000 000

政府性基金预算____污水
本级收入　　处理费 3 000 000

政府性基金预算____国有土地使用权____土地出让
本级收入　　出让收入　　价款收入 8 000 000

政府性基金预算____国有土地使用权____补缴的
本级收入　　出让收入　　土地价款 2 000 000

贷：政府性基金预算结转结余——城市基础设施配套费收入 5 000 000

政府性基金预算结转结余——污水处理费 3 000 000

政府性基金预算结转结余——国有土地使用权出让收入 10 000 000

需要注意的是，从政府性基金预算收支对应关系来看，国有土地出让收入以"国有土地使用权出让收入"项级科目作为支出安排和结转结余核算的层级，因此，年终转账时只结转到该项基金的项级科目即可。

政府性基金预算本级收入主要经济业务会计核算情况如表5-5所示。

表5-5　　　政府性基金预算本级收入主要经济业务会计核算情况表

经济业务	会计核算
（1）收到政府性基金预算收入	借：国库存款 　　贷：政府性基金预算本级收入
（2）年终转账	借：政府性基金预算本级收入 　　贷：政府性基金预算结转结余

三、国有资本经营预算本级收入

国有资本经营预算是对国有资本收益做出支出安排的收支预算。国有资本经营预算本级收入是指政府财政筹集的纳入本级国有资本经营预算管理的非税收入。需要注意的是，预算管理过程中，国有资本经营收入被分别纳入一般公共预算和国有资本经营预算这两本不同的预算之中进行管理。纳入国有资本经营预算管理的收入项目才属于国有资本经营预算收入,而纳入一般公共预算管理的则属于一般公共预算收入。

国有资本经营
预算收入的
概念与分类

(一)会计科目设置

财政总预算应设置"国有资本经营预算本级收入"科目,核算政府财政筹集的纳入本级国有资本经营预算管理的非税收入。"国有资本经营预算本级收入"科目平时贷方余额反映国有资本经营预算本级收入的累计数;年终结转后,本科目应无余额。

"国有资本经营预算本级收入"科目应当根据《政府收支分类科目》中"国有资本经营预算收入"科目规定进行明细核算。

(二)主要账务处理

(1)收到款项时,根据当日预算收入日报表所列国有资本经营预算本级收入数,借记"国库存款"等科目,贷记"国有资本经营预算本级收入"科目。

(2)年终转账时,"国有资本经营预算本级收入"科目贷方余额全数转入"国有资本经营预算结转结余"科目,借记"国有资本经营预算本级收入"科目,贷记"国有资本经营预算结转结余"科目。

【例5-3】　某市财政总预算发生以下业务:

(1)收到人民银行国库部门报来的"本级收入日报表",其中,"103060102 金融企业利润收入"1 500 万元,"103060212 化工企业利润收入"210 万元,"103060402 国有独资企业清算收入"150 万元。

上述业务中,"103060102 金融企业利润收入"属于一般公共预算收入,应统计列入一般公共预算本级收入,而"103060212 化工企业利润收入""103060402 国有独资企业清算收入"属于国有资本经营预算收入,应统计列入国有资本经营预算本级收入。为此,总预算应做如下账务处理:

借:国库存款　　　　　　　　　　　　　　　　　　　　18 600 000
　　贷:一般公共预算本级收入——金融企业利润收入　　　　15 000 000
　　　　国有资本经营预算本级收入——化工企业利润收入　　　2 100 000
　　　　国有资本经营预算本级收入——国有独资企业清算收入　1 500 000

(2)对上述业务形成的收入进行转账。

借:一般公共预算本级收入——金融企业利润收入　　　　15 000 000
　　贷:一般公共预算结转结余　　　　　　　　　　　　　15 000 000

借:国有资本经营预算本级收入——化工企业利润收入　　　2 100 000
　　国有资本经营预算本级收入——国有独资企业清算收入　1 500 000
　　贷:国有资本经营预算结转结余　　　　　　　　　　　3 600 000

国有资本经营预算本级收入主要经济业务会计核算情况如表5-6所示。

表5-6   国有资本经营预算本级收入主要经济业务会计核算情况表

经济业务	会计核算
（1）收到国有资本经营预算收入	借：国库存款 　　贷：国有资本经营预算本级收入
（2）年终转账	借：国有资本经营预算本级收入 　　贷：国有资本经营预算结转结余

第三节　财政专户管理资金收入和专用基金收入

一、财政专户管理资金收入

（一）财政专户管理资金收入概述

我国的政府收入分为预算内管理和预算外管理两种形式。其中，预算内管理是指纳入一般公共预算、政府性基金预算、国有资本经营预算和社会保险基金预算4类预算的管理；预算外管理是指实行财政专户管理。

2010年《财政部关于将按预算外资金管理的收入纳入预算管理的通知》（财预〔2010〕88号）规定，从2011年1月1日起，教育收费收入（包括高中以上学费、住宿费，高校委托培养费，党校收费，教育考试考务费，函大、电大、夜大及短训班培训费等）、彩票机构业务费等收入纳入财政专户管理，其余部门预算外资金收入全部上缴国库，纳入预算管理。2015年，彩票机构业务费由财政专户管理改为纳入政府性基金预算管理。

因此，财政专户管理资金收入，就是指政府财政纳入财政专户管理的教育收费等资金收入。

（二）会计科目设置

财政总预算应设置"财政专户管理资金收入"科目，核算政府财政纳入财政专户管理的教育收费等资金收入。"财政专户管理资金收入"科目平时贷方余额反映财政专户管理资金收入的累计数；年终结转后，本科目应无余额。

"财政专户管理资金收入"科目应当按照《政府收支分类科目》中收入分类科目规定进行明细核算；根据管理需要，按部门（单位）等进行明细核算。

（三）主要账务处理

（1）收到财政专户管理资金时，借记"其他财政存款"科目，贷记"财政专户管理资金收入"科目。

（2）年终转账时，"财政专户管理资金收入"科目贷方余额全数转入"财政专户管理资金结余"科目，借记"财政专户管理资金收入"科目，贷记"财政专户管理资金结余"科目。

【例 5-4】 某县财政总预算发生以下业务：

（1）设在农业银行的财政专户收到代收银行转来的县实验中学住宿费 100 万元，县委党校的短期培训费 5 万元。

借：其他财政存款——财政专户——农业银行 1 050 000
  贷：财政专户管理资金收入——教育收费——县实验高中——住宿费 1 000 000
    财政专户管理资金收入——教育收费——县委党校——短期培训费 50 000

（2）年终将上述业务形成的财政专户资金收入进行转账。

借：财政专户管理资金收入——教育收费——县实验高中——住宿费 1 000 000
  财政专户管理资金收入——教育收费——县委党校——短期培训费 50 000
  贷：财政专户管理资金结余——县实验高中 1 000 000
    财政专户管理资金结余——县委党校 50 000

财政专户管理资金收入主要经济业务会计核算情况如表 5-7 所示。

表 5-7　　　　　　财政专户资金收入主要经济业务会计核算情况表

经济业务	会计核算
（1）收到财政专户管理资金	借：其他财政存款 　贷：财政专户管理资金收入
（2）年终转账	借：财政专户管理资金收入 　贷：财政专户管理资金结余

二、专项基金收入

（一）专项基金收入概述

专用基金收入是指财政总预算会计管理的各项具有专门用途的资金收入，如粮食风险基金等。专用基金收入与政府性基金收入在管理和使用方面既有相同之处，也有不一样的地方。

1. 相同之处

一方面，它们都需要"量入为出"，各项基金的支出要在收入的实现额度内安排支出，支出不得超过收入，年末不允许出现赤字；另一方面，它们都需要"专款专用"，各项基金必须要根据基金的性质和用途来安排使用，而不能随意改变基金的规定用途。

2. 不同之处

一方面，从预算管理的角度看，政府性基金收入是指财政部门按规定收取的纳入基金预算管理的基金，以及参照基金管理或纳入基金预算、具有特定用途的财政资金，而专用基金收入是指财政部门按规定设置或取得（包括上级财政部门拨入和本级预算安排）的，在预算之外单独管理的资金收入。从这个角度看，是否纳入政府4类预算管理是两者的主要区别。另一方面,从资金管理的角度看,由于政府性基金纳入预算管理,按规定应缴入国库;而专用基金收入由于是通过上级财政部门拨入或本级预算安排等方面而设置或取得的,一般要求开立专户进行存储和管理。

(二)会计科目设置

财政总预算应设置"专用基金收入"科目,核算政府财政按照法律法规和国务院、财政部规定设置或取得的粮食风险基金等专用基金收入。"专用基金收入"科目平时贷方余额,反映取得专用基金收入的累计数;年终结转后,本科目应无余额。

"专用基金收入"科目应当按照专用基金的种类进行明细核算。

(三)主要账务处理

(1)通过预算支出安排取得专用基金收入转入财政专户的,借记"其他财政存款"科目,贷记"专用基金收入"科目;同时,借记"一般公共预算本级支出"等科目,贷记"国库存款""补助收入"等科目。退回专用基金收入时,借记"专用基金收入"科目,贷记"其他财政存款"科目。

通过预算支出安排取得专用基金收入仍存在国库的,借记"一般公共预算本级支出"等科目,贷记"专用基金收入"科目。

(2)年终转账时,"专用基金收入"科目贷方余额全数转入"专用基金结余"科目,借记"专用基金收入"科目,贷记"专用基金结余"科目。

【例5-5】 某省财政总预算发生以下业务:

(1)开设在省农业发展银行的粮食风险基金专户收到财政部拨入的粮食风险基金5 000万元。

借:其他财政存款——粮食风险基金——省农业发展银行 　　50 000 000

　　贷:专用基金收入——粮食风险基金 　　50 000 000

(2)省财政从一般公共预算安排粮食风险基金1 000万元,支出功能分类列"粮油物资储备支出——粮油事务——其他粮油事务支出"预算科目,政府预算支出经济分类列"其他支出"预算科目。

安排拨付资金时:

借:一般公共预算本级支出　其他粮油事务支出　其他支出　省财政总预算 　　10 000 000

　　贷:国库存款 　　100 000 000

专户收到基金时:

借:其他财政存款——粮食风险基金——省农业发展银行 　　10 000 000

　　贷:专用基金收入——粮食风险基金 　　10 000 000

(3)年终将上述业务形成的专用基金收入进行转账。

借：专用基金收入——粮食风险基金　　　　　　　　　　　　60 000 000

　　贷：专用基金结余——粮食风险基金　　　　　　　　　　　60 000 000

专用基金收入主要经济业务会计核算情况如表5-8所示。

表 5-8　　　　　　专用基金收入主要经济业务会计核算情况表

经济业务	会计核算	
（1）通过预算安排取得专用基金收入转入财政专户	借：其他财政存款 　　贷：专用基金收入	借：一般公共预算本级支出 　　贷：国库存款/补助收入
（2）退回专用基金收入	借：专用基金收入 　　贷：其他财政存款	
（3）通过预算支出安排取得专用基金收入仍存在国库	借：一般公共预算本级支出 　　贷：专用基金收入	
（4）年终转账	借：专用基金收入 　　贷：专用基金结余	

第四节　债务收入和债务转贷收入

一、债务收入和债务转贷收入概述

债务收入是指政府财政根据法律法规等规定，通过发行债券、向外国政府和国际金融组织借款等方式筹集的纳入预算管理的资金收入。债务转贷收入是指本级政府财政收到上级政府财政转贷的债务收入。目前，各级政府规范的举债融资方式主要包括发行政府债券、向外国政府借款、向国际金融组织借款等三种方式，其中政府债券又具体分为国债和地方政府债券。

（一）发行国债

目前，我国国债有储蓄国债和记账式国债两大品种。其中，储蓄国债分为储蓄国债（电子式）和凭证式国债；记账式国债分为记账式附息国债和记账式贴现国债。

国债由中央政府发行，相应由中央政府支配使用。1998年为了扩大有效内需，确保经济增长达到既定的目标，国务院决定增发一定数量的国债，并将其中一部分转贷给地方政府使用。

国债的分类
与特点

（二）发行地方政府债券

2008年年底，为应对国际金融危机，国务院推出4万亿元投资计划，其中，中央安排资金1.18万亿元，其余由地方政府配套解决。与此同时，国务院通过特别批准的方式，在2009年政府工作报告中首次提出安排发行地方政府债券2 000亿元，部分缓解4万亿元投资计划中地方政府的配套资金压力。地方政府债券发行与还款经历了代发代还、自发代还、自发自还三个阶段。

按照现行的地方政府债务管理规定,经国务院批准,省、自治区、直辖市政府可以适度举借债务,市县级政府确需举借债务的由省、自治区、直辖市政府代为举借,不得通过企事业单位等举借。同时,要建立规范的地方政府举债融资机制,地方政府举债采取政府债券方式。其中,没有收益的公益性事业发展确需政府举借一般债务的,由地方政府发行一般债券融资,收支纳入一般预算管理,主要以一般公共预算收入偿还。有一定收益的公益性事业发展确需政府举借专项债务的,由地方政府通过发行专项债券融资,收支纳入基金预算,以对应的政府性基金或专项收入偿还。

地方政府债券发行经历的三个阶段

(三) 向外国政府借款、向国际金融组织借款

向外国政府借款、向国际金融组织借款又被统称为主权外债,是主权国家对外的债务。我国主权外债又可以分为统借统还和统借自还两种类型。

外国政府贷款是指外国政府向我国政府提供的长期优惠性贷款,具有政府间开发援助或部分赠与的性质,在国际统计上又称双边贷款,与多边贷款共同组成官方信贷。国际金融组织贷款是由一些国家的政府共同投资组建并共同管理的国际金融机构提供的贷款,旨在帮助成员国开发资源、发展经济和平衡国际收支。向我国提供多边贷款的国际金融组织主要是世界银行、国际农业发展基金组织、亚洲开发银行和地区金融机构贷款。

按照政府承担还款责任的不同,外国政府贷款和国际金融组织贷款分为政府负有偿还责任贷款和政府负有担保责任贷款。政府负有偿还责任贷款,应当纳入本级政府的预算管理和债务限额管理,其收入、支出、还本付息纳入一般公共预算管理。政府负有担保责任贷款,不纳入政府债务限额管理。政府依法承担并实际履行担保责任时,应当从本级政府预算安排还贷资金,纳入一般公共预算管理。

二、债务收入

(一) 会计科目设置

财政总预算应设置"债务收入"科目,用于核算政府财政按照国家法律、国务院规定以发行债券等方式取得的,以及向外国政府、国际金融组织等机构借款取得的纳入预算管理的债务收入。"债务收入"科目平时贷方余额反映债务收入的累计数;年终结转后,本科目应无余额。

"债务收入"科目应当按照《政府收支分类科目》中"债务收入"科目的规定进行明细核算。

在具体案例中,为使会计分录更为简洁明了,对于"债务收入"科目的明细核算,本书将直接使用末级会计科目。

需要注意的是,按照预算法的规定,省级政府可以通过发行地方政府债券的方式举借债务,发行的债券收入作为省级债务收入核算。同时,地方政府向外国政府或金融组织借款,中央财政一般首先转贷给省级财政,省级财政按规定也要作为债务收入管理;省级财政再向下转贷时,市、县财政只能作为债务转贷收入核算,而不能作为债务收入管理。因此,"债务收入"科目只适用于中央财政和省级财政总预算。

（二）主要账务处理

1. 发行政府债券

省级以上政府财政收到政府债券发行收入时,按照实际收到的金额,借记"国库存款"科目,按照政府债券实际发行额,贷记"债务收入"科目,按照发行收入和发行额的差额,借记或贷记有关支出科目;根据债务管理部门转来的债券发行确认文件等相关资料,按照到期应付的政府债券本金金额,借记"待偿债净资产——应付短期政府债券/应付长期政府债券"科目,贷记"应付短期政府债券""应付长期政府债券"等科目。

【例5-6】 某省财政本月发行10年期地方政府一般债券1.5亿元,5年期土地储备专项债券5 000万元,实际收到发行金额2亿元。

借:国库存款	200 000 000
贷:债务收入——地方政府一般债券收入	150 000 000
债务收入——土地储备专项债券收入	50 000 000

2. 借入主权外债

政府财政向外国政府、国际金融组织等机构借入主权外债,区分将贷款支付给财政部门、将贷款直接支付用款单位或供应商两种情况,分别进行不同的账务处理。

1）外方将贷款支付给借款的财政部门

政府财政按照借入的金额,借记"国库存款""其他财政存款"等科目,贷记"债务收入"科目;根据债务管理部门转来的相关资料,按照实际承担的债务金额,借记"待偿债净资产——借入款项"科目,贷记"借入款项"科目。

【例5-7】 某省政府向德国政府借款5 000万元,相关手续已经签署完毕,省级国库收到财政部拨付的德国政府借款5 000万元。根据债务管理部门转来的相关资料,该笔借款全部由省水利厅使用并由省财政承担相应的还款责任。

省政府通过中央政府直接转贷或委托银行转贷向外国政府、国际金融组织、联合国基金组织借款,省财政应将其作为"债务收入"核算,而不能作为"债务转贷收入"核算。因此,省财政总预算应做如下账务处理:

借:国库存款	50 000 000
贷:债务收入——地方政府向外国政府借款收入	50 000 000
借:待偿债净资产——借入款项	50 000 000
贷:借入款项——应付本金——德国政府贷款	50 000 000

2）外方将贷款直接支付给用款单位或供应商

本级政府财政借入主权外债，且由外方将贷款资金直接支付给用款单位或供应商时，应根据以下情况分别处理：

（1）本级政府财政承担还款责任，贷款资金由本级政府财政同级部门（单位）使用的，本级政府财政根据贷款资金支付相关资料，借记"一般公共预算本级支出"科目，贷记"债务收入"科目；根据债务管理部门转来的相关资料，按照实际承担的债务金额，借记"待偿债净资产——借入款项"科目，贷记"借入款项"科目。

（2）本级政府财政承担还款责任，贷款资金由下级政府财政同级部门（单位）使用的，本级政府财政根据贷款资金支付相关资料及预算指标文件，借记"补助支出"科目，贷记"债务收入"科目；根据债务管理部门转来的相关资料，按照实际承担的债务金额，借记"待偿债净资产——借入款项"科目，贷记"借入款项"科目。

（3）下级政府财政承担还款责任，贷款资金由下级政府财政同级部门（单位）使用的，本级政府财政根据贷款资金支付相关资料，借记"债务转贷支出"科目，贷记"债务收入"科目；根据债务管理部门转来的相关资料，按照实际承担的债务金额，借记"待偿债净资产——借入款项"科目，贷记"借入款项"科目；同时，借记"应收主权外债转贷款"科目，贷记"资产基金——应收主权外债转贷款"科目。

【例5-8】 某省财政本月到位外国政府贷款6 000万元，由外方将贷款直接支付给设备供应商或用款单位。经落实，上述贷款中由省级财政承担还款责任5 000万元，由××县财政承担还款责任1 000万元。省级承担还款责任的5 000万元中，2 000万元由省交通厅用于高速公路建设，支出功能分类列"交通运输支出——公路水路运输——公路建设"预算科目，政府预算支出经济分类列"机关资本性支出（一）——基础设施建设"预算科目；3 000万元由××市住建局用于自来水厂建设。××县财政承担还款责任1 000万元，由××县水利局用于水利枢纽建设。

（1）由省级财政承担还款责任且由省交通厅使用2 000万元：

借：一般公共预算 公路 基础设 省交
　　本级支出　　　建设　施建设　通厅　　　　　　　　　20 000 000
　　贷：债务收入——地方政府向外国政府借款收入　　　　20 000 000

借：待偿债净资产——借入款项　　　　　　　　　　　　200 000 000
　　贷：借入款项——应付本金——德国政府贷款　　　　　200 000 000

（2）由省级财政承担还款责任但由××市住建局使用3 000万元：

借：补助支出——一般公共预算补助支出——××市　　　30 000 000
　　贷：债务收入——地方政府向外国政府借款收入　　　　30 000 000

借：待偿债净资产——借入款项　　　　　　　　　　　　300 000 000
　　贷：借入款项——应付本金——德国政府贷款　　　　　300 000 000

（3）由下级政府承担还款责任且由下级政府部门使用1 000万元：

借：债务转贷支出——地方政府一般债务转贷支出——××县　　10 000 000

　　贷：债务收入——地方政府向外国政府借款收入　　10 000 000

借：待偿债净资产——借入款项　　100 000 000

　　贷：借入款项——应付本金——德国政府贷款　　100 000 000

借：应收主权外债转贷款——应收本金　　10 000 000

　　贷：资产基金——应收主权外债转贷款　　10 000 000

3. 年终转账

年终转账时，"债务收入"科目下"专项债务收入"明细科目的贷方余额应按照对应的政府性基金种类分别转入"政府性基金预算结转结余"相应明细科目，借记"债务收入"科目（专项债务收入明细科目），贷记"政府性基金预算结转结余"科目；"债务收入"科目下其他明细科目的贷方余额全数转入"一般公共预算结转结余"科目，借记"债务收入"科目（其他明细科目），贷记"一般公共预算结转结余"科目。

【例5-9】　年末，将[例5-6]中的债务收入科目进行转账处理。

借：债务收入——地地方政府一般债券收入　　150 000 000

　　贷：一般公共预算结转结余　　150 000 000

借：债务收入——土地储备专项债券收入　　50 000 000

　　贷：政府性基金预算结转结余——土地储备专项债券　　50 000 000

债务收入主要经济业务会计核算情况如表5-9所示。

表5-9　　　债务收入主要经济业务会计核算情况表

经济业务			会计核算	
（1）发行政府债券			借：国库存款 借（或贷）：有关支出科目 　　贷：债务收入	借：待偿债净资产——应付短期政府债券/应付长期政府债券 　　贷：应付短期政府债券/应付长期政府债券
（2）借入主权外债	外方将贷款支付给借款的财政部门		借：国库存款/其他财政存款等 　　贷：债务收入	借：待偿债净资产——借入款项 　　贷：借入款项
	外方将贷款直接支付给用款单位或供应商	本级还款本级使用	借：一般公共预算本级支出 　　贷：债务收入	借：待偿债净资产——借入款项 　　贷：借入款项
		本级还款下级使用	借：补助支出 　　贷：债务收入	借：待偿债净资产——借入款项 　　贷：借入款项
		下级还款下级使用	借：债务转贷支出 　　贷：债务收入	借：待偿债净资产——借入款项 　　贷：借入款项 借：应收主权外债转贷款 　　贷：资产基金——应收主权外债转贷款

（续表）

经济业务	会计核算	
（3）年终转账	借：债务收入（专项债务收入） 　贷：政府性基金预算结转结余	借：债务收入（其他） 　贷：一般公共预算结转结余

三、债务转贷收入

（一）会计科目设置

财政总预算应设置"债务转贷收入"科目，用于核算省级以下（不含省级）政府财政收到上级政府财政转贷的债务收入。"债务转贷收入"科目平时贷方余额反映债务转贷收入的累计数；年终结转后，本科目应无余额。

"债务转贷收入"科目下应当设置"地方政府一般债务转贷收入""地方政府专项债务转贷收入"明细科目。考虑到结转需要，"地方政府专项债务转贷收入"科目下还应按基金项目进行明细核算。

需要注意的是，对于地方政府债券而言，由于省级政府具有发债权，可以发行地方政府债券，其发行的地方政府债券应通过"债务收入"反映；对于主权外债而言，省级政府无论是直接与外方协商承接，还是由财政部转贷，省级财政也都要通过"债务收入"反映。而对于中央、省级财政转贷的地方政府债券、外国借款，市、县财政应作为"债务转贷收入"核算和管理。因此，"债务收入"是中央财政和省级财政总预算的专用科目，而"债务转贷收入"则是省以下市、县级财政总预算的专用科目。

（二）主要账务处理

1. 地方政府债券转贷收入

省级以下（不含省级）政府财政收到地方政府债券转贷收入时，按照实际收到的金额，借记"国库存款"科目，贷记"债务转贷收入"科目；根据债务管理部门转来的相关资料，按照到期应偿还的转贷款本金金额，借记"待偿债净资产——应付地方政府债券转贷款"科目，贷记"应付地方政府债券转贷款"科目。

【例5-10】　某县财政总预算通过市财政收到省财政转贷的地方政府债券收入3 000万元，其中，一般债务转贷收入2 000万元，国有土地使用权出让金债务转贷收入1 000万元。

借：国库存款　　　　　　　　　　　　　　　　　　　　　30 000 000
　　贷：债务转——地方政府一般
　　　　贷收入　　债务转贷收入　　　　　　　　　　　　20 000 000
　　　　债务转——地方政府专项——国有土地使用权
　　　　贷收入　　债务转贷收入　　出让金债务收入　　　10 000 000

借:待偿债净资产——应付地方政府债券转贷款   30 000 000

贷:	应付地方政府债券转贷款	应付地方政府一般债券转贷款	应付本金	20 000 000
	应付地方政府债券转贷款	应付地方政府专项债券转贷款	应付本金	10 000 000

2. 主权外债转贷收入

（1）本级财政收到主权外债转贷资金时，借记"其他财政存款"科目，贷记"债务转贷收入"科目；根据债务管理部门转来的相关资料，按照实际承担的债务金额，借记"待偿债净资产——应付主权外债转贷款"科目，贷记"应付主权外债转贷款"科目。

【例5-11】 某市财政总预算开设在××银行的财政专户，收到主权外债转贷资金6 500万元。经落实，上述转贷资金系该市通过省财政申请的国际金融组织贷款，其中，有5 000万元由市级部门使用，有1 500万元需要继续转贷给所属的××县使用。

借:其他财政存款——主权外债转贷——××银行   65 000 000

  贷:债务转贷收入——地方政府一般债务转贷收入   65 000 000

借:待偿债净资产——应付主权外债转贷款   65 000 000

  贷:应付主权外债转贷款——应付本金   65 000 000

（2）从上级政府财政借入主权外债转贷款，且由外方将贷款资金直接支付给用款单位或供应商时，应根据以下情况分别处理：

其一，本级政府财政承担还款责任，贷款资金由本级政府财政同级部门（单位）使用的，本级政府财政根据贷款资金支付相关资料，借记"一般公共预算本级支出"科目，贷记"债务转贷收入"科目；根据债务管理部门转来的相关资料，按照实际承担的债务金额，借记"待偿债净资产——应付主权外债转贷款"科目，贷记"应付主权外债转贷款"科目。

其二，本级政府财政承担还款责任，贷款资金由下级政府财政同级部门（单位）使用的，本级政府财政根据贷款资金支付相关资料及预算文件，借记"补助支出"科目，贷记"债务转贷收入"科目；根据债务管理部门转来的相关资料，按照实际承担的债务金额，借记"待偿债净资产——应付主权外债转贷款"科目，贷记"应付主权外债转贷款"科目。

其三，下级政府财政承担还款责任，贷款资金由下级政府财政同级部门（单位）使用的，本级政府财政根据转贷资金支付相关资料，借记"债务转贷支出"科目，贷记"债务转贷收入"科目；根据债务管理部门转来的相关资料，按照实际承担的债务金额，借记"待偿债净资产——应付主权外债转贷款"科目，贷记"应付主权外债转贷款"科目；借记"应收主权外债转贷款"科目，贷记"资产基金——应收主权外债转贷款"科目。下级政府财政根据贷款资金支付的相关资料，借记"一般公共预算本级支出"科目,贷记"债务转贷收入"科目;根据债务管理部门转来的相关资料,按照实际承担的债务金额,借记"待偿债净资产——应付主权外债转贷款"科目,贷记"应付主权外债转贷款"科目。

【例 5-12】　某市财政总预算收到相关的预算文件,该市通过省财政申请的退耕还林建设项目外国政府贷款,外方将 1 000 万元直接支付给用款单位和供应商。本次直接支付的 1 000 万元中,市级财政承担还款责任,贷款资金由市级林业局使用 500 万元,属于设备购置款,支出功能分类列"节能环保支出——退耕还林——退耕还林工程建设"预算科目,政府预算支出经济分类列"机关资本性支出(一)设备购置"预算科目;市级财政承担还款责任,贷款资金由所属的财政困难县××县的林业局使用 200 万元;县级政府财政承担还款责任,贷款资金由所属的××市(县级市)的林业局使用 300 万元。

本例中,无论是谁承担还款责任,无论是谁具体使用,市级财政总预算对这种转贷收入都要同时列收(债务转贷收入)列支,在此基础上,还要按照权责发生制的要求,增加债务(应付主权外债转贷款),并相应冲减净资产(待偿债净资产)。唯一有所区别的是,"本级还、本级用"的情况下,支出应列"一般公共预算本级支出";"本级还、下级用"的情况下,支出应列"补助支出";"下级还、下级用"的情况下,支出应列"债务转贷支出"。另外需要注意的是,在"下级还、下级用"的情况下,因为存在向下转贷的问题,按照权责发生制的要求,除了要增加债务、冲减净资产外,还要根据转贷数额,同时增加债权和净资产。

按照上述分析,该市财政总预算应区别不同情况,做如下账务处理:

(1)市级财政承担还款责任,贷款资金由市级林业局使用 500 万元:

借:一般公共预算本级支出——退耕还林工程建设——设备购置——市林业局 5 000 000
　　贷:债务转贷收入——地方政府一般债务转贷收入 5 000 000

借:待偿债净资产——应付主权外债转贷款 5 000 000
　　贷:应付主权外债转贷款——应付本金 5 000 000

(2)市级财政承担还款责任,贷款资金由所属××县的林业局使用 200 万元:

借:补助支出——一般公共预算补助支出——××县 2 000 000
　　贷:债务转贷收入——地方政府一般债务转贷收入 2 000 000

借:待偿债净资产——应付主权外债转贷款 2 000 000
　　贷:应付主权外债转贷款——应付本金 2 000 000

(3)县级政府财政承担还款责任,贷款资金由所属的××市(县级市)的林业局使用 300 万元:

借：债务转贷支出——地方政府一般债务转贷支出——××市　　　　3 000 000

　　贷：债务转贷收入——地方政府一般债务转贷收入　　　　　　　3 000 000

借：待偿债净资产——应付主权外债转贷款　　　　　　　　　　　3 000 000

　　贷：应付主权外债转贷款——应付本金　　　　　　　　　　　　3 000 000

借：应收主权外债转贷款——应收本金——××市　　　　　　　　3 000 000

　　贷：资产基金——应收主权外债转贷款　　　　　　　　　　　　3 000 000

3. 年终转账

年终转账时,"债务转贷收入"科目下"地方政府一般债务转贷收入"明细科目的贷方余额全数转入"一般公共预算结转结余"科目,借记"债务转贷收入"科目,贷记"一般公共预算结转结余"科目。"债务转贷收入"科目下"地方政府专项债务转贷收入"明细科目的贷方余额按照对应的政府性基金种类分别转入"政府性基金预算结转结余"相应明细科目,借记"债务转贷收入"科目,贷记"政府性基金预算结转结余"科目。

【例5-13】 年末,[例5-10]形成的债务转贷收入进行转账处理。

借：债务转贷收入——地方政府一般债务转贷收入　　　　　　20 000 000

　　贷：一般公共预算结转结余　　　　　　　　　　　　　　　20 000 000

借：债务转贷收入——地方政府专项债务转贷收入——国有土地使用权出让金债务收入　　　10 000 000

　　贷：政府性基金预算结转结余——国有土地使用权出让金　　10 000 000

债务转贷收入主要经济业务会计核算情况如表5-10所示。

表5-10　　　　　债务转贷收入主要经济业务会计核算情况表

经济业务			会计核算	
(1)省级以下(不含省级)政府财政收到地方政府债券转贷收入			借：国库存款 　　贷：债务转贷收入	借：待偿债净资产——应付地方政府债券转贷款 　　贷：应付地方政府债券转贷款
(2)从上级政府财政借入主权外债转贷款	本级财政收到主权外债转贷资金		借：其他财政存款 　　贷：债务转贷收入	借：待偿债净资产——应付主权外债转贷款 　　贷：应付主权外债转贷款
	外方将贷款资金直接支付给用款单位或供应商	本级还款本级使用	借：一般公共预算本级支出 　　贷：债务转贷收入	借：待偿债净资产——应付主权外债转贷款 　　贷：应付主权外债转贷款
		本级还款下级使用	借：补助支出 　　贷：债务转贷收入	借：待偿债净资产——应付主权外债转贷款 　　贷：应付主权外债转贷款
		下级还款下级使用	借：债务转贷支出 　　贷：债务转贷收入	借：待偿债净资产——应付主权外债转贷款 　　贷：应付主权外债转贷款　　借：应收主权外债转贷款 　　贷：资产基金——应收主权外债转贷款

（续表）

经济业务	会计核算	
（3）年终转账	借：债务转贷收入——地方政府一般债务转贷收入 　贷：一般公共预算结转结余	借：债务转贷收入——地方政府专项债务转贷收入 　贷：政府性基金预算结转结余

第五节　转移性收入

转移性收入是指在各级政府财政之间进行资金调拨以及在本级政府财政不同类型资金之间调剂所形成的收入，包括补助收入、上解收入、调入资金和地区间援助收入等。

一、补助收入

（一）补助收入的概念及分类

补助收入是指上级政府财政按照财政体制规定或因专项需要补助给本级政府财政的款项，包括上级税收返还、转移支付等。

1. 返还性收入

现行中央对地方返还性收入包括增值税、消费税返还，所得税基数返还以及成品油价格和税费改革税收返还。从 2009 年起，为简化中央对地方税收返还和转移支付结构，将出口退税超基数地方负担部分专项上解等地方上解收入也纳入税收返还（冲抵返还额）。

2. 转移支付收入

财政转移支付是指上级政府通过预算安排的对下级政府无偿的资金拨付。为了促进经济社会事业协调发展，推动基本公共服务均等化，1994 年分税制改革后，在保留改革前结算补助等转移支付项目的同时，中央财政建立并逐步完善了对地方的转移支付制度。从 2009 年起，进一步规范财政转移支付制度，并将中央对地方的转移支付，简化为一般性转移支付、专项转移支付两类。

（二）补助收入的核算

1. 会计科目设置

财政总预算应设置"补助收入"科目，用于核算上级政府财政按照财政体制规定或因专项需要补助给本级政府财政的款项，包括税收返还、转移支付等。"补助收入"科目平时贷方余额反映补助收入的累计数；年终结转后，本科目应无余额。

返还性
收入的
具体内容

转移支付
收入的
具体内容

"补助收入"科目下应当按照不同的资金性质设置"一般公共预算补助收入""政府性基金预算补助收入"等明细科目。同时,由于政府性基金预算的结转结余要区分不同的基金项目进行单独核算,因此,在"政府性基金预算补助收入"二级科目下,还应按基金的种类设置三级科目或进行辅助核算。

2. 主要账务处理

(1)收到上级政府财政拨入的补助款时,借记"国库存款""其他财政存款"等科目,贷记"补助收入"科目。

(2)专项转移支付资金实行特设专户管理的,政府财政应当根据上级政府财政下达的预算文件确认补助收入。年度当中收到资金时,借记"其他财政存款"科目,贷记"与上级往来"等科目;年度终了,根据专项转移支付资金预算文件,借记"与上级往来"科目,贷记"补助收入"科目。

(3)从"与上级往来"科目转入"补助收入"科目时,借记"与上级往来"科目,贷记"补助收入"科目。

【例5-14】 某市财政总预算发生以下业务:

(1)收到省财政下达的环保补助资金指标文件,文件安排本市预算指标5 000万元,专项用于大气污染防治,列"节能环保支出——污染防治——大气"预算科目。

根据现行的预算管理体制,为了简化操作,上下级财政之间的指标文件一般不实行一个指标文件对应一笔具体拨款的管理模式,而是由上级财政综合考虑体制结算的各个项目和额度,确定下级财政的库款调度比例(留解比例),由国库根据调度比例划分报解预算收入;在此基础上,上级财政再根据专项补助情况,拨付一定的调度资金。因此,对于本例中的5 000万元,该市财政部门只是收到文件,并没有对应具体的资金往来,收到文件后,市财政总会计可不做账务处理,但要在指标系统中进行登记和分配,待年底体制结算完成后,总预算会计再根据指标系统中统计出的全年转移支付补助总额一次性记入补助收入。

(2)开设在××银行的财政专户,收到省财政通过财政直接支付方式拨付的城乡义务教育转移支付资金1.5亿元;财政部门同时收到指标文件,文件表明该笔资金列"一般性转移支付收入——城乡义务教育转移支付收入"科目。

预算执行中收到转移支付资金时:

借:其他财政存款——××银行——城乡义务教育资金　　　　　150 000 000

　　贷:与上级往来　　　　　　　　　　　　　　　　　　　　　150 000 000

年终与上级对账后,登记收入时:

借:与上级往来　　　　　　　　　　　　　　　　　　　　　　150 000 000

　　贷:补助收入——一般公共预算补助收入　　　　　　　　　　150 000 000

（4）有主权外债业务的财政部门，贷款资金由本级政府财政同级部门（单位）使用，且贷款的最终还款责任由上级政府财政承担的，本级政府财政部门收到贷款资金时，借记"其他财政存款"科目，贷记"补助收入"科目；外方将贷款资金直接支付给供应商或用款单位时，借记"一般公共预算本级支出"科目，贷记"补助收入"科目。

【例 5-15】 某市财政总预算发生以下业务：

（1）收到省财政厅补助资金文件，省财政拨付该市外国政府贷款 5 000 万元，开立在××银行的财政专户已经收到款项。经落实业务处室，该笔贷款由市城市管理局用于污水处理项目，省财政负责还本付息。

根据《国际金融组织和外国政府贷款赠款管理办法》（财政部第 85 号令），政府负有偿还责任的国际金融组织和外国政府贷款，应当纳入本级政府的预算管理和债务限额管理，其收入、支出、还本付息纳入一般公共预算管理。因此，本案例中的 5 000 万元贷款应纳入一般预算管理。同时，由于该笔贷款为省财政负责还本付息，因此，对本级财政而言，该笔资金就不属于上级转贷款，而应直接作为补助收入管理。市财政总预算应做如下账务处理：

借：其他财政存款——××银行——污水处理项目贷款　　50 000 000
　贷：补助收入——一般公共预算补助收入　　50 000 000

（2）将上述贷款 5 000 万元拨付市城市管理局，支出功能分类列"节能环保支出——污染防治——水体"预算科目，政府预算支出经济分类列"机关资本性支出（一）——基础设施建设"预算科目。

借：一般公共预算本级支出——水体——基础设施建设——市城市管理局　　50 000 000
　贷：其他财政存款——××银行——外国政府贷款　　50 000 000

（3）收到省财政厅补助资金文件，外国政府债款项目的外方，直接支付供应商 1 000 万元，用于污水处理设备购置，支出功能分类列"节能环保支出——污染防治——水体"预算科目，政府预算支出经济分类列"机关资本性支出（一）——基础设施建设"预算科目。市财政将上述预算指标相应下达市城市管理局。

借：一般公共预算本级支出——水体——基础设施建设——市城市管理局　　10 000 000
　贷：补助收入——一般公共预算补助收入　　10 000 000

（5）年终与上级政府财政结算时，根据预算文件，按照尚未收到的补助款金额，借记"与上级往来"科目，贷记"补助收入"科目。退还或核减补助收入时，借记"补助收入"科目，贷记"国库存款""与上级往来"等科目。

（6）年终转账时，"补助收入"科目贷方余额应根据不同资金性质分别转入对应的结转结余科目,借记"补助收入"科目,贷记"一般公共预算结转结余""政府性基金预算结转结余"等科目。

【例 5-16】 某县财政总预算发生以下业务:

(1) 年终与市财政对账,根据市里下发的预算文件,除了已经实际收到市财政拨付的款项 2.5 亿元外,还有 6 000 万元的一般公共预算指标(均衡性转移支付收入 5 000 万元,文化旅游体育与传媒专项转移支付收入 1 000 万元)和 4 000 万元的政府性基金预算指标(港口建设费)没有收到市财政的补助款项。

借:与上级往来——一般公共预算资金　　　　　　　　　100 000 000

　　贷:补助收入——一般公共预算补助收入　　　　　　　　60 000 000

　　　　补助收入——政府性基金预算补助收入——港口建设费　　40 000 000

(2) 年终经与上级财政核对,应退还上级财政义务教育一般性转移支付收入 200 万元。财政总预算通过国库存款将资金退付上级财政。

借:补助收入——一般公共预算补助收入　　　　　　　　2 000 000

　　贷:国库存款　　　　　　　　　　　　　　　　　　　2 000 000

(3) 年终,对上述业务形成的补助收入进行转账处理。

借:补助收入——一般公共预算补助收入　　　　　　　　58 000 000

　　贷:一般公共预算结转结余　　　　　　　　　　　　58 000 000

借:补助收入——政府性基金预算补助收入——港口建设费　　40 000 000

　　贷:政府性基金预算结转结余——港口建设费　　　　　40 000 000

补助收入主要经济业务会计核算情况如表 5-11 所示。

表 5-11　　　　　补助收入主要经济业务会计核算情况表

经济业务	会计核算	
(1) 收到上级政府财政拨入的补助款	借:国库存款/其他财政存款 　贷:补助收入	
(2) 专项转移支付资金实行特设专户管理的,年度当中收到资金	借:其他财政存款 　贷:与上级往来	借:与上级往来 　贷:补助收入
(3) 收到主权外债,贷款由本级部门使用,上级财政还款	收到贷款资金: 借:其他财政存款 　贷:补助收入	外方直接支付: 借:一般公共预算本级支出 　贷:补助收入
(4) 年终与上级财政结算	对于尚未收到的补助款: 借:与上级往来 　贷:补助收入	退还或核减补助收入: 借:补助收入 　贷:国库存款/与上级往来
(5) 年终转账	借:补助收入 　贷:一般公共预算结转结余/政府性基金预算结转结余	

二、上解收入

(一) 上解收入的概念

上解收入是指按照财政体制规定由下级政府财政上交给本级政府财政的款项。上解收入分为一般公共预算上解收入和政府性基金预算上解收入,其中,一般公共预算上解收入具体包括体制上解收入和专项上解收入。

(二) 上解收入的核算

1. 会计科目设置

财政总预算应设置"上解收入"科目,用于核算按照财政体制规定由下级政府财政上交给本级政府财政的款项。"上解收入"科目平时贷方余额反映上解收入的累计数;年终结转后,本科目应无余额。

"上解收入"科目下应当按照不同资金性质设置"一般公共预算上解收入""政府性基金预算上解收入"等明细科目;同时,还应当按照上解地区进行明细核算。

2. 主要账务处理

(1) 收到下级政府财政的上解款时,借记"国库存款"等科目,贷记"上解收入"科目。

(2) 年终与下级政府财政结算时,根据预算文件,按照尚未收到的上解款金额,借记"与下级往来"科目,贷记"上解收入"科目。退还或核减上解收入时,借记"上解收入"科目,贷记"国库存款""与下级往来"等科目。

(3) 年终转账时,"上解收入"科目贷方余额应根据不同资金性质分别转入对应的结转结余科目,借记"上解收入"科目,贷记"一般公共预算结转结余""政府性基金预算结转结余"等科目。

【例 5-17】　某市财政年终结算时发生以下业务:

(1) 按照财政体制的规定,××县财政地方税收的 10% 应通过体制上缴市级财政。根据当年的税收完成情况确定,当年××县财政应上缴市级财政 8 000 万元。

借:与下级往来——体制上解收入——××县 　　　　　　80 000 000
　　贷:上解收入——一般公共预算上解收入——××县 　　　　80 000 000

(2) 按照市政府规定,××区政府应负担市区调水工程资金 3 000 万元。由于该区一直未上缴,决定通过财政体制扣款。

借:与下级往来——专项上解收入——××区 　　　　　　30 000 000
　　贷:上解收入——一般公共预算上解收入——××区 　　　　30 000 000

上解收入主要经济业务会计核算情况如表 5-12 所示。

表 5-12　　　　　　　　　　上解收入主要经济业务会计核算情况表

经济业务	会计核算	
（1）收到下级财政的上解款	借：国库存款 　　贷：上解收入	
（2）年终与下级财政结算	对于尚未收到的上解款： 借：与下级往来 　　贷：上解收入	退还或核减上解收入： 借：上解收入 　　贷：国库存款/与下级往来
（3）年终转账	借：上解收入 　　贷：一般公共预算结转结余/政府性基金预算结转结余	

三、调入资金

（一）调入资金的概念

调入资金是指政府财政为平衡某类预算收支、从其他类型预算资金及其他渠道调入的资金。调入资金包括一般公共预算调入资金和政府性基金预算调入资金。

调入一般公共预算的资金主要包括 4 项，分别是从预算稳定调节基金调入一般公共预算、从政府性基金预算调入一般公共预算、从国有资本经营预算调入一般公共预算以及从其他资金调入一般公共预算。

调入政府性基金预算的资金主要包括 2 项，分别是从其他预算调入政府性基金预算以及从公益性项目形成的专项收入调入政府性基金预算。其中，调入的专项收入是指地方政府为弥补基金收入不足而从公益性项目单位调入的用于偿付债务本金的收入。

（二）调入资金的核算

1. 会计科目设置

财政总预算应设置"调入资金"科目，用于核算政府财政为平衡某类预算收支、从其他类型预算资金及其他渠道调入的资金。"调入资金"科目平时贷方余额反映调入资金的累计数；年终结转后，本科目应无余额。

"调入资金"科目下应当按照不同资金性质设置"一般公共预算调入资金""政府性基金预算调入资金"等明细科目。

2. 主要账务处理

（1）从其他类型预算资金及其他渠道调入一般公共预算时，按照调入的资金金额，借记"调出资金——政府性基金预算调出资金""调出资金——国有资本经营预算调出资金""国库存款"等科目，贷记"调入资金——一般公共预算调入资金"科目。

（2）从其他类型预算资金及其他渠道调入政府性基金预算时，按照调入的资金金额,借记"调出资金——一般公共预算调出资金""国库存款"等科目,贷记"调入资金——政府性基金预算调入资金"科目。

(3)年终转账时,"调入资金"科目贷方余额分别转入相应的结转结余科目,借记"调入资金"科目,贷记"一般公共预算结转结余""政府性基金预算结转结余"等科目。

【例 5-18】 某市财政总预算发生以下业务:

(1)年初按照规定,将截至上年年底结转资金规模超过该项基金当年收入30%部分(2 500万元),从基金预算调入一般公共预算;将当年国有资本经营预算收入 25%的部分(3 000万元),从国有资本经营预算调入一般公共预算。

借:调出资金——政府性基金预算调出资金	25 000 000
贷:调入资金——一般公共预算调入资金——从政府性基金预算调入一般公共预算	25 000 000

借:调出资金——国有资本经营预算调出资金	30 000 000
贷:调入资金——一般公共预算调入资金——从国有资本经营预算调入一般公共预算	30 000 000

上述账务处理中,"调出资金——政府性基金预算调出资金"还应根据调出资金的基金种类和项目进行明细核算,从而将调出资金明细到具体的基金项目。

(2)由于车辆通行费收入不足,导致省政府发行并转贷市级的收费公路专项债券还本资金尚有1 000万元的缺口。为此,从收费公路单位调入1 000万元用于弥补还本资金缺口。

借:国库存款	10 000 000
贷:调入资金——政府性基金预算调入资金——从专项收入调入政府性金预算——车辆通行费	10 000 000

(3)年终将上述两笔业务形成的调入资金进行转账处理。

借:调入资金——一般公共预算调入资金——从政府性基金预算调入一般公共预算	25 000 000
调入资金——一般公共预算调入资金——从国有资本经营预算调入一般公共预算	30 000 000
贷:一般公共预算结转结余	55 000 000

借:调入资金——政府性基金预算调入资金——从专项收入调入政府性基金预算——车辆通行费	10 000 000
贷:政府性基金预算结转结余——车辆通行费	10 000 000

调入资金主要经济业务会计核算情况如表5-13所示。

表 5-13 调入资金主要经济业务会计核算情况表

经济业务	会计核算
(1) 从其他类型预算资金及其他渠道调入一般公共预算	借：调出资金——政府性基金预算调出资金/国有资本经营预算调出资金、国库存款 贷：调入资金——一般公共预算调入资金
(2) 从其他类型预算资金及其他渠道调入政府性基金预算	借：调出资金——一般公共预算调出资金、国库存款 贷：调入资金——政府性基金预算调入资金
(3) 年终转账	借：调入资金——一般公共预算调入资金/政府性基金预算调入资金 贷：一般公共预算结转结余/政府性基金预算结转结余

四、地区间援助收入

(一) 会计科目设置

财政总预算应设置"地区间援助收入"科目,用于核算受援方政府财政收到援助方政府财政转来的可统筹使用的各类援助、捐赠等资金收入。"地区间援助收入"科目平时贷方余额反映地区间援助收入的累计数;年终结转后,本科目应无余额。

"地区间援助收入"科目应当按照援助地区及管理需要进行相应的明细核算。

(二) 主要账务处理

(1) 收到援助方政府财政转来的资金时,借记"国库存款"科目,贷记"地区间援助收入"科目。

(2) 年终转账时,"地区间援助收入"科目贷方余额全数转入"一般公共预算结转结余"科目,借记"地区间援助收入"科目,贷记"一般公共预算结转结余"科目。

【例 5-19】 某自治州财政总预算发生以下业务:

(1) 收到对口援助本自治州的××市财政汇入国库的可统筹使用的捐助资金 2 000 万元。

借:国库存款   20 000 000

 贷:地区间援助收入——××市   20 000 000

(2) 年终将上述业务形成的地区间援助收入进行结转处理。

借:地区间援助收入——××市   20 000 000

 贷:一般公共预算结转结余   20 000 000

地区间援助收入主要经济业务会计核算情况如表 5-14 所示。

表 5-14　　　　　地区间援助收入主要经济业务会计核算情况表

经济业务	会计核算
（1）收到援助方政府财政转来的资金	借：国库存款 　　贷：地区间援助收入
（2）年终转账	借：地区间援助收入 　　贷：一般公共预算结转结余

五、动用预算稳定调节基金

（一）会计科目设置

财政总预算应设置"动用预算稳定调节基金"科目，用于核算政府财政为弥补本年度预算资金的不足，调用的预算稳定调节基金。"动用预算稳定调节基金"科目平时贷方余额反映调用的预算稳定调节基金的累计数；年终结转后，本科目应无余额。

（二）主要账务处理

（1）调用预算稳定调节基金时，借记"预算稳定调节基金"科目，贷记"动用预算稳定调节基金"科目。

（2）年终转账时，"动用预算稳定调节基金"科目贷方余额全数转入"一般公共预算结转结余"科目，借记"动用预算稳定调节基金"科目，贷记"一般公共预算结转结余"科目。

【例 5-20】　某县财政总预算发生以下业务：

（1）预算执行过程中，经向县人大常委会报告，从预算稳定调节基金中动用 5 000 万元，用于兑现预算执行过程中出台的增资政策。

借：预算稳定调节基金　　　　　　　　　　　　　　　　　50 000 000

　　贷：动用预算稳定调节基金　　　　　　　　　　　　　　　50 000 000

（2）年末，对上述业务形成的动用预算稳定调节基金进行转账。

借：动用预算稳定调节基金　　　　　　　　　　　　　　　50 000 000

　　贷：一般公共预算结转结余　　　　　　　　　　　　　　　50 000 000

动用预算稳定调节基金主要经济业务会计核算情况如表 5-15 所示。

表 5-15　　　　动用预算稳定调节基金主要经济业务会计核算情况表

经济业务	会计核算
（1）调用预算稳定调节基金	借：预算稳定调节基金 　　贷：动用预算稳定调节基金
（2）年终转账	借：动用预算稳定调节基金 　　贷：一般公共预算结转结余

第六章　预算支出的核算

第一节　预算支出概述

一、预算支出的概念

预算支出是指政府财政为实现政府职能,对财政资金的分配和使用。总会计核算的支出包括一般公共预算本级支出、政府性基金预算本级支出、国有资本经营预算本级支出、财政专户管理资金支出、专用基金支出、转移性支出、债务还本支出、债务转贷支出等。

二、预算支出的确认

一般公共预算本级支出、政府性基金预算本级支出、国有资本经营预算本级支出一般应当按照实际支付的金额入账,年末可采用权责发生制将国库集中支付结余列支入账。从本级预算支出中安排提取的专用基金,按照实际提取金额列支入账。财政专户管理资金支出、专用基金支出应当按照实际支付的金额入账。转移性支出应当按照财政体制的规定或实际发生的金额入账。债务转贷支出应当按照实际转贷的金额入账。债务还本支出应当按照实际偿还的金额入账。

凡是属于预拨经费的款项,到期转列支出时,应当按上述规定的列报口径转列支出。

对于收回当年已列支出的款项,应冲销当年支出。对于收回以前年度已列支出的款项,除财政部门另有规定外,应冲销当年支出。

三、预算支出的管理

各级财政总预算,应当按照以下要求加强对预算支出的管理:

一是按预算拨付。总会计应当加强支出管理,科学预测和调度资金,严格按照批准的年度预算和用款计划办理支出,严格审核拨付申请,严格按预算管理规定和实际拨付列报支出,不得办理无预算、无用款计划或超预算、超用款计划的支出,不得任意调整预算支出科目。

二是按凭证记账。对于各项支出的账务处理必须以审核无误的国库划款清算凭证、资金支付凭证和其他合法凭证为依据。

三是按现金制核算。预算支出核算一般采用收付实现制,地方各级财政部门除国库集中支付结余外,不得采用权责发生制列支。权责发生制列支只限于年末采用,平时不得采用。

第二节　市级预算支出

一、一般公共预算本级支出

一般公共预算本级支出是指政府财政管理的由本级政府使用的列入一般公共预算的支出。

(一) 会计科目设置

一般公共预算支出与总预算会计科目的对应关系

财政总预算应设置"一般公共预算本级支出"科目,用于核算政府财政管理的由本级政府使用的列入一般公共预算的支出。"一般公共预算本级支出"科目平时借方余额反映一般公共预算本级支出的累计数;年终结转后,本科目应无余额。

"一般公共预算本级支出"科目下应当根据《政府收支分类科目》中支出功能分类科目设置明细科目。同时,根据管理需要,按照政府预算支出经济分类科目、部门等进行明细核算。

(二) 主要账务处理

(1) 实际发生一般公共预算本级支出时,借记"一般公共预算本级支出"科目,贷记"国库存款""其他财政存款"等科目。

(2) 年度终了,对纳入国库集中支付管理的、当年未支而需结转下一年度支付的款项(国库集中支付结余),采用权责发生制确认支出时,借记"一般公共预算本级支出"科目,贷记"应付国库集中支付结余"科目。

(3) 年终转账时,"一般公共预算本级支出"科目借方余额应全数转入"一般公共预算结转结余"科目,借记"一般公共预算结转结余"科目,贷记"一般公共预算本级支出"科目。

【例6-1】 某市财政总预算发生以下业务:

(1) 收到财政国库支付执行机构报来的预算支出结算清单,以财政直接支付方式,为市人大支付会议费80万元,支出功能分类列"一般公共服务支出——人大事务——人大会议"预算科目,政府预算支出经济分类列"机关商品和服务支出——会议费"预算科目;市公安局以财政授权支付方式,支付刑事侦查耗材费用

50万元,支出功能分类列"公共安全支出——公安——执法办案"预算科目,政府预算支出经济分类列"机关商品和服务支出——专用材料购置费"预算科目。

借:一般公共预算本级支出——人大会议——会议费——市人大　　　800 000

　　一般公共预算本级支出——执法办案——专用材料购置费——市公安局　　　500 000

　　贷:国库存款　　　1 300 000

（2）年度终了,市人大实行财政直接支付的会议费,尚有100万元未支付,结转下年继续执行。

借:一般公共预算本级支出——人大会议——会议费——市人大　　　1 000 000

　　贷:应付国库集中支付结余——一般公共预算国库集中支付结余——人大会议——会议费——市人大

　　　　1 000 000

（3）年终转账时,将上述业务形成的一般公共预算本级支出进行结转。

借:一般公共预算结转结余　　　2 300 000

　　贷:一般公共预算本级支出——人大会议——会议费——市人大　　　1 800 000

　　　　一般公共预算本级支出——执法办案——专用材料购置费——市公安局　　　500 000

一般公共预算本级支出主要经济业务会计核算情况如表6-1所示。

表6-1　　　　　一般公共预算本级支出主要经济业务会计核算情况表

经济业务	会计核算
（1）实际发生一般公共预算本级支出	借:一般公共预算本级支出 　贷:国库存款/其他财政存款
（2）年度终了,对当年国库集中支付结余,采用权责发生制确认支出	借:一般公共预算本级支出 　贷:应付国库集中支付结余
（3）年终转账	借:一般公共预算结转结余 　贷:一般公共预算本级支出

二、政府性基金预算本级支出

（一）政府性基金预算本级支出概述

政府性基金预算本级支出是指政府财政管理的由本级政府使用的列入政府性基金预算的支出。与一般公共预算相比,政府性基金预算支出有其特殊性。财政总预算会计在管理政府性基金预算支出时,应遵循以下基本要求:

一是先收后支,自求平衡。办理政府性基金预算支出拨款时,应在已经入库的政府性基金预算收入额度内对外拨付。对于收入暂时未到位但急需拨款的,也可以根据预算安排提前办理拨款,但从全年来看,单项的政府性基金预算支出应与政府性基金预算收入保持一致,不得出现赤字。

二是专款专用,分类核算。政府性基金预算支出只能从对应的收入项目安排,确保专款专用,不得混用或流用。总预算会计应按照基金项目及政府收支分类中确定的基金预算收支科目,分类进行明细核算,不得相互混淆。

(二)会计科目设置

政府性基金预算支出与总预算会计科目的对应关系

财政总预算应设置"政府性基金预算本级支出"科目,用于核算政府财政管理的由本级政府使用的列入政府性基金预算的支出。"政府性基金预算本级支出"科目平时借方余额反映政府性基金预算本级支出的累计数;年终结转后,本科目应无余额。

"政府性基金预算本级支出"科目下应当按照《政府收支分类科目》中支出功能分类科目设置明细科目;同时,根据管理需要,按照政府预算支出经济分类科目、部门等进行明细核算。

(三)主要账务处理

(1)实际发生政府性基金预算本级支出时,借记"政府性基金预算本级支出"科目,贷记"国库存款"科目。

(2)年度终了,对纳入国库集中支付管理的、当年未支而需结转下一年度支付的款项(国库集中支付结余),采用权责发生制确认支出时,借记"政府性基金预算本级支出"科目,贷记"应付国库集中支付结余"科目。

(3)年终转账时,"政府性基金预算本级支出"科目借方余额应全数转入"政府性基金预算结转结余"科目,借记"政府性基金预算结转结余"科目,贷记"政府性基金预算本级支出"科目。

【例6-2】　某市财政总预算发生以下业务:

(1)收到财政国库支付执行机构报来的预算支出结算清单,以财政直接支付方式,为市国土局下属的市土地储备中心拨付征地和拆迁补偿500万元,支出功能分类列"城乡社区支出——国有土地使用权出让收入及对应专项债务收入安排的支出——征地和拆迁补偿支出"预算科目,政府预算支出经济分类列"对事业单位资本性补助——资本性支出(一)"预算科目。

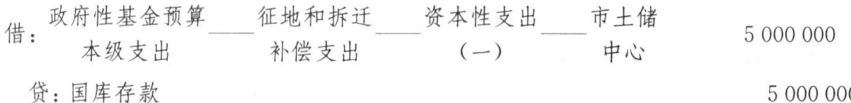

借:政府性基金预算　征地和拆迁　资本性支出　市土储
　　本级支出　　　补偿支出　　(一)　　　中心　　　　5 000 000
　　贷:国库存款　　　　　　　　　　　　　　　　　　　5 000 000

(2)年度终了,对已经下达市土地储备中心,纳入国库集中支付管理,但年内未能支付的土地储备支出3 000万元结转至次年继续使用,支出功能分类列"城乡社区支出——国有土地使用权出让收入及对应专项债务收入安排的支出——补助被征地农民支出"预算科目,政府预算支出经济分类列"对事业单位资本性补助——资本性支出（一）"预算科目。

借：政府性基金预算 —— 补助被征地 —— 资本性支出 —— 市土储　30 000 000
　　本级支出　　　　农民支出　　　（一）　　　中心

贷：应付国库 —— 政府性基金 —— 补助被 —— 资本性 —— 市土储　30 000 000
　　集中支　　预算国库集　征地农　　支出（一）　中心
　　付结余　　中支付结余　民支出

（3）年度终了，对本案例第（3）项业务形成的政府性基金预算本级支出进行转账处理。

借：政府性基金预算 —— 国有土地使用权　　　　　　　　　　30 000 000
　　结转结余　　　　出让收入

贷：政府性基金预算 —— 补助被征地 —— 资本性支出 —— 市土储　30 000 000
　　本级支出　　　　农民支出　　　（一）　　　中心

政府性基金预算本级支出主要经济业务会计核算情况如表6-2所示。

表6-2　　政府性基金预算本级支出主要经济业务会计核算情况表

经济业务	会计核算
（1）实际发生政府性基金预算本级支出	借：政府性基金预算本级支出 　　贷：国库存款
（2）年度终了，对国库集中支付结余采用权责发生制确认支出	借：政府性基金预算本级支出 　　贷：应付国库集中支付结余
（3）年终转账	借：政府性基金预算结转结余 　　贷：政府性基金预算本级支出

三、国有资本经营预算本级支出

国有资本经营预算支出是指用国有资本经营预算收入安排的支出。

（一）会计科目设置

财政总预算应设置"国有资本经营预算本级支出"科目，用于核算政府财政管理的由本级政府使用的列入国有资本经营预算的支出。"国有资本经营预算本级支出"科目平时借方余额反映国有资本经营预算本级支出的累计数；年终结转后，本科目应无余额。

"国有资本经营预算本级支出"科目应当按照《政府收支分类科目》中支出功能分类科目设置明细科目；同时，根据管理需要，按照政府预算支出经济分类科目、部门等进行明细核算。

国有资本经营预算支出与总预算会计科目的对应关系

（二）主要账务处理

（1）实际发生国有资本经营预算本级支出时，借记"国有资本经营预算本级支出"科目，贷记"国库存款"科目。

（2）年度终了，对纳入国库集中支付管理的、当年未支而需结转下一年度支付的款项（国库集中支付结余），采用权责发生制确认支出时，借记"国有资本经营预算本级支出"科目，贷记"应付国库集中支付结余"科目。

（3）年终转账时，本科目借方余额应全数转入"国有资本经营预算结转结余"科目，借记"国有资本经营预算结转结余"科目，贷记"国有资本经营预算本级支出"科目。

【例6-3】 某省财政总预算发生以下业务：

（1）收到财政国库支付执行机构报来的预算支出结算清单，以财政直接支付方式，为省国资委拨付困难企业离休干部医药费500万元，支出功能分类列"国有资本经营预算支出——解决历史遗留问题及改革成本支出——离休干部医药费补助支出"预算科目，政府预算支出经济分类列"对企业补助——其他对企业补助"预算科目。

借：国有资本经营预算——离休干部医药费——其他对企业——省国   5 000 000
　　　本级支出　　　　补助支出　　　　补助　　　　资委

　　贷：国库存款　　　　　　　　　　　　　　　　　　　　　　　　5 000 000

（2）年末，省国资委部门预算安排的困难企业离休干部医药费尚有100万元未支付，按规定结转下一年度继续使用。

借：国有资本经营预算——离休干部医药费——其他对企业——省国   1 000 000
　　　本级支出　　　　补助支出　　　　补助　　　　资委

　　　应付国库——国有资本经——离休干部——其他对企——省国   1 000 000
　　贷：集中支　　营预算国库　　医药费补　　业补助　　资委
　　　付结余　　集中支付结余　助支出

（3）年终将上述第（2）项业务形成的国有资本经营预算本级支出进行转账。

借：国有资本经营预算结转结余　　　　　　　　　　　　　　　　1 000 000

　　贷：国有资本经营预算——离休干部医药费——其他对企业——省国   1 000 000
　　　　本级支出　　　　补助支出　　　　补助　　　　资委

国有资本经营预算本级支出主要经济业务会计核算情况如表6-3所示。

表6-3　　国有资本经营预算本级支出主要经济业务会计核算情况表

经济业务	会计核算
（1）实际发生国有资本经营预算本级支出	借：国有资本经营预算本级支出 　　贷：国库存款
（2）年度终了，对国库集中支付结余采用权责发生制确认支出	借：国有资本经营预算本级支出 　　贷：应付国库集中支付结余
（3）年终转账	借：国有资本经营预算结转结余 　　贷：国有资本经营预算本级支出

第三节 财政专户管理资金支出和专用基金支出

一、财政专户管理资金支出

财政专户管理资金支出是指政府财政用纳入财政专户管理的教育收费等资金安排的支出。

(一)会计科目设置

财政总预算应设置"财政专户管理资金支出"科目,用于核算政府财政用纳入财政专户管理的教育收费等资金安排的支出。"财政专户管理资金支出"科目平时借方余额反映财政专户管理资金支出的累计数;年终结转后,本科目应无余额。

"财政专户管理资金支出"科目应当按照《政府收支分类科目》中支出功能分类科目设置相应明细科目;同时,根据管理需要,按照政府预算支出经济分类科目、部门(单位)等进行明细核算。

(二)主要账务处理

(1)发生财政专户管理资金支出时,借记"财政专户管理资金支出"科目,贷记"其他财政存款"等有关科目。

(2)年终转账时,"财政专户管理资金支出"科目借方余额全数转入"财政专户管理资金结余"科目,借记"财政专户管理资金结余"科目,贷记"财政专户管理资金支出"科目。

【例 6-4】 某县财政总预算发生以下业务:

(1)根据预算安排,从县实验中学收取的上缴财政专户的住宿费中拨付实验中学 500 万元,用于支付外聘教师劳务费,支出功能分类列"教育支出——普通教育——高中教育"支出功能科目,政府预算支出经济分类列"对事业单位经常性补助——商品和服务支出"预算科目。

借:财政专户管 ____ 高中 ____ 商品和服 ____ 县实验 理资金支出 教育 务支出 中心   5 000 000

    贷:其他财政存款——财政专户——××银行   5 000 000

(2)年终,将上述业务形成的财政专户管理资金支出进行转账处理。

借:财政专户管理资金结余——县实验中学   5 000 000

    贷:财政专户管 ____ 高中 ____ 商品和服 ____ 县实验 理资金支出 教育 务支出 中心   5 000 000

财政专户管理资金支出主要经济业务会计核算情况如表 6-4 所示。

表 6-4　　　　　　财政专户管理资金支出主要经济业务会计核算情况表

经济业务	会计核算
(1) 发生财政专户管理资金支出	借：财政专户管理资金支出 　　贷：其他财政存款
(2) 年终转账	借：财政专户管理资金结余 　　贷：财政专户管理资金支出

二、专用基金支出

专用基金支出是指政府财政用专用基金收入安排的支出,目前主要是指粮食风险基金支出。专用基金支出应当按照先收后支、量入为出和专款专用的原则进行管理和使用。

(一) 会计科目设置

财政总预算应设置"专用基金支出"科目,用于核算政府财政用专用基金收入安排的支出。"专用基金支出"科目平时借方余额反映专用基金支出的累计数;年终结转后,本科目应无余额。

"专用基金支出"科目应当根据专用基金的种类设置明细科目;同时,根据管理需要,按部门等进行明细核算。

(二) 主要账务处理

(1) 发生专用基金支出时,借记"专用基金支出"科目,贷记"其他财政存款"等有关科目。退回专用基金支出时,做相反的会计分录。

(2) 年终转账时,"专用基金支出"科目借方余额全数转入"专用基金结余"科目,借记"专用基金结余"科目,贷记"专用基金支出"科目。

【例 6-5】　某市财政总预算发生以下业务:

(1) 从开设在市农业发展银行的粮食风险基金专户中拨付××粮食企业粮油储备费用补贴 2 000 万元。

借：专用基金支出——粮食风险基金——××粮食企业　　　　20 000 000
　　贷：其他财政专款——粮食风险基金——市农业发展银行　　20 000 000

(2) 年终,对上述业务形成的专用基金支出进行转账。

借：专用基金结余——粮食风险基金　　　　　　　　　　　　20 000 000
　　贷：专用基金支出——粮食风险基金——××粮食企业　　　20 000 000

专用基金支出主要经济业务会计核算情况如表 6-5 所示。

表 6-5　　　　　　　　专用基金支出主要经济业务会计核算情况表

经济业务	会计核算
（1）发生专用基金支出	借：专用基金支出 　　贷：其他财政存款
（2）年终转账	借：专用基金结余 　　贷：专用基金支出

第四节　债务转贷支出和债务还本支出

债务转贷支出是指本级政府财政向下级政府财政转贷的债务支出。债务还本支出是指政府财政偿还本级政府承担的债务本金支出。

一、债务转贷支出

（一）会计科目设置

财政总预算应设置"债务转贷支出"科目，用于核算本级政府财政向下级政府财政转贷的债务支出。"债务转贷支出"科目平时借方余额反映债务转贷支出的累计数；年终结转后，本科目应无余额。

债务转贷支出
与债务还本支
出的对比

"债务转贷支出"科目下应当设置"地方政府一般债务转贷支出""地方政府专项债务转贷支出"明细科目；同时，还应当按照转贷地区进行明细核算。"地方政府专项债务转贷支出"明细科目还要按照债务类别进行明细核算。

（二）主要账务处理

1. 向下级政府转贷地方政府债券

本级政府财政向下级政府财政转贷地方政府债券资金时，借记"债务转贷支出"科目，贷记"国库存款"科目；根据债务管理部门转来的相关资料，按照到期应收回的转贷款本金金额，借记"应收地方政府债券转贷款"科目，贷记"资产基金——应收地方政府债券转贷款"科目。

【例 6-6】　某市财政总预算发生以下业务：

（1）收到省财政转贷本市的土地储备专项债券收入 5 亿元。

借：国库存款　　　　　　　　　　　　　　　　　　　　　　　500 000 000
　贷：债务转贷收入——地方政府专项债务转贷收入——土地储备专项债券转贷收入　　　　　500 000 000

借：待偿债净资产——应付地方政府债券转贷款　　　　　　　　500 000 000
　贷：应付地方政府债券转贷款——应付地方政府专项债券转贷款——应付本金　　　　　　　500 000 000

（2）根据债务管理部门转来的文件，从上述转贷收入中转贷××区2亿元。

借：债务转_____地方政府专项_____土地储备专项_____××区　　200 000 000
　　贷支出　　债务转贷支出　　债券转贷支出

　　贷：国库存款　　　　　　　　　　　　　　　　　　　200 000 000

借：应收地方政府_____应收地方政府专_____应收_____××区　200 000 000
　　债券转贷款　　　项债券转贷款　　本金

　　贷：资产基金——应收地方政府债券转贷款　　　　　　200 000 000

2. 向下级政府转贷主权外债

本级政府财政向下级政府财政转贷主权外债资金，且主权外债最终还款责任由下级政府财政承担的，做相关账务处理如下。

1）转贷资金通过财政拨付

本级政府财政支付转贷资金时，根据转贷资金支付相关资料，借记"债务转贷支出"科目，贷记"其他财政存款"科目；根据债务管理部门转来的相关资料，按照实际持有的债权金额，借记"应收主权外债转贷款"科目，贷记"资产基金——应收主权外债转贷款"科目。

2）转贷资金由外方直接支付

外方将贷款资金直接支付给用款单位或供应商时，本级政府财政根据转贷资金支付相关资料，借记"债务转贷支出"科目，贷记"债务收入""债务转贷收入"科目；根据债务管理部门转来的相关资料，按照实际持有的债权金额，借记"应收主权外债转贷款"科目，贷记"资产基金——应收主权外债转贷款"科目；借记"待偿债净资产"科目，贷记"借入款项""应付主权外债转贷款"等科目。

【例6-7】某市财政总预算发生以下业务：

（1）开设在××银行的财政专户收到省财政转贷的德国政府贷款2.5亿元。该贷款为水利建设项目贷款，其中，市本级使用2亿元，由市级负责还本付息；××县使用5 000万元，由该县负责还本付息。

借：其他财政存款——主权外债转贷——××银行　　250 000 000
　　贷：债务转贷收入——地方政府一般债务转贷收入　　250 000 000

借：待偿债净资产——应付主权外债转贷款　　　　　　250 000 000
　　贷：应付主权外债转贷款——应付本金　　　　　　250 000 000

（2）将属于××县的项目转贷资金5 000万元拨付该县财政专户。

借：债务转贷支出——地方政府一般债务转贷支出——××县　50 000 000
　　贷：其他财政存款——主权外债转贷——××银行　　　　50 000 000

借：应收主权外债转贷款——应收本金　　　　　　　　　50 000 000
　　贷：资产基金——应收主权外债转贷款　　　　　　　　50 000 000

（3）收到相关的预算文件,本市××区的世行贷款项目——食品监测项目,外方将1 500万元设备款直接支付给供货商。该项贷款由××区负责还本付息。

借:债务转贷支出——地方政府一般债务转贷支出——××区　　　　　15 000 000
　　贷:债务转贷收入——地方政府一般债务转贷收入　　　　　　　　15 000 000

借:应收主权外债转贷款——应收本金——××区　　　　　　　　　15 000 000
　　贷:资产基金——应收主权外债转贷款　　　　　　　　　　　　15 000 000

借:待偿债净资产——应付主权外债转贷款　　　　　　　　　　　　15 000 000
　　贷:应付主权外债转贷款——应付本金　　　　　　　　　　　　15 000 000

3. 年终转账

年终转账时,"债务转贷支出"科目下"地方政府一般债务转贷支出"明细科目的借方余额全数转入"一般公共预算结转结余"科目,借记"一般公共预算结转结余"科目,贷记"债务转贷支出——地方政府一般债务转贷支出"科目;"债务转贷支出"科目下"地方政府专项债务转贷支出"明细科目的借方余额全数转入"政府性基金预算结转结余"科目,借记"政府性基金预算结转结余"科目,贷记"债务转贷支出——地方政府专项债务转贷支出"科目。

【例6-8】 某省财政总预算发生以下业务:

（1）对[例6-6]形成的债务转贷支出进行转账。

借:政府性基金预算结转结余——土地储备专项债券　　　　　　　200 000 000
　　贷:债务转贷支出——地方政府专项债务转贷支出——土地储备专项债券转贷支出——××区　　200 000 000

（2）对[例6-7]形成的债务转贷支出进行转账。

借:一般公共预算结转结余　　　　　　　　　　　　　　　　　　65 000 000
　　贷:债务转贷支出——地方政府一般债务转贷支出——××县　　50 000 000
　　　　债务转贷支出——地方政府一般债务转贷支出——××区　　15 000 000

债务转贷支出主要经济业务会计核算情况如表6-6所示。

表6-6　　　　　　　**债务转贷支出主要经济业务会计核算情况表**

经济业务		会计核算	
（1）向下级政府转贷地方政府债券		借:债务转贷支出 　　贷:国库存款	借:应收地方政府债券转贷款 　　贷:资产基金——应收地方政府债券转贷款
（2）向下级政府转贷主权外债	本级政府财政支付转贷资金	借:债务转贷支出 　　贷:其他财政存款	借:应收主权外债转贷款 　　贷:资产基金——应收主权外债转贷款

（续表）

经济业务		会计核算		
（2）向下级政府转贷主权外债	外方将贷款资金直接支付	借：债务转贷支出 贷：债务收入/债务转贷收入	借：应收主权外债转贷款 贷：资产基金——应收主权外债转贷款	借：待偿债净资产 贷：借入款项/应付主权外债转贷款
（3）年终转账		借：一般公共预算结转结余 贷：债务转贷支出——地方政府一般债务转贷支出		借：政府性基金预算结转结余 贷：债务转贷支出——地方政府专项债务转贷支出

二、债务还本支出

（一）会计科目设置

财政总预算应设置"债务还本支出"科目，用于核算政府财政偿还本级政府财政承担的纳入预算管理的债务本金支出。"债务还本支出"科目平时借方余额反映债务还本支出的累计数；年终结转后，本科目应无余额。

"债务还本支出"科目应当根据《政府收支分类科目》中"债务还本支出"有关规定设置明细科目。

（二）主要账务处理

（1）偿还本级政府财政承担的政府债券、主权外债等纳入预算管理的债务本金时，借记"债务还本支出"科目，贷记"国库存款""其他财政存款"等科目；根据债务管理部门转来相关资料，按照实际偿还的本金金额，借记"应付短期政府债券""应付长期政府债券""借入款项""应付地方政府债券转贷款""应付主权外债转贷款"等科目，贷记"待偿债净资产"科目。

（2）偿还截至2014年12月31日本级政府财政承担的存量债务本金时，借记"债务还本支出"科目，贷记"国库存款""其他财政存款"等科目。

（3）年终转账时，"债务还本支出"科目下"专项债务还本支出"明细科目的借方余额应按照对应的政府性基金种类分别转入"政府性基金预算结转结余"相应明细科目，借记"政府性基金预算结转结余"科目，贷记"债务还本支出——专项债务还本支出"科目。"债务还本支出"科目下其他明细科目的借方余额全数转入"一般公共预算结转结余"科目，借记"一般公共预算结转结余"科目，贷记"债务还本支出"科目（其他明细科目）。

【例6-9】　某市财政总预算发生以下业务：

（1）根据预算文件，使用财政国库资金归还省财政地方政府一般债券本金1 200万元，其中，1年以内的地方政府债券本金200万元，1年期以上的地方政府债券本金1 000万元。上述还本支出全部由本级政府承担。

借：债务还本支出——地方政府一般债券还本支出　　　　　　　　12 000 000

　　贷：国库存款　　　　　　　　　　　　　　　　　　　　　　　　　12 000 000

借：应付地方政府　　应付地方政府一　　应付　　　　　　　　　　12 000 000
　　债券转贷款　　　　般债券转贷款　　　本金

　　贷：待偿债净资产——应付地方政府债券转贷款　　　　　　　　12 000 000

（2）根据预算文件，使用财政国库资金归还省财政应由本级政府承担的土地储备专项债券本金 500 万元。

借：债务还本支出——土地储备专项债券还本支出　　　　　　　　5 000 000

　　贷：国库存款　　　　　　　　　　　　　　　　　　　　　　　　　5 000 000

借：应付地方政府　　应付地方政府专　　应付　　　　　　　　　　5 000 000
　　债券转贷款　　　　项债券转贷款　　　本金

　　贷：待偿债净资产——应付地方政府债券转贷款　　　　　　　　5 000 000

（3）根据预算文件，通过还贷准备金专户归还省财政一笔 2014 年 12 月 31 日以前本级政府财政承担的存量债务（银行贷款）本金 2 000 万元。该笔债务在 2014 年年底被清理甄别为一般债务。

借：债务还本支出——地方政府其他一般债务还本支出　　　　　　20 000 000

　　贷：其他财政存款——还贷准备金——××银行　　　　　　　　20 000 000

（4）年终，对上述业务形成的债务还本支出进行转账。

借：一般公共预算结转结余　　　　　　　　　　　　　　　　　　　32 000 000

　　贷：债务还本支出——地方政府一般债券还本支出　　　　　　　12 000 000

　　　　债务还本支出——地方政府其他一般债务还本支出　　　　　20 000 000

借：政府性基金预算结转结余——土地储备专项债券　　　　　　　5 000 000

　　贷：债务还本支出——土地储备专项债券还本支出　　　　　　　5 000 000

债务还本支出主要经济业务会计核算情况如表 6-7 所示。

表 6-7　　　　债务还本支出主要经济业务会计核算情况表

经济业务	会计核算	
（1）偿还本级政府财政承担的政府债券、主权外债等纳入预算管理的债务本金	借：债务还本支出 　贷：国库存款/其他财政存款	借：应付短期政府债券/应付长期政府债券/借入款项/应付地方政府债券转贷款等 　贷：待偿债净资产
（2）偿还截至 2014 年 12 月 31 日本级政府财政承担的存量债务本金	借：债务还本支出 　贷：国库存款/其他财政存款	

（续表）

经济业务	会计核算	
（3）年终转账	借：一般公共预算结转结余 　　贷：债务还本支出（除地方 　　　　政府专项债务的其他 　　　　明细科目）	借：政府性基金预算结转结余 　　贷：债务还本支出——地方政府 　　　　专项债务还本支出

第五节　转移性支出

一、转移性支出概述

（一）转移性支出的概念与分类

　　按照《财政总预算会计制度》的规定,转移性支出是指在各级政府财政之间进行资金调拨以及在本级政府财政不同类型资金之间调剂所形成的支出,包括补助支出、上解支出、调出资金、地区间援助支出等。按照《政府收支分类科目》的规定,转移性支出反映政府的转移支付以及不同性质资金之间的调拨支出。从概念来看,两者基本一致,但从具体内容分析,仍存在不一致的地方。

　　一是转移性支出在《政府收支分类科目》中是与一般公共服务支出、教育支出、科学技术支出并列的类级支出功能科目,而在《财政总预算会计制度》中只是一个支出的分类,并不是具体的会计科目。

　　二是《政府收支分类科目》将债务转贷支出作为一个款级科目并入转移性支出,《财政总预算会计制度》将债务转贷支出与转移性支出并列,分别作为两个不同的支出类别。

　　三是《政府收支分类科目》将年终结余、补充预算周转金作为转移性支出,而《财政总预算会计制度》中的年终结余和预算周转金属于净资产类科目。

　　四是《政府收支分类科目》没有设置一般公共预算调出资金的预算科目,而《财政总预算会计制度》在"调出资金"总账科目下,设置了"一般公共预算调出资金"的明细科目。

转移性
支出的对比

（二）转移性支出的内容

　　根据《2019年政府收支分类科目》,一般公共预算转移性支出包括返还性支出、一般性转移支付、专项转移支付、上解支出、一般公共预算年终结余、一般债务转贷支出、援助其他地区支出、安排预算稳定调节基金、补充预算周转金。

一般公共
预算转移
性支出

　　政府性基金预算转移性支出包括政府性基金补助支出、政府性基金上解支出、政府性基金调出资金、政府性基金年终结余、专项债务转贷支出。

　　国有资本经营预算转移性支出包括国有资本经营预算转移支付支出、国有资本经营预算调出资金。与一般公共预算和政府性基金预算相比,国有资本经营预算未设置年终结余科目。从预算科目的完整性考虑,国有资本经营预算也应设置"国有资本经营预算年终结余"科目,反映国有资本经营预算收支年终形成的结余。

二、补助支出

补助支出是指本级政府财政按财政体制规定或因专项需要补助给下级政府财政的款项,包括一般公共预算的税收返还、一般性转移支付支出、专项转移支付支出,以及政府性基金补助支出、国有资本经营预算转移支付支出等。

(一) 会计科目设置

财政总预算应设置"补助支出"科目,用于核算本级政府财政按财政体制规定或因专项需要补助给下级政府财政的款项,包括对下级的税收返还、转移支付等。"补助支出"科目平时借方余额反映补助支出的累计数;年终结转后,本科目应无余额。

"补助支出"科目下应当按照不同资金性质设置"一般公共预算补助支出""政府性基金预算补助支出"等明细科目;同时,还应当按照补助地区进行明细核算。

(二) 主要账务处理

(1)发生补助支出或从"与下级往来"科目转入时,借记"补助支出"科目,贷记"国库存款""其他财政存款""与下级往来"等科目。

(2)专项转移支付资金实行特设专户管理的,本级政府财政应当根据本级政府财政下达的预算文件确认补助支出,借记"补助支出"科目,贷记"国库存款""与下级往来"等科目。

(3)有主权外债业务的财政部门,贷款资金由下级政府财政同级部门(单位)使用,且贷款最终还款责任由本级政府财政承担的,本级政府财政部门支付贷款资金时,借记"补助支出"科目,贷记"其他财政存款"科目;外方将贷款资金直接支付给用款单位或供应商时,借记"补助支出"科目,贷记"债务收入""债务转贷收入"等科目;根据债务管理部门转来的相关外债转贷管理资料,按照实际支付的金额,借记"待偿债净资产"科目,贷记"借入款项""应付主权外债转贷款"等科目。

(4)年终与下级政府财政结算时,按照尚未拨付的补助金额,借记"补助支出"科目,贷记"与下级往来"科目。退还或核减补助支出时,借记"国库存款""与下级往来"等科目,贷记"补助支出"科目。

(5)年终转账时,"补助支出"科目借方余额应根据不同资金性质分别转入对应的结转结余科目,借记"一般公共预算结转结余""政府性基金预算结转结余"等科目,贷记"补助支出"科目。

【例6-10】 某市财政总预算发生以下业务:

（1）年末,收到预算管理部门转来体制结算资料,市级财政当年补助所属的××市(县级市)一般性转移支付共计2亿元,专项转移支付共计5 000万元。

一般认为,补助支出和库款调度应该与财政部门下达的预算资金分配文件直接挂钩,每下达一笔预算资金分配文件,总预算会计就应该拨付一笔资金,同时进行一笔账务处理。但由于资金分配文件较多,按照上述操作比较复杂,目前通行的做法是,在预算执行过程中,总预算收到预算资金分配文件时,并不做补助支出的账务处理,也不同时拨付相同额度的国库资金,而只是根据已经下达给下级财政的预算额度,拨付一定的调度款,并根据拨付的调度资金相应增加"与下级往来"科目,减少"国库存款"科目;年终时,根据预算管理部门提供的体制结算单上的补助支出数额,相应增加"补助支出",冲减"与下级往来"科目。总预算应做如下账务处理:

借:补助支出——一般公共预算补助支出——××市　　　　250 000 000

　　贷:与下级往来——一般公共预算与下级往来——××市　　250 000 000

（2）通过财政直接支付方式向××区的财政专户拨付城乡义务教育市级补助资金3 500万元。

借:补助支出——一般公共预算补助支出——××区　　　　35 000 000

　　贷:国库存款　　　　35 000 000

（3）从世行贷款专户拨付××县财政4 500万元;同时收到相关文件资料,外方将贷款直接支付给设备供货商1 500万元。上述世行贷款的使用单位为××县,贷款项目为污水处理厂建设,均由市级财政承担最终还款责任。

市级财政拨付贷款资金时:

借:补助支出——一般公共预算补助支出——××县　　　　45 000 000

　　贷:其他财政存款——世行贷款资金——××银行　　　　45 000 000

收到外方将贷款直接支付给设备供货商的相关凭证时:

借:补助支出——一般公共预算补助支出——××县　　　　15 000 000

　　贷:债务转贷收入——地方政府一般债务转贷收入　　　　15 000 000

借:待偿债净资产——应付主权外债转贷款　　　　60 000 000

　　贷:应付主权外债转贷款——应付本金　　　　60 000 000

（4）年终,对上述第(3)项业务形成的补助支出进行转账。

借:一般公共预算结转结余　　　　60 000 000

　　贷:补助支出——一般公共预算补助支出——××县　　　　60 000 000

补助支出主要经济业务会计核算情况如表6-8所示。

表6-8　　　　　　　　补助支出主要经济业务会计核算情况表

经济业务	会计核算		
(1) 发生补助支出或从"与下级往来"科目转入	借：补助支出 　　贷：国库存款/其他财政存款/与下级往来		
(2) 专项转移支付资金实行特设专户管理	借：补助支出 　　贷：国库存款/与下级往来		
(3) 主权外债贷款资金由下级政府财政同级部门使用,且贷款最终还款责任由本级政府财政承担	借：补助支出 　　贷：其他财政存款	借：补助支出 　　贷：债务收入/债务转贷收入	借：待偿债净资产 　　贷：借入款项/应付主权外债转贷款
(4) 年终与下级政府财政结算	对于尚未拨付的补助资金： 借：补助支出 　　贷：与下级往来	退还或核减补助支出： 借：国库存款/与下级往来 　　贷：补助支出	
(5) 年终转账	借：一般公共预算结转结余/政府性基金预算结转结余等 　　贷：补助支出		

三、上解支出

上解支出是指按照财政体制规定由本级政府财政上交给上级政府财政的款项,包括一般公共预算上解支出和政府性基金预算上解支出,其中,一般公共预算上解支出又分为体制上解支出和专项上解支出。

(一) 会计科目设置

财政总预算应设置"上解支出"科目,用于核算本级政府财政按照财政体制规定上交给上级政府财政的款项。"上解支出"科目平时借方余额反映上解支出的累计数;年终结转后,本科目应无余额。

"上解支出"科目下应当按照不同资金性质设置"一般公共预算上解支出""政府性基金预算上解支出"等明细科目。

(二) 主要账务处理

(1) 发生上解支出时,借记"上解支出"科目,贷记"国库存款""与上级往来"等科目。

(2) 年终与上级政府财政结算时,按照尚未支付的上解金额,借记"上解支出"科目,贷记"与上级往来"科目。退还或核减上解支出时,借记"国库存款""与上级往来"等科目,贷记"上解支出"科目。

(3) 年终转账时,"上解支出"科目借方余额应根据不同资金性质分别转入对应的结转结余科目,借记"一般公共预算结转结余""政府性基金预算结转结余"等科目,贷记"上解支出"科目。

【例6-11】 某市财政总预算发生以下业务：

(1) 年末,市财政预算管理部门转来体制结算资料,当年省级按分成比例分享的一般公共预算收入为7 000万元,地方一般债券发行费用500万元,国有土地使用权出让金专项债券发行费用900万元,以上均通过财政体制结算上解省级。

借:上解支出——一般公共预算上解支出 75 000 000
　　贷:与上级往来——一般公共预算与上级往来 75 000 000

借:上解支出——政府性基金预算上解支出——国有土地使用权出让金 9 000 000
　　贷:与上级往来——政府性基金预算与上级往来 9 000 000

(2) 对上述业务形成的上解支出进行转账。

借:一般公共预算结转结余 75 000 000
　　贷:上解支出——一般公共预算上解支出 75 000 000

借:政府性基金预算结转结余——国有土地使用权出让金 9 000 000
　　贷:上解支出——政府性基金预算上解支出——国有土地使用权出让金 9 000 000

上解支出主要经济业务会计核算情况如表6-9所示。

表6-9　　　　　　　　　上解支出主要经济业务会计核算情况表

经济业务	会计核算	
(1) 发生上解支出	借:上解支出 　　贷:国库存款/与上级往来	
(2) 年终与上级政府财政结算	对于尚未支付的上解金额: 借:上解支出 　　贷:与上级往来	退还或核减上解支出: 借:国库存款/与上级往来 　　贷:上解支出
(3) 年终转账	借:一般公共预算结转结余/政府性基金预算结转结余 　　贷:上解支出	

四、地区间援助支出

地区间援助支出是指援助方政府财政安排用于受援方政府财政统筹使用的各类援助、捐赠等资金支出。

(一) 援助支出相关科目辨析

《财政总预算会计制度》中设有"地区间援助支出"会计科目;同时,《政府收支分类科目》一般公共预算支出功能分类科目中也有两个相同的"援助其他地区支出"预算科目,分别是219类"援助其他地区支出"预算科目,230类"转移性支出"科目下的23013款"援助其他地区支出"预算科目。此外,我们还发现,《政府收支分类科目》一般公共预算收入中110类"转移性收入"下设有11013款"接受其他地区援助收入"预算科目,《财政总预算会计》制度中也相应设有"地区间援助收入"会计科目。这就产生了 5 个援助类的收支科目。

根据援助方政府和受援方政府对援助资金安排和项目确定的主动权,我们可以将援助资金分为援助方管理的资金和受援方管理的资金两类。

1. 援助方管理的资金

援助方管理的资金是指援助方政府安排并直接管理使用的援助资金,由援助方确定具体项目,并根据项目进展拨付使用,实质上就是援助方政府的支出。因此,对援助方政府而言,这种资金的支出功能分类应该列 219 类"援助其他地区支出"的线上预算科目,总预算会计应列"一般公共预算本级支出"会计科目;对受援方政府而言,尽管其为受益方,但在资金上没有发生任何关系,因此无论是预算管理还是会计核算,均不需做任何处理。

2. 受援方管理的资金

受援方管理的资金是指援助方政府安排的由受援方政府统筹管理使用的各类援助资金,援助方政府只负责出资,资金的管理、具体安排使用以及项目的确定等,均由受援方政府自主负责。这种资金实质上就是援助方政府对受援方政府的一种转移性支出,受援方政府接收并安排使用后,将体现和统计为受援方政府的"一般公共预算本级支出"。因此,对援助方政府而言,此类资金的支出功能分类应该列 230 类"转移性支出"下 23013 款"援助其他地区支出"预算科目,总预算会计应列"地区间援助支出"的转移性支出会计科目。而对受援方政府而言,接受援助资金时,收入预算科目应该列 110 类"转移性收入"下 11013 款"接受其他地区援助收入"预算科目,总预算会计应列"地区间援助收入"会计科目;安排使用援助资金时,支出功能分类应根据项目情况选择确定具体的列支科目(比如用于教育的支出,列"教育支出"预算科目,用于卫生医疗的支出,列"卫生健康支出"预算科目),总预算会计应列"一般公共预算本级支出"会计科目。

援助资金的适用科目及流程详见图 6-1。

需要注意的是,各地按照国家统一要求安排的对口援助西藏、新疆、青海藏区的资金,应统一列 219"援助其他地区支出"预算科目和"一般公共预算本级支出"会计科目,不在 23013 款"援助其他地区支出"预算科目和"地区间援助支出"会计科目反映核算。

(二)地区间援助支出的核算

1. 会计科目设置

财政总预算应设置"地区间援助支出"科目,用于核算援助方政府财政安排用于受援方政府财政统筹使用的各类援助、捐赠等资金支出。"地区间援助支出"科目平时借方余额反映地区间援助支出的累计数;年终结转后,本科目应无余额。"地区间援助支出"科目应当按照受援地区及管理需要进行相应明细核算。

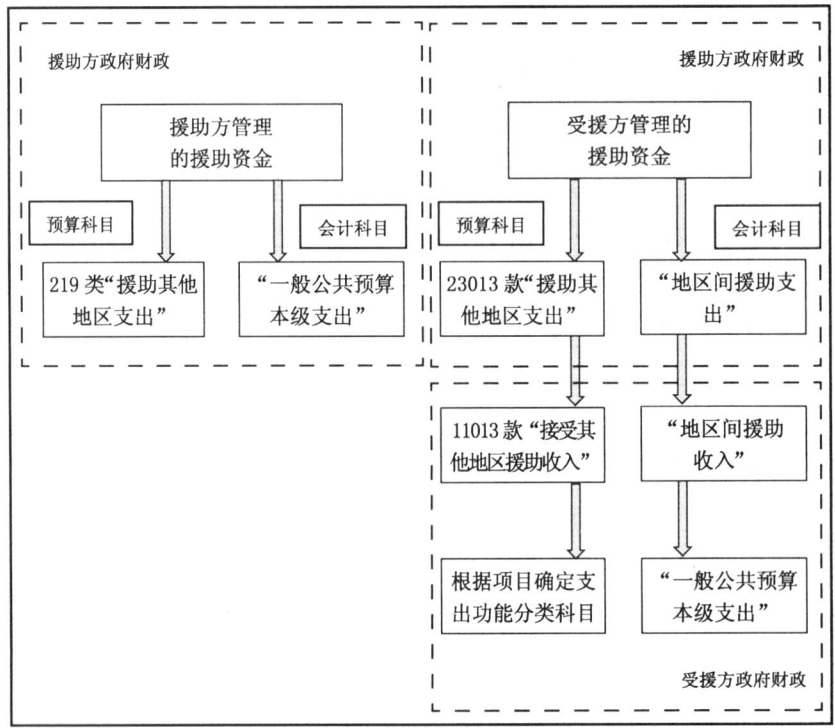

图 6-1 地区间援助收入、支出适用科目和资金流向示意图

2. 主要账务处理

（1）发生地区间援助支出时，借记"地区间援助支出"科目，贷记"国库存款"科目。

（2）年终转账时，"地区间援助支出"科目借方余额全数转入"一般公共预算结转结余"科目，借记"一般公共预算结转结余"科目，贷记"地区间援助支出"科目。

【例 6-12】 某市财政总预算发生以下业务：

（1）按照省扶贫工作部署，从一般公共预算向本市的结对帮扶对象××市的国库拨付援助资金1500万元，由××市根据需要统筹使用。

该市总预算将援助资金直接支付××市国库，且该笔资金由受援方××市统筹使用，因此，应通过"地区间援助支出"会计科目核算。

借：地区间援助支出——××市   15 000 000

  贷：国库存款   15 000 000

（2）收到财政国库支付执行机构报来的预算支出结算清单，以财政直接支付方式，为市扶贫办支付××市的扶贫基建项目补助资金180万元，支出功能分类列21906款"援助其他地区支出——农业"预算科目，政府预算支出经济分类列"机关资本性支出——基础设施建设"预算科目。

扶贫基建项目,由本市扶贫办直接组织建设,因此建设资金不能通过"地区间援助支出"会计科目核算。

借:一般公共预算本级支出——农业——基础设施建设——市扶贫办　1 800 000

　　贷:国库存款　　　　　　　　　　　　　　　　　　　　　　1 800 000

（3）收到财政国库支付执行机构报来的预算支出结算清单,以财政直接支付方式,为市发改委拨付缴纳本市承担的援藏资金 3 000 万元,支出功能分类列21909 款"援助其他地区支出——其他支出"预算科目,政府预算支出经济分类列"其他支出"预算科目。

各地按照国家统一要求安排的对口援助西藏、新疆、青海藏区的资金,应统一列 219"援助其他地区支出"预算科目,不通过"地区间援助支出"会计科目以及23013 款"援助其他地区支出"预算科目反映和核算。

借:一般公共预算本级支出——其他支出——市发改委　　　　30 000 000

　　贷:国库存款　　　　　　　　　　　　　　　　　　　　　　30 000 000

地区间援助支出主要经济业务会计核算情况如表 6-10 所示。

表 6-10　　　　　地区间援助支出主要经济业务会计核算情况表

经济业务	会计核算
（1）发生地区间援助支出	借:地区间援助支出 　贷:国库存款
（2）年终转账	借:一般公共预算结转结余 　贷:地区间援助支出

五、调出资金

（一）调出资金的概念与内容

调出资金是指政府财政为平衡预算收支、从某类资金向其他类型预算调出的资金。

《预算法》规定,预算包括一般公共预算、政府性基金预算、国有资本经营预算、社会保险基金预算。这 4 类预算应当保持完整、独立,同时,政府性基金预算、国有资本经营预算、社会保险基金预算应当与一般公共预算相衔接。政府性基金预算、国有资本经营预算与一般公共预算相衔接的一个重要方式,就是将政府性基金预算和国有资本经营预算中的收入,按照一定比例或管理要求调入一般公共预算。其中,对政府性基金预算结转资金规模超过该项基金当年收入 30% 的部分,应调入一般公共预算补充预算稳定调节基金;国有资本经营预算调入一般公共预算的比例,2016 年为 19%,以后要逐年提高调入比例,2020 年要达到 30%。

从预算科目与会计科目设置情况看,《政府收支分类科目》中"调出资金"款级科目下设有"政府性基金预算调出资金""国有资本经营预算调出资金""其他调出资金"3 类项级科目,并未设置"一般公共预算调出资金"科目。《财政总预算会计制度》规定,"调出资金"会计科目下应当设置"一般公共预算调出资金""政府性基金预算调出资金""国有资本经营预算调出资金"等明细科目。

(二)调出资金的核算

1. 会计科目设置

财政总预算应设置"调出资金"科目,用于核算政府财政为平衡预算收支、从某类资金向其他类型预算调出的资金。"调出资金"科目平时借方余额,反映调出资金的累计数;年终结转后,本科目应无余额。

"调出资金"科目下应当设置"一般公共预算调出资金""政府性基金预算调出资金"和"国有资本经营预算调出资金"等明细科目。从目前的预算管理实践来看,一般公共预算尚不存在需要通过"调出资金"科目调出的资金,因此,"调出资金"会计科目的适用范围实际上就是政府性基金预算和国有资本经营预算。

2. 主要账务处理

(1)从一般公共预算调出资金时,按照调出的金额,借记"调出资金——一般公共预算调出资金"科目,贷记"调入资金"相关明细科目。

(2)从政府性基金预算调出资金时,按照调出的金额,借记"调出资金——政府性基金预算调出资金"科目,贷记"调入资金"相关明细科目。

(3)从国有资本经营预算调出资金时,按照调出的金额,借记"调出资金——国有资本经营预算调出资金"科目,贷记"调入资金"相关明细科目。

(4)年终转账时,"调出资金"科目借方余额分别转入相应的结转结余科目,借记"一般公共预算结转结余""政府性基金预算结转结余""国有资本经营预算结转结余"等科目,贷记"调出资金"科目。

【例 6-13】 某市财政总预算发生以下业务:

(1)对纳入政府性基金预算管理的城市基础设施配套费,按照国务院的规定,将其结转资金规模超过该项基金当年收入 30% 的部分 1 500 万元,补充预算稳定调节基金统筹使用。

借:调出资金——政府性基金预算调出资金——城市基础设施配套费　　15 000 000

　　贷:调入资金——一般公共预算调入资金　　　　　　　　　　　　　　15 000 000

借:安排预算稳定调节基金　　　　　　　　　　　　　　　　　　　　　15 000 000

　　贷:预算稳定调节基金　　　　　　　　　　　　　　　　　　　　　　15 000 000

(2)根据预算管理部门下达的预算文件,将当年国有资本经营预算收入的

20%部分(900万元)调入一般公共预算。

借：调出资金——国有资本经营预算调出资金   9 000 000

 贷：调入资金——一般公共预算调入资金   9 000 000

（3）年终，将上述业务形成的调出资金进行转账。

借：政府性基金预算结转结余——城市基础设施配套费   15 000 000

 贷：调出资金——政府性基金预算调出资金——城市基础设施配套费 15 000 000

借：国有资本经营预算结转结余   9 000 000

 贷：调出资金——国有资本经营预算调出资金   9 000 000

调出资金主要经济业务会计核算情况如表6-11所示。

表6-11   调出资金主要经济业务会计核算情况表

经济业务	会计核算
（1）从一般公共预算、政府性基金预算调出资金、国有资本经营预算调出资金	借：调出资金——一般公共预算调出资金/政府性基金预算调出资金/国有资本经营预算调出资金 贷：调入资金
（2）年终转账	借：一般公共预算结转结余/政府性基金预算结转结余/国有资本经营预算结转结余 贷：调出资金——一般公共预算调出资金/政府性基金预算调出资金/国有资本经营预算调出资金

六、安排预算稳定调节基金

（一）安排预算稳定调节基金的概念与要求

安排预算稳定调节基金是指从一般公共预算超收收入、一般公共预算结余资金等资金来源中安排预算稳定调节基金。

按照现行的预算管理规定及财政部《预算稳定调节基金管理暂行办法》（财预〔2018〕35号）的规定，预算稳定调节基金的主要来源包括：①一般公共预算的超收收入（不含用于冲减赤字的部分）。②一般公共预算的结余资金（不含按照权责发生制核算的资金）。③一般公共预算连续结转两年仍未用完的资金。④政府性基金预算结转资金规模超过该项基金当年收入30%的部分。⑤政府性基金预算连续结转两年仍未用完的资金。⑥闲置不用的预算周转金。

上述6类来源中，使用预算周转金补充预算稳定调节基金时，直接减少"预算周转金"科目，增加"预算稳定调节基金"科目；除此之外，其余来源均需通过"安排预算稳定调节基金"科目来补充预算稳定调节基金。

（二）安排预算稳定调节基金的核算

1. 会计科目设置

财政总预算应设置"安排预算稳定调节基金"总账科目，用于核算政府财政按照有关规定安排的预算稳定调节基金。"安排预算稳定调节基金"平时借方余额反映安排预算稳定调节基金的累计数；年终结转后，本科目应无余额。

2. 主要账务处理

（1）补充预算稳定调节基金时，借记"安排预算稳定调节基金"科目，贷记"预算稳定调节基金"科目。

（2）年终转账时，"安排预算稳定调节基金"科目借方余额全数转入"一般公共预算结转结余"科目，借记"一般公共预算结转结余"科目，贷记"安排预算稳定调节基金"科目。

【例6-14】　某县财政总预算发生以下业务：

（1）根据预算管理部门的文件，将本年度一般公共预算超收收入500万元全额补充预算稳定调节基金。

借：安排预算稳定调节基金　　　　　　　　　　　　　　　　　　5 000 000
　　贷：预算稳定调节基金　　　　　　　　　　　　　　　　　　　5 000 000

（2）将上述业务形成的安排预算稳定调节基金进行转账。

借：一般公共预算结转结余　　　　　　　　　　　　　　　　　　5 000 000
　　贷：安排预算稳定调节基金　　　　　　　　　　　　　　　　　5 000 000

安排预算稳定调节基金主要经济业务会计核算情况如表6-12所示。

表6-12　　　　安排预算稳定调节基金主要经济业务会计核算情况表

经济业务	会计核算
（1）补充预算稳定调节基金	借：安排预算稳定调节基金 　　贷：预算稳定调节基金
（2）年终转账	借：一般公共预算结转结余 　　贷：安排预算稳定调节基金

第七章 资产的核算

第一节 财政存款、有价证券和在途款

资产是指政府财政占有或控制的，能以货币计量的经济资源。总会计核算的资产具体包括财政存款、有价证券、应收股利、借出款项、暂付及应收款项、预拨经费、应收转贷款和股权投资等。总会计对符合资产定义（即占有或控制、能以货币计量）的经济资源，应当在取得对其相关的权利，并且能够可靠地进行货币计量时确认；按照取得或发生时实际金额进行计量。符合资产定义并确认的资产项目，应当列入资产负债表。

一、国库存款

（一）会计科目设置

财政总预算应设置"国库存款"科目，用于核算政府财政存放在国库单一账户的款项。"国库存款"科目期末借方余额反映政府财政国库存款的结存数。

（二）主要账务处理

（1）收到预算收入时，借记"国库存款"科目，贷记有关预算收入科目。

（2）收到国库存款利息收入时，借记"国库存款"科目，贷记"一般公共预算本级收入"科目。

（3）收到缴入国库的来源不清的款项时，借记"国库存款"科目，贷记"其他应付款"等科目。

（4）国库库款减少时，按照实际支付的金额，借记有关科目，贷记"国库存款"科目。

【例7-1】 某县财政总预算发生以下业务：

（1）收到人民银行国库报来的"一般公共预算本级收入日报表"以及相关收入缴库凭证，本日一般公共预算本级收入共计150万元，其中，私营企业所得税50万元，集体企业房产税100万元。

借：国库存款　　　　　　　　　　　　　　　　　　　　　　　　1 500 000

　　贷：一般公共预算本级收入——私营企业所得税　　　　　　　　　　500 000

　　　　一般公共预算本级收入——集体企业房产税　　　　　　　　1 000 000

（2）收到人民银行国库部门转来的库款计息凭证，本季度国库存款利息为 45 万元。

在实行国库集中支付以前，国库存款一般都是存放在中国人民银行，人民银行作为财政库款的出纳，存不计息，汇不收费。实行国库集中支付以后，为了最大限度地鼓励各级财政部门将国库存款沉淀在国库，自 2003 年 1 月 1 日起，人民银行对各级财政机关在中国人民银行及中国人民银行委托代理国库业务的商业银行、信用社开设的人民币国库存款账户资金，开始计付利息；同时，对于国库支付代理银行提供的账户、结算、现金管理、电子银行、公务卡等服务和业务，财政部门也要相应支付服务费。

国库存款计息利率，按现行中国人民银行规定的单位活期存款利率执行。利率发生调整时，按调整后的利率计付。国库存款利息，分财政级次、按日库款余额（日积数）累计积数计算，按季结算利息。库款计息收入纳入各级财政预算，按照一般预算收入统筹安排使用。应当支付的代理银行资金汇划手续费、代理业务费等相关费用，以及与财政国库管理制度改革相关的其他费用，通过各级财政预算安排，不与国库存款利息收入挂钩。

借：国库存款　　　　　　　　　　　　　　　　　　　　　　　　　450 000

　　贷：一般公共预算本级收入——国库存款利息收入　　　　　　　　450 000

国库存款主要经济业务会计核算情况如表 7-1 所示。

表 7-1　　　　　　　　国库存款主要经济业务会计核算情况表

经济业务	会计核算
（1）收到预算收入	借：国库存款 　　贷：有关预算收入科目
（2）收到国库存款利息收入	借：国库存款 　　贷：一般公共预算本级收入
（3）收到缴入国库的来源不清的款项	借：国库存款 　　贷：其他应付款
（4）国库库款减少	借：有关科目 　　贷：国库存款

二、国库现金管理存款

（一）国库现金管理的概念及要求

国库现金管理是在确保国库资金安全完整和财政支出需要的前提下，对国库现金进行有效的运作管理,实现国库闲置现金余额最小化、投资收益最大化的一系列财政资金管理活动。国库现金管理分为中央和地方两个层面。

1. 中央国库现金管理

财政部会同中国人民银行开展中央国库现金管理工作。中央国库现金管理的操作方式包括商业银行定期存款、买回国债、国债回购和逆回购等,在国库现金管理初期,主要实施商业银行定期存款和买回国债两种操作方式。

(1)商业银行定期存款是指将国库现金存放在商业银行,商业银行以国债为质押获得存款并向财政部支付利息的交易行为。商业银行定期存款期限一般在1年(含1年)以内。为保证中央国库现金安全,国库现金管理存款银行在接受国库存款时,必须以可流通国债现券作为质押,质押国债的面值数额为存款金额的120%。

(2)买回国债是指财政部利用国库现金从国债市场买回未到期的可流通国债并予以注销或持有到期的交易行为,具体操作由财政部通过公开招标的方式面向记账式国债承销团公开进行。

2. 地方国库现金管理

地方国库现金管理仅限于省级(包括省、自治区、直辖市和计划单列市),操作工具为商业银行定期存款。可以参与地方国库现金管理的商业银行,包括国有商业银行、股份制商业银行、城市商业银行、农村商业银行和邮政储蓄银行;同时,定期存款期限应在1年期以内。

地方国库现金管理应严格控制单一存款银行存款比例,防范资金风险。单期存款银行一般不得少于5家,单家存款银行当期存款金额不得超过当期存款总额的1/4。单一存款银行的地方国库定期存款余额一般不得超过该银行一般性存款余额的10%,不得超过地方财政国库定期存款余额的20%。

存款银行取得地方国库定期存款,应当以可流通国债为质押,质押的国债面值数额为存款金额的120%。地方库定期存款利息收入纳入同级财政预算管理,缴入同级国库。

(二)国库现金管理存款的核算

1. 会计科目设置

财政总预算应设置"国库现金管理存款"科目,用于核算政府财政实行国库现金管理业务存放在商业银行的款项。"国库现金管理存款"科目期末借方余额反映政府财政实行国库现金管理业务持有的存款。

2. 主要账务处理

(1)按照国库现金管理有关规定,将库款转存商业银行时,按照存入商业银行的金额,借记"国库现金管理存款"科目,贷记"国库存款"科目。

(2)国库现金管理存款收回国库时,按照实际收回的金额,借记"国库存款"科目,按照原存入商业银行的存款本金金额,贷记"国库现金管理存款"科目,按照两者的差额,贷记"一般公共预算本级收入"科目。

【例7-2】 某省财政总预算发生以下业务:

(1) 按照国库现金管理的规定,确认中标的存款银行足额质押后,通知人民银行国库向中标银行划款5 000万元。目前资金已经划拨至××银行,并收到××银行开具的存款单。

借:国库现金管理存款——××银行　　　　　　　　　　　　　　50 000 000

　　贷:国库存款　　　　　　　　　　　　　　　　　　　　　　50 000 000

(2) 通过国库现金管理存放在××银行的一笔定期存款到期,本息合计1 030万元,其中,存款本金为1 000万元,利息30万元。资金已经收回国库。

借:国库存款　　　　　　　　　　　　　　　　　　　　　　　10 300 000

　　贷:国库现金管理存款——××银行　　　　　　　　　　　　10 000 000

　　　　一般公共预算本级收入——国库存款利息收入　　　　　　　300 000

国库现金管理存款主要经济业务会计核算情况如表7-2所示。

表7-2　　　　　　国库现金管理存款主要经济业务会计核算情况表

经济业务	会计核算
(1) 按照国库现金管理有关规定,将库款转存商业银行	借:国库现金管理存款 　　贷:国库存款
(2) 国库现金管理存款收回国库	借:国库存款 　　贷:国库现金管理存款 　　　　一般公共预算本级收入

三、其他财政存款

(一) 会计科目设置

财政总预算应设置"其他财政存款"科目,用于核算政府财政未列入"国库存款""国库现金管理存款"科目反映的各项存款。"其他财政存款"科目期末借方余额反映政府财政持有的其他财政存款。

"其他财政存款"科目应当按照资金性质和存款银行等进行明细核算。

(二) 主要账务处理

(1) 财政专户收到款项时,按照实际收到的金额,借记"其他财政存款"科目,贷记有关科目。

(2) 其他财政存款产生的利息收入,除规定作为专户资金收入外,其他利息收入都应缴入国库纳入一般公共预算管理。取得其他财政存款利息收入时,按照实际获得的利息金额,根据以下情况分别处理:

其一,按规定作为专户资金收入的,借记"**其他财政存款**"科目,贷记"**应付代管资金**"或有关收入科目。

其二,按规定应缴入国库的,借记"**其他财政存款**"科目,贷记"**其他应付款**"科目。将其他财政存款利息收入缴入国库时,借记"**其他应付款**"科目,贷记"**其他财政存款**"科目;同时,借记"**国库存款**"科目,贷记"**一般公共预算本级收入**"科目。

(3)其他财政存款减少时,按照实际支付的金额,借记有关科目,贷记"**其他财政存款**"科目。

【例 7-3】 某县财政总预算发生以下业务:

(1)设在县农业发展银行的粮食风险基金财政专户,收到上级财政部门拨入的粮食风险基金 150 万元。

借:其他财政存款——粮食风险基金——县农业发展银行　　　　1 500 000

　　贷:专用基金收入——粮食风险基金　　　　　　　　　　　　1 500 000

(2)收到县农业银行转来的利息入账凭证,本月开立在县农业银行的财政专户利息 8 万元。按照规定,该专户利息收入应上缴国库。

借:其他财政存款——财政专户——县农业银行　　　　　　　　80 000

　　贷:其他应付款——应缴国库利息　　　　　　　　　　　　　80 000

(3)在规定时限内,将上述应缴国库的利息收入缴入国库。

借:其他应付款——应缴国库利息　　　　　　　　　　　　　　80 000

　　贷:其他财政存款——财政专户——县农业银行　　　　　　　80 000

借:国库存款　　　　　　　　　　　　　　　　　　　　　　　80 000

　　贷:一般公共预算本级收入——其他利息收入　　　　　　　　80 000

其他财政存款主要经济业务会计核算情况如表 7-3 所示。

表 7-3　　　　　　　　其他财政存款主要经济业务会计核算情况表

经济业务		会计核算		
(1)财政专户收到款项		借:其他财政存款 　　贷:有关科目		
(2)其他财政存款产生的利息收入	作为专户资金收入	借:其他财政存款 　　贷:应付代管资金或有关收入科目		
	上缴国库	借:其他财政存款 　　贷:其他应付款	借:其他应付款 　　贷:其他财政存款	借:国库存款 　　贷:一般公共预算本级收入
(3)其他财政存款减少		借:有关科目 　　贷:其他财政存款		

四、财政零余额账户存款

(一) 财政零余额账户存款的概念

财政零余额账户存款是财政国库支付执行机构专用的会计科目。

财政国库支付执行机构会计是财政总预算会计的延伸,其会计核算按《财政总预算会计制度》执行。由于财政国库支付执行机构会计尚不属于一个完整的会计体系,其科目设置也相对较为简单而特殊。根据核算需要,财政国库支付执行机构会计只需设置"财政零余额账户存款""已结报支出""一般公共预算本级支出""政府性基金预算本级支出""国有资本经营预算本级支出"5个会计总账科目,其中,"财政零余额账户存款"为资产类科目,"已结报支出"为负债类科目,2个科目均为财政国库支付执行机构专用科目;"一般公共预算本级支出""政府性基金预算本级支出""国有资本经营预算本级支出"则属于国库支付执行机构与总预算会计的共用科目。

鉴于账户的特殊性,"财政零余额账户存款"尽管名为"存款",但实际上并没有存款。同时,"已结报支出"作为一项"支出",却属于负债类科目。因此,很多人对"财政零余额账户存款""已结报支出"两个科目都感到很难理解。下面我们就区分财政直接支付和财政授权支付两种情形,将国库支付执行机构的会计核算原理做简要分析。

在财政直接支付方式下,当财政国库支付执行机构为预算单位对外直接支付款项时,由于发生了相关的支出和资金的支付(此时,财政零余额账户实为负数),自然应当借记"一般公共预算本级支出"等有关支出科目,贷记"财政零余额账户存款"科目。当每日财政零余额账户与人民银行进行清算后,代理银行垫付的资金又回到了财政零余额账户,此时就应冲减"财政零余额账户存款"——因为零余额账户归零了。在支出已经发生、资金却又返回的情况下,必须要为返回的资金明确一个适当的科目归属,且这个科目只能是负债类科目——相当于是国库支付执行机构欠付款项。考虑到这个负债类科目对应的是已经实际发生并且上报给总预算会计的支出,于是将这个科目确定为"已列报支出"科目。

在财政授权支付方式下,每日汇总清算后,对于返回和归集的财政授权支付凭证回执及结算清单,财政国库支付执行机构应当借记"一般公共预算本级支出"等有关支出科目,但是对于发生的支出,对财政国库支付执行机构本身来讲,却没有任何的现金或资产流出,在这种情况下,只能找一个负债类科目作为有关预算支出的对应贷方科目。与直接支付方式一样,考虑到这个负债类科目对应的是已经实际发生并且上报给总预算会计的支出,便将这个科目确定为"已列报支出"科目。

到年终,财政国库支付执行机构将预算支出与有关方面核对一致后,将相关预算支出科目与"已列报支出"科目对转后,国库支付执行机构所使用的"财政零余额账户存款""已结报支出""一般公共预算本级支出""政府性基金预算本级支出""国有资本经营预算本级支出"等相关科目余额全部归零。

（二）财政零余额账户存款的核算

1. 会计科目设置

财政国库支付执行机构应当设置"财政零余额账户存款"科目,用于核算财政国库支付执行机构在银行办理财政直接支付的业务。当日资金结算后,本科目余额为零。

"财政零余额账户存款"科目为财政国库支付执行机构专用科目,未单设财政国库支付执行机构的地区不使用本科目。

2. 主要账务处理

（1）财政国库支付执行机构为预算单位直接支付款项时,借记有关预算支出科目,贷记"财政零余额账户存款"科目。

（2）对于财政直接支付款项,财政国库支付执行机构每日将按部门分"类""款""项"汇总的预算支出结算清单等结算单与中国人民银行国库划款凭证核对无误后,送总会计结算资金,按照结算的金额,借记"财政零余额账户存款"科目,贷记"已结报支出"科目。

【例7-4】 某市财政国库支付中心某日发生以下业务:

（1）收到市安全生产监督管理局的申请,从年初预算安排的××项目中,采取直接支付的方式,拨付救援设备采购款100万元,支出功能分类列"灾害防治与应急管理支出——应急管理事务——应急救援"预算科目,政府预算支出经济分类列"机关资本性支出(一)——设备购置"预算科目。

借：一般公共预算本级支出——应急救援——设备购置——市安监局　　1 000 000
　　贷：财政零余额账户存款　　　　　　　　　　　　　　　　　　　　　1 000 000

（2）当日营业终了前,财政零余额账户当日发生的上述支付,由代理银行与国库单一账户清算。上述支出业务的结算清单经财政国库支付执行机构与中国人民银行国库划款凭证核对无误后,送市财政局总会计结算资金。

借：财政零余额账户存款　　　　　　　　　　　　　　　　　　　　　　1 000 000
　　贷：已结报支出——财政直接支付　　　　　　　　　　　　　　　　　　1 000 000

财政零余额账户存款主要经济业务会计核算情况如表7-4所示。

表7-4　　　财政零余额账户存款主要经济业务会计核算情况表

经济业务	会计核算
（1）财政国库支付执行机构为预算单位直接支付款项	借：有关预算支出科目 　　贷：财政零余额账户存款
（2）财政国库支付执行机构每日将预算支出结算清单送总会计结算资金	借：财政零余额账户存款 　　贷：已结报支出

五、有价证券

（一）有价证券的概念与管理

有价证券是指政府财政按照有关规定取得并持有的政府债券。财政总预算只能购买政府债券,而不能购买公司债券、企业债券、股票等市场主体发行的证券。同时,财政总预算只能在财政资金闲置的情况下,使用各项财政结余资金购买有价证券。利用国库存款购买有价证券,取得的利息收入按规定都应作为国有资源(资产)有偿使用收入上缴一般公共预算。使用其他财政存款购买的有价证券,可以按规定将利息收入缴入其他财政存款专户;没有明确规定的,也可以作为一般公共预算收入缴入一般公共预算。

（二）有价证券的核算

财政总预算应设置"有价证券"科目,用于核算政府财政按照有关规定取得并持有的有价证券金额。"有价证券"科目期末借方余额反映政府财政持有的有价证券金额。

"有价证券"科目应当按照有价证券种类以及资金性质进行明细核算。资金性质是指购买有价证券的资金的性质和来源,按照资金性质进行明细核算的目的是待将来出售有价证券后,可以将本金及收益划转至国库或其他相关账户。

（1）购入有价证券时,按照实际支付的金额,借记"有价证券"科目,贷记"国库存款""其他财政存款"等科目。

（2）转让或到期兑付有价证券时,按照实际收到的金额,借记"国库存款""其他财政存款"等科目,按照该有价证券的账面余额,贷记"有价证券"科目,按其差额,贷记"一般公共预算本级收入"等科目。

【例 7-5】　某市财政总预算发生以下业务:

（1）按规定运用一般公共预算结余资金购买国债 700 万元。

借:有价证券——国债——国库存款　　　　　　　　　　　　　7 000 000

　贷:国库存款　　　　　　　　　　　　　　　　　　　　　　7 000 000

（2）总预算持有的某项国债到期,国债账面余额为 100 万元,实际收到 105 万元。该项国债购买时的资金来源为财政专户资金结余。

借:其他财政存款——财政专户——××银行　　　　　　　　　1 050 000

　贷:有价证券——国债——财政专户资金　　　　　　　　　　1 000 000

　　一般公共预算本级收入——有价证券利息收入　　　　　　　50 000

有价证券主要经济业务会计核算情况如表 7-5 所示。

表 7-5	有价证券主要经济业务会计核算情况表
经济业务	会计核算
（1）购入有价证券	借：有价证券 　　贷：国库存款/其他财政存款等
（2）转让或到期兑付有价证券	借：国库存款/其他财政存款等 　　贷：有价证券 　　　　一般公共预算本级收入等

六、在途款

（一）决算清理期与库款整理期

年度终了后，总会计可根据工作特殊需要设置一定期限的上年决算清理期，对属于上年的收支进行清理。其中，清理期一般是指预算年度结束之后，从 1 月 1 日起至 7 日止，共 7 天；清理事项主要包括核对年度预算收支、清理预算应收应支和往来款项、办理错缴更正事项等。总会计对年终决算清理期内发生的会计事项，应当划清会计年度，属于清理上年度的会计事项，记入上年度会计账；属于新年度的会计事项，记入新年度会计账，防止错记漏记。

库款报解整理期是为全面、准确反映财政年度预算收支状况，由国库设定的用于办理特定业务的时间段。按照《国家金库条例实施细则》的规定，年度终了后，支库应设置 10 天库款报解整理期，经收处 12 月 31 日以前所收之款项，应在库款报解整理期内报达支库，支库应列入当年决算；年终整理期内，更正上年度的错误、均在上年度决算中调整。

设置决算清理期和库款报解整理期，有利于完整反映年度国家财政预算收支情况，保证年度预算收支报表的准确性。总预算会计设置"在途款"科目，就是为了核算决算清理期和库款报解整理期内发生的需要进行过渡处理的属于上年度收入、支出等业务的资金。

（二）在途款的核算

1. 会计科目设置

财政总预算应设置"在途款"科目，用于核算决算清理期和库款报解整理期内发生的需要通过本科目过渡处理的属于上年度收入、支出等业务的资金数。"在途款"科目期末借方余额反映政府财政持有的在途款。

2. 主要账务处理

（1）决算清理期和库款报解整理期内收到属于上年度收入时，在上年度账务中，借记"在途款"科目，贷记有关收入科目。

（2）收回属于上年度拨款或支出时，在上年度账务中，借记"在途款"科目，贷记"预拨经费"或有关支出科目。

（3）冲转在途款时，在本年度账务中，借记"国库存款"科目，贷记"在途款"科目。

【例7-6】 某市财政总预算发生以下业务：

（1）在2018年年初设定的库款报解整理期内，收到属于2017年度的工商罚没收入60万元。

这笔罚没收入属于上年度的收入，但反映为新预算年度的国库存款。因此，总预算会计在确认为上年度收入的同时，应将其统计在上年度的"在途款"科目。为此，总预算会计应在上年度账务中做如下账务处理：

借：在途款　　　　　　　　　　　　　　　　　　　　　600 000

　　贷：一般公共预算本级收入——工商罚没收入　　　　　　　600 000

（2）年初的报解整理期后，在2018年账套中将上述在途款进行冲减，相应转增国库存款。

由于上述60万元的罚没收入名义上被反映到2017年，但从国库库款统计的角度，实际上被统计为2018年的库款。因此，要在2018年的总会计账中，冲减在途款，相应转增国库存款。为此，总预算会计应做如下账务处理：

借：国库存款　　　　　　　　　　　　　　　　　　　　600 000

　　贷：在途款　　　　　　　　　　　　　　　　　　　　　600 000

在途款主要经济业务会计核算情况如表7-6所示。

表7-6　　　　　　　　在途款主要经济业务会计核算情况表

经济业务	会计核算
（1）决算清理期和库款报解整理期内收到属于上年度收入	借：在途款 　　贷：有关收入科目
（2）收回属于上年度拨款或支出	借：在途款 　　贷：预拨经费或有关支出科目
（3）冲转在途款	借：国库存款 　　贷：在途款

第二节　预付及应收款项

一、预拨经费

预拨经费是指政府财政在年度预算执行中预拨出应在以后各月列支，以及会计年度终了前根据"二上"预算预拨出的下年度预算资金。预拨经费（不含预拨下年度预算资金)应在年终前转列支出或清理收回。

（一）会计科目设置

财政总预算应设置"预拨经费"科目，用于核算政府财政预拨给预算单位尚未列为预算支出的款项。"预拨经费"科目期末借方余额反映政府财政年末尚未转列支出或尚待收回的预拨经费数。

"预拨经费"科目应当按照预拨经费种类、预算单位等进行明细核算。

（二）主要账务处理

（1）拨出款项时，借记"预拨经费"科目，贷记"国库存款"科目。

（2）转列支出或收回预拨款项时，借记"一般公共预算本级支出""政府性基金预算本级支出""国库存款"等科目，贷记"预拨经费"科目。

【例 7-7】　某县财政总预算发生以下业务：

（1）年底，根据预拨经费预算文件，向尚未纳入国库集中支付范围的××乡镇卫生院预拨下一预算年度人员经费补助 20 万元。

借：预拨经费——预拨人员经费——××乡镇卫生院　　　　　　　　200 000

　贷：国库存款　　　　　　　　　　　　　　　　　　　　　　　　　200 000

（2）次年年初，根据正式下达的预算指标，将上述预算经费转列支出，支出功能分类列"卫生健康支出——基层医疗卫生机构——乡镇卫生院"预算科目，政府预算支出经济分类列"机关工资福利支出——工资奖金津补贴"预算科目。

借：一般公共预算本级支出——乡镇卫生院——工资奖金津补贴——××乡镇卫生院　　200 000

　贷：预拨经费——预拨人员经费——××乡镇卫生院　　　　　　　　200 000

预拨经费主要经济业务会计核算情况如表 7-7 所示。

表 7-7　　　　　　　　预拨经费主要经济业务会计核算情况表

经济业务	会计核算
（1）拨出款项	借：预拨经费 　贷：国库存款
（2）转列支出或收回预拨款项	借：一般公共预算本级支出/政府性基金预算本级支出/国库存款等 　贷：预拨经费

二、借出款项

借出款项是指政府财政按照对外借款管理相关规定借给预算单位临时急需，并需按期收回的款项。

(一) 会计科目设置

财政总预算应设置"借出款项"科目,用于核算政府财政按照对外借款管理相关规定借给预算单位临时急需的,并需按期收回的款项。"借出款项"科目期末借方余额反映政府财政借给预算单位尚未收回的款项。"借出款项"科目应当按照借款单位等进行明细核算。

(二) 主要账务处理

(1) 将款项借出时,按照实际支付的金额,借记"借出款项"科目,贷记"国库存款"等科目。

(2) 收回借款时,按照实际收到的金额,借记"国库存款"等科目,贷记"借出款项"科目。

【例 7-8】 某县财政总预算发生以下业务:

(1) 部分企业因资金周转困难未及时发放军转干部补贴。经县政府同意并报请县人大常委批准,县财政采取借款方式拨付县人社局 80 万元,由县人社局为企业暂时垫付发放军转干部补贴。

借:借出款项——县人社局　　　　　　　　　　　　　　　　　　800 000
　贷:国库存款　　　　　　　　　　　　　　　　　　　　　　　　800 000

(2) 经县政府同意,上述借款,由企业负担并退回 20 万元,其余 60 万元因企业经营亏损确实无法收回,转列一般公共预算支出,支出功能分类列"一般公共服务支出——人力资源事务——军队转业干部安置"预算科目,政府预算支出经济分类列"对个人和家庭的补助——社会福利和救助"预算科目。

借:国库存款　　　　　　　　　　　　　　　　　　　　　　　　200 000
　一般公共预　　军队转业　　社会福利　　县人
　算本级支出　　干部安置　　和救助　　　社局　　　　　　　　600 000
　贷:借出款项——县人社局　　　　　　　　　　　　　　　　　800 000

借出款项主要经济业务会计核算情况如表 7-8 所示。

表 7-8　　　　　　借出款项主要经济业务会计核算情况表

经济业务	会计核算
(1) 借出款项	借:借出款项 　贷:国库存款
(2) 收回借款或转作支出	借:国库存款 　贷:借出款项/有关支出科目

三、应收股利

应收股利是指政府因持有股权投资应当收取的现金股利或利润。

（一）会计科目设置

财政总预算应设置"应收股利"科目,用于核算政府因持有股权投资应当收取的现金股利或利润。"应收股利"科目期末借方余额反映政府尚未收回的现金股利或利润。"应收股利"科目应当按照被投资主体进行明细核算。

（二）主要账务处理

（1）持有股权投资期间被投资主体宣告发放现金股利或利润的,按应上缴政府财政的部分,借记"应收股利"科目,贷记"资产基金——应收股利"科目;按照相同的金额,借记"资产基金——股权投资"科目,贷记"股权投资——损益调整"科目。

（2）实际收到现金股利或利润,借记"国库存款"等科目,贷记有关收入科目;按照相同的金额,借记"资产基金——应收股利"科目,贷记"应收股利"科目。

【例 7-9】　某市财政总预算发生以下业务:

（1）市财政作为股东持有上市公司××银行的股权,××银行宣告发放现金股利,其中应发放市财政现金股利 300 万元。

借:应收股利——××银行	3 000 000
贷:资产基金——应收股利	3 000 000
借:资产基金——股权投资	3 000 000
贷:股权投资——企业股权投资——损益调整——××银行	3 000 000

（2）收到上述现金股利并作为国有资本经营预算收益缴入国库。

借:国库存款	3 000 000
贷:国有资本经营预算本级收入——金融企业股利、股息收入	3 000 000
借:资产基金——应收股利	3 000 000
贷:应收股利——××银行	3 000 000

应收股利主要经济业务会计核算情况如表 7-9 所示。

表 7-9　　　　　　　　应收股利主要经济业务会计核算情况表

经济业务	会计核算	
（1）持有股权投资期间被投资主体宣告发放现金股利或利润	借:应收股利 　贷:资产基金——应收股利	借:资产基金——股权投资 　贷:股权投资——损益调整
（2）实际收到现金股利或利润	借:国库存款 　贷:有关收入科目	借:资产基金——应收股利 　贷:应收股利

四、与下级往来

与下级往来是指本级政府财政与下级政府财政的往来待结算款项。

(一) 会计科目设置

财政总预算应设置"与下级往来"科目,用于核算本级政府财政与下级政府财政的往来待结算款项。"与下级往来"科目期末一般为借方余额,反映下级政府财政欠本级政府财政的款项;如为贷方余额,则反映本级政府财政欠下级政府财政的款项。

"与下级往来"科目应当按照下级政府财政、资金性质(一般公共预算、政府性基金预算、国有资本经营预算)等进行明细核算。

(二) 主要账务处理

(1) 借给下级政府财政款项时,借记"与下级往来"科目,贷记"国库存款"科目。

(2) 体制结算中应当由下级政府财政上缴的收入数,借记"与下级往来"科目,贷记"上解收入"科目。

(3) 借款收回、转作补助支出或体制结算应当补助下级政府财政的支出,借记"国库存款""补助支出"等有关科目,贷记"与下级往来"科目。

(4) 发生上解多交应当退回的,按照应当退回的金额,借记"上解收入"科目,贷记"与下级往来"科目。

(5) 发生补助多补应当退回的,按照应当退回的金额,借记"与下级往来"科目,贷记"补助支出"科目。

【例 7-10】 某市财政总预算发生以下业务:

(1) 市财政总预算向××县拨付调度资金 500 万元。

借:与下级往来——一般公共预算与下级往来——××县　　　　　　5 000 000
　　贷:国库存款　　　　　　　　　　　　　　　　　　　　　　　5 000 000

(2) 年末,市财政预算管理部门转来体制结算资料,当年××区按照财政体制规定,应上解市级一般公共预算分成收入 900 万元,地方政府专项债券利息罚息 15 万元,津贴补贴调节基金 50 万元,以上均通过财政体制结算上解市级。

借:与下级往来——一般公共预算与下级往来——××区　　　　　　9 500 000
　　贷:上解收入——一般公共预算上解收入——××区　　　　　　9 500 000

借:与下级往来——政府性基金预算与下级往来——××区　　　　　　150 000
　　贷:上解收入——政府性基金预算上解收入——××区　　　　　　150 000

(3) 次年年初,市财政预算管理部门在与县级财政清算结算事项时,发现市级重复安排××县一般公共预算结算补助支出 120 万元,相应调减上年度的补助支出 120 万元。

由于重复安排的 120 万元补助支出在上年年底以前已经被总预算计入补助支出,总预算应在上年总会计账做如下账务处理:

借:与下级往来——一般公共预算与下级往来——××县　　　　　　1 200 000

　　贷:补助支出——一般公共预算补助支出——××县　　　　　　　1 200 000

与下级往来主要经济业务会计核算情况如表 7-10 所示。

表 7-10　　　　　　　　与下级往来主要经济业务会计核算情况表

经济业务	会计核算
(1) 借给下级政府财政款项	借:与下级往来 　　贷:国库存款
(2) 体制结算中应当由下级政府财政上缴收入	借:与下级往来 　　贷:上解收入
(3) 借款收回、转作补助支出或体制结算应当补助下级政府财政的支出	借:国库存款/补助支出 　　贷:与下级往来
(4) 发生上解多交应当退回	借:上解收入 　　贷:与下级往来
(5) 发生补助多补应当退回	借:与下级往来 　　贷:补助支出

五、其他应收款

其他应收款是指政府财政临时发生的其他应收、暂付、垫付款项,包括项目单位拖欠外国政府和国际金融组织贷款本息和相关费用导致相关政府财政履行担保责任,代偿的贷款本息费等。项目单位拖欠外国政府和国际金融组织贷款本息和相关费用导致相关政府财政履行担保责任而代偿的贷款本息费,也作为其他应收款反映和核算。

(一) 会计科目设置

财政总预算应设置“其他应收款”科目,用于核算政府财政临时发生的其他应收、暂付、垫付款项。清理结算后,本科目年终原则上应无余额。

“其他应收款”科目应当按照资金性质、债务单位等进行明细核算。

(二) 主要账务处理

(1) 发生其他应收款项时,借记“其他应收款”科目,贷记“国库存款”“其他财政存款”等科目。

(2) 收回或转作预算支出时,借记“国库存款”“其他财政存款”或有关支出科目,贷记“其他应收款”科目。

(3) 政府财政对使用外国政府和国际金融组织贷款资金的项目单位履行担保责

任,代偿贷款本息费时,借记"其他应收款"科目,贷记"国库存款""其他财政存款"等科目。政府财政行使追索权,收回项目单位贷款本息费时,借记"国库存款""其他财政存款"等科目,贷记"其他应收款"科目。政府财政最终未收回项目单位贷款本息费,经核准列支时,借记"一般公共预算本级支出"等科目,贷记"其他应收款"科目。

【例 7-11】 某市财政总预算发生以下业务:

(1) 所属××县未按时归还省财政清理农信社专项借款 300 万元,市级财政总预算使用库款暂为其垫付上缴省级。

借:其他应收款——垫付省清理农信社借款——××县   3 000 000

    贷:国库存款   3 000 000

(2) 市政府对本市环保企业××公司的世行贷款项目实施担保。由于企业资金周转困难,导致贷款本息无法按期偿还,经市政府同意,市财政利用还贷准备金专户资金代偿贷款本息 300 万元。

借:其他应收款——代偿世行贷款本息——××公司   3 000 000

    贷:其他财政存款——还贷准备金——××银行   3 000 000

(3) 市财政对上述垫付资金行使追索权。经市政府与××公司协商,收回垫付资金 200 万元,缴回原还贷准备金专户;其余 100 万元转作市财政对企业的股权投资(股权投资成本 100 万元),支出功能分类列"节能环保支出——污染防治——其他污染防治支出"预算科目,政府预算支出经济分类列"对企业资本性支出——对企业资本性支出(一)"预算科目。

借:其他财政存款——还贷准备金——××银行   2 000 000

  一般公共预 ___ 其他污染 ___ 对企业资本 ___××公司   1 000 000
  算本级支出   防治支出   性支出(一)

    贷:其他应收款——代偿世行贷款本息——××公司   3 000 000

借:股权投资——企业股权投资——投资成本——××公司   1 000 000

    贷:资产基金——股权投资   1 000 000

其他应收款主要经济业务会计核算情况如表 7-11 所示。

表 7-11   其他应收款主要经济业务会计核算情况表

经济业务	会计核算
(1) 发生其他应收款项	借:其他应收款 贷:国库存款/其他财政存款
(2) 收回或转作预算支出	借:国库存款/其他财政存款或有关支出科目 贷:其他应收款

（续表）

经济业务		会计核算
（3）政府财政对使用外国政府和国际金融组织贷款资金的项目单位履行担保责任	代偿贷款本息费	借：其他应收款 　贷：国库存款/其他财政存款
	政府财政行使追索权，收回项目单位贷款本息费	借：国库存款/其他财政存款 　贷：其他应收款
	政府财政最终未收回项目单位贷款本息费，经核准列支	借：一般公共预算本级支出等 　贷：其他应收款

第三节 非流动资产

非流动资产是指流动资产以外的资产，具体包括应收地方政府债券转贷款、应收主权外债转贷款、股权投资、待发国债等。

一、应收地方政府债券转贷款

应收地方政府债券转贷款是指本级政府财政转贷给下级政府财政的地方政府债券资金的本金及利息。

（一）会计科目设置

财政总预算应设置"应收地方政府债券转贷款"科目，用于核算本级政府财政转贷给下级政府财政的地方政府债券资金的本金及利息。"应收地方政府债券转贷款"科目期末借方余额反映政府财政应收未收的地方政府债券转贷款本金和利息。

"应收地方政府债券转贷款"科目下应当设置"应收地方政府一般债券转贷款"和"应收地方政府专项债券转贷款"明细科目，其下分别设置"应收本金"和"应收利息"两个明细科目，并按照转贷对象进行明细核算。

（二）主要账务处理

（1）向下级政府财政转贷地方政府债券资金时，按照转贷的金额，借记"债务转贷支出"科目，贷记"国库存款"科目；根据债务管理部门转来的相关资料，按照到期应收回的转贷本金金额，借记"应收地方政府债券转贷款"科目，贷记"资产基金——应收地方政府债券转贷款"科目。

（2）期末确认地方政府债券转贷款的应收利息时，根据债务管理部门计算出的转贷款本期应收未收利息金额，借记"应收地方政府债券转贷款"科目，贷记"资产基金——应收地方政府债券转贷款"科目。

（3）收回下级政府财政偿还的转贷款本息时，按照收回的金额，借记"国库存款"等科目,贷记"其他应付款"或"其他应收款"科目;根据债务管理部门转来的相关资料,按照收回的转贷款本金及已确认的应收利息金额,借记"资产基金——应收地方政府债券转贷款"科目,贷记"应收地方政府债券转贷款"科目。

(4)扣缴下级政府财政的转贷款本息时,按照扣缴的金额,借记"与下级往来"科目,贷记"其他应付款"或"其他应收款"科目;根据债务管理部门转来的相关资料,按照扣缴的转贷款本金及已确认的应收利息金额,借记"资产基金——应收地方政府债券转贷款"科目,贷记"应收地方政府债券转贷款"科目。

【例7-12】 某市财政总预算发生以下业务:

(1)1月1日,向××县转贷地方政府一般债券资金5 000万元,政府收费公路专项债券资金3 000万元。债券发行期限均为3年,票面年利率为3%,每年付息一次。

借:债务转贷支出——地方政府一般债务转贷支出——××县   50 000 000

债务转贷支出——地方政府专项债务转贷支出——政府收费公路专项债券转贷支出——××县   30 000 000

  贷:国库存款   80 000 000

借:应收地方政府债券转贷款——应收地方政府一般债券转贷款——应收本金——××县   50 000 000

应收地方政府债券转贷款——应收地方政府专项债券转贷款——应收本金——××县   30 000 000

  贷:资产基金——应收地方政府债券转贷款   80 000 000

(2)1~12月,每月月末根据债务管理部门提供相关文件,对××县转贷款每月应还利息款20万元进行确认,其中,一般债券利息12.5万元,专项债券利息7.5万元。

借:应收地方政府债券转贷款——应收地方政府一般债券转贷款——应收利息——××县   125 000

应收地方政府债券转贷款——应收地方政府专项债券转贷款——应收利息——××县   75 000

  贷:资产基金——应收地方政府债券转贷款   200 000

(3)12月31日,人民银行国库收到××县上缴的一般债券转贷款利息150万元,专项债券利息90万元尚未归还。

借:国库存款   1 500 000

  贷:其他应付款——××县地方政府债券利息——省财政厅   1 500 000

借:资产基金——应收地方政府债券转贷款   1 500 000

  贷:应收地方政府债券转贷款——应收地方政府一般债券转贷款——应收利息——××县   1 500 000

(4)按照规定,对××县未上缴归还的专项债券利息90万元进行扣缴。

借：与下级往来——政府性基金预算与下级往来——××县　　　　　　　900 000

　　　贷：其他应付款——××县地方政府债券利息——省财政厅　　　　　900 000

借：资产基金——应收地方政府债券转贷款　　　　　　　　　　　　　900 000

　　　贷：应收地方政府　　应收地方政府专　　应收　　　　　　　　　900 000
　　　　　债券转贷款　　　项债券转贷款　　利息——××县

与下级往来主要经济业务会计核算情况如表7-12所示。

表 7-12　　　　　　　与下级往来主要经济业务会计核算情况表

经济业务	会计核算	
(1) 向下级政府财政转贷地方政府债券资金	借：债务转贷支出 　贷：国库存款	借：应收地方政府债券转贷款 　贷：资产基金——应收地方政府债券转贷款
(2) 确认地方政府债券转贷款的应收利息	借：应收地方政府债券转贷款 　贷：资产基金——应收地方政府债券转贷款	
(3) 收回下级政府财政偿还的转贷款本息	借：国库存款等 　贷：其他应付款/其他应收款	借：资产基金——应收地方政府债券转贷款 　贷：应收地方政府债券转贷款
(4) 扣缴下级政府财政的转贷款本息	借：与下级往来 　贷：其他应付款/其他应收款	借：资产基金——应收地方政府债券转贷款 　贷：应收地方政府债券转贷款

二、应收主权外债转贷款

应收主权外债转贷款是指本级政府财政转贷给下级政府财政的外国政府和国际金融组织贷款等主权外债资金的本金及利息。

(一) 会计科目设置

财政总预算应设置"应收主权外债转贷款"科目，用于核算本级政府财政转贷给下级政府财政的外国政府和国际金融组织贷款等主权外债资金的本金及利息。"应收主权外债转贷款"期末借方余额反映政府财政应收未收的主权外债转贷款本金和利息。

"应收主权外债转贷款"科目下应当设置"应收本金"和"应收利息"两个明细科目，并按照转贷对象进行明细核算。

(二) 主要账务处理

(1) 本级政府财政向下级政府财政转贷主权外债资金，且主权外债最终还款责任由下级政府财政承担的，区别以下两种情况分别进行账务处理：

其一，本级政府财政支付转贷资金时，根据转贷资金支付相关资料，借记"债务转贷支出"科目，贷记"其他财政存款"科目；根据债务管理部门转来的相关资料，按照实际持有的债权金额，借记"应收主权外债转贷款"科目，贷记"资产基金——应收主权外债转贷款"科目。

其二,外方将贷款资金直接支付给用款单位或供应商时,本级政府财政根据转贷资金支付的相关资料,借记"债务转贷支出"科目,贷记"债务收入"或"债务转贷收入"科目;根据债务管理部门转来的相关资料,按照实际持有的债权金额,借记"应收主权外债转贷款"科目,贷记"资产基金——应收主权外债转贷款"科目;同时,借记"待偿债净资产"科目,贷记"借入款项"或"应付主权外债转贷款"科目。

【例7-13】　某市政府财政局向所属××县政府财政局转贷国际货币基金组织发放的主权外债资金,该笔主权外债用于污泥焚烧发电项目,最终还款责任由××县政府承担。围绕这笔转贷款,该市财政总预算发生以下业务:

(1)开立在××银行的主权外债财政专户收到省财政转贷的主权外债资金300万元。

借:其他财政存款——主权外债专户——××银行　　　　　　3 000 000
　贷:债务转贷收入——地方政府一般债务转贷收入　　　　　　3 000 000

借:待偿债净资产——应付主权外债转贷款　　　　　　　　　3 000 000
　贷:应付主权外债转贷款——应付本金　　　　　　　　　　　3 000 000

(2)从主权外债财政专户向××县拨付转贷资金300万元。

借:债务转贷支出——地方政府一般债务转贷支出——××县　　3 000 000
　贷:其他财政存款——主权外债专户——××银行　　　　　　3 000 000

借:应收主权外债转贷款——应收本金——××县　　　　　　　3 000 000
　贷:资产基金——应收主权外债转贷款　　　　　　　　　　　3 000 000

(3)收到省财政转来的相关支付资料,国际货币基金组织将贷款资金200万元直接支付给设备供应商。

外方将贷款资金直接支付用款单位或设备供应商,实际上就相当于将本案例中的第(1)项和第(2)项业务合并成一项业务,总预算应做如下账务处理:

借:债务转贷支出——地方政府一般债务转贷支出——××县　　2 000 000
　贷:债务转贷收入——地方政府一般债务转贷收入　　　　　　2 000 000

借:应收主权外债转贷款——应收本金——××县　　　　　　　2 000 000
　贷:资产基金——应收主权外债转贷款　　　　　　　　　　　2 000 000

借:待偿债净资产——应付主权外债转贷款　　　　　　　　　2 000 000
　贷:应付主权外债转贷款——应付本金　　　　　　　　　　　2 000 000

(2)期末确认主权外债转贷款的应收利息时,根据债务管理部门计算出转贷款的本期应收未收利息金额,借记"应收主权外债转贷款"科目,贷记"资产基金——应收主权外债转贷款"科目。

（3）收回转贷给下级政府财政主权外债的本息时，按照收回的金额，借记"其他财政存款"科目，贷记"其他应付款"或"其他应收款"科目；根据债务管理部门转来的相关资料，按照实际收回的转贷款本金及已确认的应收利息金额，借记"资产基金——应收主权外债转贷款"科目，贷记"应收主权外债转贷款"科目。

（4）扣缴下级政府财政的转贷款本息时，按照扣缴的金额，借记"与下级往来"科目，贷记"其他应付款"或"其他应收款"科目；根据债务管理部门转来的相关资料，按照扣缴的转贷款本金及已确认的应收利息金额，借记"资产基金——应收主权外债转贷款"科目，贷记"应收主权外债转贷款"科目。

【例7-14】 某市财政总预算发生以下业务：

（1）1月末，接到债务管理部门转来的文件，转贷给所属××区的污水处理项目德国政府贷款，本期应收利息金额为5万元。

借：应收主权外债转贷款——应收利息——××区   50 000

  贷：资产基金——应收主权外债转贷款   50 000

（2）6月底，主权外债财政专户收到××区上缴的上半年德贷污水处理项目还本付息资金130万元，其中，本金100万元，利息30万元。截至目前，总预算已经确认上半年德国政府贷款污水处理项目应收利息25万元。

借：其他财政存款——主权外债专户——××银行   1 300 000

  贷：其他应付款——德贷污水处理项目本息——省财政厅   1 300 000

借：资产基金——应收主权外债转贷款   1 250 000

  贷：应收主权外债转贷款——应收本金——××区   1 000 000

    应收主权外债转贷款——应收利息——××区   250 000

应收主权外债转贷款主要经济业务会计核算情况如表7-13所示。

表7-13   应收主权外债转贷款主要经济业务会计核算情况表

经济业务	会计核算	
（1）向下级政府财政转贷地方政府债券资金	借：债务转贷支出 贷：国库存款	借：应收地方政府债券转贷款 贷：资产基金——应收地方政府债券转贷款
（2）确认地方政府债券转贷款的应收利息	借：应收地方政府债券转贷款 贷：资产基金——应收地方政府债券转贷款	
（3）收回下级政府财政偿还的转贷款本息	借：国库存款等 贷：其他应付款/其他应收款	借：资产基金——应收地方政府债券转贷款 贷：应收地方政府债券转贷款
（4）扣缴下级政府财政的转贷款本息	借：与下级往来 贷：其他应付款/其他应收款	借：资产基金——应收地方政府债券转贷款 贷：应收地方政府债券转贷款

三、股权投资

股权投资是指政府持有的各类股权投资资产,包括国际金融组织股权投资、投资基金股权投资、国有企业股权投资等。股权投资一般采用权益法进行核算。

(一) 会计科目设置

财政总预算应设置"股权投资"科目,用于核算政府持有的各类股权投资。"股权投资"科目期末借方余额反映政府持有的各种股权投资金额。

"股权投资"科目应当按照"国际金融组织股权投资""投资基金股权投资""企业股权投资"设置一级明细科目,在一级明细科目下,可根据管理需要,按照被投资主体进行明细核算;对每一被投资主体还可按"投资成本""收益转增投资""损益调整""其他权益变动"进行明细核算。

(二) 主要账务处理

1. 国际金融组织股权投资

(1) 政府财政代表政府认缴国际金融组织股本时,按照实际支付的金额,借记"一般公共预算本级支出"等科目,贷记"国库存款"科目;根据股权投资确认相关资料,按照确定的股权投资成本,借记"股权投资"科目,贷记"资产基金——股权投资"科目。

(2) 从国际金融组织撤出股本时,按照收回的金额,借记"国库存款"科目,贷记"一般公共预算本级支出"科目;根据股权投资清算相关资料,按照实际撤出的股本,借记"资产基金——股权投资"科目,贷记"股权投资"科目。

【例 7-15】 经协商,包括中国在内的部分国家拟成立区域性的××洲际担保机构。对此,财政部发生以下业务:

(1) 经国务院同意,财政部代表国家出资 2 亿元人民币认缴××洲际担保机构的股本,支出功能分类列"金融支出——金融发展支出——其他金融发展支出"预算科目,政府预算支出经济分类列"对企业资本性支出——对企业资本性支出(一)"预算科目。

借:一般公共预算本级支出——其他金融发展支出——对企业资本性支出(一)——财政部　　　200 000 000
　　贷:国库存款　　　200 000 000

借:股权投资——国际金融组织股权投资——投资成本——××洲际担保机构　　　200 000 000
　　贷:资产基金——股权投资　　　200 000 000

(2) 根据实际工作需要,国务院决定将对××洲际担保机构的出资由 2 亿元调减为 1 亿元,经与各成员国家协商同意,××洲际担保机构退回财政部 1 亿元人民币。

借：国库存款　　　　　　　　　　　　　　　　　　　　　100 000 000

贷：一般公共预算本级支出｜其他金融发展支出｜对企业资本性支出（一）——财政部　　100 000 000

借：资产基金——股权投资　　　　　　　　　　　　　　　100 000 000

贷：股权投资｜国际金融组织股权投资｜投资成本｜××洲际担保机构　　100 000 000

2. 投资基金股权投资

1）对投资基金进行股权投资

政府财政对投资基金进行股权投资时，按照实际支付的金额，借记"一般公共预算本级支出"等科目，贷记"国库存款"等科目；根据股权投资确认相关资料，按照实际支付的金额，借记"股权投资——投资成本"科目，按照确定的在被投资基金中占有的权益金额与实际支付金额的差额，借记或贷记"股权投资——其他权益变动"科目，按照确定的在被投资基金中占有的权益金额，贷记"资产基金——股权投资"科目。

2）投资基金损益调整变动

（1）年末，根据政府财政在被投资基金当期净利润或净亏损中占有的份额，借记或贷记"股权投资——损益调整"科目，贷记或借记"资产基金——股权投资"科目。

（2）政府财政将归属财政的收益留作基金滚动使用时，借记"股权投资——收益转增投资"科目，贷记"股权投资——损益调整"科目。

（3）被投资基金宣告发放现金股利或利润时，按照应上缴政府财政的部分，借记"应收股利"科目，贷记"资产基金——应收股利"科目；同时按照相同的金额，借记"资产基金——股权投资"科目，贷记"股权投资——损益调整"科目。

（4）被投资基金发生除净损益以外的其他权益变动时，按照政府财政持股比例计算应享有的部分，借记或贷记"股权投资——其他权益变动"科目，贷记或借记"资产基金——股权投资"科目。

3）收回投资基金出资

投资基金存续期满、清算或政府财政从投资基金退出需收回出资时，政府财政按照实际收回的资金，借记"国库存款"等科目，按照收回的原实际出资部分，贷记"一般公共预算本级支出"等科目，按照超出原实际出资的部分，贷记"一般公共预算本级收入"等科目；根据股权投资清算相关资料，按照因收回股权投资而减少在被投资基金中占有的权益金额，借记"资产基金——股权投资"科目，贷记"股权投资"科目。

3. 企业股权投资

企业股权投资的账务处理，根据管理条件和管理需要，参照投资基金股权投资的账务处理。

【例7-16】 某市财政总预算发生以下业务:

(1)从工业专项资金中出资8 000万元对××投资基金进行股权投资,支出功能分类列"资源勘探信息等支出——制造业——其他制造业支出"预算科目,政府预算支出经济分类列"对企业资本性支出——对企业资本性支出(一)"预算科目。为了吸引社会资本参与投资基金,政府决定让渡部分权益,政府出资的8 000万元,在××投资基金中占有的权益金额为7 500万元。

借:一般公共预算本级支出　其他制造业支出　对企业资本性支出(一)　　　　80 000 000
　　贷:国库存款　　　　　　　　　　　　　　　　　　　　　　　　　80 000 000

借:股权投资——投资基金股权投资——投资成本——××投资基金　80 000 000
　　贷:资产基金——股权投资　　　　　　　　　　　　　　　　　　75 000 000
　　　　股权投资　投资基金股权投资　其他权益变动　××投资基金　5 000 000

(2)年末,按照市财政在××投资基金的权益金额计算,市财政在基金当期净利润中占有的额度为1 500万元。

借:股权投资——投资基金股权投资——损益调整——××投资基金　15 000 000
　　贷:资产基金——股权投资　　　　　　　　　　　　　　　　　　15 000 000

(3)经基金合伙人大会研究通过,当期净利润的20%进行分配,其余80%留作基金滚动使用。

当期净利润的20%进行分配,市财政应分配利润为300万元。总预算应做如下账务处理:

借:应收股利——××投资基金　　　　　　　　　　　　　　　　　3 000 000
　　贷:资产基金——应收股利　　　　　　　　　　　　　　　　　　3 000 000

借:资产基金——股权投资　　　　　　　　　　　　　　　　　　　3 000 000
　　贷:股权投资——投资基金股权投资——损益调整——××投资基金　3 000 000

当期净利润的80%留作基金滚动使用,市财政对应的额度为1 200万元。总预算应做如下账务处理:

借:股权投资　投资基金股权投资　收益转增投资　××投资基金　12 000 000
　　贷:股权投资——投资基金股权投资——损益调整——××投资基金　12 000 000

(4)市政府决定从××投资基金中收回出资5 000万元。经基金合伙人大会研究通过,同意市财政收回出资5 000万元,同时减少市财政在基金中占有的权益金额4 600万元。收回的5 000万元出资已经缴入国库。

借：国库存款　　　　　　　　　　　　　　　　　　　　　50 000 000

　贷：一般公共预　　其他制造　　对企业资本　　　　　　50 000 000
　　　算本级支出　　业支出　　　性支出(一)

借：资产基金——股权投资　　　　　　　　　　　　　　　46 000 000
　　股权投资——投资基金股权投资——其他权益变动——××投资基金 4 000 000
　贷：股权投资——投资基金股权投资——投资成本——××投资基金 50 000 000

（5）收到上述第(3)项业务宣告发放的利润40万元，作为一般公共预算的国有资本经营收入缴入国库，收入分类列"非税收入——国有资本经营收入——股利、股息收入——其他股利、股息收入"预算科目。

借：国库存款　　　　　　　　　　　　　　　　　　　　　3 000 000
　贷：一般公共预算本级收入——其他股利、股息收入　　　3 000 000

借：资产基金——应收股利　　　　　　　　　　　　　　　3 000 000
　贷：应收股利——××投资基金　　　　　　　　　　　　3 000 000

（6）在上述业务基础上，对基金进行清算，市财政共收回资金4 000万元。对实际收回金额超过原实际出资的部分，作为一般公共预算的国有资本经营收入缴入国库。

经历了上述(1)～(5)笔业务后，市财政在××投资基金的"股权投资"科目账面余额为4 100万元(见表7-14)，"资产基金——股权投资"科目账面余额为4 100万元(见表7-15)，两者刚好冲销。

表7-14　　　　　　　　　"股权投资"科目变化情况表　　　　　　单位：万元

经济业务	合计	投资成本	收益转增投资	损益调整	其他权益变动
(1) 对基金出资(8 000万元)	7 500	8 000			−500
(2) 当期净利润中占有的额度(1 500万元)	1 500			1 500	
(3) 当期净利润的20%(300万元)进行分配	−300			−300	
(4) 当期净利润的80%(1 200万元)留作基金滚动使用			1 200	−1 200	
(5) 收回出资5 000万元	−4 600	−5 000			400
(6) 收到分配利润300万元					
合　计	4 100	3 000	1 200		−100

表 7-15　　　　　　　　"资产基金——股权投资"科目变化情况表　　　　　　单位:万元

经济业务	合计	股权投资	应收股利
(1) 对基金出资(8 000 万元)	7 500	7 500	
(2) 当期净利润中占有的额度(1 500 万元)	1 500	1 500	
(3) 当期净利润的 20%(300 万元)进行分配		−300	300
(4) 当期净利润的 80%(1 200 万元)留作基金滚动使用			
(5) 收回出资 5 000 万元	−4 600	−4 600	
(6) 收到分配利润 300 万元	−300		−300
合　计	4 100	4 100	

综合上述情况,总预算应做如下账务处理:

借:国库存款　　　　　　　　　　　　　　　　　　　　　　　　　　40 000 000

　　贷:一般公共预算本级支出——其他制造业支出——对企业资本性支出(一)　　30 000 000

　　　　一般公共预算本级收入——非税收入——国有资本经营收入——清算收入——其他清算收入　　10 000 000

借:资产基金——股权投资　　　　　　　　　　　　　　　　　　　　41 000 000

　　股权投资——投资基金股权投资——其他权益变动——××投资基金　　1 000 000

　　贷:股权投资——投资基金股权投资——投资成本——××投资基金　　30 000 000

　　　　投资基金股权投资——收益转增投资——××投资基金　　12 000 000

股权投资主要经济业务会计核算情况如表 7-16 所示。

表 7-16　　　　　　　股权投资主要经济业务会计核算情况表

经济业务		会计核算	
(1) 国际金融组织股权投资	政府财政代表政府认缴国际金融组织股本	借:一般公共预算本级支出等 　　贷:国库存款	借:股权投资 　　贷:资产基金——股权投资
	政府财政从国际金融组织撤出股本	借:国库存款 　　贷:一般公共预算本级支出等	借:资产基金——股权投资 　　贷:股权投资

（续表）

经济业务		会计核算	
（2）投资基金股权投资	政府财政对投资基金进行股权投资	借：一般公共预算本级支出等 　　贷：国库存款等	借：股权投资——投资成本 借（或贷）：股权投资——其他权益变动 　　贷：资产基金——股权投资
	年末根据政府财政在被投资基金当期净利润或净亏损中占有的份额	当期盈利： 借：股权投资——损益调整 　　贷：资产基金——股权投资	当期亏损： 借：资产基金——股权投资 　　贷：股权投资——损益调整
	政府财政将归属财政的收益留作基金滚动使用	借：股权投资——收益转增投资 　　贷：股权投资——损益调整	
	被投资基金宣告发放现金股利或利润	借：应收股利 　　贷：资产基金——应收股利	借：资产基金——股权投资 　　贷：股权投资——损益调整
	被投资基金发生除净损益以外的其他权益变动	权益增加： 借：股权投资——其他权益变动 　　贷：资产基金——股权投资	权益减少： 借：资产基金——股权投资 　　贷：股权投资——其他权益变动
	投资基金存续期满、清算或政府财政从投资基金退出	借：国库存款等 　　贷：一般公共预算本级支出等 　　　　一般公共预算本级收入等	借：资产基金——股权投资 　　贷：股权投资
（3）企业股权投资		根据管理条件和管理需要，参照投资基金股权投资的账务处理	

四、待发国债

待发国债是指为弥补中央财政预算收支差额，中央财政预计发行国债与实际发行国债之间的差额。

（一）会计科目设置

财政总预算应设置"待发国债"科目，用于核算为弥补中央财政预算收支差额，中央财政预计发行国债与实际发行国债之间的差额。"待发国债"科目期末借方余额反映中央财政尚未使用的国债发行额度。

（二）主要账务处理

年度终了，实际发行国债收入用于债务还本支出后，小于为弥补中央财政预算收支差额中央财政预计发行国债时，按两者的差额，借记"待发国债"科目，贷记相关科目；实际发行国债收入用于债务还本支出后，大于为弥补中央财政预算收支差额中央财政预计发行国债时,按两者的差额,借记相关科目,贷记"待发国债"科目。

待发国债主要经济业务会计核算情况如表 7-17 所示。

表 7-17　　　　　　待发国债主要经济业务会计核算情况表

经济业务	会计核算
(1) 年度终了,实际发行国债收入小于预计发行国债	借:待发国债 　贷:有关科目
(2) 年度终了,实际发行国债收入大于预计发行国债	借:有关科目 　贷:待发国债

第八章　负债的核算

第一节　流动负债

负债是指政府财政承担的能以货币计量、需以资产偿付的债务。总会计核算的负债具体包括应付国库集中支付结余、暂收及应付款项、应付政府债券、借入款项、应付转贷款、其他负债、应付代管资金等。总会计对符合负债定义（能以货币计量、需以资产偿付）的债务，应当在对其承担偿还责任，并且能够可靠地进行货币计量时确认；按照承担的相关合同金额或实际发生金额进行计量。符合负债定义并确认的负债项目，应当列入资产负债表。政府财政承担或有责任（偿债责任需要通过未来不确定事项的发生或不发生予以证实）的负债，不列入资产负债表，但应当在报表附注中披露。

流动负债是指预计在1年内（含1年）偿还的负债。具体包括应付短期政府债券、应付国库集中支付结余、与上级往来、其他应付款、应付代管资金、已结报支出等。

一、应付短期政府债券

应付短期政府债券是指政府财政部门以政府名义发行的期限不超过1年（含1年）的国债和地方政府债券的应付本金和利息。

（一）会计科目设置

财政总预算应设置"应付短期政府债券"总账科目，用于核算政府财政部门以政府名义发行的期限不超过1年（含1年）的国债和地方政府债券的应付本金和利息。"应付短期政府债券"科目期末贷方余额反映政府财政尚未偿还的短期政府债券本金和利息。

"应付短期政府债券"科目下应当设置"应付国债""应付地方政府一般债券""应付地方政府专项债券"等一级明细科目；在一级明细科目下，再分别设置"应付本金""应付利息"明细科目，分别核算政府债券的应付本金和利息。债务管理部门应当设置相应的辅助账，详细记录每期政府债券金额、种类、期限、发行日、到期日、票面利率、偿还本金及付息情况等。

（二）主要账务处理

（1）实际收到短期政府债券发行收入时，按照实际收到的金额，借记"国库存款"科目，按照短期政府债券实际发行额，贷记"债务收入"科目，按照发行收入和发行额的差额，借记或贷记有关支出科目；根据债券发行确认文件等相关债券管理资料，按照到期应付的短期政府债券本金金额，借记"待偿债净资产——应付短期政府债券"科目，贷记"应付短期政府债券"科目。

（2）期末确认短期政府债券的应付利息时，根据债务管理部门计算出的本期应付未付利息金额，借记"待偿债净资产——应付短期政府债券"科目，贷记"应付短期政府债券"科目。

（3）实际支付本级政府财政承担的短期政府债券利息时，借记"一般公共预算本级支出"或"政府性基金预算本级支出"科目，贷记"国库存款"等科目；实际支付利息金额中属于已确认的应付利息部分，还应根据债券兑付确认文件等相关债券管理资料，借记"应付短期政府债券"科目，贷记"待偿债净资产——应付短期政府债券"科目。

（4）实际偿还本级政府财政承担的短期政府债券本金时，借记"债务还本支出"科目，贷记"国库存款"等科目；根据债券兑付确认文件等相关债券管理资料，借记"应付短期政府债券"科目，贷记"待偿债净资产——应付短期政府债券"科目。

【例 8-1】 某省财政总预算发生以下业务：

（1）2018 年 4 月 1 日，以省政府名义发行 1 年期地方政府一般债券 6 000 万元，人民银行国库实际收到发行收入 5 900 万元，债券发行额与发行收入的差额 100 万元为债券发行承销费用，支出功能分类列"债务发行费用支出——地方政府一般债务发行费用支出"预算科目，政府预算支出经济分类列"债务利息及费用支出——国内债务发行费用"预算科目。债券票面利率为 3%，2019 年 3 月 31 日一次性还本付息。

借：国库存款			59 000 000
一般公共预算本级支出	地方政府一般债务发行费用支出	国内债务发行费用	1 000 000
贷：债务收入——地方政府一般债券收入			60 000 000

借：待偿债净资产——应付短期政府债券	60 000 000
贷：应付短期政府债券——应付地方政府一般债券——应付本金	60 000 000

（2）债券持有期内，每月末根据债务管理部门计算出的本期应付利息金额，确认短期政府债券的应付利息 15 万元。

借：待偿债净资产——应付短期政府债券	150 000
贷：应付短期政府债券——应付地方政府一般债券——应付利息	150 000

（3）2019 年 3 月 31 日，从中国人民银行国库支付短期政府债券还本付息资金 6 180 万元，其中，本金 6 000 万元，利息 180 万元。总预算会计已经确认应付利息 165 万元。

借：债务还本支出——地方政府一般债务还本支出　　　　60 000 000

　　一般公共预 ___ 地方政府一般 ___ 国内债

　　算本级支出　债券付息支出　务付息　　　　　　　　　1 800 000

　　贷：国库存款　　　　　　　　　　　　　　　　　　　61 800 000

借：应付短期政府债券——应付地方政府一般债券——应付本金　60 000 000

　　　　　　　　——应付地方政府一般债券——应付利息　　1 650 000

　　贷：待偿债净资产——应付短期政府债券　　　　　　　61 650 000

（5）省级财政部门采用定向承销方式发行短期地方政府债券置换存量债务时，根据债权债务确认相关资料，按照置换本级政府存量债务的额度，借记"债务还本支出"科目，贷记"债务收入"科目；根据债务管理部门转来的相关资料，按照置换本级政府存量债务的额度，借记"待偿债净资产——应付短期政府债券"科目，贷记"应付短期政府债券"科目。

【例 8-2】　某省 2014 年 12 月 31 日以前的一笔 5 000 万元 1 年期银行贷款被甄别为地方政府专项债务，未来使用车辆通行费收入偿还。按照财政部的要求，采取定向承销方式发行短期地方政府专项债券，对该笔银行贷款进行置换。

采用定向承销方式发行地方债是指省级政府面向地方政府存量债务中特定债权人，采取簿记建档方式发行地方债，用于置换本地区地方政府相应的存量债务。具体来看，定向承销就是将非政府债券形式的政府债务，在不改变债权人的情况下，直接转换为政府债券。因此，实际上就是将债券发行和债券还本两个环节合并成一个环节，体现在账务处理上就是要同时列收列支。

借：债务还 ___ 地方政府专项 ___ 车辆通行费债

　　本支出　债务还本支出　务还本支出　　　　　　　　50 000 000

　　贷：债务收入——车辆通行费债务收入　　　　　　　50 000 000

借：待偿债净资产——应付短期政府债券　　　　　　　　50 000 000

　　贷：应付短期政府债券——应付地方政府专项债券——应付本金　50 000 000

应付短期政府债券主要经济业务会计核算情况如表 8-1 所示。

表 8-1　　　　应付短期政府债券主要经济业务会计核算情况表

经济业务	会计核算	
（1）实际收到短期政府债券发行收入	借：国库存款 借（或贷）：有关支出科目 　　贷：债务收入	借：待偿债净资产——应付短期政府债券 　　贷：应付短期政府债券

（续表）

经济业务	会计核算	
（2）期末确认短期政府债券的应付利息	借：待偿债净资产——应付短期政府债券 　贷：应付短期政府债券	
（3）实际支付本级政府财政承担的短期政府债券利息	借：一般公共预算本级支出/政府性基金预算本级支出 　贷：国库存款等	借：应付短期政府债券 　贷：待偿债净资产——应付短期政府债券
（4）实际偿还本级政府财政承担的短期政府债券本金	借：债务还本支出 　贷：国库存款等	借：应付短期政府债券 　贷：待偿债净资产——应付短期政府债券
（5）省级财政部门采用定向承销方式发行短期地方政府债券置换存量债务	借：债务还本支出/债务转贷支出 　贷：债务收入	借：待偿债净资产——应付短期政府债券 　贷：应付短期政府债券 ‖ 借：应收地方政府债券转贷款 　贷：资产基金——应收地方政府债券转贷款

二、应付国库集中支付结余

应付国库集中支付结余是指国库集中支付中，按照财政部门批复的部门预算，当年未支而需结转下一年度支付的款项采用权责发生制列支后形成的债务。

（一）会计科目设置

财政总预算应设置"应付国库集中支付结余"科目，用于核算政府财政采用权责发生制列支，预算单位尚未使用的国库集中支付结余资金。"应付国库集中支付结余"科目期末贷方余额反映政府财政尚未支付的国库集中支付结余。

"应付国库集中支付结余"科目应当根据管理需要，按照政府收支分类科目等进行相应明细核算（见表8-2）。

表8-2　　　　　　　　应付国库集中支付结余明细科目设置情况表

一级科目	二级科目	辅助核算
应付国库集中支付结余	一般公共预算国库集中支付结余	支出功能分类科目、政府预算支出经济分类科目、预算单位
	政府性基金预算国库集中支付结余	
	国有资本经营预算国库集中支付结余	

（二）主要账务处理

（1）年末，对当年形成的国库集中支付结余采用权责发生制列支时，借记有关支出科目，贷记"应付国库集中支付结余"科目。

（2）以后年度实际支付国库集中支付结余资金时，分以下情况处理：

其一，按原结转预算科目支出的，借记"应付国库集中支付结余"科目，贷记"国库存款"科目。

其二,调整支出预算科目的,应当按原结转预算科目作冲销处理,借记"应付国库集中支付结余"科目,贷记有关支出科目;同时,按实际支出预算科目作列支账务处理,借记有关支出科目,贷记"国库存款"科目。

【例8-3】 某县财政总预算发生以下业务:

(1)年末,县人民法院已经下达的预算指标尚有2笔没有支付,其中,实行财政授权支付的案件审判经费50万元,支出功能分类列"公共安全支出——法院——案件审判"预算科目,政府预算支出经济分类列"机关商品和服务支出——办公经费"预算科目;实行财政直接支付的审判庭建设经费200万元,支出功能分类列"公共安全支出——法院——'两庭'建设"预算科目,政府预算支出经济分类列"机关资本性支出(1)——房屋建筑物购建"预算科目。

借:一般公共预算本级支出——案件审判——办公经费——县法院　　　500 000
　　贷:应付国库集中支付结余——一般公共预算国库集中支付结余——案件审判——办公经费——县法院　　　500 000

借:一般公共预算本级支出——"两庭"建设——房屋建筑物购建——县法院　　　2 000 000
　　贷:应付国库集中支付结余——一般公共预算国库集中支付结余——"两庭"建设——房屋建筑物购建——县法院
　　　　　　2 000 000

(2)次年1月,县法院采取授权支付方式从上年结转的案件审判经费中支付20万元。

借:应付国库集中支付结余——一般公共预算国库集中支付结余——案件审判——办公经费——县法院　　200 000
　　贷:国库存款　　　200 000

(3)次年2月,鉴于审判庭建设已经完成,从县法院上年结转的审判庭建设经费结转资金中安排拨付60万元用于案件执行,支出功能分类相应改列"公共安全支出——法院——案件执行"预算科目,政府预算支出经济分类相应改列"机关商品和服务支出——办公经费"预算科目。

由于支出预算科目做了调整,总会计应当先按原结转预算科目作冲销处理,再按实际支出预算科目重新做列支账务处理。

借:应付国库集中支付结余——一般公共预算国库集中支付结余——"两庭"建设——房屋建筑物购建——县法院
　　　　　　600 000
　　贷:一般公共预算本级支出——"两庭"建设——房屋建筑物购建——县法院　　　600 000

借:一般公共预算本级支出——案件执行——办公经费——县法院　　600 000
　　贷:国库存款　　　600 000

应付国库集中支付结余主要经济业务会计核算情况如表 8-3 所示。

表 8-3　　　　　　应付国库集中支付结余主要经济业务会计核算情况表

经济业务		会计核算	
(1) 年末,对当年形成的国库集中支付结余采用权责发生制列支		借:有关支出科目 　　贷:应付国库集中支付结余	
(2) 以后年度实际支付国库集中支付结余资金	按原结转预算科目支出	借:应付国库集中支付结余 　　贷:国库存款	
	调整支出预算科目	按原结转预算科目: 借:应付国库集中支付结余 　　贷:有关支出科目	按新支出预算科目: 借:有关支出科目 　　贷:国库存款

三、与上级往来

与上级往来是指本级政府财政与上级政府财政的往来待结算款项。

(一) 会计科目设置

财政总预算应设置"与上级往来"科目,用于核算本级政府财政与上级政府财政的往来待结算款项。"与上级往来"科目期末贷方余额反映本级政府财政欠上级政府财政的款项,借方余额反映上级政府财政欠本级政府财政的款项。

"与上级往来"科目应当按照往来款项的类别(一般公共预算、政府性基金预算、国有资本经营预算等)和项目等进行明细核算。

(二) 主要账务处理

(1) 本级政府财政从上级政府财政借入款或体制结算中发生应上缴上级政府财政款项时,借记"国库存款""上解支出"等科目,贷记"与上级往来"科目。

(2) 本级政府财政归还借款、转作上级补助收入或体制结算中应由上级补给款项时,借记"与上级往来"科目,贷记"国库存款""补助收入"等科目。

【例 8-4】 某县财政总预算发生以下业务:

(1) 收到市级财政拨付的一般公共预算专项调度款 800 万元。

借:国库存款　　　　　　　　　　　　　　　　　　　　　　　　　8 000 000
　　贷:与上级往来——一般公共预算与上级往来　　　　　　　　　8 000 000

(2) 接到市级财政通知,将一般公共预算专项调度款 800 万元转作对县级财政的补助。

借:与上级往来——一般公共预算与上级往来　　　　　　　　　　8 000 000
　　贷:补助收入——一般公共预算补助收入　　　　　　　　　　　8 000 000

(3) 年终根据预算管理部门转来的资料,本级财政一般公共预算应向市财政专项上解 1 500 万元;市级财政对该县政府性基金预算补助 600 万元。

| 借：上解支出——一般公共预算上解支出 | 15 000 000 |
| 贷：与上级往来——一般公共预算与上级往来 | 15 000 000 |

| 借：与上级往来——政府性基金预算与上级往来 | 6 000 000 |
| 贷：补助收入——政府性基金预算补助收入 | 6 000 000 |

与上级往来主要经济业务会计核算情况如表8-4所示。

表8-4　　　　　　　　与上级往来主要经济业务会计核算情况表

经济业务	会计核算
(1) 本级政府财政从上级政府财政借入款或体制结算中发生应上缴上级政府财政款项	借：国库存款/上解支出等 　　贷：与上级往来
(2) 本级政府财政归还借款、转作上级补助收入或体制结算中应由上级补给款项	借：与上级往来 　　贷：国库存款/补助收入等

四、其他应付款

其他应付款是指政府财政临时发生的暂收、应付和收到的不明性质款项。税务机关代征入库的社会保险费、项目单位使用并承担还款责任的外国政府和国际金融组织贷款，也作为其他应付款核算和反映。

(一) 会计科目设置

财政总预算应设置"其他应付款"科目，用于核算政府财政临时发生的暂收、应付和收到的不明性质款项。"其他应付款"科目期末贷方余额反映政府财政尚未结清的其他应付款项。

"其他应付款"科目应当按照债权单位或资金来源等进行明细核算。

(二) 主要账务处理

(1) 收到暂存款项时，借记"国库存款""其他财政存款"等科目，贷记"其他应付款"科目。

(2) 将暂存款项清理退还或转作收入时，借记"其他应付款"科目，贷记"国库存款""其他财政存款"或有关收入科目。

【例8-5】 某市财政总预算发生以下业务：

(1) 人民银行国库收到××学院性质不明的缴款90万元。

| 借：国库存款 | 900 000 |
| 贷：其他应付款——待核实款项——××学院 | 900 000 |

(2) 经查明，上述性质不明的款项中，有10万元为普通话水平测试费，属一般公共预算非税收入，应上缴国库，收入分类列"非税收入——教育行政事业性收费收入——普通话水平测试费"科目；有80万元为学生住宿费，应上缴财政专户，总预算将其退回。

借：其他应付款——待核实款项——××学院   900 000
  贷：一般公共预算本级收入——普通话水平测试费 100 000
   国库存款   800 000

（3）社会保险费代征入库时，借记"国库存款"科目，贷记"其他应付款"科目。社会保险费从国库缴存社保基金财政专户时，借记"其他应付款"科目，贷记"国库存款"科目。

【例8-6】 某市财政总预算发生以下业务：

（1）人民银行国库收到地税部门代征的社会保险费210万元。

社会保险费属于社会保险基金预算收入，应缴入社会保险基金财政专户。地税部门代征（或征收）的社会保险费，有缴入国库和缴入专户两种模式。对于缴入国库的社会保险费，国库收到社会保险费时，总预算应先记入"其他应付款"过渡科目，再转存到社保基金收入专户。

借：国库存款   2 100 000
  贷：其他应付款——地税代征社会保险费   2 100 000

（2）将上述社会保险费缴存社保基金收入专户。

借：其他应付款——地税代征社会保险费   2 100 000
  贷：国库存款   2 100 000

（4）收到项目单位承担还款责任的外国政府和国际金融组织贷款资金时，借记"其他财政存款"科目，贷记"其他应付款"科目；付给项目单位时，借记"其他应付款"科目，贷记"其他财政存款"科目。收到项目单位偿还贷款资金时，借记"其他财政存款"科目，贷记"其他应付款"科目；付给外国政府和国际金融组织项目单位还款资金时，借记"其他应付款"科目，贷记"其他财政存款"科目。

【例8-7】 某市财政总预算发生以下业务：

（1）主权外债财政专户收到省财政拨付的世行贷款资金500万元，该项贷款由××公司承担还本付息责任。

借：其他财政存款——主权外债财政专户——××银行 5 000 000
  贷：其他应付款——应付企业承担外债——××公司 5 000 000

（2）将上述世行贷款转拨××公司。

借：其他应付款——应付企业承担外债——××公司 5 000 000
  贷：其他财政存款——主权外债财政专户——××银行 5 000 000

（3）主权外债财政专户收到××公司偿还的世行贷款资金100万元。

借：其他财政存款——主权外债财政专户——××银行 1 000 000
  贷：其他应付款——应付企业承担外债还款——××公司——省财政厅 1 000 000

（4）将××公司偿还的世行贷款资金支付省财政厅。

借：其他应付款——应付企业承担外债还款——××公司——省财政厅 1 000 000

　　贷：其他财政存款——主权外债财政专户——××银行 1 000 000

其他应付款主要经济业务会计核算情况如表8-5所示。

表 8-5　　　　　　　其他应付款主要经济业务会计核算情况表

经济业务	会计核算	
（1）收到暂存款项	借：国库存款/其他财政存款等 　　贷：其他应付款	
（2）将暂存款项清理退还或转作收入	借：其他应付款 　　贷：国库存款/其他财政存款或有关收入科目	
（3）代征社会保险费入库	代征入库时： 借：国库存款 　　贷：其他应付款	缴存社保基金专户时， 借：其他应付款 　　贷：国库存款
（4）项目单位承担还款责任的外国政府和国际金融组织贷款资金	收到贷款资金： 借：其他财政存款 　　贷：其他应付款	付给项目单位： 借：其他应付款 　　贷：其他财政存款
	收到项目单位偿还贷款资金： 借：其他财政存款 　　贷：其他应付款	付给外债债权单位还款资金： 借：其他应付款 　　贷：其他财政存款

五、应付代管资金

应付代管资金是指政府财政代为管理的、使用权属于被代管主体的资金。

（一）会计科目设置

财政总预算应设置"应付代管资金"科目，用于核算政府财政代为管理的、使用权属于被代管主体的资金。"应付代管资金"科目期末贷方余额反映政府财政尚未支付的代管资金。"应付代管资金"科目应当根据管理需要进行相关明细核算。

（二）主要账务处理

（1）收到代管资金时，借记"其他财政存款"等科目，贷记"应付代管资金"科目。

（2）支付代管资金时，借记"应付代管资金"科目，贷记"其他财政存款"等科目。

（3）代管资金产生的利息收入按照相关规定仍属于代管资金的，借记"其他财政存款"等科目，贷记"应付代管资金"科目。

【例8-8】 某市港航局收取的引航费为经营性收费。为了加强对部门收费收入的监督管理，市财政将其作为代管资金纳入财政管理。某市财政总预算现发生以下业务：

(1) 财政代管资金专户收到市港航局上缴的引航费 300 万元。

借：其他财政存款——代管资金专户——××银行　　　　　　3 000 000
　　贷：应付代管资金——引航费——市港航局　　　　　　　　　　3 000 000

(2) 根据港航局申请,从引航费中支付港航局 200 万元用于引航业务支出。

借：应付代管资金——引航费——市港航局　　　　　　　　　2 000 000
　　贷：其他财政存款——代管资金专户——××银行　　　　　　　2 000 000

(3) 月末,引航费资金产生利息收入 2 万元。

借：其他财政存款——代管资金专户——××银行　　　　　　　　20 000
　　贷：应付代管资金——引航费——市港航局　　　　　　　　　　　20 000

应付代管资金主要经济业务会计核算情况如表 8-6 所示。

表 8-6　　　　　　　应付代管资金主要经济业务会计核算情况表

经济业务	会计核算
(1) 收到代管资金	借：其他财政存款等 　　贷：应付代管资金
(2) 支付代管资金	借：应付代管资金 　　贷：其他财政存款
(3) 代管资金产生的利息收入按照相关规定仍属于代管资金	借：其他财政存款等 　　贷：应付代管资金

六、已结报支出

已结报支出是指政府财政国库支付执行机构已清算的国库集中支付支出数额。

(一) 会计科目设置

财政总预算应设置"已结报支出"科目,用于核算政府财政国库支付执行机构已清算的国库集中支付支出数额。年终转账后,本科目应无余额。与"财政零余额账户存款"科目一样,"已结报支出"科目为财政国库支付执行机构专用科目,未单设财政国库支付执行机构的地区不使用本科目。

(二) 主要账务处理

(1) 每日汇总清算后,财政国库支付执行机构会计根据有关划款凭证回执联和按部门分"类""款""项"汇总的《预算支出结算清单》,对于财政直接支付,借记"财政零余额账户存款"科目,贷记"已结报支出"科目;对于财政授权支付,借记"一般公共预算本级支出""政府性基金预算本级支出""国有资本经营预算本级支出"

等科目,贷记"已结报支出"科目。

(2)年终财政国库支付执行机构按照累计结清的支出金额,与有关方面核对一致后转账时,借记"已结报支出"科目,贷记"一般公共预算本级支出""政府性基金预算本级支出""国有资本经营预算本级支出"等科目。

【例8-9】　某县财政国库支付执行机构发生以下业务:

(1)为县图书馆直接支付购书经费15万元,支出功能分类列"文化旅游体育与传媒支出——文化和旅游——图书馆"预算科目,政府预算支出经济分类列"对事业单位资本性补助——资本性支出(一)"预算科目。

借:一般公共预算本级支出——图书馆——资本性支出(一)——县图书馆 150 000
　　贷:财政零余额账户存款　　　　　　　　　　　　　　　　　　　150 000

(2)当日汇总清算,支付执行机构会计收到已划款凭证回执联和《预算支出结算清单》。《预算支出结算清单》显示,当日支付共有2笔业务:一笔是为图书馆直接支付购书经费15万元;另一笔是为科技馆采取授权支付方式对外支付科普活动经费5万元,支出功能分类列"科学技术支出——科学技术普及——科普活动"预算科目,政府预算支出经济分类列"对事业单位经常性补助——商品和服务支出"预算科目。

对于直接支付业务:

借:财政零余额账户存款　　　　　　　　　　　　　　　　　　　　150 000
　　贷:已结报支出——财政直接支付　　　　　　　　　　　　　　　150 000

对于授权支付业务:

借:一般公共预算本级支出——科普活动——商品和服务支出——县科技馆 50 000
　　贷:已结报支出——财政授权支付　　　　　　　　　　　　　　　　50 000

(3)年终财政国库支付执行机构对上述2笔业务进行转账处理。

借:已结报支出——财政直接支付　　　　　　　　　　　　　　　　150 000
　　贷:一般公共预算本级支出——图书馆——资本性支出(一)——县图书馆 150 000

借:已结报支出——财政授权支付　　　　　　　　　　　　　　　　　50 000
　　贷:一般公共预算本级支出——科普活动——商品和服务支出——县科技馆 50 000

通过[例8-9]可以看出,"财政零余额账户存款""已结报支出""一般公共预算本级支出""政府性基金预算本级支出""国有资本经营预算本级支出"等相关支出科目是国库支付执行机构使用的全部会计科目。其中,"财政零余额账户存款""已结报支出"是支付执行机构的专用科目。支付执行机构在财政国库管理部门的管理下,具体执行支付业务,它的支付业务,最终要反映到财政总预算会计核算中,因此,在进行转账处理后,支付执行机构的各个会计科目应无余额。

已结报支出主要经济业务会计核算情况如表8-7所示。

表8-7　　　　　　　　已结报支出主要经济业务会计核算情况表

经济业务	会计核算	
(1)每日汇总清算后,国库支付执行机构增加已结报支出	对于财政直接支付: 借:财政零余额账户存款 　　贷:已结报支出	对于财政授权支付: 借:一般公共预算本级支出等 　　贷:已结报支出
(2)年终财政国库支付执行机构冲销已结报支出	借:已结报支出 　　贷:一般公共预算本级支出等	

第二节　非流动负债

非流动负债是指流动负债以外的负债。具体包括应付长期政府债券、借入款项、应付地方政府债券转贷款、应付主权外债转贷款和其他负债等。

一、应付长期政府债券

应付长期政府债券是指政府财政采用发行期限超过1年的长期政府债券方式筹集资金而形成的负债,包括本金和利息。

(一)会计科目设置

财政总预算应设置"应付长期政府债券"科目,用于核算政府财政部门以政府名义发行的期限超过1年的国债和地方政府债券的应付本金和利息。"应付长期政府债券"科目期末贷方余额反映政府财政尚未偿还的长期政府债券本金和利息。

"应付长期政府债券"科目下应当设置"应付国债""应付地方政府一般债券""应付地方政府专项债券"等一级明细科目;在一级明细科目下,再分别设置"应付本金""应付利息"明细科目,分别核算政府债券的应付本金和利息。债务管理部门应当设置相应的辅助账,详细记录每期政府债券金额、种类、期限、发行日、到期日、票面利率、偿还本金及付息情况等。

(二)主要账务处理

(1)实际收到长期政府债券发行收入时,按照实际收到的金额,借记"国库存款"科目,按照长期政府债券实际发行额,贷记"债务收入"科目,按照发行收入和发行额的差额,借记或贷记有关支出科目;根据债券发行确认文件等相关债券管理资料,按照到期应付的长期政府债券本金金额,借记"待偿债净资产——应付长期政府债券"科目,贷记"应付长期政府债券"科目。

（2）期末确认长期政府债券的应付利息时,根据债务管理部门计算出的本期应付未付利息金额,借记"待偿债净资产——应付长期政府债券"科目,贷记"应付长期政府债券"科目。

（3）实际支付本级政府财政承担的长期政府债券利息时,借记"一般公共预算本级支出"或"政府性基金预算本级支出"科目,贷记"国库存款"等科目;对于实际支付利息金额中属于已确认的应付利息部分,还应根据债券兑付确认文件等相关债券管理资料,借记"应付长期政府债券"科目,贷记"待偿债净资产——应付长期政府债券"科目。

（4）实际偿还本级政府财政承担的长期政府债券本金时,借记"债务还本支出"科目,贷记"国库存款"等科目;根据债券兑付确认文件等相关债券管理资料,借记"应付长期政府债券"科目,贷记"待偿债净资产——应付长期政府债券"科目。

【例 8-10】 某省发行 3 年期土地储备专项债券 5 000 万元,债券票面利率为 3.3%,每年付息一次,到期一次性还本。该省现发生以下业务:

（1）人民银行国库收到发行收入 4 800 万元,债券发行实际发生承销费用 200 万元,支出功能分类列"债务发行费用支出——地方政府专项债务发行费用支出——土地储备专项债券发行费用支出"预算科目,政府预算支出经济分类列"债务利息及费用支出——国内债务发行费用"预算科目。

借：国库存款　　　　　　　　　　　　　　　　　　　　　48 000 000

政府性基金预　　土地储备专项债　　国内债务
算本级支出　　　券发行费用支出　　发行费用　　　　　2 000 000

贷：债务收入——土地储备专项债券收入　　　　　　　　50 000 000

借：待偿债净资产——应付长期政府债券　　　　　　　　　50 000 000

贷：应付长期政府债券——应付地方政府专项债券——应付本金　　50 000 000

（2）每月末根据债务管理部门计算出的数据,确认本月应付未付利息 13.75 万元。

借：待偿债净资产——应付长期政府债券　　　　　　　　　137 500

贷：应付长期政府债券——应付地方政府专项债券——应付利息　137 500

（3）发行 1 年后,根据债务管理部门的通知,从国库存款支付第 1 年的债券利息 165 万元。总预算会计已经确认应付利息 165 万元。

借：政府性基金预　　土地储备专项　　国内债
算本级支出　　　债券付息支出　　务付息　　　　　　1 650 000

贷：国库存款　　　　　　　　　　　　　　　　　　　　1 650 000

借：应付长期政府债券——应付地方政府专项债券——应付利息　1 650 000

贷：待偿债净资产——应付长期政府债券　　　　　　　　　1 650 000

（4）债券到期后，根据债务管理部门的文件，使用库款支付偿还债券本金5 000万元。

借：债务还　　　地方政府专项　　　土地储备专项　　　　　　　50 000 000
　　本支出　　　债务还本支出　　　债券还本支出
　　贷：国库存款　　　　　　　　　　　　　　　　　　　　　　　50 000 000

借：应付长期政府债券——应付地方政府专项债券——应付本金　　50 000 000
　　贷：待偿债净资产——应付长期政府债券　　　　　　　　　　　50 000 000

（5）本级政府财政偿还下级政府财政承担的地方政府债券本息时，借记"其他应付款"或"其他应收款"科目，贷记"国库存款"科目；根据债券兑付确认文件等相关债券管理资料，按照实际偿还的长期政府债券本金及已确认的应付利息金额，借记"应付长期政府债券"科目，贷记"待偿债净资产——应付长期政府债券"科目。

【例8-11】　某省财政总预算发生以下业务：

（1）所属××市应承担的地方政府一般债券本金300万元因故未能如期上缴省级，根据债务管理部门的通知，由省级财政使用库款先行垫付偿还。

借：其他应收款——垫付债券本金——××市　　　　　　　　　　3 000 000
　　贷：国库存款　　　　　　　　　　　　　　　　　　　　　　　3 000 000

借：应付长期政府债券——应付地方政府一般债券——应付本金　　3 000 000
　　贷：待偿债净资产——应付长期政府债券　　　　　　　　　　　3 000 000

（2）××市将应由其承担的地方政府一般债券本金300万元上缴省级财政还贷准备专户。

借：其他财政存款——还贷准备——××银行　　　　　　　　　　3 000 000
　　贷：其他应收款——垫付债券本金——××市　　　　　　　　　3 000 000

借：资产基金——应收地方政府债券转贷款　　　　　　　　　　　3 000 000
　　贷：应收地方政府　　应收地方政府　　应收　　　　　　　　　3 000 000
　　　　债券转贷款　　　一般债券转贷款　　本金

（6）省级财政部门采用定向承销方式发行长期地方政府债券置换存量债务时，根据债权债务确认相关资料，按照置换本级政府存量债务的额度，借记"债务还本支出"科目，按照置换下级政府存量债务的额度，借记"债务转贷支出"科目，按照置换存量债务的总额度，贷记"债务收入"科目；根据债务管理部门转来的相关资料，按照置换存量债务的总额度，借记"待偿债净资产——应付长期政府债券"科目，贷记"应付长期政府债券"科目。同时，按照置换下级政府存量债务额度，借记"应收地方政府债券转贷款"科目，贷记"资产基金——应收地方政府债券转贷款"科目。

省级财政采取定向承销方式置换存量债务的案例，详见本章第一节"应付短期政府债券"科目。

应付长期政府债券主要经济业务会计核算情况如表8-8所示。

表8-8 　　　　　　　应付长期政府债券主要经济业务会计核算情况表

经济业务	会计核算	
(1) 实际收到长期政府债券发行收入	借：国库存款 借(或贷)：有关支出科目 　　贷：债务收入	借：待偿债净资产——应付长期政府 　　　　　　　　　　债券 　　贷：应付长期政府债券
(2) 期末确认长期政府债券的应付利息	借：待偿债净资产——应付长期政府债券 　　贷：应付长期政府债券	
(3) 实际支付本级政府财政承担的长期政府债券利息	借：一般公共预算本级支出/ 　　政府性基金预算本级支出 　　贷：国库存款等	借：应付长期政府债券 　　贷：待偿债净资产——应付长期政 　　　　　　　　　　府债券
(4) 实际偿还本级政府财政承担的长期政府债券本金	借：债务还本支出 　　贷：国库存款等	借：应付长期政府债券 　　贷：待偿债净资产——应付长期政 　　　　　　　　　　府债券
(5) 本级政府财政偿还下级政府财政承担的地方政府债券本息	借：其他应付款/其他应收款 　　贷：国库存款	借：应付长期政府债券 　　贷：待偿债净资产——应付长期政 　　　　　　　　　　府债券
(6) 采用定向承销方式发行长期地方政府债券置换存量债务	借：债务还本支出/ 　　债务转贷支出 　　贷：债务收入	借：待偿债净资产 　　　　——应付长期 　　　　政府债券 　　贷：应付长期政府 　　　　债券 借：应收地方政府债券 　　　　转贷款 　　贷：资产基金——应 　　　　收地方政 　　　　府债券转贷款

二、借入款项

借入款项是指政府财政部门以政府名义向外国政府和国际金融组织等借入的款项,以及经国务院批准的其他方式借入的款项。

(一) 会计科目设置

财政总预算应设置"借入款项"科目,用于核算政府财政部门以政府名义向外国政府和国际金融组织等借入的款项,以及经国务院批准的其他方式借入的款项。"借入款项"科目期末贷方余额反映本级政府财政尚未偿还的借入款项本金和利息。

"借入款项"科目应当设置"应付本金""应付利息"明细科目,分别对借入款项的应付本金和利息进行明细核算,还应当按照债权人进行明细核算。债务管理部门应当设置相应的辅助账,详细记录每笔借入款项的期限、借入日期、偿还及付息情况等。

需要注意的是,按照规定地方政府只有省级政府可以举借债务,借入款项与债务收入直接相关,因此在正常情况下,只有财政部和省级财政总预算可以使用"借入款项"科目。

（二）主要账务处理

借入款项包括借入主权外债和其他借入款项。下面以借入主权外债为例对借入款项的账务处理进行介绍和说明,其他借入款项的账务处理参照借入主权外债业务的账务处理。

1. 借入主权外债

1）本级政府财政收到借入的主权外债资金

本级政府财政收到借入的主权外债资金时,借记"其他财政存款"科目,贷记"债务收入"科目;根据债务管理部门转来的相关资料,按照实际承担的债务金额,借记"待偿债净资产——借入款项"科目,贷记"借入款项"科目。

2）外方将贷款资金直接支付给用款单位或供应商

本级政府财政借入主权外债,且由外方将贷款资金直接支付给用款单位或供应商时,应根据以下情况分别处理:

（1）本级政府财政承担还款责任,贷款资金由本级政府财政同级部门（单位）使用的,本级政府财政部门根据贷款资金支付相关资料,借记"一般公共预算本级支出"等科目,贷记"债务收入"科目;根据债务管理部门转来的相关资料,按照实际承担的债务金额,借记"待偿债净资产——借入款项"科目,贷记"借入款项"科目。

（2）本级政府财政承担还款责任,贷款资金由下级政府财政同级部门（单位）使用的,本级政府财政部门根据贷款资金支付相关资料及预算指标文件,借记"补助支出"科目,贷记"债务收入"科目;根据债务管理部门转来的相关资料,按照实际承担的债务金额,借记"待偿债净资产——借入款项"科目,贷记"借入款项"科目。

（3）下级政府财政承担还款责任,贷款资金由下级政府财政同级部门（单位）使用的,本级政府财政部门根据贷款资金支付相关资料,借记"债务转贷支出"科目,贷记"债务收入"科目;根据债务管理部门转来的相关资料,按照实际承担的债务金额,借记"待偿债净资产——借入款项"科目,贷记"借入款项"科目;借记"应收主权外债转贷款"科目,贷记"资产基金——应收主权外债转贷款"科目。

【例8-12】　某省财政接到世界银行驻中国办事处转来的相关资料,本月有3个世行贷款项目,外方将贷款资金直接支付给用款单位或供应商。具体业务如下:

（1）残疾人康复项目世行贷款由省残联使用,省财政承担还款责任。本月外方直接支付项目经费300万元,支出功能分类列"社会保障和就业支出——残疾人事业——残疾人康复"预算科目,政府预算支出经济分类列"机关资本性支出(一)——设备购置"预算科目。

借:一般公共预算本级支出——残疾人康复——设备购置——省残联　3 000 000
　　贷:债务收入——地方政府向国际组织借款收入　　　　　　　3 000 000

借:待偿债净资产——借入款项　　　　　　　　　　　　　　　3 000 000
　　贷:借入款项——应付本金——世界银行　　　　　　　　　　3 000 000

(2)农产品质量检测项目世行贷款由××市农科院使用,省财政承担还款责任,本月外方直接支付货款60万元。

借:补助支出——一般公共预算补助支出——××市　　　　　　600 000
　　贷:债务收入——地方政府向国际组织借款收入　　　　　　　600 000

借:待偿债净资产——借入款项　　　　　　　　　　　　　　　600 000
　　贷:借入款项——应付本金——世界银行　　　　　　　　　　600 000

(3)水利设施改造项目世行贷款由××市水利局使用,××市财政承担还款责任,本月外方直接支付工程款120万元。

借:债务转贷支出——地方政府向国际组织借款转贷支出——××市　1 200 000
　　贷:债务收入——地方政府向国际组织借款收入　　　　　　　1 200 000

借:待偿债净资产——借入款项　　　　　　　　　　　　　　　1 200 000
　　贷:借入款项——应付本金——世界银行　　　　　　　　　　1 200 000

借:应收主权外债转贷款——应收本金——××市　　　　　　　1 200 000
　　贷:资产基金——应收主权外债转贷款　　　　　　　　　　　1 200 000

2. 期末确认借入主权外债的应付利息

期末确认借入主权外债的应付利息时,根据债务管理部门计算出的本期应付未付利息金额,借记"待偿债净资产——借入款项"科目,贷记"借入款项"科目。

【例8-13】　月末,财政部总预算对[例8-12]中的3个世行贷款项目确认本月应付利息80万元,其中,残疾人康复项目利息50万元,农产品质量项目利息10万元,水利设施改造项目利息20万元。

借:待偿债净资产——借入款项　　　　　　　　　　　　　　　800 000
　　贷:借入款项——应付利息——世界银行　　　　　　　　　　500 000
　　　　借入款项——应付利息——世界银行　　　　　　　　　　100 000
　　　　借入款项——应付利息——世界银行　　　　　　　　　　200 000

借：应收主权外债转贷款——应收利息——××市　　　　　　　　200 000

　　贷：资产基金——应收主权外债转贷款　　　　　　　　　　　　　　200 000

3. 偿还借入主权外债本息

（1）偿还本级政府财政承担的借入主权外债本金时，借记"债务还本支出"科目，贷记"国库存款""其他财政存款"等科目；根据债务管理部门转来的相关资料，按照实际偿还的本金金额，借记"借入款项"科目，贷记"待偿债净资产——借入款项"科目。

（2）偿还本级政府财政承担的借入主权外债利息时，借记"一般公共预算本级支出"等科目，贷记"国库存款""其他财政存款"等科目；实际偿还利息金额中属于已确认的应付利息部分，还应根据债务管理部门转来的相关资料，借记"借入款项"科目，贷记"待偿债净资产——借入款项"科目。

（3）偿还下级政府财政承担的借入主权外债的本息时，借记"其他应付款"或"其他应收款"科目，贷记"国库存款""其他财政存款"等科目；根据债务管理部门转来的相关资料，按照实际偿还的本金及已确认的应付利息金额，借记"借入款项"科目，贷记"待偿债净资产——借入款项"科目。

【例 8-14】　某省财政总预算发生以下业务：

（1）使用库款偿还残疾人康复项目世行贷款本金 1 200 万元。

借：债务还本支出——地方政府一般债务还本支出——地方政府向外国政府借款还本支出　　12 000 000

　　贷：国库存款　　　　　　　　　　　　　　　　　　　　　　12 000 000

借：借入款项——应付本金——世界银行　　　　　　　　　　　12 000 000

　　贷：待偿债净资产——借入款项　　　　　　　　　　　　　　12 000 000

（2）使用库款偿还残疾人康复项目世行贷款的利息 400 万元，支出功能分类列"社会保障和就业支出——残疾人事业——残疾人康复"预算科目，政府预算支出经济分类列"债务利息及费用支出——国外债务付息"预算科目。经统计，偿还时账上已经为该贷款项目确认应付未付利息 350 万元，本月应付的 50 万元尚未确认。

借：一般公共预算本级支出——残疾人康复——国外债务付息——省残联　　4 000 000

　　贷：国库存款　　　　　　　　　　　　　　　　　　　　　　　4 000 000

借：借入款项——应付利息——世界银行　　　　　　　　　　　　3 500 000

　　贷：待偿债净资产——借入款项　　　　　　　　　　　　　　　3 500 000

（3）××市承担还款责任的水利设施改造项目世行贷款，本年应还本金

1 000万元,应还利息240万元。到年底××市仍未偿还,省财政使用库款代为偿还。

借:其他应收款——垫付世行贷款本息——××市	12 400 000
贷:国库存款	12 400 000

借:借入款项——应付本金——世界银行	10 000 000
借入款项——应付利息——世界银行	2 400 000
贷:待偿债净资产——借入款项	12 400 000

(4)省财政还贷准备金专户收到××市归还的欠付世行贷款本息1 240万元。

借:资产基金——应收主权外债转贷款	12 400 000
贷:应收主权外债转贷款——应收本金——××市	10 000 000
应收主权外债转贷款——应收利息——××市	2 400 000

4. 被上级政府财政扣缴借入主权外债的本息

被上级政府财政扣缴借入主权外债的本息时,借记"其他应收款"科目,贷记"与上级往来"科目;根据债务管理部门转来的相关资料,按照实际扣缴的本金及已确认的应付利息金额,借记"借入款项"科目,贷记"待偿债净资产——借入款项"科目。列报支出时,对应由本级政府财政承担的还本支出,借记"债务还本支出"科目,贷记"其他应收款"科目;对应由本级政府财政承担的利息支出,借记"一般公共预算本级支出"等科目,贷记"其他应收款"科目。

5. 债权人豁免借入主权外债的本息

(1)债权人豁免本级政府财政承担偿还责任的借入主权外债本息时,根据债务管理部门转来的相关资料,按照被豁免的本金及已确认的应付利息金额,借记"借入款项"科目,贷记"待偿债净资产——借入款项"科目。

(2)债权人豁免下级政府财政承担偿还责任的借入主权外债本息时,根据债务管理部门转来的相关资料,按照被豁免的本金及已确认的应付利息金额,借记"借入款项"科目,贷记"待偿债净资产——借入款项"科目;同时,借记"资产基金——应收主权外债转贷款"科目,贷记"应收主权外债转贷款"科目。

所谓债权人豁免借入主权外债本息,对总预算而言,就是将借入主权外债时形成的"借入款项——应付本金""待偿债净资产——借入款项"科目,确认应付利息时形成的"借入款项——应付利息""待偿债净资产——借入款项"科目,以及向下转贷时形成的"资产基金——应收主权外债转贷款""应收主权外债转贷款"科目,通过反向借贷处理予以冲销,具体不再详述案例。

借入款项主要经济业务会计核算情况如表8-9所示。

表 8-9　　　　　借入款项主要经济业务会计核算情况表

经济业务		会计核算		
(1) 本级政府财政收到借入的主权外债资金		借：其他财政存款 　贷：债务收入	借：待偿债净资产——借入款项 　贷：借入款项	
(2) 外方将贷款资金直接支付给用款单位或供应商	本级还款，本级使用	借：一般公共预算本级支出等 　贷：债务收入	借：待偿债净资产——借入款项 　贷：借入款项	
	本级还款，下级使用	借：补助支出 　贷：债务收入	借：待偿债净资产——借入款项 　贷：借入款项	
	下级还款，下级使用	借：债务转贷支出 　贷：债务收入	借：待偿债净资产—— 　　　借入款项 　贷：借入款项	借：应收主权外债转 　　　贷款 　贷：资产基金—— 　　　　应收主权外 　　　　债转贷款
(3) 期末确认借入主权外债的应付利息		借：待偿债净资产——借入款项 　贷：借入款项		
(4) 偿还借入主权外债本息	偿还本级承担的本金	借：债务还本支出 　贷：国库存款/其他财政存款等	借：借入款项 　贷：待偿债净资产——借入 　　　款项	
	偿还本级承担的利息	借：一般公共预算本级支出等 　贷：国库存款/其他财政存款等	借：借入款项 　贷：待偿债净资产——借入 　　　款项	
	偿还下级承担的本息	借：其他应付款/其他应收款 　贷：国库存款/其他财政存款等	借：借入款项 　贷：待偿债净资产——借入 　　　款项	
(5) 被上级财政扣缴主权外债本息	被扣缴款项	借：其他应收款 　贷：与上级往来	借：借入款项 　贷：待偿债净资产——借入 　　　款项	
	列报支出	对于还本支出： 借：债务还本支出 　贷：其他应收款	对于利息支出： 借：一般公共预算本级支出等 　贷：其他应收款	
(6) 债权人豁免借入主权外债的本息	豁免本级承担偿还责任的本息	借：借入款项 　贷：待偿债净资产——借入款项		
	豁免下级承担偿还责任的本息	借：借入款项 　贷：待偿债净资产——借入 　　　款项	借：资产基金——应收主权外债 　　　转贷款 　贷：应收主权外债转贷款	

三、应付地方政府债券转贷款

应付地方政府债券转贷款是指地方政府财政从上级政府财政借入的地方政府债券转贷款而形成的负债。

(一) 会计科目设置

财政总预算应设置"应付地方政府债券转贷款"科目,用于核算地方政府财政从上级政府财政借入的地方政府债券转贷款的本金和利息。"应付地方政府债券转贷款"科目期末贷方余额反映本级政府财政尚未偿还的地方政府债券转贷款的本金和利息。

"应付地方政府债券转贷款"科目下应当设置"应付地方政府一般债券转贷款"和"应付地方政府专项债券转贷款"一级明细科目;在一级明细科目下再分别设置"应付本金"和"应付利息"两个明细科目,分别对应付本金和利息进行明细核算。

需要注意的是,对于转贷的政府债券,总预算未区分期限,只是设置了"应付地方政府债券转贷款"科目,并将其归入非流动负债。考虑到负债流动性管理的需要,总预算会计在资产负债表中的流动负债部分增设了"一年内到期的非流动负债"项目,年末编制资产负债表时,需要将"应付地方政府债券转贷款"等科目下 1 年以内(含 1 年)到偿还期的负债分析填列到该栏次。

(二) 主要账务处理

(1)收到上级政府财政转贷的地方政府债券资金时,借记"国库存款"科目,贷记"债务转贷收入"科目;根据债务管理部门转来的相关资料,按照到期应偿还的转贷款本金金额,借记"待偿债净资产——应付地方政府债券转贷款"科目,贷记"应付地方政府债券转贷款"科目。

(2)期末确认地方政府债券转贷款的应付利息时,根据债务管理部门计算出的本期应付未付利息金额,借记"待偿债净资产——应付地方政府债券转贷款"科目,贷记"应付地方政府债券转贷款"科目。

【例 8-15】 某市财政总预算发生以下业务:

(1)1 月 1 日,收到省财政转贷的土地储备专项债券资金 800 万元。债券期限为 1 年,债券年利率为 3.6%,到期一次性还本付息。

借:国库存款			8 000 000
贷：债务转 贷收入	地方政府专项 债券转贷收入	土地储备专项 债券转贷收入	8 000 000

借:待偿债净资产——应付地方政府债券转贷款			8 000 000
贷：应付地方政府 债券转贷款	应付地方政府专 项债券转贷款	应付 本金	8 000 000

(2)月末,确认本月上述土地储备专项债券应付未付利息 2.4 万元。

借:待偿债净资产——应付地方政府债券转贷款			24 000
贷：应付地方政府 债券转贷款	应付地方政府专 项债券转贷款	应付 利息	24 000

（3）偿还本级政府财政承担的地方政府债券转贷款本金时，借记"债务还本支出"科目，贷记"国库存款"等科目；根据债务管理部门转来的相关资料，按照实际偿还的本金金额，借记"应付地方政府债券转贷款"科目，贷记"待偿债净资产——应付地方政府债券转贷款"科目。

（4）偿还本级政府财政承担的地方政府债券转贷款的利息时，借记"一般公共预算本级支出"或"政府性基金预算本级支出"科目，贷记"国库存款"等科目；实际支付利息金额中属于已确认的应付利息部分，还应根据债务管理部门转来的相关资料，借记"应付地方政府债券转贷款"科目，贷记"待偿债净资产——应付地方政府债券转贷款"科目。

【例8-16】 某市财政总预算发生以下业务：

（1）省转贷的1年期土地储备专项债券到期，根据债务管理部门的文件，使用库款偿还债券本金800万元。

借：债务还
本支出——地方政府专项
债务还本支出——土地储备专项
债券还本支出 　8 000 000
　　贷：国库存款 　8 000 000

借：应付地方政府
债券转贷款——应付地方政府专
项债券转贷款——应付
本金 　8 000 000
　　贷：待偿债净资产——应付地方政府债券转贷款 　8 000 000

（2）上述债券年利率3.6%，到期一次性还本付息。根据债务管理部门的文件，使用库款偿还利息支出28.8万元，支出功能分类列"债务付息支出——地方政府专项债务付息支出——土地储备专项债券付息支出"预算科目，政府预算支出经济分类列"债务付息及费用支出——国内债务付息"预算科目。截至目前，总预算累计确认11个月的应付利息26.4万元。

借：政府性基金预
算本级支出——土地储备专项债
券付息支出——国内债
务付息——财政总
预算 　288 000
　　贷：国库存款 　288 000

借：应付地方政府
债券转贷款——应付地方政府专
项债券转贷款——应付
利息 　264 000
　　贷：待偿债净资产——应付地方政府债券转贷款 　264 000

（5）偿还下级政府财政承担的地方政府债券转贷款的本息时，借记"其他应付款"或"其他应收款"科目，贷记"国库存款"等科目；根据债务管理部门转来的相关资料，按照实际偿还的本金及已确认的应付利息金额，借记"应付地方政府债券转贷款"科目，贷记"待偿债净资产——应付地方政府债券转贷款"科目。

【例8-17】 某市财政总预算发生以下业务：

（1）所属××区应偿还地方政府一般债券转贷款本息 340 万元,其中,本金 300 万元,利息 40 万元,其中,总预算账上已经确认的应付未付利息为 35 万元。因××区未能偿还,由市财政代为偿还。

借:其他应收款——垫付政府债券转贷款本息——××区　　　　　　　3 400 000

　　贷:国库存款　　　　　　　　　　　　　　　　　　　　　　　　　　　　3 400 000

借　应付地方政府　　应付地方政府　　应付
　　债券转贷款　　　一般债券转贷款　　本金　　　　　　　　　　　　　3 000 000

　　应付地方政府　　应付地方政府　　应付
　　债券转贷款　　　一般债券转贷款　　利息　　　　　　　　　　　　　　350 000

　　贷:待偿债净资产——应付地方政府债券转贷款　　　　　　　　　　　3 350 000

（2）由于××区一直未能归还市财政所垫付款项,市财政债务管理部门商国库部门及××区同意后,决定对××区欠付款项通过调度款进行扣款。

借:与下级往来——一般公共预算与下级往来　　　　　　　　　　　　　3 400 000

　　贷:其他应收款——垫付政府债券转贷款——××区　　　　　　　　　3 400 000

借:资产基金——应收地方政府债券转贷款　　　　　　　　　　　　　　　3 400 000

贷　应收地方政府　　应收地方政府　　应收
　　债券转贷款　　　一般债券转贷款　　本金　　　　　　　　　　　　　3 000 000

　　应收地方政府　　应收地方政府　　应收
　　债券转贷款　　　一般债券转贷款　　利息　　　　　　　　　　　　　　400 000

（6）被上级政府财政扣缴地方政府债券转贷款本息时,借记"其他应收款"科目,贷记"与上级往来"科目;根据债务管理部门转来的相关资料,按照实际扣缴的本金及已确认的应付利息金额,借记"应付地方政府债券转贷款"科目,贷记"待偿债净资产——应付地方政府债券转贷款"科目。列报支出时,对本级政府财政承担的还本支出,借记"债务还本支出"科目,贷记"其他应收款"科目;对本级政府财政承担的利息支出,借记"一般公共预算本级支出"或"政府性基金预算本级支出"科目,贷记"其他应收款"科目。

【例 8-18】　某市所属的××区财政总预算发生以下业务:

（1）接到市财政通知,应由区财政偿还的地方政府一般债券转贷款本息 340 万元,由于区级财政未能及时偿还,被市财政代为偿还,并通过调度款进行扣款。同时,经核实,应偿还的地方政府一般债券转贷款本息,本金为 300 万元,利息为 40 万元,总预算账上已经确认的应付未付利息为 40 万元。

借:其他应收款——体制扣款——市财政　　　　　　　　　　　　　　　3 400 000

　　贷:与上级往来——一般公共预算与上级往来　　　　　　　　　　　　3 400 000

借：应付地方政府　　应付地方政府　　应付
　　债券转贷款　　　一般债券转贷款　　本金　　　　　　3 000 000

　　应付地方政府　　应付地方政府　　应付
　　债券转贷款　　　一般债券转贷款　　利息　　　　　　　400 000

贷：待偿债净资产——应付地方政府债券转贷款　　　　　3 400 000

（2）接到债务管理部门的通知，对市级扣缴的 340 万元，全部通过本级列报支出。其中，利息支出的支出功能分类列"债务付息支出——地方政府一般债务付息支出——地方政府一般债券付息支出"预算科目，政府预算支出经济分类列"债务利息及费用支出——国内债务付息"预算科目。

借：债务还本支出　　地方政府一般　　地方政府一般
　　　　　　　　　　债务还本支出　　债券还本支出　　　3 000 000

　　一般公共预　　　地方政府一般　　国内债　　财政总
　　算本级支出　　　债券付息支出　　务付息　　预算　　　400 000

贷：其他应收款——体制扣款——市财政　　　　　　　　3 400 000

（7）采用定向承销方式发行地方政府债券置换存量债务时，省级以下（不含省级）财政部门根据上级财政部门提供的债权债务确认相关资料，按照置换本级政府存量债务的额度，借记"债务还本支出"科目，按照置换下级政府存量债务的额度，借记"债务转贷支出"科目，按照置换存量债务的总额度，贷记"债务转贷收入"科目；根据债务管理部门转来的相关资料，按照置换存量债务的总额度，借记"待偿债净资产——应付地方政府债券转贷款"科目，贷记"应付地方政府债券转贷款"科目。同时，按照置换下级政府存量债务额度，借记"应收地方政府债券转贷款"科目，贷记"资产基金——应收地方政府债券转贷款"科目。

采取定向承销方式置换存量债务的案例，可参考本章第一节"应付短期政府债券"科目。

应付地方政府债券转贷款主要经济业务会计核算情况如表 8-10 所示。

表 8-10　　　　应付地方政府债券转贷款主要经济业务会计核算情况表

经济业务	会计核算	
（1）收到上级政府财政转贷的地方政府债券资金	借：国库存款 　贷：债务转贷收入	借：待偿债净资产——应付地方政府 　　　　　　　　　　债券转贷款 　贷：应付地方政府债券转贷款
（2）期末确认地方政府债券转贷款的应付利息	借：待偿债净资产——应付地方政府债券转贷款 　贷：应付地方政府债券转贷款	

（续表）

经济业务	会计核算	
（3）偿还本级政府财政承担的地方政府债券转贷款本金	借：债务还本支出 　　贷：国库存款	借：应付地方政府债券转贷款 　　贷：待偿债净资产——应付地方政府债券转贷款
（4）偿还本级政府财政承担的地方政府债券转贷款的利息	借：一般公共预算本级支出/政府性基金预算本级支出 　　贷：国库存款等	借：应付地方政府债券转贷款 　　贷：待偿债净资产——应付地方政府债券转贷款
（5）偿还下级政府财政承担的地方政府债券转贷款的本息	借：其他应付款/其他应收款 　　贷：国库存款等	借：应付地方政府债券转贷款 　　贷：待偿债净资产——应付地方政府债券转贷款
（6）被上级政府财政扣缴地方政府债券转贷款本息 — 扣缴地方政府债券转贷款本息	借：其他应收款 　　贷：与上级往来	借：应付地方政府债券转贷款 　　贷：待偿债净资产——应付地方政府债券转贷款
（6）被上级政府财政扣缴地方政府债券转贷款本息 — 列报支出	对还本支出： 借：债务还本支出 　　贷：其他应收款	对利息支出： 借：一般公共预算本级支出/政府性基金预算本级支出 　　贷：其他应收款
（7）采用定向承销方式发行地方政府债券置换存量债务	借：债务还本支出 　　债务转贷支出 　　贷：债务转贷收入	借：待偿债净资产——应付地方政府债券转贷款 　　贷：应付地方政府债券转贷款 借：应收地方政府债券转贷款 　　贷：资产基金——应收地方政府债券转贷款

四、应付主权外债转贷款

应付主权外债转贷款是指地方政府财政从上级政府财政借入的主权外债转贷款而形成的负债。

（一）会计科目设置

财政总预算应设置"应付主权外债转贷款"科目，用于核算本级政府财政从上级政府财政借入的主权外债转贷款的本金和利息。"应付主权外债转贷款"科目期末贷方余额反映本级政府财政尚未偿还的主权外债转贷款本金和利息。

"应付主权外债转贷款"科目下应当设置"应付本金"和"应付利息"两个明细科目，分别对应付本金和利息进行明细核算。

（二）主要账务处理

（1）收到上级政府财政转贷的主权外债资金时，借记"其他财政存款"科目，贷记"债务转贷收入"科目；根据债务管理部门转来的相关资料，按照实际承担的债务金额，借记"待偿债净资产——应付主权外债转贷款"科目，贷记"应付主权外债转贷款"科目。

（2）从上级政府财政借入主权外债转贷款，且由外方将贷款资金直接支付给

用款单位或供应商时,应根据以下情况分别处理:

其一,本级政府财政承担还款责任,贷款资金由本级政府财政同级部门(单位)使用的,本级政府财政根据贷款资金支付相关资料,借记"一般公共预算本级支出"等科目,贷记"债务转贷收入"科目;根据债务管理部门转来的相关资料,按照实际承担的债务金额,借记"待偿债净资产——应付主权外债转贷款"科目,贷记"应付主权外债转贷款"科目。

其二,本级政府财政承担还款责任,贷款资金由下级政府财政同级部门(单位)使用的,本级政府财政部门根据贷款资金支付相关资料及预算指标文件,借记"补助支出"科目,贷记"债务转贷收入"科目;根据债务管理部门转来的相关资料,按照实际承担的债务金额,借记"待偿债净资产——应付主权外债转贷款"科目,贷记"应付主权外债转贷款"科目。

其三,下级政府财政承担还款责任,贷款资金由下级政府财政同级部门(单位)使用的,本级政府财政部门根据贷款资金支付相关资料,借记"债务转贷支出"科目,贷记"债务转贷收入"科目;根据债务管理部门转来的相关资料,按照实际承担的债务金额,借记"待偿债净资产——应付主权外债转贷款"科目,贷记"应付主权外债转贷款"科目;同时,借记"应收主权外债转贷款"科目,贷记"资产基金——应收主权外债转贷款"科目。

【例 8-19】　某市财政总预算发生以下业务:

(1) 收到省财政转贷的国际货币基金组织(IMF)贷款 1 200 万元,年利率为 1.2%。其中,海洋监测项目贷款 500 万元由市级财政承担还款责任,使用单位为市海洋渔业局;天然林防护项目贷款 300 万元由市级财政承担还款责任,使用单位为所属的××县林业局;棚户区改造项目贷款 400 万元由所属的××区财政承担还款责任,使用单位为××区住房保障局。

借:其他财政存款——主权外债转贷款——××银行	12 000 000
贷:债务转贷收入——地方政府一般债务转贷收入	12 000 000
借:待偿债净资产——应付主权外债转贷款	12 000 000
贷:应付主权外债转贷款——应付本金	5 000 000
应付主权外债转贷款——应付本金	3 000 000
应付主权外债转贷款——应付本金	4 000 000

(2) 收到省财政转来的通知,国际货币基金组织采取直接支付的方式,将海洋监测项目贷款 900 万元拨付设备供应商,支出功能分类列"自然资源海洋气象等支出——海洋管理事务——海洋环境保护与监测"预算科目,政府预算支出经济分类列"机关资本性支出(一)——设备购置"预算科目。

借:一般公共预算本级支出　海洋环境保护与监测　设备购置　市海洋与渔业局	9 000 000
贷:债务转贷收入——地方政府一般债务转贷收入	9 000 000

借：待偿债净资产——应付主权外债转贷款　　　　　　　　　　　　9 000 000

　　贷：应付主权外债转贷款——应付本金　　　　　　　　　　　　　9 000 000

（3）收到省财政转来的通知,国际货币基金组织采取直接支付方式,将天然林防护项目工程款资金 50 万元拨付施工单位。

借：补助支出——一般公共预算补助支出——××县　　　　　　　　500 000

　　贷：债务转贷收入——地方政府一般债务转贷收入　　　　　　　　500 000

借：待偿债净资产——应付主权外债转贷款　　　　　　　　　　　　500 000

　　贷：应付主权外债转贷款——应付本金　　　　　　　　　　　　　500 000

（4）收到省财政转来的通知,国际货币基金组织采取直接支付方式,将棚户区改造项目贷款资金 200 万元拨付材料供应商。

借：债务转贷支出——地方政府一般债务转贷支出——××区　　　　2 000 000

　　贷：债务转贷收入——地方政府一般债务转贷收入　　　　　　　　2 000 000

借：待偿债净资产——应付主权外债转贷款　　　　　　　　　　　　2 000 000

　　贷：应付主权外债转贷款——应付本金　　　　　　　　　　　　　2 000 000

借：应收主权外债转贷款——应收本金——××区　　　　　　　　　2 000 000

　　贷：资产基金——应收主权外债转贷款　　　　　　　　　　　　　2 000 000

（3）期末确认主权外债转贷款的应付利息时,按照债务管理部门计算出的本期应付未付利息金额,借记“待偿债净资产——应付主权外债转贷款”科目,贷记“应付主权外债转贷款”科目。

【例 8-20】承[例 8-19],市财政总预算在月末确认 1 200 万元国际货币基金组织(IMF)贷款的利息 1.2 万元,其中,海洋监测项目贷款利息 5 000 元,天然林防护项目贷款利息 3 000 元,棚户区改造项目贷款利息 4 000 元。

对于应付利息：

借：待偿债净资产——应付主权外债转贷款　　　　　　　　　　　　12 000

　　贷：应付主权外债转贷款——应付利息　　　　　　　　　　　　　5 000

　　　　应付主权外债转贷款——应付利息　　　　　　　　　　　　　3 000

　　　　应付主权外债转贷款——应付利息　　　　　　　　　　　　　4 000

对于应收利息：

借：应收主权外债转贷款——应收利息——××区　　　　　　　　　4 000

　　贷：资产基金——应收主权外债转贷款　　　　　　　　　　　　　4 000

（4）偿还本级政府财政承担的借入主权外债转贷款的本金时,借记“债务还本支出”科目,贷记“其他财政存款”等科目;根据债务管理部门转来的相关资料,按照实际偿还的本金金额,借记“应付主权外债转贷款”科目,贷记“待偿债净资产——

应付主权外债转贷款"科目。

（5）偿还本级政府财政承担的借入主权外债转贷款的利息时，借记"一般公共预算本级支出"等科目，贷记"其他财政存款"等科目；实际偿还利息金额中属于已确认的应付利息部分，还应根据债务管理部门转来的相关资料，借记"应付主权外债转贷款"科目，贷记"待偿债净资产——应付主权外债转贷款"科目。

（6）偿还下级政府财政承担的借入主权外债转贷款的本息时，借记"其他应付款"或"其他应收款"科目，贷记"其他财政存款"等科目；根据债务管理部门转来的相关资料，按照实际偿还的本金及已确认的应付利息金额，借记"应付主权外债转贷款"科目，贷记"待偿债净资产——应付主权外债转贷款"科目。

（7）被上级政府财政扣缴借入主权外债转贷款的本息时，借记"其他应收款"科目，贷记"与上级往来"科目；根据债务管理部门转来的相关资料，按照被扣缴的本金及已确认的应付利息金额，借记"应付主权外债转贷款"科目，贷记"待偿债净资产——应付主权外债转贷款"科目。列报支出时，对本级政府财政承担的还本支出，借记"债务还本支出"科目，贷记"其他应收款"科目；对本级政府财政承担的利息支出，借记"一般公共预算本级支出"等科目，贷记"其他应收款"科目。

【例8-21】 某市财政总预算发生以下业务：

（1）使用外债转贷财政专户资金偿还市级使用、市级偿还的海洋监测项目贷款本息600万元，其中，贷款本金500万元，利息100万元。利息支出功能分类列"自然资源海洋气象等支出——海洋管理事务——海洋环境保护与监测"预算科目，政府预算支出经济分类列"债务利息及费用支出——国内债务付息"预算科目。截至还本付息日，账面已经确认的应付利息为90万元。

偿还本金：

借：债务还本支出——地方政府一般债务还本支出		5 000 000
贷：其他财政存款——外债转贷专户——××银行		5 000 000

借：应付主权外债转贷款——应付本金		5 000 000
贷：待偿债净资产——应付主权外债转贷款		5 000 000

偿还利息：

借：一般公共预算本级支出|海洋环境保护与监测|国内债务付息|市海洋渔业局		1 000 000
贷：其他财政存款——外债转贷专户——××银行		1 000 000

借：应付主权外债转贷款——应付利息		900 000
贷：待偿债净资产——应付主权外债转贷款		900 000

（2）使用外债转贷财政专户资金代××区先行垫付偿还棚户区改造项目贷款本息380万元，其中，本金300万元，利息80万元。截至还本付息日，总会计账面

已经确认应付利息 75 万元。

借：其他应收款——垫付主权外债——××区　　　　　　　　　3 800 000

　　贷：其他财政存款——外债转贷专户——××银行　　　　　　3 800 000

借：应付主权外债转贷款——应付本金　　　　　　　　　　　　3 000 000

　　应付主权外债转贷款——应付利息　　　　　　　　　　　　750 000

　　贷：待偿债净资产——应付主权外债转贷款　　　　　　　　3 750 000

（3）由下级政府使用、本级政府还款的天然林防护项目，贷款到期因故未能偿还，被省级财政扣款 495 万元。其中，贷款本金 400 万元，利息 95 万元（账面已经确认利息 90 万元）。

借：其他应收款——省财政扣款　　　　　　　　　　　　　　　4 950 000

　　贷：与上级往来——一般公共预算与上级往来　　　　　　　4 950 000

借：应付主权外债转贷款——应付本金　　　　　　　　　　　　4 000 000

　　应付主权外债转贷款——应付利息　　　　　　　　　　　　900 000

　　贷：待偿债净资产——应付主权外债转贷款　　　　　　　　4 900 000

（4）经研究，省财政扣款的天然林防护项目贷款本息由本级财政列报支出进行处理，其中利息支出的支出功能分类列"节能环保支出——天然林保护——天然林保护工程建设"预算科目，政府预算支出经济分类列"债务利息及费用支出——国内债务付息"预算科目。

借：债务还本支出——地方政府一般债务还本支出　　　　　　　4 000 000

　　贷：其他应收款——省财政扣款　　　　　　　　　　　　　4 000 000

借：一般公共预算本级支出　　天然林保护工程建设　　国内债务付息　　市林业局　　　950 000

　　贷：其他应收款——省财政扣款　　　　　　　　　　　　　950 000

（8）上级政府财政豁免主权外债转贷款本息时，根据以下情况分别处理：

其一，豁免本级政府财政承担偿还责任的主权外债转贷款本息时，根据债务管理部门转来的相关资料，按照豁免转贷款的本金及已确认的应付利息金额，借记"应付主权外债转贷款"科目，贷记"待偿债净资产——应付主权外债转贷款"科目。

其二，豁免下级政府财政承担偿还责任的主权外债转贷款本息时，根据债务管理部门转来的相关资料，按照豁免转贷款的本金及已确认的应付利息金额，借记"应付主权外债转贷款"科目，贷记"待偿债净资产——应付主权外债转贷款"科目；同时，借记"资产基金——应收主权外债转贷款"科目，贷记"应收主权外债转贷款"科目。

应付主权外债转贷款主要经济业务会计核算情况如表 8-11 所示。

表 8-11　　　　　　　　应付主权外债转贷款主要经济业务会计核算情况表

经济业务		会计核算	
（1）收到上级财政转贷的主权外债资金		借：其他财政存款 　　贷：债务转贷收入	借：待偿债净资产——应付主权外债转 　　　　　　　　　　　贷款 　　贷：应付主权外债转贷款
（2）转贷资金由外方直接支付	本级使用、本级偿还	借：一般公共预算本级支出等 　　贷：债务转贷收入	借：待偿债净资产——应付主权外债转 　　　　　　　　　　　贷款 　　贷：应付主权外债转贷款
	下级使用、本级偿还	借：补助支出 　　贷：债务转贷收入	借：待偿债净资产——应付主权外债转 　　　　　　　　　　　贷款 　　贷：应付主权外债转贷款
	下级使用、下级偿还	借：债务转贷支出 　　贷：债务转贷收入	借：待偿债净资产——应付主权外债转 　　　　　　　　　　　贷款 　　贷：应付主权外债转贷款
		借：应收主权外债转贷款 　　贷：资产基金——应收主权外债转贷款	
（3）期末确认应付利息		借：待偿债净资产——应付主权外债转贷款 　　贷：应付主权外债转贷款	
（4）偿还本级承担的本金		借：债务还本支出 　　贷：其他财政存款等	借：应付主权外债转贷款 　　贷：待偿债净资产——应付主权外债 　　　　　　　　　　转贷款
（5）偿还本级承担的利息		借：一般公共预算本级支出等 　　贷：其他财政存款等	借：应付主权外债转贷款 　　贷：待偿债净资产——应付主权外债 　　　　　　　　　　转贷款
（6）偿还下级承担的本息		借：其他应付款/其他应收款 　　贷：其他财政存款等	借：应付主权外债转贷款 　　贷：待偿债净资产——应付主权外债 　　　　　　　　　　转贷款
（7）被上级扣缴本息		借：其他应收款 　　贷：与上级往来	借：应付主权外债转贷款 　　贷：待偿债净资产——应付主权外债 　　　　　　　　　　转贷款
		对本级承担的还本支出： 借：债务还本支出 　　贷：其他应收款	对本级承担的利息支出： 借：一般公共预算本级支出等 　　贷：其他应收款
（8）上级豁免本息	豁免本级承担的本息	借：应付主权外债转贷款 　　贷：待偿债净资产——应 　　　　　付主权外债转贷款	
	豁免下级承担的本息	借：应付主权外债转贷款 　　贷：待偿债净资产——应 　　　　　付主权外债转贷款	借：资产基金——应收主权外债转贷款 　　贷：应收主权外债转贷款

五、其他负债

其他负债是指政府财政因有关政策明确要求其承担支出责任的事项而形成的应付未付款项。

（一）会计科目设置

财政总预算应设置"其他负债"科目，用于核算政府财政因有关政策明确要求其承担支出责任的事项而形成的应付未付款项。"其他负债"科目期末贷方余额反映政府财政承担的尚未支付的其他负债余额。

"其他负债"科目应当按照债权单位和项目等进行明细核算。

（二）主要账务处理

（1）有关政策已明确政府财政承担的支出责任，按照确定应承担的负债金额，借记"待偿债净资产"科目，贷记"其他负债"科目。

（2）实际偿还负债时，借记有关支出等科目，贷记"国库存款"等科目；同时，按照相同的金额，借记"其他负债"科目，贷记"待偿债净资产"科目。

其他负债主要经济业务会计核算情况如表 8-12 所示。

表 8-12　　　　　其他负债主要经济业务会计核算情况表

经济业务	会计核算	
（1）有关政策已明确政府财政承担的支出责任	借：待偿债净资产 　　贷：其他负债	
（2）实际偿还其他负债	借：有关支出科目 　　贷：国库存款等	借：其他负债 　　贷：待偿债净资产

第九章　净资产的核算

第一节　结转结余

净资产是指政府财政资产减去负债的差额。总会计核算的净资产包括结转结余、预算稳定调节基金、预算周转金、资产基金和待偿债净资产。其中，结转结余包括一般公共预算结转结余、政府性基金预算结转结余、国有资本经营预算结转结余、财政专户管理资金结余、专用基金结余等。

一、一般公共预算结转结余

（一）会计科目设置

财政总预算应设置"一般公共预算结转结余"科目，用于核算政府财政纳入一般公共预算管理的收支相抵形成的结转结余。"一般公共预算结转结余"科目年终贷方余额反映一般公共预算收支相抵后的滚存结转结余。

（二）主要账务处理

（1）年终转账时，将一般公共预算的有关收入科目贷方余额转入"一般公共预算结转结余"科目的贷方，借记"一般公共预算本级收入""补助收入——一般公共预算补助收入""上解收入——一般公共预算上解收入""地区间援助收入""调入资金——一般公共预算调入资金""债务收入（一般债务收入）""债务转贷收入（地方政府一般债务转贷收入）""动用预算稳定调节基金"等科目，贷记"一般公共预算结转结余"科目；将一般公共预算的有关支出科目借方余额转入"一般公共预算结转结余"科目的借方，借记"一般公共预算结转结余"科目，贷记"一般公共预算本级支出""上解支出——一般公共预算上解支出""补助支出——一般公共预算补助支出""地区间援助支出""调出资金——一般公共预算调出资金""安排预算稳定调节基金""债务转贷支出（地方政府一般债务转贷支出）""债务还本支出（一般债务还本支出）"等科目。

（2）设置和补充预算周转金时，借记"一般公共预算结转结余"科目，贷记"预算周转金"科目。

结转结余
收支对应
关系

【例 9-1】 年终,某市财政总预算发生以下业务:

(1)年末,一般公共预算有关收入和支出科目余额情况详见表 9-1,对此进行年终转账。

表 9-1　　　　　　　　　一般公共预算收支科目余额情况表　　　　单位:万元

收入	余额	支出	余额
一般公共预算本级收入	5 500	一般公共预算本级支出	7 000
一般公共预算补助收入	1 200	一般公共预算上解支出	1 600
一般公共预算上解收入	2 100	一般公共预算补助支出	700
一般公共预算调入资金	300	一般公共预算调出资金	
地区间援助收入		地区间援助支出	100
动用预算稳定调节基金	800	安排预算稳定调节基金	1 300
一般债务收入		一般债务转贷支出	1 000
一般债务转贷收入	3 600	一般债券转贷支出	1 000
一般债券转贷收入	3 000	一般债务还本支出	600
外国政府借款转贷收入	600	一般债券还本支出	600
合　计	13 500	合　计	12 300

借:一般公共预算本级收入 　　　　　　　　　　　　　　　55 000 000

　　补助收入——一般公共预算补助收入 　　　　　　　　　　12 000 000

　　上解收入——一般公共预算上解收入 　　　　　　　　　　21 000 000

　　调入资金——一般公共预算调入资金 　　　　　　　　　　　3 000 000

　　动用预算稳定调节基金 　　　　　　　　　　　　　　　　　8 000 000

　　债务转贷收入——地方政府一般债务转贷收入 　　　　　　30 000 000

　　债务转贷收入——地方政府一般债务转贷收入 　　　　　　　6 000 000

　　贷:一般公共预算结转结余 　　　　　　　　　　　　　 135 000 000

借:一般公共预算结转结余 　　　　　　　　　　　　　　　123 000 000

　　贷:一般公共预算本级支出 　　　　　　　　　　　　　　70 000 000

　　　　上解支出——一般公共预算上解支出 　　　　　　　　16 000 000

　　　　补助支出——一般公共预算补助支出——××县 　　　 7 000 000

　　　　地区间援助支出——××地区 　　　　　　　　　　　　1 000 000

　　　　安排预算稳定调节基金 　　　　　　　　　　　　　　13 000 000

　　　　债务转贷支出——地方政府一般债务转贷支出——××县 10 000 000

　　　　债务还本支出——地方政府一般债券还本支出 　　　　　6 000 000

(2)补充预算周转金 500 万元。

借：一般公共预算结转结余　　　　　　　　　　　　　　　　　　5 000 000

　　贷：预算周转金　　　　　　　　　　　　　　　　　　　　　　　　5 000 000

一般公共预算结转结余主要经济业务会计核算情况如表9-2所示。

表9-2　　　　　　一般公共预算结转结余主要经济业务会计核算情况表

经济业务	会计核算	
（1）年终对一般公共预算收支进行转账	借：一般公共预算本级收入 　　补助收入——一般公共预算补助收入 　　上解收入——一般公共预算上解收入 　　地区间援助收入 　　调入资金——一般公共预算调入资金 　　债务收入——一般债务收入 　　债务转贷收入——地方政府一般债务转 　　　　　　　　　　贷收入 　　动用预算稳定调节基金 　　贷：一般公共预算结转结余	借：一般公共预算结转结余 　　贷：一般公共预算本级支出 　　　　上解支出——一般公共预算上解支出 　　　　补助支出——一般公共预算补助支出 　　　　地区间援助支出 　　　　调出资金——一般公共预算调出资金 　　　　安排预算稳定调节基金 　　　　债务转贷支出——地方政府一般债务转贷支出 　　　　债务还本支出——一般债务还本支出
（2）设置和补充预算周转金	借：一般公共预算结转结余 　　贷：预算周转金	

二、政府性基金预算结转结余

（一）会计科目设置

财政总预算应设置"政府性基金预算结转结余"科目，用于核算政府财政纳入政府性基金预算管理的收支相抵形成的结转结余。"政府性基金预算结转结余"科目年终贷方余额反映政府性基金预算收支相抵后的滚存结转结余。

"政府性基金预算结转结余"科目应当根据管理需要，按照政府性基金的种类进行明细核算。

（二）主要账务处理

（1）结转政府性基金预算收入科目。将政府性基金预算的有关收入科目贷方余额按照政府性基金种类分别转入本科目下相应明细科目的贷方，借记"政府性基金预算本级收入""补助收入——政府性基金预算补助收入""上解收入——政府性基金预算上解收入""调入资金——政府性基金预算调入资金""债务收入——专项债务收入""债务转贷收入——地方政府专项债务转贷收入"等科目，贷记"政府性基金预算结转结余"科目。

（2）结转政府性基金预算支出科目。将政府性基金预算的有关支出科目借方余额按照政府性基金种类分别转入本科目下相应明细科目的借方,借记"政府性基金预算结转结余"科目,贷记"政府性基金预算本级支出""上解支出——政府性基金预算上解支出""补助支出——政府性基金预算补助支出""调出资金——政府性基金预算调出资金""债务还本支出——专项债务还本支出""债务转贷支出——地方政府专项债务转贷支出"等科目。

【例9-2】 年终,某市财政总预算政府性基金预算有关收入和支出科目余额情况详见表9-3,总预算会计进行年终转账。

表9-3 　　　　　　　　　　政府性基金预算收支科目余额情况表 　　　　　　　单位:万元

收入	余额	支出	余额
政府性基金预算本级收入	1 300	政府性基金预算本级支出	2 100
政府性基金预算补助收入	1 000	政府性基金预算上解支出	500
政府性基金预算上解收入	200	政府性基金预算补助支出	700
政府性基金预算调入资金		政府性基金预算调出资金	300
专项债务收入		专项债务转贷支出	1 200
专项债务转贷收入	2 000	专项债务还本支出	400
合　计	4 500	合　计	5 200

（1）结转政府性基金预算收入:

借:政府性基金预算本级收入　　　　　　　　　　　　　　　　　13 000 000
　　补助收入——政府性基金预算补助收入　　　　　　　　　　　10 000 000
　　上解收入——政府性基金预算上解收入　　　　　　　　　　　 2 000 000
　　债务转贷收入——地方政府专项债务转贷收入　　　　　　　　20 000 000
　　贷:政府性基金预算结转结余——××基金项目　　　　　　　45 000 000

（2）结转政府性基金预算支出:

借:政府性基金预算结转结余——××基金项目　　　　　　　　　52 000 000
　　贷:政府性基金预算本级支出　　　　　　　　　　　　　　　21 000 000
　　　　上解支出——政府性基金预算上解支出　　　　　　　　　 5 000 000
　　　　补助支出——政府性基金预算补助支出　　　　　　　　　 7 000 000
　　　　调出资金——政府性基金预算调出资金　　　　　　　　　 3 000 000
　　　　债务还本支出——地方政府专项债务还本支出　　　　　　 4 000 000
　　　　债务转贷支出——地方政府专项债务转贷支出　　　　　　12 000 000

政府性基金预算结转结余主要经济业务会计核算情况如表9-4所示。

表9-4　　　政府性基金预算结转结余主要经济业务会计核算情况表

经济业务	会计核算	
年终对政府性基金预算收支进行转账	借：政府性基金预算本级收入 　　补助收入——政府性基金预算补助收入 　　上解收入——政府性基金预算上解收入 　　调入资金——政府性基金预算调入资金 　　债务收入——地方政府专项债务收入 　　债务转贷收入——地方政府专项债务转贷收入 　贷：政府性基金预算结转结余	借：政府性基金预算结转结余 　贷：政府性基金预算本级支出 　　上解支出——政府性基金预算上解支出 　　补助支出——政府性基金预算补助支出 　　调出资金——政府性基金预算调出资金 　　债务还本支出——地方政府专项债务还本支出 　　债务转贷支出——地方政府专项债务转贷支出

三、国有资本经营预算结转结余

（一）会计科目设置

财政总预算应设置"国有资本经营预算结转结余"科目，用于核算政府财政纳入国有资本经营预算管理的收支相抵形成的结转结余。"国有资本经营预算结转结余"科目年终贷方余额反映国有资本经营预算收支相抵后的滚存结转结余。

（二）主要账务处理

（1）结转国有资本经营预算收入科目。将国有资本经营预算的有关收入科目贷方余额转入"国有资本经营预算结转结余"科目贷方，借记"国有资本经营预算本级收入"等科目，贷记"国有资本经营预算结转结余"科目。

（2）结转国有资本经营预算支出科目。将国有资本经营预算的有关支出科目借方余额转入"国有资本经营预算结转结余"科目借方，借记"国有资本经营预算结转结余"科目，贷记"国有资本经营预算本级支出""调出资金——国有资本经营预算调出资金"等科目。

【例9-3】　年终，某市财政总预算国有资本经营预算有关收入和支出科目余额情况详见表9-5，总预算会计进行年终转账。

表9-5　　　　　　国有资本经营预算收支科目余额情况表　　　　　　单位：万元

收入	余额	支出	余额
国有资本经营预算本级收入	2 100	国有资本经营预算本级支出	1 700
国有资本经营预算补助收入	150	国有资本经营预算调出资金	450
		国有资本经营预算补助支出	100
合　　计	2 250	合　　计	2 250

（1）结转国有资本经营预算收入：

借：国有资本经营预算本级收入　　　　　　　　　　　　　21 000 000

　　补助收入——国有资本经营预算补助收入　　　　　　　　1 500 000

　　贷：国有资本经营预算结转结余　　　　　　　　　　　　22 500 000

（2）结转国有资本经营预算支出：

借：国有资本经营预算结转结余　　　　　　　　　　　　　22 500 000

　　贷：国有资本经营预算本级支出　　　　　　　　　　　　17 000 000

　　　　调出资金——国有资本经营预算调出资金　　　　　　4 500 000

　　　　补助支出——国有资本经营预算补助支出　　　　　　1 000 000

国有资本经营预算结转结余主要经济业务会计核算情况如表9-6所示。

表9-6　　　　　国有资本经营预算结转结余主要经济业务会计核算情况表

经济业务	会计核算	
年终对国有资本经营预算收支进行转账	借：国有资本经营预算本级收入 　贷：国有资本经营预算结转结余	借：国有资本经营预算结转结余 　贷：国有资本经营预算本级支出 　　　调出资金——国有资本经营预算调出资金

四、财政专户管理资金结余

（一）会计科目设置

财政总预算应设置"财政专户管理资金结余"科目，用于核算政府财政纳入财政专户管理的教育收费等资金收支相抵后形成的结余。"财政专户管理资金结余"科目年终贷方余额反映政府财政纳入财政专户管理的资金收支相抵后的滚存结余。

"财政专户管理资金结余"科目应当根据管理需要，按照部门（单位）等进行明细核算。

（二）主要账务处理

年终转账时，财政总预算会计应做如下账务处理：将财政专户管理资金的有关收入科目贷方余额转入"财政专户管理资金结余"科目贷方，借记"财政专户管理资金收入"等科目，贷记"财政专户管理资金结余"科目；将财政专户管理资金的有关支出科目借方余额转入"财政专户管理资金结余"科目借方，借记"财政专户管理资金结余"科目，贷记"财政专户管理资金支出"等科目。

【例9-4】　年末，某县财政总预算"财政专户管理资金收入"科目贷方余额1 700万元，"财政专户管理资金支出"科目借方余额1 500万元，总预算会计进行年终转账。

借：财政专户管理资金收入　　　　　　　　　　　　　　　17 000 000

　　贷：财政专户管理资金结余——××单位　　　　　　　　17 000 000

借：财政专户管理资金结余——××单位 15 000 000

　　贷：财政专户管理资金支出 15 000 000

财政专户管理资金结余主要经济业务会计核算情况如表9-7所示。

表9-7　　　　　　财政专户管理资金结余主要经济业务会计核算情况表

经济业务	会计核算	
年终对财政专户管理资金收支进行转账	借：财政专户管理资金收入 　　贷：财政专户管理资金结余	借：财政专户管理资金结余 　　贷：财政专户管理资金支出

五、专用基金结余

（一）会计科目设置

财政总预算应设置"专用基金结余"科目，用于核算政府财政管理的专用基金收支相抵后形成的结余。"专用基金结余"科目年终贷方余额反映政府财政管理的专用基金收支相抵后的滚存结余。

"专用基金结余"科目应当根据专用基金的种类进行明细核算。

（二）主要账务处理

年终转账时，财政总预算应将专用基金的有关收入科目贷方余额转入"专用基金结余"科目贷方，借记"专用基金收入"等科目，贷记"专用基金结余"科目；将专用基金的有关支出科目借方余额转入"专用基金结余"科目借方，借记"专用基金结余"科目，贷记"专用基金支出"等科目。

【例9-5】　年末，某县财政总预算"专用基金收入——粮食风险基金"科目贷方余额900万元，"专用基金支出——粮食风险基金"科目借方余额500万元，总预算会计进行年终转账。

借：专用基金收入——粮食风险基金 9 000 000

　　贷：专用基金结余——粮食风险基金 9 000 000

借：专用基金结余——粮食风险基金 5 000 000

　　贷：专用基金支出——粮食风险基金——××粮食企业 5 000 000

专用基金结余主要经济业务会计核算情况如表9-8所示。

表9-8　　　　　　专用基金结余主要经济业务会计核算情况表

经济业务	会计核算	
年终对专用基金收支进行转账	借：专用基金收入 　　贷：专用基金结余	借：专用基金结余 　　贷：专用基金支出

第二节 基金和待偿债净资产

一、预算稳定调节基金

预算稳定调节基金是指为实现宏观调控目标,保持年度间政府预算的衔接和稳定,各级一般公共预算设置的储备性资金。预算稳定调节基金仅在一般公共预算设置,各级政府性基金预算、国有资本经营预算和社会保险基金预算不得设置预算稳定调节基金。预算稳定调节基金在编制年度预算调入使用后的规模一般不超过当年本级一般公共预算支出总额(含对下级转移支付)的5%。

(一)会计科目设置

财政总预算应设置"预算稳定调节基金"科目,用于核算政府财政设置的用于弥补以后年度预算资金不足的储备资金。"预算稳定调节基金"科目期末贷方余额反映预算稳定调节基金的规模。

(二)主要账务处理

(1)使用超收收入或一般公共预算结余补充预算稳定调节基金时,借记"安排预算稳定调节基金"科目,贷记"预算稳定调节基金"科目。

(2)将预算周转金调入预算稳定调节基金时,借记"预算周转金"科目,贷记"预算稳定调节基金"科目。

(3)调用预算稳定调节基金时,借记"预算稳定调节基金"科目,贷记"动用预算稳定调节基金"科目。

【例9-6】 某县财政总预算发生以下业务:

(1)年末,将本级一般公共预算结余资金3 200万元全部补充预算稳定调节基金。

借:安排预算稳定调节基金　　　　　　　　　　　　　　　32 000 000
　贷:预算稳定调节基金　　　　　　　　　　　　　　　　　32 000 000

(2)年末,将预算周转金500万元调入预算稳定调节基金。

借:预算周转金　　　　　　　　　　　　　　　　　　　　5 000 000
　贷:预算稳定调节基金　　　　　　　　　　　　　　　　　5 000 000

(3)次年年初,从预算稳定调节基金中动用3 000万元,调入一般公共预算统筹使用。

借:预算稳定调节基金　　　　　　　　　　　　　　　　　30 000 000
　贷:动用预算稳定调节基金　　　　　　　　　　　　　　　30 000 000

预算稳定调节基金主要经济业务会计核算情况如表 9-9 所示。

表 9-9　　　　　　　预算稳定调节基金主要经济业务会计核算情况表

经济业务	会计核算
(1) 使用超收收入或一般公共预算结余补充预算稳定调节基金	借：安排预算稳定调节基金 　　贷：预算稳定调节基金
(2) 将预算周转金调入预算稳定调节基金	借：预算周转金 　　贷：预算稳定调节基金
(3) 调用预算稳定调节基金	借：预算稳定调节基金 　　贷：动用预算稳定调节基金

二、预算周转金

(一) 会计科目设置

财政总预算应设置"预算周转金"科目，用于核算政府财政设置的用于调剂预算年度内季节性收支差额周转使用的资金。"预算周转金"科目期末贷方余额反映预算周转金的规模。

(二) 主要账务处理

(1) 设置和补充预算周转金时，借记"一般公共预算结转结余"科目，贷记"预算周转金"科目。

(2) 将预算周转金调入预算稳定调节基金时，借记"预算周转金"科目，贷记"预算稳定调节基金"科目。

【例 9-7】　某县财政总预算发生以下业务：

(1) 年末，从本级一般公共预算结余资金中安排 1 200 万元用于补充预算周转金。

借：一般公共预算结转结余　　　　　　　　　　　　　　　　　　12 000 000

　贷：预算周转金　　　　　　　　　　　　　　　　　　　　　　　　12 000 000

(2) 预算执行过程中，预算资金紧张状况有效缓解，将 1 200 万元预算周转金调入预算稳定调节基金。

借：预算周转金　　　　　　　　　　　　　　　　　　　　　　　　12 000 000

　贷：预算稳定调节基金　　　　　　　　　　　　　　　　　　　　　12 000 000

预算周转金主要经济业务会计核算情况如表 9-10 所示。

表9-10   预算周转金主要经济业务会计核算情况表

经济业务	会计核算
（1）设置和补充预算周转金	借：一般公共预算结转结余 　　贷：预算周转金
（2）将预算周转金调入预算稳定调节基金	借：预算周转金 　　贷：预算稳定调节基金

三、资产基金

（一）会计科目设置

财政总预算应设置"资产基金"科目，用于核算政府财政持有的应收地方政府债券转贷款、应收主权外债转贷款、股权投资和应收股利等资产（与其相关的资金收支纳入预算管理）在净资产中占用的金额。"资产基金"科目期末贷方余额反映政府财政持有应收地方政府债券转贷款、应收主权外债转贷款、股权投资和应收股利等资产（与其相关的资金收支纳入预算管理）在净资产中占用的金额。

"资产基金"科目下应当设置"应收地方政府债券转贷款""应收主权外债转贷款""股权投资""应收股利"等明细科目，进行明细核算。

（二）主要账务处理

资产基金的账务处理及案例解析参见本书第七章第二节、第三节"应收地方政府债券转贷款""应收主权外债转贷款""股权投资"和"应收股利"等科目的相关介绍。

四、待偿债净资产

（一）会计科目设置

财政总预算应设置"待偿债净资产"总账科目，用于核算政府财政因发生应付政府债券、借入款项、应付地方政府债券转贷款、应付主权外债转贷款、其他负债等负债（与其相关的资金收支纳入预算管理）相应需在净资产中冲减的金额。"待偿债净资产"期末借方余额，反映政府财政承担应付政府债券、借入款项、应付地方政府债券转贷款、应付主权外债转贷款和其他负债等负债（与其相关的资金收支纳入预算管理）而相应需冲减净资产的金额。

"待偿债净资产"科目下应当设置"应付短期政府债券""应付长期政府债券""借入款项""应付地方政府债券转贷款""应付主权外债转贷款""其他负债"等明细科目，进行明细核算。

（二）主要账务处理

待偿债净资产的账务处理及案例解析参见本书第八章"应付短期政府债券""应付长期政府债券""借入款项""应付地方政府债券转贷款""应付主权外债转贷款"和"其他负债"等科目的相关介绍。

第十章 财政总会计结账与报表

第一节 会计结账和结算

财政总会计应当按月进行会计结账，年终及时进行清理结算。具体结账方法，按照《会计基础工作规范》办理。

一、年终清理结算

政府财政部门应当及时进行年终清理结算。年终清理结算的主要事项如下。

(一) 核对年度预算

预算是预算执行和办理会计结算的依据。年终前，总会计应配合预算管理部门将本级政府财政全年预算指标与上、下级政府财政总预算和本级各部门预算进行核对，及时办理预算调整和转移支付事项。本年预算调整和对下转移支付一般截止到 11 月月底；各项预算拨款，一般截止到 12 月 25 日。

(二) 清理本年预算收支

认真清理本年预算收入，督促征收部门和国家金库年终前如数缴库。应在本年预算支领列报的款项，非特殊原因，应在年终前办理完毕。清理财政专户管理资金和专用基金收支。凡属应列入本年的收入，应及时催收，并缴入国库或指定财政专户。

(三) 核对本年预算收入

组织征收部门和国家金库对当年组织的收入，进行年度对账。

(四) 清理核对当年拨款支出

总会计对本级各单位的拨款支出应与单位的拨款收入核对无误。属于应收回的拨款，应及时收回，并按收回数相应冲减预算支出。属于预拨下年度的经费，不得列入当年预算支出。

(五) 核实股权、债权和债务

财政部门内部相关资产、债务管理部门应于 12 月 20 日前向总会计提供与股权、债权、债务等核算和反映相关的资料。总会计对股权投资、借出款项、应收股利、应收地方政府债券转贷款、应收主权外债转贷款、借入款项、应付短期政府债券、应付长期政府债券、应付地方政府债券转贷款、应付主权外债转贷款、其他负债等余额应与相关管理部门进行核对,记录不一致的要及时查明原因,按规定调整账务,做到账实相符,账账相符。

(六) 清理往来款项

政府财政要认真清理其他应收款、其他应付款等各种往来款项,在年度终了前予以收回或归还。应转作收入或支出的各项款项,要及时转入本年有关收支账。

(七) 进行年终财政结算

财政预算管理部门要在年终清理的基础上,于次年元月月底前结清上、下级政府财政的转移支付收支和往来款项。总会计要按照财政管理体制的规定,根据预算结算单,与年度预算执行过程中已补助和已上解数额进行比较,结合往来款和借垫款情况,计算出全年最后应补或应退数额,填制"年终财政决算结算单",经核对无误后,作为年终财政结算凭证,据以入账。

(八) 做好清理期会计核算

总会计对年终决算清理期内发生的会计事项,应当划清会计年度。属于清理上年度的会计事项,记入上年度会计账;属于新年度的会计事项,记入新年度会计账,防止错记漏记。

二、年终结账

经过年终清理和结算,把各项结算收支入账后,即可办理年终结账。

(一) 年终转账

计算出各科目12月的合计数和全年累计数,结出12月的月末余额,编制结账前的"资产负债表",再根据收支余额填制记账凭证,将收支分别转入相关的结转结余科目进行冲销。

(二) 结清旧账

将各个收入和支出科目的借方、贷方结出全年总计数。对年终有余额的科目,在"摘要"栏内注明"结转下年"字样,表示转入新账。

(三) 记入新账

根据年终转账后的总账和明细账余额编制年终"资产负债表"和有关明细表(不需填制记账凭证),将表列各科目余额直接记入新年度有关总账和明细账年初余额栏内。

决算经本级人民代表大会常务委员会(或人民代表大会)审查批准后,如需更正原报决算草案收入、支出时,则要相应调整有关账目,重新办理结账事项。

第二节 会计报表编制

一、总会计报表概述

总会计报表是反映政府财政预算执行结果和财务状况的书面文件。总会计报表包括资产负债表、收入支出表、一般公共预算执行情况表、政府性基金预算执行情况表、国有资本经营预算执行情况表、财政专户管理资金收支情况表、专用基金收支情况表等会计报表和附注。

总会计应当按照下列规定编制会计报表。

（一）按时编制

一般公共预算执行情况表、政府性基金预算执行情况表、国有资本经营预算执行情况表应当按旬、月度和年度编制，财政专户管理资金收支情况表和专用基金收支情况表应当按月度和年度编制，收入支出表按月度和年度编制，资产负债表和附注应当至少按年度编制。

（二）真实完整

总会计应当根据本制度编制并提供真实、完整的会计报表，切实做到账表一致，不得估列代编，弄虚作假。

（三）方法统一

总会计要严格按照统一规定的种类、格式、内容、计算方法和编制口径填制会计报表，以保证全国统一汇总和分析。

二、资产负债表

（一）资产负债表的内容和结构

资产负债表是反映政府财政在某一特定日期财务状况的报表。资产负债表应当按照资产、负债和净资产分类、分项列示。资产负债表格式如表 10-1 所示。

表 10-1　　　　　　　　　资 产 负 债 表　　　　　会财政 01 表

编制单位：　　　　　　　　____年____月____日　　　　　单位：元

资　　产	年初余额	期末余额	负债和净资产	年初余额	期末余额
流动资产：			流动负债：		
国库存款			应付短期政府债券		
国库现金管理存款			应付利息		

（续表）

资　　产	年初余额	期末余额	负债和净资产	年初余额	期末余额
其他财政存款			应付国库集中支付结余		
有价证券			与上级往来		
在途款			其他应付款		
预拨经费			应付代管资金		
借出款项			一年内到期的非流动负债		
应收股利			流动负债合计		
应收利息			非流动负债：		
与下级往来			应付长期政府债券		
其他应收款			借入款项		
流动资产合计			应付地方政府债券转贷款		
非流动资产：			应付主权外债转贷款		
应收地方政府债券转贷款			其他负债		
应收主权外债转贷款			非流动负债合计		
股权投资			负债合计		
待发国债			一般公共预算结转结余		
非流动资产合计			政府性基金预算结转结余		
			国有资本经营预算结转结余		
			财政专户管理资金结余		
			专用基金结余		
			预算稳定调节基金		
			预算周转金		
			资产基金		
			减：待偿债净资产		
			净资产合计		
资产总计			负债和净资产总计		

（二）资产负债表的编制方法

1. 年初余额的填列

资产负债表"年初余额"栏内各项数字，应当根据上年年末资产负债表"期末余额"栏内数字填列。如果本年度资产负债表规定的各个项目的名称和内容同上年度不相一致，应对上年年末资产负债表各项目的名称和数字按照本年度的规定进行调整,填入本表"年初余额"栏内。

2. 期末余额的填列

"期末余额"应当根据截至报告月份的各项目的总账科目期末余额填列。限于篇幅,不再逐个科目进行解释,只就部分需要计算或分析填列的项目进行说明。

(1)"应收利息"项目:根据"应收地方政府债券转贷款"科目和"应收主权外债转贷款"科目下"应收利息"明细科目的期末余额合计数填列。

(2)"应收地方政府债券转贷款"项目:根据"应收地方政府债券转贷款"科目下"应收本金"明细科目的期末余额填列。

(3)"应收主权外债转贷款"项目:根据"应收主权外债转贷款"科目下的"应收本金"明细科目的期末余额填列。

(4)"应付短期政府债券"项目:根据"应付短期政府债券"科目下的"应付本金"明细科目的期末余额填列。

(5)"应付利息"项目:根据"应付短期政府债券""借入款项""应付地方政府债券转贷款""应付主权外债转贷款"科目下的"应付利息"明细科目期末余额,以及属于分期付息到期还本的"应付长期政府债券"的"应付利息"明细科目期末余额计算填列。

(6)"一年内到期的非流动负债"项目:根据"应付长期政府债券""借入款项""应付地方政府债券转贷款""应付主权外债转贷款""其他负债"等科目的期末余额及债务管理部门提供的资料分析填列。

(7)"应付长期政府债券"项目:根据"应付长期政府债券"科目的期末余额分析填列。

(8)"应付地方政府债券转贷款"项目:根据"应付地方政府债券转贷款"科目下"应付本金"明细科目的期末余额分析填列。

(9)"应付主权外债转贷款"项目:根据"应付主权外债转贷款"科目下"应付本金"明细科目的期末余额分析填列。

(10)"借入款项"项目:根据"借入款项"科目下"应付本金"明细科目的期末余额分析填列。

(11)"其他负债"项目:根据"其他负债"科目的期末余额分析填列。

三、收入支出表

(一) 收入支出表的内容和结构

收入支出表是反映政府财政在某一会计期间各类财政资金收入、支出、结转结余情况的报表。收入支出表根据资金性质按照收入、支出、结转结余的构成分类、分项列示。收入支出表格式如表10-2所示。

表 10-2 收入支出表 会财政 02 表

编制单位：_____年_____月 单位：元

项 目	一般公共预算		政府性基金预算		国有资本经营预算		财政专户管理资金		专用基金	
	本月数	本年累计数	本月数	本年累计数	本月数	本年累计数	本月数	本年累计数	本月数	本年累计数
年初结转结余										
收入合计										
本级收入										
其中：来自预算安排的收入	—	—								
补助收入							—	—	—	—
上解收入							—	—	—	—
地区间援助收入			—	—			—	—	—	—
债务收入							—	—	—	—
债务转贷收入							—	—	—	—
动用预算稳定调节基金			—	—			—	—	—	—
调入资金							—	—	—	—
支出合计										
本级支出										
其中：权责发生制列支										
预算安排专用基金的支出			—	—	—	—	—	—	—	—
补助支出							—	—	—	—
上解支出							—	—	—	—
地区间援助支出			—	—			—	—	—	—
债务还本支出							—	—	—	—
债务转贷支出							—	—	—	—
安排预算稳定调节基金			—	—			—	—	—	—
调出资金									—	—
结余转出			—	—	—	—				
其中：增设预算周转金			—	—	—	—				
年末结转结余										

注：表中有"—"的部分不必填列。

（二）收入支出表的编制方法

1. 栏次填报

收入支出表"本月数"栏反映各项目的本月实际发生数。在编制年度收入支出表时,应将本栏改为"上年数"栏,反映上年度各项目的实际发生数;如果本年度收入支出表规定的各个项目的名称和内容同上年度不一致,应对上年度收入支出表各项目的名称和数字按照本年度的规定进行调整,填入本年度收入支出表的"上年数"栏。

收入支出表"本年累计数"栏反映各项目自年初起至报告期末止的累计实际发生数。编制年度收入支出表时,应当将本栏改为"本年数"。

2. 项目填报

收入支出表主要根据总会计各项收入、支出总账科目及其明细科目的本期发生额和累计发生额,以及结转结余总账科目的年初余额和年末余额进行正常填报。

四、一般公共预算执行情况表

（一）一般公共预算执行情况表的内容和结构

一般公共预算执行情况表是反映政府财政在某一会计期间一般公共预算收支执行结果的报表,按照《政府收支分类科目》中一般公共预算收支科目列示。一般公共预算执行情况表格式如表 10-3 所示。

表 10-3　　　　　　　　　一般公共预算执行情况表　　　　　　　会财政 03-1 表

编制单位：　　　　　　　____年____月____旬　　　　　　　单位：元

项　　目	本月（旬）数	本年（月）累计数
一般公共预算本级收入		
101 税收收入		
10101 增值税		
1010101 国内增值税		
……		
一般公共预算本级支出		
201 一般公共服务支出		
20101 人大事务		
2010101 行政运行		
……		

（二）一般公共预算执行情况表的编制方法

本表项目及所属各明细项目，应当根据"一般公共预算本级收入""一般公共预算本级支出"科目及所属各明细科目的本期发生额填列。

五、政府性基金预算执行情况表

（一）政府性基金预算执行情况表的内容和结构

政府性基金预算执行情况表是反映政府财政在某一会计期间政府性基金预算收支执行结果的报表，按照《政府收支分类科目》中政府性基金预算收支科目列示。政府性基金预算执行情况表格式如表 10-4 所示。

表 10-4　　　　　　　政府性基金预算执行情况表　　　　　会财政 03-2 表

编制单位：　　　　　　　　　　___年___月___旬　　　　　　　　单位：元

项　目	本月（旬）数	本年（月）累计数
政府性基金预算本级收入		
10301 政府性基金收入		
1030102 农网还贷资金收入		
103010201 中央农网还贷资金收入		
……		
政府性基金预算本级支出		
206 科学技术支出		
20610 核电站乏燃料处理处置基金支出		
2061001 乏燃料运输		
……		

（二）政府性基金预算执行情况表的编制方法

本表项目及所属各明细项目，应当根据"政府性基金预算本级收入""政府性基金预算本级支出"科目及所属各明细科目的本期发生额填列。

六、国有资本经营预算执行情况表

（一）国有资本经营预算执行情况表的内容和结构

国有资本经营预算执行情况表是反映政府财政在某一会计期间国有资本经营预算收支执行结果的报表，按照《政府收支分类科目》中国有资本经营预算收支科目列示。国有资本经营预算执行情况表格式如表 10-5 所示。

表 10-5 　　　　　　　国有资本经营预算执行情况表　　　　　　会财政 03-3 表

编制单位：　　　　　　　　　　___年___月___旬　　　　　　　　单位：元

项　目	本月（旬）数	本年（月）累计数
国有资本经营预算本级收入		
10306 国有资本经营收入		
1030601 利润收入		
103060103 烟草企业利润收入		
……		
国有资本经营预算本级支出		
208 社会保障和就业支出		
20804 补充全国社会保障基金		
2080451 国有资本经营预算补充社保基金支出		
……		

（二）国有资本经营预算执行情况表的编制方法

本表项目及所属各明细项目，应当根据"国有资本经营预算本级收入""国有资本经营预算本级支出"科目及所属各明细科目的本期发生额填列。

七、财政专户管理资金收支情况表

（一）财政专户管理资金收支情况表的内容和结构

财政专户管理资金收支情况表是反映政府财政在某一会计期间纳入财政专户管理的财政专户管理资金全部收支情况的报表，按照相关政府收支分类科目列示。财政专户管理资金收支情况表格式如表 10-6 所示。

表 10-6 　　　　　　　财政专户管理资金收支情况表　　　　　　会财政 04 表

编制单位：　　　　　　　　　　　　___年___月　　　　　　　　　单位：元

项　目	本月数	本年累计数
财政专户管理资金收入		
财政专户管理资金支出		

（二）财政专户管理资金收支情况表的编制方法

本表项目及所属各明细项目，应当根据"财政专户管理资金收入""财政专户管理资金支出"科目及所属各明细科目的本期发生额填列。

八、专用基金收支情况表

（一）专用基金收支情况表的内容和结构

专用基金收支情况表是反映政府财政在某一会计期间专用基金全部收支情况的报表，按照不同类型的专用基金分别列示。专用基金收支情况表格式如表10-7所示。

表 10-7　　　　　　　　　　专用基金收支情况表　　　　　　　会财政 05 表

编制单位：　　　　　　　　　　　___年___月　　　　　　　　　　单位：元

项　目	本月数	本年累计数
专用基金收入		
粮食风险基金		
……		
专用基金支出		
粮食风险基金		
……		

（二）专用基金收支情况表的编制方法

本表项目及所属各明细项目，应当根据"专用基金收入""专用基金支出"科目及所属各明细科目的本期发生额填列。

第 三 篇

政府单位会计

第十一章　政府单位会计概述

第一节　政府单位的概念与范围

一、政府单位

单位会计的提法可以追溯到新中国成立之初。1950 年当时的财政部颁发了《各级人民政府暂行单位预算会计制度》,专门对政府各单位的会计核算和会计管理事项进行了明确。此后随着国家对行政和事业单位实施不同的管理体制和管理要求,越来越多地开始使用"行政事业单位"这一概念。2017 年颁布并从 2019 年 1 月 1 日起执行的《政府会计制度——行政事业单位会计科目和报表》,将行政单位、事业单位以及行业事业单位会计制度整合为一套统一的会计制度,并在"总说明"中将各级各类行政单位和事业单位统称为"单位"。据此,业界和学界逐步开始使用"政府单位"的概念,政府会计分为政府财政会计和政府单位会计。

政府单位会计与政府会计在概念上具有相关性,在内涵上呈现总括与细分的关系,因此,"政府单位"概念的提出,既与原有的行政事业单位会计制度做了区分与切割,也体现出政府会计概念与体系的统一。也就是说,本书所讲的政府单位,是政府会计制度改革的一个衍生概念,是行政单位和事业单位的统称。

在本书的阐述分析中,既会提到政府单位、单位,也会提到行政单位、事业单位、行政事业单位,除了行政单位、事业单位是专指行政单位、事业单位外,政府单位、单位、行政事业单位的概念指向都是一致的,都是指通行意义上的行政事业单位。

二、行政单位

狭义来看,行政单位是指行使国家权力、管理国家事务的各级国家机关。政党组织的各级常设工作机构,虽然不属于国家机关,但其业务活动的特点和财务活动的特点与国家机关类似,通常作为行政单位管理。同时,鉴于政协组织的实际情况,政协各级常设工作机构也作为行政单位管理。

2006年中央组织部和人事部联合下发通知,对工会、共青团、妇联等使用行政编制或由中央机构编制部门直接管理机构编制的人民团体和群众团体机关,参照公务员法管理。按照这一规定,在实际执行过程中,通常将工会、共青团、妇联、文联、科协、贸促会、残联等人民团体和群众团体机关也列入行政单位范畴。

因此,本书所说的行政单位,更多的是从财政预算管理的角度加以界定,只要是依法设立,工作人员一般列为国家行政编制,活动经费由国家财政全额供给的单位,均为行政单位,均应执行行政单位财务会计制度。按照这一解释,行政单位具体包括:各级党的机关、人大机关、行政机关、政协机关、审判机关、检察机关、各民主党派和工商联机关,以及参照公务员法管理的人民团体和群众团体机关。

三、事业单位

事业单位是指国家为了社会公益目的,由国家机关举办或者其他组织利用国有资产举办的,从事教育、科技、文化、卫生等活动的社会服务组织。我国事业单位走上历史舞台可归因于编制制度——实际上直到现在,事业单位的主要特征仍是国家事业编制。国家第一次对事业单位进行正式定义可以追溯到20世纪60年代。1965年,国家编制委员会在《关于划分国家机关、事业、企业编制界限的意见(草案)》中,明确提出"凡是直接从事为工农业生产和人民生活等服务活动,产生的价值不能用货币表现,属于全民所有制单位的编制,列为国家事业单位编制"。与行政单位相比,事业单位主要具有以下特点:

一是内涵不同。行政单位总体上属于国家机关,而事业单位则是在国家机关领导下的社会服务组织。

二是职责不同。行政单位是负责对国家各项行政事务进行组织、管理和指挥;而事业单位是为了社会的公益目的从事教育、文化、卫生、科技等活动。

三是编制不同。行政单位使用行政编制,而事业单位使用事业编制。

四是经费来源不同。行政单位的经费由国家财政全额负担;而事业单位则根据单位性质划分为不同的补助方式,有全额拨款的,有差额拨款的,还有自收自支的。

五是薪酬结构不同。行政单位公务员工资包括基本工资、津贴、补贴和奖金。其中,基本工资包括职务工资和级别工资;津贴包括地区津贴和岗位津贴,其中地区津贴又包括地区附加津贴和艰苦边远地区津贴;补贴主要是指公务员按照国家规定享受住房、医疗等补贴、补助;奖金是指公务员在定期考核中被确定为优秀、称职的,按照国家规定享受的年终奖金。事业单位实行绩效工资,工作人员工资包括岗位工资、薪级工资、绩效工资和津贴补贴。其中,绩效工资分为基础性绩效工资和奖励性绩效工资;津贴补贴分为艰苦边远地区津贴、特殊岗位津贴补贴等。

2011年3月,中共中央、国务院发布了《中共中央 国务院关于分类推进事业单位改革的指导意见》，按照社会功能将事业单位划分为承担行政职能、从事生产经营活动和从事公益服务三个类别。对承担行政职能的，要逐步将其行政职能划归行政机构或转为行政机构；对从事生产经营活动的，要逐步将其转为企业；对从事公益服务的，继续将其保留在事业单位序列，强化其公益属性。根据职责任务、服务对象和资源配置方式等情况，将从事公益服务的事业单位又细分为公益一类和公益二类两类，承担义务教育、基础性科研、公共文化、公共卫生及基层的基本医疗服务等基本公益服务，不能或不宜由市场配置资源的，划入公益一类；承担高等教育、非营利医疗等公益服务，可部分由市场配置资源的，划入公益二类。

本书所指的事业单位，并不包括全部的事业单位，以下两种性质的事业单位具有一定的特殊性，因此未包括在本书的事业单位范畴。一是纳入企业财务管理体系执行企业会计准则或小企业会计准则的事业单位。纳入企业财务管理体系的事业单位，虽然在核定其单位性质时确定为事业单位，但它们的业务活动以生产经营为主，资金运动方式与企业相似，因此，应执行企业的财务制度、会计准则和会计制度。二是经主管部门和财政部门批准的具备条件的其他事业单位。《事业单位财务规则》规定，其他事业单位经主管部门和财政部门批准后，可以执行企业财务制度，而不必执行《事业单位财务规则》，相应地也就不必执行政府会计制度。此外，事业单位经营的接受外单位要求投资回报的项目也可以执行企业财务会计制度。

需要注意的是，还有两类单位虽然严格来说不属于事业单位的范畴，但出于与事业单位的管理要求相同或相近，因此仍然要依照或参照《事业单位财务规则》执行，相应也要执行政府单位会计制度。一是接受国家经常性资助的社会力量举办的公益性组织和社会团体。这部分单位由于得到了国家经常性的资助，与事业单位的财务管理要求相同，并且一直执行事业单位的财务管理制度，因此应当依照执行《事业单位财务规则》及政府单位会计制度。二是其他非国有事业单位和社会团体。其他非国有事业单位和社会团体，因其业务活动的公益性与事业单位相近，可以参照执行《事业单位财务规则》和政府单位会计制度。

第二节　政府单位会计制度的修订与变化

一、政府单位会计制度的修订背景

党的十八届三中全会提出了"建立权责发生制政府综合财务报告制度"的重大改革举措，2014 年新修订的《预算法》对各级政府提出按年度编制以权责发生制为基础的政府综合财务报告的新要求。由于当时的行政事业单位会计标准体系一般采用收付实现制，主要以提供反映预算收支执行情况的决算报告为目的，无法准确、完整地反映政府资产负债"家底",以及政府的运行成本等情况,难以满足编制权责发生制政府综合财务报告的信息需求。另外,因行政事业单位会计领域多项制度并存,体系繁杂、内容交叉、核算口径不一,造成不同部门、单位的会计信息可比性不高,通过汇总、调整编制的政府财务报告信息质量较低。因此,在新的形势下,必须对现行行政事业单位会计标准体系进行改革。

2014年,国务院批转了财政部《权责发生制政府综合财务报告制度改革方案》(国发〔2014〕63号),明确提出,权责发生制政府综合财务报告制度改革是基于政府会计规则的重大改革,其前提和基础任务就是要建立健全政府会计核算标准体系。根据国务院的部署和要求,财政部在出台《政府会计准则——基本准则》和存货、投资、固定资产、无形资产、公共基础设施、政府储备物资等具体准则的基础上,以统一各类行政事业单位会计标准、夯实部门和单位编制权责发生制财务报告和全面反映运行成本并同时反映预算执行情况的核算基础为目标,制定了适用于各级各类行政事业单位的统一的会计制度。

二、政府单位会计制度的主要变化

与原行政事业单位会计制度相比,政府单位会计制度主要有以下变化与创新。

(一) 重构了政府会计核算模式

在系统总结分析传统单系统预算会计体系的利弊基础上,构建了"财务会计和预算会计适度分离并相互衔接"的会计核算模式。

所谓"适度分离",是指适度分离政府预算会计和财务会计功能,决算报告和财务报告功能,全面反映政府会计主体的预算执行信息和财务信息。主要体现在以下几个方面:一是"双功能",在同一会计核算系统中实现财务会计和预算会计双重功能,通过资产、负债、净资产、收入、费用五个要素进行财务会计核算,通过预算收入、预算支出和预算结余三个要素进行预算会计核算。二是"双基础",财务会计采用权责发生制,预算会计采用收付实现制,国务院另有规定的,依照其规定。三是"双报告",通过财务会计核算形成财务报告,通过预算会计核算形成决算报告。

所谓"相互衔接",是指在同一会计核算系统中政府预算会计要素和相关财务会计要素相互协调,决算报告和财务报告相互补充,共同反映政府会计主体的预算执行信息和财务信息。主要体现在:一是对纳入部门预算管理的现金收支进行"平行记账"。对于纳入部门预算管理的现金收支业务,在进行财务会计核算的同时也应当进行预算会计核算。对于其他业务,仅需要进行财务会计核算。二是财务报表与预算会计报表之间存在钩稽关系。通过编制"本期预算结余与本期盈余差异调节表"并在附注中进行披露,反映单位财务会计和预算会计因核算基础和核算范围不同所产生的本年盈余数(即本期收入与费用之间的差额)与本年预算结余数(本年预算收入与预算支出的差额)之间的差异,从而揭示财务会计和预算会计的内在联系。这种会计核算模式兼顾了现行部门决算报告制度的需要,又能满足部门编制权责发生制财务报告的要求,对于规范政府会计行为,夯实政府会计主体预算和财务管理基础,强化政府绩效管理具有重要影响。

(二)统一了现行各类单位会计制度

有机整合了《行政单位会计制度》《事业单位会计制度》和各行业事业单位会计制度的内容。在科目设置、科目和报表项目说明中,一般情况下,不再区分行政和事业单位,也不再区分行业事业单位;在核算内容方面,基本保留了现行各项制度中的通用业务和事项,同时根据改革需要增加各级各类行政事业单位的共性业务和事项;在会计政策方面,对同类业务尽可能做出同样的处理规定。通过会计制度的统一,提高了政府各部门、各单位会计信息的可比性,为合并单位、部门财务报表和逐级汇总编制部门决算奠定了坚实的制度基础。

(三)强化了财务会计功能

在财务会计核算中全面引入权责发生制,在会计科目设置和账务处理说明中着力强化财务会计功能,如增加了收入和费用两个财务会计要素的核算内容,并原则上要求按照权责发生制进行核算;增加了应收款项和应付款项的核算内容,对长期股权投资采用权益法核算,确认自行开发形成的无形资产的成本,要求对固定资产、公共基础设施、保障性住房和无形资产计提折旧或摊销,引入坏账准备等减值概念,确认预计负债、待摊费用和预提费用等。在政府会计核算中强化财务会计功能,对于科学编制权责发生制政府财务报告、准确反映单位财务状况和运行成本等情况具有重要的意义。

(四)扩大了政府资产负债核算范围

除按照权责发生制核算原则增加有关往来账款的核算内容,在资产方面,增加了公共基础设施、政府储备物资、文物文化资产、保障性住房和受托代理资产的核算内容,以全面核算单位控制的各类资产;增加了"研发支出"科目,以准确反映单位自行开发无形资产的成本。在负债方面,增加了预计负债、受托代理负债等核算内容,以全面反映单位所承担的现时义务。此外,为了准确反映单位资产扣除负债之后的净资产状况,立足单位会计核算需要、借鉴国际公共部门会计准则相关规定,将净资产按照主要来源分类为累计盈余和专用基金,并根据净资产其他来源设置了权益法调整、无偿调拨净资产等会计科目。资产负债核算范围的扩大,有利于全面规范政府单位各项经济业务和事项的会计处理,准确反映政府"家底"信息,为相关决策提供更加有用的信息。

(五)改进了预算会计功能

对预算会计科目及其核算内容进行了调整和优化,以进一步完善预算会计功能。在核算内容上,预算会计仅需核算预算收入、预算支出和预算结余。在核算基础上,预算会计除按《预算法》要求的权责发生制事项外,均采用收付实现制核算,有利于避免现行制度下存在的虚列预算收支的问题。在核算范围上,为了体现新《预算法》的精神和部门综合预算的要求,将依法纳入部门预算管理的现金收支均纳入预算会计核算范围,如增设了债务预算收入、债务还本支出、投资支出等。调整完善后的预算会计,能够更好地贯彻落实《预算法》的相关规定,更加准确反映部门和单位预算收支情况,更加满足部门、单位预算和决算管理的需要。

(六) 整合了基建会计核算

实行政府会计制度改革以前,单位对于基本建设投资的会计核算除遵循相关会计制度规定外,还应当按照国家有关基本建设会计核算的规定单独建账、单独核算,但同时应将基建账相关数据按期并入单位"大账"。统一的政府单位会计制度依据《基本建设财务规则》和相关预算管理规定,在充分吸收《国有建设单位会计制度》合理内容的基础上对单位建设项目会计核算进行了规定。单位对基本建设投资按照本制度规定统一进行会计核算,不再单独建账,大大简化了单位基本建设业务的会计核算,有利于提高单位会计信息的完整性。

(七) 完善了报表体系和结构

将报表分为预算会计报表和财务报表两大类。预算会计报表由预算收入表、预算结转结余变动表和财政拨款预算收入支出表组成,是编制部门决算报表的基础。财务报表由会计报表和附注构成,会计报表由资产负债表、收入费用表、净资产变动表和现金流量表组成,其中,单位可自行选择编制现金流量表。此外,针对新的核算内容和要求对报表结构进行了调整和优化,对报表附注应当披露的内容进行了细化,对会计报表重要项目说明提供了可参考的披露格式、要求按经济分类披露费用信息、要求披露本年预算结余和本年盈余的差异调节过程等。调整完善后的报表体系,对于全面反映单位财务信息和预算执行信息,提高部门、单位会计信息的透明度和决策有用性具有重要的意义。

(八) 增强了制度的可操作性

在附录中采用列表方式,以会计制度中规定的会计科目使用说明为依据,按照会计科目顺序对单位通用业务或共性业务和事项的账务处理进行了举例说明。在举例说明时,对同一项业务或事项,在表格中列出财务会计分录的同时,平行列出相应的预算会计分录(如果有)。通过对经济业务和事项举例说明,能够充分地反映财务会计和预算会计"平行记账"的核算要求,便于会计人员学习和理解政府会计8要素的记账规则,也有利于单位会计核算信息系统的开发或升级改造。

总体来看,从2019年开始执行的政府单位会计制度,对于提高政府会计信息质量、提升行政事业单位财务和预算管理水平、全面实施绩效管理、建立现代财政制度具有重要的政策支撑作用,在我国政府会计发展进程中具有重要意义。

第三节 政府单位会计科目的设置

政府单位会计由财务会计和预算会计构成,单位会计科目也相应由财务会计科目和预算会计科目两套科目组成。

一、财务会计科目

政府单位财务会计科目共有 83 个,其中,资产类科目 37 个,负债类科目 20 个,净资产类科目 7 个,收入类科目 11 个,费用类科目 8 个。财务会计科目中,行政单位专用科目 1 个(带"▲"的会计科目),事业单位专用科目 24 个(带"◇"的会计科目),基层医疗卫生机构专用科目 1 个(带"△"的会计科目),彩票机构专用科目 3 个(带"◆"的会计科目),国有林场和苗圃事业单位专用科目 2 个(带"●"的会计科目),行政单位和事业单位共用科目 52 个。财务会计科目设置情况详见表 11-1。

表 11-1　　　　　　　　　政府单位财务会计科目表

序号	科目编号	科目名称	序号	科目编号	科目名称
一、资产类			17	1401	待摊费用
1	1001	库存现金	18	1501	长期股权投资◇
2	1002	银行存款	19	1502	长期债券投资◇
3	1011	零余额账户用款额度	20	1601	固定资产
4	1021	其他货币资金	21	1602	固定资产累计折旧
5	1101	短期投资◇	22	1611	工程物资
6	1201	财政应返还额度	23	1613	在建工程
7	1211	应收票据◇	24	1614	营林工程●
8	1212	应收账款	25	1701	无形资产
9	1214	预付账款	26	1702	无形资产累计摊销
10	1215	应收股利◇	27	1703	研发支出
11	1216	应收利息◇	28	1801	公共基础设施
12	1218	其他应收款	29	1802	公共基础设施累计折旧(摊销)
13	1219	坏账准备◇	30	1811	政府储备物资
14	1301	在途物品	31	1821	文物文化资产
15	1302	库存物品	32	1831	保障性住房
16	1303	加工物品	33	1832	保障性住房累计折旧

（续表）

序号	科目编号	科目名称	序号	科目编号	科目名称
34	1841	林木资产●	59	3101	专用基金◇
35	1891	受托代理资产	60	3201	权益法调整◇
36	1901	长期待摊费用	61	3301	本期盈余
37	1902	待处理财产损溢	62	3302	本年盈余分配
二、负债类			63	3401	无偿调拨净资产
38	2001	短期借款◇	64	3501	以前年度盈余调整
39	2101	应交增值税	四、收入类		
40	2102	其他应交税费	65	4001	财政拨款收入
41	2103	应缴财政款	66	4101	事业收入◇
42	2201	应付职工薪酬	67	4201	上级补助收入◇
43	2301	应付票据◇	68	4301	附属单位上缴收入◇
44	2302	应付账款	69	4401	经营收入◇
45	2303	应付政府补贴款▲	70	4601	非同级财政拨款收入
46	2304	应付利息◇	71	4602	投资收益◇
47	2305	预收账款◇	72	4603	捐赠收入
48	2307	其他应付款	73	4604	利息收入
49	2308	待结算医疗款△	74	4605	租金收入
50	2308	彩票销售结算◆	75	4609	其他收入
51	2309	应付返奖奖金◆	五、费用类		
52	2310	应付代销费◆	76	5001	业务活动费用
53	2401	预提费用	77	5101	单位管理费用◇
54	2501	长期借款◇	78	5201	经营费用◇
55	2502	长期应付款	79	5301	资产处置费用
56	2601	预计负债	80	5401	上缴上级费用◇
57	2901	受托代理负债	81	5501	对附属单位补助费用◇
三、净资产类			82	5801	所得税费用◇
58	3001	累计盈余	83	5901	其他费用

二、预算会计科目

政府单位预算会计科目共有 26 个,其中,预算收入类科目 9 个,预算支出类科目 8 个,预算结余类科目 9 个。预算会计科目中,行政单位专用科目 1 个(带"▲"

的会计科目),事业单位专用科目 15 个(带"◇"的会计科目),行政单位和事业单位共用科目 10 个。预算会计科目设置情况详见表 11-2。

表 11-2 政府单位预算会计科目表

序号	科目编号	科目名称	序号	科目编号	科目名称
一、预算收入类			14	7501	对附属单位补助支出◇
1	6001	财政拨款预算收入	15	7601	投资支出◇
2	6101	事业预算收入◇	16	7701	债务还本支出◇
3	6201	上级补助预算收入◇	17	7901	其他支出
4	6301	附属单位上缴预算收入◇	三、预算结余类		
5	6401	经营预算收入◇	18	8001	资金结存
6	6501	债务预算收入◇	19	8101	财政拨款结转
7	6601	非同级财政拨款预算收入	20	8102	财政拨款结余
8	6602	投资预算收益◇	21	8201	非财政拨款结转
9	6609	其他预算收入	22	8202	非财政拨款结余
二、预算支出类			23	8301	专用结余◇
10	7101	行政支出▲	24	8401	经营结余◇
11	7201	事业支出◇	25	8501	其他结余
12	7301	经营支出◇	26	8701	非财政拨款结余分配◇
13	7401	上缴上级支出◇			

第十二章　政府单位收入的核算

第一节　收入概述

一、收入的概念

收入是报告期内导致政府会计主体净资产增加的、含有服务潜力或者经济利益的经济资源的流入。对于政府单位来说，具体是指单位依法取得的非偿还性资金。

收入按照性质可分为补偿性收入、服务性收入和商品性收入。按照来源可分为财政拨款收入、事业收入、上级补助收入、附属单位上缴收入、经营收入、非同级财政拨款收入、投资收益、捐赠收入、利息收入、租金收入和其他收入。

二、收入的管理

政府单位的收入是依法取得的，应按照财务管理的要求分项据实核算。单位应将取得的各项收入全部纳入单位预算，统一核算，统一管理。

单位应分清非偿还性资金和偿还性资金的界限。只有单位依法取得的非偿还性资金才能纳入收入的核算范畴，取得的偿还性资金不属于收入范畴，而应计入单位的负债。单位按照国家规定取得应上缴国库或财政专户的资金，也不应确认为收入，而应按照国库集中收缴的有关规定及时足额上缴财政，不得隐瞒、滞留、截留、挪用和坐支。

三、收入的确认

政府单位收入的确认采用权责发生制，即以取得收取款项的权利为标志，在提供服务或者发出存货，同时收讫价款或者取得索取价款的凭据时予以确认，并按照实际收到的金额或者有关凭据注明的金额进行计量。收入的确认应当同时满足以下条件：

（1）与收入相关的含有服务潜力或者经济利益的经济资源很可能流入单位。

（2）含有服务潜力或者经济利益的经济资源流入会导致单位资产增加或者负债减少。

（3）流入金额能够可靠地计量。

符合收入定义和收入确认条件的项目，应当列入收入费用表。

四、财务会计收入类科目的设置

政府单位财务会计设置财政拨款收入、事业收入等 11 个收入类会计科目。其中，财政拨款收入、非同级财政拨款收入等 6 个科目为行政事业单位共用科目，事业收入、上级补助收入等 5 个科目为事业单位专用科目。财务会计收入类科目设置的具体情况见表 12-1。

表 12-1　　　　　　　　　财务会计收入类科目设置情况表

科目编号	科目名称	适用单位	科目编号	科目名称	适用单位
4001	财政拨款收入	行政单位、事业单位	4602	投资收益	事业单位
4101	事业收入	事业单位	4603	捐赠收入	行政单位、事业单位
4201	上级补助收入	事业单位	4604	利息收入	行政单位、事业单位
4301	附属单位上缴收入	事业单位	4605	租金收入	行政单位、事业单位
4401	经营收入	事业单位	4609	其他收入	行政单位、事业单位
4601	非同级财政拨款收入	行政单位、事业单位			

第二节　财政拨款收入

一、财政拨款收入概述

（一）财政拨款收入的概念

财政拨款收入是指单位从同级政府财政部门取得的各类财政拨款，不包括从上级部门或者非同级财政部门等渠道取得的款项。单位应当按照批准的年度部门预算和分月用款计划取得财政拨款，并按照部门预算批复的资金用途使用。实行国库集中收付制度的单位，财政性资金通过国库单一账户体系进行核算。

同级政府财政部门预拨的下期预算款和没有纳入预算的暂付款项,以及采用实拨资金方式通过本单位转拨给下属单位的财政拨款,不属于财政拨款收入,应作为其他应付款核算。

(二) 财政拨款收入的确认与计量

财政拨款收入的拨付方式不同,其收入确认时点也不一样:

(1) 在财政直接支付方式下,单位应在收到"财政直接支付入账通知书"及相关原始凭证时确认财政拨款收入,并按照通知书中的直接支付入账金额计量收入。

(2) 在财政授权支付方式下,单位应在收到"财政授权支付额度到账通知书"时确认财政拨款收入,并按照通知书中的授权支付额度计量收入。

(3) 在实拨资金方式下,单位应在实际收到财政拨款收入时确认财政拨款收入,并按照实际收到的金额计量收入。

(4) 年末,对于本年度财政直接支付预算指标数大于当年财政直接支付实际支付数的差额,以及本年度财政授权支付预算指标数大于零余额账户用款额度下达数的差额,单位应根据差额数进行确认和计量。

二、财政拨款收入的核算

(一) 会计科目设置

单位应设置"财政拨款收入"科目,核算单位从同级政府财政部门取得的各类财政拨款。"财政拨款收入"科目平时贷方余额反映单位财政拨款收入累计数;期末结转后,本科目应无余额。"财政拨款收入"科目可按照一般公共预算财政拨款、政府性基金预算财政拨款等财政拨款的种类进行明细核算。

行业事业单位应当根据行业特点与核算需要,在"财政拨款收入"科目下统一设置相应的明细科目。

1. 医院

医院应当在"财政拨款收入"科目下按照财政基本拨款收入、财政项目拨款收入进行明细核算。

2. 基层医疗卫生机构

基层医疗卫生机构应在"财政拨款收入"科目下设置如下明细科目:

(1) "财政基本拨款收入"科目,核算基层医疗卫生机构取得的用于基本支出的财政拨款收入。在本科目下还应设置如下明细科目:①"医疗收入"科目,核算基层医疗卫生机构取得的与医疗活动相关的财政基本拨款收入。②"公共卫生收入"科目,核算基层医疗卫生机构取得的与公共卫生活动相关的财政基本拨款收入。

(2) "财政项目拨款收入"科目,核算基层医疗卫生机构取得的用于项目支出的财政拨款收入。在本科目下还应设置如下明细科目:①"医疗收入"科目,核算基层医疗卫生机构取得的与医疗活动相关的财政项目拨款收入。②"公共卫生收入"科目,核算基层医疗卫生机构取得的与公共卫生活动相关的财政项目拨款收入。③"科教收入"科目,核算基层医疗卫生机构取得的与科研教学活动相关的财政项目拨款收入。

(二) 主要账务处理

财政拨款收入在会计核算中,应区分财政直接支付、财政授权支付和财政实拨资金等不同支付方式进行相应的账务处理。

1. 财政直接支付方式

(1) 单位在收到拨款时,根据财政国库支付执行机构委托代理银行转来的"财政直接支付入账通知书"及相关原始凭证,借记"库存物品""固定资产""业务活动费用""单位管理费用""应付职工薪酬"等科目,贷记"财政拨款收入"科目。同时,在预算会计下,借记"行政支出""事业支出"等科目,贷记"财政拨款预算收入"科目。

(2) 单位因差错更正或购货退回等原因发生财政直接支付的款项退回时,应区分本年度支付的款项和以前年度支付的款项两种情况分别进行账务处理。

属于本年度支付的款项,按照退回金额,借记"财政拨款收入"科目,贷记"业务活动费用""库存物品"等有关科目。同时,在预算会计下,借记"财政拨款预算收入"科目,贷记"行政支出""事业支出"等科目。

属于以前年度支付的款项,按照退回金额,借记"财政应返还额度——财政直接支付"科目,贷记"以前年度盈余调整""库存物品"等有关科目。同时,在预算会计下,借记"资金结存——财政应返还额度"科目,贷记"财政拨款结转——年初余额调整"(财政拨款结转资金)或"财政拨款结余——年初余额调整"(财政拨款结余资金)科目。

(3) 年末,根据单位本年度财政直接支付预算指标数与当年财政直接支付实际支付数的差额,借记"财政应返还额度——财政直接支付"科目,贷记"财政拨款收入"科目。同时,在预算会计下,借记"资金结存——财政应返还额度"科目,贷记"财政拨款预算收入"科目。

【例 12-1】 某省图书馆发生以下业务:

(1) 2 月份,单位以财政直接支付方式,从财政预算安排的数字转化项目中支付大型专用设备购置费 30 万元,支出功能分类列"文化体育与传媒支出——文化——图书馆"预算科目,部门预算支出经济分类列"资本性支出——专用设备购置"预算科目。单位已收到设备发票及代理银行转来的"财政直接支付入账通知书"。

财务会计：

借：固定资产——专用设备——××设备 　　300 000

　贷：财政拨款收入——一般公共预算财政拨款 　　300 000

预算会计：

借：事业支出——财政拨款支出——项目支出——数字转化项目——专用设备购置——图书馆 　　300 000

　贷：财政拨款预算收入——项目支出——数字转化项目——图书馆 　　300 000

（2）7月份，单位发现2月份购置并已经列支的大型专用设备存在质量问题，经与供货商联系，同意单位将资产运回后由供货商退回款项30万元。

财务会计：

借：财政拨款收入——一般公共预算财政拨款 　　300 000

　贷：固定资产——专用设备——××设备 　　300 000

预算会计：

借：财政拨款预算收入——项目支出——数字转化项目——图书馆 　　300 000

　贷：事业支出——财政拨款支出——项目支出——数字转化项目——专用设备购置——图书馆 　　300 000

如单位于次年发现上述问题，在按原支付渠道收到退回款项时单位应做如下账务处理：

财务会计：

借：财政应返还额度——财政直接支付 　　300 000

　贷：固定资产——专用设备——××设备 　　300 000

预算会计：

借：资金结存——财政应返还额度 　　300 000

　贷：财政拨款结转——项目支出结转——数字转化项目——图书馆——年初余额调整 　　300 000

（3）年终清算时，单位发现本年数字转化项目的财政直接支付预算指标为60万元，实际支付数额为35万元，尚有预算指标25万元未使用。

财务会计：

借：财政应返还额度——财政直接支付 　　250 000

　贷：财政拨款收入——一般公共预算财政拨款 　　250 000

预算会计：

借：资金结存——财政应返还额度 　　250 000

　贷：财政拨款预算收入——项目支出——数字转化项目——图书馆 　　250 000

2. 财政授权支付方式

（1）单位收到拨款时，根据代理银行转来的"授权支付到账通知书"，按照通知书中的授权支付额度，借记"零余额账户用款额度"科目，贷记"财政拨款收入"科目。同时，在预算会计下，借记"资金结存——零余额账户用款额度"科目，贷记"财政拨款预算收入"科目。

（2）年末，单位本年度财政授权支付预算指标数大于零余额账户用款额度下达数的，根据未下达的用款额度，借记"财政应返还额度——财政授权支付"科目，贷记"财政拨款收入"科目。同时，在预算会计下，借记"资金结存——财政应返还额度"科目，贷记"财政拨款预算收入"科目。

【例 12-2】 某市疾病预防控制中心发生以下业务：

（1）收到代理银行转来的财政授权支付额度到账通知书，通知书中注明，本月人员经费授权支付额度为 30 万元，支出功能分类列"卫生健康支出——公共卫生——疾病预防控制机构"预算科目。

财务会计：

借：零余额账户用款额度 300 000

　　贷：财政拨款收入——一般公共预算财政拨款 300 000

预算会计：

借：资金结存——零余额账户用款额度 300 000

　　贷：财政拨款预算收入——基本支出——人员经费——疾病预防控制机构 300 000

（2）年终清算时，单位发现本年日常公用经费的财政授权支付预算指标为 120 万元，零余额账户用款额度实际下达数为 100 万元，尚有未下达的用款额度 20 万元。

财务会计：

借：财政应返还额度——财政授权支付 200 000

　　贷：财政拨款收入——一般公共预算财政拨款 200 000

预算会计：

借：资金结存——财政应返还额度 200 000

　　贷：财政　　　基本　　　日常公　　疾病预防
　　　预算收入　　支出　　　用经费　　控制机构 200 000

3. 财政实拨资金方式

单位收到财政拨款收入时，按照实际收到的金额，借记"银行存款"等科目，贷记"财政拨款收入"科目。同时，在预算会计下，借记"资金结存——货币资金"科目,贷记"财政拨款预算收入"科目。

4. 期末结转

期末结转时,单位将财政拨款收入本期发生额转入本期盈余,借记"财政拨款收入"科目,贷记"本期盈余"科目。

年末结转时,应同时在预算会计下,借记"财政拨款预算收入"科目,贷记"财政拨款结转——本年收支结转"科目。

【例 12-3】 某省人民医院发生以下业务:

(1) 单位开户银行转来收款通知,收到同级财政部门拨入的 28 万元人员经费,支出功能分类列"卫生健康支出——公立医院——综合医院"预算科目。

财务会计:

借:银行存款——××银行　　　　　　　　　　　　　　　　280 000

　　贷:财政拨款收入——财政基本拨款收入　　　　　　　　　　　280 000

预算会计:

借:资金结存——货币资金　　　　　　　　　　　　　　　　280 000

　　贷:财政拨款预算收入——基本支出——人员经费——综合医院　　280 000

(2) 期末(年末),单位对收入进行结转处理。

财务会计:

借:财政拨款收入——财政基本拨款收入　　　　　　　　　　280 000

　　贷:本期盈余——医疗盈余　　　　　　　　　　　　　　　　280 000

预算会计:

借:财政拨款预算收入——基本支出——人员经费——综合医院　　280 000

　　贷:财政拨款结转——本年收支结转　　　　　　　　　　　　280 000

财政拨款收入主要经济业务会计核算情况如表 12-2 所示。

表 12-2　　　　　　财政拨款收入主要经济业务会计核算情况表

经济业务		财务会计核算	预算会计核算
(1) 收到拨款	财政直接支付方式下	借:库存物品/固定资产等 　　贷:财政拨款收入	借:行政支出/事业支出等 　　贷:财政拨款预算收入
	财政授权支付方式下	借:零余额账户用款额度 　　贷:财政拨款收入	借:资金结余——零余额账户用款额度 　　贷:财政拨款预算收入
	财政实拨资金方式下	借:银行存款等 　　贷:财政拨款收入	借:资金结存——货币资金 　　贷:财政拨款预算收入

（续表）

经济业务		财务会计核算	预算会计核算
（2）因差错更正或购货退回等发生的国库直接支付款项退回	属于本年度支付的款项	借：财政拨款收入 　　贷：业务活动费用/库存物品等	借：财政拨款预算收入 　　贷：行政支出/事业支出等
	属于以前年度支付的款项	借：财政应返还额度——财政直接支付 　　贷：以前年度盈余调整/库存物品等	借：资金结余——财政应返还额度 　　贷：财政拨款结转——年初余额调整
			借：资金结余——财政应返还额度 　　贷：财政拨款结余——年初余额调整
（3）年末确认财政拨款差额	本年度财政直接支付预算指标数大于当年财政直接支付实际支付数	借：财政应返还额度——财政直接支付 　　贷：财政拨款收入	借：资金结存——财政应返还额度 　　贷：财政拨款预算收入
	本年度财政授权支付预算指标数大于零余额账户用款额度下达数	借：财政应返还额度——财政授权支付 　　贷：财政拨款收入	
（4）期末/年末结转		借：财政拨款收入 　　贷：本期盈余	借：财政拨款预算收入 　　贷：财政拨款结转——本年收支结转

第三节　事业收入

一、事业收入概述

（一）事业收入的概念

事业收入是指事业单位开展专业业务活动及其辅助活动所取得的收入，不包括从同级政府财政部门取得的各类财政拨款。其中：按照国家有关规定应当上缴国库或者财政专户的资金，不作为事业收入而应作为应缴款项管理；从财政专户核拨给事业单位的资金和经核准不上缴国库或者财政专户的资金，作为事业收入核算。同时，因单位开展科研及其辅助活动从非同级财政部门取得的经费拨款，也应作为事业收入核算。

专业业务活动是指事业单位根据本单位特点所从事或开展的主要业务活动，如文化事业单位的演出活动、教育事业单位的教学活动、农业事业单位的技术推广活动以及科学事业单位的科研活动等。辅助活动是指与专业业务活动相关，为专业业务活动提供支持的活动,如事业单位的行政管理活动、后勤服务活动等。

(二) 事业收入的确认

对于事业单位通过订立合同、履行合同而取得事业收入的,可以根据合同完成进度确认事业收入。

高等学校、科学事业单位、公立医院、基层医疗卫生机构等单位,以合同完成进度确认事业收入时,应当根据业务实质,选择累计实际发生的合同成本占合同预计总成本的比例、已经完成的合同工作量占合同预计中工作量的比例、已经完成的时间占合同期限的比例、实际测定的完工进度等方法,合理确定合同完成进度。

对于事业收入中的医疗收入,区分以下两种情况进行确认:一是医院及未按"收支两条线"管理的基层医疗卫生机构,应当在提供医疗服务(包括发出药品)并收讫价款或取得收款权力时,按照规定的医疗服务项目收费标准计算确定的金额确认医疗收入。医院给予病人或其他付费方折扣的,按照折扣后的实际金额确认医疗收入。二是按"收支两条线"管理的基层医疗卫生机构应当在收到财政返还的医疗款时,按照实际返还医疗款的金额确认医疗收入。基层医疗卫生机构按规定留用待结算医疗款时,应当按照批准留用的医疗款金额确认医疗收入。

另外,医院、基层医疗卫生机构同医疗保险机构等结算时,因按照医疗服务项目收费标准计算确定的应收医疗款金额与医疗保险机构等实际支付金额不同而产生的差额(不包括因违规治疗等管理不善原因被医疗保险机构等拒付的金额),应当调整医疗收入。

二、事业收入的核算

(一) 会计科目设置

事业单位应设置"事业收入"科目,用于核算事业单位开展专业业务活动及其辅助活动实现的收入。"事业收入"科目平时贷方余额,反映事业单位事业收入累计数;期末结账后,本科目应无余额。"事业收入"科目应按照事业收入类别、来源等进行明细核算;同时,事业单位应设置"非同级财政拨款"明细科目,用来核算因开展科研及其辅助活动从非同级政府财政部门取得的经费拨款。

行业事业单位应当根据行业特点与核算需要,在"事业收入"科目下统一设置相应的明细科目。

1. 科学事业单位

科学事业单位应当在"事业收入"科目下设置"科研收入"和"非科研收入"明细科目。

(1)"科研收入"科目,核算科学事业单位开展科研活动及其辅助活动实现的收入。

（2）"非科研收入"科目,核算科学事业单位开展科研活动以外的其他业务活动及其辅助活动实现的收入,包括技术活动收入、学术活动收入、科普活动收入、试制产品活动收入、教学活动收入等。

技术活动收入是指科学事业单位对外提供技术咨询、技术服务等活动实现的收入。

学术活动收入是指科学事业单位开展学术交流、学术期刊出版等活动实现的收入。

科普活动收入是指科学事业单位开展科学知识宣传、讲座和科技展览等活动实现的收入。

试制产品活动收入是指科学事业单位试制中间试验产品等活动实现的收入。

教学活动收入是指科学事业单位开展教学活动实现的收入。

2. 高等学校

高等学校应当在"事业收入"下设置"教育事业收入"和"科研事业收入"明细科目。其中,"教育事业收入"科目核算高等学校开展教学活动及其辅助活动实现的收入。"科研事业收入"科目核算高等学校开展科研活动及其辅助活动实现的收入。

3. 医院

医院应当在"事业收入"下设置"医疗收入"和"科教收入"明细科目。其中:

（1）"医疗收入"科目,核算医院开展医疗服务活动实现的收入。在本科目下应设置如下明细科目:①"门急诊收入"科目,核算医院为门急诊病人提供医疗服务实现的收入。医院应当在"门急诊收入"科目下设置"挂号收入""诊察收入""检查收入""化验收入""治疗收入""手术收入""卫生材料收入""药品收入""其他门急诊收入"等明细科目;在"药品收入"科目下设置"西药收入""中成药收入"和"中药饮片收入"明细科目。②"住院收入"科目,核算医院为住院病人提供医疗服务实现的收入。医院应当在"住院收入"科目下设置"床位收入""诊察收入""检查收入""化验收入""治疗收入""手术收入""护理收入""卫生材料收入""药品收入""其他住院收入"等明细科目;在"药品收入"科目下设置"西药收入""中成药收入"和"中药饮片收入"明细科目。③"结算差额"科目,核算医院同医疗保险机构结算时,因医院按照医疗服务项目收费标准计算确认的应收医疗款金额与医疗保险机构实际支付金额不同而产生的需要调整医院医疗收入的差额(不包括医院因违规治疗等管理不善原因被医疗保险机构拒付所产生的差额)。医院因违规治疗等管理不善原因被医疗保险机构拒付而不能收回的应收医疗款,应按规定确认为坏账损失,不通过本明细科目核算。

（2）"科教收入"科目,核算医院开展科研教学活动实现的收入。医院应当在"科教收入"科目下设置"科研收入""教学收入"明细科目。

医院因开展科研教学活动从非同级政府财政部门取得的经费拨款,应当在"事业收入——科教收入——科研收入"和"事业收入——科教收入——教学收入"科目下单设"非同级财政拨款"明细科目进行核算。

执行医事服务费的医院,取得的医事服务收入通过"事业收入——医疗收入——门急诊收入——诊察收入"和"事业收入——医疗收入——住院收入——诊察收入"科目核算。执行药事服务费的医院,取得的药事服务收入通过"事业收入——医疗收入——门急诊收入——其他门急诊收入"和"事业收入——医疗收入——住院收入——其他住院收入"科目核算。

4. 基层医疗卫生机构

基层医疗卫生机构应当在"事业收入"科目下设置"医疗收入""公共卫生收入""科教收入"明细科目。

(1)"医疗收入"科目,核算基层医疗卫生机构开展医疗服务活动实现的收入。在本科目下应设置如下明细科目:①"门急诊收入"科目,核算基层医疗卫生机构为门急诊病人提供医疗服务所实现的收入,包括按"收支两条线"管理的基层医疗卫生机构按规定留用的待结算医疗款,以及收到的同级财政部门返还的上缴门急诊收费。②"住院收入"科目,核算基层医疗卫生机构为住院病人提供医疗服务所实现的收入,包括按"收支两条线"管理的基层医疗卫生机构按规定留用的待结算医疗款,以及收到的同级财政部门返还的上缴住院收费。

基层医疗卫生机构"门急诊收入""住院收入"科目下的明细科目设置与医院基本一致,只是基层医疗卫生机构"门急诊收入"科目下的明细科目设置,在医院的基础上增加了"一般诊疗费收入"明细科目,未按"收支两条线"管理的基层医疗卫生机构还应当设置"门急诊结算差额"明细科目①;基层医疗卫生机构"住院收入"科目下的明细科目设置,在医院的基础上也增加了"一般诊疗费收入"明细科目,未按"收支两条线"管理的基层医疗卫生机构还应当设置"住院结算差额"明细科目。同时,基层医疗卫生机构还要求在"西药"科目下设置"西药""疫苗"明细科目。

基层医疗卫生机构增设的"门急诊结算差额""住院结算差额"科目,用于核算未按"收支两条线"管理的基层医疗卫生机构同医疗保险机构等结算时,因基层医疗卫生机构按照医疗服务项目收费标准计算确定的应收医疗款金额,与医疗保险机构等实际支付金额之间的差异而产生的需要调整基层医疗卫生机构医疗收入的差额,但不包括基层医疗卫生机构因违规治疗等管理不善原因被医疗保险机构等

---

① 医院也设有"结算差额"明细科目,只是医院的"结算差额"科目是在"医疗收入"科目下设置的,与"门急诊收入"和"住院收入"科目并列;而基层医疗卫生机构的结算差额科目是在"门急诊收入"和"住院收入"科目下设置的。

拒付的金额。

（2）"公共卫生收入"科目，核算基层医疗卫生机构开展公共卫生活动实现的收入。

（3）"科教收入"科目，核算基层医疗卫生机构开展科研教学活动实现的收入。"科教收入"科目下设置"科研收入""教学收入"明细科目。

基层医疗卫生机构因开展科研教学活动从非同级政府财政部门取得的财政拨款，应当在"事业收入——科教收入——科研收入"和"事业收入——科教收入——教学收入"科目下单设"非同级财政拨款"明细科目进行核算。

未按"收支两条线"管理、执行医事服务费的基层医疗卫生机构，取得的医事服务收入通过"事业收入——医疗收入——门急诊收入——诊察收入"和"事业收入——医疗收入——住院收入——诊察收入"科目核算。未按"收支两条线"管理的、执行药事服务费的基层医疗卫生机构，取得的药事服务收入通过"事业收入——医疗收入——门急诊收入——其他门急诊收入"和"事业收入——医疗收入——住院收入——其他住院收入"科目核算。

（二）主要账务处理

1. 采用财政专户返还方式管理的事业收入

实现应上缴财政专户的事业收入时，按照实际收到或应收的款项金额，借记"银行存款""应收账款"等科目，贷记"应缴财政款"科目。

向财政专户上缴款项时，按照实际上缴的款项金额，借记"应缴财政款"科目，贷记"银行存款"等科目。

根据收付实现制的核算要求，以上两笔资金收付业务，均不属于单位的收入和支出，因此，预算会计不作账务处理。

收到从财政专户返还的款项时，按照实际收到的返还金额，借记"银行存款"等科目，贷记"事业收入"科目。同时，在预算会计下，按照实际收到的返还金额，借记"资金结存——货币资金"科目，贷记"事业预算收入"科目。

【例 12-4】　某市成人高等学校收取的学费、住宿费、考试考务费按规定应上缴财政专户，实行"收支两条线"管理。该学校现发生以下业务：

（1）取得考试考务费 40 万元，存入单位开户银行。

由于收到的学费属于应上缴财政的款项，不属于单位的自有资金，在这种情况下，财务会计不能确认收入，只有当财政返还单位后，单位才能确认收入。对于应缴财政款，预算会计下不做处理。单位财务会计应做如下账务处理：

借：银行存款——××银行　　　　　　　　　　　　　　400 000

　　贷：应缴财政款——考试考务费　　　　　　　　　　　400 000

（2）将上述考试考务费上缴财政专户。

借：应缴财政款——考试考务费　　　　　　　　　　　　　　　400 000
　　贷：银行存款——××银行　　　　　　　　　　　　　　　　400 000

（3）收到财政部门返还的考试考务工作经费20万元，用于单位组织的考试考务工作经费，支出功能分类列"教育支出——成人教育——成人高等教育"预算科目。

财务会计：

借：银行存款——××银行　　　　　　　　　　　　　　　　　200 000
　　贷：事业收入——教育事业收入——考试教务费　　　　　　　200 000

预算会计：

借：资金结存——货币资金　　　　　　　　　　　　　　　　　200 000
　　贷：事业预——教育事业——考试考——专项资——考务工——成人高　200 000
　　　　算收入　　预算收入　　务费　　　金收入　　作经费　　等教育

2. 采用预收款方式确认的事业收入

（1）单位在实际收到款项时，按照收到的款项金额，借记"银行存款"等科目，贷记"预收账款"科目。同时，在预算会计下，按照收到的款项金额，借记"资金结存——货币资金"科目，贷记"事业预算收入"科目。

（2）按照合同完成进度等方式确认事业收入时，根据基于合同完成进度计算或其他方式确认的金额，借记"预收账款"科目，贷记"事业收入"科目。由于在实际收到款项金额时，已经全额计入"事业预算收入"，此时在预算会计下不再进行账务处理。

【例12-5】　某市市立医院发生以下业务：

（1）收到门诊病人充值款2 000元，病人通过POS转账交付，支出功能分类列"卫生健康支出——公立医院——综合医院"预算科目。

财务会计：

借：银行存款——××银行　　　　　　　　　　　　　　　　　2 000
　　贷：预收账款——预收医疗款——门急诊预收款　　　　　　　2 000

预算会计：

借：资金结存——货币资金　　　　　　　　　　　　　　　　　2 000
　　贷：事业预算收入——住院医疗费——非专项资金收入——综合医院　2 000

（2）病人支付检查费共计1 200元。

借：预收账款——预收医疗款——门急诊预收款　　　　　　　　1 200
　　贷：事业收入——医疗收入——门急诊收入——检查收入　　　1 200

3. 采用应收款方式确认的事业收入

（1）单位根据合同完成进度等方式计算本期应收的款项时，按照应收的款项金额,借记"应收账款"科目,贷记"事业收入"科目。由于此时单位尚未实际收到款项,在预算会计下不进行账务处理。

(2)实际收到款项时,按照实际收到的款项金额,借记"银行存款"等科目,贷记"应收账款"科目。同时,在预算会计下,按照实际收到的款项金额,借记"资金结存——货币资金"科目,贷记"事业预算收入"科目。

【例 12-6】 某测绘事业单位受××公司委托,实施航空摄影项目,合同金额 200 万元,合同实施期 2 个月,项目结束后由公司一次性支付款项,支出功能分类列"自然资源海洋气象等支出——测绘事务——航空摄影"预算科目。

(1)第 1 个月,单位完成合同约定任务的 50%。

借:应收账款——××公司   1 000 000
　　贷:事业收入——航空摄影收入——××公司   1 000 000

(2)第 2 个月,单位全部完成合同任务,并收到××公司支付的 200 万元。

财务会计:

借:银行存款——××银行   2 000 000
　　贷:应收账款——××公司   1 000 000
　　　　事业收入——航空摄影收入——××公司   1 000 000

预算会计:

借:资金结存——货币资金   2 000 000
　　贷:事业预算收入——航空摄影收入——非专项资金收入——航空摄影 2 000 000

4. 其他方式下确认的事业收入

单位在其他方式下收到事业收入时,按照收到的款项金额,借记"银行存款""库存现金"等科目,贷记"事业收入"科目;同时,在预算会计下,借记"资金结存——货币资金"科目,贷记"事业预算收入"科目。

5. 医院与医疗保险机构结算医疗款形成的事业收入

医院同医疗保险机构结算医疗款时,按照实际收到的金额,借记"银行存款"科目,按照医院因违规治疗等管理不善原因被医疗保险机构拒付的金额,借记"坏账准备"科目,按照应收医疗保险机构的金额,贷记"应收账款——应收医疗款——应收医保款"科目,按照借贷方之间的差额,借记或贷记"事业收入——医疗收入——结算差额"科目。

未按"收支两条线"管理的基层医疗卫生机构同医疗保险机构等结算医疗款时,应当按照实际收到的金额,借记"银行存款"科目,按照基层医疗卫生机构因违规治疗等管理不善原因被医疗保险机构等拒付的金额,借记"坏账准备"科目,按照应收医疗保险机构等的金额,贷记"应收账款——应收医疗款——应收医保款"科目,按照借贷方之间的差额,借记或贷记"事业收入——医疗收入——门急诊收入——门急诊结算差额"或"事业收入——医疗收入——住院收入——住院结算差额"科目。

6. 期末结转

期末结转时,单位将"事业收入"科目本期发生额转入本期盈余,借记"事业收入"科目,贷记"本期盈余"科目。

年末结转时,应同时在预算会计下,将"事业预算收入"中的专项资金收入结转入非财政拨款结转,借记"事业预算收入"科目下各专项资金收入明细科目,贷记"非财政拨款结转——本年收支结转"科目;将"事业预算收入"科目本期发生额中的非专项资金收入结转入其他结余,借记"事业预算收入"科目下各非专项资金收入明细科目,贷记"其他结余"科目。

【例 12-7】　期末(年末),对[例 12-4]形成的收入进行转账处理。

财务会计:

借:事业收入——教育事业收入——考试教务费　　　　　　200 000

　　贷:本期盈余　　　　　　　　　　　　　　　　　　　　200 000

预算会计:

借:事业预｜教育事业｜考试考｜专项资｜考务工｜成人高　200 000
　　算收入｜预算收入｜务费｜金收入｜作经费｜等教育

贷:非财政拨｜本年收｜考务工｜成人高　　　　　　　　　200 000
　　款结转｜支结转｜作经费｜等教育

事业收入主要经济业务会计核算情况如表12-3所示。

表 12-3　　　　　　　事业收入主要经济业务会计核算情况表

经济业务		财务会计核算	预算会计核算
(1)财政专户返还方式管理的事业收入	实际收到或应收应上缴财政专户事业收入	借:银行存款/应收账款等 　贷:应缴财政款	—
	向财政专户上缴款项	借:应缴财政款 　贷:银行存款等	—
	收到从财政专户返还的款项	借:银行存款等 　贷:事业收入	借:资金结余——货币资金 　贷:事业预算收入
(2)采用预收款方式确认的事业收入	实际收到款项	借:银行存款等 　贷:预收账款	借:资金结存——货币资金 　贷:事业预算收入
	按合同完成进度等方式确认收入	借:预收账款 　贷:事业收入	—

（续表）

经济业务		财务会计核算	预算会计核算
（3）采用应收款方式确认的事业收入	根据合同完成进度计算本期应收的款项	借：应收账款 　　贷：事业收入	—
	实际收到款项	借：银行存款等 　　贷：应收账款	借：资金结存——货币资金 　　贷：事业预算收入
（4）其他方式确认的事业收入		借：银行存款/库存现金等 　　贷：事业收入	借：资金结余——货币资金 　　贷：事业预算收入
（5）期末/年末结转	结转专项资金收入	借：事业收入 　　贷：本期盈余	借：事业预算收入 　　贷：非财政拨款结转—— 　　　　本年收支结转
	结转非专项资金收入		借：事业预算收入 　　贷：其他结余

第四节　上级补助收入与附属单位上缴收入

一、上级补助收入

上级补助收入是指事业单位从主管部门和上级单位取得的非财政拨款收入。

（一）会计科目设置

事业单位应设置"上级补助收入"科目，核算事业单位从主管部门和上级单位取得的非财政拨款收入。"上级补助收入"科目平时贷方余额反映事业单位上级补助收入的累计数；期末结账后，本科目应无余额。"上级补助收入"科目应当按照发放补助单位、补助项目等进行明细核算。

（二）主要账务处理

（1）事业单位确认上级补助收入时，按照应收或实际收到的金额，借记"其他应收款""银行存款"等科目，贷记"上级补助收入"科目。同时，在预算会计下，按照实际收到的金额，借记"资金结存——货币资金"科目，贷记"上级补助预算收入"科目。

实际收到应收的上级补助收入时，按照实际收到的金额，借记"银行存款"等科目，贷记"其他应收款"科目；同时，在预算会计下，按照实际收到的金额，借记"资金结存——货币资金"科目，贷记"上级补助预算收入"科目。

（2）期末结转时，单位将"上级补助收入"科目本期发生额转入本期盈余，借记"上级补助收入"科目，贷记"本期盈余"科目。

年末结转时，应同时在预算会计下，将"上级补助预算收入"科目本期发生额中的专项资金收入结转入非财政拨款结转，借记"上级补助预算收入"科目下各专项资金收入明细科目,贷记"非财政拨款结转——本年收支结转"科目;将"上级补助预算收入"科目本期发生额中的非专项资金收入结转入其他结余,借记"上级补助预算收入"科目下各非专项资金收入明细科目,贷记"其他结余"科目。

【例 12-8】 某环保事业单位 12 月份发生以下业务:

(1)单位收到其主管部门市环保局拨入的治理空气污染专项经费 15 万元,支出功能分类列"节能环保支出——污染防治——大气"预算科目,款项已存入银行。

财务会计:

借:银行存款——××银行　　　　　　　　　　　　　　　　150 000
　　贷:上级补助收入——环保局——治理空气污染经费　　　　　150 000

预算会计:

借:资金结存——货币资金　　　　　　　　　　　　　　　　150 000
　　贷:上级补助预算收入——环保局——专项资金收入——治理空气污染专项——大气　　150 000

(2)期(年)末,将上述业务形成的收入进行转账处理。

财务会计:

借:上级补助收入——环保局——治理空气污染经费　　　　　150 000
　　贷:本期盈余　　　　　　　　　　　　　　　　　　　　　150 000

预算会计:

借:上级补助预算收入——环保局——专项资金收入——治理空气污染专项——大气　　150 000
　　贷:非财政拨款结转——本年收支结转——治理空气污染专项——大气　　150 000

上级补助收入主要经济业务会计核算情况如表 12-4 所示。

表 12-4　　　　　　　上级补助收入主要经济业务会计核算情况表

经济业务		财务会计核算	预算会计核算
(1)日常核算	按照应收或实际收到的金额确认收入	借:其他应收款/银行存款等 　贷:上级补助收入	借:资金结存——货币资金(按照实际收到金额) 　贷:上级补助收入
	收到应收的上级补助收入	借:银行存款等 　贷:其他应收款	
(2)期末/年末结转	专项资金收入	借:上级补助收入 　贷:本期盈余	借:上级补助预算收入 　贷:非财政拨款结转——本年收支结转
	非专项资金收入		借:上级补助预算收入 　贷:其他结余

二、附属单位上缴收入

附属单位上缴收入是指事业单位附属独立核算单位按照有关规定上缴的收入。

（一）会计科目设置

事业单位应设置"附属单位上缴收入"科目，核算事业单位取得的附属独立核算单位按照有关规定上缴的收入。"附属单位上缴收入"科目平时贷方余额反映事业单位附属单位上缴收入累计数；期末结账后，本科目应无余额。"附属单位上缴收入"科目应当按照附属单位、缴款项目等进行明细核算。

（二）主要账务处理

（1）事业单位确认附属单位上缴的收入时，按照应收或收到的金额，借记"其他应收款""银行存款"等科目，贷记"附属单位上缴收入"科目。

实际收到应收附属单位缴来的款项时，按照实际收到的金额，借记"银行存款"等科目，贷记"其他应收款"科目。同时，在预算会计下，借记"资金结存——货币资金"科目，贷记"附属单位上缴预算收入"科目。

（2）期末结转时，单位将"附属单位上缴收入"科目本期发生额转入本期盈余，借记"附属单位上缴收入"科目，贷记"本期盈余"科目。

年末结转时，应同时在预算会计下，将"附属单位上缴预算收入"科目本期发生额中的专项资金收入结转入非财政拨款结转，借记"附属单位上缴预算收入"科目下各专项资金收入明细科目，贷记"非财政拨款结转——本年收支结转"科目；将"附属单位上缴收入"科目本期发生额中的非专项资金收入结转入其他结余，借记"附属单位上缴预算收入"科目下各非专项资金收入明细科目，贷记"其他结余"科目。

【例 12-9】　某自然资源事业单位发生以下业务：

（1）单位所属的地质勘查有限公司年末上缴利润 75 万元。按财政部门批复的预算，这笔利润上缴款应专项用于地质环境保护项目，支出功能分类列"自然资源海洋气象等支出——自然资源事务——地质矿产资源利用与保护"预算科目。款项已存入银行。

财务会计：

借：银行存款——××银行　　　　　　　　　　　　　　　750 000
　　贷：附属单位上缴收入——地质勘查有限公司——上缴利润　　750 000

预算会计：

借：资金结存——货币资金　　　　　　　　　　　　　　　750 000

贷	附属单位上缴预算收入	地质勘查有限公司	专项资金收入	地质灾害防治项目	地质矿产资源利用与保护	750 000

(2) 单位下属独立核算的招待所,按规定的收入分配办法,上缴单位年度分成款 27 万元。按照财政部门批复的预算,分成款用于补充单位的日常公用经费缺口,支出功能分类列"自然资源海洋气象等支出——自然资源事务——事业运行"预算科目。款项已存入银行。

财务会计:

借:银行存款——××银行　　　　　　　　　　　　　　　270 000
　　贷:附属单位上缴收入——招待所——年度分成款　　　　　270 000

预算会计:

借:资金结存——货币资金　　　　　　　　　　　　　　　270 000
　　贷:附属单位上缴预算收入——招待所——非专项资金收入——事业运行　270 000

(3) 期(年)末结转,将上述两项业务形成的收入进行转账处理。

财务会计:

借:附属单位上缴收入——地质勘查有限公司——上缴利润　　　750 000
　　　　　　　　　　——招待所——年度分成款　　　　　　　270 000
　　贷:本期盈余　　　　　　　　　　　　　　　　　　　　1 020 000

预算会计:

借:附属单位上　地质勘查　专项资　地质灾害　地质矿产资源　750 000
　　缴预算收入　有限公司　金收入　防治项目　利用与保护
　　贷:非财政拨款结转——本年收支结转　　　　　　　　　　750 000

借:附属单位上缴收入——招待所——非专项资金收入——事业运行　270 000
　　贷:其他结余　　　　　　　　　　　　　　　　　　　　　270 000

附属单位上缴收入主要经济业务会计核算情况如表 12-5 所示。

表 12-5　　　　　　附属单位上缴收入主要经济业务会计核算情况表

	经济业务	财务会计核算	预算会计核算
(1) 日常核算	确认应收或实际收到的收入	借:其他应收款/银行存款等 　　贷:附属单位上缴收入	借:资金结存——货币资金 　　贷:附属单位上缴预算收入
	实际收到应收附属单位上缴的收入	借:银行存款等 　　贷:其他应收款	
(2) 期末/年末结转	结转专项资金收入	借:附属单位上缴收入 　　贷:本期结余	借:附属单位上缴预算收入 　　贷:非财政拨款结转——本年收支结转
	结转非专项资金收入		借:附属单位上缴预算收入 　　贷:其他结余

第五节　经营收入与非同级财政拨款收入

一、经营收入

经营收入是指事业单位在专业业务活动及其辅助活动之外开展非独立核算经营活动取得的收入。事业单位经营收入包括提供服务取得的服务收入和销售商品取得的销售收入。经营收入应当在事业单位提供服务或发出存货,同时收讫价款或者取得索取价款的凭证时,按照实际收到或应收的金额予以确认。

（一）会计科目设置

事业单位应设置"经营收入"科目,核算事业单位在专业业务活动及辅助活动之外开展非独立核算经营活动取得的各项收入。"经营收入"科目平时贷方余额反映事业单位经营收入累计数;期末结转后,本科目应无余额。"经营收入"科目应当按照经营活动类别、项目和收入来源等进行明细核算。

（二）主要账务处理

（1）事业单位实现经营收入时,按照确定的收入金额,借记"银行存款""应收账款""应收票据"等科目,贷记"经营收入"科目;同时,在预算会计下,按照实际收到的金额,借记"资金结存——货币资金"科目,贷记"经营预算收入"科目。

收到应收的款项时,按照实际收到的金额,借记"银行存款"等科目,贷记"应收账款""应收票据"等科目;同时,在预算会计下,按照实际收到的金额,借记"资金结存——货币资金"科目,贷记"经营预算收入"科目。涉及增值税业务的,相关账务处理参见"应交增值税"科目。

（2）期末结转时,单位将"经营收入"科目本期发生额转入经营结余,借记"经营收入"科目,贷记"本期盈余"科目。

年末结转时,应同时在预算会计下,借记"经营预算收入"科目,贷记"经营结余"科目。

【例 12-10】　某科研事业单位属于增值税一般纳税人,适用 6% 的增值税税率。单位 12 月份发生以下业务:

（1）单位对外销售××科研产品,取得含税收入 31.8 万元,其中增值税 1.8 万元,支出功能分类列"科学技术支出——应用研究——其他应用研究支出"预算科目。货款已收到并存入银行。

财务会计:

借:银行存款——××银行	318 000
贷:经营收入——产品生产——××科研产品	300 000
应交增值税——应交税金——销项税额	18 000

预算会计：

借：资金结存——货币资金　　　　　　　　　　　　　　　　　　　318 000

　　贷：经营预算收入——产品生产——××科研产品——其他应用研究支出　318 000

（2）期（年）末，单位将上述业务形成的收入进行转账处理。

财务会计：

借：经营收入——产品生产——××科研产品　　　　　　　　　　　　300 000

　　贷：本期盈余　　　　　　　　　　　　　　　　　　　　　　　　　300 000

预算会计：

借：经营预算收入——产品生产——××科研产品——其他应用研究支出　318 000

　　贷：经营结余——产品生产——××科研产品　　　　　　　　　　　318 000

经营收入主要经济业务会计核算情况如表12-6所示。

表 12-6　　　　　　　　经营收入主要经济业务会计核算情况表

经济业务		财务会计核算	预算会计核算
（1）日常核算	确认经营收入	借：银行存款/应收账款/应收票据等 　　贷：经营收入	借：资金结存——货币资金 　　贷：经营预算收入
	收到应收的款项	借：银行存款等 　　贷：应收账款/应收票据	
（2）期末/年末结转		借：经营收入 　　贷：本期盈余	借：经营预算收入 　　贷：经营结余

二、非同级财政拨款收入

非同级财政拨款收入是指从非同级政府财政部门取得的经费拨款，包括从同级政府其他部门取得的横向转拨财政款、从上级或下级政府财政部门取得的经费拨款等。

（一）会计科目设置

单位应设置"非同级财政拨款收入"科目，用于核算单位从非同级政府财政部门取得的经费拨款。"非同级财政拨款收入"科目平时贷方余额反映单位非同级拨款收入累计数；期末结账后，本科目应无余额。

"非同级财政拨款收入"科目应当按照本级横向转拨财政款和非本级财政拨款进行明细核算，并按照收入来源进行明细核算。事业单位因开展科研及其辅助活动从非同级政府财政部门取得的经费拨款，应当通过"事业收入——非同级财政拨款"科目核算，不通过"非同级财政拨款收入"科目核算。基层医疗卫生机构应当在"非同级财政拨款收入"科目下设置"医疗收入"和"公共卫生收入"明细科目。

（二）主要账务处理

（1）单位确认非同级财政拨款收入时，按照应收或实际收到的金额，借记"其他应收款""银行存款"等科目，贷记"非同级财政拨款收入"科目；同时，在预算会计下，按照实际收到的金额，借记"资金结存——货币资金"科目，贷记"非同级财政拨款预算收入"科目。

（2）期末结转时，将"非同级财政拨款收入"科目的本期发生额转入本期盈余，借记"非同级财政拨款收入"科目，贷记"本期盈余"科目。

年末结转时，应同时在预算会计下，将"非同级财政拨款预算收入"科目本期发生额中的专项资金收入结转入非财政拨款结转，借记"非同级财政拨款预算收入"科目下各专项资金收入明细科目，贷记"非同级财政拨款结转——本年收支结转"科目；将"非同级财政拨款预算收入"科目本期发生额中的非专项资金收入结转入其他结余，借记"非同级财政拨款预算收入"科目下各非专项资金收入明细科目，贷记"其他结余"科目。

【例12-11】 某海关检验检疫行政单位发生以下业务：

（1）单位为驻地政府提供了食品安全检验检疫服务和业务支持，地方政府出具会议纪要，对单位给予经费补助50万元。

单位为政府提供了服务和支持，政府出具会议纪要对单位给予补助，从而形成了单位对政府的一笔应收款项和收入。在这种情况下，财务会计应对该项收入予以确认；而由于单位并未实际收到款项，预算会计应不做处理，财务会计应做如下账务处理：

借：其他应收款——××财政局　　　　　　　　　　　　　　　500 000
　　贷：非同级财政拨款收入——非本级财政拨款——××财政局　　　500 000

（2）单位收到地方财政部门拨付的经费补助50万元，补助资金由单位统筹用于弥补正常经费，支出功能分类列"一般公共服务支出——海关事务——检验检疫"预算科目。

财务会计：

借：银行存款——××银行　　　　　　　　　　　　　　　　　500 000
　　贷：其他应收款——××财政局　　　　　　　　　　　　　　500 000

预算会计：

借：资金结存——货币资金　　　　　　　　　　　　　　　　　500 000
　　贷：非同级财政拨　　非本级财　　××财　　非专项资　　检验　　　500 000
　　　　款预算收入　　　政拨款　　　政局　　　金收入　　　检疫

（3）期（年）末，单位对上述业务形成的收入进行结转。

财务会计：

借：非同级财政拨款收入——非本级财政拨款——××财政局　　　　500 000

　　贷：本期盈余　　　　　　　　　　　　　　　　　　　　　　　　　500 000

预算会计：

借：非同级财政拨　　非本级财　　××财　　非专项资　　检验　　　500 000
　　款预算收入　　　政拨款　　　政局　　　金收入　　　检疫

　　贷：其他结余　　　　　　　　　　　　　　　　　　　　　　　　　500 000

非同级财政拨款收入主要经济业务会计核算情况如表12-7所示。

表 12-7　　　　　　　非同级财政拨款收入主要经济业务会计核算情况表

经济业务		财务会计核算	预算会计核算
（1）日常核算	确认收入	借：其他应收款/银行存款等 贷：非同级财政拨款收入	借：资金结存——货币资金 贷：非同级财政拨款预算收入
	收到应收的款项	借：银行存款 贷：其他应收款	
（2）期末/年末结转	专项资金	借：非同级财政拨款收入 贷：本期盈余	借：非同级财政拨款预算收入 贷：非财政拨款结转——本年收支结转
	非专项资金		借：非同级财政拨款预算收入 贷：其他结余

第六节　投资收益

一、投资收益的概念

投资收益是指事业单位股权投资和债券投资所实现的收益或发生的损失。具体包括对外投资持有期间收到利息、股利或利润，出售、到期收回投资取得的投资收益等。

二、投资收益的核算

（一）会计科目设置

事业单位应设置"投资收益"科目，核算单位股权投资和债券投资所实现的收益或发生的损失。"投资收益"科目平时贷方余额反映单位在投资持有期间的净收益；如为借方余额，反映单位在投资持有期间的净损失；期末结转后，本科目应无余额。"投资收益"科目应当按照投资的种类等进行明细核算。

（二）主要账务处理

1. 短期投资

（1）单位收到短期投资持有期间的利息，按照实际收到的金额，借记"银行存款"科目，贷记"投资收益"科目；同时，在预算会计下，借记"资金结存——货币资金"科目，贷记"投资预算收益"科目。

（2）出售短期债券，或短期债券到期收回本息，按照实际收到的金额，借记"银行存款"科目，按照出售或收回短期投资的成本，贷记"短期投资"科目，按照其差额，贷记或借记"投资收益"科目。

同时，在预算会计下，根据短期债券的持有时间分为以下两种情况处理：

其一，出售本年度取得的短期债券，或本年度取得的短期债券到期收回本息，按照实际取得的价款或实际收到的本息金额，借记"资金结存——货币资金"科目，按照取得债券时"投资支出"科目的发生额，贷记"投资支出"科目，按照其差额，贷记或借记"投资预算收益"科目。

其二，出售以前年度取得的短期债券，或以前年度取得的短期债券到期收回本息，按照实际取得的价款或实际收到的本息金额，借记"资金结存——货币资金"科目，按照取得债券时"投资支出"科目的发生额，贷记"其他结余"科目，按照其差额，贷记或借记"投资预算收益"科目。

【例 12-12】　某粮油事业单位发生以下业务：

（1）经相关部门批准，使用银行存款购入面值为 12 万元，年利率 4.45%，持有期限为 6 个月的××债券，支出功能分类列"粮油物资储备支出——粮油事务——其他粮油事务支出"预算科目，部门预算支出经济分类列"其他支出——其他支出"预算科目。

财务会计：

借：短期投资——××债券	120 000
贷：银行存款——××银行	120 000

预算会计：

借：投资　短期　××　其他　其他粮油 　　支出　投资　债券　支出　事务支出	120 000
贷：资金结存——货币资金	120 000

（2）同年债券到期后，单位取得债券本息 122 670 元，款项已经存入银行。

财务会计：

借：银行存款——××银行	122 670
贷：短期投资——××债券	120 000
投资收益——短期投资——债券投资——××债券	2 670

预算会计：

借：资金结存——货币资金   122 670

贷：$\dfrac{\text{投资}}{\text{支出}}$ $\dfrac{\text{短期}}{\text{投资}}$ $\dfrac{\times\times}{\text{债券}}$ $\dfrac{\text{其他}}{\text{支出}}$ $\dfrac{\text{其他粮油}}{\text{事务支出}}$ 120 000

投资预算收益——其他粮油事务支出   2 670

2. 长期债券投资

1）持有长期债券投资

（1）持有分期付息、一次还本的长期债券投资，按期确认利息收入时，按照计算确定的应收未收利息，借记"应收利息"科目，贷记"投资收益"科目。同时，在预算会计下，当收到分期支付的债券利息时，按照实际收到的金额，借记"资金结存——货币资金"科目，贷记"投资预算收益"科目。

（2）持有到期一次还本付息的长期债券投资，按期确认利息收入时，按照计算确定的应收未收利息，借记"长期债券投资——应计利息"科目，贷记"投资收益"科目。由于此时单位实际上并未真正收到债券利息，在预算会计下不做账务处理。

【例12-13】 某林业事业单位经相关部门批准，发生以下业务：

（1）单位于1月1日使用银行存款购入面值为30万元，年利率为5%，1年付息一次的2年期××国债，实际支付价款30万元，支出功能分类列"农林水支出——林业和草原——森林资源管理"预算科目，部门预算支出经济分类列"其他支出——其他支出"预算科目。

财务会计：

借：长期债券投资——成本——××期国债   300 000

贷：银行存款——××银行   300 000

预算会计：

借：$\dfrac{\text{投资}}{\text{支出}}$ $\dfrac{\text{长期债}}{\text{券投资}}$ $\dfrac{\times\times\text{期}}{\text{国债}}$ $\dfrac{\text{其他}}{\text{支出}}$ $\dfrac{\text{森林资}}{\text{源管理}}$ 300 000

贷：资金结存——货币资金   300 000

（2）期末，单位确认国库券利息。

借：应收利息——××国债   1 250

贷：投资收益——长期债券投资——××期国债   1 250

（3）次年1月5日，单位收到银行转来的××期国债第1年利息收入1.5万元。

从上年1月起，单位每月都要确认利息收入1 250万元，截至12月末，单位"应收利息——××国债"借方余额累计为1.5万元。

财务会计：

借：银行存款——××银行 15 000

 贷：应收利息——××国债 15 000

预算会计：

借：资金结存——货币资金 15 000

 贷：投资预算收益——森林资源管理 15 000

2）出售长期债券投资或长期债券投资到期

出售长期债券投资或长期债券投资到期收回本息，按照实际收到的金额，借记"银行存款"等科目，按照债券初始投资成本和已计未收利息金额，贷记"长期债券投资——成本、应计利息"科目（到期一次还本付息债券）或"长期债券投资""应收利息"科目（分期付息债券），按照其差额，贷记或借记"投资收益"科目。涉及增值税业务的，相关账务处理参见"应交增值税"科目。

同时，在预算会计下，根据长期债券的持有时间分为以下两种情况处理：

（1）出售本年度取得的长期债券，按照实际取得的价款或实际收到的本息金额，借记"资金结存——货币资金"科目，按照取得债券时"投资支出"科目的发生额，贷记"投资支出"科目，按照其差额，贷记或借记"投资预算收益"科目。

（2）出售或到期收回以前年度取得的长期债券，按照实际取得的价款或实际收到的本息金额，借记"资金结存——货币资金"科目，按照取得债券时"投资支出"科目的发生额，贷记"其他结余"科目，按照其差额，贷记或借记"投资预算收益"科目。

【例 12-14】 承［例 12-13］，如该林业事业单位持有××期国债 6 个月后，即 7 月 1 日将其全部转让，取得的转让价款为 30.6 万元。单位在持有期间，尚未收到国债利息。

本例中，该林业事业单位持有 6 个月，"应收利息""投资收益"已经确认了 6 次，应收利息"借方余额和"投资收益"贷方余额均应为 7 500 元。转让后，该林业事业单位应做如下账务处理：

财务会计：

借：银行存款——××银行 306 000

  投资收益——长期债券投资——××期国债 1 500

 贷：长期债券投资——成本——××期国债 300 000

  应收利息——××国债 7 500

预算会计：

借：资金结存——货币资金 306 000

 贷：投资支出——长期债券投资——××国债——其他支出——森林资源管理 300 000

  投资预算收益——森林资源管理 6 000

3. 长期股权投资

（1）成本法核算。采用成本法核算的长期股权投资持有期间，被投资单位宣布分派现金股利或利润时，按照宣告分派的现金股利或利润中属于单位应享有的份额，借记"应收股利"科目，贷记"投资收益"科目。由于此时单位实际上并未收到股利或利润，在预算会计下不做账务处理。

（2）权益法核算。采用权益法核算的长期股权投资持有期间，按照应享有或应分担的被投资单位实现的净损益的份额，借记或贷记"长期股权投资——损益调整"科目，贷记或借记"投资收益"科目；被投资单位发生净亏损，但以后年度又实现净利润的，单位在其收益分享额弥补未确认的亏损分担额等后，恢复确认投资收益，借记"长期股权投资——损益调整"科目，贷记"投资收益"科目。与成本法核算一样，由于此时单位实际上并未收到股利或利润，在预算会计下不做账务处理。

（3）处置长期股权投资。按照规定处置长期股权投资时有关投资收益的账务处理，参见"长期股权投资"科目。

【例 12-15】　某事业单位发生以下业务：

（1）单位持有甲公司 10% 的股份，采用成本法核算。年底，甲公司宣布分派 10 万元的现金股利。

财务会计：

借：应收股利——甲公司　　　　　　　　　　　　　　　　　　100 000

　　贷：投资收益——长期股权投资——甲公司　　　　　　　　　　100 000

（2）单位持有乙公司 40% 的股份，采用权益法核算。截至上一年年底，单位账面上对乙公司的"长期股权投资"科目余额为 300 万元。今年年底，乙公司实现净亏损 800 万元。

单位应承担的亏损＝800×40％＝320（万元）

由于单位应承担的亏损超过单位对乙公司长期股权投资的账面余额，按照会计制度的规定，应以长期股权投资账面余额减至零为限。因此，尽管单位本年度应承担乙公司 320 万元的亏损，单位此时只能确认 300 万元的投资损失，冲减 300 万元的长期股权投资。同时，由于单位实际上并未收到股利或利润，按照收付实现制的要求，单位预算会计不做账务处理，只在财务会计下做如下账务处理：

借：投资收益——长期股权投资——乙公司　　　　　　　　　3 000 000

　　贷：长期股权投资——损益调整——乙公司　　　　　　　　　3 000 000

如果第 2 年，乙公司当年又实现 200 万元的利润，则单位应享有 80 万元（200×40％）的利润份额。按照会计制度的规定，享有的 80 万元利润份额应先用于弥补上年尚未确认的 20 万元亏损分担额（假设不含其他需要弥补的分担额），剩

下的 60 万元才可以确认投资收益,增加长期股权投资。为此单位财务会计应做如下账务处理:

借:长期股权投资——损益调整——乙公司　　　　　　　　　　　600 000
　贷:投资收益——长期股权投资——乙公司　　　　　　　　　　　600 000

4. 期末结转

期末结转时,单位将"投资收益"科目本期发生额转入本期盈余,借记或贷记"投资收益"科目,贷记或借记"本期盈余"科目。

年末结转时,应同时在预算会计下,将"投资预算收益"本年发生额转入其他结余,借记或贷记"投资预算收益"科目,贷记或借记"其他结余"科目。

投资收益主要经济业务会计核算情况如表 12-8 所示。

表 12-8　　　　　投资收益主要经济业务会计核算情况表

经济业务		财务会计核算	预算会计核算
(1) 收到短期投资持有期间的利息		借:银行存款 　贷:投资收益	借:资金结存——货币资金 　贷:投资预算收益
(2) 出售或到期收回短期债券本息		借:银行存款 　贷:短期投资 　贷(或借):投资收益	借:资金结存——货币资金 　贷:投资支出/其他结余 　贷(或借):投资预算收益
(3) 持有分期付息、一次还本的长期债券投资	确认应收未收利息	借:应收利息 　贷:投资收益	—
	实际收到利息	借:银行存款 　贷:应收利息	借:资金结存——货币资金 　贷:投资预算收益
(4) 持有一次还本付息的长期债券投资,按期确认利息收入		借:长期债券投资——应计利息 　贷:投资收益	—
(5) 出售长期债券投资或到期收回长期债券投资本息		借:银行存款 　贷:长期债券投资 　　应收利息 　　投资收益	借:资金结存——货币资金 　贷:投资支出/其他结余 　　投资预算收益
(6) 成本法核算的长期股权投资持有期间	被投资单位宣告分派利润或股利	借:应收股利 　贷:投资收益	—
	取得分派的利润或股利	借:银行存款 　贷:应收股利	借:资金结余——货币资金 　贷:投资预算收益

（续表）

经济业务		财务会计核算	预算会计核算
（7）权益法核算的长期股权投资持有期间	应享有或应分担的被投资单位实现的净损益份额	借（或贷）：长期股权投资——损益调整 贷（或借）：投资收益	—
	收到被投资单位发放的现金股利	借：银行存款 贷：应收股利	借：资金结余——货币资金 贷：投资预算收益
	被投资单位发生净亏损，以后年度又实现净利润	借：长期股权投资——损益调整 贷：投资收益	—
（8）期末/年末结转		借（或贷）：投资收益 贷（或借）：本期盈余	借（或贷）：投资预算收益 贷（或借）：其他结余

第七节　捐赠收入与利息收入

一、捐赠收入

捐赠收入是指单位接受其他单位和个人捐赠取得的收入。

（一）会计科目设置

单位应设置"捐赠收入"科目，核算单位接受其他单位或者个人捐赠取得的收入。"捐赠收入"科目平时贷方余额反映单位捐赠收入累计数；期末结账后，本科目应无余额。"捐赠收入"科目应当按照捐赠资产的用途和捐赠单位等进行明细核算。

需要注意的是，行政事业单位接受捐赠现金或非现金资产时，要作为收入通过"捐赠收入"科目核算；而在发生对外捐赠业务时，也要相应作为费用核算，其中，对外捐赠的存货、固定资产等通过"资产处置费用"科目核算，对外捐赠的现金资产则通过"其他费用"科目核算。

（二）主要账务处理

1. 接受捐赠货币资金

接受捐赠的货币资金，按照实际收到的金额，借记"银行存款""库存现金"等科目，贷记"捐赠收入"科目。同时，在预算会计下，借记"资金结存——货币资金"科目，贷记"其他预算收入——捐赠收入"科目。

2. 接受捐赠非现金资产

接受捐赠的存货、固定资产等非现金资产,按照确定的成本,借记"库存物品""固定资产"等科目,按照发生的相关税费、运输费等,贷记"银行存款"等科目,按照其差额,贷记"捐赠收入"科目。同时,在预算会计下,对于支付的相关税费等,按照实际支付的金额,借记"其他支出"科目,贷记"资金结存——货币资金"科目。

需要注意的是,单位接受捐赠资产和接受无偿调拨资产的账务处理是不一样的。接受捐赠资产,对单位来讲,是一种导致净资产增加的、含有服务潜力或者经济利益的经济资源的流入,因此,单位要作为收入记入"捐赠收入"科目。而接受无偿调拨的资产,对单位来讲,相当于单位出资者(所有者、主办方)通过无偿调拨的方式增加对单位的投入,因此,单位要直接增加净资产相应记入"无偿调拨净资产"科目。另外,单位接受捐赠资产计入"捐赠收入"后,应根据具体情况按照国家税法的相关规定判断是否需要缴纳税金。

3. 接受捐赠资产按名义金额入账

接受捐赠的资产按照名义金额入账的,按照名义金额,借记"库存物品""固定资产"等科目,贷记"捐赠收入"科目;按照发生的相关税费、运输费等借记"其他费用"科目,贷记"银行存款"等科目。同时,在预算会计下,对于支付的相关税费等,按照实际支付的金额,借记"其他支出"科目,贷记"资金结存——货币资金"科目。

4. 期末转账

期末,将"捐赠收入"科目的本期发生额转入本期盈余,借记"捐赠收入"科目,贷记"本期盈余"科目。

年末,同时在预算会计下,将"其他预算收入——捐赠收入"科目本年发生额中的专项资金收入转入非财政拨款结转,借记"其他预算收入——捐赠收入"下各专项资金收入明细收入,贷记"非财政拨款结转——本年收支结转"科目;将"其他预算收入——捐赠收入"科目本年发生额中的非专项资金收入转入其他结余,借记"其他预算收入——捐赠收入"科目下各非专项资金收入明细收入,贷记"其他结余"科目。

【例 12-16】 某事业单位发生以下业务:

(1) 接受××单位捐赠的,指定用于洪灾救济的专用材料一批,价值 30 万元,已验收入库。接受捐赠过程中,发生运杂费、包装费等费用 8 000 元,通过财政授权支付方式支付,支出功能分类列"灾害防治及应急管理支出——自然灾害救灾及恢复重建支出——其他自然灾害生活救助支出"预算科目,部门预算支出经济分类列"对个人和家庭的补助——救济费"预算科目。

根据《政府会计准则——基本准则》的规定,财务会计的收入是指报告期内导致政府会计主体净资产增加的、含有服务潜力或者经济利益的经济资源的流入,而预算会计的收入是指政府会计主体在预算年度内依法取得的并纳入预算管理的现金流入。接受捐赠非现金资产,对财务会计来说,能够导致净资产增加,属于含有服务潜力或者经济利益的经济资源流入,但对预算会计来讲,并未形成现金流入,因此,接受捐赠非现金资产,财务会计要同时增记资产和收入,而预算会计则应不做账务处理。同时,在本例中,由于接受捐赠的同时发生了现金流出,预算会计不仅不能增记收入,还要根据发生的税费和运输费金额增记支出。

财务会计:

借:库存物品——××专用材料　　　　　　　　　　　　　　　300 000

　　贷:捐赠收入——洪灾救济项目——××单位　　　　　　　292 000

　　　　零余额账户用款额度　　　　　　　　　　　　　　　　8 000

预算会计:

借:其他支出——财政拨款支出——捐赠置换税费支出——救济费——其他自然灾害生活救助支出　　8 000

　　贷:资金结存——货币资金　　　　　　　　　　　　　　　8 000

(2)期(年)末,将上述业务形成的收支进行结转。

财务会计:

借:捐赠收入——洪灾救济项目——××单位　　　　　　　　292 000

　　贷:本期盈余　　　　　　　　　　　　　　　　　　　　292 000

预算会计:

借:其他结余　　　　　　　　　　　　　　　　　　　　　　8 000

　　贷:其他支出——财政拨款支出——捐赠置换税费支出——救济费——其他自然灾害生活救助支出　　8 000

捐赠收入主要经济业务会计核算情况如表12-9所示。

表 12-9　　　　　　　　　捐赠收入主要经济业务会计核算情况表

经济业务		财务会计核算	预算会计核算
(1)接受捐赠货币资金		借:银行存款/库存现金 　贷:捐赠收入	借:资金结存——货币资金 　贷:其他预算收入——捐赠收入
(2)接受捐赠存货、固定资产等	按照确定的成本入账	借:库存物品/固定资产等 　贷:捐赠收入 　　　银行存款等	借:其他支出[相关税费] 　贷:资金结存——货币资金
	按照名义金额入账	借:库存物品/固定资产等 　贷:捐赠收入 借:其他费用 　贷:银行存款等[相关税费]	借:其他支出[相关税费] 　贷:资金结存——货币资金

（续表）

经济业务		财务会计核算	预算会计核算
（3）期末/年末结转	专项资金	借：捐赠收入 　　贷：本期盈余	借：其他预算收入——捐赠收入 　　贷：非财政拨款结转——本年收支结转
	非专项资金		借：其他预算收入——捐赠收入 　　贷：其他结余

二、利息收入

利息收入是指单位取得的银行存款利息收入。

（一）会计科目设置

单位应设置"利息收入"科目，核算单位取得的银行存款利息收入。"利息收入"科目平时贷方余额反映单位利息收入的累计数；期末结账后，本科目应无余额。"利息收入"科目可按照银行存款的项目进行明细核算。

（二）主要账务处理

（1）取得银行存款利息时，按照实际收到的金额，借记"银行存款"科目，贷记"利息收入"科目。同时，在预算会计下，借记"资金结存——货币资金"科目，贷记"其他预算收入——利息收入"科目。

（2）期末，将"利息收入"科目的本期发生额转入本期盈余，借记"利息收入"科目，贷记"本期盈余"科目。年末，应同时在预算会计下，借记"其他预算收入——利息收入"科目，贷记"其他结余"科目。

【例 12-17】 某市城市管理执法支队发生以下业务：

（1）单位收到开户银行通知，本期银行存款利息 3.9 万元已经到账，支出功能分类列"城乡社区支出——城乡社区管理事务——城管执法"预算科目。

财务会计：

借：银行存款——××银行　　　　　　　　　　　　　　　　　　39 000

　　贷：利息收入——××银行　　　　　　　　　　　　　　　　39 000

预算会计：

借：资金结存——货币资金　　　　　　　　　　　　　　　　　　39 000

　　贷：其他预算收入——利息收入——非专项资金收入——城管执法　39 000

（2）期（年）末，将上述业务形成的利息收入进行结转。

财务会计：

借：利息收入——××银行　　　　　　　　　　　　　　　　　　39 000

　　贷：本期盈余　　　　　　　　　　　　　　　　　　　　　　39 000

预算会计：

借：其他预算收入——利息收入——非专项资金收入——城管执法 39 000

　　贷：其他结余 39 000

利息收入主要经济业务会计核算情况如表 12-10 所示：

表 12-10　　　　　　　　利息收入主要经济业务会计核算情况表

经济业务	财务会计核算	预算会计核算
（1）取得银行存款利息收入	借：银行存款 　　贷：利息收入	借：资金结存——货币资金 　　贷：其他预算收入——利息收入
（2）期末/年末结转	借：利息收入 　　贷：本期盈余	借：其他预算收入——利息收入 　　贷：其他结余

第八节　租金收入与其他收入

一、租金收入

（一）租金收入的概念与管理

租金收入是指单位经批准利用国有资产出租取得并按照规定纳入本单位预算管理的租金收入。

根据《行政单位国有资产管理暂行办法》(财政部令第 35 号)和《事业单位国有资产管理暂行办法》(财政部令第 36 号)的规定，单位应制定国有资产管理办法，严格规范国有资产的出租出借业务，保证国有资产的安全完整。

（1）行政单位将占有、使用的国有资产对外出租、出借的，必须事先上报同级财政部门审核批准，未经批准不得对外出租、出借。同级财政部门根据实际情况对行政单位国有资产对外出租、出借事项严格控制，从严审批。

（2）事业单位利用国有资产对外投资、出租、出借和担保等应当进行必要的可行性论证，并提出申请，经主管部门审核同意后，报同级财政部门审批。事业单位应当对本单位用于对外投资、出租和出借的资产实行专项管理，并在单位财务会计报告中对相关信息进行充分披露。

（3）行政单位出租、出借的国有资产，其所有权性质不变，仍归国家所有。所形成的收入，按照政府非税收入管理的规定，实行"收支两条线"管理。事业单位对外投资收益以及利用国有资产出租、出借取得的收入应当纳入单位预算，统一核算,统一管理。

(二) 租金收入的确认

国有资产出租收入,应当在租赁期内各个期间按照直线法予以确认。所谓直线法就是平均年限法,即根据出租年限与租金收入总额,平均计算每期的租金收入,并据此在租赁期内各个期间分别确认当期租金收入。

之所以要使用直线法确认资产出租收入,主要是基于"使用价值"视角,其基本逻辑是:租赁收入的取得是基于资产使用权的让渡,即资产所有者因为让渡了资产的使用价值才取得租金收入。而资产的使用价值一般是在使用期限内平均实现的,因此租金收入应按直线法在租赁期内平均确认。

实际工作中有两种情形需要注意:一是确实有一些资产的使用价值不是平均实现的,比如有些设备的产量或生产能力可能是递减的。二是房屋租赁合同中,经常存在租金递增的情形,比如一个 5 年合同,第 1 年租金 50 万元,第 2 年起租金在上年基础上每年递增 5 万元,5 年租金共计 300 万元。对于第一种情形,尽管根据设备的生产能力确认收入可能更加合理一些,但政府会计制度明确规定要采取直线法确认收入,我们要严格执行制度规定。对于第二种情形,尽管大多数人可能认为按照合同约定的每年实际租金确认会更加合理一些,但一方面,在租赁期内出租房屋的面积、地理位置、结构等均未发生变化,其使用价值在租赁期内仍是平均实现的,因此,使用直线法确认收入仍然是科学合理的;另一方面,这个 5 年合同下年度租金的确定,每年的租金都是相互关联的而不是彼此割裂的,不能把每年单独作为一个租赁期来对待。因此,对上述合同形成的租金收入,要在 5 年内每年按照 60 万元确认,而不能第 1 年确认 50 万元,第 2 年确认 55 万元。

从租金的收取方式来看,主要分为预收租金方式、后付租金方式和分期收取租金方式。无论采取哪种收取方式,单位都应按照直线法的规定和合同约定,在租赁期内各个期间,分期确认租金收入。

(三) 租金收入的核算

单位应设置"租金收入"科目,核算单位经批准利用国有资产出租取得并按照规定纳入本单位预算管理的租金收入。"租金收入"科目平时贷方余额反映单位租金收入的累计数;期末结账后,本科目应无余额。"租金收入"科目应当按照国有资产类别和收入来源等进行明细核算。

1. 预收租金方式

采用预收租金方式的,在预收租金时按照收到的金额,借记"银行存款"等科目,贷记"预收账款"科目;同时,在预算会计下,借记"资金结存——货币资金"科目,贷记"其他预算收入——租金收入"科目。

按照直线法分期确认租金收入时,借记"预收账款"科目,贷记"租金收入"科目。由于确认租金收入时,并未形成现金流入,预算会计不做账务处理。

【例 12-18】 某水利事业单位经相关部门批准,将一仓库对外出租给××公司。按照合同约定,租赁期 1 年,租金为 1 万元/月,每季度末月的 20 日,预收下一季度租金。单位的正常支出功能分类列"农林水支出——水利——水文测报"预算科目,租金收入由单位统筹安排使用。

(1)每季度末月 20 日预收下季度租金 3 万元。

财务会计:

借:银行存款——××银行		30 000
贷:预收账款——××公司		30 000

预算会计:

借:资金结存——货币资金		30 000
贷:其他预算收入——租金收入——非专项资金收入——水文测报		30 000

(2)每月末确认本月租金收入 1 万元。

借:预收账款——××公司		10 000
贷:租金收入——房产出租——××公司		10 000

2. 后付租金方式

采用后付租金方式的,每期确认租金收入时,按照各期租金金额,借记"应收账款"科目,贷记"租金收入"科目。由于确认租金收入时,并未形成现金流入,预算会计不做账务处理。

实际收到租金时,按照实际收到的金额,借记"银行存款"等科目,贷记"应收账款"科目。同时,在预算会计下,按照实际收到的租金金额,借记"资金结存——货币资金"科目,贷记"其他预算收入——租金收入"科目。

【例 12-19】 某省立医院经相关部门批准,将眼科门诊一间诊室出租给某配镜店。按照合同约定,租赁期 1 年,租金为 5 000 元/月,采用后付方式于合同期满后通过银行转账收取租金。租金由医院专项用于眼科电脑验光仪购置,支出功能分类列"卫生健康支出——公立医院——综合医院"预算科目。

(1)医院每月确认租金收入 5 000 元。

借:应收账款——其他应收账款——××配镜店		5 000
贷:租金收入——房产出租——××配镜店		5 000

(2)合同期满医院实际收到租金。

财务会计:

借:银行存款——××银行		60 000
贷:应收账款——其他应收账款——××配镜店		60 000

预算会计：

借：资金结存——货币资金　　　　　　　　　　　　　　　　　　　　60 000

贷：其他预算收入　租金收入　专项资金收入　电脑验光仪购置　综合医院　　60 000

3. 分期收取租金方式

每期收取租金时,按照租金金额,借记"银行存款"等科目,贷记"租金收入"科目。同时,在预算会计下,借记"资金结存——货币资金"科目,贷记"其他预算收入——租金收入"科目。

4. 期末转账

期末,单位将"租金收入"科目的本期发生额转入本期盈余,借记"租金收入"科目,贷记"本期盈余"科目。年末,应同时在预算会计下,借记"其他预算收入——利息收入"科目,贷记"其他结余"科目。

租金收入主要经济业务会计核算情况如表 12-11 所示。

表 12-11　　　　　　　　　租金收入主要经济业务会计核算情况表

经济业务		财务会计核算	预算会计核算
(1) 预收租金方式	收到预付租金	借：银行存款等 贷：预收账款	借：资金结存——货币资金 贷：其他预算收入——租金收入
	分期确认租金收入	借：预收账款 贷：租金收入	—
(2) 后付租金方式	分期确认租金收入	借：应收账款 贷：租金收入	—
	收到租金	借：银行存款 贷：应收账款	借：资金结存——货币资金 贷：其他预算收入——租金收入
(3) 分期收取租金	按期收取租金	借：银行存款等 贷：租金收入	借：资金结存——货币资金 贷：其他预算收入——租金收入
(4) 期末/年末结转		借：租金收入 贷：本期盈余	借：其他预算收入——租金收入 贷：其他结余

二、其他收入

(一) 其他收入的概念

其他收入是指单位取得的除财政拨款收入、事业收入、上级补助收入、附属单位上缴收入、经营收入、非同级财政拨款收入、投资收益、捐赠收入、利息收入、租金收入以外的各项收入,包括现金盘盈收入、按照规定纳入单位预算管理的科技成果转化收入、行政单位收回已核销的其他应收款、无法偿付的应付与预收款项、置换换出资产评估增值等。其中,科技成果转化收入主要适用于教育、科研事业单位等。

（二）其他收入的核算

单位应设置"其他收入"科目，用于核算单位取得的除财政拨款收入、事业收入、上级补助收入、附属单位上缴收入、经营收入、非同级财政拨款收入、投资收益、捐赠收入、利息收入、租金收入以外的各项收入。"其他收入"科目平时贷方余额反映单位其他收入的累计数；期末结转后，该科目应无余额。"其他收入"科目应当按照其他收入的类别、来源等进行明细核算。

1. 现金盘盈收入

在每日现金账款核对中发现的现金溢余，属于无法查明原因的部分，报经批准后，借记"待处理财产损溢"科目，贷记"其他收入"科目。同时，在预算会计下，按照溢余的现金金额，借记"资金结存——货币资金"科目，贷记"其他预算收入"科目。

2. 科技成果转化收入

单位科技成果转化所取得的收入，按照规定留归本单位的，将所取得收入扣除相关费用之后的净收益，借记"银行存款"等科目，贷记"其他收入"科目。同时，在预算会计下，借记"资金结存——货币资金"科目，贷记"其他预算收入"科目。

3. 收回已核销的其他应收款

行政单位已核销的其他应收款在以后期间收回的，按照实际收回的金额，借记"银行存款"等科目，贷记"其他收入"科目。同时，在预算会计下，借记"资金结存——货币资金"科目，贷记"其他预算收入"科目。

需要注意，在财务会计下，只有行政单位已核销的其他应收款在以后期间收回的，才通过"其他收入"科目核算；事业单位核销其他应收款时记入"坏账准备"科目，因此，已核销的其他应收款在以后期间收回的，仍应根据核销时的处理方式进行反向账务处理，即借记"其他应收款"科目，贷记"坏账准备"科目；同时，借记"银行存款"科目，贷记"其他应收款"科目。

4. 无法偿付的应付与预收款项

无法偿付或债权人豁免偿还的应付账款、预收账款、其他应付款及长期应付款，借记"应付账款""预收账款""其他应付款""长期应付款"等科目，贷记"其他收入"科目。

5. 置换换出资产评估增值

在资产置换过程中，换出资产评估增值的，按照评估价值高于资产账面价值或账面余额的金额，借记有关科目，贷记"其他收入"科目。具体账务处理参见"库存物品"科目。

以未入账的无形资产取得的长期股权投资，按照评估价值加相关税费作为投资成本，借记"长期股权投资"科目，按照发生的相关税费，贷记"银行存款""其他应交税费"等科目，按其差额，贷记"其他收入"科目。

6. 其他收入

确认上述 1～5 项以外的其他收入时,按照应收或实际收到的金额,借记"其他应收款""银行存款""库存现金"等科目,贷记"其他收入"科目。同时,在预算会计下,按照实际收到的金额,借记"资金结存——货币资金"科目,贷记"其他预算收入"科目。

7. 期末转账

期末,单位将"其他收入"科目的本期发生额转入本期盈余,借记"其他收入"科目,贷记"本期盈余"科目。

年末,应同时在预算会计下,将"其他预算收入"科目本年发生额中的专项资金收入转入非财政拨款结转,借记"其他预算收入"科目下各专项资金收入明细科目,贷记"非财政拨款结转——本年收支结转"科目;将"其他预算收入"科目本年发生额中的非专项资金收入转入其他结余,借记"其他预算收入"科目下各非专项资金收入明细科目,贷记"其他结余"科目。

【例 12-20】　某科研事业单位基本支出功能分类列"科学技术支出——应用研究——机构运行"预算科目。该单位现发生以下业务:

(1) 出纳人员在日常现金盘点中发现现金溢余 500 元,经查原因不明。

现金盘点发现现金溢余,财务会计和预算会计的处理方式略有不同。财务会计首先要全额记入"待处理财产损溢"科目,然后再根据原因进行处理,属于无法查明原因的部分,记入"其他收入"科目;预算会计是首先全额记入"其他预算收入"科目,然后再根据原因进行处理,属于应支付给有关个人和单位的部分,冲减"其他预算收入"科目。

财务会计:

发现现金溢余时:

借:库存现金 500

　　贷:待处理财产损溢——库存现金 500

报经批准计入收入时:

借:待处理财产损溢——库存现金 500

　　贷:其他收入——现金盘盈收入 500

预算会计:

发现现金盈余时:

借:资金结存——货币资金 500

　　贷:其他预算收入——现金盘盈收入——非专项资金收入——机构运行 500

报经批准计入收入时无现金流出,不做账务处理。

(2) 经相关部门批准,将发明的一项专利转让给××公司。合同约定,转让收入扣除相关费用之后的净收益为 50 万元。根据相关规定,该收益留归本单位,用于××项目的研究,支出功能分类列"科学技术支出——应用研究——高技术研究"预算科目。

财务会计:

借:银行存款——××银行 500 000
　　贷:其他收入——科技成果转让收入 500 000

预算会计:

借:资金结存——货币资金 500 000
　　贷:其他预算收入——科技成果转让收入——专项资金收入——××项目——高技术研究 500 000

(3) 资产清查时,发现应偿还甲公司的一笔材料款1.3万元,由于甲公司解散导致无法偿还。

借:应付账款——甲公司 13 000
　　贷:其他收入——无法偿付款项 13 000

(4) 期(年)末,将上述(1)～(3)项业务进行结转。

财务会计:

借:其他收入——现金盘盈收入 500
　　其他收入——科技成果转让收入 500 000
　　其他收入——无法偿付款项 13 000
　　贷:本期盈余 513 500

预算会计:

借:其他预算收入——现金盘盈收入——非专项资金收入 500
　　贷:其他结余 500

借:其他预算收入——科技成果转让收入——专项资金收入——××项目——高技术研究 500 000
　　贷:非财政拨款结转——本年收支结转 500 000

其他收入主要经济业务会计核算情况如表12-12所示。

表12-12　　　　　其他收入主要经济业务会计核算情况表

经济业务		财务会计核算	预算会计核算
(1) 现金盘盈收入	发现现金溢余	借:库存现金 　　贷:待处理财产损溢	借:资金结存——货币资金 　　贷:其他预算收入
	属于无法查明原因的部分,报经批准后	借:待处理财产损溢 　　贷:其他收入	—

（续表）

经济业务		财务会计核算	预算会计核算
（2）按照规定留归本单位的科技成果转化收入		借：银行存款等 　贷：其他收入	借：资金结存——货币资金 　贷：其他预算收入
（3）行政单位收回已核销的其他应收款		借：银行存款等 　贷：其他收入	借：资金结存——货币资金 　贷：其他预算收入
（4）无法偿付的应付及预收款项		借：应付账款/预收账款等 　贷：其他收入	—
（5）置换换出资产评估增值		借：有关科目 　贷：其他收入	—
（6）其他情况取得的收入		借：其他应收款/银行存款等 　贷：其他收入	借：资金结余——货币资金 　贷：其他预算收入
（7）期末/年末结转	专项资金	借：其他收入 　贷：本期盈余	借：其他预算收入 　贷：非财政拨款结转——本年收支结转
	非专项资金		借：其他预算收入 　贷：其他结余

第十三章　政府单位费用的核算

第一节　费用概述

一、费用的概念与管理

费用是指报告期内导致政府会计主体净资产减少的、含有服务潜力或者经济利益的经济资源的流出。对于政府单位来说,具体是指单位为保障机构正常运转、开展业务及其他活动发生的资金耗费和损失。

单位应当将各项费用全部纳入单位预算,建立健全预算管理制度,并严格按照财政部门批准的支出预算执行,执行过程中应密切关注预算执行进度。

单位应当严格执行国家有关财务规章制度规定的开支范围和开支标准,制定完善的财务报销制度,明确岗位职责权限,确认各项不相容岗位相互分离。

二、费用的确认

费用的确认采用权责发生制,且应当同时满足以下条件:

一是与费用相关的含有服务潜力或者经济利益的经济资源很可能流出单位。

二是含有服务潜力或者经济利益的经济资源流出会导致单位资产减少或者负债增加。

三是流出金额能够可靠地计量。

符合费用定义和费用确认条件的项目,应当列入收入费用表。

三、费用的分类及科目设置

(一)费用的分类

从企业会计核算的角度看,费用可以按功能划分,也可以按性质划分。按照费用在企业所发挥的功能分类,可以将费用划分为从事经营业务发生的成本、管理费用、销售费用和财务费用等。按照性质分类,可以将费用划分为耗用的原材料、职工薪酬费用、折旧费、摊销费等。按照功能分类可以明确费用发生的活动领域,了解每项产品的成本、费用的构成及其变化,建立产品成本与费用的对应关系,进而实施有效的成本管理。按照性质分类可以反映企业一定时期内生产过程中耗费费用的具体性质和数额,缺点是不能反映费用与成本的对应关系。

政府会计对于费用的分类,同时使用了功能分类和性质分类两种分类方法。首先,总体上采用了功能分类方法,将行政事业单位费用分为业务活动费用、单位管理费用、经营费用、资产处置费用、上缴上级费用、对附属单位补助费用、所得税费用和其他费用等。在此基础上,再按照性质分类方法,在业务活动费用、单位管理费用、经营费用等费用类别下,进一步细化为工资福利费用、商品和服务费用、对个人和家庭的补助、固定资产折旧费等。这种处理方式,既有助于核算每一项活动所发生的成本,从而为以后政府会计的成本核算奠定基础;也有助于对每一项活动的具体费用做进一步的明细分析,从而了解和掌握每一项活动费用的具体经济构成。

(二) 财务会计费用类科目的设置

与费用分类相适应,行政事业单位财务会计设置业务活动费用、单位管理费用等8个费用类会计科目。其中,业务活动费用、资产处置费用和其他费用等3个科目为行政单位、事业单位共用科目,单位管理费用、经营费用、上缴上级费用等5个科目为事业单位专用科目。财务会计费用类科目设置的具体情况见表13-1。

表 13-1　　　　　　　　　财务会计费用类科目设置明细表

科目编号	会计科目	适用单位	科目编号	会计科目	适用单位
5001	业务活动费用	行政单位、事业单位	5401	上缴上级费用	事业单位
5101	单位管理费用	事业单位	5501	对附属单位补助费用	事业单位
5201	经营费用	事业单位	5801	所得税费用	事业单位
5301	资产处置费用	行政单位、事业单位	5901	其他费用	行政单位、事业单位

第二节　业务活动费用

一、业务活动费用的概念

业务活动费用是指行政事业单位为实现其职能目标,依法履职或开展专业业务活动及其辅助活动所发生的各项费用。

按照经济性质,业务活动费用可以分为工资福利费用、商品和服务费用、对个人和家庭的补助费用、对企业补助费用、固定资产折旧费、无形资产摊销费、公共基础设施折旧(摊销)费、保障性住房折旧费、计提专用基金等。行政事业单位应根据上述分类对业务活动费用进行明细核算,进一步强化费用的管理。

二、业务活动费用的核算

(一) 会计科目设置

行政事业单位应设置"业务活动费用"科目,核算单位为实现其职能目标,依法履职或开展专业业务活动及其辅助活动所发生的各项费用。"业务活动费用"科目平时借方余额反映单位业务活动费用实际累计数;期末结转后,本科目应无余额。

"业务活动费用"科目应按照项目、服务或者业务类别、支付对象等进行明细核算。为满足成本核算需要,"业务活动费用"科目下还可按照"工资福利费用""商品和服务费用""对个人和家庭的补助费用""对企业补助费用""固定资产折旧费""无形资产摊销费""公共基础设施折旧(摊销)费""保障性住房折旧费""计提专用基金"等成本项目设置明细科目,归集能够直接计入业务活动或采用一定方法计算后计入业务活动的费用。

行业事业单位应当根据行业特点与核算需要,在"业务活动费用"科目下统一设置相应的明细科目。

1. 科学事业单位

科学事业单位应当在"业务活动费用"科目下设置"科研活动费用""非科研活动费用"明细科目。

(1)"科研活动费用"科目核算科学事业单位开展科研活动及其辅助活动发生的各项费用。

(2)"非科研活动费用"科目核算科学事业单位开展科研活动以外的其他业务活动及其辅助活动发生的各项费用,包括技术活动费用、学术活动费用、科普活动费用、试制产品活动费用和教学活动费用等。

技术活动费用是指科学事业单位对外提供技术咨询、技术服务等活动发生的各项费用。

学术活动费用是指科学事业单位开展学术交流、学术期刊出版等活动发生的各项费用。

科普活动费用是指科学事业单位开展科学知识宣传、讲座和科技展览等活动发生的各项费用。

试制产品活动费用是指科学事业单位试制中间试验产品等活动发生的各项费用。

教学活动费用是指科学事业单位开展教学活动发生的各项费用。

2. 高等学校

高等学校应当在"业务活动费用"科目下设置"教育费用""科研费用"明细科目。其中,"教育费用"科目核算高等学校开展教学及其辅助活动、学生事务等活动所发生的,能够直接计入或采用一定方法计算后计入的各项费用。"科研费用"科目核算高等学校开展科研及其辅助活动所发生的,能够直接计入或采用一定方法计算后计入的各项费用。

3. 医院

医院应当在"业务活动费用"科目下按照经费性质(财政基本拨款经费、财政项目拨款经费、科教经费、其他经费)进行明细核算,并对政府指令性任务进行明细核算。此外,医院还可根据管理要求,参照《政府收支分类科目》中"部门预算支出经济分类科目"对业务活动费用进行明细核算;设置"工资福利费用""商品和服务费用""对个人和家庭的补助费用"等明细科目,进行成本核算,同时在"商品和服务费用"明细科目下设置"专用材料费"明细科目,并按照"卫生材料费""药品费"进行明细核算。

4. 基层医疗卫生机构

基层医疗卫生机构应当在"业务活动费用"科目下设置"医疗费用""公共卫生费用""科教费用"等明细科目。

(1)"医疗费用"科目,核算基层医疗卫生机构开展医疗活动发生的各项费用。"医疗费用"科目下应设置"人员费用""药品费""专用材料费""维修费""计提专用基金""固定资产折旧""无形资产摊销""其他医疗费用"等明细科目。其中,在"人员费用"明细科目下设置"工资福利费用""对个人和家庭的补助费用"明细科目;在"药品费"明细科目下设置"西药""中成药""中药饮片"明细科目,在"西药"明细科目下设置"西药""疫苗"明细科目;在"专用材料费"明细科目下设置"卫生材料费""低值易耗品""其他材料费"明细科目,在"卫生材料费"明细科目下设置"血库材料""医用气体""影像材料""化验材料"和"其他卫生材料"明细科目。

(2)"公共卫生费用"科目,核算基层医疗卫生机构开展公共卫生活动发生的各项费用。"公共卫生费用"科目下应设置"人员费用""药品费""专用材料费""维修费""其他公共卫生费用"等明细科目。其中,在"人员费用"明细科目下设置"工资福利费用""对个人和家庭的补助费用"明细科目;在"药品费"明细科目下设置"西药""中成药""中药饮片"明细科目,在"西药"明细科目下设置"西药""疫苗"明细科目;在"专用材料费"明细科目下设置"卫生材料费""低值易耗品""其他材料费"明细科目,在"卫生材料费"明细科目下设置"血库材料""医用气体""影像材料""化验材料"和"其他卫生材料"明细科目。

(3)"科教费用"科目,核算基层医疗卫生机构开展科研教学活动发生的各项费用。"科教费用"科目下应设置"科研费用""教学费用"明细科目。

（二）主要账务处理

1. 为履职或开展业务活动人员计提薪酬

为履职或开展业务活动人员计提的薪酬，按照计算确定的金额，借记"业务活动费用"科目，贷记"应付职工薪酬"科目。由于并未发生实际的现金流出，因此在计提职工薪酬时，不需要进行预算会计的处理。

实际支付薪酬并代扣个人承担的个人所得税时，借记"应付职工薪酬"科目，按照实际支付给职工的金额，贷记"财政拨款收入""零余额账户用款额度""银行存款"等科目，按照代扣的个人所得税款，贷记"其他应交税费——应交个人所得税"科目。同时，在预算会计下，按照支付给个人的金额，借记"行政支出""事业支出"科目，贷记"财政拨款预算收入""资金结存"科目。

实际支付代扣的个人所得税时，按照实际缴纳的金额，借记"其他应交税费——应交个人所得税"科目，贷记"银行存款"等科目。同时，在预算会计下，借记"行政支出""事业支出"科目，贷记"资金结存"科目。

【例13-1】 某人力资源行政单位发生以下业务：

（1）单位计提本单位职工工资25万元，单位应负担职工的住房公积金3万元、医疗保险缴费2万元，同时按照规定代扣代缴个人所得税1 800元，代扣代缴个人承担的住房公积金3万元，医疗保险缴费1万元。

计提应付职工薪酬时：

借：业务活动费用——工资福利费用　　　　　　　　　　　　300 000

　　贷：应付职工薪酬——工资（含离退休费）　　　　　　　250 000

　　　　应付职工薪酬——住房公积金　　　　　　　　　　　 30 000

　　　　应付职工薪酬——社会保险费——医疗保险费　　　　 20 000

代扣应由个人承担的税费时：

借：应付职工薪酬——工资（含离退休费）　　　　　　　　　 41 800

　　贷：其他应交税费——应交个人所得税　　　　　　　　　　1 800

　　　　应付职工薪酬——住房公积金　　　　　　　　　　　 30 000

　　　　应付职工薪酬——社会保险费——医疗保险费　　　　 10 000

（2）单位通过零余额账户发放职工薪酬，并缴纳相关的税费，支出功能分类列"一般公共服务支出——人力资源事务——行政运行"等预算科目，部门预算支出经济分类分别列"工资福利支出"类级科目下的"基本工资""住房公积金""职工基本医疗保险缴费"款级科目。

本业务中，单位计提的职工工资25万元，需要扣除应由个人承担的41 800元税费（个人所得税1 800元、住房公积金3万元、医疗保险缴费1万元）后的余额（208 200元）发放至个人。在此基础上，单位要将单位负担的住房公积金3万元、医疗保险缴费 2 万元，以及代扣的个人承担的 41 800 元税费一并缴付相关单位。

财务会计：

借：应付职工薪酬——工资（含离退休费）   208 200

  贷：零余额账户用款额度   208 200

借：其他应交税费——应交个人所得税   1 800

  应付职工薪酬——住房公积金   60 000

  应付职工薪酬——社会保险费——医疗保险费   30 000

  贷：零余额账户用款额度   91 800

预算会计：

借：行政支出——财政拨款支出——基本支出——基本工资——行政运行 250 000

 行政支出——财政拨款支出——基本支出——住房公积金——住房公积金 30 000

 行政支出——财政拨款支出——基本支出——职工基本医疗保险缴费——行政单位医疗 20 000

 贷：资金结存——零余额账户用款额度   300 000

需要注意的是，单位代扣的个人所得税，支出经济分类应列"工资福利支出——基本工资"科目，而不能列"商品和服务支出——税金及附加费用"科目；单位为职工缴纳的社会保险费、住房公积金，与单位从职工工资中代扣代缴的社会保险费、住房公积金，其适用的部门预算支出经济分类科目也是不一样的。具体详见第十八章第二节"行政支出"科目的案例分析。

2. 为履职或开展业务活动发生外部人员劳务费

为履职或开展业务活动发生的外部人员劳务费，按照计算确定的金额，借记"业务活动费用"科目，按照代扣代缴个人所得税的金额，贷记"其他应交税费——应交个人所得税"科目，按照扣税后应付或实际支付的金额，贷记"其他应付款""财政拨款收入""零余额账户用款额度""银行存款"等科目。

同时，在预算会计下，实际支付外部人员劳务费并代扣个人所得税时，按照实际支付给个人的金额，借记"行政支出""事业支出"科目，贷记"财政拨款预算收入""资金结存"科目；按照规定代扣代缴个人所得税时，按照实际缴纳的金额，借记"行政支出""事业支出"科目，贷记"财政拨款预算收入""资金结存"等科目。

【例 13-2】 某食品药品检验机构发生以下业务：

(1) 单位邀请专家开展学术讲座，劳务费 2 000 元，需代扣个人所得税 240 元。劳务费使用财政安排的检验检测项目经费，通过财政授权支付方式支付，支出功能分类列"一般公共服务支出——市场监督管理事务——一般行政管理事务"预算科目，部门预算支出经济分类列"商品和服务支出——劳务费"预算科目。

财务会计：

借：业务活动费用——商品和服务费用　　　　　　　　　　　　　　　2 000
　　贷：零余额账户用款额度　　　　　　　　　　　　　　　　　　　　1 760
　　　　其他应交税费——应交个人所得税　　　　　　　　　　　　　　240

预算会计：

借：事业支出／财政拨款支出／项目支出／检验检测项目／劳务费／一般行政管理事务　　1 760
　　贷：资金结存——货币资金　　　　　　　　　　　　　　　　　　　1 760

（2）单位将代扣的个人所得税 240 元缴至税务局。

财务会计：

借：其他应交税费——应交个人所得税　　　　　　　　　　　　　　　240
　　贷：零余额账户用款额度　　　　　　　　　　　　　　　　　　　　240

预算会计：

借：事业支出／财政拨款支出／项目支出／检验检测项目／劳务费／一般行政管理事务　　240
　　贷：资金结存——货币资金　　　　　　　　　　　　　　　　　　　240

需要注意，单位从劳务费中代扣的个人所得税，从财务会计核算角度看，毋庸置疑应列"其他应交税费——应交个人所得税"科目，但是从预算会计核算角度看，部门支出经济分类科目应使用"商品和服务支出——劳务费"科目，而不能使用"商品和服务支出——税金及附加费用"科目。这主要是由于个人所得税是劳务费的一部分，单位只是代扣，税负并未真正由单位承担。

3. 为履职或开展业务活动领用库存物品，动用发出政府储备物资

为履职或开展业务活动领用库存物品，以及动用发出相关政府储备物资，按照领用库存物品或发出相关政府储备物资的账面余额，借记"业务活动费用"科目，贷记"库存物品""政府储备物资"等科目。由于领用库存物品、政府储备物资不涉及现金流出，因此，在预算会计下不做账务处理。

4. 为履职或开展业务活动所使用的固定资产等计提折旧、摊销

为履职或开展业务活动所使用的固定资产、无形资产以及为所控制的公共基础设施、保障性住房计提的折旧、摊销，按照计提金额，借记"业务活动费用"科目，贷记"固定资产累计折旧""无形资产累计摊销""公共基础设施累计折旧（摊销）""保障性住房累计折旧"科目。由于计提折旧或摊销不涉及现金流出，因此，在预算会计下不做账务处理。

【例 13-3】某公立医院发生以下业务：

（1）单位为加强内控管理，购买一套 HRP 系统，合同约定价款为 240 万元，从单位预算中安排的 HRP 系统经费列支,以自有资金通过银行转账支付,支出功能分类列"卫生健康支出——公立医院——综合医院"预算科目,部门预算支出经济分类列"资本性支出——信息网络及软件购置更新"预算科目。

财务会计:

借:无形资产——HRP 系统　　　　　　　　　　　　　　　　　　2 400 000
　　贷:银行存款——××银行　　　　　　　　　　　　　　　　　　2 400 000

预算会计:

借:事业　　其他资　　项目　　HRP　　信息网络及软　　综合　　2 400 000
　　支出　　金支出　　支出　　系统　　件购置更新　　　医院
　　贷:资金结存——货币资金　　　　　　　　　　　　　　　　　　2 400 000

(2) HRP 系统采用直线法进行摊销,摊销年限为 10 年。

每月计提无形资产摊销＝240÷10÷12＝2(万元)

借:业务活动费用——其他经费——无形资产摊销费　　　　　　　20 000
　　贷:无形资产累计摊销——其他经费　　　　　　　　　　　　　　20 000

(3) 单位通过银行转账支付 5 万元,用于购买检验试剂,使用自有资金从单位预算安排的日常公用经费中列支,支出功能分类列"卫生健康支出——公立医院——综合医院"预算科目,部门预算支出经济分类列"商品和服务支出——专用材料费"预算科目。

财务会计:

借:库存物品——卫生材料——化验材料　　　　　　　　　　　　50 000
　　贷:银行存款——××银行　　　　　　　　　　　　　　　　　　50 000

预算会计:

借:事业支出——其他资金支出——基本支出——专用材料费——综合医院50 000
　　贷:资金结存——货币资金　　　　　　　　　　　　　　　　　　50 000

(4) 检验科领用检验试剂 5 000 元。

借:业务活　　其他　　商品和服　　专用材　　卫生材　　化验　　5 000
　　动费用　　经费　　务费用　　　料费　　　料费　　　材料
　　贷:库存物品——卫生材料——化验材料　　　　　　　　　　　5 000

5. 为履职或开展业务活动发生城市维护建设税等相关税费

为履职或开展业务活动发生的城市维护建设税、教育费附加、地方教育费附加、车船税、房产税、城镇土地使用税等,按照计算确定应缴纳的金额,借记"业务活动费用"科目,贷记"其他应交税费"等科目。实际缴纳时,借记"其他应交税费"科目,贷记"银行存款"等科目。

在预算会计下,计算确定应缴纳金额时,不做账务处理;实际缴纳时,借记"行政支出""事业支出"科目,贷记"财政拨款预算收入""资金结存"等科目。

【例 13-4】　某公路养护事业单位发生以下业务:

(1)单位开展养护业务活动,应缴纳城市维护建设税 2 100 元、教育费附加 900 元。

借:业务活动费用——养护业务——商品和服务支出　　　　　　3 000
　　贷:其他应交税费——城市维护建设税　　　　　　　　　　　2 100
　　　　其他应交税费——教育费附加　　　　　　　　　　　　　 900

(2)单位使用自有资金向税务局缴纳税款 3 000 元,支出功能分类列"交通运输支出——公路水路运输——公路养护"预算科目,部门预算支出经济分类列"商品和服务支出——税金及附加费用"预算科目。

财务会计:

借:其他应交税费——城市维护建设税　　　　　　　　　　　　2 100
　　其他应交税费——教育费附加　　　　　　　　　　　　　　　 900
　　贷:银行存款——××银行　　　　　　　　　　　　　　　　3 000

预算会计:

| 借: | 事业支出 | 其他资金支出 | 基本支出 | 税金及附加费用 | 公路养护 | 3 000 |

　　贷:资金结存——货币资金　　　　　　　　　　　　　　　　3 000

6. 为履职或开展业务活动发生预付款项

履职或开展业务活动发生预付款项时,按照实际支付的金额,借记"预付账款"科目,贷记"财政拨款收入""零余额账户用款额度""银行存款"等科目。同时,在预算会计下,借记"行政支出""事业支出"科目,贷记"财政拨款预算收入""资金结存"科目。

具体结算款项时,按照应付的款项,借记"业务活动费用"科目,贷记"预付账款"科目,如需补付款项,按照补付金额,贷记"财政拨款收入""零余额账户用款额度""银行存款"科目。同时,在预算会计下,按照实际补付金额,借记"行政支出""事业支出"科目,贷记"财政拨款预算收入""资金结存"科目。

7. 为履职或开展业务活动发生暂付款项

履职或开展业务活动发生暂付款项时,按照实际支付的金额,借记"其他应收款"科目,贷记"零余额账户用款额度""银行存款""库存现金"等科目。与预付款项有所不同,暂付款项在预算会计下不做账务处理。

具体结算款项或报销时,按照结算或报销的金额,借记"业务活动费用"科目,按照收回的金额,借记"库存现金"等科目,贷记"其他应收款"科目。同时,在预算会计下,按照结算或报销的金额,借记"行政支出""事业支出"科目,贷记"资金结存"科目。

【例 13-5】　某地震行政单位发生以下业务:

（1）单位通过政府采购方式，购买××公司生产的地震观测仪器，合同价款900万元，单位需预付款项500万元。单位按照合同约定，从财政安排的地震观测仪器购置项目中，采用财政直接支付方式支付500万元，支出功能分类列"灾害防治及应急管理支出——地震事务——地震监测"预算科目，部门预算支出经济分类列"资本性支出——专用设备购置"预算科目。

财务会计：

借：预付账款——××公司　　　　　　　　　　　　　　　　　　5 000 000

　　贷：财政拨款收入——一般公共预算财政拨款　　　　　　　　　　5 000 000

预算会计：

借：行政支出——财政拨款支出——项目支出——地震观测仪器购置项目——专用设备购置——地震监测　　5 000 000

　　贷：财政拨款预算收入——项目支出——地震观测仪器购置项目——地震监测　　5 000 000

（2）设备验收合格，单位按原资金渠道支付余款400万元。

财务会计：

借：业务活动费用——资本性支出　　　　　　　　　　　　　　　　9 000 000

　　贷：预付账款——××公司　　　　　　　　　　　　　　　　　　5 000 000

　　　　财政拨款收入——一般公共预算财政拨款　　　　　　　　　　4 000 000

预算会计：

借：行政支出——财政拨款支出——项目支出——地震观测仪器购置项目——专用设备购置——地震监测　　4 000 000

　　贷：财政拨款预算收入——项目支出——地震观测仪器购置项目——地震监测　　4 000 000

（3）单位职工李××出差开展业务活动，向单位财务部门借款1万元。

按照政府会计制度规定，对于暂付款项，单位在预算会计下可不做账务处理。因此，单位在财务会计下做如下账务处理：

借：其他应收款——李××　　　　　　　　　　　　　　　　　　　10 000

　　贷：库存现金　　　　　　　　　　　　　　　　　　　　　　　　10 000

（4）李××出差归来，共报销差旅费1.2万元，财务部门通过零余额账户将应补付个人的2 000元支付到其公务卡，支出功能分类列"灾害防治及应急管理支出——地震事务——行政运行"预算科目，部门预算支出经济分类列"商品和服务支出——差旅费"预算科目。

财务会计：

借：业务活动费用——商品和服务费用　　　　　　　　　　　　　　12 000

　　贷：其他应收款——李××　　　　　　　　　　　　　　　　　　10 000

　　　　零余额账户用款额度　　　　　　　　　　　　　　　　　　　2 000

预算会计：

借：行政支出——财政拨款支出——基本支出——差旅费——行政运行   12 000

   贷：资金结存——货币资金   12 000

8. 为履职或开展业务活动发生其他各项费用

为履职或开展业务活动发生其他各项费用时,按照费用确认金额或实际支付金额,借记"业务活动费用"科目,贷记"财政拨款收入""零余额账户用款额度""银行存款""应付账款""其他应付款""其他应收款"等科目。同时,在预算会计下,按照实际支付的金额,借记"行政支出""事业支出"科目,贷记"财政拨款预算收入""资金结存"科目。

9. 提取专用基金

按照规定从收入中提取专用基金并计入费用的,一般按照预算会计下基于预算收入计算提取的金额,借记"业务活动费用"科目,贷记"专用基金"科目。国家对此另有规定的,从其规定处理。由于从收入中提取专用基金不涉及现金流出,预算会计不做账务处理。具体详见"专用基金"科目的业务处理。

10. 当年购货退回

发生当年购货退回等业务,对于已计入本年业务活动费用的,按照收回或应收的金额,借记"财政拨款收入""零余额账户用款额度""银行存款""其他应收款"等科目,贷记"业务活动费用"科目。同时,在预算会计下,按照实际收回的金额,借记"财政拨款预算收入""资金结余"科目,贷记"行政支出""事业支出"科目。

11. 期末结转

期末结转时,将"业务活动费用"科目的本期发生额转入本期盈余,借记"本期盈余"科目,贷记"业务活动费用"科目。

年末,应同时在预算会计下,将"行政支出""事业支出"科目本年发生额中的财政拨款支出转入财政拨款结转,借记"财政拨款结转——本年收支结转"科目,贷记"行政支出""事业支出"科目下各财政拨款支出明细科目;将"行政支出""事业支出"科目本年发生额中的非财政拨款支出转入非财政拨款结转,借记"非财政拨款结转——本年收支结转"科目,贷记"行政支出""事业支出"科目下各非财政拨款支出明细科目;将"行政支出""事业支出"本年发生额中的其他资金支出(非财政非专项资金支出)转入其他结余,借记"其他结余"科目,贷记"行政支出""事业支出"科目下其他资金支出明细科目。

【例 13-6】 期(年)末,对[例 13-5]形成的支出进行结转。

财务会计：

借：本期盈余   9 012 000

   贷：业务活动费用——资本性支出   9 000 000

       业务活动费用——商品和服务费用   12 000

预算会计：

借：财政拨　　本年收　　项目支　　地震观测仪　　地震　　　　　9 000 000
　　款结转　　支结转　　出结转　　器购置项目　　监测

贷：行政　　财政拨　　项目　　地震观测仪　　专用设　　地震　　9 000 000
　　支出　　款支出　　支出　　器购置项目　　备购置　　监测

借：财政拨　　本年收　　基本支　　日常公　　行政　　　　　　　12 000
　　款结转　　支结转　　出结转　　用经费　　运行

贷：行政支出——财政拨款支出——基本支出——差旅费——行政运行　12 000

业务活动费用主要经济业务会计核算情况如表13-2所示。

表 13-2　　　　　业务活动费用主要经济业务会计核算情况表

经济业务		财务会计核算	预算会计核算
（1）为履职或开展业务活动人员计提并支付职工薪酬	计提薪酬	借：业务活动费用 　贷：应付职工薪酬	——
	实际支付给职工并代扣个人所得税	借：应付职工薪酬 　贷：财政拨款收入/零余额账户额度/银行存款等 　　其他应交税款——应交个人所得税	借：行政支出/事业支出 　贷：财政拨款预算收入/资金结存
	实际缴纳税款	借：其他应交税费——应交个人所得税 　贷：银行存款/零余额账户用款额度等	借：行政支出/事业支出 　贷：资金结存等
（2）为履职或开展业务活动发生外部人员劳务费	发生劳务费并代扣个人所得税	借：业务活动费用 　贷：其他应交税费——应交个人所得税 　贷：其他应付款/财政拨款收入/零余额账户用款额度/银行存款等	借：行政支出/事业支出 　贷：财政拨款预算收入/资金结存
	实际缴纳税款	借：其他应交税费——应交个人所得税 　贷：银行存款/零余额账户用款额度等	借：行政支出/事业支出 　贷：资金结存等
（3）为履职或开展业务活动发生预付款	预付款项	借：预付账款 　贷：财政拨款收入/零余额账户用款额度/银行存款等	借：行政支出/事业支出 　贷：财政拨款预算收入/资金结存
	结算预付款项	借：业务活动费用 　贷：预付账款 　　财政拨款收入/零余额账户用款额度/银行存款等	借：行政支出/事业支出 　贷：财政拨款预算收入/资金结存

（续表）

经济业务		财务会计核算	预算会计核算
（4）为履职或开展业务活动发生暂付款	暂付款项	借：其他应收款 　贷：银行存款等	—
	结算或报销暂付款项	借：业务活动费用 　贷：其他应收款	借：行政支出/事业支出 　贷：资金结存等
（5）为履职或开展业务活动领用库存物品		借：业务活动费用 　贷：库存物品等	
（6）为履职或开展业务活动所使用的固定资产、无形资产等计提折旧、摊销		借：业务活动费用 　贷：固定资产累计折旧/无形资产累计摊销/公共基础设施累计折旧（摊销）/保障性住房累计折旧	—
（7）为履职或开展业务活动发生城建税、教育费附加等	发生税费	借：业务活动费用 　贷：其他应交税费	—
	支付税费	借：其他应交税费 　贷：银行存款等	借：行政支出/事业支出 　贷：资金结存等
（8）为履职或开展业务活动发生其他各项费用		借：业务活动费用 　贷：财政拨款收入/零余额账户用款额度/银行存款/应付账款/其他应付款等	借：行政支出/事业支出 　贷：财政拨款预算收入/资金结存
（9）从收入中提取专用基金并计入费用		借：业务活动费用 　贷：专用基金	
（10）当年购货退回，已计入本年业务活动费用		借：财政拨款收入/零余额账户用款额度/银行存款/应收账款等 　贷：业务活动费用	借：财政拨款预算收入/资金结存 　贷：行政支出/事业支出
（11）期末/年末结转		借：本期盈余 　贷：业务活动费用	借：财政拨款结转——本年收支结转 　　非财政拨款结转——本年收支结转 　　其他结余 　贷：行政支出/事业支出

第三节　单位管理费用

一、单位管理费用的概念

单位管理费用是指事业单位本级行政及后勤管理部门开展管理活动发生的

各项费用,包括单位行政及后勤管理部门发生的人员经费、公用经费、资产折旧(摊销)等费用,以及由单位统一负担的离退休人员经费、工会经费、诉讼费、中介费等。

二、单位管理费用的核算

(一) 会计科目设置

事业单位应设置"单位管理费用"科目,核算单位本级行政及后勤管理部门开展管理活动发生的各项费用。"单位管理费用"科目平时借方余额反映单位管理费用的实际累计数;期末结转后,本科目应无余额。

"单位管理费用"科目应当按照项目、费用类别、支付对象等进行明细核算。为满足单位的成本核算需要,"单位管理费用"科目还可按照"工资福利费用""商品和服务费用""对个人和家庭的补助费用""固定资产折旧费""无形资产摊销费"等成本项目设置明细科目,归集能够直接计入单位管理活动或采用一定方法计算后计入单位管理活动的费用。

行业事业单位应当根据行业特点与核算需要,在"单位管理费用"科目下统一设置相应的明细科目。

1. 高等学校

高等学校应当在"单位管理费用"科目下设置"行政管理费用""后勤保障费用""离退休费用"和"单位统一负担的其他管理费用"明细科目。其中,"行政管理费用"科目核算高等学校开展单位的行政管理活动所发生的各项费用。"后勤保障费用"科目核算高等学校统一负担的开展后勤保障活动所发生的各项费用。"离退休费用"科目核算高等学校统一负担的离退休人员工资、补助、活动经费等各项费用。"单位统一负担的其他管理费用"科目核算由高等学校统一负担的除行政管理费用、后勤保障费用、离退休费用之外的其他各项管理费用,如工会经费、诉讼费、中介费等。

2. 医院

医院应当在"单位管理费用"科目下按照经费性质(财政基本拨款经费、财政项目拨款经费、科教经费、其他经费)进行明细核算。此外,医院可根据管理要求,参照《政府收支分类科目》中"部门预算支出经济分类科目"进行明细核算,设置"工资福利费用""商品和服务费用""对个人和家庭的补助费用"等明细科目,进行成本核算,同时在"商品和服务费用"明细科目下设置"专用材料费"明细科目,并按照"卫生材料费""药品费"进行明细核算。

3. 基层医疗卫生机构

基层医疗卫生机构应当在"单位管理费用"科目下设置"人员费用""商品和服务费用""固定资产折旧""无形资产摊销"等明细科目;在"人员费用"明细科目下设置

"工资福利费用""对个人和家庭的补助费用"明细科目。

(二) 主要账务处理

1. 为管理活动人员计提和发放职工薪酬

为管理活动人员计提职工薪酬时,按照计算确定的金额,借记"单位管理费用"科目,贷记"应付职工薪酬"科目。由于并未发生实际的现金流出,因此在计提职工薪酬时,不需要进行预算会计的处理。

实际支付薪酬并代扣个人承担的个人所得税时,借记"应付职工薪酬"科目,按照实际支付给职工的金额,贷记"财政拨款收入""零余额账户用款额度""银行存款"等科目,按照代扣的个人所得税款,贷记"其他应交税费——应交个人所得税"科目。同时,在预算会计下,按照支付给个人的金额,借记"事业支出"科目,贷记"财政拨款预算收入""资金结存"科目。

实际支付代扣的个人所得税时,按照实际缴纳的金额,借记"其他应交税费——应交个人所得税"科目,贷记"银行存款"等科目。同时,在预算会计下,借记"事业支出"科目,贷记"资金结存"科目。

【例 13-7】 某市儿童医院 10 月份发生以下业务:

(1) 为本单位管理人员计提工资薪酬共计 100 万元,其中,基本工资 90 万元,单位为职工计算缴纳的基本养老保险费 10 万元。均使用自有资金支付。

借:单位管理费用——其他经费——工资福利费用	1 000 000
贷:应付职工薪酬——基本工资(含离退休费)	900 000
应付职工薪酬——社会保险费——养老保险费	100 000

(2) 实际支付薪酬,并代扣个人所得税 2 万元,代扣个人承担的基本养老保险缴费 5 万元。从单位自有资金通过银行账户支付个人工资账户,支出功能分类列"卫生健康支出——公立医院——儿童医院"预算科目,部门预算支出经济分类列"工资福利支出——基本工资"预算科目。

财务会计:

借:应付职工薪酬——基本工资(含离退休费)	900 000
贷:银行存款——××银行	830 000
其他应交税费——应交个人所得税	20 000
应付职工薪酬——社会保险费——养老保险费	50 000

预算会计:

借:事业支出——其他资金支出——基本支出——基本工资——儿童医院	830 000
贷:资金结存——货币资金	830 000

(3) 将代扣的个人所得税、社会保险费上缴税务及社保部门。

财务会计：

借：应付职工薪酬——社会保险费——养老保险费　　　　　　　　　150 000

　　其他应交税费——应交个人所得税　　　　　　　　　　　　　　20 000

　　贷：银行存款——××银行　　　　　　　　　　　　　　　　　　　170 000

预算会计：

借：事业支出——其他资金支出——基本支出——基本工资——儿童医院　70 000

| 事业支出 | 其他资金支出 | 基本支出 | 机关事业单位基本养老保险缴费 | 机关事业单位基本养老保险缴费支出 | 100 000 |

　　贷：资金结存——货币资金　　　　　　　　　　　　　　　　　　　170 000

2. 为开展管理活动发生外部人员劳务费

为开展管理活动发生的外部人员劳务费,按照计算确定的费用金额,借记"单位管理费用"科目,按照代扣代缴个人所得税的金额,贷记"其他应交税费——应交个人所得税"科目,按照扣税后应付或实际支付的金额,贷记"其他应付款""财政拨款收入""零余额账户用款额度""银行存款"等科目。

同时,在预算会计下,支付劳务费时,按照实际支付给外部人员个人的金额,借记"事业支出"科目,贷记"财政拨款预算收入""资金结存"科目;按照规定代扣代缴个人所得税时,按照实际缴纳的金额,借记"事业支出"科目,贷记"财政拨款预算收入""资金结存"科目。

【例 13-8】　某专利事业单位发生以下业务：

(1)聘请 2 名外单位专家为本单位翻译国外专利管理方面的文献,双方商定翻译费用 4 000 元,单位应代扣个人所得税 640 元。翻译费通过财政直接支付方式,从财政预算安排的专利推广项目中安排拨付,支出功能分类列"一般公共服务支出——知识产权事务——专利试点和产业化推进"预算科目,部门预算支出经济分类列"商品和服务支出——劳务费"预算科目。

财务会计：

借：单位管理费用——商品和服务费用　　　　　　　　　　　　　　4 000

　　贷：财政拨款收入——一般公共预算拨款　　　　　　　　　　　　3 360

　　　　其他应交税费——应交个人所得税　　　　　　　　　　　　　640

预算会计：

| 借： | 事业支出 | 财政拨款支出 | 项目支出 | 专利推广项目 | 劳务费 | 专利试点和产业化推进 | 3 360 |

| 贷： | 财政拨款预算收入 | 项目支出 | 专利推广项目 | 专利试点和产业化推进 | 3 360 |

（2）单位按照上述资金渠道,将代扣的个人所得税上缴税务部门。

财务会计:

借:其他应交税费——应交个人所得税   640

  贷:财政拨款收入——一般公共预算拨款   640

预算会计:

借:事业支出｜财政拨款支出｜项目支出｜专利推广项目｜劳务费｜专利试点和产业化推进   640

  贷:财政拨款预算收入｜项目支出｜专利推广项目｜专利试点和产业化推进   640

需要注意,尽管上缴的是个人所得税,但是支出经济分类科目仍要列"劳务费"科目,而不能列"税金及附加费用"等其他科目。

3. 开展管理活动内部领用库存物品

开展管理活动内部领用库存物品,按照领用物品的实际成本,借记"单位管理费用"科目,贷记"库存物资"科目。由于领用库存物品,未发生实际的现金流出,预算会计不做账务处理。

4. 为管理活动使用的固定资产、无形资产计提折旧、摊销

计提固定资产折旧和无形资产摊销时,按照应提折旧和摊销额,借记"单位管理费用"科目,贷记"固定资产累计折旧""无形资产累计摊销"科目。

【例13-9】 某省实验中学发生以下业务:

（1）学校办公室从总务处领用一批U盘,账面价值800元。

借:单位管理费用——商品和服务费用   800

  贷:库存物资——低值易耗品——U盘   800

（2）学校为行政及后勤管理部门使用的计算机计提本月的折旧费1 500元。

借:单位管理费用——固定资产折旧费   1 500

  贷:固定资产累计折旧——计算机   1 500

5. 为开展管理活动发生城市维护建设税等相关税费

为开展管理活动发生城市维护建设税、教育费附加、地方教育费附加、车船税、房产税、城镇土地使用税等,按照计算确定应缴纳的金额,借记"单位管理费用"科目,贷记"其他应交税费"科目;实际缴纳时,按照实际缴纳的金额,借记"其他应交税费"科目,贷记"银行存款"等科目。同时,在预算会计下,实际缴纳相关税费时按照实际缴纳的金额,借记"事业支出"科目,贷记"财政拨款预算收入""资金结存"等科目。

【例13-10】 某新闻出版单位为经费自理的事业单位,现发生以下业务:

（1）单位行政部门使用的车辆应缴纳车船税 2 400 元，行政及后勤管理部门使用的房产土地应缴纳土地使用税 3 万元。

借：单位管理费用——商品和服务费用   32 400

  贷：其他应交税费——应交车船税   2 400

      其他应交税费——应交城镇土地使用税   30 000

（2）单位使用自有资金，通过银行转账方式将上述税款缴付税务机关，支出功能分类列"文化旅游体育与传媒支出——新闻出版电影——出版发行"预算科目，部门预算支出经济分类列"商品和服务支出——税金及附加费用"预算科目。

财务会计：

借：其他应交税费——应交车船税   2 400

    其他应交税费——应交城镇土地使用税   30 000

  贷：银行存款——××银行   32 400

预算会计：

借：事业   其他资   基本   税金及   出版

   支出   金支出   支出   附加费用   发行   32 400

  贷：资金结存——货币资金   32 400

6. 开展管理活动时发生的预付款项

开展管理活动发生预付款项时，按照实际支付的金额，借记"预付账款"科目，贷记"财政拨款收入""零余额账户用款额度""银行存款"等科目。同时，在预算会计下，借记"事业支出"科目，贷记"财政拨款预算收入""资金结存"科目。

具体结算款项时，按照累计应付的款项，借记"单位管理费用"科目，贷记"预付账款"科目，如需补付款项，按照补付的金额，贷记"财政拨款收入""零余额账户用款额度""银行存款"科目。同时，在预算会计下，按照实际补付金额，借记"事业支出"科目，贷记"财政拨款预算收入""资金结存"科目。

【例 13-11】 某科研事业单位委托××公司为单位行政管理用设备提供 1 年期保修服务，合同金额 200 万元，单位按 40% 的比例预付 80 万元，余款待合同到期后一次性支付，所需资金从财政预算安排的信息系统维护项目中列支。为此，单位发生以下业务：

（1）单位按合同约定，通过财政直接支付方式向××公司预付款项 80 万元，支出功能分类列"科学技术研究——科技条件与服务——科技条件专项"预算科目，部门预算支出经济分类列"商品和服务支出——维修（护）费"预算科目。

财务会计：

借：预付账款——××公司   800 000

  贷：财政拨款收入——一般公共预算拨款   800 000

预算会计：

借：事业支出　管理支出　财政拨款支出　项目支出　信息系统维护项目　维修(护)费　科技条件专项

　　　　　　　　　　　　　　　　　　　　　　　　　　　　　　　　　　　　800 000

　贷：财政拨款预算收入　项目支出　信息系统维护项目　科技条件专项

　　　　　　　　　　　　　　　　　　　　　　　　　　　　800 000

（2）合同期满，单位按原渠道，通过财政直接支付方式支付余款120万元。

财务会计：

借：单位管理费用——商品和服务费用　　　　　　　　　　　2 000 000

　贷：预付账款——××公司　　　　　　　　　　　　　　　　800 000

　　　财政拨款收入——一般公共预算拨款　　　　　　　　1 200 000

预算会计：

借：事业支出　管理支出　财政拨款支出　项目支出　信息系统维护项目　维修(护)费　科技条件专项

　　　　　　　　　　　　　　　　　　　　　　　　　　　　　　　　　　1 200 000

　贷：财政拨款预算收入　项目支出　信息系统维护项目　科技条件专项

　　　　　　　　　　　　　　　　　　　　　　　　　　　1 200 000

7. 开展管理活动时发生暂付款项

开展管理活动时发生暂付款项时，按照实际支付的金额，借记"其他应收款"科目，贷记"零余额账户用款额度""银行存款""库存现金"等科目；在预算会计下，暂付业务可不做账务处理。

结算或报销款项时，按照实际结算或报销的金额，借记"单位管理费用"科目，贷记"其他应收款"科目。同时，在预算会计下，按照实际结算或报销的金额，借记"事业支出"科目，贷记"资金结存"科目。

8. 为开展管理活动发生其他各项费用

为开展管理活动发生其他各项费用，按照费用确认金额，借记"单位管理费用"科目，贷记"财政拨款收入""零余额账户用款额度""银行存款""其他应付款""其他应收款"科目。同时，在预算会计下，按照实际支付的金额借记"事业支出"科目，贷记"财政拨款预算收入""资金结存"科目。

9. 发生当年购货退回等业务

发生当年购货退回等业务，对于已计入当年单位管理费用的，按照收回或应收的金额，借记"财政拨款收入""零余额账户用款额度""银行存款""其他应收款"等科目，贷记"单位管理费用"科目。同时，在预算会计下，按照实际收回金额，借记"财政拨款预算收入""资金结存"等科目，贷记"事业支出"科目。

10. 期末结转

期末结转时，将"单位管理费用"科目本期发生额转入本期盈余，借记"本期盈余"科目，贷记"单位管理费用"科目。

年末结转时，应同时在预算会计下，将"事业支出"科目本年发生额中的财政拨款支出转入财政拨款结转,借记"财政拨款结转——本年收支结转"科目,贷记"事业支出"科目下各财政拨款支出明细科目;将"事业支出"科目本年发生额中的非财政拨款支出转入非财政拨款结转,借记"非财政拨款结转——本年收支结转"科目,贷记"事业支出"科目下各非财政拨款支出明细科目;将"事业支出"本年发生额中的其他资金支出(非财政非专项资金支出)转入其他结余,借记"其他结余"科目,贷记"事业支出"科目下其他资金支出明细科目。

【例13-12】　期(年)末,单位对[例13-11]形成的费用和支出进行转账处理。

财务会计:

借:本期盈余 2 000 000

贷:单位管理费用——商品和服务费用 2 000 000

预算会计:

借:
| 财政拨款结转 | 本年收支结转 | 项目支出结转 | 信息系统维护项目 | 科技条件专项 | 2 000 000 |

贷:
| 事业支出 | 管理支出 | 财政拨款支出 | 项目支出 | 信息系统维护项目 | 维修(护)费 | 科技条件专项 |
| | | | | | | 2 000 000 |

单位管理费用主要经济业务会计核算情况如表13-3所示。

表13-3　　　　　　　单位管理费用主要经济业务会计核算情况表

经济业务		财务会计核算	预算会计核算
(1) 为开展管理活动人员计提并支付职工薪酬	计提职工薪酬	借:单位管理费用 贷:应付职工薪酬	—
	实际支付薪酬并代扣个人所得税	借:应付职工薪酬 贷:财政拨款收入/零余额账户额度/银行存款等 其他应交税款——应交个人所得税	借:事业支出 贷:财政拨款预算收入/资金结存
	实际缴纳个人所得税	借:其他应交税费——应交个人所得税 贷:银行存款/零余额账户用款额度等	借:事业支出 贷:资金结存等
(2) 为开展管理活动发生外部人员劳务费	发生劳务费	借:单位管理费用 贷:其他应付款	—
	实际支付劳务费并代扣个人所得税	借:其他应付款 贷:财政拨款收入/零余额账户用款额度/银行存款等 其他应交税费——应交个人所得税	借:事业支出 贷:财政拨款预算收入/资金结存
	实际缴纳个人所得税	借:其他应交税费——应交个人所得税 贷:银行存款/零余额账户用款额度等	借:事业支出 贷:资金结存等

（续表）

经济业务		财务会计核算	预算会计核算
（3）开展管理活动发生预付款项	发生预付账款	借：预付账款 贷：财政拨款收入/零余额账户用款额度/银行存款等	借：事业支出 贷：财政拨款预算收入/资金结存
	结算预付款项	借：单位管理费用 贷：预付账款 财政拨款收入/零余额账户用款额度/银行存款等	借：事业支出 贷：财政拨款预算收入/资金结存
（4）开展管理活动发生暂付款项	发生暂付款项	借：其他应收款 贷：银行存款等	—
	结算或报销暂付款项	借：单位管理费用 贷：其他应收款	借：事业支出 贷：资金结存等
（5）为开展管理活动领用库存物品		借：单位管理费用 贷：库存物品等	—
（6）开展管理活动所用固定资产、无形资产计提折旧、摊销		借：单位管理费用 贷：固定资产累计折旧/无形资产累计摊销/公共基础设施累计折旧(摊销)/保障性住房累计折旧	—
（7）开展管理活动发生税金及附加	发生应缴纳的税费	借：单位管理费用 贷：其他应交税费	—
	实际缴纳	借：其他应交税费 贷：银行存款等	借：事业支出 贷：资金结存等
（8）发生其他与管理活动相关的各项费用		借：单位管理费用 贷：财政拨款收入/零余额账户用款额度/银行存款/应付账款/其他应付款等	借：事业支出 贷：财政拨款预算收入/资金结存
（9）当年购货退回，已计入本年费用		借：财政拨款收入/零余额账户用款额度/银行存款/应收账款等 贷：单位管理费用	借：财政拨款预算收入/资金结存 贷：事业支出
（10）期末/年末结转		借：本期盈余 贷：单位管理费用	借：财政拨款结转——本年收支结转 非财政拨款结转——本年收支结转 其他结余 贷：事业支出

第四节 经营费用

一、经营费用的概念

经营费用是指事业单位在专业业务活动及其辅助活动之外开展非独立核算经营活动发生的各项费用。经营费用应当与经营收入配比。

经营费用的确认必须同时具备两个条件：

一是事业单位在专业业务活动及辅助活动之外发生的费用。事业单位开展专业业务活动及其辅助活动发生的费用属于业务活动费用及单位管理费用的范畴。

二是事业单位所属非独立核算单位发生的费用。事业单位所属独立核算单位经营活动，由所属独立核算单位按会计制度的规定单独进行核算。

二、经营费用的核算

(一) 会计科目设置

事业单位应设置"经营费用"科目，用于核算事业单位在专业业务活动及其辅助活动之外开展非独立核算经营活动发生的各项费用。"经营费用"科目属于财务会计费用类科目，借方登记经营费用的发生与增加数；贷方登记本期发生的经营费用转销数；平时借方余额反映单位经营费用实际累计数；期末结转后，本科目应无余额。

"经营费用"科目应当分别按照经营活动类别、项目、支付对象等进行明细核算。为满足成本核算需要，"经营费用"科目下还可按照"工资福利费用""商品和服务费用""对个人和家庭的补助费用""固定资产折旧""无形资产摊销"等成本项目设置明细科目，归集能够直接计入单位经营活动或采用一定方法计算后计入单位经营活动的费用。

(二) 主要账务处理

1. 为经营活动人员计提支付薪酬

为经营活动人员计提的薪酬，按照计算确定的金额，借记"经营费用"科目，贷记"应付职工薪酬"等科目。由于并未发生实际的现金流出，因此在计提经营活动人员薪酬时，不需要进行预算会计的处理。

实际支付薪酬并代扣个人承担的个人所得税时，借记"应付职工薪酬"科目，按照实际支付给职工的金额，贷记"银行存款"等科目，按照代扣的个人所得税款，贷记"其他应交税费——应交个人所得税"科目。同时，在预算会计下，按照支付给个人的金额，借记"经营支出"科目，贷记"资金结存——货币资金"科目。

实际支付代扣的个人所得税时，按照实际缴纳的金额，借记"其他应交税费——应交个人所得税"科目,贷记"银行存款"等科目。同时,在预算会计下,借记"经营支出"科目,贷记"资金结存——货币资金"科目。

2. 开展经营活动领用或出售发出库存物品

开展经营活动领用或出售发出库存物品,按照物品实际成本,借记"经营费用"科目,贷记"库存物品"科目。由于并未发生实际的现金流出,在预算会计下不需要进行账务处理。

3. 为开展经营活动所使用的固定资产、无形资产计提折旧和摊销

为开展经营活动所使用的固定资产、无形资产计提折旧和摊销,按照应提折旧、摊销额,借记"经营费用"科目,贷记"固定资产累计折旧""无形资产累计摊销"科目。由于并未发生实际的现金流出,在预算会计下不需要进行账务处理。

4. 开展经营活动发生城市维护建设税等相关税费

开展经营活动发生城市维护建设税、教育费附加、地方教育费附加、车船税、房产税、城镇土地使用税等,按照计算确定应缴纳的金额,借记"经营费用"科目,贷记"其他应交税费"科目。由于并未发生实际的现金流出,在预算会计下不需要进行账务处理。

在实际缴纳时,借记"其他应交税费"科目,贷记"银行存款"等科目。同时,在预算会计下,借记"经营支出"科目,贷记"资金结存"科目。

5. 发生与经营活动相关的其他各项费用

发生与经营活动相关的其他各项费用时,按照费用确认金额,借记"经营费用"科目,贷记"银行存款""其他应付款""其他应收款"等科目。涉及增值税业务的,相关账务处理参见"应交增值税"科目。同时,在预算会计下,按照实际支付金额,借记"经营支出"科目,贷记"资金结存"科目。

6. 发生当年购货退回等业务

发生当年购货退回等业务,对于已计入本年经营费用的,按照收回或应收的金额,借记"银行存款""其他应收款"等科目,贷记"经营费用"科目。同时,在预算会计下,按照实际收到的金额,借记"资金结存"科目,贷记"经营支出"科目。

7. 计提专用基金

根据有关规定从经营预算收入中提取专用基金并计入费用的,一般按照预算会计下基于经营预算收入计算提取的金额,借记"经营费用"科目,贷记"专用基金"科目。由于并未发生实际的现金流出,在预算会计下不需要进行账务处理。

8. 期末结转

期末结转时,单位将"经营费用"科目本期发生额转入本期盈余,借记"本期盈余"科目,贷记"经营费用"科目。年末,同时在预算会计下,将"经营支出"科目本年发生额转入经营结余,借记"经营结余"科目,贷记"经营支出"科目。

【例13-13】 某疾病控制预防中心向社会提供污染检测服务,该项服务未实

施独立核算,现发生以下业务:

(1)计提并通过银行转账发放聘用的检测人员工资4万元,支出功能分类列"卫生健康支出——公共卫生——疾病预防控制机构"预算科目,部门预算支出经济分类列"工资福利支出——其他工资福利支出"预算科目。

计提时:

借:经营费用——检测服务——工资福利费用——基本工资　　　　　40 000

　　贷:应付职工薪酬——应付工资(离退休费)　　　　　　　　　　40 000

具体发放时:

财务会计:

借:应付职工薪酬——应付工资(离退休费)　　　　　　　　　　40 000

　　贷:银行存款——××银行　　　　　　　　　　　　　　　　　40 000

预算会计:

借:经营　　污染检　　其他工资　　疾病预防　　　　　　　　40 000
　　支出　　测服务　　福利支出　　控制机构

　　贷:资金结存——货币资金　　　　　　　　　　　　　　　　40 000

(2)检测人员从仓库领用污染检测材料5 000元。

借:经营费用——检测服务——专用材料费　　　　　　　　　　5 000

　　贷:库存物品——污染检测材料　　　　　　　　　　　　　　5 000

(3)在使用中发现上述材料存在质量问题,与供货公司沟通后对方同意退货款。货款已经收到。

财务会计:

借:其他应收款——××公司　　　　　　　　　　　　　　　　5 000

　　贷:经营费用——检测服务——专用材料费　　　　　　　　　5 000

借:银行存款——××银行　　　　　　　　　　　　　　　　　5 000

　　贷:其他应收款——××公司　　　　　　　　　　　　　　　5 000

预算会计:

借:资金结存——货币资金　　　　　　　　　　　　　　　　　5 000

　　贷:经营支出——污染检测服务——专用材料费——疾病预防控制机构　5 000

(4)计提对外检测服务应缴纳的城市维护建设税4 200元、教育费附加1 800元。

借:经营费用——检测服务——税金及附加费用　　　　　　　　6 000

　　贷:其他应交税费——应交城市维护建设税　　　　　　　　4 200

　　　　其他应交税费——应交教育费附加　　　　　　　　　　1 800

（5）期（年）末，将上述业务形成的经营费用（经营支出）进行结转。

财务会计：

借：本期盈余   46 000

    经营费用——检测服务——专用材料费   5 000

    贷：经营费用——检测服务——工资福利费用——基本工资   40 000

      经营费用——检测服务——税金及附加费用   6 000

      经营费用——检测服务——专用材料费   5 000

预算会计：

借：经营结余——污染检测服务   35 000

    经营支出——污染检测服务——专用材料费——疾病预防控制机构   5 000

    贷：经营支出——污染检测服务——其他工资福利支出——疾病预防控制机构   40 000

经营费用主要经济业务会计核算情况如表 13-4 所示。

表 13-4   经营费用主要经济业务会计核算情况表

经济业务		财务会计核算	预算会计核算
（1）为经营活动人员支付职工薪酬	计提职工薪酬	借：经营费用 　贷：应付职工薪酬	—
	实际支付薪酬	借：应付职工薪酬 　贷：银行存款等 　　其他应交税费——应交个人所得税	借：经营支出 　贷：资金结存——货币资金
	实际支付税款	借：其他应交税费——应交个人所得税 　贷：银行存款等	借：经营支出 　贷：资金结存——货币资金
（2）开展经营活动内部领用材料或出售发出物品		借：经营费用 　贷：库存物品	—
（3）为经营活动所使用的固定资产、无形资产计提折旧、摊销		借：经营费用 　贷：固定资产累计折旧/无形资产累计摊销	
（4）开展经营活动发生应负担的税金及附加	发生税费	借：经营费用 　贷：其他应交税费	—
	实际缴纳税费	借：其他应交税费 　贷：银行存款等	借：经营支出 　贷：资金结存——货币资金

（续表）

经济业务		财务会计核算	预算会计核算
（5）开展经营活动发生的预付款项	预付款项	借：预付账款 　　贷：银行存款	借：经营支出 　　贷：资金结存——货币资金
	实际结算款项	借：经营费用 　　贷：预付账款 　　　　银行存款等	借：经营支出 　　贷：资金结存——货币资金
（6）开展经营活动发生其他各项费用		借：经营费用 　　贷：银行存款/应付账款等	借：经营支出 　　贷：资金结存——货币资金
（7）发生当年购货退回且已计入本年费用		借：银行存款/应收账款等 　　贷：经营费用等	借：资金结存——货币资金 　　贷：经营支出
（8）从经营预算收入计提专用基金并计入费用		借：经营费用 　　贷：专用基金	—
（9）期末/年末结转		借：本期盈余 　　贷：经营费用	借：经营结余 　　贷：经营支出

第五节　资产处置费用

一、资产处置费用概述

资产处置费用是指单位经批准处置资产时发生的费用，包括转销的被处置资产价值，以及在处置过程中发生的相关费用或者处置收入小于相关费用形成的净支出。

资产处置的形式按照规定包括无偿调拨、出售、出让、转让、置换、对外捐赠、报废、毁损以及货币性资产损失核销等。

行政单位与事业单位对于国有资产有偿使用收入的管理方式是不一样的。行政单位由于国家全额保障其经费供给，其国有资产有偿使用收入和处置收入应该全额上缴财政，实行"收支两条线"管理。而事业单位的国有资产处置收入全额上缴财政，有偿使用收入则应纳入部门预算管理，可以留归单位使用而不必上缴财政。这主要是由于单位国有资产是国家对事业单位的资本金投入，相当于企业的所有者权益，资产处置后，自然应该归还出资人，而不能留归单位自行使用。

二、资产处置费用的核算

（一）会计科目设置

事业单位应设置"资产处置费用"科目，用于核算单位经批准处置资产时发生的费用。"资产处置费用"科目平时借方余额反映事业单位资产处置费用实际累计数；期末结转后，本科目应无余额。"资产处置费用"科目应当按照处置资产的类别、资产处置的形式等进行明细核算。

短期投资、长期股权投资、长期债券投资的处置，按照相关资产科目的规定进行账务处理。

（二）主要账务处理

资产处置按照报废的原因可分为主动（事前）处置和被动（事后）处置两种情况。其中，主动（事前）处置是指按照规定采取出售、调拨、出让、转让、置换、对外捐赠等方式对相关资产进行处置；被动（事后）处置指单位在账款核对中发现现金短缺，资产清查中查明资产盘亏、毁损以及资产报废后，对资产进行核销处理等。

主动（事前）处置方式下，处置资产及费用应直接通过"资产处置费用"科目核算；被动（事后）处置方式下，应当先通过"待处理财产损溢"科目进行核算，再将处理资产价值和处理净支出记入"资产处置费用"科目。

1. 主动（事前）处置的账务处理

（1）根据规定报经批准处置资产时，按照处置资产的账面价值，借记"资产处置费用"科目，处置固定资产、无形资产、公共基础设施和保障性住房的，还应按照已提折旧和摊销额，借记"固定资产累计折旧""无形资产累计摊销""公共基础设施累计折旧（摊销）""保障性住房累计折旧"科目；按照处置资产的账面余额，贷记"库存物品""固定资产""无形资产""公共基础设施""政府储备物资""文物文化资产""保障性住房""其他应收款""在建工程"等科目。由于报经批准处置资产时，不涉及现金流出，预算会计不做账务处理。

（2）处置资产过程中仅发生相关费用的，按照实际发生金额，借记"资产处置费用"科目，贷记"银行存款""库存现金"等科目。同时，在预算会计下，借记"其他支出"科目，贷记"资金结存"科目。

（3）处置资产过程中取得收入的，按照取得的价款，借记"库存现金""银行存款"等科目，按照处置资产过程中发生的相关费用，贷记"银行存款""库存现金"等科目，按照其差额，借记"资产处置费用"科目或贷记"应缴财政款"等科目。同时，在预算会计下，取得收入大于发生支出的净收入，应上缴财政，预算会计下不做账务处理；取得收入小于发生支出的，按其差额，借记"其他支出"科目，贷记"资金结存"科目。

【例 13-14】 某事业单位发生以下业务:

(1) 经相关部门批准,将不使用的一台专用设备对外出售。该设备原值 180 万元,已提折旧 160 万元。

借:固定资产累计折旧——专用设备	1 600 000
资产处置费用——专用设备——出售	200 000
贷:固定资产——专用设备——××设备	1 800 000

(2) 单位取得设备变价收入 5 万元,清理过程中发生相关费用 2 万元,按照规定净收入应上缴财政。款项均通过银行转账收付。

本业务中,单位取得资产处置净收入 3 万元,按照规定上缴财政,财务会计应记入"应缴财政款"科目;由于属于应上缴款项,预算会计不做账务处理。如果资产处置净收入为负数,财务会计应记入"资产处置费用"科目,预算会计则应记入"其他支出"科目。因此,单位应就财务会计做如下账务处理:

借:银行存款——××银行	50 000
贷:应缴财政款——资产处置收入	30 000
银行存款——××银行	20 000

2. 被动(事后)处置的账务处理

(1) 单位账款核对中发现的现金短缺,属于无法查明原因的,报经批准核销时,借记"资产处置费用"科目,贷记"待处理财产损溢"科目。由于在预算会计下,发现现金短缺时,即按照短缺的现金金额进行了处理(借记"其他支出"科目,贷记"资金结存——货币资金"科目),因此,在批准核销时,不再进行账务处理。

(2) 单位资产清查过程中盘亏或者毁损、报废的存货、固定资产、无形资产、公共基础设施、政府储备物资、文物文化资产、保障性住房等,报经批准处理时,按照处理资产价值,借记"资产处置费用"科目,贷记"待处理财产损溢——待处理财产价值"科目。处理收支结清时,处理过程中所取得收入小于所发生相关费用的,按照相关费用减去处理收入后的净支出,借记"资产处置费用"科目,贷记"待处理财产损溢——处理净收入"科目;同时,在预算会计下,按照净支出金额,借记"其他支出"科目,贷记"资金结存"科目。

【例 13-15】 某省广播电视厅发生以下业务:

(1) 单位出纳在现金盘点时,发现现金短缺 1 500 元,支出功能分类列"文化旅游体育与传媒支出——广播电视——行政运行"预算科目,部门预算支出经济分类列"其他支出——其他支出"预算科目。

财务会计:

借:待处理财产损溢——现金盘亏	1 500
贷:库存现金	1 500

预算会计：

借：其他支出　其他资金支出　非专项资金支出　其他支出　行政运行 1 500

　　贷：资金结存——货币资金 1 500

（2）短缺的现金无法查明原因，报经批准予以核销。对于无法查明原因的现金短缺，报经核销时，财务会计应直接计入费用；而预算会计由于在发现短缺时已经先行计入支出，报经核销时不再进行处理。为此，单位应就财务会计做如下账务处理：

借：资产处置费用——现金盘亏 1 500

　　贷：待处理财产损溢——现金盘亏 1 500

3. 期末结转

期末结转时，单位将"资产处置费用"科目本期发生额转入本期盈余，借记"本期盈余"科目，贷记"资产处置费用"科目。年末结转时预算会计的处理详见"其他支出"科目的介绍。

资产处置费用主要经济业务会计核算情况如表 13-5 所示。

表 13-5　　　　　资产处置费用主要经济业务会计核算情况表

经济业务			财务会计核算	预算会计核算
（1）主动（事前）处置	转销被处置资产账面价值		借：资产处置费用 　　固定资产累计折旧/无形资产累计摊销 　　/公共基础设施累计折旧（摊销）/保障性住房累计折旧 贷：库存物品/固定资产/无形资产/公共基础设施/政府储备物资/文物文化资产/保障性住房/在建工程等［账面余额］/其他应收款（行政单位）	—
	处置资产过程中仅发生相关费用		借：资产处置费用 　　贷：银行存款/库存现金等	借：其他支出 　　贷：资金结存
	处置资产过程中取得收入		借（或贷）：库存现金/银行存款等 借：资产处置费用 　　贷：应缴财政款	—
（2）被动（事后）处置	账款核对中发现的现金短缺，报经批准核销		借：资产处置费用 　　贷：待处理财产损溢	—
	盘亏、毁损、报废的资产	经批准处理	借：资产处置费用 　　贷：待处理财产损溢	—
		发生的费用大于所取得的收入	借：资产处置费用 　　贷：待处理财产损溢——处理净收入	借：其他支出 　　贷：资金结存

（续表）

经济业务	财务会计核算	预算会计核算
（3）期末/年末结转	借：本期盈余 　贷：资产处置费用	借：其他结余 　　非财政拨款结 　　转——本年收 　　支结转 　　财政拨款结转 　　——本年收 　　支结转 　贷：其他支出

第六节　上缴上级费用与对附属单位补助费用

一、上缴上级费用

上缴上级费用是指事业单位按照财政部门和主管部门规定上缴上级单位款项发生的费用。按照《事业单位财务规则》的规定，非财政补助收入大于支出较多的事业单位，可以实行收入上缴办法。

（一）会计科目设置

事业单位应设置"上缴上级费用"科目，用于核算事业单位按照财政部门和主管部门规定上缴上级单位款项发生的费用。"上缴上级费用"科目平时借方余额反映事业单位上缴上级费用实际累计数；期末结转后，本科目应无余额。"上缴上级费用"科目应当分别按照收缴款项单位、缴款项目等进行明细核算。

（二）主要账务处理

（1）事业单位发生上缴上级支出时，按照实际上缴金额或者按照规定计算出应当上缴上级单位的金额，借记"上缴上级费用"科目，贷记"银行存款""其他应付款"等科目；同时，在预算会计下，按照实际上缴的金额，借记"上缴上级支出"科目，贷记"资金结存"科目。

（2）期末结转时，将"上缴上级费用"科目本期发生额转入本期盈余，借记"本期盈余"科目，贷记"上缴上级费用"科目；年末结转时，应同时在预算会计下，借记"其他结余"科目，贷记"上缴上级支出"科目。

【例13-16】　某市科学研究所发生以下业务：

（1）单位按规定上缴其主管部门省科学院科技转化基金4万元，支出功能分类列"科学技术支出——基础研究——其他基础研究支出"预算科目，部门预算支出经济分类列"其他支出——其他支出"预算科目。

财务会计：

借：上缴上级费用——省科学院——科技转化基金 40 000

　　贷：银行存款——××银行 40 000

预算会计：

借：上缴上   省科   科技转   其他   其他基础
级支出   学院   化基金   支出   研究支出 40 000

　　贷：资金结存——货币资金 40 000

(2) 期(年)末,将上述上缴上级费用进行结转。

财务会计：

借：本期盈余 40 000

　　贷：上缴上级费用——省科学院——科技转化基金 40 000

预算会计：

借：其他结余 40 000

　　贷：上缴上   省科   科技转化   其他   其他基础
级支出   学院   调剂基金   支出   研究支出 40 000

上缴上级费用主要经济业务会计核算情况如表13-6所示。

表13-6　　　　　　　　上缴上级费用主要经济业务会计核算情况表

经济业务	财务会计核算	预算会计核算
(1) 发生上缴上级支出	借：上缴上级费用 　　贷：银行存款/其他应付款等	借：上缴上级支出[实际上缴金额] 　　贷：资金结存——货币资金
(2) 实际上缴应缴金额	借：其他应付款 　　贷：上缴上级费用	
(3) 期末/年末结转	借：本期盈余 　　贷：上缴上级费用	借：其他结余 　　贷：上缴上级支出

二、对附属单位补助费用

对附属单位补助费用是指事业单位用财政补助收入之外的收入对附属单位补助发生的费用。

(一) 会计科目设置

事业单位应设置"对附属单位补助费用"科目,用于核算事业单位用财政补助收入之外的收入对附属单位补助发生的支出。"对附属单位补助费用"科目平时借方余额反映事业单位对附属单位补助费用实际累计数;期末结转后,本科目应无余额。"对附属单位补助费用"科目应当分别按照接受补助单位、补助项目等进行明细核算。

（二）主要账务处理

（1）事业单位发生对附属单位补助费用的,按照实际补助的金额或者按照规定计算出应当对附属单位补助的金额,借记"对附属单位补助费用"科目,贷记"银行存款""其他应付款"等科目。同时,在预算会计下,按照实际补助的金额,借记"对附属单位补助支出"科目,贷记"资金结存"科目。

（2）期末结转时,单位将"对附属单位补助费用"科目本期发生额转入本期盈余,借记"本期盈余"科目,贷记"对附属单位补助费用"科目。年末结转时,应同时在预算会计下,借记"其他结余"科目,贷记"对附属单位补助支出"科目。

【例13-17】 某省农业厅发生以下业务:

（1）单位使用自有资金向所属的农业研究所拨付科研补助专项资金5万元,支出功能分类列"农林水支出——农业——科技转化与推广服务"预算科目,部门预算支出经济分类列"其他支出"预算科目,款项已通过银行转账支付。

　　财务会计:

　　借:对附属单位补助费用——农业研究所——科研补助　　　　　　50 000

　　　　贷:银行存款——××银行　　　　　　　　　　　　　　　　　　50 000

　　预算会计:

　　借:对附属单位　农业研　科研　其他　科技转化与　　　　　　50 000
　　　　补助支出　　究所　　补助　支出　推广服务

　　　　贷:资金结存——货币资金　　　　　　　　　　　　　　　　　50 000

（2）期（年）末,将上述业务进行结转。

　　财务会计:

　　借:本期盈余　　　　　　　　　　　　　　　　　　　　　　　　50 000

　　　　贷:对附属单位补助费用——农业研究所——科研补助　　　　　50 000

　　预算会计:

　　借:其他结余　　　　　　　　　　　　　　　　　　　　　　　　50 000

　　　　贷:对附属单位　农业研　科研　其他　科技转化与　　　　　50 000
　　　　　　补助支出　　究所　　补助　支出　推广服务

对附属单位补助费用主要经济业务会计核算情况如表13-7所示。

表 13-7　　　　　对附属单位补助费用主要经济业务会计核算情况表

经济业务	财务会计核算	预算会计核算
（1）发生附属单位补助	借：对附属单位补助费用 　　贷：银行存款/其他应付款等	借：对附属单位补助支出［实际 　　　补助金额］ 　　贷：资金结存——货币资金
（2）实际支出应补助金额	借：其他应付款 　　贷：银行存款等	
（3）期末/年末结转	借：本期盈余 　　贷：对附属单位补助费用	借：其他结余 　　贷：对附属单位补助支出

第七节　所得税费用与其他费用

一、所得税费用

所得税费用是指有企业所得税缴纳义务的事业单位按规定缴纳企业所得税所形成的费用。

（一）会计科目设置

事业单位应设置"所得税费用"科目，用于核算有企业所得税缴纳义务的事业单位按规定缴纳企业所得税所形成的费用。"所得税费用"科目平时借方余额反映事业单位所得税费用实际累计数；期末结转后，本科目应无余额。

（二）主要账务处理

（1）事业单位发生企业所得税纳税义务的，应按照税法规定计算的应交税金数额，借记"所得税费用"科目，贷记"其他应交税费——单位应交所得税"科目。

（2）实际缴纳时，按照缴纳金额，借记"其他应交税费——单位应交所得税"科目，贷记"银行存款"科目。同时，在预算会计下，按照实际缴纳税金数额，借记"非财政拨款结余——累计结余"科目，贷记"资金结存"科目。

（3）年末结转时，将"所得税费用"科目本年发生额转入本期盈余，借记"本期盈余"科目，贷记"所得税费用"科目。由于"所得税费用"科目并没有直接对应的预算会计支出科目，具体缴纳时系对结余科目进行处理，年末结转时预算会计不做账务处理。

【例 13-18】　某事业单位为所得税纳税单位，现发生以下业务：

（1）本月计算应交企业所得税 6.3 万元。

借：所得税费用　　　　　　　　　　　　　　　　　　　　　　　　63 000

　　贷：其他应交税费——单位应交所得税　　　　　　　　　　　　　63 000

（2）单位实际缴纳企业所得税 6.3 万元。

财务会计：

借：其他应交税费——单位应交所得税　　　　　　　　　　　　　　63 000

　　贷：银行存款——××银行　　　　　　　　　　　　　　　　　　63 000

预算会计：

借：非财政拨款结余——累计结余　　　　　　　　　　　　　　　　63 000

　　贷：资金结存——货币资金　　　　　　　　　　　　　　　　　　63 000

（3）年末，单位对上述业务形成的费用进行结转。

借：本期盈余　　　　　　　　　　　　　　　　　　　　　　　　　63 000

　　贷：所得税费用　　　　　　　　　　　　　　　　　　　　　　　63 000

所得税费用主要经济业务会计核算情况如表 13-8 所示。

表 13-8　　　　　　　　　　　所得税费用主要经济业务会计核算情况表

经济业务		财务会计核算	预算会计核算
（1）发生企业所得税纳税义务	按照税法规定计算应交税金数额	借：所得税费用 　　贷：其他应交税费——单位应交所得税	—
	实际缴纳	借：其他应交税费——单位应交所得税 　　贷：银行存款	借：非财政拨款结余——累计结余 　　贷：资金结存——货币资金
（2）年末结转		借：本期盈余 　　贷：所得税费用	—

二、其他费用

（一）其他费用的概念及管理

其他费用是指单位发生的除业务活动费用、单位管理费用、经营费用、资产处置费用、上缴上级费用、附属单位补助费用、所得税费用以外的各项费用。主要包括利息费用、坏账损失、罚没支出、现金资产捐赠支出以及相关税费、运输费等。

需要注意的是，单位发生的相关税费、运输费用等一般情况下应计入资产的成本，但接受捐赠或无偿调入的以名义金额计量的存货、固定资产，成本无法可靠取得的公共基础设施、文物文化资产等发生的相关税费、运输费，以及与受托代理资产相关的税费、运输费、保管费等，计入其他费用。

事业单位要切实加强对其他费用的管理，从严控制其他费用支出。既不能因为某项支出同时涵盖事业支出、经营支出等多类别的内容，就笼统地将其全部归入其他费用，也不能因为是"其他"费用就随意把没有名目或没有详细内容的支出等纳入其他费用。在实际工作中,应将单位的其他费用科学合理地分解,实事求是地归入相应的费用项目进行管理和核算。

(二) 其他费用的核算

单位应设置"其他费用"科目,核算单位除业务活动费用、单位管理费用、经营费用、资产处置费用、上缴上级费用、附属单位补助费用、所得税费用以外的各项费用。"其他费用"科目平时借方余额反映单位其他费用实际累计数;期末结转后,本科目应无余额。

"其他费用"科目应当按照其他费用的类别等进行明细核算,单位发生的利息费用较多的,可以单独设置"利息费用"科目。公立医院应当在"其他费用"科目下对政府指令性任务进行明细核算。

1. 利息费用

单位按期计算确认借款利息费用时,按照计算确定的金额,借记"其他费用"或"在建工程"科目,贷记"应付利息""长期借款——应计利息"科目。

实际支付利息时,借记"应付利息"等科目,贷记"银行存款"等科目。同时,在预算会计下,借记"其他支出"科目,贷记"资金结存——货币资金"科目。

2. 坏账损失

年末,单位按照规定对收回后不需上缴财政的应收账款和其他应收款计提坏账准备时,按照计提金额,借记"其他费用"科目,贷记"坏账准备"科目。冲减多提的坏账准备时,按照冲减金额,借记"坏账准备"科目,贷记"其他费用"科目。

3. 罚没支出

单位发生罚没支出的,按照实际缴纳或应当缴纳的金额,借记"其他费用"科目,贷记"银行存款""库存现金""其他应付款"等科目。同时,在预算会计下,按照实际支付金额,借记"其他支出"科目,贷记"资金结存——货币资金"科目。

4. 现金资产捐赠

单位对外捐赠现金资产的,按照实际捐赠的金额,借记"其他费用"科目,贷记"银行存款""库存现金"等科目。同时,在预算会计下,借记"其他支出"科目,贷记"资金结存——货币资金"科目。

5. 出资成立非企业法人

高等学校等单位经批准出资成立非企业法人单位,如教育基金会、研究院等,按照实际出资资金,借记"其他费用"科目,贷记"银行存款"科目。同时,在预算会计下,借记"其他支出"科目,贷记"资金结存——货币资金"科目。

6. 其他相关费用

单位接受捐赠(或无偿调入)以名义金额计量的存货、固定资产、无形资产,以及成本无法可靠取得的公共基础设施、文物文化资产等发生的相关税费、运输费等,按照实际支付的金额,借记"其他费用"科目,贷记"财政拨款收入""零余额账户用款额度""银行存款""库存现金"等科目。同时,在预算会计下,借记"其他支出"科目,贷记"资金结存——货币资金"科目。

单位发生的与受托代理资产相关的税费、运输费、保管费等,按照实际支付或应付的金额,借记"其他费用"科目,贷记"零余额账户用款额度""银行存款""库存现金""其他应付款"等科目。同时,在预算会计下,按照实际支付的金额,借记"其他支出"科目,贷记"资金结存——货币资金"科目。

7. 期末结转

期末结转时,将"其他费用"科目本期发生额转入本期盈余,借记"本期盈余"科目,贷记"其他费用"科目。

年末,应同时在预算会计下,将"其他支出"科目本年发生额中的财政拨款支出转入财政拨款结转,借记"财政拨款结转——本年收支结转"科目,贷记"其他支出"科目下各财政拨款支出明细科目;将"其他支出"科目本年发生额中的非财政专项资金支出转入非财政拨款结转,借记"非财政拨款结转——本年收支结转"科目,贷记"其他支出"科目下各非财政专项资金支出明细科目;将"其他支出"科目本年发生额中的其他资金支出(非财政非专项资金支出)转入其他结余,借记"其他结余"科目,贷记"其他支出"科目下各其他资金支出明细科目

【例 13-19】 某交通运输事业单位发生以下业务:

(1) 从××银行借入的管理养护项目短期借款,支付利息 2 万元,支出功能分类列"交通运输支出——公路水路运输——公路养护"预算科目,部门预算支出经济分类列"债务利息及费用支出——国内债务付息"预算科目。

财务会计:

借:其他费用——利息费用——××银行　　　　　　　　　　　　20 000
　贷:银行存款——××银行　　　　　　　　　　　　　　　　　　20 000

预算会计:

借:

| 其他支出 | 其他资金支出 | 专项资金支出 | 管理养护项目 | 国内债务付息 | 公路养护 | 20 000 |

　贷:资金结存——货币资金　　　　　　　　　　　　　　　　　　20 000

(2) 从单位自有资金向贫困地区捐赠 30 万元,通过银行转账支付,支出功能分类列"交通运输支出——公路水路运输——公路养护"预算科目,部门预算支出经济分类列"其他支出——赠与"预算科目。

财务会计:

借:其他费用——捐赠费用　　　　　　　　　　　　　　　　　　300 000
　贷:银行存款——××银行　　　　　　　　　　　　　　　　　　300 000

预算会计：

借：其他 —— 其他资 —— 非专项资 —— 赠与 —— 公路   300 000
   支出   金支出   金支出   养护

   贷：资金结存——货币资金   300 000

（3）按照规定对应收账款和其他应收款计提坏账准备 10 万元，其中，对应收账款计提 8 万元，对其他应收款计提 2 万元。

借：其他费用——坏账准备   100 000
   贷：坏账准备——应收账款   80 000
       坏账准备——其他应收款   20 000

（4）期（年）末，将上述各项业务形成的其他费用进行结转。

财务会计：

借：本期盈余   420 000
   贷：其他费用——利息费用——××银行   20 000
       其他费用——捐赠费用   300 000
       其他费用——坏账准备   100 000

预算会计：

借：其他结余   320 000
   贷：其他 —— 其他资 —— 专项资 —— 管理养 —— 国内债 —— 公路   20 000
      支出   金支出   金支出   护项目   务付息   养护
      其他 —— 其他资 —— 非专项资 —— 赠予 —— 公路   300 000
      支出   金支出   金支出   养护

其他费用主要经济业务会计核算情况如表 13-9 所示。

表 13-9   其他费用主要经济业务会计核算情况表

经济业务		财务会计核算	预算会计核算
（1）利息费用	计算确定借款利息费用	借：其他费用/在建工程 贷：应付利息/长期借款——应计利息	—
	实际支付利息	借：应付利息等 贷：银行存款等	借：其他支出 贷：资金结存——货币资金
（2）坏账损失	按照规定对应收账款和其他应收款计提坏账准备	借：其他费用 贷：坏账准备	—
	冲减多提的坏账准备	借：坏账准备 贷：其他费用	—

（续表）

经济业务	财务会计核算	预算会计核算
（3）罚没支出	借：其他费用 　贷：银行存款/库存现金/其他应付款	借：其他支出 　贷：资金结存——货币资金［实际支付金额］
（4）现金资产对外捐赠	借：其他费用 　贷：银行存款/库存现金等	借：其他支出 　贷：资金结存——货币资金
（5）其他相关税费、运输费等	借：其他费用 　贷：零余额账户用款额度/银行存款等	借：其他支出 　贷：资金结存
（6）期末/年末结转	借：本期盈余 　贷：其他费用	借：其他结余［非财政、非专项资金支出］ 　　非财政拨款结转——本年收支结转［非财政专项资金支出］ 　贷：其他支出

第十四章 政府单位资产的核算

第一节 资产概述

一、资产的定义及特征

资产是指政府会计主体过去的经济业务或者事项形成的,由政府会计主体控制的,预期能够产生服务潜力或者带来经济利益流入的经济资源。其中,服务潜力是指单位利用资产提供公共产品和服务以履行政府职能的潜在能力;经济利益流入表现为现金及现金等价物的流入,或者现金及现金等价物流出的减少。

从资产的定义可以看出,资产具有以下特点:

第一,资产的实质是一种经济资源。资产定义中的经济资源在同时满足以下条件时,才能确认为资产:一是与该经济资源相关的服务潜力很可能实现或者经济利益很可能流入单位;二是该经济资源的成本或者价值能够可靠地计量。

第二,资产必须由政府单位控制。这里所说的"控制",不仅包括占有和使用,也包括经营和管理。政府单位国有资产实行国家统一所有、政府分级监管、单位占有使用的管理体制。

第三,资产必须能够用货币来计量。资产的表现形式各不相同,采用的计量方式也是多种多样,但只有当一种资产能够通过货币这个一般等价物进行反映和计量,才能够确认为单位的资产。

二、资产的计量

资产的计量属性主要包括历史成本、重置成本、现值、公允价值和名义金额。

(1) 在历史成本计量下,资产按照取得时支付的现金金额或者支付对价的公允价值计量。

(2) 在重置成本计量下,资产按照现在购买相同或者相似资产所需支付的现金金额计量。

(3) 在现值计量下,资产按照预计从其持续使用和最终处置中所产生的未来净现金流入量的折现金额计量。

（4）在公允价值计量下，资产按照市场参与者在计量日发生的有序交易中，出售资产所能收到的价格计量。

（5）无法采用上述计量属性的，采用名义金额（即人民币1元）计量。在实际工作中，名义金额必须谨慎使用。

单位对资产进行计量时，一般应当采用历史成本。采用重置成本、现值、公允价值计量的，应当保证所确定的资产金额能够持续、可靠地计量。

三、资产的管理

（一）资产的管理体制和管理原则

行政事业单位国有资产管理，实行国家统一所有，政府分级监管，单位控制的管理体制。国家统一所有是指国有资产属于全民所有，具体由国务院代表国家行使国有资产的所有权，财政部代表国务院对行政事业单位的国有资产实行综合管理。政府分级监管是指国家对单位国有资产实行中央、省、市、县、乡五级分工监督管理。单位控制是指行政事业单位拥有占有、使用和管理的权利，依据有关规定经批准能够对资产进行出租、出借和处置。

（二）资产的使用和处置

行政事业单位拟将占有、使用的国有资产对外出租、出借的，必须事先上报同级财政部门审核批准。未经批准，不得对外出租、出借。出租出借所形成的收入，按照政府非税收入管理的规定，实行"收支两条线"管理。另外，行政单位不得用国有资产对外担保（法律另有规定的除外），不得以任何形式用占有、使用的国有资产举办经济实体。

四、资产的分类与科目设置

（一）资产的分类

为了提供与资产相关的会计信息，需要根据资产的性质和特点，对其进行科学的分类。资产按照是否具有实物形态，可以划分为有形资产和无形资产；按其与货币的关系，可以划分为货币性资产和非货币性资产；按其流动性，可以划分为流动资产和非流动资产。

（二）财务会计资产类科目的设置

与资产的分类相对应，政府单位财务会计共设置库存现金、银行存款、短期投资等37个资产类会计科目。短期投资、应收票据、应收账款、应收股利等8个科目为事业单位专用科目，营林工程和林木资产为国有林场和苗圃事业单位专用科目，其余27个科目为行政单位、事业单位共用科目，其中，财政应返还额度、零余额账户用款额度是供实行国库集中支付的行政事业单位使用的科目。财务会计资产类科目设置的具体情况见表14-1。

表 14-1 财务会计资产类科目设置情况表

科目代码	科目名称	适用单位	科目代码	科目名称	适用单位
1001	库存现金	行政单位、事业单位	1601	固定资产	行政单位、事业单位
1002	银行存款	行政单位、事业单位	1602	固定资产累计折旧	行政单位、事业单位
1011	零余额账户用款额度	实行国库集中支付的行政事业单位	1611	工程物资	行政单位、事业单位
1021	其他货币资金	行政单位、事业单位	1613	在建工程	行政单位、事业单位
1101	短期投资	事业单位	1614	营林工程	国有林场和苗圃
1201	财政应返还额度	实行国库集中支付的行政事业单位	1701	无形资产	行政单位、事业单位
1211	应收票据	事业单位	1702	无形资产累计摊销	行政单位、事业单位
1212	应收账款	事业单位	1703	研发支出	行政单位、事业单位
1214	预付账款	行政单位、事业单位	1801	公共基础设施	行政单位、事业单位
1215	应收股利	事业单位	1802	公共基础设施累计折旧	行政单位、事业单位
1216	应收利息	事业单位	1811	政府储备物资	行政单位、事业单位
1218	其他应收款	行政单位、事业单位	1821	文物文化资产	行政单位、事业单位
1219	坏账准备	事业单位	1831	保障性住房	行政单位、事业单位
1301	在途物品	行政单位、事业单位	1832	保障性住房累计折旧	行政单位、事业单位
1302	库存物品	行政单位、事业单位	1841	林木资产	国有林场和苗圃
1303	加工物品	行政单位、事业单位	1891	受托代理资产	行政单位、事业单位
1401	待摊费用	行政单位、事业单位	1901	长期待摊费用	行政单位、事业单位
1501	长期股权投资	事业单位	1902	待处理财产损溢	行政单位、事业单位
1502	长期债券投资	事业单位			

第二节 货币资金

货币资金是以货币形态存在的资产,是单位资金运动的起点和终点,也是唯一能够随时转换为其他资产或用于清偿债务且最具流动性的资产。按存放地点和用途不同,货币资金分为库存现金、银行存款、零余额账户用款额度以及其他货币资金。

一、库存现金

库存现金具有普遍的可接受性,可以随时用来购买货物,支付费用,偿付债务,也可以随时存入银行,是单位流动性最强的资产。由于现金的可接受性和流动性非常强,单位应按规定加强对库存现金的管理和核算。

(一) 会计科目设置

单位应设置"库存现金"科目,用于核算单位的库存现金。"库存现金"科目期末借方余额表示实际持有的库存现金。

"库存现金"科目应当设置"受托代理资产"明细科目,核算单位受托代理、代管的现金。单位有外币现金的,应当分别按照人民币、外币种类设置"库存现金日记账"进行明细核算。同时,单位应当设置库存现金日记账,由出纳人员根据收付款凭证,按照业务发生顺序逐笔登记。每日终了,应当计算当日的现金收入合计数、现金支出合计数和结余数,并将结余数与实际库存数核对,做到账款相符。

现金收入业务繁多、单独设有收款部门的单位,收款部门的收款员应当将每天所收现金连同收款凭据一并交财务部门核收记账;或者将每天所收现金直接送存开户银行后,将收款凭据及向银行送存现金的凭证等一并交财务部门核收记账。

(二) 主要账务处理

(1)从银行等金融机构提取现金,按照实际提取的金额,借记"库存现金"科目,贷记"银行存款"科目;将现金存入银行等金融机构,按照实际存入金额,借记"银行存款"科目,贷记"库存现金"科目。

根据规定从单位零余额账户提取现金,按照实际提取的金额,借记"库存现金"科目,贷记"零余额账户用款额度"科目。

将现金退回单位零余额账户,按照实际退回的金额,借记"零余额账户用款额度"科目,贷记"库存现金"科目。

以上存款和提取现金业务,因为属于货币资金内部的结构性调整,不涉及现金的收支,因此,预算会计不做账务处理。

(2)因内部职工出差等原因借出现金,按照实际借出的现金金额,借记"其他应收款"科目,贷记"库存现金"科目。

出差人员报销差旅费时,按照实际报销的金额,借记"业务活动费用""单位管理费用"等科目,按照实际借出的现金金额,贷记"其他应收款"科目,按照其差额,借记或贷记"库存现金"科目。

对于单位职工出差借款等暂付款项,在支付款项时,预算会计可不做处理;结算或报销时,按照实际报销金额,借记"行政支出""事业支出"等科目,贷记"资金结存——货币资金"科目。

(3)因提供服务、物品或者其他事项收到现金,按照实际收到的金额,借记"库存现金"科目,贷记"事业收入""应收账款"等相关科目。同时,在预算会计下,借记"资金结存——货币资金"科目,贷记"事业预算收入"等科目。

因购买服务、物品或者其他事项支付现金,按照实际支付的金额,借记"业务活动费用""单位管理费用""库存物品"等相关科目,贷记"库存现金"科目。同时,在预算会计下,借记"行政支出""事业支出""其他支出"等科目,贷记"资金结存——货币资金"科目。涉及增值税业务的,相关账务处理参见"应交增值税"科目。

以库存现金对外捐赠,按照实际捐出的金额,借记"其他费用"科目,贷记"库存现金"科目。同时,在预算会计下,借记"其他支出"科目,贷记"资金结存——货币资金"科目。

(4)收到受托代理、代管的现金,按照实际收到的金额,借记"库存现金——受托代理资产"科目,贷记"受托代理负债"科目;支付受托代理、代管的现金,按照实际支付的金额,借记"受托代理负债"科目,贷记"库存现金——受托代理资产"科目。

受托代理、代管的现金不纳入单位的预算管理,所以其收支虽然属于单位的现金收支业务,但在预算会计下不需进行账务处理。

(5)每日账款核对中发现有待查明原因的现金短缺或溢余的,通过"待处理财产损溢"科目核算。属于现金溢余,按照实际溢余的金额,借记"库存现金"科目,贷记"待处理财产损溢"科目;属于现金短缺,按照实际短缺的金额,借记"待处理财产损溢"科目,贷记"库存现金"科目。同时,在预算会计下,按照实际溢余的金额,借记"资金结存——货币资金"科目,贷记"其他预算收入"科目;按照实际短缺的金额,借记"其他支出"科目,贷记"资金结存——货币资金"科目。

原因查明后,如为现金短缺,属于应由责任人赔偿或向有关人员追回的,借记"其他应收款"科目,贷记"待处理财产损溢"科目。责任人上缴赔偿款时,借记"库存现金"科目,贷记"其他应收款"科目。属于无法查明原因的,报经批准予以核销,借记"资产处置费用"科目,贷记"待处理财产损溢"科目。上述业务中,属于应由责任人赔偿或向有关人员追回的,应同时在预算会计下,按照责任人上缴的赔偿款金额,借记"资金结存——货币资金"科目,贷记"其他支出"科目;其他情形,预算会计不做账务处理。

如为现金溢余,属于应支付给有关人员或单位的,借记"待处理财产损溢"科目,贷记"其他应付款"科目。实际支付时,借记"其他应付款"科目,贷记"库存现金"科目。属于无法查明原因的,报经批准后,借记"待处理财产损溢"科目,贷记"其他收入"科目。上述业务中,属于应支付给有关人员或单位的,应同时在预算会计下,按照实际支付金额借记"其他预算收入"科目,贷记"资金结存——货币资金"科目;其他情形,预算会计不做账务处理。

【例 14-1】 某审计行政单位发生以下业务:

(1)从本单位的银行账户提取库存现金 1 万元备用。

从银行提取现金,只是货币资金形态从银行存款到库存现金的变化,而无论是银行存款还是库存现金,都属于"资金结存——货币资金"科目的核算范围,因此,预算会计不做处理。单位应就财务会计做如下账务处理:

借:库存现金 10 000
  贷:银行存款——××银行 10 000

(2)单位职工王××出差,经批准借出现金 5 000 元。

单位职工出差借款属于暂付款项,按照政府会计制度的规定,暂付款项可不做预算会计处理。单位应就财务会计进行如下账务处理:

借:其他应收款——出差借款——王×× 5 000
  贷:库存现金 5 000

(3)王××公务结束后回单位报销差旅费 4 000 元,交回现金 1 000 元,支出功能分类列"一般公共服务支出——审计事务——行政运行"预算科目,部门预算支出经济分类列"商品和服务支出——差旅费"预算科目。

财务会计:

借:业务活动费用——商品和服务费用 4 000
  库存现金 1 000
  贷:其他应收款——王×× 5 000

预算会计:

借:行政支出——财政拨款支出——基本支出——差旅费——行政运行 4 000
  贷:资金结存——货币资金 4 000

(4)单位出纳在盘点库存现金时发现溢余 2 000 元,支出功能分类列"一般公共服务支出——审计事务——行政运行"预算科目。

财务会计:

借:库存现金 2 000
  贷:待处理财产损溢——现金溢余 2 000

预算会计：

借：资金结存——货币资金　　　　　　　　　　　　　　　　　　　　　2 000

　　贷：其他预算收入——现金溢余收入——非专项资金收入——行政运行　2 000

（5）经查，溢余为少付单位职工李××报销款2 000元。

借：待处理财产损溢——现金溢余　　　　　　　　　　　　　　　　　　2 000

　　贷：其他应付款——李××　　　　　　　　　　　　　　　　　　　2 000

（6）将现金2 000元支付给李××。

财务会计：

借：其他应付款——李××　　　　　　　　　　　　　　　　　　　　　2 000

　　贷：库存现金　　　　　　　　　　　　　　　　　　　　　　　　　2 000

预算会计：

借：其他预算收入——现金溢余收入——非专项资金收入——行政运行　2 000

　　贷：资金结存——货币资金　　　　　　　　　　　　　　　　　　　2 000

库存现金主要经济业务会计核算情况如表14-2所示。

表14-2　　　　　　　库存现金主要经济业务会计核算情况表

经济业务		财务会计核算	预算会计核算
（1）提现		借：库存现金 　贷：银行存款、零余额账户用款额度等	—
（2）存现		借：银行存款、零余额账户用款额度等 　贷：库存现金	—
（3）差旅费	职工出差等借出现金	借：其他应收款 　贷：库存现金	—
	出差人员报销差旅费	借：业务活动费用/单位管理费用等 借（或贷）：库存现金 　贷：其他应收款	借：行政支出/事业支出等 　贷：资金结存——货币资金
（4）其他涉及现金的业务	因开展业务等其他事项收到现金	借：库存现金 　贷：事业收入/应收账款等	借：资金结存——货币资金 　贷：事业预算收入等
	因购买服务、商品或其他事项支出现金	借：业务活动费用/单位管理费用/其他费用/应付账款等 　贷：库存现金	借：行政支出/事业支出/其他支出等 　贷：资金结存——货币资金
	对外捐赠现金资产	借：其他费用 　贷：库存现金	借：其他支出 　贷：资金结存——货币资金

（续表）

经济业务		财务会计核算		预算会计核算
（5）受托代理、代管现金	收到	借：库存现金——受托代理资产 　贷：受托代理负债		—
	支付	借：受托代理负债 　贷：库存现金——受托代理资产		—
（6）现金溢余	发现现金溢余	借：库存现金 　贷：待处理财产损溢		借：资金结存——货币资金 　贷：其他预算收入
	支付给有关人员或单位的部分	借：待处理财产损溢 　贷：其他应付款	借：其他应付款 　贷：库存现金	借：其他预算收入 　贷：资金结存——货币资金
	属于无法查明原因的部分，报经批准后	借：待处理财产损溢 　贷：其他收入		—
（7）现金短缺	发现现金短缺	借：待处理财产损溢 　贷：库存现金		借：其他支出 　贷：资金结存——货币资金
	属于应由责任人赔偿的部分	借：其他应收款 　贷：待处理财产损溢	借：库存现金 　贷：其他应收款	借：资金结存——货币资金 　贷：其他支出
	属于无法查明原因的部分，报经批准后	借：资产处置费用 　贷：待处理财产损溢		—

二、银行存款

银行存款是指单位存入银行或者其他金融机构的各种存款。

（一）会计科目设置

单位应设置"银行存款"科目，用于核算单位存入银行或者其他金融机构的各种存款。"银行存款"科目期末借方余额表示单位实际存放在银行或其他金融机构的款项。单位应根据开户银行在"银行存款"科目下设置明细科目；有受托代理资产的单位，还应当设置"受托代理资产"明细科目，核算单位受托代理、代管的银行存款。

（二）主要账务处理

1. 人民币存款账务处理

（1）单位将款项存入银行或者其他金融机构时，借记"银行存款"科目，贷记"库存现金""应收账款""事业收入""经营收入""其他收入"等相关科目。同时，在预算会计下，借记"资金结存——货币资金"科目，贷记"事业预算收入""其他预算收入"等科目。

收到银行存款利息,借记"银行存款"科目,贷记"利息收入"等科目。同时,在预算会计下,借记"资金结存——货币资金"科目,贷记"其他预算收入"科目。

(2)从银行等金融机构提取现金,按照实际提取的金额,借记"库存现金"科目,贷记"银行存款"科目。预算会计不做处理。

(3)以银行存款支付相关费用时,按照实际支付的金额,借记"业务活动费用""单位管理费用""其他费用"等科目,贷记"银行存款"科目。同时,在预算会计下,借记"行政支出""事业支出"等科目,贷记"资金结存——货币资金"科目。

以银行存款对外捐赠,按照实际捐出的金额,借记"其他费用"科目,贷记"银行存款"科目。同时,在预算会计下,借记"其他支出"科目,贷记"资金结存——货币资金"科目。

(4)收到受托代理、代管的银行存款时,按照实际收到的金额,借记"银行存款——受托代理资产"科目,贷记"受托代理负债"科目;支付受托代理、代管的银行存款时,按照实际支付的金额,借记"受托代理负债"科目,贷记"银行存款——受托代理资产"科目。对于受托代理、代管的银行存款,因为不属于单位的预算资金,不纳入单位预算管理,因此,预算会计不做处理。

【例14-2】 某税务行政单位发生以下业务:

(1)收到银行存款利息1.2万元,支出功能分类列"一般公共服务支出——税收事务——行政运行"预算科目。

财务会计:

借:银行存款——××银行   12 000
　贷:利息收入——××银行   12 000

预算会计:

借:资金结存——货币资金   12 000
　贷:利息预算收入——存款利息——非专项资金收入——行政运行   12 000

(2)从银行账户支付银行手续费4 000元,支出功能分类列"一般公共服务支出——税收事务——行政运行"预算科目,部门预算支出经济分类科目列"商品和服务支出——手续费"预算科目。

财务会计:

借:业务活动费用——商品和服务费用   4 000
　贷:银行存款——××银行   4 000

预算会计:

借:行政支出——财政拨款支出——基本支出——手续费——行政运行   4 000
　贷:资金结存——货币资金   4 000

2. 外币存款账务处理

单位发生外币业务的,应当按照业务发生当日或当期期初的即期汇率,将外币金额折算为人民币金额记账,并登记外币金额和汇率。

期末,各种外币账户的期末余额,应当按照期末的即期汇率折算为人民币,作为外币账户期末人民币余额。调整后的各种外币账户人民币余额与原账面余额的差额,作为汇兑损益计入当期费用。

(1)以外币购买物资、设备等,按照购入当日的即期汇率将支付的外币或应支付的外币折算为人民币金额,借记"库存物品"等科目,贷记"银行存款""应付账款"等科目的外币账户。同时,在预算会计下,借记"事业支出"等科目,贷记"资金结存——货币资金"科目。涉及增值税业务的,相关账务处理参见"应交增值税"科目。

(2)销售商品、提供服务以外币收取相关款项等,按照收入确认当日的即期汇率,将收取的外币或应收取的外币折算为人民币金额,借记"银行存款""应收账款"等科目的外币账户,贷记"事业收入"等相关科目。同时,在预算会计下,借记"资金结存——货币资金"科目,贷记"事业预算收入"等科目。

(3)期末,根据各外币账户按期末汇率调整后的人民币余额与原账面人民币余额的差额,作为汇兑损益,借记或贷记"银行存款"科目,贷记(汇兑收益时)或借记(汇兑损失时)"业务活动费用""单位管理费用"等科目。同时,在预算会计下,借记或贷记"资金结存——货币资金"科目,贷记(汇兑收益时)或借记(汇兑损失时)"行政支出""事业支出"等科目。

"应收账款""应付账款"等科目涉及外币账户期末汇率调整的业务时,相关核算参照上述方式处理。

【例 14-3】 某商务行政单位发生以下业务:

(1)在本月 1 日按照当日 1 美元=6.139 3 元人民币的汇率,通过财政直接支付方式,从财政预算安排的招商引资项目资金中支付 61 393 元人民币,兑换 1 万美元,存入本单位的外币存款户,支出功能分类列"商贸事务——招商引资"预算科目。

单位购入美元,应按照当日购入汇率将美元折算成人民币。单位应做如下账务处理:

财务会计:

借:银行存款——外币存款户   61 393

  贷:财政拨款收入——一般公共预算财政拨款   61 393

预算会计:

借:资金结存——货币资金   61 393

  贷:财政拨款预算收入——项目支出——招商引资项目——招商引资   61 393

（2）购入美元的当天，支付招商顾问劳务费2 000美元（假设不考虑个人所得税），支出功能分类列"商贸事务——招商引资"预算科目，部门预算支出经济分类列"商品和服务支出——劳务费"预算科目。

支付劳务费时尽管是以美元支付，但单位应按当日即期汇率将所支付的外币折算成人民币为12 278.60元（2 000×6.139 3），并以折算以后的人民币入账。

财务会计：

借：业务活动费用——商品和服务费用   12 278.6

   贷：银行存款——外币存款户   12 278.6

预算会计：

借：行政支出｜财政拨款支出｜项目支出｜招商引资项目｜劳务费｜招商引资   12 278.6

   贷：资金结存——货币资金   12 278.6

（3）月末，美元对人民币汇率为1美元＝6.103 3元人民币。

月末，按期末汇率调整后的人民币余额与原账面人民币余额的差额，作为汇兑损益。本月由于人民币升值，造成汇兑损失288元[（10 000－2 000）×（6.139 3－6.103 3）]，应将损失计入费用和支出，部门预算支出经济分类列"商品和服务支出——其他商品和服务支出"预算科目。

财务会计：

借：业务活动费用——商品和服务费用   288

   贷：银行存款——外币存款户   288

预算会计：

借：行政支出｜财政拨款支出｜项目支出｜招商引资项目｜其他商品和服务支出｜招商引资   288

   贷：资金结存——货币资金   288

银行存款主要经济业务会计核算情况如表14-3所示。

表14-3   **银行存款主要经济业务会计核算情况表**

经济业务	财务会计核算	预算会计核算

（1）将款项存入银行或其他金融机构	借：银行存款
	  贷：库存现金/事业收入/其他收入等
		借：资金结存——货币资金
		  贷：事业预算收入/其他预算收入等

（2）提现	借：库存现金 贷：银行存款	—

（续表）

经济业务		财务会计核算	预算会计核算
（3）支付款项		借：业务活动费用/单位管理费用/其他费用等 　　贷：银行存款	借：行政支出/事业支出/其他支出等 　　贷：资金结存——货币资金
（4）银行存款账户	收到银行存款利息	借：银行存款 　　贷：利息收入	借：资金结存——货币资金 　　贷：其他预算收入
	支付银行手续费等	借：业务活动费用/单位管理费用等 　　贷：银行存款	借：行政支出/事业支出等 　　贷：资金结存——货币资金
（5）受托代理、代管银行存款	收到	借：银行存款——受托代理资产 　　贷：受托代理负债	—
	支付	借：受托代理负债 　　贷：银行存款——受托代理资产	—
（6）外币业务	以外币购买物资、劳务等	借：在途物品/库存物品等 　　贷：银行存款/应付账款等（外币账户）	借：事业支出等 　　贷：资金结存——货币资金
	以外币收取相关款项等	借：银行存款/应收账款等（外币账户） 　　贷：事业收入等	借：资金结存——货币资金 　　贷：事业预算收入等
	期末，形成汇兑收益	借：银行存款/应收账款/应付账款等 　　贷：业务活动费用/单位管理费用等	借：资金结存——货币资金 　　贷：行政支出/事业支出等
	期末，形成汇兑损失	借：业务活动费用/单位管理费用等 　　贷：银行存款/应收账款/应付账款等	借：行政支出/事业支出等 　　贷：资金结存——货币资金

三、零余额账户用款额度

（一）零余额账户的概念与分类

1. 零余额账户的概念

零余额账户是指财政部门按照国库集中支付体系设计，为财政部门和预算单位在商业银行开设的账户，用于财政直接支付和财政授权支付及清算。零余额账户平常是没有资金沉淀的，财政部门根据预算安排及单位的申请，为单位的零余额账户核定一个用款额度，单位在这个额度内向开户银行发出支付指令，银行根据指令用自己的资金垫付，之后再与国库进行清算，从而保持"无余额过夜"。因此，尽管单位零余额账户并不是一个实存资金账户，但只要财政部门核定的零余额账户的用款额度未用完,这一额度仍然挂在单位的零余额账户名下,单位可以继续通过单位零余额账户使用剩余的用款额度,实现资金支付。因此,零余额账户用款额度是实行国库集中支付改革后新出现的,预算单位可以随时使用的一项特殊的流动资产。

2. 零余额账户的分类

零余额账户是指财政部门或预算单位经财政部门批准,在国库集中支付代理银行和非税收入收缴代理银行开立的,用于办理国库集中收付业务的银行结算账户。主要包括财政部门零余额账户、预算单位零余额账户和财政汇缴零余额账户(即财政汇缴专户)三类。其中,财政部门零余额账户和财政汇缴零余额账户的性质为专用存款账户;预算单位零余额账户的性质为基本存款账户或专用存款账户。预算单位未开立基本存款账户,或原基本存款账户在国库集中支付改革后已经按财政部门要求撤销的,经同级财政部门批准,预算单位零余额账户作为基本存款账户;除上述情况外,预算单位零余额账户作为专用存款账户。

财政部门零余额账户和财政汇缴零余额账户是由财政部门开设,分别用于财政直接支付和预算收入汇缴。单位零余额账户由预算单位经财政部门批准在国库集中支付代理银行开设,用于财政授权支付和清算。单位零余额账户本质上就是银行账户,单位应按照开设普通银行账户的审批程序开设零余额账户。

3. 零余额账户与支付方式的关系

无论是财政部门零余额账户还是单位零余额账户,都与预算单位的资金支付方式有着直接的关系。

预算单位的授权支付资金使用的是单位零余额账户,即首先由单位零余额账户的开户银行垫付资金(垫付后单位零余额账户余额实际为负数),当天轧账前,垫付资金再由代理银行统一与国库单一账户进行清算,零余额账户余额归零。

预算单位的直接支付资金使用的是财政部门零余额账户,预算单位首先向财政部门提出支付申请,财政部门审核同意后向财政部门零余额账户的代理银行发出支付令,代理银行据此从财政部门零余额账户将款项垫付给收款人(垫付后财政零余额账户余额实际为负数);每日轧账时再由代理银行与国库单一账户进行清算,财政部门零余额账户余额归零。

与单位零余额账户不同的是,预算单位尽管可以通过财政部门零余额账户直接支付资金,但财政部门零余额账户的所有者是属于财政部门的,应由财政总预算会计进行核算和管理,预算单位只能向财政部门提出支付申请,只有财政部门才能向财政部门零余额账户发出支付指令。因此,虽然预算单位的财政直接支付预算指标是与财政部门零余额账户直接对应,但在直接支付前这种预算指标实际上仍然属于财政部门,而不能作为预算单位的资产。也正是因为这个原因,预算单位在收到财政部门核定的直接支付预算指标后,在会计核算上并不能确认收入和资产;

而只有在发生直接支付业务以后,才能确认本单位的收入,但此时也不能确认资产,因为资金已经直接支付,只能同时确认支出。只有在年末,单位未用的财政直接支付预算指标才通过"财政应返还额度"形成单位的资产。

(二) 零余额账户用款额度的核算

1. 会计科目设置

单位应设置"零余额账户用款额度"科目,核算实行国库集中支付的单位根据财政部门批复的用款计划收到和支用的零余额账户用款额度。"零余额账户用款额度"科目期末借方余额表示单位尚未支用的零余额账户用款额度;年末注销单位零余额账户用款额度后,本科目应无余额。

2. 主要账务处理

1) 收到额度

单位收到零余额账户用款额度时,根据"财政授权支付到账通知书"上列明的金额,借记"零余额账户用款额度"科目,贷记"财政拨款收入"科目。同时,在预算会计下,借记"资金结存——零余额账户用款额度"科目,贷记"财政拨款预算收入"科目。

2) 支用额度

支付日常活动费用时,按照支付的金额,借记"业务活动费用""单位管理费用"等科目,贷记"零余额账户用款额度"科目。同时,在预算会计下,按照支付的金额,借记"行政支出""事业支出"等科目,贷记"资金结存——零余额账户用款额度"科目。

购买库存物品或购建固定资产,按照实际发生的成本,借记"库存物品""固定资产""在建工程"等科目,按照实际支付或应付的金额,贷记"零余额账户用款额度""应付账款"等科目。同时,在预算会计下,按照实际支付的金额,借记"行政支出""事业支出"等科目,贷记"资金结存——零余额账户用款额度"科目。

从零余额账户提取现金时,按照实际提取的金额,借记"库存现金"科目,贷记"零余额账户用款额度"科目。同时,在预算会计下,按照实际提取的金额,借记"资金结存——货币资金"科目,贷记"资金结存——零余额账户用款额度"科目。

3) 授权支付额度退回

因购货退回等发生财政授权支付额度退回的,按照退回的金额,借记"零余额账户用款额度"科目,贷记"库存物品""以前年度盈余调整"等科目。同时,在预算会计下,借记"资金结存——零余额账户用款额度"科目,贷记"行政支出""事业支出"等科目(本年度授权支付的款项)或"财政拨款结转——年初余额调整""财政拨款结余——年初余额调整"科目(以前年度授权支付的款项)。

4) 年末注销额度

年末注销用款额度时,根据代理银行提供的对账单,借记"财政应返还额度——财政授权支付"科目,贷记"零余额账户用款额度"。同时,在预算会计下,借记"资金结存——财政应返还额度"科目,贷记"资金结存——零余额账户用款额度"科目。

对于单位本年度财政授权支付预算指标数大于零余额账户用款额度下达数的,根据未下达的用款额度,借记"财政应返还额度——财政授权支付"科目,贷记"财政拨款收入"科目。同时,在预算会计下,借记"资金结存——财政应返还额度"科目,贷记"财政拨款预算收入"科目。

5)年初恢复额度

下年年初,单位收到代理银行提供的上年度注销额度恢复到账通知书,或财政部门批复的上年未下达零余额账户用款额度时,借记"零余额账户用款额度"科目,贷记"财政应返还额度——财政授权支付"科目;同时,在预算会计下,借记"资金结存——零余额账户用款额度"科目,贷记"资金结存——财政应返还额度"科目。

【例 14-4】 某农业行政单位发生以下业务:

(1)收到"财政授权支付额度到账通知书",财政部门核准本单位本月基本支出的人员经费和公用经费财政授权支付额度分别为 5 万元和 7 万元,支出功能分类列"农林水支出——农业——行政运行"预算科目。

财务会计:

借:零余额账户用款额度	120 000
贷:财政拨款收入——一般公共预算财政拨款	120 000

预算会计:

借:资金结存——零余额账户用款额度	120 000
贷:财政拨款预算收入——基本支出——人员经费——行政运行	50 000
财政拨款预算收入——基本支出——日常公用经费——行政运行	70 000

(2)代理银行根据自来水公司提供的收费通知单,从预算单位零余额账户的财政授权支付额度内划拨 6 000 元用于支付单位水费,部门预算支出经济分类列"商品和服务支出——水费"预算科目。

财务会计:

借:业务活动费用——商品和服务费用	6 000
贷:零余额账户用款额度	6 000

预算会计:

借:行政支出——财政拨款支出——基本支出——水费——行政运行	6 000
贷:资金结存——零余额账户用款额度	6 000

(3)年末,经与财政部门核对,全年财政部门下达单位的授权支付预算指标尚

有 10 万元的执法检查项目支出未下达零余额账户用款额度。另外,已经下达单位用款额度中尚有 2.5 万未使用完,支出功能分类列"农林水支出——农业——执法监管"预算科目。

财务会计:

借:财政应返还额度——财政授权支付　　　　　　　　　　　　125 000

　　贷:零余额账户用款额度　　　　　　　　　　　　　　　　　25 000

　　　　财政拨款收入——一般公共预算财政拨款　　　　　　　100 000

预算会计:

借:资金结存——财政应返还额度　　　　　　　　　　　　　　125 000

　　贷:资金结存——零余额账户用款额度　　　　　　　　　　　25 000

　　　　财政拨款预算收入——项目支出——执法检查项目——执法监管　　100 000

(4) 下年年初,收到代理银行的额度恢复到账通知书,注明额度 10 万元;收到财政部门批复的上年未下达零余额账户用款额度 2.5 万元。

财务会计:

借:零余额账户用款额度　　　　　　　　　　　　　　　　　　125 000

　　贷:财政应返还额度——财政授权支付　　　　　　　　　　　125 000

预算会计:

借:资金结存——零余额账户用款额度　　　　　　　　　　　　125 000

　　贷:资金结存——财政应返还额度　　　　　　　　　　　　　125 000

零余额账户用款额度主要经济业务会计核算情况如表 14-4 所示。

表 14-4　　　　零余额账户用款额度主要经济业务会计核算情况表

经济业务		财务会计核算	预算会计核算
(1) 收到额度	收到"授权支付到账通知书"	借:零余额账户用款额度 　贷:财政拨款收入	借:资金结存——零余额账户用款额度 　贷:财政拨款预算收入
(2) 按照规定支用额度	支付日常活动费用	借:业务活动费用/单位管理费用等 　贷:零余额账户用款额度	借:行政支出/事业支出等 　贷:资金结存——零余额账户用款额度
	购买库存物品或购建固定资产等	借:库存物品/固定资产/在建工程等 　贷:零余额账户用款额度	

（续表）

经济业务		财务会计核算	预算会计核算
（3）提现	从零余额账户提取现金	借：库存现金 　贷：零余额账户用款额度	借：资金结存——货币资金 　贷：资金结存——零余额账户用款额度
	将现金退回单位零余额账户	借：零余额账户用款额度 　贷：库存现金	借：资金结存——零余额账户用款额度 　贷：资金结存——货币资金
（4）因购货退回等发生财政授权支付额度退回	退回本年度授权支付的款项	借：零余额账户用款额度 　贷：库存物品等	借：资金结存——零余额账户用款额度 　贷：行政支出/事业支出等
	退回以前年度授权支付的款项	借：零余额账户用款额度 　贷：库存物品/以前年度盈余调整等	借：资金结存——零余额账户用款额度 　贷：财政拨款结转——年初余额调整/财政拨款结余——年初余额调整
（5）年末，注销财政授权支付额度	注销财政授权支付额度	借：财政应返还额度——财政授权支付 　贷：零余额账户用款额度	借：资金结存——财政应返还额度 　贷：资金结存——零余额账户用款额度
	财政部门未下达的用款额度	借：财政应返还额度——财政授权支付 　贷：财政拨款收入	借：资金结存——财政应返还额度 　贷：财政拨款预算收入
（6）下年初，恢复财政授权支付额度	根据代理银行提供的"额度恢复到账通知书"恢复额度	借：零余额账户用款额度 　贷：财政应返还额度——财政授权支付	借：资金结存——零余额账户用款额度 　贷：资金结存——财政应返还额度
	收到财政部门批复的上年年末未下达零余额账户用款额度	借：零余额账户用款额度 　贷：财政应返还额度——财政授权支付	借：资金结存——零余额账户用款额度 　贷：资金结存——财政应返还额度

四、其他货币资金

（一）其他货币资金的概念

其他货币资金是指单位除库存现金、银行存款、零余额账户用款额度以外的以其他形式存在的货币资金，主要包括单位的外埠存款、银行本票存款、银行汇票存款、信用卡存款等。其中：外埠存款是指单位到外地进行临时或零星采购时，汇往采购地银行开立采购专户的款项；银行汇票存款是指单位为了取得银行汇票，按照规定存入银行的款项；银行本票存款是指单位为了取得银行本票，按照规定存入银行的款项。信用卡存款是指单位为取得信用卡按照规定存入银行信用卡专户的款项。

单位应当加强对其他货币资金的管理,及时办理结算,对于逾期尚未办理结算的银行汇票、银行本票等,应当按照规定及时转回并进行账务处理。

(二) 其他货币资金的核算

单位应设置"其他货币资金"科目,核算单位的外埠存款、银行本票存款、银行汇票存款、信用卡存款等其他货币资金。"其他货币资金"科目期末借方余额反映单位实际持有的其他货币资金。"其他货币资金"科目应当按照资金存放形式设置"外埠存款""银行本票存款""信用卡存款"等明细科目,进行明细核算。

1. 外埠存款

单位按照有关规定需要在异地开立银行账户,将款项委托本地银行汇往异地开立账户时,借记"其他货币资金——外埠存款"科目,贷记"银行存款"科目。

收到采购员交来供应单位发票账单等报销凭证时,借记"库存物品"等科目,贷记"其他货币资金——外埠存款"科目。同时,在预算会计下,按照实际支付金额,借记"事业支出"等科目,贷记"资金结存——货币资金"科目。

将多余的外埠存款转回本地银行时,根据银行的收账通知,借记"银行存款"科目,贷记"其他货币资金"科目。

2. 银行本票、银行汇票

将款项交存银行取得银行本票、银行汇票,按照取得的银行本票、银行汇票金额,借记"其他货币资金——银行本票存款""其他货币资金——银行汇票存款"科目,贷记"银行存款"科目。

使用银行本票、银行汇票购买库存物品等资产时,按照实际支付金额,借记"库存物品"等科目,贷记"其他货币资金"科目。同时,在预算会计下,按照实际支付金额,借记"事业支出"等科目,贷记"资金结存——货币资金"科目。

如有余款或因本票、汇票超过付款期等原因而退回款项,按照退款金额,借记"银行存款"科目,贷记"其他货币资金"科目。

3. 信用卡

将款项交存银行取得信用卡,按照交存金额,借记"其他货币资金——信用卡存款"科目,贷记"银行存款"科目。

用信用卡购物或支付有关费用,按照实际支付金额,借记"单位管理费用""库存物品"等科目,贷记"其他货币资金"科目。同时,在预算会计下,按照实际支付金额,借记"事业支出"等科目,贷记"资金结存——货币资金"科目。

单位信用卡在使用过程中,需向其账户续存资金的,按照续存金额,借记"其他货币资金"科目,贷记"银行存款"科目。预算会计不做账务处理。

【例 14-5】 某教育事业单位发生以下业务:

(1) 单位通过开户银行办理一张金额为 5 万元的银行汇票,专项用于购买

××培训班使用的教材。

"库存现金""其他货币资金"和"银行存款"都属于"资金结存——货币资金"科目的核算范围,因此,凡是涉及库存现金、其他货币资金、银行存款之间的转换业务,预算会计均不做账务处理。

借:其他货币资金——银行汇票存款   50 000
  贷:银行存款——××银行   50 000

(2)采购员使用银行汇票采购教材一批,材料价款4.5万元,支出功能分类列"教育支出——进修及培训——干部教育"预算科目,部门预算支出经济分类列"商品和服务支出——培训费"预算科目。发票收到,货物验收入库。

财务会计:

借:库存物品——专用材料   45 000
  贷:其他货币资金——银行汇票存款   45 000

预算会计:

借:事业　　　其他资　　　项目　　　××培　　　培训　　　干部 45 000
　　支出　　　金支出　　　支出　　　训班　　　费　　　教育
  贷:资金结存——货币资金   45 000

(3)单位收到银行退回的多余款项5 000元。

借:银行存款——××银行   5 000
  贷:其他货币资金——银行汇票存款   5 000

其他货币资金主要经济业务会计核算情况如表14-5所示。

表14-5   其他货币资金主要经济业务会计核算情况表

经济业务		财务会计核算	预算会计核算
(1)形成其他货币资金	取得外埠存款、银行本票、银行汇票、信用卡	借:其他货币资金——外埠存款/银行本票存款/银行汇票存款/信用卡存款 贷:银行存款	—
(2)发生支付	用外埠存款、银行本票、银行汇票、信用卡支付	借:在途物品/库存物品等 贷:其他货币资金——外埠存款/银行本票存款/银行汇票存款/信用卡存款	借:事业支出等 贷:资金结存——货币资金
(3)余款退回	外埠存款、银行本票、银行汇票、信用卡的余款退回	借:银行存款 贷:其他货币资金——外埠存款/银行本票存款/银行汇票存款/信用卡存款	—

第三节 应收及预付款项

应收及预付款项是指单位在开展业务活动中应收未收、提前预付给有关部门或个人而形成的处于结算过程中的资金,体现为单位对有关部门或个人的债权。应收及预付款项具体包括财政应返还额度、应收票据、应收账款、应收股利、应收利息、其他应收款和预付账款。对于应收及预付款项,单位应当按照其实际发生额进行确认和计量。

一、财政应返还额度

(一) 财政应返还额度的概念

财政应返还额度是指实行国库集中支付的单位应收财政返还的资金额度。年度终了,单位未使用完的直接支付和授权支付预算资金,均沉淀在财政国库部门。从收付实现制的角度看,这种沉淀资金客观上属于财政部门结余资金,与预算单位无关,单位不应进行会计处理;但从权责发生制的角度看,这种沉淀资金实际上就构成了财政对部门的应付款项,属于财政部门的负债范畴。对单位而言,则无论是财政授权支付还是财政直接支付,都要作为单位对财政部门的应收款项,全部转作财政应返还额度。

财政应返还额度包括财政应返还的直接支付额度和财政应返还的授权支付额度。

(1) 财政应返还的直接支付额度就是本年财政直接支付预算指标与当年财政实际直接支付数的差额。

(2) 财政应返还的授权支付额度包括两个方面的内容:一是未下达授权支付额度的预算指标,即当年预算已经安排,但财政部门当年没有下达授权支付额度的预算指标,数量上等于当年授权支付预算指标数额与当年实际下达授权支付额度之间的差额;二是已下达但未使用的授权支付额度,即财政部门当年根据预算指标将授权支付额度下达到代理银行,但单位当年尚未实际支付的额度余额,数量上等于当年已经下达的授权支付额度与当年实际支用的授权支付额度之间差额。

(二) 财政应返还额度的核算

单位应设置"财政应返还额度"科目,用于核算实行国库集中支付的单位应收财政返还的资金额度,包括可以使用的以前年度财政直接支付资金额度和财政应返还的财政授权支付资金额度。"财政应返还额度"科目期末借方余额反映单位应收财政下年度返还的资金额度。"财政应返还额度"科目应当设置"财政直接支付"和"财政授权支付"两个明细科目进行明细核算。

1. 财政直接支付

年末,单位根据本年度财政直接支付预算指标数大于当年财政直接支付实际发生数的差额,借记"财政应返还额度——财政直接支付"科目,贷记"财政拨款收入"科目。同时,在预算会计下,借记"资金结存——财政应返还额度"科目,贷记"财政拨款预算收入"科目。

单位使用以前年度财政直接支付额度支付款项时,借记"业务活动费用""单位管理费用"等科目,贷记"财政应返还额度——财政直接支付"科目。同时,在预算会计下,借记"行政支出""事业支出"等科目,贷记"资金结存——财政应返还额度"科目。

2. 财政授权支付

年末,单位根据代理银行提供的对账单作注销额度的相关账务处理,借记"财政应返还额度——财政授权支付"科目,贷记"零余额账户用款额度"科目。同时,在预算会计下,借记"资金结存——财政应返还额度"科目,贷记"资金结存——零余额账户用款额度"科目。

年末,单位本年度财政授权支付预算指标数大于零余额账户用款额度下达数的,根据未下达的用款额度,借记"财政应返还额度——财政授权支付"科目,贷记"财政拨款收入"科目。同时,在预算会计下,借记"资金结存——财政应返还额度"科目,贷记"财政拨款预算收入"科目。

下年年初,单位根据代理银行提供的上年度注销额度恢复到账通知书恢复额度和收到财政部门批复的上年未下达零余额账户用款额度时,借记"零余额账户用款额度"科目,贷记"财政应返还额度——财政授权支付"科目。同时,在预算会计下,借记"资金结存——零余额账户用款额度"科目,贷记"资金结存——财政应返还额度"科目。

【例 14-6】某林业事业单位发生以下业务:

(1) 12 月 31 日,经与财政部门核对,单位本年度财政直接支付预算指标 210 万元,当年已经完成支付 180 万元,尚有直接支付指标余额 30 万元,是林业新技术引进项目,支出功能分类列"农林水支出——林业——林业技术推广"预算科目。

财务会计:

借:财政应返还额度——财政直接支付	300 000
贷:财政补助收入——一般公共预算财政拨款	300 000

预算会计:

借:资金结存——财政应返还额度				300 000
贷: 财政拨款预算收入	项目支出	林业新技术引进项目	林业技术推广	300 000

(2) 12 月 31 日,经与财政部门和代理银行提供的对账单核对,单位本年度财

政授权支付预算指标 260 万元,其中,本年已经下达授权支付额度 250 万元,尚有 10 万元的日常公用经费预算未下达,支出功能分类列"农林水支出——林业—— 林业事业机构"预算科目;已经下达的授权支付额度中,尚有 5 万元未支用。

财务会计:

借:财政应返还额度——财政授权支付　　　　　　　　　　　　　　150 000
　　贷:财政补助收入——一般公共预算财政拨款　　　　　　　　　　　100 000
　　　　零余额账户用款额度　　　　　　　　　　　　　　　　　　　　50 000

预算会计:

借:资金结存——财政应返还额度　　　　　　　　　　　　　　　　　150 000
　　贷:财政拨款预算收入——基本支出——日常公用经费——林业事业机构　100 000
　　　　资金结存——零余额账户用款额度　　　　　　　　　　　　　　50 000

(3) 次年 1 月 1 日,单位收到代理银行提供的"财政授权支付额度恢复到账通知书",恢复上年本单位未用额度 5 万元;收到财政部门批复的、上年年末未下达零余额账户用款额度 10 万元,上年度未用的财政直接支付额度 30 万元。

本业务中,单位分别收到财政部门恢复的授权支付额度和直接支付额度,其中,对于恢复的财政直接支付额度,单位不做账务处理,待将来使用时直接冲减"财政应返还额度——财政直接支付"科目即可;对于恢复的授权支付额度,单位应相应增加"零余额账户用款额度"。为此,单位应做如下账务处理:

财务会计:

借:零余额账户用款额度　　　　　　　　　　　　　　　　　　　　　150 000
　　贷:财政应返还额度——财政授权支付　　　　　　　　　　　　　　150 000

预算会计:

借:资金结存——零余额账户用款额度　　　　　　　　　　　　　　　150 000
　　贷:资金结存——财政应返还额度　　　　　　　　　　　　　　　　150 000

(4) 次年 1 月 20 日,从上年结转的林业新技术引进项目中安排 15 万元用于支付培训费用,已收到"财政直接支付入账通知书"。

财务会计:

借:业务活动费用——商品和服务费用　　　　　　　　　　　　　　　150 000
　　贷:财政应返还额度——财政直接支付　　　　　　　　　　　　　　150 000

预算会计:

借:事业支出——财政拨款支出——项目支出——林业新技术引进项目——培训费——林业技术推广　　150 000
　　贷:资金结存——财政应返还额度　　　　　　　　　　　　　　　　150 000

财政应返还额度主要经济业务会计核算情况如表 14-6 所示。

表 14-6　　　　　　财政应返还额度主要经济业务会计核算情况表

经济业务		财务会计核算	预算会计核算
（1）财政直接支付方式下，确认财政应返还额度	年末本年度预算指标数与当年实际支付数的差额	借：财政应返还额度——财政直接支付 　贷：财政拨款收入	借：资金结存——财政应返还额度 　贷：财政拨款预算收入
	下年度使用以前年度财政直接支付额度支付款项	借：业务活动费用/单位管理费用/库存物品等 　贷：财政应返还额度——财政直接支付	借：行政支出/事业支出等 　贷：资金结存——财政应返还额度
（2）财政授权支付方式下，确认财政应返还额度	年末本年度预算指标数大于额度下达数	借：财政应返还额度——财政授权支付 　贷：财政拨款收入	借：资金结存——财政应返还额度 　贷：财政拨款预算收入
	年末根据代理银行提供的对账单作注销额度处理	借：财政应返还额度——财政授权支付 　贷：零余额账户用款额度	借：资金结存——财政应返还额度 　贷：资金结存——零余额账户用款额度
	下年年初额度恢复和收到财政部门批复的上年年末未下达零余额账户用款额	借：零余额账户用款额度 　贷：财政应返还额度——财政授权支付	借：资金结存——零余额账户用款额度 　贷：资金结存——财政应返还额度

二、应收票据

（一）应收票据的概念

应收票据是指事业单位因开展经营活动销售产品、提供有偿服务等而收到的商业汇票。商业汇票是由出票人签发的、指定付款人在一定日期支付一定金额给收款人或持票人的票据，通常涉及出票人、付款人和收款人三方。

商业汇票按其承兑人的不同，分为商业承兑汇票和银行承兑汇票。商业承兑汇票是由付款人承兑的汇票，它可以由收款人签发，也可以由付款人签发，但必须由付款人承兑。银行承兑汇票是由收款人或承兑申请人签发，并由承兑申请人向银行申请，银行审查同意承兑的票据。

商业汇票按是否计息，可分为带息票据和不带息票据。带息票据是指注明利率及付息日期的票据，带息票据可在票据到期时一次付息。不带息票据是指到期只按面额支付，无须支付利息的票据。不论票据是否带息，应收票据应于收到或开出并承兑时，以其票面金额入账。

（二）应收票据的核算

1. 会计科目设置

事业单位应设置"应收票据"科目，用于核算单位因开展经营活动销售产品、提供有偿服务等而收到的商业汇票。"应收票据"科目期末借方余额反映事业单位持有的商业汇票票面金额。"应收票据"科目应按开出、承兑商业汇票的单位等进行明细核算。

事业单位应当设置"应收票据备查簿"，逐笔登记每一应收票据的种类、号数、出票日期、到期日、票面金额、交易合同号和付款人、承兑人、背书人姓名或单位名称、背书转让日、贴现日期、贴现率和贴现净额、收款日期、收回金额和退票情况等。应收票据到期结清票款或退票后，应当在备查簿内逐笔注销。

2. 主要账务处理

（1）因销售产品、提供服务等收到商业汇票，按照商业汇票的票面金额，借记"应收票据"科目，按照确认的收入金额，贷记"经营收入"等科目。涉及增值税业务的，相关账务处理参见"应交增值税"科目。

（2）持未到期的商业汇票向银行贴现，按照实际收到的金额（即扣除贴现息后的净额），借记"银行存款"科目，按照贴现息金额，借"经营费用"等科目，按照商业汇票的票面金额，贷记"应收票据"（无追索权）或"短期借款"科目（有追索权）。同时，在预算会计下，按照实际收到的金额（即扣除贴现息后的净额），借记"资金结存"科目，贷记"经营预算收入"等科目。

附追索权的商业汇票到期未发生追索事项的，按照商业汇票的票面金额，借记"短期借款"科目，贷记"应收票据"科目。

（3）将持有的商业汇票背书转让以取得所需物资时，按照取得物资的成本，借记"库存物品"等科目，按照商业汇票的票面金额，贷记"应收票据"科目，如有差额，贷记"银行存款"等科目。同时，在预算会计下，按照实际支付的金额，借记"经营支出"等科目，贷记"资金结存"科目。涉及增值税业务的，相关账务处理参见"应交增值税"科目。

（4）商业汇票到期时，应当分别以下情况处理：①收回票款时，按照实际收到的商业汇票票面金额，借记"银行存款"科目，贷记"应收票据"科目。同时，在预算会计下，按照实际收到的商业汇票票面金额，借记"资金结存"科目，贷记"经营预算收入"等科目。②因付款人无力支付票款，收到银行退回的商业承兑汇票、委托收款凭证、未付票款通知书或拒付款证明等，按照商业汇票的票面金额，借记"应收账款"科目，贷记"应收票据"科目。

【例14-7】 某公路事业单位现发生以下业务：

（1）3月1日，单位向甲公司销售一批科研产品，货已发出，发票上注明的产品价款为10万元，增值税税额为1.6万元。单位收到甲公司不带息的商业承兑汇票一张，期限6个月。

借：应收票据——甲公司 116 000

　　贷：经营收入——科研产品销售收入 100 000

　　　　应交增值税——应交税金——销项税额 16 000

（2）4月1日，因资金周转困难，单位将上述票据向银行申请贴现，年贴现率为12%，贴现所得转入单位银行账户，支出功能分类列"交通运输支出——公路水路运输——公路养护"预算科目。

贴现利息＝票据到期值×贴现率×贴现天数÷360＝116 000×12%×153÷360＝5 916（元）

贴现所得＝票据到期值－贴现利息＝116 000－5 916＝110 084（元）

财务会计：

借：银行存款——××银行 110 084

　　经营费用——科研产品销售——××产品——商品和服务费用 5 916

　　贷：应收票据——甲公司 116 000

预算会计：

借：资金结存——货币资金 110 084

　　贷：经营预算收入——科研产品销售——××产品——公路养护 110 084

（3）4月10日，单位之前收到的乙公司开具的面值12万元不带息商业汇票到期，单位送银行兑付，因付款人无力支付票款，被银行退回。

借：应收账款——乙公司 120 000

　　贷：应收票据——乙公司 120 000

应收票据主要经济业务会计核算情况如表14-7所示。

表14-7　　　　　应收票据主要经济业务会计核算情况表

经济业务		财务会计核算	预算会计核算
（1）收到商业汇票	销售产品、提供服务等收到商业汇票时	借：应收票据 　　贷：经营收入等	—
（2）商业汇票向银行贴现	持未到期的商业汇票向银行贴现	借：银行存款（贴现净额） 　　经营费用等（贴现利息） 　　贷：应收票据（不附追索权） 　　/短期借款（附追索权）	借：资金结存——货币资金 　　贷：经营预算收入等（贴现净额）
	附追索权的商业汇票到期未发生追索事项	借：短期借款 　　贷：应收票据	—

（续表）

经济业务		财务会计核算	预算会计核算
（3）商业汇票背书转让	将持有的商业汇票背书转让以取得所需物资	借：库存物品等 　　贷：应收票据 　　　　银行存款	借：经营支出等 　　贷：资金结存——货币资金
（4）商业汇票到期	商业汇票到期，兑换票款	借：银行存款 　　贷：应收票据	借：资金结存——货币资金 　　贷：经营预算收入等
	商业汇票到期，付款人无力支付票款	借：应收账款 　　贷：应收票据	——

三、应收账款

（一）应收账款的概念

应收账款是指事业单位提供服务、销售产品等应收取的款项，以及行政事业单位因出租资产、出售物资等应当收取而尚未收取的款项。

应收账款是有特定范围的。一方面，应收账款是流动资产性质的债权，不包括长期的债权，因此应收账款的预计正常回收期最多不超过1年；另一方面，应收账款是指因销售活动或提供劳务而形成的债权，不包括单位借出款、备用金、应向职工收取的各种垫付款项，也不包括单位支付的各类保证金。

事业单位应加强对应收账款的管理。每年年末，单位应当对应收账款进行全面检查，其中，对于收回后不需上缴财政的应收账款，如发生不能收回的迹象，应当计提坏账准备。账龄超过规定年限、确认无法收回的应收账款，按规定报经批准后予以核销，核销的应收账款应在备查簿中保留登记。

（二）应收账款的会计科目设置

单位设置"应收账款"科目，用于核算事业单位提供服务、销售产品等应收取的款项，以及行政事业单位因出租资产、出售物资等应当收取而尚未收取的款项。"应收账款"科目期末借方余额反映单位尚未收回的各种应收账款。

"应收账款"科目应当按照债务单位（或个人）进行明细核算。

行业事业单位应当根据行业特点与核算需要，在"应收账款"科目下统一设置相应的明细科目。

1. 医院、基层医疗卫生机构

医院、基层医疗卫生机构应当在"应收账款"科目下设置如下明细科目：

（1）"应收在院病人医疗款"科目，核算医院、基层医疗卫生机构因提供医疗服务而应向在院病人收取的医疗款,应当按照在院病人进行明细核算。

（2）"应收医疗款"科目,核算医院、基层医疗卫生机构因提供医疗服务而应向医疗保险机构、门急诊病人、出院病人等收取的医疗款,应当按照医疗保险机构、门急诊病人、出院病人等进行明细核算。本科目下应设置如下明细科目:①"应收医保款"科目,核算医院、基层医疗卫生机构因提供医疗服务而应向医疗保险机构收取的医疗款。②"门急诊病人欠费"科目,核算门急诊病人应付未付医疗款。③"出院病人欠费"科目,核算出院病人应付未付医疗款。

（3）"其他应收账款"科目,核算医院、基层医疗卫生机构除应收在院病人医疗款、应收医疗款以外的其他应收账款,如医院因提供科研教学等服务、按合同或协议约定应向接受服务单位收取的款项。

2. 彩票机构

彩票机构应当在"应收账款"科目下设置"应收彩票联网游戏结算款"明细科目,用于核算彩票机构与其他彩票机构因彩票联网游戏结算发生的应收款项。在"应收彩票联网游戏结算款"明细科目下按照省（自治区、直辖市）、彩票游戏名称等进行明细核算。

（三）应收账款的主要账务处理

1. 应收账款收回后不需上缴财政

单位发生应收账款时,按照应收未收金额,借记"应收账款"科目,贷记"事业收入""经营收入""租金收入""其他收入"等科目。

收回应收账款时,按照实际收到的金额,借记"银行存款"等科目,贷记"应收账款"科目。同时,在预算会计下,借记"资金结存"科目,贷记"事业预算收入""经营预算收入""其他预算收入"等科目。

【例14-8】 某规划事业单位对外提供技术服务,收取的服务费属于经营性收费,不上缴财政。单位现发生以下业务:

（1）单位向××公司提供规划技术服务,应收服务费11万元,××公司尚未付款。

借:应收账款——××公司 110 000
　　贷:事业收入——技术服务收入 110 000

（2）单位收到××公司用转账支票支付的11万元服务费,存入单位账户,支出功能分类列"城乡社区支出——城乡社区规划与管理——城乡社区规划与管理"预算科目。

财务会计:

借:银行存款——××银行 110 000
　　贷:应收账款——××公司 110 000

预算会计：

借：资金结存——货币资金 110 000

贷：经营预算收入——规划技术服务费——城乡社区规划与管理 110 000

2. 应收账款收回后需上缴财政

单位出租资产、出售物资等业务发生应收未收款项时，按照应收未收金额，借记"应收账款"科目，贷记"应缴财政款"科目。

收回应收账款时，按照实际收到的金额，借记"银行存款"等科目，贷记"应收账款"科目。

应上缴财政的款项不属于单位的预算资金，不纳入单位预算管理，预算会计不做账务处理。

【例14-9】 1月1日，某行政单位经相关部门批准，向××公司出租资产，合同约定月租金3万元，采取后付租金方式每季度第1个月的5日支付上季度租金。4月5日，单位收到一季度租金9万元。

按照资产管理的规定，行政单位的出租收入应上缴财政。同时，按照政府会计制度的规定，应上缴财政的款项不纳入单位预算管理，预算会计不做账务处理。因此，单位应仅就财务会计进行如下账务处理：

一季度各月末确认租金收入时：

借：应收账款——××公司 30 000

贷：应缴财政款——租金收入 30 000

4月5日，收到租金收入时：

借：银行存款——××银行 90 000

贷：应收账款——××公司 90 000

3. 核销无法收回的应收账款

账龄超过规定年限、确认无法收回的应收账款，按照规定报经批准后予以核销时，对于收回后不需上缴财政的，按照核销金额，借记"坏账准备"科目，贷记"应收账款"科目；对于收回后应当上缴财政的，按照核销金额，借记"应缴财政款"科目，贷记"应收账款"科目。

已核销的应收账款在以后期间又收回的，对于收回后不需上缴财政的，按照实际收回金额，借记"应收账款"科目，贷记"坏账准备"科目；借记"银行存款"等科目，贷记"应收账款"科目；同时，在预算会计下，借记"资金结存"科目，贷记"非财政拨款结余"等科目。对于收回后应当上缴财政的，按照实际收回金额，借记"银行存款"等科目，贷记"应缴财政款"科目；因属于上缴款项，预算会计不做账务处理。

应收账款主要经济业务会计核算情况如表14-8所示。

表 14-8　　　　　　　　　应收账款主要经济业务会计核算情况表

经济业务		财务会计核算		预算会计核算
（1）发生应收账款	应收账款收回后不需上缴财政	借：应收账款 　　贷：事业收入/经营收入/其他收入等		—
	应收账款收回后需上缴财政	借：应收账款 　　贷：应缴财政款		—
（2）收回应收账款	应收账款收回后不需上缴财政	借：银行存款等 　　贷：应收账款		借：资金结存——货币资金等 　　贷：事业预算收入/经营预算收入/其他预算收入等
	应收账款收回后需上缴财政	借：银行存款等 　　贷：应收账款		—
（3）应收账款逾期无法收回	报批后予以核销	借：坏账准备/应缴财政款 　　贷：应收账款		—
	单位已核销不需上缴财政的应收账款在以后期间收回	借：应收账款 　　贷：坏账准备	借：银行存款 　　贷：应收账款	借：资金结存——货币资金 　　贷：非财政拨款结余等
	单位已核销需上缴财政的应收账款在以后期间收回	借：银行存款等 　　贷：应缴财政款		—

四、应收股利

（一）应收股利的概念

应收股利是指事业单位持有长期股权投资应当收取的现金股利或应当分得的利润。应收股利应当在计算应收取的现金股利或应分得的利润时确认，按照应收取的或应分得的金额计量。

（二）应收股利的核算

事业单位应设置"应收股利"科目，用于核算事业单位持有长期股权投资应当收取的现金股利或应当分得的利润。"应收股利"科目期末借方余额反映事业单位应当收取但尚未收到的现金股利或利润。"应收股利"科目应当按照被投资单位等进行明细核算。

（三）应收股利的主要账务处理

（1）取得长期股权投资，按照支付的价款中所包含的已宣告但尚未发放的现金股利，借记"应收股利"科目，按照确定的长期股权投资成本，借记"长期股权投资"科目,按照实际支付的金额,贷记"银行存款"等科目。同时,在预算会计下,按照取得投资支付的全部价款,借记"投资支出"科目,贷记"资金结存——货币资金"科目。

收到取得投资时实际支付价款中所包含的已宣告但尚未发放的现金股利时,按照收到的金额,借记"银行存款"科目,贷记"应收股利"科目。同时,在预算会计下,借记"资金结存——货币资金"科目,贷记"投资支出"等科目。

(2)长期股权投资持有期间,被投资单位宣告发放现金股利或利润的,按照应享有的份额,借记"应收股利"科目,贷记"投资收益"(成本法下)或"长期股权投资"(权益法下)科目。

实际收到现金股利或利润时,按照收到的金额,借记"银行存款"等科目,贷记"应收股利"科目。同时,在预算会计下,借记"资金结存——货币资金"科目,贷记"投资预算收益"科目。

【例 14-10】 某交通运输事业单位经相关部门批准,以一项专利技术向甲企业投资,占甲企业注册资本的 60%,在甲企业的经营决策中享有决策权。单位现发生以下业务:

(1)甲企业宣告发放现金股利 10 万元。

$$该事业单位应享有的份额 = 100\,000 \times 60\% = 60\,000(元)$$

单位出资占甲企业注册资本的 60%,在甲企业的经营决策中享有决策权,应按权益法进行核算,单位享有的现金股利份额应相应冲减"长期股权投资——损益调整"科目。同时,被投资企业宣告发放现金股利,并未形成本单位的现金流入,预算会计不做处理。单位应就财务会计做如下账务处理:

借:应收股利——甲企业   60 000
  贷:长期股权投资——损益调整   60 000

(2)单位实际收到股利 6 万元,存至单位银行账户,支出功能分类列"交通运输支出——公路水路运输——公路和运输安全"科目。

财务会计:

借:银行存款——××银行   60 000
  贷:应收股利——甲企业   60 000

预算会计:

借:资金结存——货币资金   60 000
  贷:投资预算收益——股权投资收益——公路和运输安全   60 000

应收股利主要经济业务会计核算情况如表 14-9 所示。

表 14-9   应收股利主要经济业务会计核算情况表

经济业务		财务会计核算	预算会计核算
(1) 取得的长期股权投资	取得长期股权投资	借：长期股权投资 　　应收股利 　贷：银行存款	借：投资支出 　　贷：资金结存——货币资金
	收到取得投资所支付价款中包含的已宣告但尚未发放的股利或利润时	借：银行存款 　贷：应收股利	借：资金结存——货币资金 　贷：投资支出等
(2) 持有投资期间	被投资单位宣告发放现金股利或利润	借：应收股利 　贷：投资收益/长期股权投资	——
	收到现金股利或利润	借：银行存款 　贷：应收股利	借：资金结存——货币资金 　贷：投资预算收益

五、应收利息

(一) 应收利息的概念

应收利息是指事业单位长期债券投资应收的利息。从概念可以看出,应收利息仅仅针对长期债券投资,并不包括短期债券投资应收的利息。按照政府会计制度的规定,事业单位的短期债券投资在持有期间不确认应收利息。这主要是考虑到短期债券投资期限较短(不超过1年),为了简化操作,统一规范为在实际收到利息时,按照实际收到的金额直接确认投资收益。

(二) 应收利息的核算

1. 会计科目设置

事业单位应设置"应收利息"科目,用于核算事业单位长期债券投资应当收取的利息。"应收利息"科目期末借方余额反映事业单位应收未收的长期债券投资利息。事业单位购入的到期一次还本付息的长期债券投资持有期间的利息,应当通过"长期债券投资——应计利息"科目核算,不通过"应收利息"科目核算。

"应收利息"科目应当按照被投资单位等进行明细核算。

2. 主要账务处理

(1)取得长期债券投资,按照确定的投资成本,借记"长期债券投资"科目,按照支付的价款中包含的已到付息期但尚未领取的利息,借记"应收利息"科目,按照实际支付的金额,贷记"银行存款"等科目。同时,在预算会计下,按照投资支付的全部价款,借记"投资支出"科目,贷记"资金结存"科目。

收到取得投资时实际支付价款中所包含的已到付息期但尚未领取的利息时,

按照收到的金额,借记"银行存款"等科目,贷记"应收利息"科目。同时,在预算会计下,按照实际收到的金额,借记"资金结存——货币资金"科目,贷记"投资支出"等科目。

(2)按期计算确认长期债券投资利息收入时,对于分期付息、一次还本的长期债券投资,按照以票面金额和票面利率计算确定的应收未收利息金额,借记"应收利息"科目,贷记"投资收益"科目。

(3)实际收到应收利息时,按照收到的金额,借记"银行存款"等科目,贷记"应收利息"科目。同时,在预算会计下,借记"资金结存——货币资金"科目,贷记"投资预算收益"科目。`

【例 14-11】 某省广播电台发生以下业务:

(1)经相关部门批准,购买××长期债券。该项债券面值为 50 万元,单位以银行存款实际支付 51.5 万元,其中包括已宣告但尚未发放的利息 1.5 万元,支出功能分类列"文化体育与传媒支出——新闻出版广播影视——广播"预算科目,部门预算支出经济分类列"其他支出——其他支出"预算科目。

财务会计:

借:长期债券投资——××债券	500 000
应收利息——××债券	15 000
贷:银行存款——××银行	515 000

预算会计:

借:投资支出——长期债券投资——××债券——其他支出——广播	515 000
贷:资金结存——货币资金	515 000

(2)单位收到已宣告但尚未发放的利息 1.5 万元。

财务会计:

借:银行存款——××银行	15 000
贷:应收利息——3 年期国库券	15 000

预算会计:

借:资金结存——货币资金	15 000
贷:投资支出——长期债券投资——××债券——其他支出——广播	15 000

(3)××债券每年付息一次,票面利息 3%。单位本月确认利息 1 250 元。

借:应收利息——××债券	1 250
贷:投资收益——长期债券投资——××债券	1 250

(4)单位实际收到 1 年的利息收入 1.5 万元。

财务会计：

借：银行存款——××银行 15 000

　　贷：应收利息——××债券 15 000

预算会计：

借：资金结存——货币资金 15 000

　　贷：投资预算收益——债券投资利息——广播 15 000

应收利息主要经济业务会计核算情况如表 14-10 所示。

表 14-10　　　　　　应收利息主要经济业务会计核算情况表

经济业务		财务会计核算	预算会计核算
（1）取得的债券投资	取得长期债券投资	借：长期债券投资 　　应收利息 　贷：银行存款	借：投资支出 　贷：资金结存——货币资金
	收到取得投资所支付价款中包含的已到付息期但尚未领取的利息	借：银行存款 　贷：应收利息	借：资金结存——货币资金 　贷：投资支出等
（2）持有投资期间	分期付息、到期还本债券，按期计提利息	借：应收利息 　贷：投资收益	——
	实际收到利息	借：银行存款 　贷：应收利息	借：资金结存——货币资金 　贷：投资预算收益

六、其他应收款

（一）其他应收款的概念

其他应收款是指单位除财政应返还额度、应收票据、应收账款、预付账款、应收股利、应收利息以外的其他各项应收及暂付款项，如职工预借的差旅费、已经偿还银行尚未报销的本单位公务卡欠款、拨付给内部有关部门的备用金、应向职工收取的各种垫付款项、支付的可以收回的订金或押金、应收的上级补助和附属单位上缴款项等。

单位应采取措施加强和规范其他应收款的管理。单位内部实行备用金制度的，有关部门使用备用金以后应当及时到财务部门报销并补足备用金。

行政事业单位应当于每年年末，对其他应收款进行全面检查，其中，事业单位其他应收款如发生不能收回的迹象，应当计提坏账准备。与应收账款一样，账龄超过规定年限、确认无法收回的其他应收款，按规定报经批准后予以核销。核销的其他应收款应在备查簿中保留登记。

（二）其他应收款的核算

1. 会计科目设置

事业单位应设置"其他应收款"科目，核算事业单位除财政应返还额度、应收票据、应收账款、预付账款以外的其他各项应收及暂付款项。"其他应收款"科目属于财务会计资产类科目，借方登记发生的各种其他应收款；贷方登记单位收回的其他应收款项；期末借方余额反映单位尚未收回的其他应收款。

"其他应收款"科目应当按照其他应收款的类别及债务单位（或个人）进行明细核算。高等学校应当在"其他应收款"科目下设置"留本基金委托投资"明细科目，核算高等学校将留本基金委托给基金会进行的投资。

2. 主要账务处理

（1）发生其他各种应收及暂付款项时，按照实际发生金额，借记"其他应收款"科目，贷记"零余额账户用款额度""银行存款""库存现金""上级补助收入""附属单位上缴收入"等科目。涉及增值税业务的，相关账务处理参见"应交增值税"科目。

收回其他各种应收及暂付款项时，按照收回的金额，借记"库存现金""银行存款"等科目，贷记"其他应收款"科目；报销时，按照实际报销金额，借记"业务活动费用""单位管理费用"等科目，贷记"其他应收款"科目。

（2）偿还尚未报销的本单位公务卡欠款时，按照偿还的款项，借记"其他应收款"科目，贷记"零余额账户用款额度""银行存款"等科目；持卡人报销时，按照报销金额，借记"业务活动费用""单位管理费用"等科目，贷记"其他应收款"科目。

（3）财务部门核定并发放备用金时，按照实际发放金额，借记"其他应收款"科目，贷记"库存现金"等科目。根据报销金额用现金补足备用金定额时，借记"业务活动费用""单位管理费用"等科目，贷记"库存现金"等科目。

（4）对于有确凿证据表明预付账款不再符合预付款项性质，或者因供应单位破产、撤销等原因可能无法收到所购货物、服务的预付账款，应当先将其转入其他应收款，再按照规定进行处理。将预付账款账面余额转入其他应收款时，借记"其他应收款"科目，贷记"预付账款"科目。

上述账务处理均为财务会计处理。对于其他各种应收及暂付款项，在发生或支付、收回或偿还款项时，均可不做预算会计处理；待结算或报销时，按照实际报销金额，借记"行政支出""事业支出"等科目，贷记"资金结存"科目。

【例 14-12】　某体育运动管理事业单位对后勤服务部门实行定额备用金制度。现发生以下业务：

（1）财务部门发放后勤服务部门备用金 3 000 元，以单位自有资金支付。

借：其他应收款——后勤服务部门　　　　　　　　　　　　　　　　3 000

　　贷：库存现金　　　　　　　　　　　　　　　　　　　　　　　　3 000

（2）后勤服务部门报销办公用品支出 2 800 元，经财务部门审核后予以报销，并以现金补足备用金定额，支出功能分类列"文化体育与传媒支出——体育——体育训练"预算科目，部门预算支出经济分类列"商品和服务支出——办公费"预算科目。

财务会计：

借：单位管理费用——商品和服务费用　　　　　　　　　　　　　　2 800

　　贷：库存现金　　　　　　　　　　　　　　　　　　　　　　　　2 800

预算会计：

借：事业支出——其他资金支出——基本支出——办公费——体育训练　2 800

　　贷：资金结存——货币资金　　　　　　　　　　　　　　　　　　2 800

（5）事业单位账龄超过规定年限、确认无法收回的其他应收款，按照规定报经批准后予以核销时，按照核销金额，借记"坏账准备"科目，贷记"其他应收款"科目。预算会计不做账务处理。

已核销的其他应收款在以后期间又收回的，按照实际收回金额，借记"其他应收款"科目，贷记"坏账准备"科目；同时，借记"银行存款"等科目，贷记"其他应收款"科目。同时，在预算会计下，借记"资金结存"科目，贷记"其他预算收入"科目。

（6）行政单位账龄超过规定年限、确认无法收回的其他应收款，按照规定报经批准后予以核销时，按照核销金额，借记"资产处置费用"科目，贷记"其他应收款"科目。预算会计不做账务处理。

已核销的其他应收款在以后期间又收回的，按照收回金额，借记"银行存款"等科目，贷记"其他收入"科目。同时，在预算会计下，借记"资金结存"科目，贷记"其他预算收入"科目。

可以看出，对于其他应收款的回收管理，行政单位和事业单位是有区别的，所以会计处理也有所不同。事业单位的其他应收款可以按照一定方法计提坏账准备，因此，对于账龄超过规定年限、确认无法收回的其他应收款，按照规定报经批准后予以核销时，应直接冲减"坏账准备"科目；而行政单位由于没有计提坏账准备，则只能按照资产处置的模式实施，核销时直接转入"资产处置费用"科目。当已核销的其他应收款在以后期间又收回的，事业单位将冲减的坏账准备转回，而行政单位则直接记入"其他收入"科目。

其他应收款主要经济业务会计核算情况如表 14-11 所示。

表 14-11 　　　　　　　其他应收款主要经济业务会计核算情况表

经济业务		财务会计核算		预算会计核算
（1）发生暂付款项（包括偿还未报销的公务卡款项）	发生或支付暂付款项	借：其他应收款 　贷：银行存款/库存现金/零余额账户用款额度等		—
	报销	借：业务活动费用/单位管理费用等 　贷：其他应收款		借：行政支出/事业支出等 　贷：资金结存
	收回暂付款项	借：库存现金/银行存款等 　贷：其他应收款		—
（2）发生其他各种应收款项	确认其他应收款	借：其他应收款 　贷：上级补助收入/附属单位上缴收入/其他收入等		—
	收到其他应收款项	借：银行存款/库存现金等 　贷：其他应收款		借：资金结存——货币资金 　贷：上级补助预算收入/附属单位上缴预算收入/其他预算收入等
（3）拨付给内部有关部门的备用金	财务部门核定并发放备用金	借：其他应收款 　贷：库存现金		—
	根据报销数用现金补足备用金定额	借：业务活动费用/单位管理费用等 　贷：库存现金		借：行政支出/事业支出等 　贷：资金结存——货币资金
（4）逾期无法收回的其他应收款	经批准核销	事业单位	借：坏账准备 　贷：其他应收款	—
		行政单位	借：资产处置费用 　贷：其他应收款	
	已核销的其他应收款在以后期间收回	事业单位	借：其他应收款　借：银行存款等 　贷：坏账　　贷：其他应收款 　　　准备	借：资金结存——货币资金 　贷：其他预算收入
		行政单位	借：银行存款等 　贷：其他收入	

七、预付账款

（一）预付账款的概念

预付账款是指单位按照购货、服务合同或协议规定预付给供应单位（或个人）的款项，以及按照合同规定向承包工程的施工企业预付的备料款和工程款。

预付账款与应收账款虽然都属于单位的流动资产,反映了单位的一项短期债权,但两者性质不同。其中,应收账款是单位作为商品和服务的提供者,未来应向购买方收取的款项;而预付账款是单位作为商品和服务的购买者,预先支付给供应方的款项。因此,两者应分别设置账户单独核算。

单位要加强对预付账款的核算管理,有确凿证据表明预付账款不再符合预付款项性质,或者因供货单位破产、撤销等原因可能无法收到所购物资、服务的,应当先将其转入其他应收款,再按照规定进行处理。

(二) 预付账款的核算

1. 会计科目设置

单位应设置"预付账款"科目,用于核算单位按照购货、服务合同或协议规定预付给供应单位(或个人)的款项,以及按照合同规定向承包工程的施工企业预付的备料款和工程款。"预付账款"科目期末借方余额反映单位实际预付但尚未结算的款项。

"预付账款"科目应当按照供应单位(或个人)及具体项目进行明细核算;对于基本建设项目发生的预付账款,还应当在本科目所属基建项目明细科目下设置"预付备料款""预付工程款""其他预付款"等明细科目,进行明细核算。

2. 主要账务处理

(1)根据购货、服务合同或协议规定预付款项时,按照预付金额,借记"预付账款"科目,贷记"财政拨款收入""零余额账户用款额度""银行存款"等科目。同时,在预算会计下,借记"行政支出""事业支出"等科目,贷记"财政拨款预算收入""资金结存"科目。

(2)收到所购资产或服务时,按照购入资产或服务的成本,借记"库存物品""固定资产""无形资产""业务活动费用"等相关科目,按照相关预付账款的账面余额,贷记"预付账款"科目,按照实际补付的金额,贷记"财政拨款收入""零余额账户用款额度""银行存款"等科目。涉及增值税业务的,相关账务处理参见"应交增值税"科目。同时,在预算会计下,按照实际补付金额,借记"行政支出""事业支出"等科目,贷记"财政拨款预算收入""资金结存"科目。

(3)根据工程进度结算工程价款及备料款时,按照结算金额,借记"在建工程"科目,按照相关预付账款的账面余额,贷记"预付账款"科目,按照实际补付的金额,贷记"财政拨款收入""零余额账户用款额度""银行存款"等科目。同时,在预算会计下,按照实际补付金额,借记"行政支出""事业支出"等科目,贷记"财政拨款预算收入""资金结存"科目。

(4)发生预付账款退回的,按照实际退回金额,借记"财政拨款收入"(本年直接支付)"财政应返还额度"(以前年度直接支付)"零余额账户用款额度""银行存款"等科目,贷记"预付账款"科目。同时,在预算会计下,按照实际退回金额,借记"财政拨款预算收入""资金结存"科目,贷记"行政支出""事业支出"科目(当年预付账款退回);或借记"资金结存"科目,贷记"财政拨款结余——年初余额调整""财政拨款结转——年初余额调整"等科目(以前年度预付账款退回)。

【例 14-13】 某公路养护事业单位为增值税一般纳税人,现发生以下业务:

(1) 单位向××公司订购沥青原料,用于公路养护项目,货款 10 万元(不含税)。单位按合同规定使用自有资金预付货款的 30%,从单位银行账户支付,支出功能分类列"交通运输支出——公路水路运输——公路养护"预算科目,部门预算支出经济分类列"商品和服务支出——专用材料费"预算科目。

$$预付货款=100\,000×30\%=30\,000(元)$$

财务会计:

借:预付账款——××公司 30 000

　　贷:银行存款——××银行 30 000

预算会计:

借:事业支出　其他资金支出　项目支出　公路养护项目　专用材料费　公路养护　30 000

　　贷:资金结存——货币资金 30 000

(2) 订购的沥青原料到货,并验收入库。同时收到发票账单,货款为 10 万元,增值税额为 1.6 万元,单位通过银行账户补付货款 8.6 万元。

财务会计:

借:库存物品——沥青原料 100 000

　　应交增值税——应交税金——进项税额 16 000

　　贷:预付账款——××公司 30 000

　　　　银行存款——××银行 86 000

预算会计:

借:事业支出　其他资金支出　项目支出　公路养护项目　专用材料费　公路养护　86 000

　　贷:资金结存——货币资金 86 000

(5) 有确凿证据表明预付账款不再符合预付款项性质,或者因供应单位破产、撤销等原因可能无法收到所购货物、服务,将预付账款账面余额转入其他应收款时,借记"其他应收款"科目,贷记"预付账款"科目。

预付账款主要经济业务会计核算情况如表 14-12 所示。

表 14-12　　　　　　　　预付账款主要经济业务会计核算情况表

经济业务		财务会计核算	预算会计核算
（1）发生预付账款时		借：预付账款 　　贷：财政拨款收入/零余额账户用款额度/银行存款等	借：行政支出/事业支出等 　　贷：财政拨款预算收入/资金结存
（2）收到所购物资或劳务，以及根据工程进度结算工程价款等时		借：业务活动费用/库存物品/固定资产/在建工程等 　　贷：预付账款 　　　零余额账户用款额度/财政拨款收入/银行存款等（补付款项）	借：行政支出/事业支出等（补付款项） 　　贷：财政拨款预算收入/资金结存
（3）预付账款退回	当年预付账款退回	借：财政拨款收入/零余额账户用款额度/银行存款等 　　贷：预付账款	借：财政拨款预算收入/资金结存 　　贷：行政支出/事业支出等
	以前年度预付账款退回	借：财政应返还额度/零余额账户用款额度/银行存款等 　　贷：预付账款	借：资金结存 　　贷：财政拨款结余——年初余额调整/财政拨款结转——年初余额调整等
（4）逾期无法收回的预付账款转为其他应收款		借：其他应收款 　　贷：预付账款	—

八、坏账准备

（一）坏账准备的概念

坏账准备是指事业单位对收回后不需上缴财政的应收账款和其他应收款提取的坏账准备金。

事业单位应当于每年年末，对收回后不需上缴财政的应收账款和其他应收款进行全面检查，分析其可收回性，对预计可能产生的坏账损失计提坏账准备、确认坏账损失。

事业单位可以采用应收款项余额百分比法、账龄分析法、个别认定法等方法计提坏账准备。坏账准备计提方法一经确定，不得随意变更。如需变更，应当按照规定报经批准，并在财务报表附注中予以说明。

当期应补提或冲减的坏账准备金额的计算公式如下：

$$\begin{array}{c}\text{当期应补或}\\\text{冲减的坏提}\\\text{账准备}\end{array} = \begin{array}{c}\text{按照期末应收账款和}\\\text{其他应收款计算应计}\\\text{提的坏账准备金额}\end{array} - \begin{array}{c}\text{本科目期末}\\\text{贷方余额}\end{array}\left(\text{或}+\begin{array}{c}\text{本科目期末}\\\text{借方余额}\end{array}\right)$$

按照规定，医院及未按"收支两条线"管理的基层医疗卫生机构，对应收在院病人医疗款不提取坏账准备;按"收支两条线"管理的基层医疗卫生机构对应收在院病人医疗款、应收医疗款不提取坏账准备。另外,医院、基层医疗卫生机构对于因违规治疗等管理不善原因被医疗保险机构等拒付的金额,应当确认坏账损失,冲减坏账准备。

(二)坏账准备的核算

1. 会计科目设置

事业单位应当设置"坏账准备"科目,用于核算事业单位对收回后不需上缴财政的应收账款和其他应收款提取的坏账准备。"坏账准备"科目期末贷方余额反映事业单位提取的坏账准备金额。

"坏账准备"科目应当分"应收账款"和"其他应收款"进行明细核算。

医院、基层医疗卫生机构应当在"坏账准备"科目下设置如下明细科目:

(1)"应收账款坏账准备"科目,核算医院按规定对"应收账款——应收医疗款""应收账款——其他应收账款"提取的坏账准备;核算未按"收支两条线"管理的基层医疗卫生机构按规定"应收账款——应收医疗款""应收账款——其他应收账款"提取的坏账准备,以及按"收支两条线"管理的基层医疗卫生机构按规定对"应收账款——其他应收账款"提取的坏账准备。

(2)"其他应收款坏账准备"科目,核算医院、基层医疗卫生机构按规定对其他应收款提取的坏账准备。

2. 主要账务处理

(1)提取坏账准备时,借记"其他费用"科目,贷记"坏账准备"科目;冲减坏账准备时,借记"坏账准备"科目,贷记"其他费用"科目。

(2)对于账龄超过规定年限并确认无法收回的应收账款、其他应收款,应当按照有关规定报经批准后,按照无法收回的金额,借记"坏账准备"科目,贷记"应收账款""其他应收款"科目。

已核销的应收账款、其他应收款在以后期间又收回的,按照实际收回金额,借记"应收账款""其他应收款"科目,贷记"坏账准备"科目;同时,借记"银行存款"等科目,贷记"应收账款""其他应收款"科目。同时,在预算会计下,按照实际收到的金额,借记"资金结存"科目,贷记"非财政拨款结余"等科目。

【例14-14】 某林业事业单位发生以下业务:

(1)年末,对应收账款和其他应收款进行全面检查,按3%的比例计提坏账准备。"应收账款"(收回后不需上缴财政)和"其他应收款"科目的账面借方余额分别为34万元和17万元,"坏账准备"科目贷方余额8 000元,其中,"坏账准备——应收账款"科目贷方余额1.2万元,"坏账准备——其他应收款"科目借方余额4 000元。

本年应补提坏账准备＝(340 000＋170 000)×3%－8 000＝7 300(元)

应收账款应补坏账准备＝340 000×3%－12 000＝－1 800(元)

其他应收款应补坏账准备＝170 000×3%＋4 000＝9 100(元)

应收账款应补提坏账准备为负数,表明已经计提的坏账准备多于规定数额,应予冲减。同时,提取坏账准备尽管计入费用,但并未发生现金流出,预算会计不做处理。单位应就财务会计做如下账务处理:

借:其他费用——计提坏账准备 7 300

坏账准备——应收账款 1 800

贷:坏账准备——其他应收款 9 100

(2)次年2月,开户银行收到××公司归还的以前年度的应收账款3 000元,支出功能分类列"农林水支出——林业和草原——技术推广与转化"预算科目。该笔应收账款已于以前年度核销,单位收回后不需上缴财政。

财务会计:

借:应收账款——××公司 3 000

贷:坏账准备——应收账款 3 000

借:银行存款——××银行 3 000

贷:应收账款——××公司 3 000

预算会计:

借:资金结存——货币资金 3 000

贷:非财政拨款结余——年初余额调整——技术推广与转化 3 000

坏账准备主要经济业务会计核算情况如表14-13所示。

表14-13　　　　　　　坏账准备主要经济业务会计核算情况表

经济业务		财务会计核算		预算会计核算
(1)年末全面分析不需上缴财政的应收账款和其他应收款	计提坏账准备,确认坏账损失	借:其他费用 贷:坏账准备		—
	冲减坏账准备	借:坏账准备 贷:其他费用		—
(2)逾期无法收回的应收账款和其他应收款	报批后予以核销	借:坏账准备 贷:应收账款/其他应收款		—
	已核销不需上缴财政的应收款项在以后期间收回	借:应收账款/其他应收款 贷:坏账准备	借:银行存款 贷:应收账款/其他应收款	借:资金结存——货币资金等 贷:非财政拨款结余等

第四节　存　货

一、存货概述

（一）存货的概念及特点

存货是指单位在开展业务活动及其他活动中为耗用或出售而储存的资产，如材料、产品、包装物和低值易耗品等，以及未达到固定资产标准的用具、装具、动植物等。

存货具有如下两个区别于固定资产的基本特征：一是存货是具有较强流动性的有形资产，单位持有存货的主要目的是为了耗用和出售；二是存货具有时效性，长期不能耗用的存货可能成为积压物资从而形成损失。因此，行政事业单位应注重加强对存货的管理。

根据政府会计制度的规定，行政事业单位的存货主要包括在途物品、库存物品和加工物品。

（二）存货的确认与计量

1. 存货的确认

存货同时满足下列条件的，应当予以确认：

（1）与该存货相关的服务潜力很可能实现或者经济利益很可能流入单位；

（2）该存货的成本或者价值能够可靠地计量。

2. 存货的初始计量

存货在取得时应当按照成本进行初始计量。

（1）购入的存货。单位购入的存货，其成本包括购买价款、相关税费、运输费、装卸费、保险费以及使得存货达到目前场所和状态所发生的归属于存货成本的其他支出。

（2）加工的存货。单位自行加工的存货，其成本包括耗用的直接材料费用、发生的直接人工费用和按照一定方法分配的与存货加工有关的间接费用。

（3）委托加工的存货。单位委托加工的存货，其成本包括委托加工前存货成本、委托加工的成本（如委托加工费以及按规定应计入委托加工存货成本的相关税费等）以及使存货达到目前场所和状态所发生的归属于存货成本的其他支出。

加工或委托加工过程中发生的下列费用，应当在发生时确认为当期费用，不计入存货成本：①非正常消耗的直接材料、直接人工和间接费用。②仓储费用（不包括在加工过程中为达到下一个加工阶段所必需的费用）。③不能归属于使存货达到目前场所和状态所发生的其他支出。

医院、基层医疗卫生机构等事业单位为取得库存物品单独发生的运杂费等,能够直接计入业务成本的,计入业务活动费用;不能直接计入业务成本的,计入单位管理费用。

(4)置换取得的存货。单位通过置换取得的存货,其成本按照换出资产的评估价值,加上支付的补价或减去收到的补价,加上为换入存货发生的其他相关支出确定。

(5)接受捐赠的存货。单位接受捐赠的存货,其成本按照有关凭据注明的金额加上相关税费、运输费等确定;没有相关凭据可供取得,但按规定经过资产评估的,其成本按照评估价值加上相关税费、运输费等确定;没有相关凭据可供取得、也未经资产评估的,其成本比照同类或类似资产的市场价格加上相关税费、运输费等确定;没有相关凭据且未经资产评估、同类或类似资产的市场价格也无法可靠取得的,按照名义金额入账,相关税费、运输费等计入当期费用。

(6)无偿调入的存货。单位无偿调入的存货,其成本按照调出方账面价值加上相关税费、运输费等确定。

(7)盘盈的存货。单位盘盈的存货,其成本按照有关凭据注明的金额确定;没有相关凭据、但按照规定经过资产评估的,其成本按照评估价值确定;没有相关凭据、也未经过评估的,其成本按照重置成本确定。如无法采用上述方法确定盘盈的库存物品成本的,按照名义金额入账。

3. 存货的后续计量

存货发出时,单位应当根据实际情况采用先进先出法、加权平均法或者个别计价法来确定发出存货的实际成本。计价方法一经确定,不得随意变更。与企业会计相比,政府会计规定的发出存货的计价方法不包括后进先出法。

对于性质和用途相似的存货,应当采用相同的成本计价方法确定发出存货的成本。对于不能替代使用的存货、为特定项目专门购入或加工的存货,通常采用个别计价法确定发出存货的成本。

单位应当采用一次转销法或者五五摊销法对低值易耗品、包装物进行摊销,将其成本计入当期费用或者相关资产成本。

(三)存货的清查盘点

单位应当定期对存货进行清查盘点,每年至少盘点一次。

对于发生的存货毁损,应当将存货账面余额转销计入当期费用,并将毁损存货处置收入扣除相关处置税费后的差额按规定作应缴款项处理(差额为净收益时)或计入当期费用(差额为净损失时)。单位存货盘亏造成的损失,按规定报经批准后应当计入当期费用。

对于发生的存货盘盈、盘亏或者报废、毁损,应当先记入"待处理财产损溢"科目,按照规定报经批准后及时进行后续账务处理。

属于增值税一般纳税人的单位,若因非正常原因导致的存货盘亏或毁损,还应当将与该存货相关的增值税进项税额转出。

二、在途物品

在途物品是指单位采购材料等物资时货款已付或已开出商业汇票但尚未验收入库的物品。

(一) 会计科目设置

单位应设置"在途物品"科目,用于核算单位采购材料等物资时货款已付或已开出商业汇票但尚未验收入库的在途物品的采购成本。"在途物品"科目期末借方余额反映单位在途物品的采购成本。"在途物品"科目可按照供应单位和物品种类进行明细核算。

(二) 主要账务处理

(1) 单位购入材料等物品,按照确定的物品采购成本的金额,借记"在途物品"科目,按照实际支付的金额,贷记"财政拨款收入""零余额账户用款额度""银行存款"等科目。涉及增值税业务的,相关账务处理参见"应交增值税"科目。同时,在预算会计下,借记"行政支出""事业支出""经营支出"等科目,贷记"财政拨款预算收入""资金结存"等科目。

(2) 所购材料等物品到达验收入库,按照确定的库存物品成本金额,借记"库存物品"科目,按照物品采购成本金额,贷记"在途物品"科目,按照使得入库物品达到目前场所和状态所发生的其他支出,贷记"银行存款"等科目。同时,在预算会计下,按照使得入库物品达到目前场所和状态时发生的其他支出,借记"行政支出""事业支出""经营支出"等科目,贷记"财政拨款预算收入""资金结存"等科目。

【例 14-15】 某市人民医院发生以下业务:

(1) 从××公司购入检验试剂一批,单位使用自有资金通过银行转账支付材料款 5 万元,支出功能分类列"卫生健康支出——公立医院——综合医院"预算科目,部门预算支出经济分类列"商品和服务支出——专用材料费"预算科目。材料尚未到货。

财务会计:

借:在途物品——卫生材料——化验材料——××公司 50 000
　　贷:银行存款——××银行 50 000

预算会计:

借:事业支出——其他资金支出——基本支出——专用材料费——综合医院 50 000
　　贷:资金结存——货币资金 50 000

(2) 上述材料到货,单位验收入库,并使用库存现金支付运输费 600 元。

财务会计：

借：库存物品——卫生材料——化验材料　　　　　　　　　　　　50 600

　　贷：在途物品——卫生材料——化验材料——××公司　　　　50 000

　　　　库存现金　　　　　　　　　　　　　　　　　　　　　600

预算会计：

借：事业支出——其他资金支出——基本支出——专用材料费——综合医院　600

　　贷：资金结存——货币资金　　　　　　　　　　　　　　　　　600

在途物品主要经济业务会计核算情况如表 14-14 所示。

表 14-14　　　　　　　在途物品主要经济业务会计核算情况表

经济业务	财务会计核算	预算会计核算
(1) 购入材料等物资,结算凭证收到货未到,款已付或已开出商业汇票	借：在途物品 　贷：财政拨款收入/零余额账户用款额度/银行存款/应付票据等	借：行政支出/事业支出/经营支出等 　贷：财政拨款预算收入/资金结存
(2) 所购材料等物资到达验收入库	借：库存物品 　贷：在途物品	——

三、库存物品

库存物品是指单位在开展业务活动及其他活动中为耗用或出售而储存的各种材料、产品、包装物、低值易耗品，以及达不到固定资产标准的用具、装具、动植物等。

(一) 会计科目设置

单位应设置“库存物品”科目，用于核算单位在开展业务活动及其他活动中为耗用或出售而储存的各种材料、产品、包装物、低值易耗品，以及达不到固定资产标准的用具、装具、动植物等的成本。“库存物品”科目期末借方余额反映单位库存物品的实际成本。

已完成的测绘、地质勘查、设计成果等的成本，也通过“库存物品”科目核算。单位随买随用的零星办公用品，可以在购进时直接列作费用；单位控制的政府储备物资，单位受托存储保管的物资和受托转赠的物资，单位为在建工程购买和使用的材料物资，分别通过“政府储备物资”“受托代理资产”和“工程物资”科目核算，均不通过“库存物品”科目核算。

“库存物品”科目应当按照库存物品的种类、规格、保管地点等进行明细核算。单位储存的低值易耗品、包装物较多的，可以在“库存物资”科目(低值易耗品、包装物)下按照“在库”“在用”和“摊销”等进行明细核算。

行业事业单位应当根据行业特点与核算需要,在"库存物品"科目下统一设置相应的明细科目。

1. 医院、基层医疗卫生机构

医院、基层医疗卫生机构应当在"库存物品"科目下设置"药品""卫生材料""低值易耗品""其他材料"明细科目(医院还应设置"成本差异"明细科目),在"卫生材料"科目下设置"血库材料""医用气体""影像材料""化验材料"和"其他卫生材料"明细科目。基层医疗卫生机构在"药品"科目下设置"西药""中成药"和"中药饮片"明细科目,并在"西药"科目下设置"西药"和"疫苗"明细科目。

2. 彩票机构

彩票机构应当在"库存物品"科目下设置"库存彩票"明细科目,用于核算彩票机构购进的已验收入库彩票的实际成本。

(二)主要账务处理

1. 取得库存物品

1)外购库存物品

外购的库存物品验收入库,按照确定的成本,借记"库存物品"科目,贷记"财政拨款收入""零余额账户用款额度""银行存款""应付账款""在途物品"等科目。同时,在预算会计下,借记"行政支出""事业支出""经营支出"等科目,贷记"财政拨款预算收入""资金结存"等科目。

2)自制库存物品加工完成

自制的库存物品加工完成并验收入库,按照确定的成本,借记"库存物品"科目,贷记"加工物品——自制物品"科目。

3)委托外单位加工收回库存物品

委托外单位加工收回的库存物品验收入库,按照确定的成本,借记"库存物品"科目,贷记"加工物品——委托加工物品"等科目。

【例14-16】 某公安行政单位发生以下业务:

(1)单位购入刑事侦查专用材料1 000个,单价为500元,从财政部门安排的材料购置专项中通过财政直接支付方式支付50万元,支出功能分类列"公共安全支出——公安——执法办案"预算科目,部门预算支出经济分类列"商品和服务支出——专用材料费"预算科目。单位收到代理银行转来的"财政直接支付入账通知书"及原始凭证,材料已验收入库。

财务会计:

借:库存物品——专用材料——刑事侦查专用材料   500 000

   贷:财政拨款收入——一般公共预算财政拨款   500 000

预算会计：

借：行政　　财政拨　　项目　　材料购　　专用材　　执法　　　　　500 000
　　支出　　款支出　　支出　　置专项　　料费　　办案

　　贷：财政拨款预算收入——项目支出——材料购置专项——执法办案　　500 000

（2）单位将本单位购置的毒品检测专用材料，委托××研究所进行功能改造提升。改造提升前的专用材料账面价值为 20 万元。

借：加工物品——委托加工物品——毒品检测专用材料　　　　　　　　200 000

　　贷：库存物品——专用材料——毒品检测专用材料　　　　　　　　200 000

（3）毒品检测专用材料委托加工完成，单位从日常公用经费中通过财政授权支付方式支付委托加工费 5 万元，支出功能分类列"公共安全支出——公安——行政运行"预算科目，部门预算支出经济分类列"商品和服务支出——委托业务费"预算科目。材料已经验收入库。

财务会计：

借：加工物品——委托加工物品——毒品检测专用材料　　　　　　　　50 000

　　贷：零余额账户用款额度　　　　　　　　　　　　　　　　　　　50 000

借：库存物品——专用材料——毒品检测专用材料　　　　　　　　　　250 000

　　贷：加工物品——委托加工物品——毒品检测专用材料　　　　　　250 000

预算会计：

借：行政支出——财政拨款支出——基本支出——委托业务费——行政运行50 000

　　贷：资金结存——零余额账户用款额度　　　　　　　　　　　　　50 000

4）接受捐赠库存物品

接受捐赠的库存物品验收入库，按照确定的成本，借记"库存物品"科目，按照发生的相关税费、运输费等，贷记"银行存款"等科目，按照其差额，贷记"捐赠收入"科目。同时，在预算会计下，按照实际支付的相关税费，借记"其他支出"科目，贷记"财政拨款预算收入""资金结存"科目。

受捐赠的库存物品按照名义金额入账的，按照名义金额，借记"库存物品"科目，贷记"捐赠收入"科目；同时，按照发生的相关税费、运输费等，借记"其他费用"科目，贷记"银行存款"等科目。同时，在预算会计下，按照实际支付的相关税费，借记"其他支出"科目，贷记"财政拨款预算收入""资金结存"科目。

5）无偿调入库存物品

无偿调入的库存物品验收入库，按照确定的成本，借记"库存物品"科目，按照发生的相关税费、运输费等，贷记"银行存款"等科目，按照其差额，贷记"无偿调拨净资产"科目。同时，在预算会计下，按照实际支付的相关税费，借记"其他支出"科目,贷记"财政拨款预算收入""资金结存"科目。

【例 14-17】　某防汛抗旱事业单位发生以下业务:

(1) 单位接受××公司捐赠的防汛物资(甲材料)一批,双方共同认定材料价值 100 万元。单位发生运输费 5 000 元,从单位的日常公用经费中通过财政授权支付方式支付,支出功能分类列"农林水支出——水利——防汛"预算科目,部门预算支出经济分类列"商品和服务支出——其他交通费用"预算科目。

财务会计:

借:库存物品——防汛物资——甲材料　　　　　　　　　　1 005 000
　　贷:零余额账户用款额度　　　　　　　　　　　　　　　　　5 000
　　　　捐赠收入——甲材料——××公司　　　　　　　　　1 000 000

预算会计:

借:其他支出——财政拨款支出——非专项资金支出——其他交通费用——防汛　　5 000
　　贷:资金结存——零余额账户用款额度　　　　　　　　　　5 000

(2) 单位收到××单位捐赠的抗旱物资(乙材料)一批,经双方核实,该批材料没有相关凭据、同类或类似资产的市场价格也无法可靠取得。在接收过程中,单位发生材料运输费 2 000 元,从单位的日常公用经费中通过财政授权支付方式支付,支出功能分类列"农林水支出——水利——抗旱"预算科目,部门预算支出经济分类列"商品和服务支出——其他交通费用"预算科目。

单位接受捐赠的存货,没有相关凭据且未经资产评估、同类或类似资产的市场价格也无法可靠取得的,按照名义金额(1 元)入账,相关税费、运输费等计入当期费用。

财务会计:

借:库存物品——抗旱物资——乙材料　　　　　　　　　　　　1
　　贷:捐赠收入——乙材料——××单位　　　　　　　　　　　1

借:其他费用——接受捐赠存货　　　　　　　　　　　　　2 000
　　贷:零余额账户用款额度　　　　　　　　　　　　　　　2 000

预算会计:

借:其他支出——财政拨款支出——非专项资金支出——其他交通费用——抗旱　　2 000
　　贷:资金结存——零余额账户用款额度　　　　　　　　　2 000

(3) 单位收到上级水利部门无偿划拨调入的防汛物资(丙材料),调拨物资通知上注明的价值为 50 万元。调拨过程中发生运输费 1 万元,由单位从自有资金中通过银行转账支付,支出功能分类列"农林水支出——水利——防汛"预算科目,部门预算支出经济分类列"商品和服务支出——其他交通费用"预算科目。

财务会计：

借：库存物品——防汛物资——丙材料　　　　　　　　　　　510 000
　　贷：银行存款——××银行　　　　　　　　　　　　　　　10 000
　　　　无偿调拨净资产　　　　　　　　　　　　　　　　　500 000

预算会计：

借：其他　　其他资　　非专项资　　其他交
　　支出　　金支出　　金支出　　通费用　　防汛　　　　　10 000
　　贷：资金结存——货币资金　　　　　　　　　　　　　　10 000

6）置换换入库存物品

（1）不涉及补价的账务处理。置换换入的库存物品验收入库，按照确定的成本，借记"库存物品"科目，按照换出资产的账面余额，贷记相关资产科目（换出资产为固定资产、无形资产的，还应当借记"固定资产累计折旧""无形资产累计摊销"科目），按照置换过程中发生的其他相关支出，贷记"银行存款"等科目，按照借贷方差额，借记"资产处置费用"科目或贷记"其他收入"科目。同时，在预算会计下，按照实际支付的其他相关支出，借记"其他支出"科目，贷记"资金结存"科目。

【例 14-18】　经上级部门批准，甲单位（科研事业单位）将本单位闲置的一批存货（A 材料）与乙单位（高等职业学院）的一批存货（B 材料）进行置换。A 材料账面价值 25 万元，B 材料账面价值 30 万元。经评估，A 材料与 B 材料的评估价值均为 28 万元，双方按照评估价值等额置换。置换过程中仅发生运输费，其中，甲单位发生 1.2 万元，乙单位发生 0.8 万元，均使用自有资金从银行转账支付。其中，甲单位支出功能分类列"科学技术支出——基础研究——机构运行"预算科目，乙单位的支出功能分类列"教育支出——职业教育——高等职业教育"预算科目；两个单位的部门预算支出经济分类均列"商品和服务支出——其他交通费用"预算科目。

政府会计主体通过置换取得的存货，其成本按照换出资产的评估价值，加上支付的补价或减去收到的补价，加上为换入存货发生的其他相关支出确定。

本案例中，甲单位换出资产评估价值为 28 万元，加上发生的运输费 1.2 万元，换入资产成本为 29.2 万元。乙单位换出资产评估价值为 28 万元，加上发生的运输费 0.8 万元，换入资产成本为 28.8 万元。

甲单位换出资产评估价值 28 万元，高于资产账面价值（25 万元）3 万元，评估高出来的部分即为资产评估增值，应记入单位的"其他收入"科目。

乙单位换出资产评估价值 28 万元，低于资产账面价值（30 万元）2 万元，评估减少的部分即为评估减值，应记入单位的"资产处置费用"科目。

为此，甲单位应做如下账务处理：

财务会计：

借：库存物品——B 材料	292 000
贷：库存物品——A 材料	250 000
银行存款——××银行	12 000
其他收入——置换换出资产评估增值	30 000

预算会计：

借：其他＿＿其他资＿＿非专项资＿＿其他交＿＿机构　　　　　　　　10 000
　　支出　　金支出　　金支出　　通费用　　运行
　　贷：资金结存——货币资金　　　　　　　　　　　　　　　　　10 000

乙单位应做如下账务处理：

财务会计：

借：库存物品——A 材料	288 000
资产处置费用——存货置换	20 000
贷：库存物品——B 材料	300 000
银行存款——××银行	8 000

预算会计：

借：其他＿＿其他资＿＿非专项资＿＿其他交＿＿高等职　　　　　　8 000
　　支出　　金支出　　金支出　　通费用　　业教育
　　贷：资金结存——货币资金　　　　　　　　　　　　　　　　　8 000

（2）涉及补价的账务处理。支付补价的，按照确定的成本，借记"库存物品"科目，按照换出资产的账面余额，贷记相关资产科目（换出资产为固定资产、无形资产的，还应当借记"固定资产累计折旧""无形资产累计摊销"科目），按照支付的补价和置换过程中发生的其他相关支出，贷记"银行存款"等科目，按照借贷方差额，借记"资产处置费用"科目或贷记"其他收入"科目。同时，在预算会计下，按照实际支付的补价和其他相关支出，借记"其他支出"科目，贷记"资金结存"科目。

收到补价的，按照确定的成本，借记"库存物品"科目，按照收到的补价，借记"银行存款"等科目，按照换出资产的账面余额，贷记相关资产科目（换出资产为固定资产、无形资产的，还应当借记"固定资产累计折旧""无形资产累计摊销"科目），按照置换过程中发生的其他相关支出，贷记"银行存款"等科目，按照补价扣减其他相关支出后的净收入，贷记"应缴财政款"科目，按照借贷方差额，借记"资产处置费用"科目或贷记"其他收入"科目。同时，在预算会计下，按照其他相关支出大于收到的补价的差额，借记"其他支出"科目，贷记"资金结存"科目。

有两点需要注意：一是库存物品置换换入，无论是支付补价还是收到补价，进行财务会计处理时，首先按照规定，对换入、换出的资产，支付的相关费用等相关科目进行借、贷处理,在此基础上,对于上述处理后的借方或贷方差额,均通过"资产处置费用"或"其他收入"科目将会计分录补平。其中,借方大于贷方的差额,记入"其他收入"科目,即贷记"其他收入"科目;贷方大于借方的差额,记入"资产处置费用"科目,即借记"资产处置费用"科目。二是置换换入资产收到补价的,对于收到的补价,扣减其他相关支出后的净收入,应按规定上缴财政。这主要是考虑到补价实际上属于资产处置收入,按照现行的预算管理规定,应将补价扣减支出后的净收入归还单位的出资人(即政府财政)。同时,按照政府会计制度规定,对于应上缴财政的资金,预算会计不做处理,因此,当补价收入大于发生的相关支出时,预算会计不做账务处理(因为发生的相关支出直接使用补价收入弥补,而剩余的收入,即补价大于支出的部分,应上缴财政);当发生的相关支出大于补价收入时,预算会计应仅就支出大于补价收入的部分进行账务处理。

【例 14-19】　经过相关部门审批,丙单位(农业事业单位)将闲置的存货(A 材料)一批,与丁单位(环保事业单位)的一台专用设备(B 设备)和存货(C 材料)进行置换。其中,A 材料账面价值 50 万元;B 设备账面原值 40 万元,已经计提折旧 10 万元;C 材料账面价值 20 万元。经第三方机构评估,A 材料评估价值 54 万元,B 设备评估价值 37 万元,C 材料评估价值 23 万元。根据评估结果,由丙单位向丁单位支付补价 6 万元。在置换过程中只发生运输费,其中,丙单位承担运输费 6 000 元,丁单位承担运输费 5 000 元。补价及运输费均使用自有资金通过银行转账支付,其中,支出功能分类,丙单位列"农林水支出——农业——病虫害控制"预算科目,丁单位列"节能环保支出——自然生态保护——生物及物种资源保护"预算科目;部门预算支出经济分类,丙单位的补价列"商品和服务支出——其他商品和服务支出"预算科目,丙单位和丁单位的运输费均列"商品和服务支出——其他交通费用"预算科目。

本例中,丙单位换入的 B 设备和 C 材料共发生运输费 6 000 元,按照双方评估价值计算,B 设备应分担运输费 3 700 元,C 材料应分担运输费 2 300 元。评估价值加上分担的运输费,换入的 B 设备的成本应为 37.37 万元,C 材料的成本应为 23.23 万元。丁单位换入的 A 材料,评估价值 54 万元加上运输费 5 000 元,A 材料的取得成本应为 54.5 万元。

确定单位取得的材料和设备的成本后,我们再来分析换入换出对单位收入核算的影响。丙单位的核算比较简单,A 材料评估增值 4 万元(54-50),应直接记入单位"其他收入"科目;对丁单位来讲,如果不涉及收到的补价需要上缴财政的问题,B 设备评估增值 7 万元[37-(40-10)]及 C 材料评估增值 3 万元(23-20)共计 10 万元,也直接记入单位"其他收入"科目即可。按照会计制度的规定,置换换入资产过程中,对于收到的补价,应按照补价扣减其他相关支出后的净收入上缴财政。本例中,丁单位应将置换资产取得的净收入 5.5 万元(6-0.5),作为往来款项记入"应缴财政款"科目,待未来上缴财政国库。在这种情况下,丁单位就不能再将10 万元的评估增值全部记入"其他收入"科目,因为还要上缴财政 5.5 万元,因此,只能将 4.5 万元记入"其他收入"科目。

为此,丙单位应做如下账务处理:

财务会计:

借:固定资产——专用设备——B 设备　　　　　　　　　　　373 700

　　库存材料——C 材料　　　　　　　　　　　　　　　　232 300

　　贷:库存材料——A 材料　　　　　　　　　　　　　　500 000

　　　　其他收入——置换换出资产增值　　　　　　　　　40 000

　　　　银行存款——××银行　　　　　　　　　　　　　66 000

预算会计:

借:其他支出——其他资金支出——非专项资金支出——其他商品和服务支出——病虫害防治　　　　　　60 000

　　其他支出——其他资金支出——非专项资金支出——其他交通费用——病虫害防治　　　　　　　　　6 000

　　贷:资金结存——货币资金　　　　　　　　　　　　　66 000

丁单位应做如下账务处理:

财务会计:

借:库存材料——A 材料　　　　　　　　　　　　　　　　545 000

　　固定资产累计折旧——专用设备　　　　　　　　　　　100 000

　　银行存款——××银行　　　　　　　　　　　　　　　60 000

　　贷:固定资产——专用设备——B 设备　　　　　　　400 000

　　　　库存材料——C 材料　　　　　　　　　　　　　200 000

　　　　其他收入——置换换出资产增值　　　　　　　　　45 000

　　　　银行存款——××银行　　　　　　　　　　　　　5 000

　　　　应缴财政款——应缴资产处置收入　　　　　　　　55 000

预算会计:

借:其他支出——其他资金支出——非专项资金支出——其他交通费用——生物及物种资源保护　　　　5 000

　　贷:资金结存——货币资金　　　　　　　　　　　　　5 000

2. 发出库存物品

1) 正常领用发出库存物品

单位开展业务活动等领用、按照规定自主出售发出或加工发出库存物品,按照领用、出售等发出物品的实际成本,借记"业务活动费用""单位管理费用""经营费用""加工物品"等科目,贷记"库存物品"科目。

采用一次转销法摊销低值易耗品、包装物的,在首次领用时将其账面余额一次性摊销计入有关成本费用,借记有关科目,贷记"库存物品"科目。

采用五五摊销法摊销低值易耗品、包装物的,首次领用时,将其账面余额的50%摊销计入有关成本费用,借记有关科目,贷记"库存物品"科目;使用完时,将剩余的账面余额转销计入有关成本费用,借记有关科目,贷记"库存物品"科目。

以上业务尽管涉及费用的增加,但从资金角度看,并未发生现金的流出,因此,预算会计均不做账务处理。

【例 14-20】　某公安行政单位刑侦专用材料,上月底库存 400 个,每个单价400 元;本月新购入 1 000 个,每个单价 500 元。单位存货采用先进先出法计算成本。现刑侦部门领用上述专用材料 500 个。

根据先进先出法的规定,本次刑侦部门领用的专用材料,应先将以前库存的400 个专用材料发出(单价 400 元),然后再从本月购置材料中发出 100 个(单价500 元)。

$$本次领用专用材料成本＝400×400＋100×500＝210\,000(元)$$

借:业务活动费用——商品和服务费用——专用材料费 　　　　210 000

　　贷:库存物品——专用材料——刑侦专用材料 　　　　　　　　　　210 000

2)经批准对外出售库存物品

经批准对外出售的库存物品(不含可自主出售的库存物品)发出时,按照库存物品的账面余额,借记"资产处置费用"科目,贷记"库存物品"科目;同时,按照收到的价款,借记"银行存款"等科目,按照处置过程中发生的相关费用,贷记"银行存款"等科目,按照其差额,贷记"应缴财政款"科目。同时,在预算会计下,按照处置过程中实际支付的相关费用,借记"其他支出"科目,贷记"资金结存"科目。

3)经批准对外捐赠库存物品

经批准对外捐赠的库存物品发出时,按照库存物品的账面余额和对外捐赠过程中发生的归属于捐出方的相关费用合计数,借记"资产处置费用"科目,按照库存物品账面余额,贷记"库存物品"科目,按照对外捐赠过程中发生的归属于捐出方的相关费用,贷记"银行存款"等科目。同时,在预算会计下,按照实际支付的相关费用,借记"其他支出"科目,贷记"资金结存"科目。

4)经批准无偿调出库存物品

经批准无偿调出的库存物品发出时,按照库存物品的账面余额,借记"无偿调拨净资产"科目,贷记"库存物品"科目;同时,按照无偿调出过程中发生的归属于调出方的相关费用,借记"资产处置费用"科目,贷记"银行存款"等科目。同时,在预算会计下,按照实际支付的相关费用,借记"其他支出"科目,贷记"资金结存"科目。

5) 经批准置换换出的库存物品

此类库存物品参照本节有关置换换入库存物品的规定进行账务处理。

综上所述,库存物品的处置包括对外出售、对外捐赠、无偿调出和置换换出。其中,对外出售和对外捐赠库存物品时,处置的库存物品及发生的处置费用都要通过"资产处置费用"科目核算;无偿调出库存物品时,处置的库存物品通过"无偿调拨净资产"科目核算,而发生的处置费用则要通过"资产处置费用"科目核算;置换换出库存物品时,对于转换资产的评估增值通过"其他收入"科目核算,评估减值通过"资产处置费用"科目核算。

【例 14-21】 某市福利医院事业单位发生以下业务:

(1) 经批准,将本单位闲置的存货(甲材料)对外出售。A 材料账面余额 5 万元,出售收入 5.5 万元已经存入银行。在出售过程中发生运输费 1 000 元,使用自有资金从银行转账支付,支出功能分类列"卫生健康支出——公立医院——福利医院"预算科目,部门预算支出经济分类列"商品和服务支出——其他交通费用"预算科目。

单位经批准对外出售库存物品,取得的出售价款收入,扣除出售过程中发生的相关费用后的余额,作为资产处置收入,按照现行预算管理的规定,应上缴财政。

财务会计:

借:资产处置费用——出售库存物品　　　　　　　　　　　　50 000
　　贷:库存物品——甲材料　　　　　　　　　　　　　　　　　　50 000

借:银行存款——××银行　　　　　　　　　　　　　　　　55 000
　　贷:应缴财政款——出售库存物品　　　　　　　　　　　　　54 000
　　　　银行存款——××银行　　　　　　　　　　　　　　　　1 000

预算会计:

借:其他支出——其他资金支出——非专项资金支出——其他交通费用——福利医院　　　1 000
　　贷:资金结存——货币资金　　　　　　　　　　　　　　　　1 000

(2) 单位经研究决定,向某乡镇卫生院捐赠一批存货(乙材料),材料账面余额 10 万元。捐赠过程中产生运输费用 2 000 元,单位使用自有资金通过银行转账支付,支出功能分类列"卫生健康支出——公立医院——福利医院"预算科目,部门预算支出经济分类列"商品和服务支出——其他交通费用"预算科目。

财务会计:

借:资产处置费用——捐赠库存物品　　　　　　　　　　　102 000
　　贷:库存物品——乙材料　　　　　　　　　　　　　　　　100 000
　　　　银行存款——××银行　　　　　　　　　　　　　　　　2 000

预算会计：

| 借：其他 支出 | 其他资 金支出 | 非专项资 金支出 | 其他交 通费用 | 福利 医院 | 2 000 |

贷：资金结存——货币资金　　　　　　　　　　　2 000

（3）根据市卫生局要求，将本单位的一批存货（丙材料）无偿调拨给市儿童医院。调出的丙材料账面余额6万元，调出过程中发生运输费500元，单位使用自有资金通过银行转账支付，支出功能分类列"卫生健康支出——公立医院——福利医院"预算科目，部门预算支出经济分类列"商品和服务支出——其他交通费用"预算科目。

财务会计：

借：无偿调拨净资产　　　　　　　　　　　　　　60 000

贷：库存物品——丙材料　　　　　　　　　　60 000

借：资产处置费用——无偿调拨库存材料　　　　　500

贷：银行存款——××银行　　　　　　　　　　500

预算会计：

| 借：其他 支出 | 其他资 金支出 | 非专项资 金支出 | 其他交 通费用 | 福利 医院 | 500 |

贷：资金结存——货币资金　　　　　　　　　　　500

3. 盘点库存物品

1）库存物品盘盈

盘盈的库存物品，按照确定的入账成本，借记"库存物品"科目，贷记"待处理财产损溢"科目。

2）库存物品盘亏或者毁损、报废

盘亏或者毁损、报废的库存物品，按照待处理库存物品的账面余额，借记"待处理财产损溢"科目，贷记"库存物品"科目。

属于增值税一般纳税人的单位，若因非正常原因导致的库存物品盘亏或毁损，还应当将与该库存物品相关的增值税进项税额转出，按照其增值税进项税额，借记"待处理财产损溢"科目，贷记"应交增值税——应交税金（进项税额转出）"科目。

【例14-22】 某事业单位年底清查存货时发生以下业务：

（1）盘盈甲产品3件，相同产品的单位成本200元。

借：库存物品——甲产品　　　　　　　　　　　　600

贷：待处理财产损溢——甲产品盘盈　　　　　　600

（2）盘亏乙材料 100 千克，材料账面单价 10 元。

借：待处理财产损溢——乙材料盘亏   1 000

  贷：库存物品——乙材料   1 000

4. 医院自制制剂

医院对于按自主定价或备案价核算的自制制剂，在已经制造完成并验收入库时，按照自主定价或备案价，借记"库存物品——药品"科目，按照所发生的实际成本，贷记"加工物品"科目，按照借、贷方之间的差额，借记或贷记"库存物品——成本差异"科目。

医院开展业务活动等领用或发出自制制剂，按照自主定价或备案价加上或减去成本差异后的金额，借记"业务活动费用""单位管理费用"等科目，按照自主定价或备案价，贷记"库存物品——药品"科目，按照领用或发出自制制剂应负担的成本差异，借记或贷记"库存物品——成本差异"科目。

库存物品主要经济业务会计核算情况如表 14-15 所示。

表 14-15   库存物品主要经济业务会计核算情况表

经济业务		财务会计核算	预算会计核算
（1）取得库存物品	外购的库存物品验收入库	借：库存物品 贷：财政拨款收入/财政应返还额度/零余额账户用款额度/银行存款/应付账款等	借：行政支出/事业支出/经营支出等 贷：财政拨款预算收入/资金结存
	自制的库存物品加工完成、验收入库	借：库存物品——相关明细科目 贷：加工物品——自制物品	—
	收回委托外单位加工的库存物品	借：库存物品——相关明细科目 贷：加工物品——委托加工物品	—
	置换换入库存物品（没有补价）	借：库存物品 固定资产累计折旧/无形资产累计摊销 资产处置费用（借差） 贷：库存物品/固定资产/无形资产等 银行存款等 其他收入（贷差）	借：其他支出 贷：资金结存
	置换换入库存物品（支付补价）	借：库存物品 固定资产累计折旧/无形资产累计摊销 资产处置费用（借差） 贷：库存物品/固定资产/无形资产等 银行存款等 其他收入（贷差）	借：其他支出 贷：资金结存

（续表）

经济业务		财务会计核算	预算会计核算
（1）取得库存物品	置换换入库存物品（收到补价）	借：库存物品 　　银行存款等（补价） 　　固定资产累计折旧/无形资产累计摊销 　　资产处置费用（借差） 　贷：库存物品/固定资产/无形资产等 　　银行存款等 　　应缴财政款（补价－其他相关支出） 　　其他收入（贷差）	其他相关支出大于收到的补价的差额时 借：其他支出 　贷：资金结存
	接受捐赠库存物品	借：库存物品 　贷：银行存款等 　　捐赠收入	借：其他支出 　贷：资金结存
	无偿调入库存物品	借：库存物品 　贷：银行存款等 　　无偿调拨净资产	借：其他支出 　贷：资金结存
	接收捐赠、无偿调入的库存物品按照名义金额入账，发生的相关税费、运输费等	借：库存物品（名义金额） 　贷：捐赠收入（接受捐赠） 　　无偿调拨净资产（无偿调入）	—
		借：其他费用 　贷：银行存款等	借：其他支出 　贷：资金结存
（2）发出库存物品	开展业务活动、按照规定自主出售或加工物品等领用、发出库存物品	借：业务活动费用/单位管理费用/经营费用/加工物品等 　贷：库存物品	—
	经批准对外出售并发出库存物品（不含可自主出售库存物品）	借：资产处置费用 　贷：库存物品	—
	经批准对外捐赠库存物品，发出库存物品	借：银行存款（收到的价款） 　贷：银行存款等（相关费用） 　　应缴财政款	借：其他支出 　贷：资金结存
		借：资产处置费用 　贷：库存物品 　　银行存款	借：其他支出 　贷：资金结存
	经批准无偿调出库存物品，发出库存物品	借：无偿调拨净资产 　贷：库存物品	—
		借：资产处置费用 　贷：银行存款等	借：其他支出 　贷：资金结存
	经批准置换换出库存物品	参照置换换入"库存物品"的处理	

（续表）

经济业务		财务会计核算	预算会计核算
（3）库存物品定期盘点及毁损、报废	盘盈的库存物品	借：库存物品 　　贷：待处理财产损溢	—
	盘亏或者毁损、报废的库存物品转入待处理资产	借：待处理财产损溢 　　贷：库存物品	—
	增值税一般纳税人购进的非自用材料发生盘亏或者毁损、报废	借：待处理财产损溢 　　贷：应交增值税——应交税金（进项税额转出）	—

四、加工物品

加工物品是指单位自制或委托外单位加工的各种物品的实际成本。未完成的测绘、地质勘查、设计成果的实际成本，也属于加工物品的范围。

（一）会计科目设置

单位应设置"加工物品"科目，用于核算单位自制或委托外单位加工的各种物品的实际成本。"加工物品"科目属于财务会计资产类科目，借方登记加工物品的增加额；贷方登记加工物品的完工转出额；期末借方余额反映单位自制或委托外单位加工但尚未完工的各种物品的实际成本。未完成的测绘、地质勘查、设计成果的实际成本，也通过"加工物品"科目核算。

"加工物品"科目应当设置"自制物品""委托加工物品"两个一级明细科目，并按照物品类别、品种、项目等设置明细账，进行明细核算。"加工物品"科目的"自制物品"一级明细科目下应当设置"直接材料""直接人工""其他直接费用"等二级明细科目，用来归集自制物品发生的直接材料、直接人工（专门从事物品制造人员的人工费）等直接费用；对于自制物品发生的间接费用，应当在"自制物品"一级明细科目下单独设置"间接费用"二级明细科目予以归集，期末再按照一定的分配标准和方法，分配计入有关物品的成本。

高等学校等具有受托加工物品业务的单位，还应当在"加工物品"科目下设置"受托加工物品"明细科目。

（二）主要账务处理

1. 自制物品

（1）为自制物品领用材料等，按照材料成本，借记"加工物品——自制物品——直接材料"科目，贷记"库存物品"科目。

（2）专门从事物品制造的人员发生的直接人工费用，按照实际发生的金额，借记"库存物品——自制物品——直接人工"科目,贷记"应付职工薪酬"科目。

（3）为自制物品发生的其他直接费用,按照实际发生的金额,借记"加工物品——自制物品——其他直接费用"科目,贷记"零余额账户用款额度""银行存款"等科目。同时,在预算会计下,按照实际支付的金额,借记"事业支出""经营支出"等科目,贷记"财政拨款预算收入""资金结存"等科目。

（4）为自制物品发生的间接费用,按照实际发生的金额,借记"加工物品——自制物品——间接费用"科目,贷记"零余额账户用款额度""银行存款""应付职工薪酬""固定资产累计折旧""无形资产累计摊销"等科目。同时,在预算会计下,按照实际支付的金额,借记"事业支出""经营支出"等科目,贷记"财政拨款预算收入""资金结存"等科目。

间接费用一般按照生产人员工资、生产人员工时、机器工时、耗用材料的数量或成本、直接费用（直接材料和直接人工）或产品产量等进行分配。单位可根据具体情况自行选择间接费用的分配方法。分配方法一经确定,不得随意变更。

（5）已经制造完成并验收入库的物品,按照所发生的实际成本（包括耗用的直接材料费用、直接人工费用、其他直接费用和分配的间接费用）,借记"库存物品"科目,贷记"加工物品——自制物品"科目。

医院对于按自主定价或备案价核算的自制制剂,在已经制造完成并验收入库时,按照自主定价或备案价,借记"库存物品——药品"科目,按照所发生的实际成本,贷记"加工物品"科目,按照借、贷方之间的差额,借记或贷记"库存物品——成本差异"科目。

【例 14-23】　某省级公立医院生产中成药甲合剂和乙合剂,现发生以下业务:

（1）医院制剂室从药库和物资部门领用中草药 3 万元,卫生材料 5 800 元。其中生产甲合剂用中草药 1.8 万元,卫生材料 3 200 元;生产乙合剂用中草药 1.2 万元,卫生材料 2 600 元。

借:加工物品——自制物品——直接材料——甲合剂	21 200
加工物品——自制物品——直接材料——乙合剂	14 600
贷:库存物品——药品——药库——中草药	30 000
库存物品——卫生材料	5 800

（2）医院采用工时法计算直接人工费用,加工过程中甲合剂耗用直接人工 120 工时,乙合剂耗用直接人工 90 工时,每工时职工薪酬为 25 元。

$$甲合剂直接人工费用=120\times25=3\,000(元)$$
$$乙合剂直接人工费用=90\times25=2\,250(元)$$

计算和分配直接人工费用,单位应只就财务会计进行账务处理。

借:加工物品——自制物品——直接人工——甲合剂 3 000

　加工物品——自制物品——直接人工——乙合剂 2 250

　贷:应付职工薪酬 5 250

（3）两种合剂制作完成,共发生间接生产费用(固定资产折旧)5 600元。医院以直接人工工时为标准分摊间接费用。

医院自制物资发生的间接费用应先全部记入"间接费用"明细科目,期末再按照受益对象及规定的标准和方法将间接费用分配至每一个自制物资品目。其中:

甲合剂分配的间接费用＝5 600×120÷(120＋90)＝3 200(元)

乙合剂分配的间接费用＝5 600×90÷(120＋90)＝2 400(元)

为此,医院做如下财务会计账务处理:

发生间接费用时:

借:加工物品——自制物品——间接费用——设备折旧 5 600

　贷:累计折旧——专业设备 5 600

分配间接费用时:

借:加工物品——自制物品——间接费用——甲合剂 3 200

　加工物品——自制物品——间接费用——乙合剂 2 400

　贷:加工物品——自制物品——间接费用——设备折旧 5 600

（4）加工完成的甲合剂和乙合剂验收入库。医院对于自制制剂,按照备案价格核算,甲合剂、乙合剂的备案价格经计算分别为29 000元和19 000元。

医院按自主定价或备案价核算的自制制剂,实际定价与实际成本往往会存在差异,这个差异按规定应记入"库存物品——成本差异"科目。

借:库存物品——药品——药库——中成药——甲合剂 29 000

　贷:库存物品——成本差异 1 600

　　加工物品——自制物品——直接材料——甲合剂 21 200

　　加工物品——自制物品——直接人工——甲合剂 3 000

　　加工物品——自制物品——间接费用——甲合剂 3 200

借:库存物品——药品——药库——中成药——乙合剂 19 000

　库存物品——成本差异 250

　贷:加工物品——自制物品——直接材料——乙合剂 14 600

　　加工物品——自制物品——直接人工——乙合剂 2 250

　　加工物品——自制物品——间接费用——乙合剂 2 400

2. 委托加工物品

（1）发给外单位加工的材料等,按照其实际成本,借记"加工物品——委托加工物品"科目,贷记"库存物品"科目。

(2)支付加工费、运输费等费用,按照实际支付的金额,借记"加工物品——委托加工物品"科目,贷记"零余额账户用款额度""银行存款"等科目。同时在预算会计下,借记"行政支出""事业支出""经营支出"等科目,贷记"财政拨款预算收入""资金结存"等科目。

(3)委托加工完成的材料等验收入库,按照加工前发出材料的成本和加工、运输成本等,借记"库存物品"等科目,贷记"加工物品——委托加工物品"科目。

【例14-24】 某粮油管理事业单位发生以下业务:

(1)委托××公司加工存货××产品,领用甲材料,成本2万元,领用乙材料,成本1万元。委托加工物品将全部用于单位非独立核算的××经营项目。

借:加工物品——委托加工物品——××产品	30 000
贷:库存物品——甲材料	20 000
库存物品——乙材料	10 000

(2)单位支付××公司加工费用2 000元,使用自有资金通过银行转账支付,支出功能分类列"粮油物资储备支出——粮油事务——粮食专项业务活动"预算科目,部门预算支出经济分类列"商品和服务支出——委托业务费"预算科目。

财务会计:

借:加工物品——委托加工物品——××产品	2 000
贷:银行存款——××银行	2 000

预算会计:

借:经营支出——××经营项目——委托业务费——粮食专项业务活动	2 000
贷:资金结存——货币资金	2 000

(3)××产品完工后,验收入库。

借:库存物品——××产品	32 000
贷:加工物品——委托加工物品——××产品	32 000

3. 受托加工物品

(1)收到委托单位支付的资金用于加工设备、材料等时,借记"银行存款"等科目,贷记"预收账款"科目;同时,在预算会计下,按照收到的资金,借记"资金结存——货币资金"科目,贷记"事业预算收入"等科目。

(2)对受托加工物品进行加工时,按照加工消耗的料、工、费等,借记"加工物品——受托加工物品"科目,贷记"库存物品""应付职工薪酬""银行存款"等科目;同时,在预算会计下,对加工中支付的资金,在支付时按照实际支付的金额,借记"事业支出"科目,贷记"资金结存——货币资金"科目。

(3) 将加工完成的产品交付委托方时，按照受托加工产品的成本，借记"业务活动费用"科目，贷记"加工物品——受托加工物品"科目，同时，确认委托方的委托加工收入，按照预收账款账面余额，借记"预收账款"科目，按照应确认的收入金额，贷记"事业收入"等科目，按照委托方补付或退回委托方的金额，借记或贷记"银行存款"等科目。同时，在预算会计下，按照委托方实际补付或实际退回委托方的金额，借记或贷记"资金结存"科目，贷记或借记"事业预算收入"等科目。涉及增值税业务的，相关账务处理参见"应缴增值税"科目。

加工物品主要经济业务会计核算情况如表14-16所示。

表 14-16　　　　　　加工物品主要经济业务会计核算情况表

经济业务		财务会计核算	预算会计核算
（1）自制物品	为自制物品领用材料	借：加工物品——自制物品（直接材料） 贷：库存物品（相关明细科目）	—
	专门从事物品制造人员发生直接人工费用	借：加工物品——自制物品（直接人工） 贷：应付职工薪酬	—
	为自制物品发生其他直接费用和间接费用	借：加工物品——自制物品（其他直接费用、间接费用） 贷：财政拨款收入/零余额账户用款额度/银行存款等	借：事业支出/经营支出等 贷：财政拨款预算收入/资金结存
	自制加工完成、验收入库	借：库存物品（相关明细科目） 贷：加工物品——自制物品（直接材料、直接人工、其他直接费用、间接费用）	—
（2）委托加工物品	发给外单位加工的材料	借：加工物品——委托加工物品 贷：库存物品（相关明细科目）	—
	支付加工费用等	借：加工物品——委托加工物品 贷：财政拨款收入/零余额账户用款额度/银行存款等	借：行政支出/事业支出/经营支出等 贷：财政拨款预算收入/资金结存
	委托加工完成的物品验收入库	借：库存物品（相关明细科目） 贷：加工物品——委托加工物品	—

（续表）

经济业务		财务会计核算	预算会计核算
（3）受托加工物品	收到委托单位支付的资金用于加工设备、材料等	借：银行存款等 　贷：预收账款	借：资金结存——货币资金 　贷：事业预算收入
	对受托加工物品进行加工	借：加工物品——受托加工物品 　贷：库存物品/应付职工薪酬/银行存款等	借：事业支出 　贷：资金结存——货币资金
	将加工完成的产品交付委托方	借：业务活动费用 　贷：加工物品——受托加工物品 借：预收账款 借（或贷）：银行存款 　贷：事业收入	借（或贷）：资金结存 　贷（或借）：事业预算收入

第五节　固定资产

一、固定资产概述

（一）固定资产的概念与特点

固定资产是指政府会计主体为满足自身开展业务活动或其他活动需要而控制的，使用年限超过1年（不含1年）、单位价值在规定标准以上，并在使用过程中基本保持原有物质形态的资产。单位价值虽未达到规定标准，但是使用年限超过1年（不含1年）的大批同类物资，如图书、家具、用具、装具等，应当确认为固定资产。

行政事业单位固定资产具有以下特点：

一是固定资产的单位价值较高。行政事业单位固定资产的单价标准由国家统一规定，而且这个标准会随着经济社会发展和物价水平的变化而调整。2012年（事业单位）和2013年（行政单位）以前，行政事业单位固定资产的单价标准，一般设备单位价值在500元以上，专用设备单位价值在800元以上。从2012年开始施行的《事业单位财务规则》和从2013年起开始施行的《行政单位财务规则》将单价标准分别提高到1000元和1500元——上述分析同时可以看出，在我国，固定资产的单价标准属于财务规则（制度）规范的范围，而不是会计准则和会计制度所能决定的。因此，无论是《政府会计准则》还是《政府会计制度》，均未涉及固定资产标准的问题。

二是固定资产具有持久耐用性。固定资产能够多次进行使用，且使用期限在

1 年以上,属于持久、耐用性的资产。持久耐用性与单位价值标准一般应同时满足,但在有些情况下,前者应当更重要一些。比如无论是行政单位还是事业单位,单位价值虽未达到规定标准,但是耐用时间在 1 年以上的大批同类物资(如图书、家具、用具、装具等),也应作为固定资产管理。

三是固定资产在使用过程中能够基本保持原有物质形态。固定资产在使用中基本保持了原有的物质形态,其价值在多次使用过程中,随着固定资产磨损程度的加深而逐渐地消耗、转移。

四是并非所有的固定资产都作为固定资产核算。公共基础设施、政府储备物资、保障性住房、文物文化资产等,尽管从固定资产的定义与分类来看,也属于固定资产范围,但按照政府会计准则和会计制度的规定,不适用《政府会计准则第 3 号——固定资产》,不能纳入"固定资产"会计科目核算,而应分别纳入"公共基础设施""政府储备物资""保障性住房""文物文化资产"等相应会计科目核算与管理。

(二) 固定资产的分类

根据 2011 年国家发布的《固定资产分类与代码标准》(GB/T 14885—2010),固定资产分为 6 个门类:土地、房屋及构筑物,通用设备,专用设备,文物和陈列品,图书、档案,家具、用具、装具及动植物。

行政事业单位基本采纳了国家对固定资产的标准分类,只是删除了第一门类"土地、房屋及构筑物"中的土地。之所以这样安排,主要是考虑到我国的土地除了农村地区属于集体所有外,其他的土地均属于国家所有,无论是行政事业单位还是企业单位,无论是通过划拨还是出让方式获得土地,均只是取得了土地的使用权,并没有取得所有权。而从财务会计的角度处理,土地使用权属于无形资产,除个别情形外,均应作为无形资产进行核算和管理。出于上述考虑,与国家标准相比,行政事业单位的固定资产分类不再包含"土地"。但是,境外的土地可以是具有所有权的土地,按照政府会计制度的规定,行政事业单位经批准在境外购买的具有所有权的土地,应当作为固定资产并在"固定资产"科目下设置"境外土地"明细科目进行明细核算。在这种情况下,"境外土地"明细科目就不能归入固定资产的 6 个分类中。从这个角度看,将土地从行政事业单位的固定资产分类中剔除,还是值得商榷的。

(三) 固定资产的管理

(1)单位应设置"固定资产登记簿"和"固定资产卡片",按照固定资产类别、项目和使用部门等进行明细核算。出租、出借的固定资产,应设置备查簿进行登记。

(2)单位应定期对固定资产进行清查盘点,每年至少盘点一次。对于发生的固定资产盘盈、盘亏或毁损、报废,应当按照规定报经批准后及时进行后续账务处理。

(3)单位应建立健全固定资产管理制度,对于按照规定出售或用于对外捐赠、对外投资的固定资产应按权限报经批准后予以处置;属于政府采购范围的资产,应当按照国家有关政府采购的规定执行。同时,单位还应建立固定资产信息管理系统,做好固定资产的统计、报告和分析工作,按月计提固定资产累计折旧,实现对固定资产的动态管理。

二、固定资产的确认

（一）固定资产的确认条件

固定资产同时满足下列条件的,应当予以确认:

（1）与该固定资产相关的服务潜力很可能实现或者经济利益很可能流入单位。

（2）该固定资产的成本或者价值能够可靠地计量。

固定资产在使用过程中发生的后续支出,符合上述确认条件的,应当计入固定资产成本;不符合上述确认条件的,应当在发生时计入当期费用或者相关资产成本。将发生的固定资产后续支出计入固定资产成本的,应当同时从固定资产账面价值中扣除被替换部分的账面价值。

（二）固定资产的确认时间

（1）购入、换入、接受捐赠、无偿调入不需安装的固定资产,在固定资产验收合格时确认;

（2）购入、换入、接受捐赠、无偿调入需要安装的固定资产,在固定资产安装完成交付使用时确认;

（3）自行建造、改建、扩建的固定资产,在建造完成并交付使用时确认。

（三）固定资产确认需要考虑的特殊情况

（1）固定资产的各组成部分具有不同使用年限或者以不同方式为政府会计主体实现服务潜力或提供经济利益,适用不同折旧率或折旧方法且可以分别确定各自原价的,应当分别将各组成部分确认为单项固定资产。

（2）应用软件构成相关硬件不可缺少的组成部分的,应当将该软件的价值包括在所属的硬件价值中,一并确认为固定资产;不构成相关硬件不可缺少的组成部分的,应当将该软件确认为无形资产。

（3）购建房屋及构筑物时,不能分清购建成本中的房屋及构筑物部分与土地使用权部分的,应当全部确认为固定资产;能够分清购建成本中的房屋及构筑物部分与土地使用权部分的,应当将其中的房屋及构筑物部分确认为固定资产,将其中的土地使用权部分确认为无形资产。

三、固定资产的计量

（一）固定资产的初始计量

固定资产在取得时应当按照成本进行初始计量。按照固定资产的取得方式,其成本确定情况如表 14-17 所示。

表 14-17　　　　　　　　　　固定资产成本确定情况表

取得方式	成本的确定
（1）购入的固定资产	成本包括购买价款、相关税费以及固定资产交付使用前所发生的可归属于该项资产的运输费、装卸费、安装费和专业人员服务费等 以一笔款项购入多项没有单独标价的固定资产，应当按照各项固定资产同类或类似资产市场价格的比例对总成本进行分配，分别确定各项固定资产的成本
（2）自行建造的固定资产	成本包括该项资产至交付使用前所发生的全部必要支出 在原有固定资产基础上进行改建、扩建、修缮后的固定资产，其成本按照原固定资产账面价值加上改建、扩建、修缮发生的支出，再扣除固定资产被替换部分的账面价值后的金额确定 为建造固定资产借入的专门借款的利息，属于建设期间发生的，计入在建工程成本；不属于建设期间发生的，计入当期费用。已交付使用但尚未办理竣工决算手续的固定资产，应当按照估计价值入账，待办理竣工决算后再按实际成本调整原来的暂估价值
（3）置换取得的固定资产	成本按照换出资产的评估价值加上支付的补价或减去收到的补价，加上换入固定资产发生的其他相关支出确定
（4）接受捐赠的固定资产	成本按照有关凭据注明的金额加上相关税费、运输费等确定；没有相关凭据可供取得，但按规定经过资产评估的，其成本按照评估价值加上相关税费、运输费等确定；没有相关凭据可供取得，也未经资产评估的，其成本比照同类或类似资产的市场价格加上相关税费、运输费等确定；没有相关凭据且未经资产评估、同类或类似资产的市场价格也无法可靠取得的，按照名义金额入账，相关税费、运输费等计入当期费用 如受赠的系旧的固定资产，在确定其初始入账成本时应当考虑该项资产的新旧程度
（5）无偿调入的固定资产	成本按照调出方账面价值加上相关税费、运输费等确定
（6）盘盈的固定资产	成本按照有关凭据注明的金额确定；没有相关凭据、但按照规定经过资产评估的，其成本按照评估价值确定；没有相关凭据、也未经评估的，其成本按照重置成本确定。如无法采用上述方法确定资产成本的，按照名义金额（人民币1元）入账
（7）融资租赁的固定资产	成本按照租赁协议或者合同确定的租赁价款、相关税费以及固定资产交付使用前所发生的可归属于该项资产的运输费、途中保险费、安装调试费等确定

（二）固定资产折旧

固定资产折旧是指在固定资产的预计使用年限内，按照确定的方法对应计的折旧额进行系统分摊。

1. 固定资产的折旧范围

固定资产应计的折旧额为其成本，计提固定资产折旧时不考虑预计净残值。行政事业单位应当对暂估入账的固定资产计提折旧，实际成本确定后不需调整原已计提的折旧额。

下列各项固定资产不计提折旧：①文物和陈列品。②动植物。③图书、档案。④单独计价入账的土地。⑤以名义金额计量的固定资产。

2. 固定资产使用(折旧)年限

单位应当根据相关规定以及固定资产的性质和使用情况，合理确定固定资产的使用年限。固定资产的使用年限一经确定，不得随意变更。固定资产因改建、扩建或修缮等原因而延长其使用年限的，应当按照重新确定的固定资产的成本以及重新确定的折旧年限计算折旧额。单位盘盈、无偿调入、接受捐赠以及置换的固定资产，应当考虑该项资产的新旧程度，按照其尚可使用的年限计提折旧。

单位确定固定资产使用年限，应当考虑下列因素：①预计实现服务潜力或提供经济利益的期限。②预计有形损耗和无形损耗。③法律或者类似规定对资产使用的限制。

通常情况下，单位应当按照表14-18列示的通用年限范围内，结合单位实际，合理确定各类应计提折旧的固定资产的折旧年限。国务院有关部门在此基础上，可以根据实际需要进一步细化本行业固定资产的类别，具体确定各类固定资产的折旧年限，并报财政部审核批准。目前，中小学校、高等学校、医院、基层医疗卫生机构等行政事业单位的固定资产折旧年限，财政部均单独做了规定(见表14-18)。

表14-18　　　　行政事业单位固定资产折旧年限表

固定资产类别	折旧年限(年)				
	通用年限	高等学校	中小学校	医院	基层医疗卫生机构
一、房屋及构筑物					
业务及管理用房					
钢结构	不低于50	50	50	50	50
钢筋混凝土结构	不低于50	50	50	50	50
砖混结构	不低于30	30	30	30	30
砖木结构	不低于30	30	30	30	30
简易房	不低于8	8	8	8	8
房屋附属设施	不低于8	8	8	8	8
构筑物	不低于8	8	8	8	8
二、通用设备					
计算机设备	不低于6	6	6	6	6
办公设备	不低于6	6	6	6	6
车辆	不低于8	8	8	10	10

（续表）

固定资产类别	折旧年限（年）				
	通用年限	高等学校	中小学校	医院	基层医疗卫生机构
图书档案设备	不低于5	5	5	5	5
机械设备	不低于10	10	10	10	10
电气设备	不低于5	5	5	5	5
雷达、无线电和卫星导航设备	不低于10	10		10	10
通信设备	不低于5	5	5	5	5
广播、电视、电影设备	不低于5	5	5	5	5
仪器仪表	不低于5	5	5	5	5
电子和通信测量设备	不低于5	5	5	5	5
计量标准器具及量具、衡器	不低于5	5	5	5	5
其他通用设备		5			
三、专用设备					
探矿、采矿、选矿和造块设备	10～15	10			
石油天然气开采专用设备	10～15	10			
石油和化学工业专用设备	10～15	10			
炼焦和金属冶炼轧制设备	10～15	10			
电力工业专用设备	20～30	20			
非金属矿物制品工业专用设备	10～20	10			
核工业专用设备	20～30	20			
航空航天工业专用设备	20～30	20			
工程机械	10～15	10			
农业和林业机械	10～15	10			
木材采集和加工设备	10～15	10			
食品加工专用设备	10～15	10			
饮料加工设备	10～15	10			
烟草加工设备	10～15	10			
粮油作物和饲料加工设备	10～15	10			
纺织设备	10～15	10			
缝纫、服饰、制革和毛皮加工设备	10～15	10			
造纸和印刷机械	10～20	10			

（续表）

固定资产类别	折旧年限（年）				
	通用年限	高等学校	中小学校	医院	基层医疗卫生机构
化学药品和中药专用设备	5～10	5			
医疗设备	5～10	5			
医用电子仪器				5	5～10
医用超声仪器				6	6～10
医用高频仪器设备				5	5～10
物理治疗及体疗设备				5	5～10
高压氧舱				6	6～10
中医仪器设备				5	5～10
医用磁共振设备				6	6～10
医用X线设备				6	6～10
高能射线设备				8	8～10
医用核素设备				6	6～10
临床检验分析仪器				5	5～10
体外循环设备				5	5～10
手术急救设备				5	5～10
口腔设备				6	6～10
病房护理设备				5	5～10
消毒设备				6	6～10
光学仪器及窥镜				6	6～10
激光仪器设备				5	5～10
电工、电子专用生产设备	5～10	5			
安全生产设备	10～20	10			
邮政专用设备	10～15	10			
环境污染防治设备	10～20	10			
公安专用设备	3～10	3			
水工机械	10～20	10			
殡葬设备及用品	5～10	5			
铁路运输设备	10～20	10			
水上交通运输设备	10～20	10			
航空器及其配套设备	10～20	10			

（续表）

固定资产类别	折旧年限(年)				
	通用年限	高等学校	中小学校	医院	基层医疗卫生机构
专用仪器仪表	5～10	5	5		
文艺设备	5～15	5	5		
体育设备	5～15	5	5		
娱乐设备	5～15	5	5		
公安专用设备			3		
其他专用设备			10	5	5～10
四、家具、用具及装具					
家具	不低于15	15	15	15	15
其中：学生用家具		5	5		
用具、装具	不低于5	5	5	5	5

3. 固定资产折旧方法

单位一般应当采用年限平均法或者工作量法计提固定资产折旧。在确定固定资产的折旧方法时，应当考虑与固定资产相关的服务潜力或经济利益的预期实现方式。固定资产折旧方法一经确定，不得随意变更。

1）年限平均法

年限平均法又称直线法，是指将固定资产的应计折旧额均衡地分摊到固定资产预计使用寿命内的一种方法。采用这种方法计算的每期折旧额均相等。年限平均法分为折旧率和折旧额两种算法：

① 年折旧率＝(1－预计净残值率)÷预计使用寿命(年)×100%

月折旧率＝年折旧率÷12

月折旧额＝固定资产原价×月折旧率

② 年折旧额＝(固定资产原值－预计净残值)÷预计使用寿命(年)

月折旧额＝年折旧额÷12

按照政府会计制度规定，计提折旧时不考虑预计净残值，对行政事业单位而言，上述公式中的预计净残值率和预计净残值均应为零。

2）工作量法

工作量法是指按实际工作量计提固定资产折旧额的一种方法。一般是按固定资产所能工作的时数平均计算折旧额。工作量法假定折旧是一项变动的非固定费用，即假定资产价值的降低不是由于时间的推移，而是由于使用的缘故。因此，如果某项资产在年度内没有使用，就不应计入折旧费用，因为资产的服务价值并没有降低。实际上,使用这种折旧方法的主要目的,并不是单纯为了计量资产服务价值降低的程度,而主要是为了准确地计量投入成本,从而能够准确地反映投入与产出的配比情况。工作量法计算方法如下:

$$单位工作量折旧额＝固定资产原价×(1－预计净残值率)÷预计总工作量$$

同样,按照政府会计制度的规定,行政事业单位的预计净残值率应为零。

4. 固定资产折旧计提时点

固定资产应当按月计提折旧,并根据用途计入当期费用或者相关资产成本。当月增加的固定资产,当月开始计提折旧;当月减少的固定资产,当月不再计提折旧。

固定资产提足折旧后,无论能否继续使用,均不再计提折旧;提前报废的固定资产,也不再补提折旧。已提足折旧的固定资产,可以继续使用的,应当继续使用,并切实规范实物管理。

(三) 固定资产的处置

单位按规定报经批准出售、转让固定资产或固定资产报废、毁损的,应当将固定资产账面价值转销计入当期费用,并将处置收入扣除相关处置税费后的差额按规定做应缴款项处理(差额为净收益时)或计入当期费用(差额为净损失时)。

单位按规定报经批准对外捐赠、无偿调出固定资产的,应当将固定资产的账面价值予以转销,对外捐赠、无偿调出中发生的归属于捐出方、调出方的相关费用应当计入当期费用。

单位按规定报经批准以固定资产对外投资的,应当将该固定资产的账面价值予以转销,并将固定资产在对外投资时的评估价值与其账面价值的差额计入当期收入或费用。

固定资产盘亏造成的损失,按规定报经批准后应当计入当期费用。

四、固定资产的核算

(一) 会计科目设置

单位应设置"固定资产"科目和"固定资产累计折旧"科目,前者用于核算单位固定资产的原值,后者用于核算单位计提的固定资产累计折旧。"固定资产"科目期末借方余额反映单位期末固定资产的原值;"固定资产累计折旧"科目期末贷方余额反映单位计提的固定资产折旧累计数。

"固定资产"科目应当按照固定资产类别和项目进行明细核算。"固定资产累计折旧"科目应当按照所对应固定资产的明细分类进行明细核算。其中,医院应当在"固定资产""固定资产累计折旧"科目下按照形成固定资产的经费性质(财政项目拨款经费、科教经费、其他经费)进行明细核算。

"固定资产"及"固定资产累计折旧"科目核算时,应当考虑以下情况:

（1）购入需要安装的固定资产,应当先通过"在建工程"科目核算,安装完毕交付使用时再转入本科目核算。

（2）以借入、经营租赁租入方式取得的固定资产,不通过"固定资产"科目核算,应当设置备查簿进行登记。

（3）采用融资租入方式取得的固定资产,通过"固定资产"科目核算,并在科目下设置"融资租入固定资产"明细科目。

（4）经批准在境外购买具有所有权的土地,作为固定资产,通过"固定资产"科目核算;单位应当在"固定资产"科目下设置"境外土地"明细科目,进行相应明细核算。

（5）公共基础设施和保障性住房计提的累计折旧,应当分别通过"公共基础设施累计折旧（摊销）"科目和"保障性住房累计折旧"科目核算,不通过"固定资产累计折旧"科目核算。

（6）单位计提融资租入固定资产折旧时,应当采用与自有固定资产相一致的折旧政策。能够合理确定租赁期届满时将会取得租入固定资产所有权的,应当在租入固定资产尚可使用年限内计提折旧;无法合理确定租赁期届满时能够取得租入固定资产所有权的,应当在租赁期与租入固定资产尚可使用年限两者中较短的期间内计提折旧。

（二）主要账务处理

1. 固定资产的取得

1）外购固定资产

购入不需安装的固定资产验收合格时,按照确定的固定资产成本,借记"固定资产"科目,贷记"财政拨款收入""零余额账户用款额度""应付账款""银行存款"等科目。同时,在预算会计下,借记"行政支出""事业支出""经营支出"等科目,贷记"财政拨款预算收入""资金结存"等科目。

购入需要安装的固定资产,在安装完毕交付使用前通过"在建工程"科目核算,安装完毕交付使用时再转入"固定资产"科目。

【例14-25】 某省广播电视台发生以下业务:

（1）单位购入需安装的专业设备××录放设备一台,设备总价款30万元,使用自筹资金通过银行转账支付供应商,支出功能分类列"文化旅游体育与传媒支出——广播电视——电视"预算科目,部门预算支出经济分类列"资本性支出——专用设备购置"预算科目。

财务会计:

借:在建工程——××录放设备　　　　　　　　　　　　　　300 000

　　贷:银行存款——××银行　　　　　　　　　　　　　　　　　300 000

预算会计：

借：事业——其他资——项目——××录——专用设————电视 300 000
　　支出　　金支出　　支出　　放设备　　备购置

　　贷：资金结存——货币资金 300 000

（2）单位支付安装材料费等相关费用 12 000 元。

财务会计：

借：在建工程——××录放设备 12 000

　　贷：银行存款——××银行 12 000

预算会计：

借：事业——其他资——项目——××录——专用设————电视 12 000
　　支出　　金支出　　支出　　放设备　　备购置

　　贷：资金结存——货币资金 12 000

（3）项目安装完成交付使用并验收入库。

借：固定资产——专用设备——××录放设备 312 000

　　贷：在建工程——××录放设备 312 000

购入固定资产扣留质量保证金的,应当在取得固定资产时,按照确定的固定资产成本,借记"固定资产"科目(不需安装的)或"在建工程"科目(需要安装的),按照实际支付或应付的金额,贷记"财政拨款收入""零余额账户用款额度""应付账款"(不含质量保证金)"银行存款"等科目,按照扣留的质量保证金数额,贷记"其他应付款"[扣留期在 1 年以内(含 1 年)]或"长期应付款"(扣留期超过 1 年)科目。同时,在预算会计下,按照购买固定资产实际支付的金额,借记"行政支出""事业支出""经营支出"等科目,贷记"财政拨款预算收入""资金结存"等科目。

质保期满支付质量保证金时,借记"其他应付款""长期应付款"科目,贷记"财政拨款收入""零余额账户用款额度""银行存款"等科目。同时,在预算会计下,借记"行政支出""事业支出""经营支出"等科目,贷记"财政拨款预算收入""资金结存"等科目。

【例 14-26】 某农业事业单位发生以下业务：

（1）通过政府采购购买一台无须安装的专用设备××防疫设备,设备中标价格 10 万元。按合同约定,设备保修期 1 年,质保金 5 000 元。单位使用预算安排的病虫防疫项目经费,通过财政直接支付 9.5 万元,支出功能分类列"农林水支出——农业——病虫害控制"预算科目,部门预算支出经济分类列"资本性支出——专用设备购置"预算科目。设备已经验收交付使用。

财务会计：

借：固定资产——专用设备——××防疫设备 　　　　　　100 000

　贷：财政拨款收入——一般公共预算财政拨款 　　　　　　95 000

　　其他应付款——设备质保金 　　　　　　　　　　　　5 000

预算会计：

借：事业　　财政拨　　项目　　病虫防　　专用设　　病虫害
　支出　　款支出　　支出　　疫项目　　备购置　　控制 　　　95 000

　贷：财政拨款预算收入——项目支出——病虫防疫项目——病虫害控制 　　95 000

（2）1年后，质保期满单位支付保证金5 000元。

财务会计：

借：其他应付款——设备质保金 　　　　　　　　　　　　5 000

　贷：财政拨款收入——一般公共预算财政拨款 　　　　　　5 000

预算会计：

借：事业　　财政拨　　项目　　病虫防　　专用设　　病虫害
　支出　　款支出　　支出　　疫项目　　备购置　　控制 　　　5 000

　贷：财政拨款预算收入——项目支出——病虫防疫项目——病虫害控制 　　5 000

2）自行建造固定资产

自行建造的固定资产交付使用时，按照在建工程成本，借记"固定资产"科目，贷记"在建工程"科目。

已交付使用但尚未办理竣工决算手续的固定资产，按照估计价值入账，待办理竣工决算后再按照实际成本调整原来的暂估价值。

3）融资租赁固定资产

融资租赁取得的固定资产，其成本按照租赁协议或者合同确定的租赁价款、相关税费以及固定资产交付使用前所发生的可归属于该项资产的运输费、途中保险费、安装调试费等确定。

融资租入的固定资产，按照确定的成本，借记"固定资产"科目（不需安装）或"在建工程"科目（需安装），按照租赁协议或者合同确定的租赁付款额，贷记"长期应付款"科目，按照支付的运输费、途中保险费、安装调试费等金额，贷记"财政拨款收入""零余额账户用款额度""银行存款"等科目。同时，在预算会计下，按照实际支付的相关税费、运输费等，借记"行政支出""事业支出""经营支出"等科目，贷记"财政拨款预算收入""资金结存"等科目。

定期支付租金时，按照实际支付金额，借记"长期应付款"科目，贷记"财政拨款收入""零余额账户用款额度""银行存款"等科目。同时，在预算会计下，借记"行政支出""事业支出""经营支出"等科目，贷记"财政拨款预算收入""资金结存"等科目。

【例14-27】　某环卫事业单位发生以下业务:

(1)单位以融资租赁方式从××公司租入一台垃圾清运车,合同中的价款总额为100万元,融资租赁期为5年。单位使用自有资金通过银行存款账户支付运输费2 000元,安装调试费1 000元,支出功能分类列"城乡社区支出——城乡社区环境卫生——城乡社区环境卫生"预算科目,部门预算支出经济分类列"资本性支出——专用设备购置"预算科目。设备已经交付使用。

财务会计:

借:固定资产——专用设备——垃圾清运车　　　　　　　　　　　1 003 000
　　贷:长期应付款——××公司　　　　　　　　　　　　　　　　1 000 000
　　　　银行存款——××银行　　　　　　　　　　　　　　　　　　3 000

预算会计:

借:事业支出　其他资金支出　项目支出　垃圾清运车购置　专用设备购置　城乡社区环境卫生　3 000
　　贷:资金结存——货币资金　　　　　　　　　　　　　　　　　3 000.

(2)5年内,单位每年支付租金20万元。

财务会计:

借:长期应付款——××公司　　　　　　　　　　　　　　　　　200 000
　　贷:银行存款——××银行　　　　　　　　　　　　　　　　　200 000

预算会计:

借:事业支出　其他资金支出　项目支出　垃圾清运车购置　专用设备购置　城乡社区环境卫生　200 000
　　贷:资金结存——货币资金　　　　　　　　　　　　　　　　　200 000

4)跨年度分期付款购入固定资产

按照规定跨年度分期付款购入固定资产的账务处理,参照融资租入固定资产进行核算。

5)接受捐赠固定资产

接受捐赠的固定资产,按照确定的固定资产成本,借记"固定资产"科目(不需安装)或"在建工程"科目(需安装),按照发生的相关税费、运输费等,贷记"零余额账户用款额度""银行存款"等科目,按照其差额,贷记"捐赠收入"科目。同时,在预算会计下,按照实际支付的相关税费、运输费等,借记"其他支出"等科目,贷记"资金结存"等科目。

接受捐赠的固定资产按照名义金额入账的,按照名义金额,借记"固定资产"科目,贷记"捐赠收入"科目;按照发生的相关税费、运输费等,借记"其他费用"科目,贷记"零余额账户用款额度""银行存款"等科目。同时,在预算会计下,按照实际支付的相关税费、运输费等借记"其他支出"科目,贷记"资金结存"等科目。

【例 14-28】 某乡镇卫生院发生以下业务:

(1) 单位接受××医疗器械公司捐赠的高清彩超一台,发票注明金额 5 万元。发生与该设备有关的运输费 2 000 元,由单位以自有资金从银行转账支付,支出功能分类列"卫生健康支出——基层医疗卫生机构——乡镇卫生院"预算科目,部门预算支出经济分类列"商品和服务支出——其他交通费用"预算科目。设备已交付并验收入库。

财务会计:

借:固定资产——专用设备——高清彩超　　　　　　　　　　　52 000

　贷:银行存款——××银行　　　　　　　　　　　　　　　　　2 000

　　　捐赠收入——××医疗器械公司——高清彩超　　　　　　50 000

预算会计:

借:事业支出——其他资金支出——基本支出——其他交通费用——乡镇卫生院　　50 000

　贷:资金结存——货币资金　　　　　　　　　　　　　　　　50 000

(2) 单位接受××慈善组织捐赠的国外生产的××治疗仪,该治疗仪没有相关凭据且未经资产评估、同类或类似资产的市场价格也无法可靠取得。发生与该设备有关的运输费 1 000 元,由单位通过授权支付方式从日常公用经费中支付,支出功能分类列"卫生健康支出——基层医疗卫生机构——乡镇卫生院"预算科目,部门预算支出经济分类列"商品和服务支出——其他交通费用"预算科目。设备已交付并验收入库。

接受捐赠的设备没有相关凭据且未经资产评估、同类或类似资产的市场价格也无法可靠取得的,应按照名义金额(1 元)入账,发生的相关税费、运输费等计入当期费用,而不能计入固定资产成本。

财务会计:

借:固定资产——专用设备——××治疗仪　　　　　　　　　　　1

　贷:捐赠收入——××慈善组织——××治疗仪　　　　　　　　　1

借:其他费用——接受捐赠费用　　　　　　　　　　　　　　　1 000

　贷:零余额账户用款额度　　　　　　　　　　　　　　　　　1 000

预算会计：

借：事业　　财政拨　　基本　　其他交　　乡镇卫
　　支出　　款支出　　支出　　通费用　　生院　　　　　　　　　　　　1 000

　　　贷：资金结存——货币资金　　　　　　　　　　　　　　　　　　　　　　1 000

6）无偿调入固定资产

无偿调入的固定资产，按照确定的固定资产成本，借记"固定资产"科目（不需安装）或"在建工程"科目（需安装），按照发生的相关税费、运输费等，贷记"零余额账户用款额度""银行存款"等科目，按照其差额，贷记"无偿调拨净资产"科目。同时，在预算会计下，按照实际支付的相关税费、运输费等，借记"其他支出"等科目，贷记"资金结存"等科目。

【例 14-29】　某残疾人康复中心收到上级主管部门无偿调入的残疾人康复器材××设备，相关票据注明该设备调出方账面价值为 12 万元，调入过程中未发生相关税费、运输费。

接受捐赠固定资产时，在增加固定资产的同时，要相应增加"捐赠收入"科目；而无偿调入固定资产时，在增加固定资产的同时，要相应增加"无偿调拨净资产"科目。"无偿调拨净资产"属净资产科目，年终结账时，要转入"累计盈余"科目；而"捐赠收入"科目要转入"本期盈余"科目，"本期盈余"科目再转入"本年盈余分配"科目，经过分配后的余额转入"累计盈余"科目。从上面的分析来看，无偿调入固定资产直接影响本单位的"累计盈余"，而接受捐赠固定资产则是通过影响单位收入，待收入结转本期盈余及盈余分配后，最终才对单位的"累计盈余"造成影响。

借：固定资产——专用设备——××设备　　　　　　　　　　　　　　120 000

　　　贷：无偿调拨净资产　　　　　　　　　　　　　　　　　　　　　　　120 000

7）置换取得固定资产

置换取得的固定资产，参照本章第四节"库存物品"科目中置换取得库存物品的相关规定进行账务处理。

2. 固定资产的后续支出

1）符合固定资产确认条件的后续支出

在通常情况下，将固定资产转入改建、扩建时，按照固定资产的账面价值，借记"在建工程"科目，按照固定资产已计提折旧，借记"固定资产累计折旧"科目，按照固定资产的账面余额，贷记"固定资产"科目。

为增加固定资产使用效能或延长其使用年限而发生的改建、扩建等后续支出，借记"在建工程"科目，贷记"财政拨款收入""零余额账户用款额度""银行存款"等科目。同时，在预算会计下，按照实际支付的改建、扩建等后续支出，借记

"行政支出""事业支出""经营支出"等科目,贷记"财政拨款预算收入""资金结存"等科目。

固定资产改建、扩建等完成交付使用时,按照在建工程成本,借记"固定资产"科目,贷记"在建工程"科目。

2)不符合固定资产确认条件的后续支出

为保证固定资产正常使用发生的日常维修等支出,借记"业务活动费用""单位管理费用"等科目,贷记"财政拨款收入""零余额账户用款额度""银行存款"等科目。同时,在预算会计下,按照实际支付的日常维修等支出,借记"行政支出""事业支出""经营支出"等科目,贷记"财政拨款预算收入""资金结存"等科目。

【例 14-30】 某林业监测站使用自筹资金改造简易站房,现发生以下业务:

1)该简易站房账面价值 150 万元,已提折旧 100 万元,转入在建工程。

借:在建工程——简易站房改建		500 000
固定资产累计折旧——房屋及构筑物		1 000 000
贷:固定资产——房屋及构筑物——简易站房		1 500 000

(2)建造领用甲材料 19 万元,乙材料 1 万元。

借:在建工程——简易站房改建		200 000
贷:库存物品——甲材料		190 000
库存物品——乙材料		10 000

(3)改造完工,转入固定资产使用。

借:固定资产——房屋及构筑物——简易站房		700 000
贷:在建工程——简易站房改建		700 000

3. 固定资产的折旧

按月计提固定资产折旧时,按照应计提折旧金额,借记"业务活动费用""单位管理费用""经营费用""加工物品""在建工程"等科目,贷记"固定资产累计折旧"科目。计提折旧时,尽管增加费用,但不涉及现金流出,预算会计不做处理。

【例 14-31】 某市社区卫生服务中心购入医疗服务用专用设备一台,设备原值为 300 万元,使用年限为 5 年,单位按照直线法计提折旧。

$$每月应计提折旧额＝300÷(12×5)＝5(万元)$$

借:业务管理费用——医疗费用——固定资产折旧		50 000
贷:固定资产累计折旧——专用设备		50 000

4. 固定资产的处置

1）出售、转让固定资产

报经批准出售、转让固定资产，按照被出售、转让固定资产的账面价值，借记"资产处置费用"科目，按照固定资产已计提的折旧，借记"固定资产累计折旧"科目，按照固定资产账面余额，贷记"固定资产"科目；同时，按照收到的价款，借记"银行存款"等科目，按照处置过程中发生的相关费用，贷记"银行存款"等科目，按照其差额，贷记"应缴财政款"科目。

【例 14-32】 某事业单位经批准，将一台不需用的××专用设备对外出售，设备原值为 10 万元，已计提折旧 8 万元。单位收到出售价款 4 万元，同时，支付劳务费用 1 000 元，使用自有资金通过银行转账支付。

出售、转让固定资产，尽管既发生现金的流入，也发生现金的流出，但由于取得的净收入应上缴财政，因此，预算会计不做处理，单位应仅就财务会计做如下账务处理：

借：资产处置费用——专用设备——出售转让	20 000
固定资产累计折旧——专用设备	80 000
贷：固定资产——专用设备——××设备	100 000
借：银行存款——××银行	40 000
贷：应缴财政款——固定资产转让出售	39 000
银行存款——××银行	1 000

2）对外捐赠固定资产

报经批准对外捐赠固定资产，按照固定资产已计提的折旧，借记"固定资产累计折旧"科目，按照被处置固定资产账面余额，贷记"固定资产"科目，按照捐赠过程中发生的归属于捐出方的相关费用，贷记"银行存款"等科目，按照其差额，借记"资产处置费用"科目。同时，在预算会计下，按照实际支付的归属于捐出方的相关费用，借记"其他支出"科目，贷记"资金结存"科目。

【例 14-33】 某环保事业单位经批准，将一台××通用设备对外捐赠。该设备原值 3 万元，已计提折旧 2 万元。捐赠过程中发生运输费用 3 000 元，由本单位承担并使用自有资金通过银行转账支付，支出功能分类列"节能环保支出——自然生态保护——生态保护"预算科目，部门预算支出经济分类列"商品和服务支出——其他交通费用"预算科目。

财务会计：

借：资产处置费用——通用设备——对外捐赠	13 000
固定资产累计折旧——通用设备	20 000
贷：固定资产——通用设备——××设备	30 000
银行存款——××银行	3 000

预算会计:

借:其他____其他资____非专项资____其他交____生态   3 000
   支出   金支出   金支出   通费用   保护

  贷:资金结存——货币资金   3 000

3)无偿调出固定资产

报经批准无偿调出固定资产,按照固定资产已计提的折旧,借记"固定资产累计折旧"科目,按照被处置固定资产账面余额,贷记"固定资产"科目,按照其差额,借记"无偿调拨净资产"科目;按照无偿调出过程中发生的归属于调出方的相关费用,借记"资产处置费用"科目,贷记"银行存款"等科目。同时,在预算会计下,按照实际支付的归属于调出方的相关费用,借记"其他支出"科目,贷记"资金结存"科目。

【例 14-34】 某县公安行政单位淘汰一批尚能使用的计算机,县财政部门决定无偿调配给某乡镇小学使用。计算机账面原值 5 万元,已经计提折旧 3 万元。调出过程中发生运输费 800 元,单位使用预算安排的日常公用经费,通过财政授权支付方式支付,支出功能分类列"公共安全支出——公安——行政运行"预算科目,部门预算支出经济分类列"商品和服务支出——其他交通费用"预算科目。

财务会计:

借:无偿调拨净资产   20 000
   固定资产累计折旧——通用设备   30 000
  贷:固定资产——通用设备——计算机   50 000

借:资产处置费用——通用设备——无偿调拨   800
  贷:零余额账户用款额度   800

预算会计:

借:其他支出——财政拨款支出——基本支出——其他交通费用——行政运行 800
  贷:资金结存——零余额账户用款额度   800

4)置换换出固定资产

报经批准置换换出固定资产,参照"库存物品"中置换换入库存物品的规定进行账务处理。

总体来看,固定资产的处置包括转让出售、对外捐赠、无偿调出和置换换出。其中,对外出售和对外捐赠固定资产时,处置的固定资产(账面价值,即账面原值减已经计提的折旧)及发生的处置费用都要通过"资产处置费用"科目核算;无偿调出固定资产时,处置的固定资产(账面价值,即账面原值减已经计提的折旧)通过"无偿调拨净资产"科目核算,而发生的处置费用则要通过"资产处置费用"科目核算;置换换出库存物品时,对于转换资产的评估增值通过"其他收入"科目核算,评估减值通过"资产处置费用"科目核算。

另外需要注意的是,对外捐赠、无偿调出和置换换出固定资产过程中,发生的归属于捐出方(调方、换出方)的相关费用,单位需进行预算会计处理,相应借记"其他支出"科目,贷记"资金结存"科目;而在出售、转让固定资产过程中,发生的相关税费,预算会计则不做处理,这主要是出售、转让固定资产,取得的净收入(转让出售收入扣减相关费用后的余额)应上缴财政,预算会计对于应上缴财政款项是不进行会计处理的。

5. 固定资产的清查盘点

1) 固定资产盘盈

盘盈的固定资产,按照确定的入账成本,借记"固定资产"科目,贷记"待处理财产损溢"科目。

2) 固定资产的盘亏、毁损或报废

盘亏、毁损或报废的固定资产,按照待处理固定资产的账面价值,借记"待处理财产损溢"科目,按照已计提折旧,借记"固定资产累计折旧"科目,按照固定资产的账面余额,贷记"固定资产"科目。

固定资产盘盈、盘亏、毁损或报废,将其转入"待处理财产损溢"科目时,不涉及现金流入和流出,预算会计不做处理;未来处理固定资产的盘亏、毁损或报废过程中,处理收支结清且处理收入小于相关费用时,方可进行预算会计处理,将实际支付的处理净支出记入"其他支出"科目。

【例 14-35】　某单位在年底资产清查时,发生以下业务:

(1) 盘盈一台××专用设备,无法采取评估、重置等各类方法确定其成本。

盘盈的固定资产,无法采取评估、重置等各类方法确定其成本,应按名义金额(1元)入账。

借:固定资产——专用设备——××设备　　　　　　　　　　　　　　1

　贷:待处理财产损溢——××设备　　　　　　　　　　　　　　　　　　　1

(2) 发现一台服务器毁损严重无法使用,报相关部门审批报废处理。该设备原值为 3 万元,已计提折旧 2.95 万元。

借:待处置财产损溢——××服务器　　　　　　　　　　　　　　　500

　固定资产累计折旧——通用设备　　　　　　　　　　　　　29 500

　贷:固定资产——通用设备——××服务器　　　　　　　　　　30 000

固定资产、固定资产累计折旧主要经济业务会计核算情况如表 14-19 所示。

表 14-19　　　　　　　固定资产主要经济业务会计核算情况表

经济业务			财务会计核算	预算会计核算
（1）固定资产取得	外购固定资产	不需安装	借：固定资产 　贷：财政拨款收入/零余额账户用款额度/应付账款/银行存款等	借：行政支出/事业支出/经营支出等 　贷：财政拨款预算收入/资金结存
		需要安装	借：在建工程 　贷：财政拨款收入/零余额账户用款额度/应付账款/银行存款等 安装完工交付使用： 借：固定资产 　贷：在建工程	借：行政支出/事业支出/经营支出等 　贷：财政拨款预算收入/资金结存
		购入固定资产扣留质量保证金	借：固定资产/在建工程 　贷：财政拨款收入/零余额账户用款额度/应付账款/银行存款等 　　其他应付款/长期应付款 质保期满支付质量保证金时： 借：其他应付款/长期应付款 　贷：财政拨款收入/零余额账户用款额度/银行存款等	借：行政支出/事业支出/经营支出等 　贷：财政拨款预算收入/资金结存 借：行政支出/事业支出/经营支出等 　贷：财政拨款预算收入/资金结存
	自行建造的固定资产交付使用		借：固定资产 　贷：在建工程	—
	融资租入（或跨年度分期付款购入）固定资产		借：固定资产/在建工程 　贷：长期应付款 　　财政拨款收入/零余额账户用款额度/银行存款等 定期支付租金（或分期付款）： 借：长期应付款 　贷：财政拨款收入/零余额账户用款额度/银行存款等	借：行政支出/事业支出/经营支出等 　贷：财政拨款预算收入/资金结存 借：行政支出/事业支出/经营支出等 　贷：财政拨款预算收入/资金结存
	接受捐赠固定资产		借：固定资产/在建工程 　贷：银行存款/零余额账户用款额度等 　　捐赠收入（差额） 接受捐赠固定资产按照名义金额入账： 借：固定资产（名义金额） 　贷：捐赠收入 借：其他费用 　贷：银行存款/零余额账户用款额度等	借：其他支出 　贷：资金结存
	无偿调入固定资产		借：固定资产/在建工程 　贷：银行存款/零余额账户用款额度等 　　无偿调拨净资产（差额）	借：其他支出 　贷：资金结存
	置换取得固定资产		参照"库存物品"科目中置换取得库存物品的账务处理	

（续表）

经济业务		财务会计核算	预算会计核算
（2）与固定资产有关的后续支出	符合固定资产确认条件	借：在建工程 　　固定资产累计折旧 　贷：固定资产	—
		借：在建工程 　贷：财政拨款收入/零余额账户用款额度/应付账款/银行存款等	借：行政支出/事业支出/经营支出等 　贷：财政拨款预算收入/资金结存
	不符合固定资产确认条件	借：业务活动费用/单位管理费用/经营费用等 　贷：财政拨款收入/零余额账户用款额度/银行存款等	借：行政支出/事业支出/经营支出等 　贷：财政拨款预算收入/资金结存
（3）固定资产折旧	按月计提固定资产折旧	借：业务活动费用/单位管理费用/经营费用等 　贷：固定资产累计折旧	
（4）固定资产处置	出售、转让固定资产	借：资产处置费用 　　固定资产累计折旧 　贷：固定资产	—
		借：银行存款（处置固定资产收到的价款） 　贷：应缴财政款 　　银行存款等（发生的相关费用）	—
	对外捐赠固定资产	借：资产处置费用 　　固定资产累计折旧 　贷：固定资产 　　银行存款等	借：其他支出 　贷：资金结存
	无偿调出固定资产	借：无偿调拨净资产 　　固定资产累计折旧 　贷：固定资产	—
		借：资产处置费用 　贷：银行存款等	借：其他支出 　贷：资金结存
	置换换出固定资产	参照"库存物品"科目中置换取得库存物品的规定进行账务处理	
（5）固定资产定期盘点清查	盘盈固定资产	借：固定资产 　贷：待处理财产损溢	—
	盘亏、毁损或报废固定资产	借：待处理财产损溢 　　固定资产累计折旧 　贷：固定资产	—

第六节　工程物资与在建工程

一、工程物资

工程物资是指单位为在建工程准备的各种物资的成本,包括工程用材料、设备等。

(一) 会计科目设置

单位应设置"工程物资"科目,用于核算单位为在建工程准备的各种物资的成本。"工程物资"科目期末借方余额反映单位为在建工程准备的各种物资的成本。"工程物资"科目应按照"库存材料""库存设备"等工程物资类别进行明细核算。

(二) 主要账务处理

(1) 购入为工程准备的物资,按照确定的物资成本,借记"工程物资"科目,贷记"财政拨款收入""零余额账户用款额度""银行存款""应付账款"等科目。同时,在预算会计下,按照实际支付的款项,借记"行政支出""事业支出""经营支出"等科目,贷记"财政拨款预算收入""资金结存"科目。

(2) 领用工程物资,按照物资成本,借记"在建工程"科目,贷记"工程物资"科目。工程完工后将领出的剩余物资退库时做相反的会计分录。

(3) 工程完工后将剩余的工程物资转作本单位存货等的,按照物资成本,借记"库存物品"等科目,贷记"工程物资"科目。

【例 14-36】　某中学对学校办公楼进行改造,现发生以下业务:

(1) 购入××物资一批,物资总价款 30 万元,从预算安排的办公楼改造项目资金通过财政直接支付方式支付,支出功能分类列"教育支出——普通教育——高中教育"预算科目,部门预算支出经济分类列"资本性支出——大型修缮"预算科目。

财务会计:

借:工程物资——办公楼改造工程——××物资　　　　　　　　300 000

　　贷:财政拨款收入——一般公共预算财政拨款　　　　　　　　300 000

预算会计:

借:事业支出——财政拨款支出——项目支出——办公楼改造项目——大型修缮——高中教育　　300 000

　　贷:财政拨款预算收入——项目支出——办公楼改造项目——高中教育　　300 000

(2) 办公楼改造过程中领用上述物资,价款 28 万元。

借：在建工程——办公楼改造工程　　　　　　　　　　　　　　　　280 000

　　贷：工程物资——办公楼改造工程——××物资　　　　　　　　　　280 000

（3）办公楼改造工程完工，剩余物资 2 万元按规定转做单位存货备用。

借：库存物品——××物资　　　　　　　　　　　　　　　　　　　20 000

　　贷：工程物资——办公楼改造工程——××物资　　　　　　　　　　20 000

工程物资主要经济业务会计核算情况如表 14-20 所示。

表 14-20　　　　　　　　　工程物资主要经济业务会计核算情况表

经济业务	财务会计核算	预算会计核算
（1）购入工程物资	借：工程物资 　　贷：财政拨款收入/零余额账户用款额度/银行存款/应付账款/其他应付款等	借：行政支出/事业支出/经营支出等 　　贷：财政拨款预算收入/资金结存
（2）领用发出工程物资	借：在建工程 　　贷：工程物资	—
（3）剩余工程物资转为存货	借：库存物品 　　贷：工程物资	—

二、在建工程

（一）在建工程概述

在建工程是指单位在建的建设项目工程的实际成本。在建工程具有以下特点：

（1）从建设进度来看，在建工程是指已经发生必要支出，但尚未交付使用的建设项目工程。

（2）从建设方式来看，建设项目的新建、改建、扩建、修缮，以及技术改造、设备更新等，所发生的各种建筑和安装支出均属于资本性支出，都属于在建工程的核算范围，所形成的资产都属于固定资产（全口径的固定资产）。

（3）从工程范围来看，在建工程所涵盖的建设项目工程，既包括各种建筑项目工程、设备安装项目工程，也包括信息系统项目工程、公共基础设施项目工程、保障性住房项目工程等。

（4）从会计核算来看，单位对在建工程按照制度规定统一进行会计核算，而不需要再对基本建设投资项目进行单独建账，但应区分项目分别核算，并保证项目资料完整。

（二）会计科目设置

单位应设置"在建工程"科目，用来核算在建的建设项目工程的实际成本。"在建工程"科目期末借方余额反映单位尚未完工的建设项目工程发生的实际成本。

"在建工程"科目应当设置"建筑安装工程投资""设备投资""待摊投资""其他投资""待核销基建支出""基建转出投资"等明细科目,并按照具体项目进行明细核算。同时,医院还应当在"在建工程"科目下按照形成在建工程的经费性质(财政项目拨款经费、科教经费、其他经费)进行明细核算。

"在建工程"明细科目的核算内容如表 14-21 所示。

表 14-21 "在建工程"明细科目核算内容一览表

明细科目名称	核算内容
(1)建筑安装工程投资	核算单位发生的构成建设项目实际支出的建筑工程和安装工程的实际成本,不包括被安装设备本身的价值以及按照合同规定支付给施工单位的预付备料款和预付工程款 本明细科目应当设置"建筑工程"和"安装工程"两个明细科目进行明细核算
(2)设备投资	核算单位发生的构成建设项目实际支出的各种设备的实际成本
(3)待摊投资	核算单位发生的构成建设项目实际支出的、按照规定应当分摊计入有关工程成本和设备成本的各项间接费用和税费支出。本明细科目的具体核算内容包括以下方面 (1)勘查费、设计费、研究试验费、可行性研究费及项目其他前期费用 (2)土地征用及迁移补偿费、土地复垦及补偿费、森林植被恢复费及其他为取得土地使用权、租用权而发生的费用 (3)土地使用税、耕地占用税、契税、车船税、印花税及按照规定缴纳的其他税费 (4)项目建设管理费、代建管理费、临时设施费、监理费、招投标费、社会中介审计(审查)费及其他管理性质的费用。其中:项目建设管理费是指项目建设单位从项目筹建之日起至办理竣工财务决算之日止发生的管理性质的支出,包括不在原单位发工资的工作人员工资及相关费用、办公费、办公场地租用费、差旅交通费、劳动保护费、工具用具使用费、固定资产使用费、招募生产工人费、技术图书资料费(含软件)、业务招待费、施工现场津贴、竣工验收费等 (5)项目建设期间发生的各类专门借款利息支出或融资费用 (6)工程检测费、设备检验费、负荷联合试车费及其他检验检测类费用 (7)固定资产损失、器材处理亏损、设备盘亏及毁损、单项工程或单位工程报废、毁损净损失及其他损失 (8)系统集成等信息工程的费用支出 (9)其他待摊性质支出 本明细科目应当按照上述费用项目进行明细核算,其中有些费用(如项目建设管理费等),还应当按照更为具体的费用项目进行明细核算
(4)其他投资	核算单位发生的构成建设项目实际支出的房屋购置支出,基本畜禽、林木等购置、饲养、培育支出,办公生活用家具、器具购置支出,软件研发和不能计入设备投资的软件购置等支出。单位为进行可行性研究而购置的固定资产,以及取得土地使用权支付的土地出让金,也通过本明细科目核算 本明细科目应当设置"房屋购置""基本畜禽支出""林木支出""办公生活用家具、器具购置""可行性研究固定资产购置""无形资产"等明细科目

（续表）

明细科目 名称	核算内容
（5）待核销基建 支出	核算建设项目发生的江河清障、航道清淤、飞播造林、补助群众造林、水土保 持、城市绿化、取消项目的可行性研究费以及项目整体报废等不能形成资 产部分的基建投资支出 本明细科目应按照待核销基建支出的类别进行明细核算
（6）基建转出 投资	核算为建设项目配套而建成的、产权不归属本单位的专用设施的实际成本 本明细科目应按照转出投资的类别进行明细核算

（三）主要账务处理

1. 建筑安装工程投资

1）固定资产等改建、扩建

将固定资产等资产转入改建、扩建等时，按照固定资产等资产的账面价值，借记"在建工程——建筑安装工程投资"科目，按照已计提的折旧或摊销，借记"固定资产累计折旧"等科目，按照固定资产等资产的原值，贷记"固定资产"等科目。

固定资产等资产改建、扩建过程中涉及替换（或拆除）原资产的某些组成部分的，按照被替换（或拆除）部分的账面价值，借记"待处理财产损溢"科目，贷记"在建工程——建筑安装工程投资"科目。

2）外包建筑安装工程

单位对于发包建筑安装工程，根据建筑安装工程价款结算账单与施工企业结算工程价款时，按照应承付的工程价款，借记"在建工程——建筑安装工程投资"科目，按照预付工程款余额，贷记"预付账款"科目，按照其差额，贷记"财政拨款收入""零余额账户用款额度""银行存款""应付账款"等科目。同时，在预算会计下，按照补付的工程款金额，借记"行政支出""事业支出"等科目，贷记"财政拨款预算收入""资金结存"等科目。

【例14-37】 某小学拟建设学校餐厅，经财政部门批准将学校餐厅建设项目列入单位预算，支出功能分类列"教育支出——普通教育——小学教育"预算科目，部门预算支出经济分类列"资本性支出——房屋建筑物构建"预算科目。经公开招标采购，××公司中标负责工程建设。单位现发生以下业务：

（1）单位通过财政直接支付方式，向××公司预付工程款100万元。

财务会计：

借：预付账款——××公司   1 000 000
  贷：财政拨款收入——一般公共预算财政拨款   1 000 000

预算会计：

中小学校"事业支出"科目应首先按照经费来源（同级财政拨款、事业收入、非同级财政拨款和其他资金）进行明细核算。

借：事业 ____ 同级财 ____ 项目 ____ 餐厅建 ____ 资本性 ____ 房屋建筑 ____ 小学
　　支出 　　 政拨款 　　 支出 　　 设项目 　　 支出 　　 物购建 　　 教育

　　　　　　　　　　　　　　　　　　　　　　　　　　　　　　　　　1 000 000

　　贷：财政拨款预算收入——项目支出——餐厅建设项目——小学教育　1 000 000

（2）单位根据建筑安装工程价款结算账单与施工企业结算工程价款 40 万元。

借：在建工程——建筑安装工程投资——建筑工程——餐厅建设项目　　400 000

　　贷：预付账款——××公司　　　　　　　　　　　　　　　　　　　400 000

（3）根据工程进度，单位应与施工企业再结算工程价款 80 万元，剔除预付账款剩余资金 60 万元，单位通过财政直接支付方式补付 20 万元。

财务会计：

借：在建工程——建筑安装工程投资——建筑工程——餐厅建设项目　　800 000

　　贷：预付账款——××公司　　　　　　　　　　　　　　　　　　　600 000

　　　　财政拨款收入——一般公共预算财政拨款　　　　　　　　　　200 000

预算会计：

借：事业 ____ 同级财 ____ 项目 ____ 餐厅建 ____ 资本性 ____ 房屋建筑 ____ 小学
　　支出 　　 政拨款 　　 支出 　　 设项目 　　 支出 　　 物购建 　　 教育

　　　　　　　　　　　　　　　　　　　　　　　　　　　　　　　　200 000

　　贷：财政拨款预算收入——项目支出——餐厅建设项目——小学教育　200 000

3）单位自行施工小型建安工程

单位自行施工的小型建筑安装工程，按照发生的各项支出金额，借记"在建工程——建筑安装工程投资"科目，贷记"工程物资""零余额账户用款额度""银行存款""应付职工薪酬"等科目。同时，在预算会计下，按照实际支付的金额，借记"行政支出""事业支出"等科目，贷记"资金结存"等科目。

4）工程竣工交付使用

工程竣工，办妥竣工验收交接手续交付使用时，按照建筑安装工程成本（含应分摊的待摊投资），借记"固定资产"等科目，贷记"在建工程——建筑安装工程投资"科目。

【例 14-38】 某水利事业单位年初预算安排业务用房改扩建项目，所需资金从单位自筹资金解决，支出功能分类列"农林水支出——水利——水质监测"预算科目，部门预算支出经济分类列"资本性支出——大型修缮"预算科目。单位现发生以下业务：

（1）业务用房账面原值 90 万元，已提折旧 60 万元，改扩建时转入在建工程。

借：在建工程——建筑安装工程投资——建筑工程——业务用房改扩建　300 000

　　固定资产累计折旧——房屋及构筑物　　　　　　　　　　　　　　600 000

　　贷：固定资产——房屋及构筑物——业务用房　　　　　　　　　　900 000

（2）根据工程设计，将业务用房的部分设施予以拆除，拆除部分的账面原值经初步评估为9万元。

固定资产等资产改建、扩建过程中涉及替换（或拆除）原资产的某些组成部分的，相当于对固定资产进行了部分报废或毁损处理，因此，应按照被替换（或拆除）部分的账面价值，相应增加"待处理财产损溢"科目，减少"在建工程——建筑安装工程投资"科目。

借：待处理财产损溢——业务用房改扩建　　　　　　　　　　　30 000
　　贷：在建工程——建筑安装工程投资——建筑工程——业务用房改扩建　30 000

（3）单位通过银行转账支付拆除费用2万元。

财务会计：

借：在建工程——建筑安装工程投资——建筑工程——业务用房改扩建　20 000
　　贷：银行存款——××银行　　　　　　　　　　　　　　　　　20 000

预算会计：

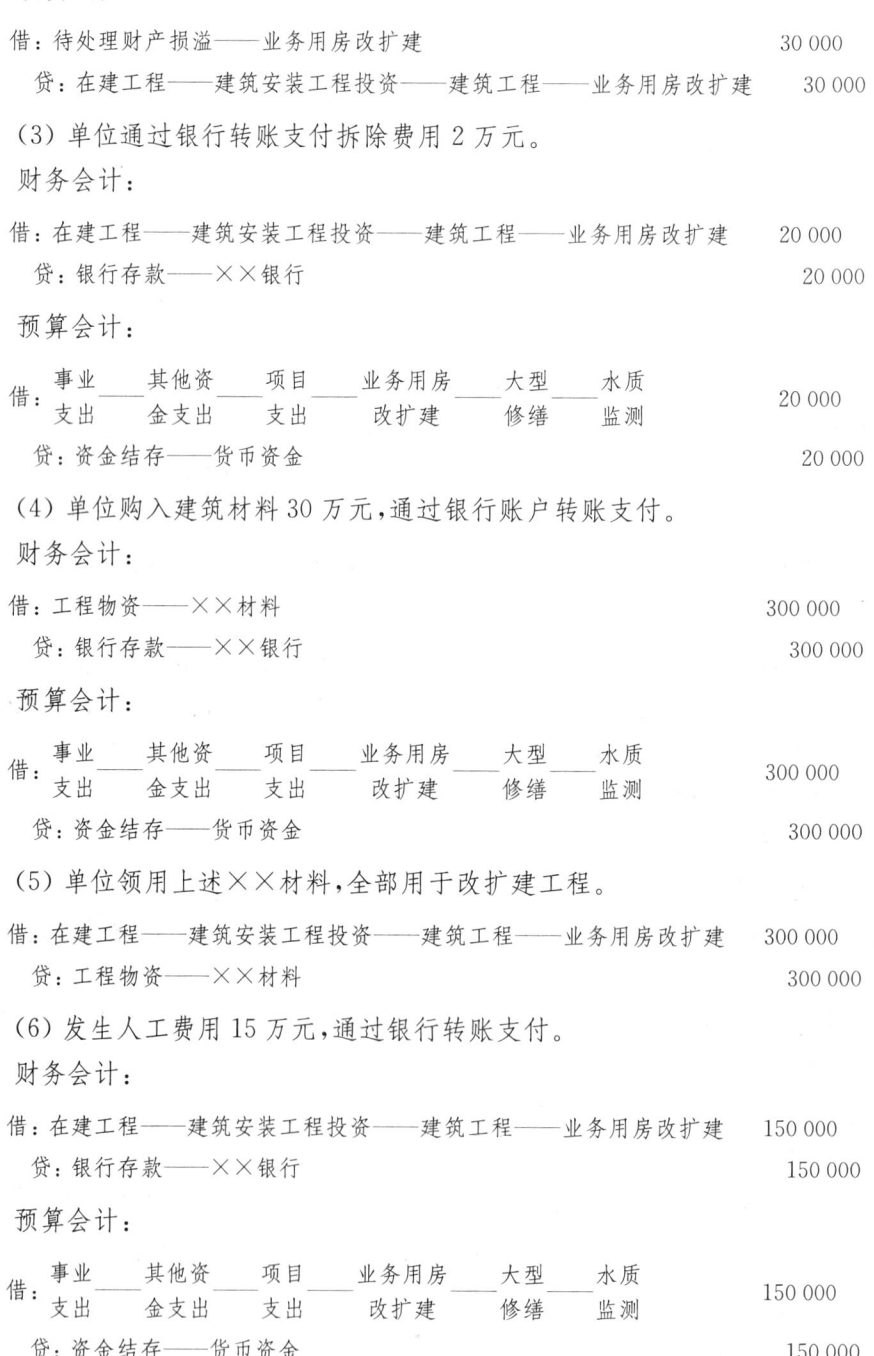

借　事业　　其他资　　项目　　业务用房　　大型　　水质　　　20 000
　　支出　　金支出　　支出　　改扩建　　　修缮　　监测
　　贷：资金结存——货币资金　　　　　　　　　　　　　　　　20 000

（4）单位购入建筑材料30万元，通过银行账户转账支付。

财务会计：

借：工程物资——××材料　　　　　　　　　　　　　　　　　300 000
　　贷：银行存款——××银行　　　　　　　　　　　　　　　　300 000

预算会计：

借　事业　　其他资　　项目　　业务用房　　大型　　水质　　　300 000
　　支出　　金支出　　支出　　改扩建　　　修缮　　监测
　　贷：资金结存——货币资金　　　　　　　　　　　　　　　300 000

（5）单位领用上述××材料，全部用于改扩建工程。

借：在建工程——建筑安装工程投资——建筑工程——业务用房改扩建　300 000
　　贷：工程物资——××材料　　　　　　　　　　　　　　　　300 000

（6）发生人工费用15万元，通过银行转账支付。

财务会计：

借：在建工程——建筑安装工程投资——建筑工程——业务用房改扩建　150 000
　　贷：银行存款——××银行　　　　　　　　　　　　　　　　150 000

预算会计：

借　事业　　其他资　　项目　　业务用房　　大型　　水质　　　150 000
　　支出　　金支出　　支出　　改扩建　　　修缮　　监测
　　贷：资金结存——货币资金　　　　　　　　　　　　　　　150 000

(7) 改建工程完工交付使用,转增固定资产。

借:固定资产——房屋及构筑物　　　　　　　　　　　　　　740 000

　　贷:在建工程——建筑安装工程投资——建筑工程——业务用房改扩建　740 000

2. 设备投资

1) 购入设备

购入设备时,按照购入成本,借记"在建工程——设备投资"科目,贷记"财政拨款收入""零余额账户用款额度""银行存款"等科目;采用预付款方式购入设备的,有关预付款的账务处理参照有关"建筑安装工程投资"明细科目的规定。同时在预算会计下,按照实际支付的金额,借记"行政支出""事业支出"等科目,贷记"财政拨款预算收入""资金结存"等科目。

2) 设备交付使用

设备安装完毕,办妥竣工验收交接手续交付使用时,按照设备投资成本(含设备安装工程成本和分摊的待摊投资),借记"固定资产"等科目,贷记"在建工程——设备投资""在建工程——建筑安装工程投资——安装工程"科目。

将不需要安装的设备和达不到固定资产标准的工具、器具交付使用时,按照相关设备、工具、器具的实际成本,借记"固定资产""库存物品"科目,贷记"在建工程——设备投资"科目。

【例 14-39】 某地震行政单位对办公楼加装中央空调,通过政府集中采购方式购入需要安装的中央空调系统,所需资金均以财政直接支付方式从财政部门安排的空调改造项目预算中支付,支出功能分类列"灾害防治及应急管理支出——地震事务——地震监测"预算科目,部门预算支出经济分类列"资本性支出——办公设备购置"预算科目。现发生以下业务:

(1) 单位支付中央空调系统的采购价款 300 万元,需要单位承担的运输费 1 万元。

财务会计:

借:在建工程——设备投资——中央空调系统　　　　　　　　3 010 000

　　贷:财政拨款收入——一般公共预算财政拨款　　　　　　　　3 010 000

预算会计:

| 借: | 事业
支出 | 财政拨
款支出 | 项目
支出 | 空调改
造项目 | 办公设
备购置 | 地震
监测 | 3 010 000 |

　　贷:财政拨款预算收入——项目支出——空调改造项目——地震监测　3 010 000

(2) 单位支付安装调试费用 3.8 万元。

财务会计:

借:在建工程——建筑安装工程投资——安装工程——中央空调系统　38 000

　　贷:财政拨款收入——一般公共预算财政拨款　　　　　　　　38 000

预算会计：

借：事业 财政补 项目 空调改 办公设 地震   38 000
  支出 助支出 支出 造项目 备购置 监测

  贷：财政拨款预算收入——项目支出——空调改造项目——地震监测 38 000

（3）设备安装完毕，交付使用。

借：固定资产——通用设备——中央空调   3 048 000

  贷：在建工程——设备投资——中央空调系统   3 048 000

3. 待摊投资

建设工程发生的构成建设项目实际支出的、按照规定应当分摊计入有关工程成本和设备成本的各项间接费用和税费支出，先在"待摊投资"明细科目中归集；建设工程办妥竣工验收手续交付使用时，按照合理的分配方法，摊入相关工程成本、在安装设备成本等。

1）发生构成待摊投资的各类费用

单位发生的构成待摊投资的各类费用，按照实际发生金额，借记"在建工程——待摊投资"科目，贷记"财政拨款收入""零余额账户用款额度""银行存款""应付利息""长期借款""其他应交税费""固定资产累计折旧""无形资产累计摊销"等科目。同时，在预算会计下，按照实际支付的金额，借记"行政支出""事业支出"等科目，贷记"财政拨款预算收入""资金结存"等科目。

2）产生试生产、设备调试等收入

对于建设过程中试生产、设备调试等产生的收入，按照取得的收入金额，借记"银行存款"等科目，按照依据有关规定应当冲减建设工程成本的部分，贷记"在建工程——待摊投资"科目，按照其差额贷记"应缴财政款"或"其他收入"科目。同时，在预算会计下，借记"资金结存"科目，贷记"其他预算收入"科目。

3）工程报废、毁损

由于自然灾害、管理不善等原因造成的单项工程或单位工程报废或毁损，扣除残料价值和过失人或保险公司等赔款后的净损失，报经批准后计入继续施工的工程成本的，按照工程成本扣除残料价值和过失人或保险公司等赔款后的净损失，借记"在建工程——待摊投资"科目，按照残料变价收入、过失人或保险公司赔款等，借记"银行存款""其他应收款"等科目，按照报废或毁损的工程成本，贷记"在建工程——建筑安装工程投资"科目。同时，在预算会计下，按照收到的残料变价收入、过失人或保险公司赔款等，借记"资金结存"等科目，贷记"行政支出""事业支出"等科目。

需要说明的是，在《政府会计制度——行政事业单位会计科目和报表》"主要业务和事项账务处理举例"中，对于收回残值变价收入、过失人或保险公司赔款等，未要求在预算会计下做账务处理。考虑到残料变价收入、过失人或保险公司赔款等，事实上形成了单位的现金流入，对于这部分资金流入，单位应将其作为在建工程的一项资金来源安排使用,因此,单位应做预算会计处理。同时,变价收入或赔款,实质上来源于单位之前的拨款,单位应冲减拨款时对应的行政支出或事业支出。

4) 分配待摊投资

工程交付使用时,按照合理的分配方法分配待摊投资,借记"在建工程——建筑安装工程投资""在建工程——设备投资"科目,贷记"在建工程——待摊投资"科目。

待摊投资的分配方法,可按照以下几种公式计算:

(1) 按照实际分配率分配。适用于建设工期较短、整个项目的所有单项工程一次竣工的建设项目。

$$实际分配率=待摊投资明细科目余额\div(建筑工程明细科目余额+安装工程明细科目余额+设备投资明细科目余额)\times100\%$$

(2) 按照概算分配率分配。适用于建设工期长、单项工程分期分批建成投入使用的建设项目。

$$概算分配率=(概算中各待摊投资项目的合计数-其中可直接分配部分)\div(概算中建筑工程、安装工程和设备投资合计)\times100\%$$

分配率确定后,根据固定资产的建安总成本及分配率计算确定某项资产应分配的待摊投资。

$$某项固定资产应分配的待摊投资=该项固定资产的建筑工程成本或该项固定资产(设备)的采购成本和安装成本合计\times分配率$$

【例 14-40】 某铁路运输事业单位因业务需要,经相关部门批准立项建造业务用房,建设项目已列入单位预算,所需资金由单位自筹解决。支出功能分类列"交通运输支出——铁路运输——铁路路网建设"预算科目,部门预算支出经济分类列"资本性支出——房屋建筑物购建"预算科目。现发生以下业务:

(1) 与水务集团有限公司结算施工用水水费 10 万元,与建筑规划设计院结算勘察设计费 20 万元(其中含小型机房的可行性研究费用 2 万元),以上款项通过银行转账支付。

财务会计:

借:在建工程——待摊投资——水费——××业务用房建设　　100 000
　　在建工程——待摊投资——勘察设计费——××业务用房建设　　200 000
　　　贷:银行存款——××银行　　300 000

预算会计:

借:事业支出　其他资金支出　项目支出　××业务用房建设　房屋建筑物购建　铁路路网建设　　300 000
　　　贷:资金结存——货币资金　　300 000

(2) 因突降暴雨等天气原因,导致刚刚完工的地面和墙面瓷砖铺设工程毁损报废。收回材料变价收入 4 万元,该工程的单项成本 30 万元前期已支付完毕。

财务会计:

借:在建工程——待摊投资——工程毁损——××业务用房建设　　260 000

　　银行存款——××银行　　40 000

　　贷:在建工程——建筑安装工程投资——建筑工程——××业务用房建设　300 000

预算会计:

借:资金结存——货币资金　　40 000

　　贷:事业　　其他资　　项目　　××业务　　房屋建筑　　铁路路

　　　　支出　　金支出　　支出　　用房建设　　物购建　　网建设　　40 000

（3）对以上业务发生的待摊投资进行分摊。因该建设项目工期较短,按照实际分配率进行分摊。"在建工程"科目下"建筑工程"和"设备投资"两个明细科目的余额分别为 200 万元和 80 万元。

$$实际分配率＝(10＋20＋26)÷(200＋80)×100\%＝20\%$$

$$"建筑工程"应分摊额＝200×20\%＝40(万元)$$

$$"设备投资"应分摊额＝80×20\%＝16(万元)$$

借:在建工程——建筑安装工程投资——建筑工程——××业务用房建设　400 000

　　在建工程——设备投资——××业务用房建设　　160 000

　　贷:在建工程——待摊投资——水费——××业务用房建设　　100 000

　　　　在建工程——待摊投资——勘察设计费——××业务用房建设　　200 000

　　　　在建工程——待摊投资——工程毁损——××业务用房建设　　260 000

4. 其他投资

（1）单位为建设工程发生的房屋购置支出,基本畜禽、林木等的购置、饲养、培育支出,办公生活用家具、器具购置支出,软件研发和不能计入设备投资的软件购置等支出,按照实际发生金额,借记"在建工程——其他投资"科目,贷记"财政拨款收入""零余额账户用款额度""银行存款"等科目。同时,在预算会计下,按照实际支付的金额,借记"行政支出""事业支出"等科目,贷记"财政拨款预算收入""资金结存"等科目。

（2）工程完成将形成的房屋、基本畜禽、林木等各种财产以及无形资产交付使用时,按照其实际成本,借记"固定资产""无形资产"等科目,贷记"在建工程——其他投资"科目。

【例14-41】 承[例14-40],单位继续发生以下业务:

（1）在业务用房建造过程中,购置工作人员办公用家具、器具等共计 3.5 万元,款项通过银行转账支付。

财务会计：

借：在建工程——其他投资——××业务用房建设　　　　　　　　35 000

　　贷：银行存款——××银行　　　　　　　　　　　　　　　　　35 000

预算会计：

借：事业支出　其他资金支出　项目支出　××业务用房建设　房屋建筑物购建　铁路路网建设　35 000

　　贷：资金结存——货币资金　　　　　　　　　　　　　　　　35 000

（2）工程完工交付使用，结转固定资产：

借：固定资产——房屋及构筑物——××业务用房　　　　　　　35 000

　　贷：在建工程——其他投资——××业务用房建设　　　　　　35 000

5. 待核销基建支出

（1）建设项目发生的江河清障、航道清淤、飞播造林、补助群众造林、水土保持、城市绿化等不能形成资产的各类待核销基建支出，按照实际发生金额，借记"在建工程——待核销基建支出"科目，贷记"财政拨款收入""零余额账户用款额度""银行存款"等科目。同时，在预算会计下，按照实际支付的金额，借记"行政支出""事业支出"等科目，贷记"财政拨款预算收入""资金结存"等科目。

（2）取消的建设项目发生的可行性研究费，按照实际发生金额，借记"在建工程——待核销基建支出"科目，贷记"在建工程——待摊投资"科目。

（3）由于自然灾害等原因发生的建设项目整体报废所形成的净损失，报经批准后转入待核销基建支出，按照项目整体报废所形成的净损失，借记"在建工程——待核销基建支出"科目，按照报废工程回收的残料变价收入、保险公司赔款等，借记"银行存款""其他应收款"等科目，按照报废的工程成本，贷记"在建工程——建筑安装工程投资"等科目。同时，在预算会计下，按照残料变价收入、保险公司赔款等，借记"资金结存"等科目，贷记"行政支出""事业支出"等科目[①]。

（4）建设项目竣工验收交付使用时，对发生的待核销基建支出进行冲销，借记"资产处置费用"科目，贷记"在建工程——待核销基建支出"科目。

【例14-42】承[例14-41]，单位继续发生以下业务：

（1）在该业务用房的建设过程中，本在项目规划内的小型机房建设因故取消，其可行性研究费用2万元前期已支付完毕。

借：在建工程——待核销基建支出——××业务用房　　　　　20 000

　　贷：在建工程——待摊投资——勘察设计费　　　　　　　　20 000

---

① 在《政府会计制度——行政事业单位会计科目和报表》附录"主要业务和事项账务处理举例"中，对于收回残值变价收入、保险公司赔款等，未要求进行预算会计账务处理。我们认为，在这种情况下，预算会计应该介入核算。

（2）业务用房建设项目经竣工验收交付使用,冲销待核销基建支出。

借:资产处置费用——基建支出核销 20 000
    贷:在建工程——待核销基建支出——××业务用房 20 000

6. 基建转出投资

为建设项目配套而建成的、产权不归属本单位的专用设施,在项目竣工验收交付使用时,按照转出的专用设施的成本,借记"在建工程——基建转出投资"科目,贷记"在建工程——建筑安装工程投资"科目;同时,借记"无偿调拨净资产"科目,贷记"在建工程——基建转出投资"科目。

【例 14-43】 某水利事业单位为建设水利枢纽工程,配套建成了××专用机房一套。按照相关规定,专用机房的产权不属于该事业单位。在水利枢纽工程项目竣工验收交付使用时,结转专用机房的建筑成本 52 万元。

借:在建工程——基建转出投资——××专用机房 520 000
    贷:在建工程——建筑安装工程投资——建筑投资——××专用机房 520 000

借:无偿调拨净资产——××专用机房 520 000
    贷:在建工程——基建转出投资——××专用机房 520 000

在建工程主要经济业务会计核算情况如表 14-22 所示。

表 14-22   **在建工程主要经济业务会计核算情况表**

	经济业务	财务会计核算	预算会计核算
（1）建筑安装工程投资	将固定资产等转入改建、扩建	借:在建工程——建筑安装工程投资 固定资产累计折旧等 贷:固定资产等	—
	发包工程预付工程款	借:预付账款——预付工程款 贷:财政拨款收入/零余额账户用款额度/银行存款等	借:行政支出/事业支出等 贷:财政拨款预算收入/资金结存
	按照进度结算工程款	借:在建工程——建筑安装工程投资 贷:预付账款——预付工程款 财政拨款收入/零余额账户用款额度/银行存款/应付账款等	借:行政支出/事业支出等(补付款项) 贷:财政拨款预算收入/资金结存
	自行施工小型建筑安装工程发生支出	借:在建工程——建筑安装工程投资 贷:工程物资/零余额账户用款额度/银行存款/应付职工薪酬等	借:行政支出/事业支出等 贷:资金结存等
	改扩建过程中替换(拆除)原资产某些组成部分	借:待处理财产损溢 贷:在建工程——建筑安装工程投资	—
	工程竣工验收交付使用	借:固定资产等 贷:在建工程——建筑安装工程投资	—

（续表）

经济业务		财务会计核算	预算会计核算
（2）设备投资	购入设备	借：在建工程——设备投资 　　贷：财政拨款收入/零余额账户用款额度/应付账款/银行存款等	借：行政支出/事业支出等 　　贷：财政拨款预算收入/资金结存
	安装完毕，交付使用	借：固定资产等 　　贷：在建工程——设备投等	—
	将不需要安装设备和达不到固定资产标准的工具、器具交付使用	借：固定资产/库存物资 　　贷：在建工程——设备投资	—
（3）待摊投资	发生构成待摊投资的各类费用	借：在建工程——待摊投资 　　贷：财政拨款收入/零余额账户用款额度/银行存款/应付利息/长期借款/其他应交税费等	借：行政支出/事业支出等 　　贷：财政拨款预算收入/资金结存
	建设过程中试生产、设备调试等产生收入	借：银行存款等 　　贷：在建工程——待摊投资 　　　　应缴财政款/其他收入（差额）	借：资金结存 　　贷：其他预算收入
	经批准将单项工程或单位工程报废净损失计入继续施工的工程成本	借：在建工程——待摊投资 　　　　银行存款/其他应收款等 　　贷：在建工程——建筑安装工程投资	收到残料变价收入、过失人或保险公司赔款等 借：资金结存等 　　贷：行政支出/事业支出等
	工程交付使用时，按照一定的分配方法进行待摊投资分配	借：在建　　建筑安装　　设备 　　工程　　工程投资　　投资 　　贷：在建工程——待摊投资	—
（4）其他投资	发生其他投资支出	借：在建工程——其他投资 　　贷：财政拨款收入/零余额账户用款额度/银行存款等	借：行政支出/事业支出等 　　贷：财政拨款预算收入/资金结存
	资产交付使用	借：固定资产/无形资产等 　　贷：在建工程——其他投资	—
（5）基建转出投资	建造的产权不归属本单位的专用设施转出	借：在建工程——基建转出投资 　　贷：在建工程——建筑安装工程投资	—
	冲销转出的在建工程	借：无偿调拨净资产 　　贷：在建工程——基建转出投资	—

（续表）

经济业务		财务会计核算	预算会计核算
（6）待核销基建支出	发生各类待核销基建支出	借：在建工程——待核销基建支出 贷：财政拨款收入/零余额账户用款额度/银行存款等	借：行政支出/事业支出（实际支付的款项） 贷：财政拨款预算收入/资金结存
	取消的项目发生的可行性研究费	借：在建工程——待核销基建支出 贷：在建工程——待摊投资	——
	由于自然灾害等原因发生的项目整体报废所形成的净损失	借：在建工程——待核销基建支出 　　银行存款/其他应收款等 贷：在建工程——建筑安装工程投资等	收到残料变价收入、保险公司赔款等 借：资金结存等 贷：行政支出/事业支出等
	经批准冲销待核销基建支出	借：资产处置费用 贷：在建工程——待核销基建支出	——

第七节　营林工程与林木资产

营林工程、林木资产是国有林场和苗圃事业单位专用的资产科目。其中，国有林场和苗圃是指我国境内各级人民政府设立的，从事保护培育森林资源、维护国家生态安全、提供生态服务，不以营利为目的、独立核算的公益性事业单位性质国有林场和苗圃。根据单位财务管理和会计核算的实际需要，国有林场和苗圃事业单位应当在《政府会计制度——行政事业单位会计科目和报表》的基础上，增设"营林工程"和"林木资产"会计科目，对国有林场和苗圃的相关资产进行专项核算。

一、营林工程

营林工程是指林场发生的育苗、造林、抚育、管护各种林木和苗木的生产成本。

（一）会计科目设置

国有林场和苗圃事业单位应设置"营林工程"科目，用于核算林场发生的育苗、造林、抚育、管护各种林木和苗木的生产成本。"营林工程"科目期末借方余额反映单位尚未结转的营林工程发生的实际成本。

"营林工程"科目应当设置"苗木生产成本""林木生产成本""间接费用"等明细科目。在"林木生产成本"明细科目下，可按"消耗性林木成本""生产性林木成本""公益性林木成本"设置明细科目（见表14-23）。

生产性林木资产达到正式投产可以采收林产品后，继续发生的管护费用，应当作为林产品的生产成本,通过"加工物品"科目核算。

表 14-23 营林工程明细科目设置情况表

一级科目	二级科目	三级科目
营林工程 (1614)	苗木生产成本	
	林木生产成本	消耗性林木成本
		生产性林木成本
		公益性林木成本
	间接费用	

(二) 主要账务处理

(1) 发生属于营林生产的费用时,按照可以直接计入营林成本的费用,借记"营林工程——苗木生产成本/林木生产成本"科目,按照需要分摊计入营林成本的费用,借记"营林工程——间接费用"科目,贷记"林木资产——苗木""库存物品""应付职工薪酬""财政拨款收入""零余额账户用款额度""银行存款""固定资产累计折旧""长期待摊费用"等科目。同时,在预算会计下,按照实际支付的金额,借记"事业支出"等科目,贷记"财政拨款预算收入""资金结存"科目。

(2) 月末,将间接费用按照一定的分配方法计入营林成本,借记"营林工程——苗木生产成本/林木生产成本"科目,贷记"营林工程——间接费用"科目。结转后,"营林工程——间接费用"明细科目应无余额。

(3) 期末,将竣工的营林工程发生的营林生产成本转入林木资产,借记"林木资产"科目,贷记"营林工程"科目。

(4) 采伐或处置未竣工的林木、苗木时,应当先将林木、苗木的生产成本转入林木资产账面余额。结转时,借记"林木资产"科目,贷记"营林工程"科目。

【例 14-44】 某国有林场事业单位发生以下业务:

(1) 单位发生经济林造林费用 20 万元,其中,领用一批库存物品××材料 5 万元,确认造林人员薪酬(绩效工资)15 万元。

经济林属于生产性林木,与此相关的造林费用应记入"营林工程——林木生产成本——生产性林木成本"科目。

借:营林工程——林木生产成本——生产性林木成本　　　　　　　200 000
　　贷:库存物品——材料　　　　　　　　　　　　　　　　　　　　50 000
　　　　应付职工薪酬——规范津贴补贴(绩效工资)　　　　　　　150 000

(2) 单位发生营林生产费用 15 万元,其中,计提设备折旧 10 万元;使用自有资金通过银行转账支付营林电费 5 万元,支出功能分类列"农林水支出——林业和草原——森林培育"预算科目,部门预算支出经济分类列"商品和服务支出——电费"预算科目。上述营林费用需要按一定方法分摊到不同的营林项目。

财务会计：

借：营林工程——间接费用 150 000

　　贷：固定资产累计折旧——专用设备 100 000

　　　　银行存款——××银行 50 000

预算会计：

借：事业　其他资　项目　营林　　　　森林
　　支出　金支出　支出　项目——电费——培育 50 000

　　贷：资金结存——货币资金 50 000

（3）月末，单位将上述间接费用的20％记入"苗木生产成本"明细科目，80％记入"林木生产成本——生产性林木成本"明细科目。

借：营林工程——苗木生产成本 30 000

　　营林工程——林木生产成本——生产性林木成本 120 000

　　贷：营林工程——间接费用 150 000

（4）期末，单位将已经竣工的营林工程（水源涵养林）发生的营林成本120万元进行结转。

借：林木资产——林木——公益性林木资产 1 200 000

　　贷：营林工程——林木生产成本——公益性林木成本 1 200 000

营林工程主要经济业务会计核算情况如表14-24所示。

表14-24　　　　　　　　营林工程主要经济业务会计核算情况表

经济业务	财务会计核算	预算会计核算
（1）发生属于营林生产的费用	借：营林工程——苗木生产成本/林木生产成本 　　营林工程——间接费用 贷：林木资产/库存物品/应付职工薪酬/财政拨款收入/零余额账户用款额度/银行存款/固定资产累计折旧/长期待摊费用等	借：事业支出等 贷：资金结存
（2）月末，将间接费用按照一定的分配方法计入营林成本	借：营林工程——苗木生产成本/林木生产成本 贷：营林工程——间接费用	—

（续表）

经济业务	财务会计核算	预算会计核算
（3）期末，将竣工的营林工程发生的营林生产成本转入林木资产	借：林木资产 　贷：营林工程	—
（4）采伐或处置未竣工的林木、苗木，先将林木、苗木的生产成本转入林木资产账面余额	借：林木资产 　贷：营林工程	—

二、林木资产

（一）林木资产的概念及成本计量

1. 林木资产的概念与分类

林木资产是指林场营造管理的各种活林木资产和苗木资产的累计成本。林木资产分为苗木和林木，林木又包括消耗性林木、生产性林木和公益性林木。

消耗性林木是指为出售而持有的林木资产，比如用材林等。

生产性林木是指为产出林木为目的而持有的林木资产，比如经济林、薪炭林等。

公益性林木是指以防护、环境保护为主要目的的林木资产，比如防风固沙林、水土保持林和水源涵养林等。

2. 林木资产的成本计量

林木资产取得时，应当按照其取得时的成本入账。其中：

（1）自行营造形成的林木，其成本按照该林木达到营林工程竣工标准发生的育苗、造林、抚育、管护成本确定。

（2）购入或有偿调入的林木，其成本按照购入或有偿调入的成本确定。

（3）无偿调入的林木，其成本按照该林木资产在调出方的账面价值加相关费用确定。

按规定采伐林木、自主出售成品苗木或造林时，应当减少相应林木资产的账面余额。

（二）林木资产的核算

1. 会计科目设置

国有林场和苗圃事业单位应设置"林木资产"科目，用于核算林场营造管理的各种活林木资产和苗木资产的累计成本。"林木资产"科目期末借方余额反映林场林木资产的累计成本。

"林木资产"科目应当设置"苗木"和"林木"两个明细科目，在"林木"明细科目下,可按"消耗性林木资产""生产性林木资产""公益性林木资产"设置明细科目(见表14-25)。

表 14-25　　　　　　　　林木资产明细科目设置情况表

一级科目	二级科目	三级科目
林木资产 (1614)	苗木	
	林木	消耗性林木资产
		生产性林木资产
		公益性林木资产

2. 主要账务处理

1) 取得林木资产

(1) 自行营造形成的林木,期末按照确定的成本结转营林生产成本,借记"林木资产"科目,贷记"营林工程"科目。

(2) 购入或有偿调入的林木,按照确定的成本,借记"林木资产"科目,贷记"财政拨款收入""零余额账户用款额度""银行存款"等科目。同时,在预算会计下,按照实际支付的金额,借记"事业支出"等科目,贷记"财政拨款预算收入""资金结存"科目。

(3) 无偿调入的林木,按照确定的成本,借记"林木资产"科目,按照发生的归属于调入方的相关费用,贷记"银行存款"等科目,按照其差额,贷记"无偿调拨净资产"科目。同时,在预算会计下,按照实际支付的金额,借记"其他支出"等科目,贷记"资金结存"科目。

【例 14-45】 某国有林场事业单位发生以下业务:

(1) 单位购入一批薪炭林木,使用自有资金从单位预算安排的林木购置费中,通过银行转账支付购置总价款 12 万元,支出功能分类列"农林水支出——林业和草原——森林培育"预算科目,部门预算支出经济分类列"资本性支出——其他资本性支出"预算科目。

财务会计:

借:林木资产——林木——生产性林木资产　　　　　　　　　　120 000
　　贷:银行存款——××银行　　　　　　　　　　　　　　　　　　120 000

预算会计:

借:事业支出——其他资金支出——项目支出——林木购置费——其他资本性支出——森林培育　　120 000
　　贷:资金结存——货币资金　　　　　　　　　　　　　　　　　　120 000

(2) 上级主管部门从其他林场调入一批用材林,调入的林木资产在调出方的账面价值为 20 万元,调入过程中发生应由单位承担的运输费 2 000 元,通过授权支付从单位的日常公用经费中支付。

财务会计:

借:林木资产——林木——消耗性林木资产 202 000
　贷:零余额账户用款额度 2 000
　　无偿调入净资产——林木资产 200 000

预算会计:

借: 其他支出　财政拨款支出　基本支出　其他交通费用　森林培育 2 000
　贷:资金结存——货币资金 2 000

2)按规定采伐林木、自主出售成品苗木或造林

(1)更新采伐公益性林木资产时,按照被采伐林木的林木资产账面余额,借记"业务活动费用""库存物品"等科目,贷记"林木资产"科目。

(2)采伐消耗性林木资产时,按照被采伐林木的林木资产账面余额,借记"业务活动费用""经营费用""库存物品"等科目,贷记"林木资产"科目。

(3)自主出售成品苗木或造林时,按照该苗木的林木资产账面余额,借记"经营费用"等科目(出售)或"营林工程"科目(造林),贷记"林木资产"科目。

3)生产性林木资产摊销

生产性林木资产的账面余额,应当在林产品采收期限内逐期摊入林产品的成本,各期摊销时,借记"加工物品——林产品生产成本"科目,贷记"林木资产"科目。

【例 14-46】 某国有林场事业单位发生以下业务:

(1)单位经批准,更新采伐一批水土保持林(公益性林木),采伐一批用材林(消耗性林木),被采伐林木资产的账面余额分别为 10 万元和 15 万元。采伐后的林木作为存货待未来加工使用。

借:库存物品——林木资产 250 000
　贷:林木资产——林木——公益性林木资产 100 000
　　林木资产——林木——消耗性林木资产 150 000

(2)单位将一批账面价值 8 万元的薪炭林木用于造林。

借:营林工程——林木生产成本——生产性林木成本 80 000
　贷:林木资产——林木——生产性林木资产 80 000

(3)单位的一批生产性林木资产进入采收期。该批林木资产账面余额 1 000 万元,采收期限为 5 个月。

生产性林木资产的营林目的就是为了生产相应的林产品。因此,生产性林木

资产的采收过程,实际上就是将林木资产成本逐步转入加工林产品的过程。为此,单位在4个月的采收期限内,应按月将"林木资产"账面余额逐期摊入"加工物品"科目。每月单位应做如下账务处理:

借:加工物品——林产品生产成本 2 000 000

    贷:林木资产——林木——生产性林木资产 2 000 000

4) 按规定报经批准处置林木资产

按规定报经批准处置林木资产应当分别以下情况处理:

(1) 报经批准有偿转让林木资产(不含可自主出售的林木资产)时,按照被转让林木资产的账面余额,借记"资产处置费用"科目,贷记"林木资产"科目。同时,按照收到的价款,借记"银行存款"等科目,按照处置过程中发生的相关费用,贷记"银行存款"等科目,按照收到的价款扣除相关费用后的差额,贷记"应缴财政款"科目;如果按照有关规定将林木资产转让净收入纳入本单位预算管理的,应当按照收到的价款扣除相关费用后的差额,贷记"其他收入"科目。

报经批准有偿转让林木的林地使用权,其林地附着的林木资产的账面余额及处置收入和费用,按照有偿转让林木资产进行账务处理。

如林木资产转让净收入按照规定纳入本单位预算管理的,应同时在预算会计下,按照收到的价款扣除支付的相关费用后的差额,借记"资金结存"科目,贷记"其他预算收入"科目。

(2) 报经批准无偿调出林木资产时,按照调出林木资产的账面余额,借记"无偿调拨净资产"科目,贷记"林木资产"科目。同时,按照无偿调出过程中发生的归属于调出方的相关费用,借记"资产处置费用"科目,贷记"银行存款"等科目。同时,在预算会计下,按照实际支付的金额,借记"其他支出"科目,贷记"资金结存"科目。

(3) 报经批准用林木资产投资时,参照本章第四节"库存物品"科目中置换取得库存物品的相关规定进行账务处理。

(4) 因遭受自然灾害等致使林木资产发生损毁时,应当将被损毁林木资产的账面余额转入待处理财产损溢。结转时,借记"待处理财产损溢"科目,贷记"林木资产"科目。

【例14-47】 某国有林场事业单位发生以下业务:

(1) 单位经批准,将一批消耗性林木有偿对外转让,收到转让价款30万元。转让过程中发生应由本单位承担的相关费用5 000元,由单位通过银行转账支付。对外转让的消耗性林木账面余额20万元,按照规定转让净收入应上缴财政。

借:资产处置费用——林木资产——有偿转让 200 000

    贷:林木资产——林木——消耗性林木资产 200 000

借：银行存款——××银行　　　　　　　　　　　　　　　　　　　300 000

　　贷：银行存款——××银行　　　　　　　　　　　　　　　　　　　5 000

　　　　应缴财政款——林木资产转让款　　　　　　　　　　　　　295 000

（2）单位按照要求，无偿调出一批生产性林木，调出资产账面余额60万元。调出过程中发生应由本单位承担的劳务费3 000元，由单位通过零余额账户支付，支出功能分类列"农林水支出——林业和草原——森林培育"预算科目，部门预算支出经济分类列"商品和服务支出——劳务费"预算科目。

财务会计：

借：无偿调拨净资产　　　　　　　　　　　　　　　　　　　　　　600 000

　　贷：林木资产——林木——生产性林木资产　　　　　　　　　600 000

借：资产处置费用——林木资产——无偿调出　　　　　　　　　3 000

　　贷：零余额账户用款额度　　　　　　　　　　　　　　　　　　　3 000

预算会计：

借：其他支出——财政拨款支出——基本支出——劳务费——森林培育　3 000

　　贷：资金结存——货币资金　　　　　　　　　　　　　　　　　　　3 000

林木资产主要经济业务会计核算情况如表14-26所示。

表14-26　　　　　　　　林木资产主要经济业务会计核算情况表

经济业务		财务会计核算	预算会计核算
（1）取得林木资产	自行营造形成的林木	借：林木资产 　贷：营林工程	—
	购入或有偿调入的林木	借：林木资产 　贷：财政拨款收入/零余额账户用款额度/银行存款	借：事业支出等 　贷：财政拨款预算收入/资金结存
	无偿调入的林木	借：林木资产 　贷：银行存款 　　　无偿调拨净资产	借：其他支出 　贷：资金结存
（2）采伐林木、自主出售成品苗木或造林	更新采伐公益性林木资产	借：业务活动费用/库存物品等 　贷：林木资产	—
	采伐消耗性林木资产	借：业务活动费用/经营费用/库存物品等 　贷：林木资产	—
	自主出售成品苗木或造林	借：经营费用等（出售） 　　　营林工程（造林） 　贷：林木资产	

（续表）

经济业务		财务会计核算	预算会计核算
（3）生产性林木资产的账面余额，应当在林产品采收期限内逐期摊入林产品的成本		借：加工物品——林产品生产成本 　贷：林木资产	—
（4）按规定报经批准处置林木资产	报经批准有偿转让林木资产（不含可自主出售的林木资产）	借：资产处置费用 　贷：林木资产 借：银行存款（收到的价款） 　贷：银行存款（相关费用） 　　应缴财政款（净收入上缴财政） 　　其他收入（净收入留归单位）	转让净收入纳入单位预算管理 借：资金结存 　贷：其他预算收入
	报经批准无偿调出林木资产	借：无偿调拨净资产 　贷：林木资产 借：资产处置费用 　贷：银行存款等	借：其他支出 　贷：资金结存
	报经批准用林木资产投资	参照"库存物品"科目中置换取得库存物品的相关规定进行账务处理	
	因遭受自然灾害等致使林木资产发生损毁	借：待处理财产损溢 　贷：林木资产	—

第八节　无形资产

一、无形资产概述

（一）无形资产的概念与分类

无形资产是指行政事业单位持有的没有实物形态的可辨认非货币性资产，包括专利权、商标权、著作权、土地使用权、非专利技术等。无形资产作为一种特殊的资产，一般具有没有物质实体、能带来超额利益、可在较长时期内发挥作用等三个特点。

资产满足下列条件之一的，即为符合无形资产定义中的可辨认性标准：

一是能够从行政事业单位中分离或者划分出来,并能单独或者与相关合同、资产或负债一起,用于出售、转移、授予许可、租赁或者交换。

二是源自合同性权利或其他法定权利,无论这些权利是否可以从单位或其他权利和义务中转移或者分离。

行政事业单位无形资产主要包括专利权、商标权、著作权、土地使用权、非专利技术等。

(二)无形资产的确认

1. 无形资产的确认条件

无形资产同时满足下列条件的,应当予以确认:一是与该无形资产相关的服务潜力很可能实现或者经济利益很可能流入单位;二是该无形资产的成本或者价值能够可靠地计量。

单位在判断无形资产的服务潜力或经济利益是否很可能实现或流入时,应当对无形资产在预计使用年限内可能存在的各种社会、经济、科技因素做出合理估计,并且应当有确凿的证据支持。

单位购入的不构成相关硬件不可缺少组成部分的软件,应当确认为无形资产。单位自创商誉及内部产生的品牌、报刊名等,不应确认为无形资产。

2. 无形资产的研究与开发

单位自行研究开发项目的支出,应当区分研究阶段支出与开发阶段支出。其中,研究是指为获取并理解新的科学或技术知识而进行的独创性的有计划调查。开发是指在进行生产或使用前,将研究成果或其他知识应用于某项计划或设计,以生产出新的或具有实质性改进的材料、装置、产品等。

单位自行研究开发项目研究阶段的支出,应当于发生时计入当期费用。单位自行研究开发项目开发阶段的支出,先按合理方法进行归集,如果最终形成无形资产的,应当确认为无形资产;如果最终未形成无形资产的,应当计入当期费用。

单位自行研究开发项目尚未进入开发阶段,或者确实无法区分研究阶段支出和开发阶段支出,但按法律程序已申请取得无形资产的,应当将依法取得时发生的注册费、聘请律师费等费用确认为无形资产。

3. 无形资产的后续支出

与无形资产有关的后续支出,符合无形资产确认条件的,应当计入无形资产成本;不符合确认条件的,应当在发生时计入当期费用或者相关资产成本。

(三)无形资产的计量、摊销与处置

1. 无形资产的初始计量

无形资产在取得时应当按照成本进行初始计量。无形资产实际成本的确定如表14-27所示。

表 14-27　　　　　　　　　　　　　　无形资产成本确定明细表

取得方式	实际成本的确定
外购	成本包括购买价款加相关税费以及该项资产达到预定用途前所发生的其他支出成本
委托开发	视同外购无形资产确定成本
自行开发	成本包括自该项目进入开发阶段后至达到预定用途前所发生的支出总额
接受捐赠	其成本按照有关凭据注明的金额加上相关税费确定;没有相关凭据可供取得,但按规定经过资产评估的,其成本按照评估价值加上相关税费确定;没有相关凭据可供取得、也未经资产评估的,其成本比照同类或类似资产的市场价格加上相关税费确定;没有相关凭据且未经资产评估、同类或类似资产的市场价格也无法可靠取得的,按照名义金额入账,相关税费计入当期费用 确定接受捐赠无形资产的初始入账成本时,应当考虑该项资产尚可为单位带来服务潜力或经济利益的能力
无偿调入	成本按照调出方账面价值加上相关税费确定
置换取得	成本按照换出资产的评估价值加上支付的补价或减去收到的补价,加上换入无形资产发生的其他相关支出确定

2. 无形资产的摊销

无形资产的摊销是指在无形资产使用年限内,按照确定的方法对应摊销金额进行系统分摊。

1) 摊销年限

单位应当于取得或形成无形资产时合理确定其摊销年限。无形资产的使用年限为有限的,应当估计该使用年限。无法预见无形资产为单位提供服务潜力或者带来经济利益期限的,应当视为使用年限不确定的无形资产。

对于使用年限有限的无形资产,单位应当按照以下原则确定无形资产的摊销年限:

(1) 法律规定了有效年限的,按照法律规定的有效年限作为摊销年限;

(2) 法律没有规定有效年限的,按照相关合同或单位申请书中的受益年限作为摊销年限;

(3) 法律没有规定有效年限、相关合同或单位申请书也没有规定受益年限的,应当根据无形资产为单位带来服务潜力或经济利益的实际情况,预计其使用年限;

(4) 非大批量购入、单价小于 1 000 元的无形资产,可以于购买的当期将其成本一次性全部转销。

2) 摊销方法

单位应当按月对使用年限有限的无形资产进行摊销,并根据用途计入当期费用或者相关资产成本。无形资产的摊销方法与固定资产折旧完全一样,单位应当采用年限平均法或者工作量法对无形资产进行摊销,应摊销金额为其成本,不考虑预计残值;无形资产自取得当月,开始计提摊销,无形资产减少的当月,不再计提摊销。年限平均法和工作量法具体详见本章第五节"固定资产"部分的介绍。

因发生后续支出而增加无形资产成本的,应当按照重新确定的无形资产成本,重新计算摊销额。对使用年限不确定的无形资产、以名义金额计量的无形资产、已摊销完毕仍继续使用的无形资产不进行摊销。

3. 无形资产的处置与清查盘点

单位按规定报经批准出售无形资产,应当将无形资产账面价值转销计入当期费用,并将处置收入大于相关处置税费后的差额按规定计入当期收入或者做应缴款项处理,将处置收入小于相关处置税费后的差额计入当期费用。

单位按规定报经批准对外捐赠、无偿调出无形资产的,应当将无形资产的账面价值予以转销,对外捐赠、无偿调出中发生的归属于捐出方、调出方的相关费用应当计入当期费用。

单位按规定报经批准以无形资产对外投资的,应当将该无形资产的账面价值予以转销,并将无形资产在对外投资时的评估价值与其账面价值的差额计入当期收入或费用。

无形资产预期不能为单位带来服务潜力或者经济利益的,应当在报经批准后将该无形资产的账面价值予以转销。

单位应当定期对无形资产进行清查盘点,每年至少盘点一次。

二、无形资产的核算

(一) 会计科目设置

行政事业单位应设置"无形资产""无形资产累计摊销""研发支出"3个科目。其中,"无形资产"科目用于核算单位无形资产的原值;"无形资产累计摊销"科目用于核算单位对使用年限有限的无形资产计提的累计摊销;"研发支出"科目用于核算单位自行研究开发项目研究阶段和开发阶段发生的各项支出。建设项目中的软件研发支出,应当通过"在建工程"科目核算,不通过"研发支出"科目核算。

"无形资产"科目期末借方余额反映单位期末无形资产的成本。"无形资产累计摊销"科目期末贷方余额反映单位计提的无形资产摊销累计数。"研发支出"科目期末借方余额反映单位预计能达到预定用途的研究开发项目在开发阶段发生的累计支出数。

"无形资产"科目应当按照无形资产的类别、项目等进行明细核算;"无形资产累计摊销"科目应当按照所对应无形资产的明细分类进行明细核算;"研发支出"应按照自行研究开发项目,分别"研究支出""开发支出"进行明细核算。

医院应当在"无形资产""无形资产累计摊销""研发支出"科目下按照形成无形资产的经费性质(财政项目拨款经费、科教经费、其他经费)进行明细核算。

（二）主要账务处理

1. 无形资产的取得

1）外购及委托开发

外购的无形资产，按照确定的成本，借记"无形资产"科目，贷记"财政拨款收入""零余额账户用款额度""应付账款""银行存款"等科目。同时，在预算会计下，按照实际支付的金额，借记"行政支出""事业支出"等科目，贷记"资金结存"等科目。

委托软件公司开发软件，视同外购无形资产进行处理。

合同中约定预付开发费用的，按照预付金额，借记"预付账款"科目，贷记"财政拨款收入""零余额账户用款额度""银行存款"等科目。同时，在预算会计下，按照实际支付的金额，借记"行政支出""事业支出"等科目，贷记"资金结存"等科目。

软件开发完成交付使用并支付剩余或全部软件开发费用时，按照软件开发费用总额，借记"无形资产"科目，按照相关预付账款金额，贷记"预付账款"科目，按照支付的剩余金额，贷记"财政拨款收入""零余额账户用款额度""银行存款"等科目。同时，在预算会计下，按照实际支付的剩余金额，借记"行政支出""事业支出"等科目，贷记"资金结存"等科目。

【例 14-48】　某水质监测事业单位委托××公司开发远程监测系统，合同金额为 20 万元。该单位现发生以下业务：

（1）单位按照合同约定，从预算安排的监测平台建设项目资金，通过财政直接支付方式预付 5 万元开发费用，支出经济分类列"资本性支出——信息网络及软件购置更新"预算科目，支出功能分类列"农林水支出——水利——水质监测"预算科目。

财务会计：

借：预付账款——××公司　　　　　　　　　　　　　　　50 000

　　贷：财政拨款收入——一般公共预算财政拨款　　　　　　　　50 000

预算会计：

借：事业支出——财政拨款支出——项目支出——监测平台建设——信息网络及软件购置更新——水质监测　　50 000

　　贷：财政拨款预算收入——项目支出——监测平台建设——水质监测　　50 000

（2）软件开发完成，验收合格并交付使用，单位继续通过财政直接支付方式支付剩余软件开发费用 15 万元。

财务会计：

借：无形资产——软件系统——远程监测系统　　　　　　　200 000

　　贷：财政拨款收入——一般公共预算财政拨款　　　　　　　　150 000

　　　　预付账款——××公司　　　　　　　　　　　　　　　50 000

预算会计：

借：事业　　财政拨　　项目　　监测平　　信息网络及软　　水质　　　150 000
　　支出　　款支出　　支出　　台建设　　件购置更新　　　监测
　　贷：财政拨款预算收入——项目支出——监测平台建设——水质监测　　150 000

2）自行开发

（1）自行研究开发无形资产项目，研究阶段的支出，应当先在"研发支出"科目归集。按照从事研究及其辅助活动人员计提的薪酬，研究活动领用的库存物品，发生的与研究活动相关的管理费、间接费和其他各项费用，借记"研发支出——研究支出"科目，贷记"应付职工薪酬""库存物品""财政拨款收入""零余额账户用款额度""固定资产累计折旧""银行存款"等科目。同时，在预算会计下，按照实际支付的款项，借记"事业支出""经营支出"等科目，贷记"财政拨款预算收入""资金结存"科目。

期（月）末，应当将"研发支出"科目归集的研究阶段的支出金额转入当期费用，借记"业务活动费用"等科目，贷记"研发支出——研究支出"科目。

（2）自行研究开发无形资产项目，开发阶段的支出，先通过"研发支出"科目进行归集。按照从事开发及其辅助活动人员计提的薪酬，开发活动领用的库存物品，发生的与开发活动相关的管理费、间接费和其他各项费用，借记"研发支出——开发支出"科目，贷记"应付职工薪酬""库存物品""财政拨款收入""零余额账户用款额度""固定资产累计折旧""银行存款"等科目。同时，在预算会计下，按照实际支付的款项，借记"事业支出""经营支出"等科目，贷记"财政拨款预算收入""资金结存"科目。

自行研究开发项目完成，达到预定用途形成无形资产的，按照"研发支出"科目归集的开发阶段的支出金额，借记"无形资产"科目，贷记"研发支出——开发支出"科目。

单位应于每年年度终了，评估研究开发项目是否能达到预定用途，如预计不能达到预定用途（如无法最终完成开发项目并形成无形资产的），应当将已发生的开发支出金额全部转入当期费用，借记"业务活动费用"等科目，贷记"研发支出——开发支出"科目。

自行研究开发项目时涉及增值税业务的，相关账务处理参见"应交增值税"科目。

【例14-49】 某高校事业单位拟自行研究开发一套××应用软件，作为"软件开发项目"列入单位预算，所需资金为单位自有资金，支出功能分类列"教育支出——普通教育——高等教育"预算科目，支出经济分类列"资本性支出——信息网络及软件购置"预算科目。该单位现发生以下业务：

（1）在软件研究阶段，计提研发人员基本工资20万元，领用材料物资××材料1.5万元,相关专用设备折旧5万元,购买办公用品0.5万元,通过银行转账支付。

财务会计:

借:研发支出——××应用软件——研究支出 　　　　270 000
　贷:应付职工薪酬——基本工资(含离退休费) 　　　200 000
　　　库存物品——××材料 　　　　　　　　　　　　　15 000
　　　固定资产累计折旧——专用设备 　　　　　　　　50 000
　　　银行存款——××银行 　　　　　　　　　　　　　5 000

预算会计:

借:事业　　其他资　　项目　　软件开　　信息网络及　　高等
　　支出　　金支出　　支出　　发项目　　软件购置　　　教育 　　5 000
　贷:资金结存——货币资金 　　　　　　　　　　　　　5 000

(2)月末,将上述支出转入当期费用。

借:业务活动费用——商品和服务费用 　　　　　　　270 000
　贷:研发支出——××应用软件——研究支出 　　　　270 000

(3)软件研发转入开发阶段,计提研发人员工资30万元,相关专用设备折旧8万元,申请知识产权发生费用2万元,通过银行存款支付。

财务会计:

借:研发支出——××应用软件——开发支出 　　　　400 000
　贷:应付职工薪酬——基本工资(含离退休费) 　　　300 000
　　　固定资产累计折旧——专用设备 　　　　　　　　80 000
　　　银行存款——××银行 　　　　　　　　　　　　20 000

预算会计:

借:事业　　其他资　　项目　　软件开　　信息网络及　　高等
　　支出　　金支出　　支出　　发项目　　软件购置　　　教育 　　20 000
　贷:资金结存——货币资金 　　　　　　　　　　　　20 000

(4)软件开发成功,结转上述开发支出。

借:无形资产——软件系统——××应用软件 　　　　400 000
　贷:研发支出——××应用软件——开发支出 　　　　400 000

3)接受捐赠

按照确定的无形资产成本,借记"无形资产"科目,按照发生的相关税费等,贷记"零余额账户用款额度""银行存款"等科目,按照其差额,贷记"捐赠收入"科目。

按照名义金额入账的无形资产,按照名义金额,借记"无形资产"科目,贷记"捐赠收入"科目;同时,按照发生的相关税费等,借记"其他费用"科目,贷记"零余额账户用款额度""银行存款"等科目。

同时,在预算会计下,按照实际支付的相关税费等金额,借记"其他支出"科目,贷记"资金结存"等科目。

【例14-50】 某市科技馆事业单位,接受××单位捐赠的一项科技发明专利。因该专利的独特性,无法评估确定其公允价值。同时,捐赠业务发生咨询费3 000元,使用财政预算安排的日常公用经费通过零余额账户支付,支出功能分类列"科学技术支出——科学技术普及——机构运行"预算科目,支出经济分类列"商品和服务支出——咨询费"预算科目。

本例中,由于专利权的公允价值无法确定,因此应采取名义金额(1元)入账。名义金额(1元)只是象征性的金额,更倾向于资产数量的核算,目的是加强资产的账内管理,防止资产账外流失。因此,同时发生的相关费用,不能与名义金额相加作为无形资产的取得成本,而是应直接计入费用。

财务会计:

借:无形资产——专利权——××科技发明专利　　　　　　　　　　　1

　　贷:捐赠收入——专利权——××单位　　　　　　　　　　　　　　　1

借:其他费用——接受捐赠费用　　　　　　　　　　　　　　　　3 000

　　贷:零余额账户用款额度　　　　　　　　　　　　　　　　　　3 000

预算会计:

借:其他支出——财政拨款支出——基本支出——咨询费——机构运行　3 000

　　贷:资金结存——零余额账户用款额度　　　　　　　　　　　　　3 000

4) 无偿调入

无偿调入的无形资产,按照调出方账面价值加上相关税费确定成本,借记"无形资产"科目,按照发生的相关税费等,贷记"零余额账户用款额度""银行存款"等科目,按照其差额,贷记"无偿调拨净资产"科目。同时,在预算会计下,按照实际支付的相关税费等金额,借记"其他支出"科目,贷记"资金结存"等科目。

【例14-51】 由于历史原因,某市机关幼儿园办公楼使用的一宗土地一直记在市教育局名下。根据市财政部门清产核资及资产管理的相关要求,市教育局决定将上述土地使用权属无偿调拨幼儿园。资产调拨单显示,该土地使用权在市教育局的账面原值500万元,已计提摊销100万元。调拨过程中发生土地变更登记费用5万元,由幼儿园承担并通过银行存款支付,支出功能分类列"教育支出——普通教育——学前教育"科目,支出经济分类列"商品和服务支出——其他商品和服务支出"科目。

本案例中,土地使用权的成本应以调出方账面价值(账面价值为账面原值减去已计提摊销额后的净值)加上由调入方承担的相关税费为入账价值。之所以采取按照调出方账面价值加上相关税费的计量原则,主要是确保资产在调拨单位之间保持资产价值相对稳定和可靠地计量。

财务会计:

借:无形资产——土地使用权——办公楼　　　　　　　　　　　4 050 000

　　贷:无偿调拨净资产　　　　　　　　　　　　　　　　　　　4 000 000

　　　　银行存款——××银行　　　　　　　　　　　　　　　　　 50 000

预算会计:

借:其他　　其他资　　基本　　其他商品和　　学前
　　支出　　金支出　　支出　　服务支出　　教育　　　　　　　　 50 000

　　贷:资金结存——货币资金　　　　　　　　　　　　　　　　　 50 000

5)置换取得

置换取得的无形资产,参照"库存物品"科目中置换取得库存物品的相关规定进行账务处理。

无形资产取得时涉及增值税业务的,相关账务处理参见"应交增值税"科目。

【例14-52】　经审批同意,某农业事业单位与某科研所达成资产置换协议,单位将一台专用设备与科研所拥有的试验田土地使用权进行置换。专用设备账面原值为300万元,累计折旧为120万元,评估价值为200万元;土地使用权账面原值为500万元,累计摊销为300万元,评估价值为190万元。根据评估结果,科研所使用自有资金支付农业单位补价10万元,经费列资产置换专项,支出功能分类列"科学技术支出——技术研究与开发——应用技术研究与开发"预算科目,部门预算支出经济分类列"资本性支出——专用设备购置"。置换过程发生登记过户费用3万元,由农业事业单位通过零银行存款转账支付。

根据规定,单位换入资产的成本,按照换出资产的评估价值,加上支付的补价或减去收到的补价,加上为换入资产发生的其他相关支出确定。据此计算,农业事业单位换入的土地使用权成本应为193万元;而科研所换入的专用设备成本应为200万元。

同时,农业事业单位换出资产评估价值200万元,资产账面价值180万元,评估价值高于账面价值的评估增值20万元,如果不存在补价收入的话,单位可以直接将评估增值记入"其他收入"科目。但是按照会计制度的规定,置换换入资产过程中,对于收到的补价,应按照补价扣减其他相关支出后的净收入上缴国库。因此,本例中单位应将补价(10万元)扣减相关支出(3万元)后的净收入(7万元)记入"应缴财政款"科目,评估增值(20万元)扣减应缴财政净收入(7万元)后的余额(13万元)记入"其他收入"科目。

科研所换出资产评估价值 190 万元,资产账面价值 200 万元,评估减值 10 万元,相应记入"资产处置费用"科目。

另外,本例中,农业事业单位 10 万元的现金流入(补价)和 3 万元的现金流出(登记过户费),但是由于资产处置净收入应上缴国库,实际上并未产生本单位预算资金的流入和流出,因此,预算会计不做账务处理。

农业事业单位应做如下账务处理:

借:无形资产——土地使用权——试验田　　　　　　　　1 930 000

　　银行存款——××银行　　　　　　　　　　　　　　　100 000

　　固定资产累计折旧——专用设备　　　　　　　　　　1 200 000

　贷:固定资产——专用设备——××设备　　　　　　　　3 000 000

　　　银行存款——××银行　　　　　　　　　　　　　　 30 000

　　　应缴财政款——资产处置收入　　　　　　　　　　　 70 000

　　　其他收入——资产评估增值　　　　　　　　　　　　130 000

科研所应做如下账务处理:

财务会计:

借:固定资产——专用设备——××设备　　　　　　　　2 000 000

　　无形资产累计摊销——土地使用权　　　　　　　　　3 000 000

　　资产处置费用——资产置换　　　　　　　　　　　　 100 000

　贷:无形资产——土地使用权——试验田　　　　　　　　5 000 000

　　　银行存款——××银行　　　　　　　　　　　　　　100 000

预算会计:

| 借: | 其他
支出 | 其他资
金支出 | 项目
支出 | 资产置
换专项 | 专用设
备购置 | 应用技术研
究与开发 | 100 000 |

　贷:资金结存——货币资金　　　　　　　　　　　　　　100 000

2. 与无形资产有关的后续支出

1) 符合无形资产确认条件的后续支出

为增加无形资产的使用效能对其进行升级改造或扩展其功能时,如需暂停对无形资产进行摊销的,按照无形资产的账面价值,借记"在建工程"科目,按照无形资产已摊销金额,借记"无形资产累计摊销"科目,按照无形资产的账面余额,贷记"无形资产"科目。

无形资产后续支出符合无形资产确认条件的,按照支出的金额,借记"无形资产"科目(无须暂停摊销的)或"在建工程"科目(需暂停摊销的),贷记"财政拨款收入""零余额账户用款额度""银行存款"等科目。同时,在预算会计下,按照实际支付的金额,借记"行政支出""事业支出"等科目,贷记"资金结存"等科目。

暂停摊销的无形资产升级改造或扩展功能等完成交付使用时,按照在建工程成本,借记"无形资产"科目,贷记"在建工程"科目。

2)日常维护支出

为保证无形资产正常使用发生的日常维护等支出,不符合无形资产确认条件,直接计入费用,借记"业务活动费用""单位管理费用"等科目,贷记"财政拨款收入""零余额账户用款额度""银行存款"等科目。同时,在预算会计下,按照实际支付的金额,借记"行政支出""事业支出"等科目,贷记"资金结存"等科目。

【例14-53】某税务行政单位拟对本单位开发的纳税人分析系统进行升级改造。经财政部门同意,将其并入"软件升级专项"列入部门预算。现发生以下业务:

(1)单位开始启动对纳税人分析系统进行升级改造。该系统账面原值60万元,分10年摊销,截至目前已经累计摊销18万元。升级改造期间系统暂停使用,相应暂停计提摊销。

对无形资产进行升级改造或扩展功能时,需暂停摊销的,应将无形资产的账面净值转入在建工程。财务会计做如下账务处理:

借:在建工程——纳税人分析系统 420 000

无形资产累计摊销——软件系统 180 000

贷:无形资产——软件系统——纳税人分析系统 600 000

(2)改造期间,单位通过财政直接支付方式支付升级费用24万元,支出功能分类列"一般公共服务支出——税收事务——信息化建设"科目,部门预算支出经济分类列"资本性支出——信息网络及软件购置更新"预算科目。

财务会计:

借:在建工程——纳税人分析系统 240 000

贷:财政拨款收入——一般公共预算财政拨款 240 000

预算会计:

借:行政支出 财政拨款支出 项目支出 软件升级专项 信息网络及软件购置更新 信息化建设 240 000

贷:财政拨款预算收入——项目支出——软件升级专项——信息化建设 240 000

(3)信息系统升级改造完成并交付使用。

借:无形资产软件——软件系统——纳税人分析系统 660 000

贷:在建工程——纳税人分析系统 660 000

3. 无形资产的摊销

对使用年限有限的无形资产按月计提摊销,按照应摊销金额,借记"业务活动费用""单位管理费用""加工物品""在建工程"等科目,贷记"无形资产累计摊销"科目。预算会计不做账务处理。

【例 14-54】　某财政行政单位拥有一套财源管理系统,购置成本为 600 万元,摊销年限为 10 年。现发生以下业务:

(1) 购置当月对财源管理系统计提累计摊销。

按照规定,单位采用年限平均法或者工作量法对无形资产进行摊销,计提摊销时不考虑预计残值。同时,无形资产自取得的当月开始计提摊销,无形资产减少的当月不再计提摊销。按照年限平均法计算,单位每月应计提摊销 5 万元。

借:业务活动费用——无形资产摊销费　　　　　　　　　　　　　　50 000

　　贷:无形资产累计摊销——软件系统　　　　　　　　　　　　　　50 000

(2) 单位对财源管理系统进行升级改造。改造期间不影响使用,未暂停计提摊销,共发生符合无形资产确认条件的改造支出 220 万元。改造完成后该系统累计摊销 250 万元,系统预计还可使用 10 年。

因软件升级而增加无形资产成本的,应当按照重新确定的无形资产成本,重新计算摊销额。

改造后每月摊销额＝(600＋220－250)÷10÷12＝4.75(万元)

借:业务活动费用——无形资产摊销费　　　　　　　　　　　　　　47 500

　　贷:无形资产累计摊销——软件系统　　　　　　　　　　　　　　47 500

4. 无形资产的处置

1) 出售、转让无形资产

报经批准出售、转让无形资产,按照被出售、转让无形资产的账面价值,借记"资产处置费用"科目,按照无形资产已计提的摊销,借记"无形资产累计摊销"科目,按照无形资产账面余额,贷记"无形资产"科目;同时,按照收到的价款,借记"银行存款"等科目,按照处置过程中发生的相关费用,贷记"银行存款"等科目,按照其差额,贷记"应缴财政款"(按照规定应上缴无形资产转让净收入的)或"其他收入"(按照规定将无形资产转让收入纳入本单位预算管理的)科目。

如无形资产转让收入按照规定纳入本单位预算管理的,应同时在预算会计下,按照收到的价款扣除支付的相关费用后的金额,借记"资金结存"科目,贷记"其他预算收入"科目。

【例 14-55】　某行政单位经批准将其拥有的土地使用权公开转让,收到价款 200 万元,该土地使用权账面余额为 150 万元,已计提摊销 30 万元,出售发生相关税费 5 万元,通过银行存款支付。按照有关规定,转让净收入应上缴国库。

因转让净收入需上缴国库,不属于单位预算资金,因此单位不做预算会计处理,仅就财务会计做如下账务处理:

借：资产处置费用——土地使用权——公开转让　　　　　　　1 200 000

　　无形资产累计摊销——土地使用权　　　　　　　　　　　　300 000

　　贷：无形资产——土地使用权——××土地　　　　　　　　　1 500 000

借：银行存款——××银行　　　　　　　　　　　　　　　　2 000 000

　　贷：银行存款——××银行　　　　　　　　　　　　　　　　　50 000

　　　　应缴财政款——资产处置收入　　　　　　　　　　　　1 950 000

2）对外捐赠无形资产

报经批准对外捐赠无形资产，按照无形资产已计提的摊销，借记"无形资产累计摊销"科目，按照被处置无形资产账面余额，贷记"无形资产"科目，按照捐赠过程中发生的归属于捐出方的相关费用，贷记"银行存款"等科目，按照其差额，借记"资产处置费用"科目。

同时，在预算会计下，按照实际支付的归属于捐出方的相关费用，借记"其他支出"科目，贷记"资金结存"等科目。

【例14-56】　某科研事业单位经批准，向××科技馆捐赠一项××科技发明专利。该项专利账面原值50万元，已计提摊销10万元。捐赠过程中发生专利权变更费用1 000元，由单位承担并通过银行账户转账支付。支出列单位日常公用经费，支出功能分类列"科学技术支出——基础研究——机构运行"预算科目，支出经济分类列"商品和服务支出——其他商品和服务支出"预算科目。

财务会计：

借：无形资产累计摊销——专利权　　　　　　　　　　　　　　100 000

　　资产处置费用——专利权——对外捐赠　　　　　　　　　　401 000

　　贷：无形资产——专利权——××科技发明专利权　　　　　　500 000

　　　　银行存款——××银行　　　　　　　　　　　　　　　　　1 000

预算会计：

| 借： | 其他
支出 | 其他资
金支出 | 基本
支出 | 其他商品和
服务支出 | 机构
运行 | 1 000 |

　　贷：资金结存——货币资金　　　　　　　　　　　　　　　　　1 000

3）无偿调出无形资产

报经批准无偿调出无形资产，按照无形资产已计提的摊销，借记"无形资产累计摊销"科目，按照被处置无形资产账面余额，贷记"无形资产"科目，按照其差额，借记"无偿调拨净资产"科目；同时，按照无偿调出过程中发生的归属于调出方的相关费用，借记"资产处置费用"科目，贷记"银行存款"等科目。

同时，在预算会计下，按照实际支付的归属于调出方的相关费用，借记"其他支出"科目，贷记"资金结存"等科目。

【例 14-57】　某教育装备与技术研发中心向某乡村小学无偿调拨教学软件一套。该软件账面原值 20 万元,已计提摊销 5 万元。调出过程中发生软件调试费用 1 万元,由中心承担并通过零余额账户支付,支出功能分类列"教育支出——教育管理事务——其他教育管理事务支出"预算科目,支出经济分类列"商品和服务支出——劳务费"预算科目。

财务会计:

借:无形资产累计摊销——软件系统	50 000
无偿调拨净资产——无形资产	150 000
贷:无形资产——软件系统——××教学软件	200 000
借:资产处置费用——无形资产——无偿调出	10 000
贷:零余额账户用款额度	10 000

预算会计:

借:其他支出——财政拨款支出——基本支出——劳务费——其他教育管理事务支出	10 000
贷:资金结存——零余额账户用款额度	10 000

4) 置换换出

报经批准置换换出无形资产,参照本书"库存物品"科目中置换换入库存物品的规定进行账务处理。具体案例可参考本书库存物品、固定资产等相关内容。

5) 核销

无形资产预期不能为单位带来服务潜力或经济利益,按照规定报经批准核销时,按照待核销无形资产的账面价值,借记"资产处置费用"科目,按照已计提摊销,借记"无形资产累计摊销"科目,按照无形资产的账面余额,贷记"无形资产"科目。

无形资产处置时涉及增值税业务的,相关账务处理参见本书"应交增值税"科目。

【例 14-58】　某广播电视事业单位,根据事业发展需要更换新的视频编辑软件,原有的视频编辑软件不再使用,经审批予以报废处理。该软件账面原值 50 万元,已计提摊销 40 万元。

借:资产处置费用——无形资产——核销	100 000
无形资产累计摊销——软件系统	400 000
贷:无形资产——软件系统——视频编辑软件	500 000

5. 无形资产的清查盘点

单位发生无形资产盘盈、盘亏或毁损、报废的,应先记入"待处理财产损溢"科目,按照规定报经批准后再进行后续账务处理。具体可参照本书"固定资产"科目相关规定进行账务处理。

无形资产主要经济业务会计核算如表 14-28 所示。

表 14-28　　　　　　　　　　　无形资产主要经济业务会计核算

经济业务			财务会计核算	预算会计核算
（1）无形资产的取得		外购及委托开发	借：无形资产 　贷：财政拨款收入/应付账款/银行存款等	借：行政支出/事业支出等 　贷：资金结存等
		委托软件公司开发的软件	按照合同约定预付开发费 借：预付账款 　贷：财政拨款收入/零余额账户用款额度/银行存款等 委托开发的软件交付使用，并支付剩余或全部软件开发费用 借：无形资产 　贷：预付账款 　　财政拨款收入/零余额账户用款额度/银行存款等	借：行政支出/事业支出/经营支出等 　贷：财政拨款预算收入/资金结存 借：行政支出/事业支出/经营支出等 　贷：财政拨款预算收入/资金结存
	自行开发	研究阶段支出	借：研发支出——研究支出 　贷：应付职工薪酬/库存物品/财政拨款收入/零余额账户用款额度/银行存款等	借：事业支出/经营支出等 　贷：财政拨款预算收入/资金结存
			借：业务活动费用等 　贷：研发支出——研究支出	—
		开发阶段支出	借：研发支出——开发支出 　贷：应付职工薪酬 　　库存物品 　　财政拨款收入/零余额账户用款额度/银行存款等	借：事业支出/经营支出等 　贷：财政拨款预算收入/资金结存
		研发完成，达到预定用途形成无形资产	借：无形资产 　贷：研发支出——开发支出	—
		年末评估，研发项目预计不能达到预定用途	借：业务活动费用等 　贷：研发支出——开发支出	—
		尚未进入开发阶段，或者确实无法区分研究阶段支出和开发阶段支出，但按照法律程序已申请取得无形资产的	借：无形资产（依法取得时发生的注册费、聘请律师费等费用） 　贷：财政拨款收入/零余额账户用款额度/银行存款等	借：行政支出/事业支出/经营支出等 　贷：财政拨款预算收入/资金结存
	接受捐赠	非名义金额入账	借：无形资产 　贷：零余额账户用款额度/银行存款等 　　捐赠收入	借：其他支出 　贷：资金结存等
		名义金额入账	借：无形资产（名义金额） 　贷：捐赠收入 借：其他费用 　贷：零余额账户用款额度/银行存款等	

（续表）

经济业务			财务会计核算	预算会计核算
	无偿调入		借：无形资产 　贷：零余额账户用款额度/银行存款等 　　无偿调拨净资产	借：其他支出 　贷：资金结存等
	置换取得		参照"库存物品"科目中置换取得库存物品的相关规定进行账务处理	
（2）无形资产的后续支出	升级改造支出	需暂停摊销	借：在建工程 　　无形资产累计摊销 　贷：无形资产	借：行政支出/事业支出/经营支出等 　贷：资金结存等
			借：在建工程 　贷：财政拨款收入/银行存款等	
		无须暂停摊销	借：无形资产 　贷：财政拨款收入/银行存款等	借：行政支出/事业支出/经营支出等 　贷：资金结存等
	日常维护支出		借：业务活动费用/单位管理费用/经营费用等 　贷：财政拨款收入/银行存款等	
（3）无形资产的摊销			借：业务活动费用/单位管理费用/加工物品等 　贷：无形资产累计摊销	—
（4）无形资产的处置	出售、转让		借：资产处置费用 　　无形资产累计摊销 　贷：无形资产	转让收入纳入单位预算 借：资金结存 　贷：其他预算收入
			借：银行存款等（收到的价款） 　贷：银行存款（相关费用） 　　应缴财政款/其他收入	
	对外捐赠		借：无形资产累计摊销 　　资产处置费用 　贷：无形资产 　　银行存款	借：其他支出 　贷：资金结存等
	无偿调出		借：无形资产累计摊销 　　无偿调拨净资产 　贷：无形资产	借：其他支出 　贷：资金结存等
			借：资产处置费用 　贷：银行存款等	
	置换换出		参照"库存物品"科目中置换取得库存物品的规定进行账务处理	
	核销		借：资产处置费用 　　无形资产累计摊销 　贷：无形资产	—
（5）无形资产的盘盈、盘亏、毁损或报废			参照"固定资产"科目相关规定进行处理	

第九节　对外投资

一、对外投资概述

(一) 对外投资的概念与管理

对外投资是指事业单位依法利用货币资金、实物资产、无形资产等方式向其他单位的投资。

事业单位应当严格控制对外投资。在保证单位正常运转和事业发展的前提下,按照国家有关规定履行相关审批程序后,可以对外投资。事业单位以实物、无形资产等非货币性资产对外投资的,应当按照国家有关规定进行资产评估,合理确定资产价值。事业单位不得使用财政资金进行对外投资,不得从事股票、期货、基金、企业债券等投资,国家另有规定的除外。

(二) 对外投资的分类

事业单位对外投资按照投资期限的长短可分为短期投资和长期投资。

短期投资是指事业单位依法取得的,持有时间不超过1年(含1年)的投资,主要是短期国债投资。短期投资具有持有期限短和高度的变现性的特点,其流动性仅次于货币资金。

长期投资是指事业单位按照规定取得的,短期投资以外的投资,包括持有时间超过1年(不含1年)的各种股权性质的投资、不能变现或不准备随时变现的债券投资等。长期投资又可分为长期股权投资和长期债权投资。

二、短期投资

(一) 会计科目设置

事业单位应设置"短期投资"科目,用于核算事业单位持有时间不超过1年(含1年)的投资。"短期投资"科目期末借方余额反映事业单位持有短期投资的成本。"短期投资"科目应按照投资的种类等进行明细核算。

(二) 主要账务处理

1. 取得短期投资

取得短期投资时,按照确定的投资成本(包括购买价款和相关税费),借记"短期投资"科目,贷记"银行存款"等科目。同时,在预算会计下,按照实际支付的款项,借记"投资支出"科目,贷记"资金结存——货币资金"科目。

收到取得投资时实际支付价款中包含的已到付息期但尚未领取的利息,按照实际收到的金额,借记"银行存款"科目,贷记"短期投资"科目。同时,在预算会计下,借记"资金结存——货币资金"科目,贷记"投资支出"科目(当年投资的)或"其他结余"科目(上年投资的)。

2. 短期投资持有期间

收到短期投资持有期间的利息,按照实际收到的金额,借记"银行存款"科目,贷记"投资收益"科目。同时,在预算会计下,按照实际收到的金额,借记"资金结存——货币资金"科目,贷记"投资预算收益"科目。

3. 出售或到期收回短期投资本息

出售短期投资或到期收回短期投资本息,按照实际收到的金额,借记"银行存款"科目,按照出售或收回短期投资的账面余额,贷记"短期投资"科目,按照其差额,贷记或借记"投资收益"科目。涉及增值税业务的,相关账务处理参见"应交增值税"科目。

同时,在预算会计下,按照实际收到的金额,借记"资金结存——货币资金"科目,按照短期投资的账面余额,贷记"投资支出"科目(当年投资的)或"其他结余"科目(以前年度投资的),按照其差额,贷记或借记"投资预算收益"科目。

【例14-59】 某省电视台事业单位,发生以下投资相关业务:

(1) 7月,单位利用闲置资金进行国债短期投资,支付价款20.2万元,其中包含已到付息期但尚未发放的利息2 000元,支出功能分类列"文化旅游体育与传媒支出——广播电视——电视"科目,部门预算支出经济分类科目列"其他支出——其他支出"科目。

财务会计:

借:短期投资——国债投资——××期国债		202 000
贷:银行存款——××银行		202 000

预算会计:

借:投资支出——短期投资——国债——其他支出——电视		202 000
贷:资金结存——货币资金		202 000

(2) 8月,单位收到投资价款中包含的已到付息期的利息2 000元。

财务会计:

借:银行存款——××银行		2 000
贷:短期投资——国债投资——××期国债		2 000

预算会计:

借:资金结存——货币资金		2 000
贷:投资支出——短期投资——国债——其他支出——电视		2 000

(3) 次年1月,单位收到持有期间的国债利息0.3万元。

财务会计:

借:银行存款——××银行   3 000
 贷:投资收益——短期投资——国债投资   3 000

预算会计:

借:资金结存——货币资金   3 000
 贷:投资预算收益——电视   3 000

(4)次年 2 月,单位将国债出售,取得价款 20.1 万元。

财务会计:

借:银行存款——××银行   201 000
 贷:短期投资——国债投资——××期国债   200 000
  投资收益——短期投资——国债投资   1 000

预算会计:

借:资金结存——货币资金   201 000
 贷:其他结余   200 000
  投资预算收益——电视   1 000

短期投资主要经济业务会计核算如表 14-29 所示。

表 14-29   短期投资主要经济业务会计核算

经济业务		财务会计核算	预算会计核算
(1)取得短期投资	取得短期投资	借:短期投资 贷:银行存款等	借:投资支出 贷:资金结存——货币资金
	收到购买时已到付息期但尚未领取的利息	借:银行存款 贷:短期投资	借:资金结存——货币资金 贷:投资支出(当年投资的)/ 其他结余(上年度投资的)
(2)短期投资持有期间收到利息		借:银行存款 贷:投资收益	借:资金结存——货币资金 贷:投资预算收益
(3)出售短期投资或到期收回短期投资本息		借:银行存款等 贷:短期投资 贷(或借):投资收益	借:资金结存——货币资金 贷:投资支出(当年投资的)/ 其他结余(以前年度投资的) 贷(或借):投资预算收益

三、长期股权投资

长期股权投资是事业单位按照规定取得的,持有时间超过 1 年(不含 1 年)的股权性质的投资。

（一）长期股权投资的计量

1. 长期股权投资的初始计量

长期股权投资在取得时应当按照实际成本作为初始投资成本。长期股权投资初始成本的确定详见表 14-30。

表 14-30　　　　　　　　长期股权投资初始成本确定明细表

取得方式	初始成本的确定
（1）支付现金取得	按照实际支付的全部价款（包括购买价款和相关税费）作为实际成本 支付价款中包含的已宣告但尚未发放的现金股利，应当单独确认为应收股利，不计入长期股权投资初始投资成本
（2）资产置换取得	按照换出资产的评估价值加上支付的补价或减去收到的补价，加上换入长期股权投资发生的其他相关支出确定
（3）以未入账的无形资产取得	按照评估价值加相关税费作为投资成本
（4）接受捐赠	按照有关凭据注明的金额加上相关税费确定；没有相关凭据可供取得，但按规定经过资产评估的，其成本按照评估价值加上相关税费确定；没有相关凭据可供取得、也未经资产评估的，其成本比照同类或类似资产的市场价格加上相关税费确定
（5）无偿调入	按照调出方账面价值加上相关税费确定

2. 长期股权投资的后续计量

长期股权投资的核算方法有成本法和权益法。成本法是指长期股权投资按照投资成本计量的方法。权益法是指长期股权投资最初以投资成本计量后，在投资持有期间根据投资单位在被投资单位所享有的所有者权益份额的变动，对投资的账面价值进行调整的方法。

投资单位无权决定被投资单位的财务和经营政策或无权参与被投资单位的财务和经营政策决策的，应采用成本法进行核算；除此之外，应当采用权益法进行核算。

在成本法下，长期股权投资的账面余额通常保持不变，但追加或收回投资时，应当相应调整其账面余额。持有期间，被投资单位宣告分派的现金股利或利润，投资单位应当按照宣告分派的现金股利或利润中应享有的份额确认为投资收益。

在权益法下，按照以下原则进行会计处理：

（1）按照应享有或应分担的被投资单位实现的净损益的份额，确认为投资损益，同时调整长期股权投资的账面余额。

（2）按照被投资单位宣告分派的现金股利或利润计算应享有的份额，确认为应收股利，同时减少长期股权投资的账面余额。

（3）按照被投资单位除净损益和利润分配以外的所有者权益变动的份额，确认为净资产（权益法调整），同时调整长期股权投资的账面余额。

（4）被投资单位发生的净亏损，应当以长期股权投资的账面余额减记至零为限，单位负有承担额外损失义务的除外。被投资单位发生净亏损,但以后年度又实现净利润的,单位应当在其收益分享额弥补未确认的亏损分担额后,恢复确认投资收益。

(二) 会计科目设置

事业单位应设置"长期股权投资"科目,用于核算事业单位持有时间超过1年(不含1年)的股权性质的投资。"长期股权投资"科目期末借方余额反映事业单位持有的长期股权投资的价值。

"长期股权投资"科目应按照被投资单位和长期股权投资取得方式等进行明细核算;采用权益法核算的,还应当按照"成本""损益调整""其他权益变动"设置明细科目,进行明细核算。

(三) 主要账务处理

1. 取得长期股权投资

1) 以现金取得长期股权投资

以现金取得的长期股权投资,按照确定的投资成本,借记"长期股权投资"或"长期股权投资——成本"科目,按照支付的价款中包含的已宣告但尚未发放的现金股利,借记"应收股利"科目,按照实际支付的全部价款,贷记"银行存款"等科目。同时,在预算会计下,按照实际支付的全部价款,借记"投资支出"科目,贷记"资金结存——货币资金"科目。

实际收到取得投资时所支付价款中包含的已宣告但尚未发放的现金股利时,借记"银行存款"科目,贷记"应收股利"科目。同时,在预算会计下,按照实际收到的现金股利,借记"资金结存——货币资金"科目,贷记"投资支出"等科目。

【例14-60】 某专科医院事业单位,发生以下投资业务:

(1) 经财政及主管部门批准,单位以现金投资入股××医药公司,占××医药公司总股本的10%,不参与公司的经营决策。投资款共计103万元,其中包含已宣告但尚未发放的现金股利3万元,通过银行转账支付,支出功能分类列"卫生健康支出——公立医院——其他专科医院"预算科目,支出经济分类列"其他支出——其他支出"预算科目。

财务会计:

借:长期股权投资——××医药公司——现金取得　　　　　　　1 000 000
　　　应收股利——××医药公司　　　　　　　　　　　　　　　　30 000
　　贷:银行存款——××银行　　　　　　　　　　　　　　　　　1 030 000

预算会计:

借:投资支出　长期股权投资　××医药公司　其他支出　其他专科医院　　　　　　　1 030 000
　　贷:资金结存——货币资金　　　　　　　　　　　　　　　　1 030 000

（2）单位收到××医药公司发放的包含在投资款中的现金股利 3 万元。

财务会计：

借：银行存款——××银行　　　　　　　　　　　　　　　　30 000

　　贷：应收股利——××医药公司　　　　　　　　　　　　　30 000

预算会计：

借：资金结存——货币资金　　　　　　　　　　　　　　　　30 000

　　贷：投资　　长期股　　××医　　其他　　其他专　　　　30 000
　　　　支出　　权投资　　药公司　　支出　　科医院

2）以现金以外的其他资产置换取得的长期股权投资

以现金以外的其他资产置换取得的长期股权投资,参照本书"库存物品"科目中置换取得库存物品的相关规定进行账务处理。

【例 14-61】 某科研所事业单位报经批准,使用技术专利权投资××公司,取得××公司 10％的股份。该项专利权账面原值 100 万元,累计摊销 20 万元,评估价值为 120 万元,科研所收到乙公司补价 10 万元。投资过程中科研所支付由其承担的评估等相关费用 3 万元,通过银行转账支付。

本案例中,长期股权投资的成本应为换出技术专利权的评估价值 120 万元,减去收到的补价 10 万元,加上换入长期股权投资发生的相关费用 3 万元,即 113 万元。投资业务收到的补价 10 万元,其中 3 万元用于支付相关费用,剩余 7 万元实质属于资产处置收入,按规定应上缴国库。换出的技术专利权账面价值 80 万元,而评估价值为 120 万元,资产增值 40 万元,扣除需上缴国库的资产处置收入 7 万元,单位实际获得的资产增值额为 33 万元,计入其他收入。同时,尽管投资业务给单位带来 7 万元的资金净流入,但按照预算管理规定,资产处置收入应上缴国库,不纳入单位预算管理,因此单位不做预算会计处理。

借：长期股权投资——××公司——资产置换　　　　　　1 130 000
　　银行存款——××银行　　　　　　　　　　　　　　　100 000
　　无形资产累计摊销——技术专利　　　　　　　　　　　200 000
　　贷：无形资产——技术专利　　　　　　　　　　　　1 000 000
　　　　银行存款——××银行　　　　　　　　　　　　　30 000
　　　　应缴财政款——资产处置收入　　　　　　　　　　70 000
　　　　其他收入——资产评估增值　　　　　　　　　　　330 000

3）以未入账的无形资产取得的长期股权投资

以未入账的无形资产取得的长期股权投资,按照评估价值加相关税费作为投资成本,借记"长期股权投资"或"长期股权投资——成本"科目,按照发生的相关税费,贷记"银行存款""其他应交税费"等科目,按其差额,贷记"其他收入"科目。同时,在预算会计下,按照支付相关税费的金额,借记"其他支出"科目,贷记"资金结存——货币资金"科目。

【例14-62】　某理工大学事业单位,报经批准后以未入账的非专利技术投资入股××公司,占××公司总股本的15%,参与公司的经营决策。该非专利技术评估价值150万元,同时,发生评估等相关费用5万元,使用自有资金通过银行转账支付,经费列基本支出,支出功能分类列"教育支出——普通教育——高等教育"预算科目,支出经济分类列"其他支出"预算科目。

财务会计:

借:长期股权投资——××公司——资产置换——成本　　　　　　　1 550 000
　　贷:银行存款——××银行　　　　　　　　　　　　　　　　　　50 000
　　　　其他收入——资产评估增值　　　　　　　　　　　　　　　1 500 000

预算会计:

借:其他支出——其他资金支出——基本支出——其他支出——高等教育　50 000
　　贷:资金结存——货币资金　　　　　　　　　　　　　　　　　　50 000

4)接受捐赠的长期股权投资

接受捐赠的长期股权投资,按照确定的投资成本,借记"长期股权投资"或"长期股权投资——成本"科目,按照发生的相关税费,贷记"银行存款"等科目,按照其差额,贷记"捐赠收入"科目。同时,在预算会计下,按照实际支付相关税费的金额,借记"其他支出"科目,贷记"资金结存——货币资金"科目。

【例14-63】　某医学科研所事业单位,接受××个人捐赠的持有××公司1%的股份,不参与公司的经营决策。由于未能获得相关价值金额凭据,经中介机构评估,该股权评估价值200万元,同时,发生评估等相关费用5万元,单位使用自有资金从日常公用经费中转账支付,支出功能分类列"科学技术支出——基础研究——机构运行"预算科目,部门预算支出经济分类列"商品和服务支出——委托业务费"预算科目。

财务会计:

借:长期股权投资——××公司——捐赠　　　　　　　　　　　　　2 050 000
　　贷:银行存款——××银行　　　　　　　　　　　　　　　　　　50 000
　　　　捐赠收入——股权捐赠——××个人　　　　　　　　　　　　2 000 000

预算会计:

借:其他支出——其他资金支出——基本支出——委托业务费——机构运行 50 000
　　贷:资金结存——货币资金　　　　　　　　　　　　　　　　　　50 000

5）无偿调入的长期股权投资

无偿调入的长期股权投资,按照确定的投资成本,借记"长期股权投资"或"长期股权投资——成本"科目,按照发生的相关税费,贷记"银行存款"等科目,按照其差额,贷记"无偿调拨净资产"科目。同时,在预算会计下,按照实际支付相关税费的金额,借记"其他支出"科目,贷记"资金结存——货币资金"科目。

【例 14-64】 某地矿勘查事业单位,根据有关批复,划拨转入××公司 10% 的股份,不参与公司的经营决策。根据资产调拨凭证,该股权账面价值为 90 万元。另发生股权变更费用 3 万元,使用自有资金从日常公用经费转账支付,支出功能分类列"资源勘探信息等支出——资源勘探开发——其他资源勘探业支出"预算科目,部门预算支出经济分类列"商品和服务支出——其他商品和服务支出"预算科目。

财务会计:

借:长期股权投资——××公司——无偿调入 930 000
　　贷:银行存款——××银行 30 000
　　　　无偿调拨净资产——长期股权投资 900 000

预算会计:

借:	其他支出	其他资金支出	基本支出	其他商品和服务支出	其他资源勘探业支出	30 000

　　贷:资金结存——货币资金 30 000

2. 持有长期股权投资

1）成本法核算

被投资单位宣告发放现金股利或利润时,按照应收的金额,借记"应收股利"科目,贷记"投资收益"科目。

收到现金股利或利润时,按照实际收到的金额,借记"银行存款"等科目,贷记"应收股利"科目。同时,在预算会计下,借记"资金结存——货币资金"科目,贷记"投资预算收益"科目。

【例 14-65】 某科研院持有××公司 10% 的股权,不参与公司的经营决策。现发生以下业务:

（1）××公司宣告发放现金股利 25 万元。

由于科研院不参与被投资单位的经营决策,因此该项长期股权投资应当采用成本法进行核算。单位持有公司 10% 的股权份额,应确认的应收现金股利为 2.5 万元。

借:应收股利——××公司 25 000
　　贷:投资收益——长期股权投资 25 000

（2）单位收到××公司发放的现金股利 2.5 万元,支出功能分类列"科学技术支出——应用研究——机构运行"预算科目。

财务会计：

借：银行存款——××银行   25 000

 贷：应收股利——××公司   25 000

预算会计：

借：资金结存——货币资金   25 000

 贷：投资预算收益——机构运行   25 000

2）权益法核算

（1）被投资单位实现净利润的，按照应享有的份额，借记"长期股权投资——损益调整"科目，贷记"投资收益"科目。

被投资单位发生净亏损的，按照应分担的份额，借记"投资收益"科目，贷记"长期股权投资——损益调整"科目，但以本科目的账面余额减记至零为限。发生亏损的被投资单位以后年度又实现净利润的，按照收益分享额弥补未确认的亏损分担额后的金额，借记"长期股权投资——损益调整"科目，贷记"投资收益"科目。

（2）被投资单位宣告分派现金股利或利润的，按照应享有的份额，借记"应收股利"科目，贷记"长期股权投资——损益调整"科目。

（3）收到现金股利或利润时，按照实际收到的金额，借记"银行存款"等科目，贷记"应收股利"科目。同时，在预算会计下，借记"资金结存——货币资金"科目，贷记"投资预算收益"科目。

（4）被投资单位发生除净损益和利润分配以外的所有者权益变动的，按照应享有或应分担的份额，借记或贷记"长期股权投资——其他权益变动"科目，贷记或借记"权益法调整"科目。

【例 14-66】 某科研事业单位发生以下投资业务：

（1）2×19 年 5 月，经报批，单位使用技术专利权投资××公司，取得乙公司 20% 的股份，参与××公司的经营管理和决策。该专利权账面余额 50 万元，累计摊销 10 万元，评估价值为 80 万元。未发生其他费用。

借：长期股权投资——××公司——资产置换——成本   800 000

  无形资产累计摊销——技术专利   100 000

 贷：无形资产——技术专利   500 000

  其他收入——资产评估增值   400 000

（2）2×19 年 12 月，××公司实现净利润 80 万元。

财务会计下，按照持有 20% 的股份份额，科研所应确认投资收益 16 万元。

借：长期股权投资——××公司——资产置换——损益调整 160 000

 贷：投资收益——长期股权投资   160 000

（3）2×20 年 2 月，××公司宣告分派现金股利 60 万元。

财务会计下，按照持有 20％的股份份额，科研所应确认应收现金股利 12 万元。

借：应收股利——××公司   120 000

 贷：长期股权投资——乙公司——资产置换——损益调整 120 000

（4）2×20 年 3 月，单位收到××公司分派的现金股利，支出功能分类列"科学技术支出——基础研究——其他基础研究支出"预算科目。

财务会计：

借：银行存款——××银行   120 000

 贷：应收股利——××公司   120 000

预算会计：

借：资金结存——货币资金   120 000

 贷：投资预算收益——其他基础研究支出   120 000

（5）2×20 年 5 月，××公司的其他股东对公司增资，科研所持有的股份份额由 20％调整为 15％，对应的××公司的所有者权益增加 6 万元，仍然参与××公司的经营管理和决策。

借：长期股权投资——××公司——资产置换——其他权益变动 60 000

 贷：权益法调整——××公司   60 000

3）成本法与权益法的转换

（1）权益法转成本法。单位因处置部分长期股权投资等原因而对处置后的剩余股权投资由权益法改按成本法核算的，应当按照权益法下"长期股权投资"科目账面余额作为成本法下"长期股权投资"科目账面余额（成本）。

其后，被投资单位宣告分派现金股利或利润时，属于单位已计入投资账面余额的部分，按照应分得的现金股利或利润份额，借记"应收股利"科目，贷记"长期股权投资"科目。

（2）成本法转权益法。单位因追加投资等原因对长期股权投资的核算从成本法改为权益法的，应当按照成本法下"长期股权投资"科目账面余额与追加投资成本的合计金额，借记"长期股权投资——成本"科目，按照成本法下"长期股权投资"科目账面余额，贷记"长期股权投资"科目，按照追加投资的成本，贷记"银行存款"等科目。同时，在预算会计下，按照追加投资支付的价款，借记"投资支出"科目，贷记"资金结存——货币资金"科目。

【例 14-67】 某地矿勘查事业单位持有××公司 10％的股权，单位不参与公司的经营决策。该股权原系上级主管部门无偿调入，单位账面价值 93 万元。单位报经批准使用自有资金150万元增持××公司10％的股份,支出功能分类列"资源勘探信息等支出——资源勘探开发——其他资源勘探业支出"预算科目,部门预算支出经济分类列"其他支出"预算科目。至此,单位累计持有××公司20％的股份,并参与公司的经营管理和决策。

本案例中,单位起初持有××公司10％的股权,不参与公司的经营决策,单位应使用成本法核算长期股权投资。增持股份后,单位开始参与公司的经营管理和决策,符合权益法核算的条件,其长期股权投资应由成本法改为权益法。

财务会计:

借:长期股权投资——××公司——现金取得——成本　　　　　　　　1 500 000

　　长期股权投资——××公司——无偿调入——成本　　　　　　　　930 000

　　贷:长期股权投资——××公司——无偿调入　　　　　　　　　　930 000

　　　　银行存款——××银行　　　　　　　　　　　　　　　　　1 500 000

预算会计:

借: 投资支出——长期股权投资——××公司——其他支出——其他资源勘探业支出　　1 500 000

　　贷:资金结存——货币资金　　　　　　　　　　　　　　　　　1 500 000

3. 处置长期股权投资

1) 出售(转让)长期股权投资

按照规定报经批准出售(转让)长期股权投资时,应当区分长期股权投资取得方式分别进行处理。

(1) 处置以现金取得的长期股权投资。处置以现金取得的长期股权投资,按照实际取得的价款,借记"银行存款"等科目,按照被处置长期股权投资的账面余额,贷记"长期股权投资"科目,按照尚未领取的现金股利或利润,贷记"应收股利"科目,按照发生的相关税费等支出,贷记"银行存款"等科目,按照借贷方差额,借记或贷记"投资收益"科目。

同时,在预算会计下,按照实际收到的金额,借记"资金结存——货币资金"科目,按照取得投资时"投资支出"科目的发生额,贷记"投资支出"科目(当年投资的)或"其他结余"科目(以前年度投资的),按照其差额,贷记"投资预算收益"科目(如亏损,则记借方)。

(2) 处置以现金以外的其他资产取得的长期股权投资。处置以现金以外的其他资产取得的长期股权投资,按照被处置长期股权投资的账面余额,借记"资产处置费用"科目,贷记"长期股权投资"科目;同时,按照实际取得的价款,借记"银行存款"等科目,按照尚未领取的现金股利或利润,贷记"应收股利"科目,按照发生的相关税费等支出,贷记"银行存款"等科目,按照贷方差额,贷记"应缴财政款"科目。

按照规定将处置时取得的投资收益纳入单位预算管理的,应当按照所取得价款大于被处置长期股权投资账面余额、应收股利账面余额和相关税费支出合计的差额,贷记"投资收益"科目。

同时,在预算会计下,如处置净收入上缴国库的,不做账务处理;如处置取得的投资收益纳入单位预算管理的,按照实际取得的价款扣除投资账面余额和支付的相关税费后的余额,借记"资金结存——货币资金"科目,贷记"投资预算收益"科目。

【例 14-68】 某地矿勘查事业单位持有××公司 20%的股权,单位按照权益法对长期股权投资进行核算。其中,10%的股权系上级主管部门无偿调入,账面价值 93 万元;10%的股权系单位使用现金购入,账面价值 150 万元。现单位报经批准后,将持有的××公司股权予以全部转让,获得转让价款 320 万元,支出功能分类列"资源勘探信息等支出——资源勘探开发——其他资源勘探业支出"科目。根据规定,单位处置长期股权投资的投资收益纳入单位预算管理。

以现金和非现金方式取得的长期股权投资,在处置时的账务处理也各不相同。其中,处置以现金取得的长期股权投资,实现的净收益应直接记入"投资收益"科目;而处置以现金以外的其他资产取得的长期股权投资,实现的净收益应上缴国库的,直接记入"应缴财政款"科目,不上缴国库的,记入"投资收益"科目。本案例中,无偿调入方式和现金取得方式获得的长期股权投资各占 10%,则处置所得价款也按照所占取得股份的比例进行分配,即各为 160 万元。

(1)转让以现金取得的长期股权投资。

财务会计:

借:银行存款——××银行	1 600 000
贷:长期股权投资——××公司——现金取得——成本	1 500 000
投资收益——长期股权投资	100 000

预算会计:

借:资金结存——货币资金	1 600 000
贷:其他结余	1 500 000
投资预算收益——其他资源勘探业支出	100 000

(2)转让以无偿调入取得的长期股权投资。

财务会计:

借:资产处置费用——长期股权投资	930 000
贷:长期股权投资——××公司——无偿调入——成本	930 000
借:银行存款——××银行	1 600 000
贷:投资收益——长期股权投资	670 000
应缴财政款——资产处置收入	930 000

预算会计：

借：资金结存——货币资金 670 000

　　贷：投资预算收益——机构运行 670 000

2）经批准核销长期股权投资

因被投资单位破产清算等原因，有确凿证据表明长期股权投资发生损失，按照规定报经批准后予以核销时，按照予以核销的长期股权投资的账面余额，借记"资产处置费用"科目，贷记"长期股权投资"科目。

3）报经批准置换转出长期股权投资

报经批准置换转出长期股权投资时，参照本章"库存物品"科目中置换换入库存物品的规定及相关案例进行账务处理。

4）结转"权益法调整"金额

采用权益法核算的长期股权投资的处置，除进行上述账务处理外，还应结转原直接计入净资产的相关金额，借记或贷记"权益法调整"科目，贷记或借记"投资收益"科目。

长期股权投资主要经济业务会计核算如表14-31所示。

表14-31　　　　　　　长期股权投资主要经济业务会计核算

经济业务		财务会计核算	预算会计核算
（1）取得长期股权投资	以现金取得的长期股权投资	借：长期股权投资 　　应收股利 　贷：银行存款等	借：投资支出 　贷：资金结存——货币资金
	实际收到取得投资时所支付价款中包含的已宣告但尚未发放的现金股利	借：银行存款 　贷：应收股利	借：资金结存——货币资金 　贷：投资支出等
	以非现金资产置换取得长期股权投资	参照"库存物品"科目中置换取得库存物品的账务处理	
	以未入账的无形资产取得的长期股权投资	借：长期股权投资 　贷：银行存款/其他应交税费 　　其他收入	借：其他支出 　贷：资金结存
	接受捐赠长期股权投资	借：长期股权投资 　贷：银行存款等 　　捐赠收入	借：其他支出 　贷：资金结存
	无偿调入长期股权投资	借：长期股权投资 　贷：银行存款等 　　无偿调拨净资产	借：其他支出 　贷：资金结存

（续表）

经济业务			财务会计核算	预算会计核算
（2）持有长期股权投资	成本法	被投资单位宣告发放现金股利或利润	借：应收股利 　　贷：投资收益	—
		收到发放的现金股利	借：银行存款 　　贷：应收股利	借：资金结存——货币资金 　　贷：投资预算收益
	权益法	被投资单位实现净利润	借：长期股权投资——损益调整 　　贷：投资收益	
		被投资单位宣告发放现金股利或利润	借：应收股利 　　贷：长期股权投资——损益调整	
		收到发放的现金股利	借：银行存款 　　贷：应收股利	借：资金结存——货币资金 　　贷：投资预算收益
		被投资单位除净损益和利润分配以外的所有者权益变动	借（或贷）：长期股权投资——其他权益变动 　　贷（或借）：权益法调整	
	追加投资成本法改为权益法		借：长期股权投资——成本 　　贷：长期股权投资（成本法账面余额） 　　　　银行存款等	借：投资支出 　　贷：资金结存——货币资金
	权益法改为成本法		借：长期股权投资 　　贷：长期股权投资——成本 　　　　长期股权投资——损益调整 　　　　长期股权投资——其他权益变动	—
（3）处置长期股权投资	出售（转让）	处置以现金取得的长期股权投资	借：银行存款 　　贷：长期股权投资 　　　　应收股利 　　　　银行存款等 　　贷（或借）：投资收益	借：资金结存——货币资金 　　贷：投资支出/其他结余 　　　　投资预算收益
		处置其他资产取得的长期股权投资／处置净收入上缴国库	借：资产处置费用 　　贷：长期股权投资	实际取得处置投资时尚未领取的现金股利时
			借：银行存款（实际取得价款） 　　贷：应收股利（尚未领取的现金股利） 　　　　银行存款等（相关税费） 　　　　应缴财政款	借：资金结存——货币资金 　　贷：投资预算收益

（续表）

经济业务			财务会计核算	预算会计核算
（3）处置长期股权投资	出售（转让）其他取得的长期股权投资	处置资产取得的长期股权投资	借：资产处置费用 　　贷：长期股权投资	借：资金结存——货币资金 　　（取得价款扣减投资账面余额和相关税费后的差额） 　　贷：投资预算收益
		投资收益纳入单位预算管理	借：银行存款（实际取得价款） 　　贷：应收股利（尚未领取的现金股利） 　　　　银行存款等（相关税费） 　　　　投资收益 　　　　应缴财政款	
	核销		借：资产处置费用 　　贷：长期股权投资	—
	置换转出		参照"库存物品"科目中置换取得库存物品的账务处理	
	权益法下，处置时结转原计入净资产的相关金额		借（或贷）：权益法调整 　　贷（或借）：投资收益	—

四、长期债券投资

长期债券投资是事业单位按照规定取得的，持有时间超过 1 年（不含 1 年）的债券投资。

（一）会计科目设置

事业单位应设置"长期债券投资"科目，用于核算事业单位持有时间超过 1 年（不含 1 年）的债券投资。"长期债券投资"科目属于财务会计资产类科目，借方登记当期长期债券投资的增加；贷方登记当期出售或收回的长期债券投资；期末借方余额反映事业单位持有的长期债券投资的价值。

"长期债券投资"科目应设置"成本"和"应计利息"明细科目，并按照债券投资的种类进行明细核算。

（二）主要账务处理

1. 取得长期债券投资

取得的长期债券投资，按照确定的投资成本，借记"长期债券投资——成本"科目，按照支付的价款中包含的已到付息期但尚未领取的利息，借记"应收利息"科目，按照实际支付的金额，贷记"银行存款"等科目。同时，在预算会计下，按照实际支付的价款，借记"投资支出"科目，贷记"资金结存——货币资金"科目。

实际收到取得债券时所支付价款中包含的已到付息期但尚未领取的利息时，借"银行存款"科目，贷记"应收利息"科目。同时，在预算会计下，按照实际收到的债券利息,借记"资金结存——货币资金"科目,贷记"投资支出"等科目。

2. 持有长期债券投资

长期债券投资持有期间,按期以债券票面金额与票面利率计算确认利息收入时,如为到期一次还本付息的债券投资,借记"长期债券投资——应计利息"科目,贷记"投资收益"科目;如为分期付息、到期一次还本的债券投资,借记"应收利息"科目,贷记"投资收益"科目。

收到分期支付的利息时,按照实收的金额,借记"银行存款"等科目,贷记"应收利息"科目。同时,在预算会计下,按照实际收到的利息金额,借记"资金结存——货币资金"科目,贷记"投资预算收益"科目。

3. 收回长期债券投资

收回长期债券投资,按照实际收到的金额,借记"银行存款"科目,按照长期债券投资的账面余额,贷记"长期债券投资"科目,按照相关应收利息金额,贷记"应收利息"科目,按照其差额,贷记"投资收益"科目。同时,在预算会计下,按照实际收到的金额,借记"资金结存——货币资金"科目,按照投资债券的成本,贷记"投资支出"科目(当年投资的)或"其他结余"科目(以前年度投资的),按照其差额,贷记或借记"投资预算收益"科目。

【例 14-69】 某文化事业单位发生以下业务:

(1) 2×19 年 1 月 1 日,利用自有闲置资金购买 3 年期国债 50 万元,年利率为 4.5%,到期一次还本付息,支出功能分类列"文化旅游体育与传媒支出——文化和旅游——群众文化"预算科目,支出经济分类列"其他支出"预算科目。

财务会计:

借:长期债券投资——成本——3 年期国债　　　　　　　　500 000
　　贷:银行存款——××银行　　　　　　　　　　　　　　　500 000

预算会计:

借:投资支出——长期债券投资——国债——其他支出——群众文化　500 000
　　贷:资金结存——货币资金　　　　　　　　　　　　　　　500 000

(2) 2×19 年 1 月 31 日,确认利息收入。

该项国债为到期一次还本付息的债券,持有期间,单位应按期以债券票面金额与票面利率计算确认利息收入,并进行财务会计处理。

借:长期债券投资——应计利息——3 年期国债　　　　　　　1 875
　　贷:投资收益——长期债券投资　　　　　　　　　　　　　1 875

(3) 2×21 年 12 月 31 日,国债到期,收到债券本金和利息(已计提 2 年零 11 个月的利息)。

持有债券 3 年,单位已确认 2 年零 11 个月的债券利息为 65 625 元,相应记入

"长期债券投资——应计利息"科目,最后 1 个月的应计利息直接记入"投资收益"科目。

财务会计:

借:银行存款——××银行　　　　　　　　　　　　　　　567 500

　　贷:长期债券投资——成本——3 年期国债　　　　　500 000

　　　　长期债券投资——应计利息　　　　　　　　　　　65 625

　　　　投资收益——长期债券投资　　　　　　　　　　　 1 875

预算会计:

借:资金结存——货币资金　　　　　　　　　　　　　　　567 500

　　贷:其他结余　　　　　　　　　　　　　　　　　　　500 000

　　　　投资预算收益——群众文化　　　　　　　　　　　67 500

长期债券投资主要经济业务会计核算如表 14-32 所示。

表 14-32　　　　　　　　长期债券投资主要经济业务会计核算

	经济业务	财务会计核算	预算会计核算
(1) 取得长期债券投资	取得长期债券投资	借:长期债券投资——成本 　　应收利息 　贷:银行存款等	借:投资支出 　贷:资金结存——货币 　　　　　　资金
	收到投资价款中包含的已到付息期但尚未领取的利息	借:银行存款 　贷:应收利息	借:资金结存——货币资金 　贷:投资支出等
(2) 持有长期债券投资期间	按期计算确认利息收入	借:应收利息(分期付息)/长期债券投资——应计利息(到期一次付息) 　贷:投资收益	—
	实际收到分期支付的利息	借:银行存款 　贷:应收利息	借:资金结存——货币资金 　贷:投资预算收益
(3) 收回长期债券投资本息		借:银行存款等 　贷:长期债券投资 　　　应收利息 　贷(或借):投资收益	借:资金结存——货币资金 　贷:投资支出/其他结余 　贷(或借):投资预算收益

第十节 待摊费用与长期待摊费用

一、待摊费用

待摊费用是指单位已经支付,但应当由本期和以后各期分别负担的分摊期在1年以内(含1年)的各项费用。如预付租金等。待摊费用应当在其受益期限内分期平均摊销,计入当期费用。

(一)会计科目设置

行政事业单位应设置"待摊费用"科目,用于核算单位已经支付,但应当由本期和以后各期分别负担的分摊期在1年以内(含1年)的各项费用。"待摊费用"科目期末借方余额反映单位尚未摊销完毕的待摊费用。"待摊费用"科目应按照待摊费用种类进行明细核算。

(二)主要账务处理

(1)发生待摊费用时,按照实际预付的金额,借记"待摊费用"科目,贷记"财政拨款收入""零余额账户用款额度""银行存款"等科目。同时,在预算会计下,按照实际支付的价款,借记"行政支出""事业支出"等科目,贷记"资金结存""财政拨款预算收入"科目。

(2)按照受益期限分期平均摊销时,按照摊销金额,借记"业务活动费用""单位管理费用""经营费用"等科目,贷记"待摊费用"科目。

(3)如果某项待摊费用已经不能使单位受益,应当将其摊余金额一次全部转入当期费用。按照摊销金额,借记"业务活动费用""单位管理费用""经营费用"等科目,贷记"待摊费用"科目。

【例14-70】 某市场监督管理行政单位与××公司签订租赁合同,单位租用××公司的仓库,年租金120万元,每半年预付一次。现发生以下业务:

(1)单位从财政预算安排的监管执法专项资金中,通过财政直接支付方式预付半年租金60万元,支出功能分类列"一般公共服务支出——市场监督管理事务——市场监管执法"预算科目,支出经济分类列"商品和服务支出——租赁费"预算科目。

财务会计:

借:待摊费用——租赁费   600 000

   贷:财政拨款收入——一般公共预算财政拨款   600 000

预算会计：

借：行政　　财政拨　　项目　　监管执　　租赁　　市场监
　　支出　　款支出　　支出　　法专项　　费　　管执法　　　　　600 000

　　贷：财政拨款预算收入——项目支出——监管执法专项——市场监管执法　600 000

（2）单位按月进行仓库租金的摊销。

租金按月摊销金额＝60÷6＝10（万元）。因此，单位每月应做如下财务会计
处理：

借：业务活动费用——商品和服务支出　　　　　　　　　　　　　　100 000

　　贷：待摊费用——房租费　　　　　　　　　　　　　　　　　　　100 000

待摊费用主要经济业务会计核算如表14-33所示。

表14-33　　　　　　　　　　待摊费用主要经济业务会计核算

经济业务	财务会计核算	预算会计核算
（1）发生待摊费用	借：待摊费用 贷：财政拨款收入/零余额账 　　户用款额度/银行存款等	借：行政支出/事业支出等 贷：财政拨款预算收入/资金 　　结存
（2）按照受益期限分期平均摊销	借：业务活动费用/单位管理费 　　用等 贷：待摊费用	—
（3）摊余金额一次全部转入当期费用	借：业务活动费用/单位管理费 　　用等 贷：待摊费用	—

二、长期待摊费用

长期待摊费用是指单位已经支出，但应由本期和以后各期负担的分摊期限在
1年以上（不含1年）的各项费用，如以经营租赁方式租入的固定资产发生的改良
支出等。

（一）会计科目设置

行政事业单位应设置"长期待摊费用"科目，用于核算单位已经支出，但应当由
本期和以后各期分别负担的分摊期在1年以上（不含1年）的各项费用。"长期待
摊费用"科目期末借方余额反映单位尚未摊销完毕的长期待摊费用。

"长期待摊费用"科目应按照待摊费用种类进行明细核算。

（二）主要账务处理

（1）发生长期待摊费用时，按照支出金额，借记"长期待摊费用"科目，贷记"财
政拨款收入""零余额账户用款额度""银行存款"等科目。

（2）按照受益期间摊销长期待摊费用时，按照摊销金额，借记"业务活动费用"
"单位管理费用""经营费用"等科目，贷记"长期待摊费用"科目。

（3）如果某项长期待摊费用已经不能使单位受益,应当将其摊余金额一次全部转入当期费用。按照摊销金额,借记"业务活动费用""单位管理费用""经营费用"等科目,贷记"长期待摊费用"科目。

长期待摊费用的具体案例,参考本节"待摊费用"科目。

第十一节 政府储备物资

一、政府储备物资的概念与特征

（一）政府储备物资的概念

政府储备物资是指行政事业单位为满足实施国家安全与发展战略、进行抗灾救灾、应对公共突发事件等特定公共需求而控制的,同时具有下列特征的有形资产:

（1）在应对可能发生的特定事件或情形时动用。

（2）其购入、存储保管、更新（轮换）、动用等由政府及相关部门发布的专门管理制度规范。

政府储备物资主要包括战略及能源物资、抢险抗灾救灾物资、农产品、医药物资和其他重要商品物资,对于保障国家安全、服务国计民生具有重要意义,通常情况下由政府单位委托承储单位存储。

（二）政府储备物资的特征

从资产物质形态看,政府储备物资与库存物品具有一定相似性,但政府储备物资有其自身的特征:

一是政府储备物资是为满足特定公共需求而储备的物资,其主要目的是进行"储备",以用于应对可能发生的特定事件或状况,与开展日常性活动自身耗用或出售而储存的存货具有本质区别。

二是政府储备物资主要采取委托存储的管理模式,承储单位按照行政管理部门要求进行实际储存和日常管理,行政管理和存储执行相分离。

三是政府储备物资的收储资金来源复杂,除来源于部门预算资金外,还存在来源于银行专项贷款等情况。

四是政府储备物资业务流程独特,需要根据特定文件规定进行采购、存储、保管、轮换、发出等,且发出物资的收回往往具有不确定性。

二、政府储备物资的确认与计量

（一）政府储备物资的确认

政府储备物资同时满足下列条件的,应当予以确认:

（1）与该政府储备物资相关的服务潜力很可能实现或者经济利益很可能流入政府单位。

（2）该政府储备物资的成本或者价值能够可靠地计量。

符合上述条件规定的政府储备物资，应当由按规定对其负有行政管理职责的政府单位予以确认。行政管理职责主要指提出或拟定收储计划、更新（轮换）计划、动用方案等。

相关行政管理职责由不同政府单位行使的政府储备物资，由负责提出收储计划的政府单位予以确认。对政府储备物资不负有行政管理职责但接受委托具体负责执行其存储保管等工作的政府单位，其受托代储的政府储备物资应当作为受托代理资产，通过"受托代理资产"科目核算，而不能作为政府储备物资核算和管理。

（二）政府储备物资的计量

1. 初始计量

政府储备物资在取得时应当按照成本进行初始计量。政府储备物资成本的确定方法如表14-34所示。

表 14-34　　　　　　政府储备物资初始成本确定明细表

取得方式	初始成本的确定
（1）购入	成本包括购买价款和单位承担的相关税费、运输费、装卸费、保险费、检测费以及使政府储备物资达到目前场所和状态所发生的归属于政府储备物资成本的其他支出
（2）委托加工	成本包括委托加工前物料成本、委托加工的成本以及单位承担的使政府储备物资达到目前场所和状态所发生的归属于政府储备物资成本的其他支出
（3）接受捐赠	按照以下顺序确定：①有关凭据注明的金额加上相关税费确定。②按照评估价值加上相关税费确定。③比照同类或类似资产的市场价格加上相关税费确定
（4）无偿调入	按照调出方账面价值加上归属于政府会计主体的相关税费、运输费等确定
（5）盘盈	按照以下顺序确定：①有关凭据注明的金额确定。②按照评估价值确定。③按照重置成本确定

下列各项不计入政府储备物资成本：①仓储费用。②日常维护费用。③不能归属于使政府储备物资达到目前场所和状态所发生的其他支出。

2. 后续计量

政府储备物资发出的成本，应当根据实际情况采用先进先出法、加权平均法或者个别计价法确定。计价方法一经确定，不得随意变更。

对于性质和用途相似的政府储备物资，政府单位应当采用相同的成本计价方法确定发出物资的成本。对于不能替代使用的政府储备物资、为特定项目专门购入或加工的政府储备物资,政府会计主体通常应采用个别计价法确定发出物资的成本。

因动用而发出无须收回的政府储备物资的,政府单位应当在发出物资时将其账面余额予以转销,计入当期费用。因动用而发出需要收回或者预期可能收回的政府储备物资的,政府会计主体应当在按规定的质量验收标准收回物资时,将未收回物资的账面余额予以转销,计入当期费用。

因行政管理主体变动等原因而将政府储备物资调拨给其他政府单位的,政府单位应当在发出物资时将其账面余额予以转销。

政府单位对外销售政府储备物资的,应当在发出物资时将其账面余额转销计入当期费用,并按规定确认相关销售收入或将销售取得的价款大于所承担的相关税费后的差额做应缴款项处理。政府单位采取销售购方式对政府储备物资进行更新(轮换)的,应当将物资轮出视为物资销售,将物资轮入视为采购,并分别按照对外销售政府储备物资和购入政府储备物资的相关规定执行。

政府储备物资报废、毁损的,政府单位应当按规定报经批准后将政府储备物资的账面余额予以转销,确认应收款项(确定追究相关赔偿责任的)或计入当期费用(因储存年限到期报废或非人为因素致使报废、毁损的);同时,将报废、毁损过程中取得的残值变价收入扣除政府单位所承担的相关费用后的差额按规定作应缴款项处理(差额为净收益时)或计入当期费用(差额为净损失时)。

政府储备物资盘亏的,政府单位应当按规定报经批准后将盘亏的政府储备物资账面余额予以转销,确定追究相关赔偿责任的,确认应收款项;属于正常耗费或不可抗力因素造成的,计入当期费用。

三、政府储备物资的核算

(一) 会计科目设置

行政事业单位应设置"政府储备物资"科目,用于核算单位控制的政府储备物资的成本。"政府储备物资"科目期末借方余额反映单位期末政府储备物资的成本。

"政府储备物资"科目应按照政府储备物资的种类、品种、存放地点等进行明细核算;根据核算需要,可设置"在库""发出"等明细科目进行明细核算。

(二) 主要账务处理

1. 取得政府储备物资

1)购入政府储备物资

购入的政府储备物资验收入库,按照确定的成本,借记"政府储备物资"科目,贷记"财政拨款收入""零余额账户用款额度""银行存款"等科目。同时,在预算会计下,按照实际支付的价款,借记"行政支出""事业支出"等科目,贷记"财政拨款预算收入""资金结存"科目。

2）接受捐赠政府储备物资

接受捐赠的政府储备物资验收入库，按照确定的成本，借记"政府储备物资"科目，按照单位承担的相关税费、运输费等，贷记"零余额账户用款额度""银行存款"等科目，按照其差额，贷记"捐赠收入"科目。同时，在预算会计下，按照实际支付的相关税费，借记"其他支出"科目，贷记"财政拨款预算收入""资金结存"科目。

3）无偿调入政府储备物资

接受无偿调入的政府储备物资验收入库，按照确定的成本，借记"政府储备物资"科目，按照单位承担的相关税费、运输费等，贷记"零余额账户用款额度""银行存款"等科目，按照其差额，贷记"无偿调拨净资产"科目。同时，在预算会计下，按照实际支付的相关税费，借记"其他支出"科目，贷记"财政拨款预算收入""资金结存"科目。

【例14-71】 某应急管理行政单位，发生以下经济业务：

（1）单位收到××企业捐赠的抗震救灾专用帐篷一批，根据企业提供的购买合同和发票，该批物资价值80万元，由单位承担的运输费用1万元通过零余额账户支付，支出列单位日常公用经费，支出功能分类列"灾害防治及应急管理支出——应急管理事务——行政运行"预算科目，支出经济分类列"商品和服务支出——其他交通费用"预算科目。

财务会计：

借：政府储备物资——在库——救灾物资——专用帐篷	810 000
贷：零余额账户用款额度	10 000
捐赠收入——救灾物资——××企业	800 000

预算会计：

借：行政支出——财政拨款支出——基本支出——其他交通费用——行政运行	10 000
贷：资金结存——零余额账户用款额度	10 000

（2）单位收到上级应急管理部门无偿调入的一批医药物资，调拨通知显示，该批医药物资成本50万元，单位承担运输费5 000元，通过零余额账户从日常公用经费中支付。

财务会计：

借：政府储备物资——在库——医药物资——××医药物资	505 000
贷：零余额账户用款额度	5 000
无偿调拨净资产——政府储备物资	500 000

预算会计：

借：行政　　财政拨　　基本　　其他交　　行政　　　　　　5 000
　　支出　　款支出　　支出　　通费用　　运行

　　贷：资金结存——零余额账户用款额度　　　　　　　　　5 000

2. 政府储备物资的发出

（1）因动用而发出无须收回的政府储备物资的，按照发出物资的账面余额，借记"业务活动费用"科目，贷记"政府储备物资"科目。

（2）因动用而发出需要收回或者预期可能收回的政府储备物资的，在发出物资时，按照发出物资的账面余额，借记"政府储备物资——发出"科目，贷记"政府储备物资——在库"科目；按照规定的质量验收标准收回物资时，按照收回物资原账面余额，借记"政府储备物资——在库"科目，按照未收回物资的原账面余额，借记"业务活动费用"科目，按照物资发出时登记在"政府储备物资——发出"明细科目中的余额，贷记"政府储备物资——发出"科目。

（3）因行政管理主体变动等原因而将政府储备物资调拨给其他主体的，按照无偿调出政府储备物资的账面余额，借记"无偿调拨净资产"科目，贷记"政府储备物资"科目。

（4）对外销售政府储备物资并将销售收入纳入单位预算统一管理的，发出物资时，按照发出物资的账面余额，借记"业务活动费用"科目，贷记"政府储备物资"科目；实现销售收入时，按照确认的收入金额，借记"银行存款""应收账款"等科目，贷记"事业收入"等科目；发生的相关税费，借记"业务活动费用"科目，贷记"银行存款"等科目。同时，在预算会计下，按照实际收到的销售价款，借记"资金结存"科目，贷记"事业预算收入"等科目；按照实际支付的相关税费，借记"事业支出"等科目，贷记"资金结存"科目。

对外销售政府储备物资并按照规定将销售净收入上缴国库的，发出物资时，按照发出物资的账面余额，借记"资产处置费用"科目，贷记"政府储备物资"科目；取得销售价款时，按照实际收到的款项金额，借记"银行存款"等科目，按照发生的相关税费，贷记"银行存款"等科目，按照销售价款大于所承担的相关税费后的差额，贷记"应缴财政款"科目。因销售净收入上缴国库，未产生预算资金的流入和流出，因此，单位不做预算会计处理。

【例14-72】 某应急管理行政单位，发生以下经济业务：

（1）单位向灾区发送一批专用帐篷和医药物资，其中，专用帐篷账面价值81万元，预期部分帐篷可以收回；医药物资20万元，不再收回。

按照规定，发出无须收回的政府储备物资，直接核销政府储备物资记入"业务活动费用"科目；而发出需要收回或者预期可能收回的政府储备物资，则不能直接核销资产,而应根据资产"在库"或"发出"的状态变化进行明细核算。

借:政府储备物资——发出——救灾物资——专用帐篷　　　810 000

　　贷:政府储备物资——在库——救灾物资——专用帐篷　　　810 000

借:业务活动费用——对个人和家庭的补助费用　　　200 000

　　贷:政府储备物资——在库——医药物资——××医药物资　　　200 000

（2）单位从灾区收回部分专用帐篷20万元。

借:政府储备物资——在库——救灾物资——专用帐篷　　　200 000

　　业务活动费用——对个人和家庭的补助费用　　　610 000

　　贷:政府储备物资——发出——救灾物资——专用帐篷　　　810 000

3. 盘盈、盘亏或者报废、毁损政府储备物资

单位应当定期对政府储备物资进行清查盘点,每年至少盘点一次。对于发生的政府储备物资盘盈、盘亏或者报废、毁损,应当先记入"待处理财产损溢"科目,按照规定报经批准后及时进行后续账务处理。

（1）盘盈的政府储备物资,按照确定的入账成本,借记"政府储备物资"科目,贷记"待处理财产损溢"科目。

（2）盘亏或者毁损、报废的政府储备物资,按照待处理政府储备物资的账面余额,借记"待处理财产损溢"科目,贷记"政府储备物资"科目。

政府储备物资主要经济业务会计核算如表14-35所示。

表14-35　　　　　　政府储备物资主要经济业务会计核算

经济业务		财务会计核算	预算会计核算
(1) 政府储备物资取得	购入	借:政府储备物资 　贷:财政拨款收入/银行存款等	借:行政支出/事业支出等 　贷:财政拨款预算收入/资金结存
	接受捐赠	借:政府储备物资 　贷:零余额账户用款额度/银行存款等 　　捐赠收入	借:其他支出 　贷:财政拨款预算收入/资金结存
	无偿调入	借:政府储备物资 　贷:零余额账户用款额度/银行存款等 　　无偿调拨净资产	借:其他支出 　贷:财政拨款预算收入/资金结存

（续表）

经济业务		财务会计核算	预算会计核算
（2）政府储备物资的发出	无须收回	借：业务活动费用 　贷：政府储备物资	—
	需要收回或者预期收回 — 发出物资	借：政府储备物资——发出 　贷：政府储备物资——在库	—
	需要收回或者预期收回 — 收回物资	借：政府储备物资——在库 　业务活动费用 　贷：政府储备物资——发出	
	调拨给其他主体	借：无偿调拨净资产 　贷：政府储备物资	—
	对外销售 — 销售收入纳入单位预算管理	借：业务活动费用 　贷：政府储备物资 借：银行存款/应收账款等 　贷：事业收入等 借：业务活动费用 　贷：银行存款等（相关税费）	借：资金结存（销售价款） 　贷：事业预算收入等 借：事业支出等 　贷：资金结存（相关税费）
	对外销售 — 销售净收入上缴国库	借：资产处置费用 　贷：政府储备物资 借：银行存款等（销售价款） 　贷：银行存款等（相关税费） 　应缴财政款	—
（3）盘盈		借：政府储备物资 　贷：待处理财产损溢	—
（4）盘亏或者毁损、报废		借：待处理财产损溢 　贷：政府储备物资	—

第十二节　公共基础设施

一、公共基础设施的概念

公共基础设施是指行政事业单位为满足社会公共需求而控制的，同时具有以下特征的有形资产：①是一个有形资产系统或网络的组成部分。②具有特定用途。③一般不可移动。

公共基础设施主要包括市政基础设施（如城市道路、桥梁、隧道、公交场站、路灯、广场、公园绿地、室外公共健身器材,以及环卫、排水、供水、供电、供气、供热、污水处理、垃圾处理系统等)、交通基础设施(如公路、航道、港口等)、水利基础设施(如大坝、堤防、水闸、泵站、渠道等)和其他公共基础设施。

独立于公共基础设施、不构成公共基础设施使用不可缺少组成部分的管理维护用房屋建筑物、设备、车辆等,作为固定资产核算,不属于公共基础设施的核算范围。

属于文物文化资产的公共基础设施,作为文物文化资产进行核算。采用政府和社会资本合作模式(即 PPP 模式)形成的公共基础设施的确认和初始计量,不适用"公共基础设施"科目的相关规定。

二、公共基础设施的确认与计量

(一) 公共基础设施的确认

1. 确认条件

公共基础设施同时满足下列条件的,应当予以确认:一是与该公共基础设施相关的服务潜力很可能实现或者经济利益很可能流入政府会计主体;二是该公共基础设施的成本或者价值能够可靠地计量。

2. 确认主体

通常情况下,符合上述确认条件的公共基础设施,应当由按规定对其负有管理维护职责的政府单位予以确认。多个政府单位共同管理维护的公共基础设施,应当由对该资产负有主要管理维护职责或者承担后续主要支出责任的单位予以确认。分为多个组成部分由不同政府单位分别管理维护的公共基础设施,应当由各个单位分别对其负责管理维护的公共基础设施的相应部分予以确认。负有管理维护公共基础设施职责的政府单位通过政府购买服务方式委托企业或其他会计主体代为管理维护公共基础设施的,该公共基础设施应当由委托方予以确认。

3. 确认时点

通常情况下,对于自建或外购的公共基础设施,政府单位应当在该项公共基础设施验收合格并交付使用时确认;对于无偿调入、接受捐赠的公共基础设施,政府单位应当在开始承担该项公共基础设施管理维护职责时确认。

4. 确认方式

政府单位应当根据公共基础设施提供公共产品或服务的性质或功能特征对其进行分类确认。公共基础设施的各组成部分具有不同使用年限或者以不同方式提供公共产品或服务,适用不同折旧率或折旧方法且可以分别确定各自原价的,应当分别将各组成部分确认为该类公共基础设施的一个单项公共基础设施。

政府单位在购建公共基础设施时,能够分清购建成本中的构筑物部分与土地使用权部分的,应当将其中的构筑物部分和土地使用权部分分别确认为公共基础设施;不能分清购建成本中的构筑物部分与土地使用权部分的,应当整体确认为公共基础设施。

5. 后续支出

公共基础设施在使用过程中发生的后续支出,符合公共基础设施确认条件的,应当计入公共基础设施成本;不符合确认条件的,应当在发生时计入当期费用。

在通常情况下,为增加公共基础设施使用效能或延长其使用年限而发生的改建、扩建等后续支出,应当计入公共基础设施成本;为维护公共基础设施的正常使用而发生的日常维修、养护等后续支出,应当计入当期费用。

(二) 公共基础设施的计量

公共基础设施在取得时应当按照成本进行初始计量。公共基础设施初始成本的确定详见表 14-36。

表 14-36　　　　　　　公共基础设施初始成本确定明细表

取得方式		初始成本的确定
(1) 外购		成本包括购买价款、相关税费以及公共基础设施交付使用前所发生的可归属于该项资产的运输费、装卸费、安装费和专业人员服务费等
(2) 自行建造	新建	成本包括完成批准的建设内容所发生的全部必要支出,包括建筑安装工程投资支出、设备投资支出、待摊投资支出和其他投资支出
	改扩建	成本按照原公共基础设施账面价值加上改建、扩建等建造活动发生的支出,再扣除公共基础设施被替换部分的账面价值后的金额确定
(3) 无偿调入		按照该项公共基础设施在调出方的账面价值加上归属于调入方的相关费用确定
(4) 接受捐赠		按照以下顺序确定:①有关凭据注明的金额加上相关费用确定。②按照评估价值加上相关费用确定。③比照同类或类似资产的市场价格加上相关费用确定
(5) 盘盈		按照以下顺序确定:①按照有关凭据注明的金额确定。②按照评估价值确定。③按照重置成本确定

初始计量过程中,需要注意以下几点:

一是为建造公共基础设施借入的专门借款的利息,属于建设期间发生的,计入该公共基础设施在建工程成本;不属于建设期间发生的,计入当期费用。

二是已交付使用但尚未办理竣工决算手续的公共基础设施,应当按照估计价值入账,待办理竣工决算后再按照实际成本调整原来的暂估价值。

三是对于接受捐赠的公共基础设施,如果属于旧的公共基础设施,在确定其初始入账成本时应当考虑该项资产的新旧程度。

四是对于包括不同组成部分的公共基础设施,其只有总成本、没有单项组成部分成本的,政府会计主体可以按照各单项组成部分同类或类似资产的成本或市场价格比例对总成本进行分配,分别确定公共基础设施中各单项组成部分的成本。

五是对于盘盈的公共基础设施,当成本无法可靠取得时,单位应当设置备查簿进行登记,待成本能够可靠确定后按照规定及时入账。而在相同情形下,固定资产则应按照名义金额入账。

(三) 公共基础设施的折旧或摊销

1. 折旧或摊销范围

单位应当对公共基础设施计提折旧,但单位持续进行良好的维护使得其性能得到永久维持的公共基础设施和确认为公共基础设施的单独计价入账的土地使用权除外。

对于确认为公共基础设施的单独计价入账的土地使用权,单位应当按照无形资产的相关规定进行摊销。

2. 折旧年限

单位应当根据公共基础设施的性质和使用情况,合理确定公共基础设施的折旧年限。单位确定公共基础设施折旧年限,应当考虑下列因素:

(1) 设计使用年限或设计基准期。

(2) 预计实现服务潜力或提供经济利益的期限。

(3) 预计有形损耗和无形损耗。

(4) 法律或者类似规定对资产使用的限制。

公共基础设施的折旧年限一经确定,不得随意变更。但因改建、扩建等原因而延长公共基础设施使用年限的,应当按照重新确定的公共基础设施的成本和重新确定的折旧年限计算折旧额,不需调整原已计提的折旧额。

对于单位接受无偿调入、捐赠的公共基础设施,应当考虑该项资产的新旧程度,按照其尚可使用的年限计提折旧。

3. 折旧方法

公共基础设施一般采用年限平均法或者工作量法计提折旧。在确定公共基础设施的折旧方法时,应当考虑与公共基础设施相关的服务潜力或经济利益的预期实现方式。公共基础设施折旧方法一经确定,不得随意变更。年限平均法或者工作量法详见本书"固定资产"科目部分。

公共基础设施应计提的折旧总额为其成本,计提公共基础设施折旧时不考虑预计净残值。单位应当对暂估入账的公共基础设施计提折旧,实际成本确定后不需调整原已计提的折旧额。

4. 折旧计提时点

公共基础设施应当按月计提折旧,并计入当期费用。当月增加的公共基础设施,当月开始计提折旧;当月减少的公共基础设施,当月不再计提折旧。处于改建、扩建等建造活动期间的公共基础设施,应当暂停计提折旧。

公共基础设施提足折旧后,无论能否继续使用,均不再计提折旧;已提足折旧的公共基础设施,可以继续使用的,应当继续使用,并规范实物管理。提前报废的公共基础设施,不再补提折旧。

(四) 公共基础设施的处置

单位按规定报经批准无偿调出、对外捐赠公共基础设施的,应当将公共基础设施的账面价值予以转销,无偿调出、对外捐赠中发生的归属于调出方、捐出方的相关费用应当计入当期费用。

公共基础设施报废或遭受重大毁损的,单位应当在报经批准后将公共基础设施账面价值予以转销,并将报废、毁损过程中取得的残值变价收入扣除相关费用后的差额按规定做应缴款项处理(差额为净收益时)或计入当期费用(差额为净损失时)。

三、公共基础设施的核算

(一) 会计科目设置

行政事业单位应设置"公共基础设施"科目和"公共基础设施累计折旧(摊销)"总账科目,前者用于核算单位控制的公共基础设施的原值,后者用于核算单位计提的公共基础设施累计折旧和累计摊销。

"公共基础设施"科目期末借方余额反映单位控制的公共设施的原值。"公共基础设施累计折旧(摊销)"科目期末贷方余额反映单位提取的公共基础设施折旧和摊销的累计数。

"公共基础设施"科目应按照公共基础设施的类别、项目等进行明细核算;"公共基础设施累计折旧(摊销)"科目应按照所对应公共基础设施的明细分类进行明细核算。

(二) 主要账务处理

1. 取得公共基础设施

1) 外购

外购的公共基础设施,按照确定的成本,借记"公共基础设施"科目,贷记"财政拨款收入""零余额账户用款额度""银行存款"等科目。同时,在预算会计下,按照实际支付的金额,借记"行政支出""事业支出"科目,贷记"财政拨款预算收入""资金结存"科目。

2) 自行建造

自行建造的公共基础设施完工交付使用时,按照在建工程的成本,借记"公共基础设施"科目,贷记"在建工程"科目。

3）无偿调入

接受其他单位无偿调入的公共基础设施，按照确定的成本，借记"公共基础设施"科目，按照发生的归属于调入方的相关费用，贷记"财政拨款收入""零余额账户用款额度""银行存款"等科目，按照其差额，贷记"无偿调拨净资产"科目。同时，在预算会计下，按照实际支付的归属于调入方的相关费用，借记"其他支出"科目，贷记"财政拨款预算收入""资金结存"科目。

4）接受捐赠

接受捐赠的公共基础设施，按照确定的成本，借记"公共基础设施"科目，按照发生的相关费用，贷记"财政拨款收入""零余额账户用款额度""银行存款"等科目，按照其差额，贷记"捐赠收入"科目。同时，在预算会计下，按照实际支付的归属于捐入方的相关费用，借记"其他支出"科目，贷记"财政拨款预算收入""资金结存"科目。

【例14-73】 某市城市管理行政单位发生以下业务：

（1）单位自行建造一处公园绿地，在建工程的总成本为240万元，已经办理各项竣工决算手续并交付使用。

借：公共基础设施——市政基础设施——××公园绿地　　　2 400 000
　　贷：在建工程——××公园绿地　　　　　　　　　　　　　　2 400 000

（2）市住建部门根据市政府的意见，将由其负责管理维护的××广场无偿移交本单位。广场在住建部门的账面原值为500万元，已经计提折旧50万元。移交过程中未发生相关费用。

借：公共基础设施——市政基础设施——××广场　　　　　4 500 000
　　贷：无偿调拨净资产——公共基础设施　　　　　　　　　　4 500 000

（3）单位收到××企业捐赠的室外公共健身器材。该项健身器材系新建造资产，相关凭据注明的金额为20万元。

借：公共基础设施——市政基础设施——室外公共健身器材　　200 000
　　贷：捐赠收入——××企业——室外公共健身器材　　　　　　200 000

2. 计提公共基础设施折旧（摊销）

对公共基础设施按月计提折旧，按照应计提的折旧额（摊销额），借记"业务活动费用"科目，贷记"公共基础设施累计折旧（摊销）"科目。

【例14-74】 某交通行政单位管理的××公交场站，账面原值为2 400万元，其中，房屋构筑物（不含土地使用权）2 040万元，土地使用权360万元，均作为公共基础设施核算。土地使用权证规定的土地使用年限为40年，单位确定对土地使用权按40年进行摊销，对房屋构筑物按照20年计提折旧。

按照规定,对于确认为公共基础设施的单独计价入账的土地使用权,单位应当按照无形资产的相关规定进行摊销。因此,本例中,单位应对公交场站区别房屋构筑物和土地使用权分别实施折旧和摊销。

每月提取的土地使用权摊销额=360÷40÷12=7 500(元)

每月提取的房屋构筑物折旧额=2 040÷20÷12=85 000(元)

单位应就财务会计做如下账务处理:

借:业务活动费用——公共基础设施累计折旧(摊销)费   92 500

    贷:公共基础设施累计折旧(摊销)——市政基础设施   92 500

3. 公共基础设施的后续支出

1)改建、扩建

将公共基础设施转入改建、扩建时,按照公共基础设施的账面价值,借记"在建工程"科目,按照公共基础设施已计提折旧,借记"公共基础设施累计折旧(摊销)"科目,按照公共基础设施的账面余额,贷记"公共基础设施"科目。

为增加公共基础设施使用效能或延长其使用年限而发生的改建、扩建等后续支出,借记"在建工程"科目,贷记"财政拨款收入""零余额账户用款额度""银行存款"等科目。同时,在预算会计下,按照实际支付的改建、扩建等相关费用,借记"行政支出""事业支出"科目,贷记"财政拨款预算收入""资金结存"科目。

公共基础设施改建、扩建完成,竣工验收交付使用时,按照在建工程成本,借记"公共基础设施"科目,贷记"在建工程"科目。

2)日常维修

为保证公共基础设施正常使用发生的日常维修等支出,借记"业务活动费用""单位管理费用"等科目,贷记"财政拨款收入""零余额账户用款额度""银行存款"等科目。同时,在预算会计下,按照实际支付的日常维修等费用,借记"行政支出""事业支出"科目,贷记"财政拨款预算收入""资金结存"科目。

【例14-75】 某市政养护事业单位发生以下业务:

(1)本单位负责管理的××道路开始启动改扩建。该条道路账面原值1 800万元,已经计提折旧240万元。

借:在建工程——建筑安装工程投资——建筑工程——××道路   15 600 000

    公共基础设施累计折旧(摊销)——市政基础设施——××道路   2 400 000

    贷:公共基础设施——市政基础设施——××道路   18 000 000

(2)改扩建工程竣工,共计发生工程价款600万元,单位使用预算安排的市政道路改扩建项目资金,通过财政直接支付方式支付到位,支出功能分类列"城乡社区支出——城乡社区公共设施——其他城乡社区公共设施"预算科目,支出经济分类列"资本性支出——大型修缮"预算科目。

财务会计：

借：在建工程——建筑安装工程投资——建筑工程——××道路　　6 000 000

　　贷：财政拨款收入——一般公共预算拨款　　　　　　　　　　　6 000 000

借：公共基础设施——市政基础设施——××道路　　　　　　21 600 000

　　贷：在建工程——建筑安装工程投资——建筑工程——××道路　　21 600 000

预算会计：

借：| 行政支出 | 财政拨款支出 | 项目支出 | 市政道路改扩建项目 | 大型修缮 | 其他城乡社区公共设施 | 6 000 000 |

贷：| 财政拨款预算收入 | 项目支出 | 市政道路改扩建项目 | 其他城乡社区公共设施 | 6 000 000 |

（3）单位进行道路的日常维护管理，发生支出 30 万元，从预算安排的市政养护项目资金中通过财政授权支付方式支付，支出功能分类列"城乡社区支出——城乡社区公共设施——其他城乡社区公共设施"预算科目，支出经济分类列"商品和服务支出——维修（护）费"预算科目。

日常维护管理支出，属于为保证公共基础设施正常使用发生的支出，不能资本化处理，而应直接列入费用。

财务会计：

借：业务活动费用——商品和服务费用　　　　　　　　　　　300 000

　　贷：零余额账户用款额度　　　　　　　　　　　　　　　　　300 000

预算会计：

借：| 行政支出 | 财政拨款支出 | 项目支出 | 市政养护项目 | 维修（护）费 | 其他城乡社区公共设施 | 300 000 |

　　贷：资金结存——零余额账户用款额度　　　　　　　　　　　300 000

4. 处置公共基础设施

1）对外捐赠

报经批准对外捐赠公共基础设施，按照公共基础设施已计提的折旧或摊销，借记"公共基础设施累计折旧（摊销）"科目，按照被处置公共基础设施账面余额，贷记"公共基础设施"科目，按照捐赠过程中发生的归属于捐出方的相关费用，贷记"银行存款"等科目，按照其差额，借记"资产处置费用"科目。同时，在预算会计下，按照实际支付的归属于捐出方的相关费用，借记"其他支出"科目，贷记"资金结存"等科目。

2）无偿调出

报经批准无偿调出公共基础设施，按照公共基础设施已计提的折旧或摊销，借记"公共基础设施累计折旧（摊销）"科目，按照被处置公共基础设施账面余额，贷记

"公共基础设施"科目,按照其差额,借记"无偿调拨净资产"科目;同时,按照无偿调出过程中发生的归属于调出方的相关费用,借记"资产处置费用"科目,贷记"银行存款"等科目。同时,在预算会计下,按照实际支付的归属于调出方的相关费用,借记"其他支出"科目,贷记"资金结存"等科目。

【例14-76】 某体育事业单位将一批室外健身器材捐赠给××乡村小学。该批室外健身器材账面原值50万元,已计提折旧20万元。在捐赠过程中发生运输费2 000元,单位通过财政授权支付方式支付,支出列单位日常公用经费,支出功能分类列"文化旅游体育与传媒支出——体育——群众体育"预算科目,支出经济分类列"商品和服务支出——其他交通费用"预算科目。

财务会计:

借:公共基础设施累计折旧(摊销)——市政基础设施——室外健身器材　　200 000

　　资产处置费用——公共基础设施——捐赠　　　　　　　　　　　　　　302 000

　　贷:公共基础设施——市政基础设施——室外健身器材　　　　　　　　　　500 000

　　　　零余额账户用款额度　　　　　　　　　　　　　　　　　　　　　　　2 000

预算会计:

借:其他 财政拨 基本 其他交 群众
　　支出 款支出 支出 通费用 体育　　　　　　　　　　　　　　　　　　　　　2 000

　　贷:资金结存——零余额账户用款额度　　　　　　　　　　　　　　　　　　2 000

如果单位报经批准将室外健身器材无偿调出,则单位预算会计处理不变,财务会计做账务处理如下:

借:公共基础设施累计折旧(摊销)——市政基础设施——室外健身器材　　200 000

　　无偿调拨净资产——公共基础设施　　　　　　　　　　　　　　　　　　300 000

　　贷:公共基础设施——市政基础设施——室外健身器材　　　　　　　　　　500 000

借:资产处置费用——公共基础设施——无偿调出　　　　　　　　　　　　　　2 000

　　贷:零余额账户用款额度　　　　　　　　　　　　　　　　　　　　　　　2 000

5. 清查盘点公共基础设施

盘盈的公共基础设施,按照确定的入账成本,借记"公共基础设施"科目,贷记"待处理财产损溢"科目。

盘亏、毁损或报废的公共基础设施,按照待处置公共基础设施的账面价值,借记"待处理财产损溢"科目,按照已计提折旧或摊销,借记"公共基础设施累计折旧(摊销)"科目,按照公共基础设施的账面余额,贷记"公共基础设施"科目。

公共基础设施主要经济业务会计核算如表14-37所示。

表 14-37　　　　　　　　　　公共基础设施主要经济业务会计核算

经济业务		财务会计核算	预算会计核算
（1）取得公共基础设施	外购	借：公共基础设施 　　贷：财政拨款收入/应付账款/银行存款等	借：行政支出/事业支出 　　贷：财政拨款预算收入/资金结存
	自行建造	借：公共基础设施 　　贷：在建工程	—
	无偿调入	借：公共基础设施 　　贷：无偿调拨净资产 　　　　财政拨款收入/零余额账户用款额度/银行存款等	借：其他支出 　　贷：财政拨款预算收入/资金结存
	接受捐赠	借：公共基础设施 　　贷：捐赠收入 　　　　财政拨款收入/银行存款等	借：其他支出 　　贷：财政拨款预算收入/资金结存
（2）公共基础设施折旧（摊销）		借：业务活动费用 　　贷：公共基础设施累计折旧（摊销）	—
（3）公共基础设施后续支出	改建、扩建	借：在建工程 　　公共基础设施累计折旧（摊销） 　　贷：公共基础设施	—
		借：在建工程 　　贷：财政拨款收入/应付账款/银行存款等	借：行政支出/事业支出 　　贷：财政拨款预算收入/资金结存
	日常维修	借：业务活动费用 　　贷：财政拨款收入/银行存款等	借：行政支出/事业支出 　　贷：财政拨款预算收入/资金结存
（4）处置公共基础设施	对外捐赠	借：资产处置费用 　　公共基础设施累计折旧（摊销） 　　贷：公共基础设施 　　　　银行存款等	借：其他支出 　　贷：资金结存等
	无偿调出	借：无偿调拨净资产 　　公共基础设施累计折旧（摊销） 　　贷：公共基础设施	—
		借：资产处置费用 　　贷：银行存款等	借：其他支出 　　贷：资金结存等
（5）清查盘点公共基础设施	盘盈	借：公共基础设施 　　贷：待处理财产损溢	—
	盘亏、毁损或报废	借：待处理财产损溢 　　公共基础设施累计折旧（摊销） 　　贷：公共基础设施	—

第十三节 文物文化资产与保障性住房

一、文物文化资产

(一)文物文化资产概述

文物文化资产是指行政事业单位为满足社会公共需求而控制的历史文物、艺术品以及具有文化或历史价值并作长期或永久保存的典藏等。

文物文化资产在取得时应当按照成本进行初始计量。初始成本的确定见表 14-38。

表 14-38　　　　　　　　　文物文化资产初始成本确定明细表

取得方式	初始成本的确定
(1)外购	成本包括购买价款、相关税费以及可归属于该项资产达到预定用途前所发生的其他支出(如运输费、安装费、装卸费等)
(2)无偿调入	成本按照该项资产在调出方的账面价值加上归属于调入方的相关费用确定
(3)接受捐赠	按照以下顺序确定:①有关凭据注明的金额加上相关费用确定。②按照评估价值加上相关费用确定。③比照同类或类似资产的市场价格加上相关费用确定

有三点需要注意:一是单位为满足自身开展业务活动或其他活动需要而控制的文物和陈列品,应当作为固定资产核算,而不通过"文物文化资产"科目核算。二是对于成本无法可靠取得的文物文化资产,单位应当设置备查簿进行登记,待成本能够可靠地确定后按照规定及时入账,不采用名义金额入账的方式。这一点的处理,文物文化资产与公共基础设施是一样的,而相同情形下,固定资产则应按照名义金额入账。三是单位应当定期对文物文化资产进行清查盘点,每年至少盘点一次。

(二)文物文化资产的核算

行政事业单位应设置"文物文化资产"总账科目,用于核算单位为满足社会公共需求而控制的文物文化资产的成本。"文物文化资产"期末借方余额,反映单位期末控制的文物文化资产的成本。

"文物文化资产"应按照文物文化资产的类别、项目等进行明细核算。

文物文化资产除了不需计提折旧、没有自行建造的取得方式外,其他账务处理与公共基础设施基本相同,具体可参照"公共基础设施"科目相关规定进行账务处理。相关案例也一并参考"公共基础设施"科目的实例分析。

二、保障性住房

(一) 保障性住房概述

保障性住房是指政府为中低收入住房困难家庭所提供的限定标准、限定价格或租金的住房，一般由廉租住房、经济适用住房、政策性租赁住房、定向安置房等构成。这种类型的住房有别于完全由市场形成价格的商品房。

保障性住房在取得时，应当按其成本入账。其中：

(1) 外购的保障性住房，其成本包括购买价款、相关税费以及可归属于该项资产达到预定用途前所发生的其他支出。

(2) 自行建造的保障性住房，其成本包括完成批准的建设内容所发生的全部必要支出，包括建筑安装工程投资支出、设备投资支出、待摊投资支出和其他投资支出。已交付使用但尚未办理竣工决算手续的保障性住房，按照估计价值入账，待办理竣工决算后再按照实际成本调整原来的暂估价值。

(3) 接受其他单位无偿调入的保障性住房，其成本按照该项资产在调出方的账面价值加上归属于调入方的相关费用确定。

(4) 接受捐赠的保障性住房，其成本按照有关凭据注明的金额加上相关费用确定；没有相关凭据可供取得，但按规定经过资产评估的，其成本按照评估价值加上相关费用确定；没有相关凭据可供取得、也未经资产评估的，其成本比照同类或类似资产的市场价格加上相关费用确定。

(5) 融资租赁取得的保障性住房，其成本按照租赁协议或者合同确定的租赁价款、相关税费以及保障性住房交付使用前所发生的可归属于该项资产的相关费用等确定。

(二) 会计科目设置

行政事业单位应设置"保障性住房"科目和"保障性住房累计折旧"科目，前者用于核算单位为满足社会公共需求而控制的保障性住房的原值，后者用于核算单位计提的保障性住房的累计折旧。

"保障性住房"期末借方余额反映单位期末控制的保障性住房的原值。"保障性住房累计折旧"科目期末贷方余额反映单位计提的保障性住房折旧累计数。

"保障性住房"科目按照保障性住房的类别、项目等进行明细核算；"保障性住房累计折旧"科目应按照保障性住房的类别进行明细核算。

(三) 主要账务处理

1. 取得保障性住房

1) 外购保障性住房

外购的保障性住房，按照确定的成本，借记"保障性住房"科目，贷记"财政拨款收入""零余额账户用款额度""银行存款"等科目。同时，在预算会计下，按照实际支付的款项，借记"行政支出""事业支出"等科目，贷记"财政拨款预算收入""资金结存"科目。

2）自行建造保障性住房

自行建造的保障性住房交付使用时，按照在建工程成本，借记"保障性住房"科目，贷记"在建工程"科目。

3）无偿调入保障性住房

无偿调入的保障性住房，按照确定的成本，借记"保障性住房"科目，按照发生的归属于调入方的相关费用，贷记"零余额账户用款额度""银行存款"等科目，按照其差额，贷记"无偿调拨净资产"科目。同时，在预算会计下，按照实际支付的相关费用，借记"其他支出"科目，贷记"财政拨款预算收入""资金结存"科目。

4）接受捐赠、融资租赁保障性住房

接受捐赠、融资租赁取得的保障性住房，参照本章第五节"固定资产"科目相关规定进行处理。

2. 保障性住房的折旧

单位应当参照固定资产计提折旧的相关规定，按月对其控制的保障性住房计提折旧。按月计提保障性住房折旧时，按照应计提的折旧额，借记"业务活动费用"科目，贷记"保障性住房累计折旧"科目。

3. 保障性住房后续支出

与保障性住房有关的后续支出，参照本章"固定资产"科目相关规定进行处理。

4. 出租保障性住房

按照规定出租保障性住房并将出租收入上缴同级财政，按照收取的租金金额，借"银行存款"等科目，贷记"应缴财政款"科目。

【例 14-77】　某县住房保障行政单位发生以下经济业务：

（1）单位经县政府同意，购买商品住宅楼一栋，专门作为公共租赁住房使用。购买价款 2 000 万元，相关税费 40 万元，所需资金从预算安排的保障房购置专项资金中，通过财政直接支付的方式支付，支出功能分类列"住房保障支出——保障性安居工程支出——公共租赁住房"预算科目，部门预算支出经济分类列"资本性支出——房屋建筑物购建"预算科目。

财务会计：

借：保障性住房——公共租赁住房　　　　　　　　　　　　　　　20 400 000

　　贷：财政拨款收入——一般公共预算拨款　　　　　　　　　　　　　20 400 000

预算会计：

借：行政支出——财政拨款支出——项目支出——保障房购置专项——房屋建筑物购建——公共租赁住房　　　20 400 000

　　贷：财政拨款预算收入——项目支出——保障房购置专项——公共租赁住房　　　20 400 000

（2）购买当月单位计提本月折旧。该项保障性住房的折旧年限为 50 年。

按月计提折旧额＝2 040÷50÷12＝3.4(万元)

借：业务活动费用——保障性住房折旧费　　　　　　　　　　　　　　　34 000

　　贷：保障性住房累计折旧——公共租赁住房　　　　　　　　　　　　34 000

（3）单位将房屋出租给符合条件的家庭，取得当月租金收入2万元，根据规定租金收入全额上缴国库。

因保障性住房租金收入全额上缴国库，不属于单位的预算资金，因此，单位不做预算会计处理。

借：银行存款——××银行　　　　　　　　　　　　　　　　　　　　　20 000

　　贷：应缴财政款——国有资产出租收入　　　　　　　　　　　　　　20 000

5. 处置保障性住房

1）无偿调出保障性住房

报经批准无偿调出保障性住房，按照保障性住房已计提的折旧，借记"保障性住房累计折旧"科目，按照被处置保障性住房账面余额，贷记"保障性住房"科目，按照其差额，借记"无偿调拨净资产"科目；同时，按照无偿调出过程中发生的归属于调出方的相关费用，借记"资产处置费用"科目，贷记"银行存款"等科目。同时，在预算会计下，按照实际支付的相关费用，借记"其他支出"等科目，贷记"资金结存"等科目。

2）出售保障性住房

报经批准出售保障性住房，按照被出售保障性住房的账面价值，借记"资产处置费用"科目，按照保障性住房已计提的折旧，借记"保障性住房累计折旧"科目，按照保障性住房账面余额，贷记"保障性住房"科目；同时，按照收到的价款，借记"银行存款"等科目，按照出售过程中发生的相关费用，贷记"银行存款"等科目，按照其差额，贷记"应缴财政款"科目。

3）盘盈、盘亏、毁损或报废保障性住房

对于发生的保障性住房盘盈、盘亏、毁损或报废等，参照本章第五节"固定资产"科目相关规定进行账务处理。

【例14-78】　某市住房保障行政单位根据相关政策规定，将部分廉租房出售给符合条件的家庭。该批廉租房账面原值300万元，出售时已经计提折旧15万元。单位共取得售房款310万元，发生相关税费20万元通过银行转账支付。

保障性住房系政府出资购置或建设，保障房出售后的净收入应全额上缴国库。因此，单位不做预算会计处理。则财务会计做账务处理如下：

借：资产处置费用——保障性住房——对外出售　　　　　　　　　　　2 850 000

　　保障性住房累计折旧——政府廉租房　　　　　　　　　　　　　　150 000

　　贷：保障性住房——政府廉租房　　　　　　　　　　　　　　　　3 000 000

借：银行存款——××银行　　　　　　　　　　　　　　　　　3 100 000

　　贷：银行存款——××银行　　　　　　　　　　　　　　　200 000

　　　　应缴财政款——国有资产处置收入　　　　　　　　　2 900 000

保障性住房主要经济业务会计核算如表14-39所示。

表14-39　　　　　　　　保障性住房主要经济业务会计核算

经济业务		财务会计核算	预算会计核算
（1）取得保障性住房	外购	借：保障性住房 　贷：财政拨款收入/应付账款/银行存款等	借：行政支出/事业支出 　贷：财政拨款预算收入/资金结存
	自行建造	借：保障性住房 　贷：在建工程	—
	无偿调入	借：保障性住房 　贷：无偿调拨净资产 　　　财政拨款收入/银行存款	借：其他支出 　贷：财政拨款预算收入/资金结存
	接受捐赠、融资租赁	参照"固定资产"科目相关规定进行处理	
（2）保障性住房的折旧		借：业务活动费用 　贷：保障性住房累计折旧	—
（3）保障性住房的后续支出		参照"固定资产"科目相关规定进行处理	
（4）出租保障性住房		借：银行存款等 　贷：应缴财政款	—
（5）处置保障性住房	无偿调出	借：无偿调拨净资产 　　　保障性住房累计折旧 　贷：保障性住房 借：资产处置费用 　贷：银行存款等	借：其他支出 　贷：资金结存等
	出售	借：资产处置费用 　　　保障性住房累计折旧 　贷：保障性住房 借：银行存款等（收到价款） 　贷：银行存款等（相关费用） 　　　应缴财政款	—
	盘盈、盘亏、毁损或报废	参照"固定资产"科目相关规定进行财务处理	

第十四节 待处理财产损溢与受托代理资产

一、待处理财产损溢

待处理财产损溢是指行政事业单位在资产清查过程中查明的各种资产盘盈、盘亏和报废、毁损的价值。设置"待处理财产损溢"科目，就是为了将资产的真实损溢情况，在资产发生损溢后、报经批准前能够在账上反映和体现出来，真实反映资产信息。因此，"待处理财产损溢"科目属于过渡性的科目，单位资产清查中查明的资产盘盈、盘亏、报废和毁损，一般先记入本科目，按照规定报经批准后再及时进行相应的账务处理。

（一）会计科目设置

行政事业单位应设置"待处理财产损溢"科目，用于核算单位在资产清查过程中查明的各种资产盘盈、盘亏和报废、毁损的价值。"待处理财产损溢"科目期末如为借方余额，反映尚未处理完毕的各种资产的净损失；如为贷方余额，反映尚未处理完毕的各种资产净溢余；年末，经批准处理后，本科目一般应无余额。

"待处理财产损溢"科目应当按照待处理的资产项目进行明细核算；对于在资产处理过程中取得收入或发生相关费用的项目，还应当设置"待处理财产价值""处理净收入"明细科目，进行明细核算。

（二）主要账务处理

1. 库存现金溢余或短缺

1）现金溢余

在每日账款核对中发现现金溢余，按照实际溢余的金额，借记"库存现金"科目，贷记"待处理财产损溢"科目。经核实，属于应支付给有关人员或单位的，借记"待处理财产损溢"科目，贷记"其他应付款"科目；属于无法查明原因的，报经批准后，借记"待处理财产损溢"科目，贷记"其他收入"科目。

同时，在预算会计下，如发现现金溢余，按照溢余的现金金额，借记"资金结存——货币资金"科目，贷记"其他预算收入"科目；经核实，属于应支付给有关个人和单位的部分，按照实际支付的金额，借记"其他预算收入"科目，贷记"资金结存——货币资金"科目。

2）现金短缺

在每日账款核对中发现现金短缺，按照实际短缺的金额，借记"待处理财产损溢"科目，贷记"库存现金"科目；属于应由责任人赔偿或向有关人员追回的，借记"其他应收款"科目，贷记"待处理财产损溢"科目；属于无法查明原因的，报经批准核销时,借记"资产处置费用"科目,贷记"待处理财产损溢"科目。

同时,在预算会计下,如发现现金短缺,按照短缺的现金金额,借记"其他支出"科目,贷记"资金结存——货币资金"科目;经核实,属于应当由有关人员赔偿的,按照收到的赔偿金额,借记"资金结存——货币资金"科目,贷记"其他支出"科目。

【例14-79】 某技工学校事业单位发生以下业务:

(1)单位出纳在盘点库存现金时,发现现金溢余300元,支出功能分类列"教育支出——职业教育——技校教育"预算科目。

财务会计:

借:库存现金		300
贷:待处理财产损溢——现金溢余		300

预算会计:

借:资金结存——货币资金		300
贷:其他预算收入——现金溢余收入——非专项资金收入——技校教育		300

(2)经核查,有200元应支付给××单位,及时支付该单位;有100元无法查明原因,报经批准后作为单位收入。

财务会计:

借:待处理财产损溢——现金溢余		300
贷:其他收入——现金溢余		100
库存现金		200

预算会计:

借:其他预算收入——现金溢余收入——非专项资金收入——技校教育		200
贷:资金结存——货币资金		200

通过本例可以看出,对于现金溢余(或短缺),财务会计和预算会计的处理理念是不一样的。财务会计先将现金溢余(或短缺)计入"待处理财产损溢",待核查后对于无法查明原因的,再计入收入或费用;而预算会计则先计入收入或支出,待核查后对于支付或收回赔偿的,再冲减收入或支出。

2. 非现金资产的盘盈、盘亏或毁损、报废

资产清查过程中发现的存货、固定资产、无形资产、公共基础设施、政府储备物资、文物文化资产、保障性住房等各种资产盘盈、盘亏或毁损、报废,按以下方式进行账务处理。

1)非现金资产的盘盈

转入待处理资产时,按照确定的成本,借记"库存物品""固定资产""公共基础设施""政府储备物资""文物文化资产""保障性住房"等科目,贷记"待处理财产损溢"科目。

按照规定报经批准后处理时,对于盘盈的流动资产,借记"待处理财产损溢"科目,贷记"单位管理费用"(事业单位)或"业务活动费用"(行政单位)科目。对于盘盈的非流动资产,如属于本年度取得的,按照当年新取得相关资产进行账务处理;如属于以前年度取得的,按照前期差错处理,借记"待处理财产损溢"科目,贷记"以前年度盈余调整"科目。

2)非现金资产的盘亏、毁损或报废

(1)转入待处理资产时,借记"待处理财产损溢——待处理财产价值"科目[盘亏、毁损、报废固定资产、无形资产、公共基础设施、保障性住房的,还应借记"固定资产累计折旧""无形资产累计摊销""公共基础设施累计折旧(摊销)""保障性住房累计折旧"等科目],贷记"库存物品""固定资产""无形资产""公共基础设施""政府储备物资""文物文化资产""保障性住房""在建工程"等科目。涉及增值税业务的,相关账务处理参见"应交增值税"科目。

报经批准处理时,借记"资产处置费用"科目,贷记"待处理财产损溢——待处理财产价值"科目。

(2)处理毁损、报废实物资产过程中取得的残值或残值变价收入、保险理赔和过失人赔偿等,借记"库存现金""银行存款""库存物品""其他应收款"等科目,贷记"待处理财产损溢——处理净收入"科目;处理毁损、报废实物资产过程中发生的相关费用,借记"待处理财产损溢——处理净收入"科目,贷记"库存现金""银行存款"等科目。

处理收支结清,如果处理收入大于相关费用的,按照处理收入减去相关费用后的净收入,借记"待处理财产损溢——处理净收入"科目,贷记"应缴财政款"科目;如果处理收入小于相关费用的,按照相关费用减去处理收入后的净支出,借记"资产处置费用"科目,贷记"待处理财产损溢——处理净收入"科目。

如处理收入小于相关费用的,应同时在预算会计下,按实际支付的处理净支出,借记"其他支出"科目,贷记"资金结存"等科目。

【例14-80】 某事业单位发生以下业务:

(1)单位对固定资产进行实物盘点时,发现一台打印机损毁且无维修价值。该设备账面余额15 000元,已计提折旧9 000元。

借:待处理财产损溢——待处理财产价值	6 000
固定资产累计折旧——通用设备——打印机	9 000
贷:固定资产——通用设备——打印机	15 000

(2)单位报经批准,将打印机报废变价处理,取得残值现金收入1 000元,发生清理费用300元并使用现金支付。

借：资产处置费用——固定资产——报废 6 000

    贷：待处理财产损溢——待处理财产价值 6 000

借：库存现金 1 000

    贷：待处理财产损溢——处理净收入 1 000

借：待处理财产损溢——处理净收入 300

    贷：库存现金 300

（3）按规定处置净收入应上缴国库，单位将处置净收入上缴国库。

借：待处理财产损溢——处理净收入 700

    贷：应缴财政款——国有资产处置收入 700

借：应交财政款——国有资产处置收入 700

    贷：库存现金 700

待处理财产损溢主要经济业务会计核算如表14-40所示。

表 14-40　　　　　　待处理财产损溢主要经济业务会计核算

经济业务			财务会计核算	预算会计核算
（1）现金溢余	发现溢余		借：库存现金 　贷：待处理财产损溢	借：资金结存——货币资金 　贷：其他预算收入
	经查属于应支付给有关人员或单位		借：待处理财产损溢 　贷：其他应付款	借：其他预算收入 　贷：资金结存——货币资金
	无法查明原因		借：待处理财产损溢 　贷：其他收入	—
（2）现金短缺	发现短缺		借：待处理财产损溢 　贷：库存现金	借：其他支出 　贷：资金结存——货币资金
	由责任人赔偿或向有关人员追回		借：其他应收款 　贷：待处理财产损溢	借：资金结存——货币资金 　贷：其他支出
	无法查明原因的，报批核销		借：资产处置费用 　贷：待处理财产损溢	—
（3）非现金资产的盘盈	转入待处理资产		借：库存物品/固定资产等 　贷：待处理财产损溢	—
	盘盈的流动资产处理		借：待处理财产损溢 　贷：单位管理费用/业务活动费用	—
	盘盈的非流动资产处理	属于本年度取得	按当年新取得资产进行账务处理	—
		属于以前年度取得	借：待处理财产损溢 　贷：以前年度盈余调整	—

（续表）

经济业务		财务会计核算	预算会计核算
（4）非现金资产盘亏、毁损或报废	转入待处理资产	借：待处理财产损溢——待处理财产价值 　　固定资产累计折旧/无形资产累计摊销等 　贷：库存物品/固定资产/无形资产等	—
	报经批准处理	借：资产处置费用 　贷：待处理财产损溢——待处理财产价值	—
	取得残值变价收入	借：库存现金/银行存款/其他应收款等 　贷：待处理财产损溢——处理净收入	—
	发生相关费用	借：待处理财产损溢——处理净收入 　贷：库存现金/银行存款等	—
	处理收入大于相关费用	借：待处理财产损溢——处理净收入 　贷：应缴财政款	—
	处理收入小于相关费用	借：资产处置费用 　贷：待处理财产损溢——处理净收入	借：其他支出 　贷：资金结存等

二、受托代理资产

（一）受托代理资产概述

受托代理资产是指行政事业单位接受委托方委托管理的各项非现金资产，包括受托指定转赠的物资、受托存储保管的物资等。单位管理的罚没物资也应作为受托代理资产管理。单位收到的受托代理资产为现金和银行存款的，不通过"受托代理资产"科目核算，而应当通过"库存现金""银行存款"科目进行核算。

受托代理资产主要分为五类：一是接受委托人委托需要转赠给受赠人的资产；二是使用受托代理资金购买的需要转赠受赠人的资产；三是接受委托人委托存储保管的资产；四是罚没物资；五是单位受托代理的其他资产（不含现金和银行存款）。各类受托代理资产的成本均按照有关凭据注明的金额确定。罚没物资成本无法可靠确定的，单位应当设置备查簿进行登记。

（二）会计科目设置

行政事业单位应设置"受托代理资产"科目，用于核算单位接受委托方委托管理的各项非现金资产的成本。"受托代理资产"科目期末借方余额反映单位期末受托代理实物资产的成本。

"受托代理资产"科目应按照资产的种类和委托人进行明细核算;属于转赠资产的,还应当按照受赠人进行明细核算。高等学校应当在"受托代理资产"科目下设置"应收及暂付款""固定资产""无形资产"明细科目。

(三) 主要账务处理

(1) 受托代理物资验收入库,按照确定的成本,借记"受托代理资产"科目,贷记"受托代理负债"科目。

(2) 根据受托协议约定,发生由受托单位承担的相关税费、运输费、保管费等费用的,按照实际发生的费用金额,借记"其他费用"科目,贷记"银行存款"等科目。同时,在预算会计下,按照实际支付的费用,借记"其他支出"科目,贷记"资金结存""财政拨款预算收入"科目。

(3) 根据委托人要求将受托转赠物资交付受赠人,交付或发出受托存储保管的物资,按照规定处置或移交罚没物资时,按照转赠、发出物资或罚没物资的成本,借记"受托代理负债"科目,贷记"受托代理资产"科目。

(4) 转赠物资的委托人取消了对捐赠物资的转赠要求,且不再收回捐赠物资的,应当将转赠物资转为单位的存货、固定资产等。按照转赠物资的成本,借记"受托代理负债"科目,贷记"受托代理资产"科目;同时,借记"库存物品""固定资产"等科目,贷记"其他收入"科目。

(5) 按照规定处置罚没物资取得款项的,按照实际取得的款项金额,借记"银行存款"等科目,贷记"应缴财政款"科目。

(6) 使用受托代理资金购置固定资产或无形资产时,借记"受托代理资产——固定资产"或"受托代理资产——无形资产"科目,贷记"银行存款——受托代理资产""库存现金——受托代理资产"等科目。受托代理资产科目下"固定资产""无形资产"不计提折旧和摊销。受托代理的固定资产、无形资产报废、转交时,按照受托代理的固定资产、无形资产账面余额,借记"受托代理负债"科目,贷记"受托代理资产"科目及其明细科目。

【例 14-81】 某卫生行政单位发生以下业务:

(1) 单位受××基金会委托,将一批医疗器材转赠××地震灾区。相关凭据注明,该批医疗器械成本为 10 万元。器材已经验收入库,发生运输费 2 000 元由单位承担,并使用日常公用经费从零余额账户中支付,支出功能科目列"卫生健康支出——卫生健康管理事务——行政运行"预算科目,部门预算支出经济分类列"商品和服务支出——其他交通费用"预算科目。

财务会计:

借:受托代理资产——医疗器械——××基金会——××地震灾区　　　1 000 000

　　贷:受托代理负债——医疗器械——××基金会——××地震灾区　　　1 000 000

借：其他费用——商品和服务支出   2 000

    贷：零余额账户用款额度   2 000

预算会计：

借：其他支出 — 财政拨款支出 — 基本支出 — 其他交通费用 — 行政运行   2 000

    贷：资金结存——零余额账户用款额度   2 000

（2）××基金会修改转赠协议，取消了 2 万元医疗器械转赠要求，剩余的 8 万元继续转赠灾区。

借：受托代理负债——医疗器械——××基金会——××地震灾区   20 000

    贷：受托代理资产——医疗器械——××基金会——××地震灾区   20 000

借：固定资产——专用设备——医疗器械   20 000

    贷：其他收入——××基金会   20 000

（3）单位根据委托协议，将 8 万元医疗器械交付地震灾区。

借：受托代理负债——医疗器械——××基金会——××地震灾区   800 000

    贷：受托代理资产——医疗器械——××基金会——××地震灾区   800 000

受托代理资产主要经济业务会计核算如表 14-41 所示。

表 14-41   受托代理资产主要经济业务会计核算

经济业务	财务会计核算	预算会计核算
（1）取得受托代理物资	借：受托代理资产 贷：受托代理负债	—

（2）发生由受托单位承担的相关税费、保管费等费用	借：其他费用
	  贷：银行存款等
		借：其他支出
		  贷：资金结存/财政拨款预算收入

（3）交付受托物资	借：受托代理负债 贷：受托代理资产	—

（4）委托人取消了对捐赠物资的转赠要求，且不再收回捐赠物资	借：受托代理负债
	  贷：受托代理资产
	
	借：库存物品/固定资产等
	  贷：其他收入
		—

（5）处置罚没物资取得款项	借：银行存款等 贷：应缴财政款	—

第十五章　政府单位负债的核算

第一节　负债概述

一、负债的概念与特点

负债是指政府会计主体过去的经济业务或者事项形成的,预期会导致经济资源流出单位的现时义务。从负债的定义可以看出,负债具有以下特点:

一是负债是由过去的经济业务或事项形成的。政府单位在未来的业务活动中产生的经济负担不是现时义务,不应当确认为负债。

二是负债能够可靠地计量。只有通过货币计量,才能对负债进行会计核算。

三是履行义务很可能导致含有服务潜力或者经济利益的经济资源流出单位。

二、负债的管理

政府单位应当对不同性质的债务进行分类管理,及时清理并按规定办理结算,保证各项负债按期归还,防范财务风险。

(一) 借款的管理

行政单位不得借款,其资金需求由财政预算统筹解决。事业单位应规范和加强借款的管理,严格执行审批程序,落实还款资金来源,建立财务风险防控机制,不得违反规定举借债务。

(二) 应缴款项的管理

应缴财政款应当按照非税收入收缴的有关规定,及时足额上缴国库或者财政专户,不得隐瞒、滞留、截留、挪用和坐支。应交增值税及其他税费应当按照税务法律法规的规定,正确计提应交税额,并及时申报和足额缴纳各项税款。

(三) 应付及预收款项的管理

单位应加强对应付及预收款项的管理,经常检查、督促经办人员及时清理、结算,不得长期挂账,避免形成呆账。不得将应纳入单位收入管理的资金列入应付暂存款项,隐藏收支或规避监管。

(四) 预计负债的管理

预计负债的金额虽然是估计数,但应基于科学合理的评估和测算,不得随意估计或调整,并应当在财务报表附注中就预计负债形成的原因及金额做相应披露。如有确凿证据需对已确认的预计负债账面余额进行调整的,应及时进行账务调整。

三、负债的科目设置

政府单位负债共设置 20 个一级会计科目,其中,应付政府补贴款为行政单位专用科目,短期借款、长期借款、应付票据等 5 个科目为事业单位专用科目,应交增值税、其他应交税费、应缴财政款等 10 个科目为行政单位、事业单位共用科目,待结算医疗款为基层医疗卫生机构专用科目,彩票销售结算、应付返奖奖金、应付代销费为彩票机构专用科目。财务会计负债类科目设置的具体情况见表15-1。

表 15-1　　　　　　　　　财务会计负债类科目设置情况表

科目代码	科目名称	适用范围	科目代码	科目名称	适用范围
2001	短期借款	事业单位	2305	预收账款	事业单位
2501	长期借款	事业单位	2307	其他应付款	行政单位、事业单位
2101	应交增值税	行政单位、事业单位	2308	待结算医疗款	基层医疗卫生机构
2102	其他应交税费	行政单位、事业单位	2308	彩票销售结算	彩票机构
2103	应缴财政款	行政单位、事业单位	2309	应付返奖奖金	彩票机构
2201	应付职工薪酬	行政单位、事业单位	2310	应付代销费	彩票机构
2301	应付票据	事业单位	2502	长期应付款	行政单位、事业单位
2302	应付账款	行政单位、事业单位	2401	预提费用	行政单位、事业单位
2303	应付政府补贴款	行政单位	2601	预计负债	行政单位、事业单位
2304	应付利息	事业单位	2901	受托代理负债	行政单位、事业单位

第二节 短期借款、长期借款与应付利息

短期借款和长期借款是事业单位经批准向银行或其他金融机构等借入的各种借款。除法律、行政法规另有规定外,行政单位不得举借债务,因此,短期借款和长期借款仅适用于事业单位。同时,短期借款、分期付息的长期借款等应支付的利息作为应付利息反映和核算。

一、短期借款

短期借款是事业单位经批准向银行或其他金融机构等借入的期限在 1 年内(含 1 年)的各种借款。

(一)会计科目设置

事业单位应设置"短期借款"科目,用于核算事业单位经批准向银行或其他金融机构等借入的期限在 1 年内(含 1 年)的各种借款。"短期借款"科目期末贷方余额反映尚未偿还的短期借款本金。短期借款应按照债权人和借款种类进行明细核算。

(二)主要账务处理

(1)借入各种短期借款时,按照实际借入的金额,借记"银行存款"科目,贷记"短期借款"科目。同时,在预算会计下,借记"资金结存"科目,贷记"债务预算收入"科目。

(2)银行承兑汇票到期,单位无力支付票款的,按照应付票据的账面余额,借记"应付票据"科目,贷记"短期借款"科目。同时,在预算会计下,借记"事业支出""经营支出"等科目,贷记"债务预算收入"科目。

(3)归还短期借款时,借记"短期借款"科目,贷记"银行存款"科目。同时,在预算会计下,借记"债务还本支出"科目,贷记"资金结存"科目。

【例 15-1】 某文化事业单位发生以下业务:

(1)3 月份,单位根据事业发展的资金需求,经批准从中国工商银行申请流动资金贷款 50 万元,借款期限 6 个月,年利率 3%,用于短期资金周转。贷款已经到位,支出功能分类列"文化旅游体育与传媒支出——文化——艺术表演团体"预算科目。

财务会计:

借:银行存款——工商银行   500 000

  贷:短期借款——工商银行——流动资金贷款   500 000

预算会计：

借：资金结存——货币资金　　　　　　　　　　　　　　　　500 000

贷：

债务预算收入	工商银行	流动资金贷款	非专项资金收入	艺术表演团体	
					500 000

(2)5月份，单位向演出设备供货商××公司签发的10万元银行承兑汇票到期，工商银行承兑后单位暂时无力支付票款。上述货款系单位为开展消夏艺术展演活动(专业业务活动)而向××公司购买的专业设备。

银行承兑汇票到期，单位无力支付票款，银行按约定兑现款项后就相应变成单位的债权人，单位与供货商之间的借贷关系就转变为单位与银行之间的借贷关系。为此单位应将对供货商的应付票据转化为对银行的短期借款。同时，尽管看似此项业务并未发生现金流入和流出，预算会计应该不做处理，但由于供货商已经向单位供应了材料，同时，银行又替单位向供货商支付了材料款，单位也与银行形成了借贷关系，这就相当于单位从银行借了10万元，然后再将10万元支付给供货商，从而既发生了现金流入也发生了现金流出。因此，单位在预算会计下应同时做列收(债务预算收入)列支(事业支出)处理。综合上述分析，单位应做如下账务处理：

财务会计：

借：应付票据——××公司　　　　　　　　　　　　　　　　100 000

贷：短期借款——工商银行——银行承兑汇票到期　　　　　　100 000

预算会计：

借：

事业支出	其他资金支出	项目支出	消夏艺术展演活动	专用设备购置	艺术表演团体	
						100 000

贷：

债务预算收入	工商银行	银行承兑汇票到期	专项资金收入	消夏艺术展演活动	艺术表演团体	
						100 000

(3)6月份，经与银行协商，单位将无力支付的承兑汇票款10万元一次性偿还银行，银行对单位违约行为给予罚息1 000元。

财务会计：

借：短期借款——工商银行——银行承兑汇票到期　　　　　　100 000

　　其他费用——利息费用　　　　　　　　　　　　　　　　1 000

贷：银行存款——工商银行　　　　　　　　　　　　　　　　101 000

预算会计：

借：

债务还本支出	工商银行	银行承兑汇票到期	其他支出	艺术表演团体		
						100 000
其他支出	利息支出	其他资金支出	基本支出	国内债务付息	艺术表演团体	
						1 000

贷：资金结存——货币资金　　　　　　　　　　　　　　　　101 000

由于在部门预算支出经济分类科目中未设置"债务还本支出"科目,"债务还本支出"会计科目所对应的支出经济分类科目暂使用"其他支出"科目。

短期借款主要经济业务会计核算如表 15-2 所示。

表 15-2　　　　　　短期借款主要经济业务会计核算情况表

经济业务	财务会计核算	预算会计核算
(1) 借入各种短期借款	借：银行存款 　　贷：短期借款	借：资金结存——货币资金 　　贷：债务预算收入
(2) 银行承兑汇票到期,单位无力支付票款	借：应付票据 　　贷：短期借款	借：事业支出、经营支出等 　　贷：债务预算收入
(3) 归还短期借款	借：短期借款 　　贷：银行存款	借：债务还本支出 　　贷：资金结存——货币 　　　　　　　　资金

二、长期借款

长期借款是事业单位经批准向银行或其他金融机构等借入的期限超过 1 年(不含 1 年)的各种借款。

(一) 会计科目设置

事业单位应设置"长期借款"科目,用于核算事业单位经批准向银行或其他金融机构等借入的期限超过 1 年(不含 1 年)的各种借款。"长期借款"科目期末贷方余额反映事业单位尚未偿还的长期借款本息金额。

长期借款应当设置"本金""应计利息"明细科目,并按照贷款单位和贷款种类进行明细核算;对于建设项目借款,还应按照具体项目进行明细核算。

(二) 主要账务处理

1. 借入长期借款

借入各项长期借款时,按照实际借入的金额,借记"银行存款"科目,贷记"长期借款——本金"科目。同时,在预算会计下,借记"资金结存——货币资金"科目,贷记"债务预算收入"科目。

2. 建设资金借款计提利息

为建造固定资产、公共基础设施等应支付的专门借款利息,按期计提利息时,分别以下情况处理:

(1) 属于工程项目建设期间发生的利息,应作为资本性支出计入工程成本,按照计算确定的应支付的利息金额,借记"在建工程"科目,贷记"应付利息"科目。

(2) 属于工程项目完工交付使用后发生的利息,计入当期费用,按照计算确定的应支付的利息金额,借记"其他费用"科目,贷记"应付利息"科目。

3. 其他长期借款计提利息

按期计提其他长期借款的利息时，按照计算确定的应支付的利息金额，借记"其他费用"科目，贷记"应付利息"科目（分期付息、到期还本借款的利息）或"长期借款——应计利息"科目（到期一次还本付息借款的利息）。

长期借款有分期付息和到期一次性付息两种方式。付息方式不同，账务处理也不尽相同。这主要是由于付息方式的差异，导致计提利息所新发生的负债的期限也是不相同的。其中，分期付息方式下所计提的利息，一般将于1年内支付，因此所形成的负债为短期流动性负债，故记入"应付利息"科目；到期一次还本付息方式下所计提的利息，将于一个较长时期（大于1年）后与债务本金一并偿还，因此所形成的负债为长期负债，故记入"长期借款"科目。同时，为了区分债务本金，在"长期借款"科目下相应设置了"本金""应计利息"的明细科目。

4. 归还长期借款本息

到期归还长期借款本金、利息时，借记"长期借款——本金""长期借款——应计利息"科目，贷记"银行存款"科目。同时，在预算会计下，借记"债务还本支出"科目（本金部分）、"其他支出——利息支出"科目（利息部分），贷记"资金结存"科目。

【例15-2】 某医院事业单位发生以下业务：

（1）2×19年1月1日，医院为建设门诊综合楼，经批准从单位开户银行建设银行借款1000万元，借款期限3年，年利率6%，按年付息，到期还本。支出功能分类列"卫生健康支出——公立医院——综合医院"预算科目。

财务会计：

借：银行存款——××建行　　　　　　　　　　　　　　　10 000 000
　贷：长期借款——本金——××建行——门诊综合楼建设　　　10 000 000

预算会计：

借：资金结存——货币资金　　　　　　　　　　　　　　　10 000 000
　贷：债务预 ── ×× ── 长期 ── 专项资 ── 门诊综合 ── 综合
　　　算收入　　建行　　借款　　金收入　　楼建设　　医院　　10 000 000

（2）医院每月计提当月借款利息5万元。

为建造固定资产等应支付的专门借款利息，属于工程项目建设期间发生的利息，应作为资本性支出计入工程成本。

借：在建工程——门诊综合楼　　　　　　　　　　　　　　50 000
　贷：应付利息——××建行　　　　　　　　　　　　　　　50 000

（3）2×19年12月31日，医院使用自有资金，从开户银行支付当年借款利息60万元，支出经济分类列"债务利息及费用支出——国内债务付息"预算科目。

财务会计：

借：应付利息——××建行　　　　　　　　　　　　　　　600 000

　　贷：银行存款——××建行　　　　　　　　　　　　　　　　600 000

预算会计：

借：其他支出——其他资金支出——项目支出——门诊综合楼建设——国内债务付息——综合医院　　600 000

　　贷：资金结存——货币资金　　　　　　　　　　　　　　　　600 000

（4）2×20 年 12 月 31 日，门诊综合楼竣工验收并交付使用。2×21 年 1 月单位计提本月的借款利息。

属于工程项目建设期间发生的利息，应作为资本性支出记入"在建工程"科目；而属于工程项目完工交付使用后发生的利息，应作为当期费用记入"其他费用"科目。财务会计应做如下账务处理：

借：其他费用——利息费用　　　　　　　　　　　　　　　50 000

　　贷：应付利息——××建行　　　　　　　　　　　　　　　　50 000

（5）2×21 年 12 月 31 日，医院偿还借款本金和当年利息（当年利息已全部计提）。

财务会计：

借：长期借款——本金——××建行——门诊综合楼建设　　10 000 000

　　应付利息——××建行　　　　　　　　　　　　　　　　600 000

　　贷：银行存款——××建行　　　　　　　　　　　　　　　10 600 000

预算会计：

借：债务还本支出——××建行——长期借款——其他支出——综合医院　　10 000 000

　　其他支出——其他资金支出——项目支出——门诊综合楼建设——国内债务付息——综合医院　　600 000

　　贷：资金结存——货币资金　　　　　　　　　　　　　　　10 600 000

长期借款主要经济业务会计核算如表 15-3 所示。

表 15-3　　　　　　　长期借款主要经济业务会计核算情况表

经济业务		财务会计核算	预算会计核算
（1）借入长期借款		借：银行存款 　贷：长期借款——本金	借：资金结存——货币资金 　贷：债务预算收入
（2）为建造固定资产等应支付专门借款利息	工程项目建设期间发生的利息	借：在建工程 　贷：应付利息	—
	工程项目完工交付使用后发生的利息	借：其他费用——利息费用 　贷：应付利息	—

（续表）

经济业务		财务会计核算	预算会计核算
（3）按期计提其他长期借款的利息	分期付息、到期还本	借：其他费用——利息费用 　贷：应付利息	—
	到期一次还本付息	借：其他费用——利息费用 　贷：长期借款——应计利息	—
（4）归还长期借款本金、利息		借：长期借款/应付利息 　贷：银行存款	借：债务还本支出 　　其他支出——利息支出 　贷：资金结存——货币 　　　　　　　资金

三、应付利息

应付利息是指事业单位按照合同约定应支付的借款利息，包括短期借款、分期付息到期还本的长期借款等应支付的利息。

（一）会计科目设置

事业单位应设置"应付利息"科目，用于核算事业单位应支付的借款利息。"应付利息"科目属于财务会计负债类科目，贷方反映计提应付利息的增加；借方反映应付利息的支付或减少；期末贷方余额反映事业单位应付未付的利息金额。

"应付利息"科目应按照债权人等进行明细核算。

（二）主要账务处理

（1）为建造固定资产、公共基础设施等借入的专门借款的利息，属于建设期间发生的，按期计提利息费用时，按照计算确定的金额，借记"在建工程"科目，贷记"应付利息"科目；不属于建设期间发生的，按期计提利息费用时，按照计算确定的金额，借记"其他费用"科目，贷记"应付利息"科目。

（2）对于其他借款，按期计提利息费用时，按照计算确定的金额，借记"其他费用"科目，贷记"应付利息"科目。

（3）实际支付应付利息时，按照支付的金额，借记"应付利息"科目，贷记"银行存款"等科目。同时，在预算会计下，按照支付的金额，借记"其他支出"等科目，贷记"资金结存"等科目。

【例 15-3】　某高校事业单位从银行贷款 1 000 万元用于建设实验楼，贷款期限 5 年，年利率 6%，分期付息到期一次性还本。单位发生以下经济业务：

（1）建设期间，单位按月计提贷款利息。

$$每月计提利息＝1\ 000×6\%÷12＝5（万元）$$

借：在建工程——待摊投资——实验楼　　　　　　　　　　　　　　50 000

　　贷：应付利息——××银行　　　　　　　　　　　　　　　　　50 000

（2）工程竣工并办妥竣工验收手续交付使用后，单位继续按月计提贷款利息。

借：其他费用——利息费用　　　　　　　　　　　　　　　　　　　50 000
　　贷：应付利息——××银行　　　　　　　　　　　　　　　　　　50 000

（3）单位使用自有资金从单位预算安排的还本付息资金中偿还本月计提的应付利息 5 万元，支出功能分类列"教育支出——普通教育——高等教育"预算科目，部门预算支出经济分类列"债务利息及费用支出——国内债务付息"预算科目。

财务会计：

借：应付利息——××银行　　　　　　　　　　　　　　　　　　　50 000
　　贷：银行存款——××银行　　　　　　　　　　　　　　　　　　50 000

预算会计：

借：其他支出　其他资金支出　项目支出　还本付息资金　国内债务付息　高等教育　　50 000
　　贷：资金结存——货币资金　　　　　　　　　　　　　　　　　50 000

应付利息主要经济业务会计核算如表 15-4 所示。

表 15-4　　　　　　　　应付利息主要经济业务会计核算情况表

经济业务		财务会计核算	预算会计核算
（1）建造固定资产、公共基础设施等借入专门借款的利息	属于建设期间发生	借：在建工程 　贷：应付利息	—
	不属于建设期间发生	借：其他费用 　贷：应付利息	—
（2）其他借款，按期计提利息费用		借：其他费用 　贷：应付利息	—
（3）实际支付应付利息		借：应付利息 　贷：银行存款等	借：其他支出 　贷：资金结存等

第三节　应交增值税、其他应交税费与应缴财政款

应交增值税、其他应交税费、应缴财政款属于单位的应缴款项，均为行政事业单位共用科目。

一、应交增值税

应交增值税是指单位销售货物或提供服务等应税业务，按照税法规定计算应缴纳的增值税。按照纳税主体的不同，单位可分为增值税一般纳税人和增值税小

规模纳税人。

(一) 会计科目设置

单位应设置"应交增值税"科目,用于核算单位按照税法规定计算应缴纳的增值税。"应交增值税"科目期末贷方余额反映单位应交未交的增值税;期末如为借方余额,反映单位尚未抵扣或多交的增值税。

属于增值税一般纳税人的单位,根据业务的实际需要,可在"应交增值税"科目下设置"应交税金""未交税金""预交税金""待抵扣进项税额""待认证进项税额""待转销项税额""简易计税""转让金融商品应交增值税""代扣代交增值税"等明细科目。"应交税金"明细账下可设置"进项税额""进项税额转出""销项税额""已交税金""减免税款""转出未交增值税""转出多交增值税"等专栏(见表 15-5)。

表 15-5　　　增值税一般纳税人应交增值税明细科目设置情况表

明细科目/专栏		核算内容
应交税金	进项税额	核算单位购进货物或接受服务而支付或负担的、准予从当期销项税额中抵扣的增值税额
	进项税额转出	核算单位购进货物或接受服务等发生非正常损失以及其他原因而不应从销项税额中抵扣、按照规定转出的进项税额
	销项税额	核算单位销售货物或提供服务等应税业务应收取的增值税额
	已交税金	核算单位当月已缴纳的应交增值税额
	减免税款	核算单位按照现行增值税制度规定准予减免的增值税额
	转出未交增值税	核算月度终了转出当月应交未交的增值税额
	转出多交增值税	核算月度终了转出当月多交的增值税额
未交税金		核算单位月度终了从"应交税金"或"预交税金"明细科目转入当月应交未交、多交或预缴的增值税额,以及当月缴纳以前期间未交的增值税额
预交税金		核算单位转让不动产、提供不动产经营租赁服务等,以及其他按照现行增值税制度规定应预缴的增值税额
待抵扣进项税额		核算单位已取得增值税扣税凭证并经税务机关认证,按照现行增值税制度规定准予以后期间从销项税额中抵扣的进项税额
待认证进项税额		核算单位由于未经税务机关认证而不得从当期销项税额中抵扣的进项税额。包括:一般纳税人已取得增值税扣税凭证并按规定准予从销项税额中抵扣,但尚未经税务机关认证的进项税额;一般纳税人已申请稽核但尚未取得稽核相符结果的海关缴款书的进项税额
待转销项税额		核算单位销售货物或提供服务等应税业务,已确认相关收入(或利得)但尚未发生增值税纳税义务而需于以后期间确认为销项税额的增值税额
简易计税		核算单位采用简易计税方法发生的增值税计提、扣减、预缴、缴纳等业务

（续表）

明细科目/专栏	核算内容
转让金融商品应交增值税	核算单位转让金融商品发生的增值税额
代扣代交增值税	核算单位购进在境内未设经营机构的境外单位或个人在境内的应税行为代扣代缴的增值税

属于增值税小规模纳税人的单位无须设置明细科目，根据业务的涉及范围，可选择设置"转让金融商品应交增值税""代扣代交增值税"明细科目。

（二）主要账务处理

1. 单位①取得资产或接受劳务等业务

1）采购等业务进项税额允许抵扣

单位购买用于增值税应税项目的资产或服务等时，按照应计入相关成本费用或资产的金额，借记"业务活动费用""在途物品""库存物品""工程物资""在建工程""固定资产""无形资产"等科目，按照当月已认证的可抵扣增值税额，借记"应交增值税——应交税金（进项税额）"科目，按照当月未认证的可抵扣增值税额，借记"应交增值税——待认证进项税额"科目，按照应付或实际支付的金额，贷记"应付账款""应付票据""银行存款""零余额账户用款额度"等科目。发生退货的，如原增值税专用发票已做认证，应根据税务机关开具的红字增值税专用发票做相反的会计分录；如原增值税专用发票未做认证，应将发票退回并做相反的会计分录。

小规模纳税人购买资产或服务等时不能抵扣增值税，发生的增值税计入资产成本或相关成本费用。

同时，在预算会计下，按照实际支付的金额（包含增值税款），借记"事业支出""经营支出"等科目，贷记"资金结存"科目。

【例15-4】 某科研事业单位属于增值税一般纳税人，现发生以下业务：

（1）单位购入经营用××材料一批，增值税专用发票上注明的材料价款5万元，增值税税额0.8万元，材料已验收入库，货款以银行承兑汇票的方式支付供应商。增值税专用发票尚未经税务部门认证。

本案例中，增值税专用发票尚未经税务部门认证，单位应全额记入"应交增值税——待认证进项税额"科目，而不能直接记入"应交增值税——进项税额"科目。同时，虽然单位购入材料，但由于以银行承兑汇票的方式支付，单位并未形成现金流出，因此单位不做预算会计处理。为此，单位应就财务会计做如下账务处理：

---

① 如不特别说明，本部分内容中的"单位"指增值税一般纳税人。

借：库存物品——××材料　　　　　　　　　　　　　　　　　　　　50 000

　　　应交增值税——待认证进项税额　　　　　　　　　　　　　　　　8 000

　　贷：应付票据——银行承兑汇票——××供应商　　　　　　　　　　　58 000

（2）上述增值税专用发票经过税务部门的认证，可以用于抵扣。

借：应交增值税——应交税金（进项税额）　　　　　　　　　　　　　　8 000

　　贷：应交增值税——待认证进项税额　　　　　　　　　　　　　　　　8 000

需要注意的是，在实际工作中，出于税收筹划和管理的需要，单位一般都是在取得增值税专用发票后会及时到税务部门进行认证。在这种情况下，单位就可以在认证后将增值税额直接记入"应交增值税——应交税金（进项税额）"科目，而不必通过"应交增值税——待认证进项税额"科目进行过渡。

2）采购等业务进项税额不得抵扣

单位购进资产或服务等，用于简易计税方法计税项目、免征增值税项目、集体福利或个人消费等，其进项税额按照现行增值税制度规定不得从销项税额中抵扣的，取得增值税专用发票时，应按照增值税发票注明的金额，借记相关成本费用或资产科目，按照待认证的增值税进项税额，借记"应交增值税——待认证进项税额"科目，按照实际支付或应付的金额，贷记"银行存款""应付账款""零余额账户用款额度"等科目。同时，在预算会计下，按照实际支付的金额（包含增值税款），借记"经营支出""事业支出"等科目，贷记"资金结存"科目。

经税务机关认证为不可抵扣进项税时，借记"应交增值税——应交税金（进项税额）"科目，贷记"应交增值税——待认证进项税额"科目，同时，将进项税额转出，借记相关成本费用科目，贷记"应交增值税——应交税金（进项税额转出）"科目。

【例15-5】　某公路养护事业单位为增值税一般纳税人，现单位为专业业务活动人员购买发放福利用品11.6万元，使用自有资金从银行转账支付，支出功能分类列"交通运输支出——公路水路运输——公路养护"预算科目，部门预算支出经济分类列"对个人和家庭的补助——其他对个人和家庭的补助"。单位取得增值税专用发票，其中增值税金额1.6万元。

按照税法的规定，一般纳税人政府单位发生购买发放福利支出，其进项税额不得从销项税额中抵扣。本案例中，单位取得增值税专用发票后，有三种处理方式。

一是不认证、不抵扣。既然已经知道发票抵扣不了，那就不认证、不抵扣，直接作为普通发票处理。这种方式下，单位可做如下财务会计处理：

借：业务活动费用——对个人和家庭的补助费用　　　　　　　　　　116 000

　　贷：银行存款——××银行　　　　　　　　　　　　　　　　　　116 000

二是只认证、不抵扣。单位取得增值税专用发票后，首先将增值税记入"应交增值税——待认证进项税额"科目；按照正常的认证程序到税务部门进行认证后，

再直接冲销"应交增值税——待认证进项税额"科目。在这种方式下,单位可做如下财务会计处理:

取得增值税发票时:

借:业务活动费用——对个人和家庭的补助费用 100 000

应交增值税——待认证进项税额 16 000

贷:银行存款——××银行 116 000

增值税发票认证后:

借:业务活动费用——对个人和家庭的补助费用 16 000

贷:应交增值税——待认证进项税额 16 000

三是先认证、后抵扣、再转出。单位取得增值税专用发票后,首先将增值税记入"应交增值税——待认证进项税额"科目;按照正常的认证程序到税务部门进行认证后,再将"应交增值税——待认证进项税额"科目转作"应交增值税——应交税金(进项税额)"科目;在此基础上,再作进项税额转出处理,相应记入"应交增值税——应交税金(进项税额转出)"科目。这种方式下,单位可做如下财务会计处理:

取得增值税发票时:

借:业务活动费用——对个人和家庭的补助费用 100 000

应交增值税——待认证进项税额 16 000

贷:银行存款——××银行 116 000

增值税发票认证后:

借:应交增值税——应交税金(进项税额) 16 000

贷:应交增值税——待认证进项税额 16 000

将增值税进项税额转出时:

借:业务活动费用——对个人和家庭的补助费用 16 000

贷:应交增值税——应交税金(进项税额转出) 16 000

以上三种方式各有利弊。

第一种方式的优点是简便;缺点是未到税务部门进行认证,会导致形成滞留票,税务部门可能要求单位就滞留票的形成进行解释说明,反而增加工作量,造成不必要的麻烦。

第二种方式和第三种方式都符合增值税专用发票的认证程序和规定,从复杂程度上看,第二种方式比第一种相对复杂,但比第三种方式则要简便不少。

从上述分析来看,第二种方式要优于第三种方式,但财政部《增值税会计处理规定》(财会〔2016〕22号)和《政府会计制度》均采用了第三种会计处理方式。之所以采用这种方式,应该是这种方式能够比较好地实现增值税从"待认证进项税额"到认证后的"进项税额",再从"进项税额转出"的全过程管理,从而体现出增值税环环相扣的管理流程。

但需要注意的是,尽管财政部《增值税会计处理规定》(财会〔2016〕22号)以及《政府会计制度》对"采购等业务进项税额不得抵扣"情形下采取了第三种处理方式,但对"进项税额抵扣情况发生改变"情形下则采用了第二种处理方式。按照《政府会计制度》的规定,单位因发生非正常损失或改变用途等,原已计入进项税额、待抵扣进项税额或待认证进项税额,但按照现行增值税制度规定不得从销项税额中抵扣的,借记"待处理财产损溢""固定资产""无形资产"等科目,贷记"应交增值税——应交税金(进项税额转出)"科目、"应交增值税——待抵扣进项税额"科目或"应交增值税——待认证进项税额"科目。如果按照第三种处理方式,对于已计入待抵扣进项税额或待认证进项税额但不能抵扣的,应首先将"待认证进项税额"或"待抵扣进项税额"转入"应交税金——进项税额",然后再将"应交增值税——应交税金(进项税额)"通过"应交增值税——应交税金(进项税额转出)"科目予以转出。

综合分析,为了简化操作,建议对"采购等业务进项税额不得抵扣"以及"进项税额抵扣情况发生改变"等情形,统一按照上述第二种方式进行会计处理。

同时,本案例中,在单位进行财务会计处理的同时,还应就预算会计做如下账务处理:

借:事业支出　其他资金支出　基本支出　其他对个人和家庭的补助　公路养护 116 000
　　贷:资金结存——货币资金 116 000

3)购进不动产或不动产在建工程按照规定进项税额分年抵扣

单位取得应税项目为不动产或者不动产在建工程,其进项税额按照现行增值税制度规定自取得之日起分2年从销项税额中抵扣的,应当按照取得成本,借记"固定资产""在建工程"等科目,按照当期可抵扣的增值税额,借记"应交增值税——应交税金(进项税额)"科目,按照以后期间可抵扣的增值税额,借记"应交增值税——待抵扣进项税额"科目,按照应付或实际支付的金额,贷记"应付账款""应付票据""银行存款""零余额账户用款额度"等科目。同时,在预算会计下,按照实际支付的金额(包含增值税款),借记"经营支出""事业支出"等科目,贷记"资金结存"科目。

尚未抵扣的进项税额待以后期间允许抵扣时,按照允许抵扣的金额,借记"应交增值税——应交税金(进项税额)"科目,贷记"应交增值税——待抵扣进项税额"科目。

【例15-6】　某地理测绘事业单位为增值税一般纳税人。现单位发生以下业务:

(1)2×19年1月,单位购置一栋办公用房,取得的增值税专用发票上注明价税合计 1 050 万元,其中,增值税额 50 万元。购置价款使用自有资金,从预算安排的办公用房购置项目中通过银行转账支付,支出功能分类列"自然资源海洋气象等支出——测绘事务——基础测绘"预算科目,部门预算支出经济分类列"资本性支出——房屋建筑物购建"预算科目。增值税专用发票已经税务部门认证。

根据《不动产进项税额分期抵扣暂行办法》(国家税务总局公告 2016 年第 15号)的规定,增值税一般纳税人 2016 年 5 月 1 日后取得并在会计制度上按固定资产核算的不动产,以及 2016 年 5 月 1 日后发生的不动产在建工程,其进项税额应按照规定分 2 年从销项税额中抵扣,第 1 年抵扣比例为 60%,第 2 年抵扣比例为40%。按照这一规定,单位购入办公用房后,可先抵扣 30 万元,剩余的 20 万元增值税留待第 2 年抵扣。为此单位做应如下账务处理:

财务会计:

借:固定资产		10 000 000
应交增值税——应交税金(进项税额)		300 000
应交增值税——待抵扣进项税额		200 000
贷:银行存款		10 500 000

预算会计:

借:	事业支出	其他资金支出	项目支出	办公用房购置项目	房屋建筑物购建	基础测绘	10 500 000
	贷:资金结存——货币资金						10 500 000

(2) 2×20 年 1 月,单位将剩余的 40% 部分的待抵扣进项税额,从销项税额中予以抵扣。

由于取得增值税专用发票时,预算会计已经就增值税全额列支,40% 部分的待抵扣进项税额进行抵扣时不再涉及现金流出,单位应仅就财务会计做如下处理:

借:应交增值税——应交税金(进项税额)		200 000
贷:应交增值税——待抵扣进项税额		200 000

需要注意的是,如果单位未到 2×20 年 1 月就将办公用房出售,在出售时也要同步做上述"待抵扣进项税额"转"进项税额"的账务处理。因为国家税务总局公告2016 年第 15 号明确规定,纳税人销售其取得的不动产或者不动产在建工程时,尚未抵扣完毕的待抵扣进项税额,允许于销售的当期从销项税额中抵扣。

4) 进项税额抵扣情况发生改变

单位因发生非正常损失或改变用途等,原已计入进项税额、待抵扣进项税额或待认证进项税额,但按照现行增值税制度规定不得从销项税额中抵扣的,借记"待处理财产损溢""固定资产""无形资产"等科目,贷记"应交增值税——应交税金(进项税额转出)"科目、"应交增值税——待抵扣进项税额"科目或"应交增值税——待认证进项税额"科目;原不得抵扣且未抵扣进项税额的固定资产、无形资产等,因改变用途等用于允许抵扣进项税额的应税项目的,应按照允许抵扣的进项税额,借记"应交增值税——应交税金(进项税额)"科目,贷记"固定资产""无形资产"等科目。固定资产、无形资产等经上述调整后,应按照调整后的账面价值在剩余尚可使用年限内计提折旧或摊销。

单位购进时已全额计入进项税额的货物或服务等转用于不动产在建工程的,对于结转以后期间的进项税额,应借记"应交增值税——待抵扣进项税额"科目,贷记"应交增值税——应交税金(进项税额转出)"科目。

【例15-7】 某污染防治事业单位为增值税一般纳税人,单位对前期购入的非独立核算经营活动使用的库存材料,将其中4万元材料作为职工福利发放给从事经营活动的职工个人。该批库存材料增值税专用发票注明价税合计11.6万元,其中,增值税额1.6万元。增值税发票已经税务部门认证,单位已做进项税额处理。

本案例中,拟作为福利发放的4万元材料为不含税价格,对应的增值税额为6 400元。尽管发放的是实物福利,但单位仍应通过"应付职工薪酬"科目核算。同时,在决定发放福利时应按含税价格相应记入"经营费用"科目,在实际发放时,再冲减"库存材料"科目,并将对应的增值税进项税额转出。单位应做如下财务会计账务处理:

决定发放时:

借:经营费用——××业务——对个人和家庭的补助费用　　　　　46 400
　　贷:应付职工薪酬——其他个人收入　　　　　　　　　　　　　　46 400

实际发放时:

借:应付职工薪酬——其他个人收入　　　　　　　　　　　　　46 400
　　贷:库存物品——××材料　　　　　　　　　　　　　　　　　40 000
　　　　应交增值税——应交税金(进项税额转出)　　　　　　　　　 6 400

5) 购买方作为扣缴义务人

按照现行增值税制度规定,境外单位或个人在境内发生应税行为,在境内未设有经营机构的,以购买方为增值税扣缴义务人。境内一般纳税人购进服务或资产时,按照应计入相关成本费用或资产的金额,借记"业务活动费用""在途物品""库存物品""工程物资""在建工程""固定资产""无形资产"等科目,按照可抵扣的增值税额,借记"应交增值税——应交税金(进项税额)"科目(小规模纳税人应借记相关成本费用或资产科目),按照应付或实际支付的金额,贷记"银行存款""应付账款"等科目,按照应代扣代缴的增值税额,贷记"应交增值税——代扣代缴增值税"科目。同时,在预算会计下,按照实际支付的金额,借记"事业支出""经营支出"等科目,贷记"资金结存"科目。

实际缴纳代扣代缴增值税时,按照代扣代缴的增值税额,借记"应交增值税——代扣代缴增值税"科目,贷记"银行存款""零余额账户用款额度"等科目。同时,在预算会计下,按照实际支付的增值税额,借记"事业支出""经营支出"等科目,贷记"资金结存"科目。

2. 单位销售资产或提供服务等业务

1) 销售资产或提供服务业务

单位销售货物或提供服务,应当按照应收或已收的金额,借记"应收账款""应收票据""银行存款"等科目,按照确认的收入金额,贷记"经营收入""事业收入"等科目,按照现行增值税制度规定计算的销项税额(或采用简易计税方法计算的应纳增值税额),贷记"应交增值税——应交税金(销项税额)"科目或"应交增值税——简易计税"科目(小规模纳税人应贷记"应交增值税"科目)。发生销售退回的,应根据按照规定开具的红字增值税专用发票做相反的会计分录。

按照政府会计制度及相关政府会计准则确认收入的时点早于按照增值税制度确认增值税纳税义务发生时点的,应将相关销项税额记入"应交增值税——待转销项税额"科目,待实际发生纳税义务时再转"应交增值税——应交税金(销项税额)"科目或"应交增值税——简易计税"科目。

按照增值税制度确认增值税纳税义务发生时点早于按照政府会计制度及相关政府会计准则确认收入的时点的,应按照应纳增值税额,借记"应收账款"科目,贷记"应交增值税——应交税金(销项税额)"科目或"应交增值税——简易计税"科目。

同时,在预算会计下,按照实际收到的款项(包含增值税款),借记"资金结存"科目,贷记"事业预算收入""经营预算收入"等科目。从中可以看出,预算会计在收入的确认上采取了包含增值税的现金流入口径。增值税作为价外税,通常应以不含税价格作为收入的确认和计量基础。预算会计与财务会计因确认基础的不同,在收入的计量上形成差异,这种差异属于永久性差异。

【例 15-8】 某科研事业单位属于增值税一般纳税人,销售应税产品适用的税率为 16%。单位销售非独立核算经营活动生产的试验产品一批,销售价款 10 万元,增值税税额 1.6 万元,产品和增值税专用发票已交付购货方,销售款项已转入单位银行账户,支出功能分类列"科学技术支出——应用研究——专项科研试制"预算科目。

财务会计:

借:银行存款——××银行   116 000

 贷:经营收入——销售产品——试验产品   100 000

  应交增值税——应交税金(销项税额)   16 000

预算会计：

借：资金结存——货币资金　　　　　　　　　　　　　　　　　　　116 000

　　贷：经营预算收入——销售产品——试验产品——专项科研试制　　　116 000

【例 15-9】　某高校事业单位属于增值税小规模纳税人，对外开展技术服务，适用的征收率为 5％。单位现取得技术服务收入 42 万元，支出功能分类列"教育支出——普通教育——高等教育"预算科目。款项已转入单位银行账户，发票已交付企业。

小规模纳税人实行按销售额与征收率计算应纳税额的简易办法。小规模纳税人购进货物时，无论是否取得增值税专用发票，其支付的增值税税额都应计入货物的采购成本，不得进行抵扣。

$$单位应交增值税＝42÷(1＋5％)×5％＝2(万元)$$

财务会计：

借：银行存款——××银行　　　　　　　　　　　　　　　　　　　420 000

　　贷：应交增值税　　　　　　　　　　　　　　　　　　　　　　　20 000

　　　　事业收入——科研事业收入——技术服务　　　　　　　　　　400 000

预算会计：

借：资金结存——货币资金　　　　　　　　　　　　　　　　　　　420 000

　　贷：事业预算收入——技术服务——非专项资金收入——高等教育　420 000

2）金融商品转让按照规定以盈亏相抵后的余额作为销售额

金融商品实际转让月的月末，如产生转让收益，则按照应纳税额，借记"投资收益"科目，贷记"应交增值税——转让金融商品应交增值税"科目；如产生转让损失，则按照可结转下月抵扣税额，借记"应交增值税——转让金融商品应交增值税"科目，贷记"投资收益"科目。

在缴纳增值税时，应借记"应交增值税——转让金融商品应交增值税"科目，贷记"银行存款"等科目。同时，在预算会计下，按照实际缴纳的增值税额，借记"投资预算收入"等科目，贷记"资金结存"科目。

年末，"应交增值税——转让金融商品应交增值税"科目如有借方余额，则借记"投资收益"科目，贷记"应交增值税——转让金融商品应交增值税"科目。

【例 15-10】　某事业单位为增值税一般纳税人，现发生以下业务：

（1）1 月，单位将其持有的××股权进行转让，获得转让价款 70 万元。该股权系单位从股权交易市场上购买，采用成本法计算，账面投资成本为 80.6 万元。

借：银行存款——××银行　　　　　　　　　　　　　　　　　　　700 000

　　投资收益——长期股权投资　　　　　　　　　　　　　　　　　106 000

　　贷：长期股权投资——××股权——现金购买　　　　　　　　　　806 000

（2）1 月末,单位对转让××股权产生的损失进行增值税处理。

根据《财政部　国家税务总局关于全面推开营业税改征增值税试点的通知》（财税〔2016〕36 号）的规定,金融商品转让是指转让外汇、有价证券、非货物期货和其他金融商品所有权的业务活动,一般纳税人适用税率为 6%,按照卖出价扣除买入价后的余额作为销售额。本例中,单位转让实现的销项税额为:

$$金融商品转让的销项税额＝（卖出价－买入价）÷（1＋6\%）×6\%$$
$$＝－106\ 000÷（1＋6\%）×6\%＝－6\ 000（元）$$

根据财税〔2016〕36 号的规定,如果转让金融商品出现亏损,那么这种亏损不能由其他销售货物或者提供服务的销售收入来弥补。转让××股权计算出的销项税额为负,表明应作为"应交增值税"科目的借方,结转下月抵扣税,而不能用作抵扣其他销售业务的销项税额。为此单位应做如下账务处理:

借:应交增值税——转让金融商品应交增值税　　　　　　　　　6 000
　贷:投资收益——长期股权投资　　　　　　　　　　　　　　　　6 000

（3）8 月,单位将其持有的××债券进行转让,获得转让价款 111.36 万元。该项债券系单位通过公开市场购买取得,账面投资成本为 100 万元,已经记入"长期债权投资——应计利息"科目但尚未收取的利息 5 万元。

借:银行存款——××银行　　　　　　　　　　　　　　　　　1 113 600
　贷:长期债权投资——成本——××债券　　　　　　　　　　　1 000 000
　　长期债权投资——应计利息——××债券　　　　　　　　　　　50 000
　　投资收益——长期债券投资　　　　　　　　　　　　　　　　　63 600

（4）8 月末,单位对转让××债券产生的收益进行增值税处理。

$$金融商品转让的销项税额＝（卖出价－买入价）÷（1＋6\%）×6\%$$
$$＝63\ 600÷（1＋6\%）×6\%＝3\ 600（元）$$

借:投资收益——长期债权投资　　　　　　　　　　　　　　　3 600
　贷:应交增值税——转让金融商品应交增值税　　　　　　　　　　3 600

（5）年末,单位对转让金融商品应交增值税进行清算处理。

财税〔2016〕36 号规定,转让金融商品出现的正负差,按盈亏相抵后到年末时仍出现负差的,不得转入下一个会计年度。本案例中,到年末,"应交增值税——转让金融商品应交增值税"科目累计借方余额 2 400 元,应据此相应冲减"投资收益"科目。

借:投资收益——金融商品转让　　　　　　　　　　　　　　　2 400
　贷:应交增值税——转让金融商品应交增值税　　　　　　　　　　2 400

3. 月末转出多交增值税和未交增值税

月度终了,单位应当将当月应交未交或多交的增值税自"应交税金"明细科目转入"未交税金"明细科目。对于当月应交未交的增值税,借记"应交增值税——应交税金(转出未交增值税)"科目,贷记"应交增值税——未交税金"科目;对于当月多交的增值税,借记"应交增值税——未交税金"科目,贷记"应交增值税——应交税金(转出多交增值税)"科目。

4. 缴纳增值税

1) 缴纳当月应交增值税

单位缴纳当月应交的增值税,借记"应交增值税——应交税金(已交税金)"科目(小规模纳税人借记"应交增值税"科目),贷记"银行存款"等科目。同时,在预算会计下,按照实际缴纳的增值税额,借记"事业支出""经营支出"等科目,贷记"资金结存"科目。

【例 15-6】　某事业单位为增值税一般纳税人,本月末单位"应交增值税"科目余额如表 15-6 所示。单位计算缴纳当月应交的增值税并通过银行转账支付,支出功能分类列"科学技术支出——基础研究——其他基础研究支出"预算科目,部门预算支出经济分类列"商品和服务支出——税金及附加费用"预算科目。

表 15-6　　　　　　　"应交增值税"明细科目余额情况表　　　　单位:万元

明细科目	借方余额	明细科目	贷方余额
应交税金——进项税额	100	应交税金——进项税额转出	10
应交税金——减免税款	2	应交税金——销项税额	170
待抵扣进项税额	5	待转销项税额	4
待认证进项税额	8	转让金融商品应交增值税	20

本案例中,应交增值税的计算应分为两部分:

一是金融商品转让应缴纳的增值税。按照会计制度的规定,转让金融商品应交增值税应单独计算。"转让金融商品应交增值税"明细科目为贷方余额,表明金融产品转让产生转让收益,应根据该明细科目的贷方余额缴纳增值税。

二是其他业务应缴纳的增值税。案例中的"待抵扣进项税额""待认证进项税额"均不能抵扣增值税销项税额,"待转销项税额"也不能作为销项处理。因此,应缴纳增值税=170-(100-10+2)=78(万元)。

单位应做如下账务处理:

财务会计:

借:应交增值税——转让金融商品应交增值税　　　　　　　　　　200 000

　　应交增值税——应交税金(已交税金)　　　　　　　　　　　780 000

　　贷:银行存款——××银行　　　　　　　　　　　　　　　　　980 000

预算会计：

借：事业　　其他资　　基本　　税金及　　其他基础　　　　　　780 000
　　支出　　金支出　　支出　　附加费用　研究支出

　　投资预算收益——其他基础研究支出　　　　　　　　　　　　200 000

　　贷：资金结存——货币资金　　　　　　　　　　　　　　　　　　980 000

2）缴纳以前期间未交增值税

单位缴纳以前期间未交的增值税，借记"应交增值税——未交税金"科目（小规模纳税人借记"应交增值税"科目），贷记"银行存款"等科目。同时，在预算会计下，按照实际缴纳的增值税额，借记"事业支出""经营支出"等科目，贷记"资金结存"科目。

3）预交增值税

单位预交增值税时，借记"应交增值税——预交税金"科目，贷记"银行存款"等科目。同时，在预算会计下，按照实际预交的增值税额，借记"事业支出""经营支出"等科目，贷记"资金结存"科目。

月末，单位应将"预交税金"明细科目余额转入"未交税金"明细科目，借记"应交增值税——未交税金"科目，贷记"应交增值税——预交税金"科目。

4）减免增值税

对于当期直接减免的增值税，借记"应交增值税——应交税金（减免税款）"科目，贷记"业务活动费用""经营费用"等科目。

按照现行增值税制度规定，单位初次购买增值税税控系统专用设备支付的费用以及缴纳的技术维护费允许在增值税应纳税额中全额抵减的，按照规定抵减的增值税应纳税额，借记"应交增值税——应交税金（减免税款）"科目（小规模纳税人借记"应交增值税"科目），贷记"业务活动费用""经营费用"等科目。

应交增值税主要经济业务会计核算如表15-7所示。

表15-7　　　　　应交增值税主要经济业务会计核算情况表

经济业务	财务会计核算	预算会计核算
1. 增值税一般纳税人		
1.1　购入资产或接受劳务		
购入应税资产或劳务	借：业务活动费用/在途物品/库存物品/工程物资/在建工程/固定资产/无形资产等 应交增值税——应交税金（进项税额） 应交增值税——待认证进项税额 贷：银行存款/零余额账户用款额度/应付票据/应付账款等	借：事业支出/经营支出等 　　贷：资金结存等

（续表）

经济业务		财务会计核算	预算会计核算
经税务机关认证为不可抵扣进项税额		借：应交增值税——应交税金（进项税额） 　　贷：应交增值税——待认证进项税额	
		借：业务活动费用等 　　贷：应交增值税——应交税金（进项税额转出）	
购进应税不动产或在建工程按规定分年抵扣进项税额		借：固定资产/在建工程等 　　应交增值税——应交税金（进项税额） 　　应交增值税——待抵扣进项税额 　　贷：银行存款/零余额账户用款额度/应付票据/应付账款等	借：事业支出/经营支出等 　　贷：资金结存等
尚未抵扣的进项税额以后期间抵扣		借：应交增值税——应交税金（进项税额） 　　贷：应交增值税——待抵扣进项税额	—
购进属于增值税应税项目的资产后，发生非正常损失或改变用途		借：待处理财产损溢/固定资产/无形资产等 　　贷：应交增值税——应交税金（进项税额转出）/应交增值税——待认证进项税额/应交增值税——待抵扣进项税额	—
原不得抵扣且未抵扣进项税额的固定资产、无形资产等，因改变用途等用于允许抵扣进项税额的应税项目		借：应交增值税——应交税金（进项税额） 　　贷：固定资产/无形资产等	—
购进时已全额计入进项税额的货物或服务等转用于不动产在建工程的，对于结转以后期间的进项税额		借：应交增值税——待抵扣进项税额 　　贷：应交增值税——应交税金（进项税额转出）	—
购进资产或服务时作为扣缴义务人	购进且扣缴增值税	借：业务活动费用/在途物品/库存物品/工程物资/固定资产/无形资产等 　　应交增值税——应交税金（进项税额） 　　贷：银行存款/应付账款等 　　应交增值税——代扣代缴增值税	借：事业支出/经营支出等 　　贷：资金结存
	缴纳扣缴增值税	借：应交增值税——代扣代缴增值税 　　贷：银行存款、零余额账户用款额度等	借：事业支出/经营支出等 　　贷：资金结存

（续表）

经济业务		财务会计核算	预算会计核算
1.2 销售应税产品或提供应税服务			
销售应税产品或提供应税服务		借：银行存款/应收账款/应收票据等 贷：事业收入/经营收入等 　　应交增值税——应交税金（销项税额）/应交增值税——简易计税	借：资金结存 贷：事业预算收入/经营预算收入等
金融商品转让	产生收益或损失	借（或贷）：投资收益 贷（或借）：应交增值税——转让金融商品应交增值税	—
	缴纳增值税	借：应交增值税——转让金融商品应交增值税 贷：银行存款等	借：投资预算收益等 贷：资金结存
	年末，如有借方余额	借：投资收益 贷：应交增值税——转让金融商品应交增值税	
1.3 月末转出多交和未交增值税			
月末转出本月未交增值税		借：应交增值税——应交税金（转出未交增值税） 贷：应交增值税——未交税金	—
月末转出本月多交增值税		借：应交增值税——未交税金 贷：应交增值税——应交税金（转出多交增值税）	—
1.4 缴纳增值税			
本月缴纳本月增值税		借：应交增值税——应交税金（已交税金） 贷：银行存款/零余额账户用款额度等	借：事业支出/经营支出等 贷：资金结存
本月缴纳以前期间未交增值税		借：应交增值税——未交税金 贷：银行存款/零余额账户用款额度等	借：事业支出/经营支出等 贷：资金结存
按规定预交增值税	预交	借：应交增值税——预交税金 贷：银行存款/零余额账户用款额度等	借：事业支出/经营支出等 贷：资金结存
	月末	借：应交增值税——未交税金 贷：应交增值税——预交税金	—
当期直接减免的增值税应纳税额		借：应交增值税——应交税金（减免税款） 贷：业务活动费用/经营费用等	

（续表）

经济业务		财务会计核算	预算会计核算
2. 增值税小规模纳税人			
2.1　购入应税资产或服务			
购入应税资产或服务		借：业务活动费用/在途物品/库存物品等 　贷：银行存款/应付票据/应付账款等	借：事业支出/经营支出等 　贷：资金结存
购进资产或服务时作为扣缴义务人	购进且扣缴增值税	借：在途物品/库存物品/固定资产/无形资产等 　贷：应付账款/银行存款等 　　应交增值税——代扣代缴增值税	借：事业支出/经营支出等 　贷：资金结存
	缴纳扣缴增值税	借：应交增值税——代扣代缴增值税 　贷：银行存款、零余额账户用款额度等	借：事业支出/经营支出等 　贷：资金结存
2.2　销售应税资产或提供应税服务			
销售资产或提供服务		借：银行存款/应收账款/应收票据 　贷：事业收入/经营收入等 　　应交增值税	借：资金结存 　贷：事业预算收入/经营预算收入等
金融商品转让		参见一般纳税人的账务处理	
2.3　缴纳当月应交或以前期间未交增值税		借：应交增值税 　贷：银行存款等	借：事业支出/经营支出等 　贷：资金结存
2.4　减免增值税		借：应交增值税 　贷：业务活动费用/经营费用等	—

二、其他应交税费

其他应交税费是指行政事业单位按照税法等规定计算应缴纳的除增值税以外的各种税费，包括城市维护建设税、教育费附加、地方教育费附加、车船税、房产税、城镇土地使用税和企业所得税等。

（一）会计科目设置

行政事业单位应设置"其他应交税费"科目，用于核算单位按照税法等规定计算应缴纳的除增值税以外的各种税费。"其他应交税费"科目期末贷方余额反映单位应缴未缴的除增值税以外的税费金额；期末如为借方余额，则反映单位多缴纳的除增值税以外的税费金额。

单位代扣代缴的个人所得税，也通过"其他应交税费"科目核算。单位应缴纳的印花税不需要预提应交税费,直接通过"业务活动费用""单位管理费用""经营费用"等科目核算,不在"其他应交税费"科目核算。

"其他应交税费"科目按照应缴纳的税费种类进行明细核算。

（二）主要账务处理

1. 计提相关税费

发生城市维护建设税、教育费附加、地方教育费附加、车船税、房产税、城镇土地使用税等纳税义务的,按照税法规定计算的应缴税费金额,借记"业务活动费用""单位管理费用""经营费用"等科目,贷记"其他应交税费——应交城市维护建设税/应交教育费附加/应交地方教育费附加/应交车船税/应交房产税/应交城镇土地使用税等"科目。计提税费尽管计入费用,但并未发生现金流出,因此不做预算会计处理。

2. 代扣个人所得税

按照税法规定计算应代扣代缴职工(含长期聘用人员)的个人所得税,借记"应付职工薪酬"科目,贷记"其他应交税费——应交个人所得税"科目。

按照税法规定计算应代扣代缴支付给职工(含长期聘用人员)以外人员劳务费的个人所得税,借记"业务活动费用""单位管理费用"等科目,贷记"其他应交税费——应交个人所得税"科目。

3. 计提企业所得税

发生企业所得税纳税义务的,按照税法规定计算的应交所得税额,借记"所得税费用"科目,贷记"其他应交税费——单位应交所得税"科目。

4. 实际缴纳税费

单位实际缴纳上述各种税费时,借记"其他应交税费——应交城市维护建设税/应交教育费附加/应交地方教育费附加/应交车船税/应交房产税/应交城镇土地使用税/应交个人所得税/单位应交所得税等"科目,贷记"财政拨款收入""零余额账户用款额度""银行存款"等科目。

同时,在预算会计下,实际缴纳城市维护建设税、教育费附加、地方教育费附加、车船税、房产税、城镇土地使用税等税费,以及实际缴纳代扣代缴的个人所得税时,借记"行政支出""事业支出""经营支出"等科目,贷记"资金结存"等科目;实际缴纳单位应交所得税时,借记"非财政拨款结余"科目,贷记"资金结存"科目。

【例 15-12】 某农业事业单位属于小规模纳税人,适用的增值税税率为5%。单位报经批准,将闲置的办公楼出租给××公司,月租金收入10.5万元,支出功能分类列"农林水支出——农业——事业运行"科目。根据规定,事业单位房租收入纳入单位预算管理。单位现发生以下业务:

（1）单位收到本月办公楼租金收入10.5万元。

$$应交增值税＝105\,000÷(1＋5\%)×5\%＝5\,000(元)$$

财务会计：

借：银行存款——××银行　　　　　　　　　　　　　　　105 000
　　贷：租金收入——房租收入——××公司　　　　　　　100 000
　　　　应交增值税　　　　　　　　　　　　　　　　　　5 000

预算会计：

借：资金结存——货币资金　　　　　　　　　　　　　　　105 000
　　贷：其他预算收入——租金收入——非专项资金收入——事业运行　105 000

（2）单位计提增值税之外的其他各项税费。其中，房产税税率为12%，城市维护建设税、教育费附加分别根据增值税的7%和3%计算。

$$应交房产税＝100\,000×12\%＝12\,000(元)$$
$$应交城市维护建设税＝5\,000×7\%＝350(元)$$
$$应交教育费附加＝5\,000×3\%＝150(元)$$

单位为履职或开展业务活动发生的城建税等相关税费，记入"业务活动费用"科目；为开展管理活动发生的相关税费，记入"单位管理费用"科目；为开展经营活动发生的相关税费，记入"经营费用"科目。在本例中，出租闲置办公楼，不属于上述三种活动的范围，应记入"其他费用"科目。

借：其他费用——各项税费　　　　　　　　　　　　　　　12 500
　　贷：其他应交税费——房产税　　　　　　　　　　　　12 000
　　　　其他应交税费——城市维护建设税　　　　　　　　350
　　　　其他应交税费——教育费附加　　　　　　　　　　150

（3）单位缴纳上述各项税费，通过银行转账支付。

财务会计：

借：应交增值税　　　　　　　　　　　　　　　　　　　　5 000
　　其他应交税费——房产税　　　　　　　　　　　　　　12 000
　　其他应交税费——城市维护建设税　　　　　　　　　　350
　　其他应交税费——教育费附加　　　　　　　　　　　　150
　　贷：银行存款——××银行　　　　　　　　　　　　　17 500

预算会计：

借：其他支出——其他资金支出——基本支出——税金及附加费用——事业运行　17 500
　　贷：资金结存——货币资金　　　　　　　　　　　　　17 500

其他应交税费主要经济业务会计核算如表15-8所示。

表 15-8 其他应交税费主要经济业务会计核算情况表

经济业务		财务会计核算	预算会计核算
(1) 发生城市维护建设税、教育费附加等税费缴纳义务	计提应缴税金	借：业务活动费用/单位管理费用/经营费用等 贷：其他应交税费——应交城市维护建设税等	—
	实际缴纳	借：其他应交税费——应交城市维护建设税等 贷：银行存款等	借：行政支出/事业支出/经营支出等 贷：资金结存
(2) 代扣代缴个人所得税	计算应代扣代缴个人所得税	借：应付职工薪酬 贷：其他应交税费——应交个人所得税	—
	计算职工以外其他人员个人所得税	借：业务活动费用/单位管理费用等 贷：其他应交税费——应交个人所得税	—
	实际缴纳	借：其他应交税费——应交个人所得税 贷：银行存款等	借：行政支出/事业支出等 贷：资金结存/财政拨款预算收入
(3) 发生企业所得税纳税义务	计算应缴所得税	借：所得税费用 贷：其他应交税费——单位应交所得税	—
	实际缴纳	借：其他应交税费——单位应交所得税 贷：银行存款等	借：非财政拨款结余 贷：资金结存

三、应缴财政款

应缴财政款是指单位取得或应收的按照规定应当上缴财政的款项,包括应缴国库的款项和应缴财政专户的款项。

(一) 会计科目设置

行政事业单位应设置"应缴财政款"科目,用于核算单位取得或应收的按照规定应当上缴财政的款项。"应缴财政款"科目期末贷方余额反映单位应当上缴财政但尚未缴纳的款项;年终清缴后,本科目一般应无余额。

"应缴财政款"科目应按照应缴财政款项的类别进行明细核算。彩票机构应当在"应缴财政款"科目下设置"应缴发行机构业务费""应缴销售机构业务费""应缴中央公益金""应缴地方公益金"等明细科目,用于核算彩票机构应缴国库的彩票机构业务费和彩票公益金等。

(二) 主要账务处理

单位取得或应收按照规定应缴财政的款项时,借记"银行存款""应收账款"等科目,贷记"应缴财政款"科目。单位上缴应缴财政的款项时,按照实际上缴的金额,借记"应缴财政款"科目,贷记"银行存款"科目。

应缴财政资金实行"收支两条线",并不属于单位预算资金,取得时单位不确认预算收入,上缴时单位也不确认预算支出,因此,对于应缴财政款,单位不做预算会计处理;只有当财政部门根据预算批复回拨给单位款项时,单位才确认为预算收入。

【例 15-13】 某行政单位将一辆超过使用年限的公务车予以报废处理,取得净残值变现收入 2 000 元,单位按照规定将残值变现收入上缴国库。

取得残值收入时:

借:银行存款——××银行 2 000
　　贷:应缴财政款——资产处置收入 2 000

款项上缴国库时:

借:应缴财政款——资产处置收入 2 000
　　贷:银行存款——××银行 2 000

彩票机构"应缴财政款"科目的案例详见本章第八节的彩票机构专用科目的相关内容。

应缴财政款主要经济业务会计核算如表 15-9 所示。

表 15-9　　　　　　　应缴财政款主要经济业务会计核算情况表

经济业务	财务会计核算	预算会计核算
(1)取得或应收按照规定应缴财政的款项	借:银行存款/应收账款等 　　贷:应缴财政款	——
(2)上缴应缴财政的款项	借:应缴财政款 　　贷:银行存款	——

第四节　应付职工薪酬

一、应付职工薪酬概述

应付职工薪酬是指单位按照有关规定应付给职工(含长期聘用人员)及为职工支付的各种薪酬,包括基本工资、国家统一规定的津贴补贴、规范津贴补贴(绩效工资)、改革性补贴、社会保险费、住房公积金等。

(一)应付职工薪酬科目的设立背景

长期以来,会计制度对于企业及行政事业单位的薪酬管理,采取了不一样的处理方式。其中,企业会计设置了"应付职工薪酬"科目,而行政事业单位的工资和津贴补贴,在实际发放时,直接列入经费支出或事业支出,不设置计提科目,也不提前计算提取。

之所以存在这种制度差异,主要是由于企业一般是本月发放上月的工资,即本月提取当月的薪酬,根据受益对象计入资产成本或当期费用,下月再发放上个月提取的薪酬,冲减应付科目,这种处理方式符合权责发生制的核算要求,比较好地实现成本与收益的匹配。而行政事业单位一般是当月发放当月的工资,如果使用"应付职工薪酬"科目对工资等进行计提的话,往往就会出现一张凭证同时出现两笔分录:一笔分录是计提应付职工薪酬进入支出费用;另一笔分录则是冲销应付职工薪酬减少银行存款或增加财政拨款收入。也就是说,应付职工薪酬一贷一借直接冲销掉了,并没有起到什么作用。从这个角度看,行政事业单位设置"应付职工薪酬"科目的作用并不大,还增加了工作量。

2006年6月16日,针对当时公务员收入分配领域存在的津贴补贴发放秩序混乱和津贴补贴水平差距较大的问题,中纪委、中组部、监察部、财政部、人事部、审计署等六部委联合下发了《关于规范公务员津贴补贴问题的通知》(中纪发〔2006〕17号),要求各地从2006年7月1日起,严格执行《规范公务员津贴补贴方案》,一律不准以任何借口、任何名义、任何方式擅自新设津贴补贴项目或擅自提高津贴补贴标准、扩大津贴补贴实施范围。

为了纠正实际工作中存在的多发或者拖欠工资问题,财政部于2006年6月15日,制定下发了《行政事业单位工资和津贴补贴有关会计核算办法》(财库〔2006〕48号),规定在行政事业单位负债类科目中增设了相应的应付工资和津贴补贴科目,通过会计科目的设置,从财务管理和会计核算的技术角度,进一步加强和规范行政事业单位工资和津贴补贴发放管理,引导和督促行政事业单位全面、准确地核算工资和津贴补贴发放业务活动,从而正式开始运用权责发生制理念核算行政事业单位的工资薪酬。

(二) 对薪酬实行负债管理的意义和作用

设置"应付职工薪酬"科目后,一是通过这个科目的借方发生额、贷方发生额及期末余额,可以比较完整、准确地统计出行政事业单位的应发放额、实际发放额以及多发额或欠发额,有助于对单位工资和津贴补贴发放情况进行分析和汇总。二是通过权责发生制的应用,可以更加全面地反映行政事业单位交易或事项和经济业务的完整脉络。三是设立应付职工薪酬以及其他应收应付款项,可以对行政事业单位的资产和负债进行完整而真实的核算,为政府综合财务报告的编制提供基础数据,奠定坚实基础。四是通过设置"应付职工薪酬"科目,将应付的职工薪酬确认为单位的负债,能够从法理上更有效地保障职工的权益,从而更好地满足职工的生存和发展需要。

2013 年 6 月 13 日,监察部、人社部、财政部、审计署以四部委令的方式公布了《违规发放津贴补贴行为处分规定》,明确提出:"违反财政部关于行政事业单位工资津贴补贴有关会计核算的规定核算津贴补贴的,给予警告处分;情节较重的,给予记过或者记大过处分;情节严重的,给予降级或者撤职处分"。也就是说,如果行政事业单位不严格按照政府会计制度的规定进行薪酬管理,将会视情节给予处分。

二、应付职工薪酬的核算

(一) 会计科目设置

行政事业单位应设置"应付职工薪酬"科目,用于核算单位按照有关规定应付给职工(含长期聘用人员)及为职工支付的各种薪酬。"应付职工薪酬"科目期末贷方余额反映单位应付未付的职工薪酬。

"应付职工薪酬"科目应当根据国家有关规定按照"基本工资(含离退休费)""国家统一规定的津贴补贴""规范津贴补贴(绩效工资)""改革性补贴""社会保险费""住房公积金""其他个人收入"等进行明细核算。其中,"社会保险费""住房公积金"明细科目核算内容不仅包括从职工工资中代扣代缴的社会保险费、住房公积金,还包括单位为职工计算缴纳的社会保险费、住房公积金。

(二) 主要账务处理

1. 计算确认当期应付职工薪酬(含单位为职工计算缴纳的社会保险费、住房公积金)

(1)计提从事专业及其辅助活动人员的职工薪酬,借记"业务活动费用""单位管理费用"科目,贷记"应付职工薪酬"科目。

(2)计提应由在建工程、加工物品、自行研发无形资产负担的职工薪酬,借记"在建工程""加工物品""研发支出"等科目,贷记"应付职工薪酬"科目。

(3)计提从事专业及其辅助活动之外的经营活动人员的职工薪酬,借记"经营费用"科目,贷记"应付职工薪酬"科目。

(4)高等学校等单位的附属单位职工薪酬按规定自行负担,但需由单位代为发放时,单位按照实际垫付的金额,借记"其他应收款"科目,贷记"应付职工薪酬"科目。

2. 支付工资薪酬

向职工支付工资、津贴补贴等薪酬时,按照实际支付的金额,借记"应付职工薪酬"科目,贷记"财政拨款收入""零余额账户用款额度""银行存款"等科目。同时,在预算会计下,按照实际支付的金额,借记"行政支出""事业支出""经营支出"等科目,贷记"财政拨款预算收入""资金结存"科目。

3. 代扣职工税金、社会保险费等

按照税法规定代扣职工个人所得税时,借记"应付职工薪酬——基本工资"科目,贷记"其他应交税费——应交个人所得税"科目。

从应付职工薪酬中代扣为职工垫付的水电费、房租等费用时,按照实际扣除的金额,借记"应付职工薪酬——基本工资"科目,贷记"其他应收款"等科目。

从应付职工薪酬中代扣社会保险费和住房公积金,按照代扣的金额,借记"应付职工薪酬——基本工资"科目,贷记"应付职工薪酬——社会保险费/住房公积金"科目。

4. 缴纳职工社会保险费、公积金

按照国家有关规定缴纳职工社会保险费和住房公积金时,按照实际支付的金额,借记"应付职工薪酬——社会保险费/住房公积金"科目,贷记"财政拨款收入""零余额账户用款额度""银行存款"等科目。同时,在预算会计下,按照实际支付的金额,借记"行政支出""事业支出""经营支出"等科目,贷记"财政拨款预算收入""资金结存"科目。

5. 支付其他款项

从应付职工薪酬中支付的其他款项,借记"应付职工薪酬"科目,贷记"零余额账户用款额度""银行存款"等科目。同时,在预算会计下,按照实际支付的金额,借记"行政支出""事业支出""经营支出"等科目,贷记"财政拨款预算收入""资金结存"科目。

【例 15-14】 某体育行政单位发生以下经济业务:

(1)单位核算确认本月职工薪酬,应发职工工资 50 万元,其中:基本工资 25 万元,津贴补贴 25 万元;单位应承担住房公积金 6 万元,养老保险费 10 万元。

借:业务活动费用——工资福利费用	660 000
贷:应付职工薪酬——基本工资(含离退休费)	250 000
应付职工薪酬——规范津贴补贴(绩效工资)	250 000
应付职工薪酬——住房公积金	60 000
应付职工薪酬——社会保险费	100 000

(2)职工个人应承担的个人所得税 5 万元、养老保险费 4 万元、住房公积金 6 万元,全部由单位代扣。

借:应付职工薪酬——基本工资(含离退休费)	150 000
贷:其他应交税费——应交个人所得税	50 000
应付职工薪酬——住房公积金	60 000
应付职工薪酬——社会保险费	40 000

（3）单位通过财政授权支付方式发放职工薪酬,支出功能分类列"文化旅游体育与传媒支出——体育——行政运行"预算科目。

财务会计:

借:应付职工薪酬——基本工资(含离退休费) 100 000

　　应付职工薪酬——规范津贴补贴(绩效工资) 250 000

　　贷:零余额账户用款额度 350 000

预算会计:

借:行政支出——财政拨款支出——基本支出——基本工资——行政运行 100 000

　　行政支出——财政拨款支出——基本支出——津贴补贴——行政运行 250 000

　　贷:资金结存——零余额账户用款额度 350 000

（4）单位通过零余额账户代缴个人所得税 5 万元,缴纳职工公积金 12 万元(含代扣职工 6 万元),缴纳养老保险费 14 万元(含代扣职工 4 万元)。

财务会计:

借:其他应交税费——应交个人所得税 50 000

　　应付职工薪酬——住房公积金 120 000

　　应付职工薪酬——社会保险费 140 000

　　贷:零余额账户用款额度 310 000

预算会计:

借:行政支出——财政拨款支出——基本支出——基本工资——行政运行 150 000

　　行政支出——财政拨款支出——基本支出——住房公积金——行政运行 60 000

| 行政支出 | 财政拨款支出 | 基本支出 | 机关事业单位基本养老保险缴费 | 行政运行 | 100 000 |

　　贷:资金结存——零余额账户用款额度 310 000

对于代扣职工税费业务,政府会计制度采取了统一抵减"应付职工薪酬——基本工资"科目方式,并不是说这些代扣的税费就来自"基本工资"科目,而是为了会计核算的统一,所采取的简化处理。同时,单位从"基本工资"代扣个人应承担的住房公积金和养老保险费后,实际代为缴纳时,应考虑到这部分资金的最终来源和真实属性,在预算会计下选择使用"基本工资"经济科目,而不能使用"住房公积金"和"机关事业单位基本养老保险缴费"经济科目;单位为职工缴纳的住房公积金和养老保险费,则正常列支"住房公积金"和"机关事业单位基本养老保险缴费"经济科目。

应付职工薪酬主要经济业务会计核算如表 15-10 所示。

表 15-10　　应付职工薪酬主要经济业务会计核算情况表

经济业务		财务会计核算	预算会计核算
（1）计提职工薪酬	专业及其辅助活动人员的薪酬	借：业务活动费用/单位管理费用 　　贷：应付职工薪酬	—
	由在建工程、加工物品、无形资产负担的职工薪酬	借：在建工程/加工物品/研发支出 　　贷：应付职工薪酬	—
	经营活动人员	借：经营费用 　　贷：应付职工薪酬	—
（2）向职工支付薪酬		借：应付职工薪酬 　　贷：财政拨款收入/零余额账户用款额度/银行存款等	借：行政支出/事业支出/经营支出 　　贷：财政拨款预算收入/资金结存
（3）代扣职工个人所得税		借：应付职工薪酬 　　贷：其他应交税费——应交个人所得税	—
（4）代扣为职工垫付的水电费、房租等费用		借：应付职工薪酬——基本工资 　　贷：其他应收款等	—
（5）代扣社会保险费和住房公积金		借：应付职工薪酬——基本工资 　　贷：应付职工薪酬——社会保险费/住房公积金	—
（6）缴纳职工社会保险费和住房公积金		借：应付职工薪酬——社会保险费/住房公积金 　　贷：财政拨款收入/零余额账户用款额度/银行存款等	借：行政支出/事业支出/经营支出 　　贷：财政拨款预算收入/资金结存
（7）从应付职工薪酬中支付其他款项		借：应付职工薪酬 　　贷：财政拨款收入/银行存款等	借：行政支出/事业支出/经营支出 　　贷：资金结存

第五节　应付票据、应付账款与预收账款

一、应付票据

（一）应付票据的概念

应付票据是指事业单位因购买材料、物资等而开出、承兑的商业汇票，包括银

行承兑汇票和商业承兑汇票。

按照有关规定,单位间只有在商品交易的情况下,才能使用商业汇票结算方式。如果开出的是银行承兑汇票,必须经由出票银行承兑;如果开出的是商业承兑汇票,必须由付款方(购买单位)承兑。付款单位应在商业汇票到期前,及时将款项足额交付其开户银行,使银行在到期日将款项划转给收款人、被背书人或贴现银行。

为了加强应付票据的管理,事业单位应当设置"应付票据备查簿",详细登记每一应付票据的种类、号数、签发日期、到期日、票面金额、交易合同号、收款人姓名或单位名称,以及付款日期和金额等详细信息。应付票据到期结清票款后,应当在备查簿内逐笔注销。

(二)应付票据的核算

事业单位应设置"应付票据"科目,用于核算事业单位因购买材料、物资等而开出、承兑的商业汇票。"应付票据"科目期末贷方余额反映事业单位开出、承兑的尚未到期的商业汇票票面金额。"应付票据"科目应按照债权人进行明细核算。

1. 开出、承兑商业汇票

开出、承兑商业汇票时,借记"库存物品""固定资产"等科目,贷记"应付票据"科目。

2. 支付汇票手续费

支付银行承兑汇票的手续费时,借记"业务活动费用""经营费用"等科目,贷记"银行存款""零余额账户用款额度"等科目。同时,在预算会计下,按照实际支付手续费的金额,借记"事业支出""经营支出"等科目,贷记"资金结存"科目。

3. 商业汇票到期

(1)收到银行支付到期票据的付款通知时,借记"应付票据"科目,贷记"银行存款"科目。同时,在预算会计下,借记"事业支出""经营支出"等科目,贷记"资金结存"科目。

(2)银行承兑汇票到期,单位无力支付票款的,按照应付票据账面余额,借记"应付票据"科目,贷记"短期借款"科目。同时,在预算会计下,借记"事业支出""经营支出"等科目,贷记"债务预算收入"科目。

(3)商业承兑汇票到期,单位无力支付票款的,按照应付票据账面余额,借记"应付票据"科目,贷记"应付账款"科目。

需要注意的是,银行承兑汇票和商业承兑汇票到期,单位无力支付票款,两者的账务处理有所不同。银行承兑汇票到期,单位无力支付票款,银行仍然承担无条件付款责任,银行付款后银行与单位实质上形成了借贷关系,因此将"应付票据"转化为"短期借款"科目;同时在预算会计下,也要确认债务预算收入和相关支出。而商业承兑汇票,由单位承诺到期付款,到期单位无力支付,就是单位票据违约,票据债权人与单位形成了货款的拖欠关系,因此"应付票据"转化为"应付账款"科目;而在预算会计下,由于未形成现金收支,无须进行账务处理。

【例 15-15】 某市文化事业单位发生以下业务:

(1) 单位为开展演艺经营活动,向××供应商购入材料一批,材料价款为 15 万元,材料已验收入库。单位向供应商开具承兑期限 2 个月的银行承兑汇票。

借:库存物品——经营材料　　　　　　　　　　　　　　　　150 000

　　贷:应付票据——银行承兑汇票——××供应商　　　　　　　150 000

(2) 单位向银行支付银行承兑汇票手续费 1 000 元,支出功能分类列"文化旅游体育与传媒支出——文化——艺术表演场所"预算科目,部门预算支出经济分类列"商品和服务支出——手续费"预算科目。

财务会计:

借:经营费用——商品和服务费用　　　　　　　　　　　　　1 000

　　贷:银行存款——××银行　　　　　　　　　　　　　　　1 000

预算会计:

借:经营支出——演艺经营活动——手续费——艺术表演场所　　1 000

　　贷:资金结存——货币资金　　　　　　　　　　　　　　　1 000

(3) 银行承兑汇票到期,单位收到银行支付到期票据的付款通知,部门预算支出经济分类列"商品和服务支出——专用材料费"预算科目。

财务会计:

借:应付票据——银行承兑汇票——××供应商　　　　　　　150 000

　　贷:银行存款——××银行　　　　　　　　　　　　　　　150 000

预算会计:

借:经营支出——演艺经营活动——专用材料费——艺术表演场所　150 000

　　贷:资金结存——货币资金　　　　　　　　　　　　　　　150 000

应付票据主要经济业务会计核算如表 15-11 所示。

表 15-11　　　　　　应付票据主要经济业务会计核算情况表

经济业务	财务会计核算	预算会计核算
(1) 开出、承兑商业汇票	借:库存物品/固定资产 　　贷:应付票据	——
(2) 支付银行承兑汇票的手续费	借:业务活动费用/经营费用等 　　贷:银行存款/零余额账户用款额度等	借:事业支出/经营支出等 　　贷:资金结存

（续表）

经济业务		财务会计核算	预算会计核算
（3）商业汇票到期	商业汇票到期付款	借：应付票据 　贷：银行存款	借：事业支出/经营支出等 　贷：资金结存
	银行承兑汇票到期，单位无力支付票款	借：应付票据 　贷：短期借款	借：事业支出/经营支出等 　贷：债务预算收入
	商业承兑汇票到期，单位无力支付票款	借：应付票据 　贷：应付账款	—

二、应付账款

应付账款是指单位因购买物资、接受服务、开展工程建设等而应付的偿还期限在 1 年以内（含 1 年）的款项。

（一）会计科目设置

行政事业单位应设置"应付账款"科目，用于核算单位因购买物资、接受服务、开展工程建设等而应付的偿还期限在 1 年以内（含 1 年）的款项。"应付账款"科目期末贷方余额反映单位尚未支付的应付账款金额。

"应付账款"科目应按照债权人进行明细核算。对于建设项目，还应设置"应付工程款"等明细科目，并按照具体项目进行明细核算。

彩票机构应当在"应付账款"科目下设置"应付彩票联网游戏结算款"明细科目，用于核算彩票机构与其他彩票机构因彩票联网游戏结算发生的应付款项；在"应付彩票联网游戏结算款"明细科目下按照省（自治区、直辖市）、彩票游戏名称等进行明细核算。

（二）主要账务处理

（1）收到所购材料、物资、设备或服务以及确认完成工程进度但尚未付款时，根据发票及账单等有关凭证，按照应付未付款项的金额，借记"库存物品""固定资产""在建工程"等科目，贷记"应付账款"科目。涉及增值税业务的，相关账务处理参见"应交增值税"科目。

（2）偿付应付账款时，按照实际支付的金额，借记"应付账款"科目，贷记"财政拨款收入""零余额账户用款额度""银行存款"等科目。同时，在预算会计下，借记"行政支出""事业支出""经营支出"等科目，贷记"财政拨款预算收入""资金结存"科目。

（3）开出、承兑商业汇票抵付应付账款时，借记"应付账款"科目，贷记"应付票据"科目。

（4）无法偿付或债权人豁免偿还的应付账款,应当按照规定报经批准后进行账务处理。经批准核销时,借记"应付账款"科目,贷记"其他收入"科目。核销的应付账款应在备查簿中保留登记。

【例 15-16】　某医院事业单位的医疗服务免征增值税。单位现发生以下业务:

（1）单位购买××公司手术设备一台,增值税普通发票注明的价税合计 50 万元。设备已安装调试完毕验收合格,根据合同约定,款项于验收合格 2 个月后全额支付。

借:固定资产——医疗设备　　　　　　　　　　　　　　　　　　500 000
　　贷:应付账款——××公司　　　　　　　　　　　　　　　　500 000

（2）2 个月后,医院按照合同约定,从预算安排的医疗设备购置专项中,通过财政直接支付方式支付××公司设备款 50 万元,支出功能分类列"卫生健康支出——公立医院——综合医院"科目,部门预算支出经济分类列"资本性支出——专用设备购置"预算科目。

财务会计:

借:应付账款——××公司　　　　　　　　　　　　　　　　　　500 000
　　贷:财政拨款收入——财政项目拨款收入　　　　　　　　　　500 000

预算会计:

借:事业　　财政拨　　项目　　医疗设备　　专用设　　综合　　500 000
　　支出　　款支出　　支出　　购置专项　　备购置　　医院
　　贷:财政拨款预算收入——项目支出——医疗设备购置专项——综合医院　500 000

应付账款主要经济业务会计核算如表 15-12 所示。

表 15-12　　　　　　　应付账款主要经济业务会计核算情况表

经济业务	财务会计核算	预算会计核算
（1）收到所购材料、物资、设备或服务以及确认完成工程进度但尚未付款	借:库存物品/固定资产/在建工程等 　　贷:应付账款	—
（2）偿付应付账款	借:应付账款 　　贷:财政拨款收入/零余额账户用款额度/银行存款等	借:行政支出/事业支出/经营支出等 　　贷:财政拨款预算收入/资金结存
（3）开出、承兑商业汇票抵付应付账款	借:应付账款 　　贷:应付票据	—
（4）无法偿付或债权人豁免偿还的应付账款,经批准核销	借:应付账款 　　贷:其他收入	—

三、预收账款

预收账款是指事业单位按照货物、服务合同或协议规定,向购货单位或接受服务的单位预先收取但尚未结算的款项。

(一) 会计科目设置

事业单位应设置"预收账款"总账科目,用于核算事业单位向购货单位或接受服务的单位预先收取但尚未结算的款项。"预收账款"期末贷方余额,反映事业单位预收但尚未结算的款项金额。

"预收账款"科目应按照债权人等进行明细核算。同时,行业事业单位应当根据行业特点与核算需要,在"预收账款"科目下统一设置相应的明细科目。

1. 医院、基层医疗卫生机构

医院、基层医疗卫生机构应当在"预收账款"科目下设置如下明细科目:

(1)"预收医疗款"科目,核算医院、基层医疗卫生机构预收医疗保险机构预拨的医疗保险金和预收病人的预交金。医院应当在本科目下设置如下明细科目:①"预收医保款"科目,核算医院、基层医疗卫生机构预收医疗保险机构预拨的医疗保险金。②"门急诊预收款"科目,核算医院、基层医疗卫生机构预收门急诊病人的预交金。③"住院预收款"科目,核算医院、基层医疗卫生机构预收住院病人的预交金。

(2)"其他预收账款"科目,核算医院、基层医疗卫生机构除预收医疗款以外的其他预收账款,如因提供科研教学等服务、按合同或协议约定预收接受服务单位的款项。

2. 彩票机构

彩票机构应当在"预收账款"科目下设置"预收彩票销售款"明细科目,用于核算彩票机构预收彩票代销者预存的彩票销售款。

(二) 主要账务处理

1. 预收账款的一般账务处理

(1)从付款方预收款项时,按照实际预收的金额,借记"银行存款"等科目,贷记"预收账款"科目。同时,在预算会计下,借记"资金结存"科目,贷记"事业预算收入""经营预算收入"等科目。

(2)确认有关收入时,按照预收账款账面余额,借记"预收账款"科目,按照应确认的收入金额,贷记"事业收入""经营收入"等科目,按照付款方补付或退回付款方的金额,借记或贷记"银行存款"等科目。同时,在预算会计下,如付款方补付的,按照实际收到的补付金额,借记"资金结存"科目,贷记"事业预算收入""经营预算收入"等科目;如退回付款方款项的,则做相反会计处理。

(3)无法偿付或债权人豁免偿还的预收账款,应当按照规定报经批准后进行账务处理。经批准核销时,借记"预收账款"科目,贷记"其他收入"科目。核销的预收账款应在备查簿中保留登记。因前期预收款项时,预算会计已确认了预算收入,此时无须再做预算会计账务处理。

【例15-17】 某科研事业单位与××企业签订技术服务合同,合同总金额50万元,合同签订后××企业预付合同款的60%(30万元),合同全部完成后再支付合同款的40%。现单位发生以下业务:

(1) 收到××企业通过银行转账支付的预付款30万元,支出功能分类列"科学技术支出——应用研究——专项科研试制"预算科目。

财务会计:

借:银行存款——××银行　　　　　　　　　　　　　300 000

　贷:预收账款——××企业　　　　　　　　　　　　　300 000

预算会计:

借:资金结存——货币资金　　　　　　　　　　　　　300 000

贷:	事业预算收入	非科研预算收入	技术服务	非专项资金收入	专项科研试制	300 000

(2) 单位按照合同完成相关技术服务,收到××企业通过银行转账支付的合同余款20万元。

财务会计:

借:预收账款——××企业　　　　　　　　　　　　　300 000

　银行存款——××银行　　　　　　　　　　　　　200 000

　贷:事业收入——技术服务——××企业　　　　　　500 000

预算会计:

借:资金结存——货币资金　　　　　　　　　　　　　200 000

贷:	事业预算收入	非科研预算收入	技术服务	非专项资金收入	专项科研试制	200 000

2. 合作项目款的账务处理

合作项目款是指科学等事业单位从非同级政府财政部门取得的,需要与其他单位合作完成的科技项目(课题)款项。

(1) 从付款方预收款项时,按照收到的款项金额,借记"银行存款"等科目,贷记"预收账款"科目;同时,在预算会计下,按照相同的金额,借记"资金结存——货币资金"科目,贷记"事业预算收入"科目。

(2) 按照合同规定将合作项目款转拨合作单位时,按照实际转拨的金额,借记"预收账款"科目,贷记"银行存款"等科目;同时,在预算会计下,按照相同的金额,借记"事业预算收入"科目(转拨当年收到的合作项目款)或"非财政拨款结转"科目

（转拨以前年度收到的合作项目款），贷记"资金结存——货币资金"科目。

（3）按照合同完成进度确认本单位科研收入时，按照计算确认收入的金额，借记"预收账款"科目，贷记"事业收入"科目。

（4）发生因科技项目（课题）终止等情形，需按照规定将项目剩余资金退回项目（课题）立项部门时，对本单位承担项目使用的剩余资金，按照实际退回的金额，借记"预收账款"科目（尚未确认收入）或"事业收入"科目（已经当年确认收入）或"累计盈余"科目（以前年度确认收入）[①]，贷记"银行存款"等科目；同时，在预算会计下，按照相同的金额，借记"事业预算收入"科目（本年度取得的合作项目款）或"非财政拨款结转"科目（以前年度取得的合作项目款），贷记"资金结存——货币资金"科目。

对合作单位承担项目使用的剩余资金，于收回时按照收回的金额，借记"银行存款"等科目，贷记"其他应付款"科目；转退回给项目（课题）立项部门时，借记"其他应付款"科目，贷记"银行存款"等科目。

【例 15-18】　某省科学院事业单位与××大学共同申报的国家重大专项课题"××关键技术研究课题"获得评审通过，项目总经费 200 万元，其中××大学合作经费 80 万元，支出功能分类列"科学技术支出——科技重大项目——科技重大专项"预算科目。围绕该项课题，单位现发生以下业务：

（1）2×19 年 5 月，单位收到科技部拨付的课题经费 200 万元。

财务会计：

借：银行存款——××银行　　　　　　　　　　　　　　　　　2 000 000
　　贷：预收账款——专项资金——××关键技术研究课题——科技部　2 000 000

预算会计：

借：资金结存——货币资金　　　　　　　　　　　　　　　　　2 000 000
　　贷：事业预　科研预　非同级财　专项资　××关键技　科技重
　　　　算收入　算收入　政拨款　金收入　术研究课题　大专项

　　　　　　　　　　　　　　　　　　　　　　　　　　　　　2 000 000

（2）2×19 年 6 月，按照课题合同规定，单位将合作经费 80 万元转拨合作单位××大学。

财务会计：

借：预收账款——专项资金——××关键技术研究课题——科技部　　800 000
　　贷：银行存款——××银行　　　　　　　　　　　　　　　　　800 000

---

① 财政部印发的《关于科学事业单位执行〈政府会计制度——行政事业单位会计科目和报表〉的衔接规定》（财会〔2018〕23 号），只是规定，尚未确认收入时，借记"预收账款"科目；已经确认收入时，借记"事业收入"科目。我们认为，已经确认收入的，还应区分是本年确认还是以前年度确认，其中，本年度确认收入的，借记"事业收入"科目，以前年度确认收入的，应借记"累计盈余"科目。

预算会计：

借：事业预___科研预___非同级财___专项资___××关键技___科技重
　　算收入　　算收入　　政拨款　　金收入　　术研究课题　大专项

　　　　　　　　　　　　　　　　　　　　　　　　　　　　　800 000

　　贷：资金结存——货币资金　　　　　　　　　　　　　　800 000

（3）2×19年10月，根据课题研究需要，购买试剂材料10万元，购买分析仪器一台，价值为30万元，货款结讫。试剂材料全部领用；仪器设备验收合格已办理出入库手续，使用年限为10年，采用直线法计提折旧。

财务会计：

借：业务活___科研活___商品和服___××关键技
　　动费用　　动费用　　务费用　　术研究课题　　　　　　100 000

　　固定资产——专用设备——分析仪器　　　　　　　　　　300 000

　　贷：银行存款——××银行　　　　　　　　　　　　　　400 000

固定资产每月折旧额＝300 000÷10÷12＝2 500（元）

借：业务活___科研活___固定资产___××关键技
　　动费用　　动费用　　折旧费　　术研究课题　　　　　　　2 500

　　贷：固定资产累计折旧——专用设备　　　　　　　　　　　2 500

预算会计：

借：事业___科研___非财政专项___××关键技___专用材___科技重
　　支出　　支出　　资金支出　　术研究课题　　料费　　大专项　100 000

　　事业___科研___非财政专项___××关键技___专用设___科技重
　　支出　　支出　　资金支出　　术研究课题　　备购置　大专项　300 000

　　贷：资金结存——货币资金　　　　　　　　　　　　　　400 000

（4）2×19年12月，经与××大学沟通，根据合同完成进度，单位确认科研收入60万元。

财务会计：按照权责发生制的原则，根据项目合同完成进度确认事业收入。

借：预收账款——专项资金——××关键技术研究课题——科技部　600 000

　　贷：事业___科研___非同级财___××关键技
　　　　收入　　收入　　政拨款　　术研究课题　　　　　　600 000

预算会计：不做账务处理。

（5）年末（期末），对上述业务进行结转处理。

收支结转：

财务会计：

借：事业___科研___非同级财___××关键技
　　收入　　收入　　政拨款　　术研究课题　　　　　　　　600 000

　　贷：本期盈余　　　　　　　　　　　　　　　　　　　　600 000

借：本期盈余 107 500

贷：
| 业务活动费用 | 科研活动费用 | 商品和服务费用 | ××关键技术研究课题 | 100 000 |
| 业务活动费用 | 科研活动费用 | 固定资产折旧费 | ××关键技术研究课题 | 7 500 |

预算会计：

借：
| 事业预算收入 | 科研预算收入 | 非同级财政拨款 | 专项资金收入 | ××关键技术研究课题 | 科技重大专项 | |
| | | | | | | 1 200 000 |

贷：
| 非财政拨款结转 | 项目支出结转 | ××关键技术研究课题 | 科技重大专项 | 本年收支结转 | 1 200 000 |

借：
| 非财政拨款结转 | 项目支出结转 | ××关键技术研究 | 科技重大专项 | 本年收支结转 | 400 000 |

贷：
| 事业支出 | 科研支出 | 非财政专项资金支出 | ××关键技术研究课题 | 专用材料费 | 科技重大专项 | 100 000 |
| 事业支出 | 科研支出 | 非财政专项资金支出 | ××关键技术研究课题 | 专用设备购置 | 科技重大专项 | 300 000 |

年末冲销"本年收支结转"明细科目：

借：
| 非财政拨款结转 | 项目支出结转 | ××关键技术研究课题 | 科技重大专项 | 本年收支结转 | 800 000 |

贷：
| 非财政拨款结转 | 项目支出结转 | ××关键技术研究课题 | 科技重大专项 | 累计结转 | 800 000 |

（6）2×20 年 2 月，项目因不可抗拒因素无法继续实施，经科技部批准予以终止。经核实，合作单位××大学项目剩余资金为 60 万元，已由××大学转入单位账户。

收回合作单位项目剩余资金应退回科技部，对单位而言，属于暂收款项，不属于本单位的预算资金，预算会计不做处理。单位应做如下财务会计处理：

借：银行存款——××银行 600 000

　　贷：其他应付款——××关键技术研究——科技部 600 000

（7）单位将本单位项目剩余资金 80 万元和合作单位××大学项目剩余资金 60 万元退回科技部。

按照规定，科学事业单位发生因科技项目(课题)终止等情形，需按照规定将项目剩余资金退回项目(课题)立项部门。从目前的项目结转结余资金管理来看，由于收付实现制能够比较准确地统计出项目的结余情况，项目完成后项目剩余资金的核算、上缴(缴回)都是按照预算会计的要求进行的。因此，关于项目终止后的剩余资金也应该根据预算会计的核算结果确定。但需要注意的是，对于本案例这种非正常终止项目,在预算会计核算结果的基础上,还应该统筹考虑游离于预算会计之外的项目潜在的资金权利和付款义务(比如预付款项收回、质保金到期支付等),对剩余资金进行适当调整。

财务会计:

借:预收账款——专项资金——××关键技术研究课题——科技部　　　　600 000

　　累计盈余　　　　　　　　　　　　　　　　　　　　　　　　　200 000

　　其他应付款——××关键技术研究课题——科技部　　　　　　　600 000

　　贷:银行存款——××银行　　　　　　　　　　　　　　　　　　　　1 400 000

预算会计:

借:非财政拨款结转——项目支出结转——××关键技术研究课题——科技重大专项——缴回资金　　800 000

　　贷:资金结存——货币资金　　　　　　　　　　　　　　　　　　　800 000

预收账款主要经济业务会计核算如表 15-13 所示。

表 15-13　　　　　　　预收账款主要经济业务会计核算情况表

经济业务	财务会计核算	预算会计核算
(1) 从付款方预收款项	借:银行存款等 　贷:预收账款	借:资金结存 　贷:事业预算收入/经营预算收入等
(2) 确认有关收入	借:预收账款 　　银行存款(收到补付款) 　贷:事业收入/经营收入等 　　银行存款(退回预收款)	借(或贷):资金结存 　贷(或借):事业预算收入/经营预算收入等
(3) 经批准核销的无法偿付或债权人豁免偿还的预收账款	借:预收账款 　贷:其他收入	—

第六节　应付政府补贴款、其他应付款与预提费用

一、应付政府补贴款

应付政府补贴款是指负责发放政府补贴的行政单位,按照规定应当支付给政府补贴接受者的各种政府补贴款。

(一) 会计科目设置

行政单位应设置"应付政府补贴款"科目,用于核算行政单位按照规定应当支付给政府补贴接受者的各种政府补贴款。"应付政府补贴款"科目期末贷方余额反

映行政单位应付未付的政府补贴金额。"应付政府补贴款"科目应当按照应支付的政府补贴种类进行明细核算。同时，单位还应当根据需要按照补贴接受者进行明细核算，或者建立备查簿对补贴接受者予以登记。

（二）主要账务处理

（1）发生应付政府补贴时，按照规定计算确定的应付政府补贴金额，借记"业务活动费用"科目，贷记"应付政府补贴款"科目。

（2）支付应付政府补贴款时，按照支付金额，借记"应付政府补贴款"科目，贷记"零余额账户用款额度""银行存款"等科目。同时，在预算会计下，借记"行政支出"科目，贷记"资金结存"等科目。

【例 15-19】 某县农业农村行政单位负责按照国家政策规定，向当地农民发放种植小麦补贴款。现发生以下业务：

（1）经摸底统计，全县共需在 2 个月的时间内，向农民发放种粮补贴款 50 万元。

借：业务活动费用——对个人和家庭的补助费用　　　　　　　　　500 000

　　贷：应付政府补贴款——种粮补贴　　　　　　　　　　　　　　　500 000

（2）本月，单位实际向农民发放种粮补贴款 30 万元，从预算安排的涉农补贴款中，通过财政授权支付的方式将补贴款直接打入农民个人的银行账户，支出功能分类列"农林水支出——农业——农业生产支持补贴"预算科目，部门预算支出经济分类列"对个人和家庭的补助——个人农业生产补贴"预算科目。

财务会计：

借：应付政府补贴款——种粮补贴　　　　　　　　　　　　　　　300 000

　　贷：零余额账户用款额度　　　　　　　　　　　　　　　　　　300 000

预算会计：

借：行政	财政拨	项目	涉农补贴	个人农业	农业生产
支出	款支出	支出	款项目	生产补贴	支持补贴　300 000

　　贷：资金结存——零余额账户用款额度　　　　　　　　　　　　300 000

应付政府补贴款主要经济业务会计核算如表 15-14 所示。

表 15-14　　　　　应付政府补贴款主要经济业务会计核算情况表

经济业务	财务会计核算	预算会计核算
（1）发生（确认）应付政府补贴款	借：业务活动费用 　贷：应付政府补贴款	——
（2）实际支付应付政府补贴款	借：应付政府补贴款 　贷：零余额账户用款额度/银行存款等	借：行政支出 　贷：资金结存等

二、其他应付款

其他应付款核算单位除应交增值税、其他应交税费、应缴财政款、应付职工薪酬、应付票据、应付账款、应付政府补贴款、应付利息、预收账款以外,其他各项偿还期限在1年内(含1年)的应付及暂收款项,如收取的押金、存入保证金、已经报销但尚未偿还银行的本单位公务卡欠款等。

(一) 会计科目设置

行政事业单位应设置"其他应付款"科目,用于核算单位除应交增值税、其他应交税费、应缴财政款、应付职工薪酬、应付票据、应付账款、应付政府补贴款、应付利息、预收账款以外,其他各项偿还期限在1年内(含1年)的应付及暂收款项。"其他应付款"科目期末贷方余额反映单位尚未支付的其他应付款金额。

同级政府财政部门预拨的下期预算款和没有纳入预算的暂付款项,以及采用实拨资金方式通过本单位转拨给下属单位的财政拨款,也通过本科目核算。

"其他应付款"科目应按照其他应付款的类别以及债权人等进行明细核算。彩票机构应当在"其他应付款"科目下设置"彩票投注设备押金"明细科目,用于核算彩票机构收取彩票代销者交付的彩票投注设备押金。

(二) 主要账务处理

1. 发生其他应付或暂收款项

发生其他应付或暂收款项时,借记"银行存款"等科目,贷记"其他应付款"科目。转拨(或退回)暂收款项时,借记"其他应付款"科目,贷记"银行存款"等科目。将暂收款转为收入时,借记"其他应付款"科目,贷记"事业收入"等科目。

发生暂收款是否进行预算会计的账务处理,主要看其是否转化为(预算)收入。对于后期需要退回的其他应付或暂收款项,由于其属于暂存性质的资金,并未纳入单位的预算管理,因此,预算会计不做账务处理。待后期有确切的证据表明该款项将形成单位(预算)收入时,预算会计就应进行账务处理,借记"资金结存"科目,贷记"事业预算收入"等科目。

【例15-20】 某医学科研事业单位发生以下经济业务:

(1) 单位将其研发的一款家用理疗仪,免费提供给部分体验者使用,收取仪器押金2万元。

借:库存现金　　　　　　　　　　　　　　　　　　　　　　　20 000
　　贷:其他应付款——仪器押金　　　　　　　　　　　　　　　　20 000

(2) 体验结束后,部分仪器收回,退还押金1.5万元;部分仪器因体验者个人原因导致仪器损坏或个人拟继续使用,仪器不再收回,对应的5 000元押金也不再退还,支出功能分类列"科学技术支出——技术研究与开发——应用技术研究与开发"科目。

财务会计：

借：其他应付款——仪器押金　　　　　　　　　　　　　　　　　　　　20 000

　　贷：库存现金　　　　　　　　　　　　　　　　　　　　　　　　　　15 000

　　　　经营收入——产品生产——家用理疗仪　　　　　　　　　　　　　 5 000

预算会计：

借：资金结存——货币资金　　　　　　　　　　　　　　　　　　　　　　 5 000

　　贷：经营预算收入——产品生产——家用理疗仪——应用技术研究与开发　 5 000

2. 收到预拨的下期预算款和没有纳入预算的暂付款项

收到同级政府财政部门预拨的下期预算款和没有纳入预算的暂付款项，按照实际收到的金额，借记"银行存款"等科目，贷记"其他应付款"科目。待到下一预算期或批准纳入预算时，借记"其他应付款"科目，贷记"财政拨款收入"科目；同时，在预算会计下，借记"资金结存"科目，贷记"财政拨款预算收入"科目。

采用实拨资金方式通过本单位转拨给下属单位的财政拨款，按照实际收到的金额，借记"银行存款"科目，贷记"其他应付款"科目；向下属单位转拨财政拨款时，按照转拨的金额，借记"其他应付款"科目，贷记"银行存款"科目。转拨资金不属于本单位的资金，不纳入单位预算管理，因此，预算会计不做处理。

【例 15-21】 某市广播电视学校事业单位的经费来源主要依靠收取的学费，现单位发生以下业务：

（1）单位一笔 500 万元的贷款到期无力偿还。经协调，市财政紧急筹措垫付 500 万元帮助单位偿还贷款。

借：银行存款——××银行　　　　　　　　　　　　　　　　　　　　5 000 000

　　贷：其他应付款——市财政局　　　　　　　　　　　　　　　　　　5 000 000

（2）考虑到单位的实际困难，经市政府同意，市财政将上述垫付款转作对单位的财政拨款，支出功能分类列"教育支出——广播电视教育——广播电视学校"预算科目，部门预算支出经济分类列"其他支出——其他支出"预算科目。

财务会计：

借：其他应付款——市财政局　　　　　　　　　　　　　　　　　　　5 000 000

　　贷：财政拨款收入——一般公共预算财政拨款　　　　　　　　　　　5 000 000

预算会计：

借：资金结存——货币资金　　　　　　　　　　　　　　　　　　　　5 000 000

贷：	财政拨款预算收入	项目支出	偿还贷款	其他支出	广播电视学校	5 000 000

3. 公务卡报销及还款时

本单位公务卡持卡人报销时,按照审核报销的金额,借记"业务活动费用""单位管理费用"等科目,贷记"其他应付款"科目。

偿还公务卡欠款时,借记"其他应付款"科目,贷记"零余额账户用款额度"等科目。同时,在预算会计下,借记"行政支出""事业支出"等科目,贷记"资金结存""财政拨款预算收入"科目。

【例15-22】 某检察院发生以下业务:

(1)××职工出差,使用公务卡支付差旅费3 000元,到财务部门办理报销手续。

借:业务活动费用——商品和服务支出 3 000
　　贷:其他应付款——公务卡——××职工 3 000

(2)财务人员通过单位零余额账户资金为职工办理了公务卡还款,支出功能分类列"公共安全支出——检察——行政运行"预算科目,部门预算支出经济分类列"商品和服务支出——差旅费"预算科目。

财务会计:

借:其他应付款——公务卡——××职工 3 000
　　贷:零余额账户用款额度 3 000

预算会计:

借:行政支出——财政拨款支出——基本支出——差旅费——行政运行 3 000
　　贷:资金结存——零余额账户用款额度 3 000

4. 留存质保金形成其他应付款

涉及质保金形成其他应付款的,相关账务处理参见本书"固定资产"科目。

5. 其他应付款项核销

无法偿付或债权人豁免偿还的其他应付款项,应当按照规定报经批准后进行账务处理。经批准核销时,借记"其他应付款"科目,贷记"其他收入"科目。核销的其他应付款应在备查簿中保留登记。

预算会计下,应根据发生其他应付款时是否产生资金流入来分别处理,如发生其他应付款时未产生资金流入,比如扣留质保金,在核销时因整个业务流程未产生资金流入,预算会计不做账务处理;如发生其他应付款时产生资金流入,比如暂收款项,因发生时未做预算会计处理,在核销时应补记预算收入,按照实际核销金额对应的原资金流入金额,借记"资金结存"科目,贷记"其他预算收入"科目。

其他应付款主要经济业务会计核算如表15-15所示。

表 15-15 其他应付款主要经济业务会计核算情况表

经济业务		财务会计核算	预算会计核算
（1）发生暂收款项	收到暂收款时	借：银行存款等 　贷：其他应付款	—
	转拨或退回暂收款	借：其他应付款 　贷：银行存款等	—
	暂收款转为收入	借：其他应付款 　贷：事业收入等	借：资金结存 　贷：事业预算收入等
（2）收到同级政府财政部门预拨的下期预算款和没有纳入预算的暂付款项	实际收到	借：银行存款等 　贷：其他应付款	—
	待到下一预算期或批准纳入预算	借：其他应付款 　贷：财政拨款收入	借：资金结存 　贷：财政拨款预算收入
（3）公务卡结算	审核报销	借：业务活动费用/单位管理费用等 　贷：其他应付款	—
	偿还公务卡欠款	借：其他应付款 　贷：零余额账户用款额度等	借：行政支出/事业支出等 　贷：资金结存/财政拨款预算收入
（4）无法偿付或债权人豁免偿还的其他应付款	发生其他应付款时未产生资金流入	借：其他应付款 　贷：其他收入	—
	发生其他应付款时产生资金流入		借：资金结存 　贷：其他预算收入

三、预提费用

预提费用是指单位预先提取的已经发生但尚未支付的费用。事业单位按规定从科研项目收入中提取的项目间接费用或管理费，也作为预提费用核算。

（一）会计科目设置

行政事业单位应设置"预提费用"科目，核算单位预先提取的已经发生但尚未支付的费用。"预提费用"科目期末贷方余额反映单位已预提但尚未支付的各项费用。

事业单位计提的借款利息费用，通过"应付利息"或"长期借款"科目核算，不通过本科目核算。

"预提费用"科目应按照预提费用的种类进行明细核算。对于提取的项目间接费用或管理费，应当在"预提费用"科目下设置"项目间接费用或管理费"明细科目，并按项目进行明细核算。

（二）主要账务处理

1. 项目间接费用或管理费

（1）按规定从科研项目收入中提取项目间接费用或管理费时，按照提取的金额,借记"单位管理费用"科目,贷记"预提费用——项目间接费用或管理费"科目。同时,在预算会计下,按照提取的金额,借记"非财政拨款结转——项目间接费用或管理费"科目,贷记"非财政拨款结余——项目间接费用或管理费"科目。

（2）实际使用计提的项目间接费用或管理费时,按照实际使用的金额,借"预提费用——项目间接费用或管理费"科目,贷记"银行存款""库存现金"等科目。同时,在预算会计下,按照实际支付的金额,借记"事业支出"等科目,贷记"资金结存"科目。

（3）高等学校、科学、医院等事业单位,按规定从科研项目收入中计提项目间接费用或管理费时,除按规定借记"单位管理费用"科目外,也可根据实际情况借记"业务活动费用"等科目。

使用计提的项目间接费用或管理费购买固定资产、无形资产的,按照固定资产、无形资产的成本金额,借记"固定资产""无形资产"科目,贷记"银行存款"等科目;同时,按照相同的金额,借记"预提费用——项目间接费用或管理费"科目,贷记"累计盈余"科目。同时,在预算会计下,按照实际支付的金额,借记"事业支出"等科目,贷记"资金结存"科目。

【例 15-23】某省属高校获得国家自然基金科研项目一项,项目经费 100 万元,支出功能分类列"科学技术支出——基础研究——自然科学基金"科目。现发生以下业务:

（1）根据科研经费管理办法和项目预算,学校从科研经费中提取间接费用 15 万元。

财务会计:

借:业务活动费用——商品和服务支出　　　　　　　　　　　　　　150 000

　　贷:预提费用——项目间接费用或管理费　　　　　　　　　　　　150 000

预算会计:

借:非财政拨款结转——项目间接费用或管理费——××课题　　　　150 000

　　贷:非财政拨款结余——项目间接费用或管理费——××课题　　　150 000

（2）学校使用计提的项目间接费用缴纳电费 5 万元。

财务会计:

借:预提费用——项目间接费用或管理费　　　　　　　　　　　　　50 000

　　贷:银行存款——农业银行　　　　　　　　　　　　　　　　　　50 000

预算会计:

借:事业支出——非财政专项资金支出——××课题——电费——自然科学基金　　50 000

　　贷:资金结存——货币资金　　　　　　　　　　　　　　　　　　50 000

（3）学校使用计提的项目间接费用购买一批笔记本电脑 4 万元。

财务会计：

借：固定资产——通用设备——笔记本电脑　　　　　　　　　　　　　40 000

　　贷：银行存款——农业银行　　　　　　　　　　　　　　　　　　　40 000

借：预提费用——项目间接费用或管理费　　　　　　　　　　　　　　40 000

　　贷：累计盈余　　　　　　　　　　　　　　　　　　　　　　　　　40 000

预算会计：

借：事业　——非财政专项　——××　——办公设　——自然科　　　　40 000
　　支出　　　资金支出　　　课题　　备购置　　学基金

　　贷：资金结存——货币资金　　　　　　　　　　　　　　　　　　　40 000

从上述账务处理来看，财务会计的核算类似于企业会计的核算，相对容易理解，但预算会计的账务处理却与财务会计相差较大，处理理念看似也不一样。

其实，预算会计处理的理念与财务会计是一致的，都是要从项目资金中提取一块资金，根据工作需要对其进行单独的支配与管理。只不过财务会计是在尚未发生费用的前提下，直接从费用中预先列支了一部分并记入"预提费用"科目（属于负债类科目），将来根据需要再逐步使用和释放这部分资金，从而形成了单位的一笔负债——因为虽然已经计入费用，但并没有明确到具体的费用项目，也未支付给具体的费用单位，自然属于单位对外的一种负债。而预算会计处理一方面受到科目设置的限制——只有收入、支出和结余三类科目，并未设置负债科目，另一方面也受到收付实现制理念的束缚——对于尚未发生的支出，无法直接提前列支，否则就违背了收付实现制的要求。

针对上述限制与束缚，预算会计另辟蹊径，不再像财务会计那样针对支出做文章，而是转而寻求对收支结转后的必经之路——"非财政拨款结转""非财政拨款结余"科目进行操作。考虑到按照预算管理规定，"结转"资金要继续统筹用于项目，在这个科目下无法实现"预提费用"的隔离和锁定；而"结余"资金则表示项目已经完成，除了收回以外，项目本身一般不会再动用这部分资金。为此，在提取项目间接费用或管理费时，预算会计就按照提取的金额，首先从项目结转资金（"非财政拨款结转"）中切了一块，直接转入"非财政拨款结余——项目间接费用或管理费"科目予以隔离和锁定；在实际使用预提的间接费用或管理费时，再按照实际支付的金额逐步记入"事业支出"等科目。

需要注意的是，按照政府会计制度的规定，预提项目间接费用或管理费后，具体使用时只是借记"事业支出"等科目，贷记"资金结存"科目，未对"非财政拨款结余——项目间接费用或管理费"科目进行操作。这样带来的问题就是尽管在使用和支付预提费用，但预提费用对应的"非财政拨款结余——项目间接费用或管理费"科目并未减少,很有可能导致实际支付的预提费用超过实际预提的费用。同时,从"非财政拨款结转"科目预提间接费用和管理费后,冲减项目结转规模;具体使用预提费用时,相应增列"事业支出"科目,再一次减少了项目结转规模,从而导致项目结转不实。针对上述问题,建议对政府会计制度进行修订,在实际使用预提费用时实行"双分录"管理,即在记入"事业支出"科目(即借记"事业支出"等科目,贷记"资金结存"科目)的同时,根据实际支付使用的金额,调减"非财政拨款结余——项目间接费用或管理费"科目,调增"非财政拨款结转"科目(即借记"非财政拨款结余"科目,贷记"非财政拨款结转"科目)。实行"双分录"处理后,既可以随时监控项目间接费用或管理费的余额,也可以准确核算项目的结转资金规模,大大提高了会计核算的及时性、完整性和准确性。

2. 其他预提费用

按期预提租金等费用时,按照预提的金额,借记"业务活动费用""单位管理费用""经营费用"等科目,贷记"预提费用"科目。

实际支付款项时,按照支付金额,借记"预提费用"科目,贷记"零余额账户用款额度""银行存款"等科目。同时,在预算会计下,按照实际支付金额,借记"行政支出""事业支出"等科目,贷记"资金结存"等科目。

【例15-24】 某小学与汽车租赁公司签订校车租赁协议,每月租金为10万元,租赁费用采用后付款方式支付,每6个月结算一次,所需资金从预算安排的校车租赁项目资金中拨付。

(1)签订合同后,学校每月预提租赁费用。

借:业务活动费用——商品和服务费用——租赁费 100 000
　　贷:预提费用——校车租赁费 100 000

(2)6个月后,学校结算租赁公司的校车租赁费用60万元,通过财政授权支付方式支付租赁公司,支出功能分类列"教育支出——普通教育——小学教育"预算科目,部门预算支出经济分类列"商品和服务支出——其他交通费用"预算科目。

财务会计:

借:预提费用——校车租赁费 600 000
　　贷:零余额账户用款额度 600 000

预算会计:

借:事业支出——其他资金支出——项目支出——校车租赁项目——其他交通费用——小学教育 600 000
　　贷:资金结存——零余额账户用款额度 600 000

预提费用主要经济业务会计核算如表15-16所示。

表 15-16　　　　　　　　预提费用主要经济业务会计核算情况表

经济业务		财务会计核算	预算会计核算
（1）从科研项目收入中提取项目间接费用或管理费	提取	借：单位管理费用 　贷：预提费用——项目间接 　　　费用或管理费	借：非财政拨款结转——项目间 　　　接费用或管理费 　贷：非财政拨款结余——项目 　　　间接费用或管理费
	使用	借：预提费用——项目间接费 　　　用或管理费 　贷：银行存款/库存现金等	借：事业支出等 　贷：资金结存
（2）其他预提费用	提取	借：业务活动费用/单位管理费 　　　用/经营费用等 　贷：预提费用	—
	使用	借：预提费用 　贷：零余额账户用款额度/银 　　　行存款等	借：行政支出/事业支出等 　贷：资金结存等

第七节　长期应付款、预计负债与受托代理负债

一、长期应付款

长期应付款是指单位发生的偿还期限超过 1 年（不含 1 年）的应付款项，如以融资租赁方式取得固定资产应付的租赁费等。

（一）会计科目设置

行政事业单位应设置"长期应付款"科目，用于核算单位发生的偿还期限超过 1 年（不含 1 年）的应付款项。"长期应付款"科目期末贷方余额反映单位尚未支付的长期应付款金额。

"长期应付款"科目应按照长期应付款的类别以及债权人进行明细核算。

（二）主要账务处理

（1）发生长期应付款时，借记"固定资产""在建工程"等科目，贷记"长期应付款"科目。

（2）支付长期应付款时，按照实际支付的金额，借记"长期应付款"科目，贷记"财政拨款收入""零余额账户用款额度""银行存款"等科目。同时，在预算会计下，借记"行政支出""事业支出"等科目，贷记"资金结存""财政拨款预算收入"科目。

（3）无法偿付或债权人豁免偿还的长期应付款，应当按照规定报经批准后进行账务处理。经批准核销时，借记"长期应付款"科目，贷记"其他收入"科目。核销

的长期应付款应在备查簿中保留登记。由于长期应付款是因业务活动形成的欠款,其产生和核销并未形成现金收支,因此,在核销时不做预算会计处理。

【例 15-25】 某卫生事业单位与××供应商签订采购合同,以分期付款的方式购买××医疗设备,设备款 240 万元,分 2 年按月等额支付,所需资金从预算安排的卫生仪器购置专项中拨付,支出功能分类列"卫生健康支出——公立医院——妇产医院"预算科目,部门预算支出经济分类列"资本性支出——专用设备购置"预算科目。

(1)××医疗设备验收合格并交付使用。

借:固定资产——××医疗设备　　　　　　　　　　　　　　　　　2 400 000

　　贷:长期应付款——××供应商　　　　　　　　　　　　　　　2 400 000

(2)单位每月通过财政授权支付方式支付设备款 10 万元。

财务会计:

借:长期应付款——××供应商　　　　　　　　　　　　　　　　　100 000

　　贷:零余额账户用款额度　　　　　　　　　　　　　　　　　　100 000

预算会计:

借:事业　　财政拨　　项目　　卫生仪器　　专用设　　妇产　　100 000
　　支出　　款支出　　支出　　购置专项　　备购置　　医院

　　贷:资金结存——货币资金　　　　　　　　　　　　　　　　　100 000

长期应付款主要经济业务会计核算如表 15-17 所示。

表 15-17　　　　　　　　长期应付款主要经济业务会计核算情况表

经济业务	财务会计核算	预算会计核算
(1)发生长期应付款	借:固定资产/在建工程等 　　贷:长期应付款	—
(2)支付长期应付款	借:长期应付款 　　贷:财政拨款收入/零余额账户用款额度/银行存款	借:行政支出/事业支出/经营支出等 　　贷:资金结存/财政拨款预算收入
(3)无法偿付或债权人豁免偿还的长期应付款	借:长期应付款 　　贷:其他收入	—

二、预计负债

(一)预计负债的概念

预计负债是指行政事业单位对因或有事项所产生的现时义务而确认的负债,如对未决诉讼等确认的负债。

或有事项是指过去的交易或事项形成的,其结果由某些未来事项发生或不发生才能决定的不确定事项。常见的或有事项有:未决诉讼、对外担保、承诺、环境污染整治、自然灾害或公共事件救助等。

或有事项相关的义务确认预计负债的应符合以下三个条件:一是该义务是单位承担的现时义务;二是该义务的履行很可能导致经济利益流出单位;三是该义务的金额能够可靠地计量。

(二) 预计负债的核算

行政事业单位应设置"预计负债"科目,用于核算单位对因或有事项所产生的现时义务而确认的负债。"预计负债"科目期末贷方余额反映单位已确认但尚未支付的预计负债金额。"预计负债"科目应按照预计负债的项目进行明细核算。

预计负债的主要账务处理如下:

(1) 确认预计负债时,按照预计的金额,借记"业务活动费用""经营费用""其他费用"等科目,贷记"预计负债"科目。

(2) 根据确凿证据需要对已确认的预计负债账面余额进行调整的,按照调整增加的金额,借记"业务活动费用""经营费用""其他费用"等科目,贷记"预计负债"科目;按照调整减少的金额,借记"预计负债"科目,贷记"业务活动费用""经营费用""其他费用"等科目。

(3) 实际偿付预计负债时,按照预计负债余额,借记"预计负债"科目,按照实际偿付的金额,贷记"银行存款""零余额账户用款额度"等科目,差额借记(或贷记)"业务活动费用""经营费用""其他费用"等科目。同时,在预算会计下,按照实际偿付金额,借记"行政支出""事业支出"等科目,贷记"资金结存""财政拨款预算收入"科目。

【例 15-26】　某司法行政单位现发生以下业务:

(1) 因涉及未决诉讼,经咨询律师,单位很可能败诉,赔偿金额为 20 万~30 万元。基于上述情况单位确认预计负债 25 万元。

借:其他费用——诉讼赔偿　　　　　　　　　　　　　　　　　250 000
　贷:预计负债——未决诉讼　　　　　　　　　　　　　　　　　　250 000

(2) 经法院判决,单位败诉需赔偿对方金额 28 万元。单位从财政追加安排的国家赔偿专项资金中,通过财政授权支付方式支付了赔偿金,支出功能分类列"公共安全支出——司法——一般行政管理事务"预算科目,部门预算支出经济分类列"其他支出——国家赔偿费用支出"科目。

财务会计:

借:预计负债——未决诉讼　　　　　　　　　　　　　　　　　250 000
　　其他费用——诉讼赔偿　　　　　　　　　　　　　　　　　　30 000
　贷:零余额账户用款额度　　　　　　　　　　　　　　　　　　280 000

预算会计：

借：其他支出 财政拨款支出 项目支出 国家赔偿专项资金 国家赔偿费用支出 一般行政管理事务 280 000

    贷：资金结存——零余额账户用款额度 280 000

预计负债主要经济业务会计核算如表 15-18 所示。

表 15-18　　　　　　　　预计负债主要经济业务会计核算情况表

经济业务	财务会计核算	预算会计核算
(1) 确认预计负债	借：业务活动费用/经营费用/其他费用等 贷：预计负债	—
(2) 对已确认的预计负债账面余额进行调整	借(或贷)：业务活动费用/经营费用/其他费用等 贷(或借)：预计负债	—
(3) 实际偿付预计负债	借：预计负债 借(或贷)：业务活动费用/经营费用/其他费用等 贷：银行存款/零余额账户用款额度等	借：行政支出/事业支出等 贷：资金结存/财政拨款预算收入

三、受托代理负债

受托代理负债是指行政事业单位接受委托,取得受托代理资产时形成的负债。高等学校核算的因公房出售形成的公共维修基金(个人缴纳部分),作为受托代理负债进行核算。

行政事业单位应设置"受托代理负债"科目,并按照受托人进行明细核算。"受托代理负债"科目属于财务会计负债类科目,贷方反映当期受托代理负债的增加;借方反映当期受托代理负债的减少;期末贷方余额反映单位尚未交付或发出受托代理资产形成的受托代理负债金额。

在金额上,"受托代理负债"科目的贷方余额应等于"库存现金——受托代理资产""银行存款——受托代理资产"和"受托代理资产"3 个科目借方余额之和。

"受托代理负债"科目的账务处理及案例分析等,参见"受托代理资产""库存现金""银行存款"科目相关内容。

第八节　彩票销售结算、应付返奖奖金与应付代销费

彩票销售结算、应付返奖奖金与应付代销费是彩票机构(彩票发行机构和彩票

销售机构)在《政府会计制度——行政事业单位会计科目和报表》基础上,应该增设的负债类科目,专项用于核算彩票机构彩票资金的分配与结算情况。

一、彩票销售结算

彩票销售结算是指彩票机构对于彩票销售资金的归集和分配情况。

(一)彩票资金概述

彩票资金是指彩票销售实现后取得的资金,包括彩票奖金、彩票发行费和彩票公益金(见图 15-1)。彩票机构应当按照彩票品种和游戏、彩票发行销售方式归集彩票资金。

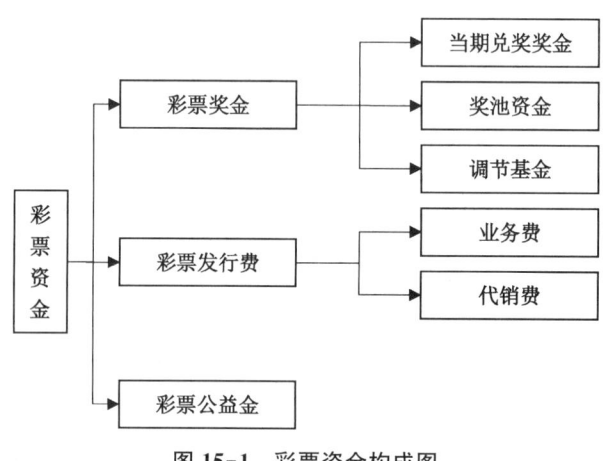

图 15-1　彩票资金构成图

1. 彩票资金的构成比例

1987 年到 2004 年,我国对所有彩票游戏实行统一的资金构成比例。《国务院关于进一步规范彩票管理的通知》(国发〔2001〕35 号)规定,彩票返奖比例不得低于 50%,发行费比例不得高于 15%,彩票公益金比例不得低于 35%。在实际执行中,所有彩票游戏的资金构成比例统一定为返奖奖金占 50%,彩票发行费占 15%,彩票公益金占 35%。

随着彩票市场不断发展,我国发行的彩票品种涵盖了乐透型、数字型、竞猜型、即开型等多种类型,开始对不同类型的彩票游戏资金相应实行不同的构成比例。《财政部关于进一步规范和加强彩票资金构成比例政策管理的通知》(财综〔2015〕94 号)规定,严格限定彩票奖金比例,彩票奖金比例应在坚持比例返奖的原则和国务院批准的最高限度以内,根据彩票需求状况及不同彩票品种的特性拟定;切实保障彩票公益金比例,彩票发行机构应当根据彩票需求状况及彩票品种的特性,在彩票游戏规则中合理拟定彩票公益金比例,最低不得低于 20%;合理控制彩票发行费比例,其中,传统型、即开型彩票发行费比例最高不得超过 15%,乐透型、数字型、竞猜型、视频型、基诺型等彩票发行费比例最高不得超过 13%。

2. 彩票奖金

彩票奖金是指彩票机构按彩票游戏规则确定的比例从彩票销售额中提取,用于支付给彩票中奖者的资金,包括当期返奖奖金、奖池奖金和调节基金。

彩票游戏设置调节基金的,彩票奖金包括当期返奖奖金和调节基金。当期返奖奖金应当按照彩票游戏规则规定的比例在当期全额计提。调节基金包括按照彩票销售额的一定比例提取的资金、逾期未退票的票款和浮动奖取整后的余额,应当专项用于支付各种不可预见的奖金风险支出和开展派奖。调节基金的提取比例根据不同彩票游戏的特征和彩票市场发展需要确定,并在彩票游戏规则中规定,提取比例最高不得超过彩票销售额的 2%。

彩票游戏未设置调节基金的,彩票奖金应当按照彩票游戏规则规定的比例在当期全额计提。

彩票游戏设置奖池的,奖池用于归集彩票游戏计提奖金与实际中出奖金的资金余额。彩票游戏的奖池资金达到一定额度后,超过部分可以转入该彩票游戏的调节基金,具体额度在彩票游戏规则中规定。其中:

固定设奖的彩票游戏,当期计提奖金超过当期实际中出奖金时,余额进入奖池;当期计提奖金小于当期实际中出奖金时,差额先由奖池资金支付。

浮动设奖的彩票游戏,当期计提奖金扣除当期实际中出奖金后的余额进入奖池;奖池资金只用于支付以后各期彩票高奖级的奖金,不得挪作他用。

停止销售的彩票游戏兑奖期结束后,奖池资金和调节基金有结余的,转为一般调节基金,用于不可预见情况下的奖金风险支出或开展派奖;奖池资金和调节基金的余额为负数的,从彩票发行销售风险基金列支。

彩票游戏的当期计提奖金、奖池资金不足以兑付彩票中奖者奖金时,先由该彩票游戏的调节基金弥补,不足部分从彩票兑奖周转金中垫支。当该彩票游戏的调节基金出现余额后,应当及时从调节基金将垫支资金调回至彩票兑奖周转金。

3. 彩票发行费

彩票发行费专项用于彩票发行机构、彩票销售机构的业务费用支出以及彩票代销者的销售费用支出。

彩票发行机构业务费、彩票销售机构业务费,均由彩票销售机构按照彩票销售额的一定比例提取后,作为政府性基金预算收入上缴财政,专项用于彩票发行销售活动。其中,彩票发行机构业务费,属中央级收入;彩票销售机构业务费实行省级集中统一管理,具体管理方式由各省(自治区、直辖市)财政部门根据本地区实际情况确定。

彩票发行机构、彩票销售机构应当在业务费中提取彩票发行销售风险基金、彩票兑奖周转金。彩票发行销售风险基金专项用于因彩票市场变化或者不可抗力事件等造成的彩票发行销售损失支出。彩票兑奖周转金专项用于向彩票中奖者兑付奖金的周转支出。与彩票机构业务费一样,彩票发行销售风险基金、彩票兑奖周转金也纳入政府性基金预算管理。

彩票代销者销售费用,由彩票机构与彩票代销者按彩票代销合同的约定进行结算,可以按彩票销售额的一定比例,从彩票代销者缴交的彩票销售资金中直接抵扣。

4. 彩票公益金

彩票公益金是按照规定比例从彩票发行销售收入中提取的,专项用于社会福利、体育等社会公益事业的资金。逾期未兑奖的奖金纳入彩票公益金。彩票公益金纳入政府性基金预算管理,专款专用,结余结转下年继续使用。

彩票公益金由各省、自治区、直辖市彩票销售机构,根据国务院批准的彩票公益金分配政策和财政部批准的提取比例,按照每月彩票销售额据实结算后分别上缴中央财政和省级财政。逾期未兑奖的奖金由彩票销售机构上缴省级财政,全部留归地方使用。

彩票公益金在中央和地方之间按 50∶50 的比例分配。地方留成彩票公益金,由省级财政部门商民政、体育等有关部门研究确定分配原则。中央集中彩票公益金在社保基金会、中央专项彩票公益金、民政部和体育总局之间分别按 60%、30%、5%和5%的比例分配。

(二)彩票销售结算的核算

1. 会计科目设置

彩票机构应设置"彩票销售结算"科目,用于核算彩票机构彩票销售资金的归集和分配情况。"彩票销售结算"科目期末一般无余额。

"彩票销售结算"科目应当按照彩票品种及游戏、彩票发行销售方式进行明细核算。

2. 主要账务处理

(1)彩票机构实现彩票销售时,按照彩票销售结算的金额,借记"预收账款"等科目,贷记"彩票销售结算"科目。

(2)期末彩票机构分配彩票销售资金时,按照分配的彩票销售资金的金额,借记"彩票销售结算"科目,按照分配的彩票公益金、彩票机构业务费等金额,贷记"应缴财政款"科目,按照分配的应付返奖奖金的金额,贷记"应付返奖奖金"科目,按照分配的代销费金额,贷记"应付代销费"科目。

由于彩票销售结算资金不属于单位的预算资金,不纳入单位的预算管理,因此以上业务均不做预算会计处理。

【例 15-27】 某福利彩票中心发生以下业务:

(1)收到××彩票代销点预存的彩票销售资金900万元。

借:银行存款——××银行　　　　　　　　　　　　　　9 000 000
　　贷:预收账款——预收彩票销售款——××彩票代销点　　　9 000 000

（2）财务部门将彩票销售结算情况与业务部门销售统计进行核对，本期××彩票代销点共实现乐透型彩票——七乐彩销售收入 600 万元，据此进行彩票销售结算。

借：预收账款——预收彩票销售款——××彩票代销点　　　　　　6 000 000
　　贷：彩票销售结算——乐透型彩票——七乐彩　　　　　　　　　6 000 000

（3）中心按 50% 的比例提取应付返奖奖金 300 万元，按 18.5% 的比例提取应缴中央财政的彩票公益金 111 万元，按 18.5% 的比例提取应缴省级财政的彩票公益金 111 万元，按 0.8% 的比例提取应缴中央财政的彩票发行机构业务费 4.8 万元，按 4.2% 的比例提取应缴省级财政的彩票销售机构业务费 25.2 万元，按 8% 的比例提取应付代销点的代销费 48 万元。

借：彩票销售结算——乐透型彩票——七乐彩　　　　　　　　　　6 000 000
　　贷：应缴财政款——应缴发行机构业务费　　　　　　　　　　　　48 000
　　　　应缴财政款——应缴销售机构业务费　　　　　　　　　　　 252 000
　　　　应缴财政款——应缴中央公益金　　　　　　　　　　　　 1 110 000
　　　　应缴财政款——应缴地方公益金　　　　　　　　　　　　 1 110 000
　　　　应付返奖奖金——当期返奖奖金——乐透型彩票——七乐彩　3 000 000
　　　　应付代销费——××彩票代销点　　　　　　　　　　　　　 480 000

彩票销售结算主要经济业务会计核算情况如表 15-19 所示。

表 15-19　　　　　　彩票销售结算主要经济业务会计核算情况表

经济业务	财务会计核算	预算会计核算
（1）彩票机构实现彩票销售	借：预收账款等 　　贷：彩票销售结算	—
（2）期末彩票机构分配彩票销售资金	借：彩票销售结算 　　贷：应缴财政款 　　　　应付返奖奖金 　　　　应付代销费	—

二、应付返奖奖金

应付返奖奖金是指彩票机构按照彩票游戏规则确定的比例从彩票销售额中提取，用于支付给中奖者的资金，包括当期返奖奖金、奖池、调节基金和一般调节基金。返奖奖金的具体内容详见本节"彩票销售结算"科目部分。

(一) 会计科目设置

彩票机构应设置"应付返奖奖金"科目，用于核算彩票机构按照彩票游戏规则确定的比例从彩票销售额中提取，用于支付给中奖者的资金。"应付返奖奖金"科目期末贷方余额反映彩票机构尚未兑付的奖金和调节基金。

"应付返奖奖金"科目应当按照"当期返奖奖金""奖池""调节基金""一般调节基金"设置明细科目;同时,在"当期返奖奖金""奖池""调节基金"明细科目下,按照彩票品种及游戏名称设置明细科目进行明细核算。其中:

(1)当期返奖奖金是指按照彩票游戏规则确定的比例在当期彩票奖金中提取并用于支付给中奖者的奖金。

(2)奖池是指彩票游戏提取奖金与实际中出奖金的累积资金差额。

(3)调节基金是指按照彩票销售额的一定比例提取的资金、逾期未退票的票款和浮动奖取整后的余额。调节基金应当专项用于支付各种不可预见的奖金风险支出或开展派奖。

(4)一般调节基金。在停止销售的彩票游戏兑奖期结束后,奖池资金和调节基金有结余的,转为一般调节基金,用于不可预见情况下的奖金风险支出或开展派奖。

(二)主要账务处理

1. 当期返奖奖金

(1)提取当期返奖奖金时,按照彩票资金分配比例计算确定的当期返奖奖金金额,借记"彩票销售结算"科目,贷记"应付返奖奖金"科目(当期返奖奖金——××游戏)。

(2)兑付中奖者奖金时,按照实际兑付金额,借记"应付返奖奖金"科目(当期返奖奖金——××游戏),贷记"银行存款""其他应交税费""预收账款——预收彩票销售款"(通过彩票代销者兑奖)等科目。

(3)逾期未兑付的弃奖奖金转入彩票公益金时,按照实际转出的金额,借记"应付返奖奖金"科目(当期返奖奖金——××游戏),贷记"应缴财政款"科目。

(4)彩票机构之间因联网游戏奖金结算产生的应收款项,按照实际发生的金额,借记"应收账款——应收彩票联网游戏结算款"科目,贷记"应付返奖奖金"科目(当期返奖奖金——××游戏);产生的应付款项,按照实际发生的金额,借记"应付返奖奖金"科目(当期返奖奖金——××游戏),贷记"应付账款——应付彩票联网游戏结算款"科目。

【例15-28】 某福利彩票销售机构发生以下业务:

(1)单位销售双色球彩票,实现销售收入800万元,按50%提取当期返奖奖金400万元。

借:彩票销售结算——乐透型彩票——双色球 4 000 000

　　贷:应付返奖奖金——当期返奖奖金——乐透型彩票——双色球 4 000 000

(2)通过银行存款兑付中奖者奖金390万元,并按20%的税率代扣个人所得税78万元。

借：应付返奖奖金——当期返奖奖金——乐透型彩票——双色球　3 900 000

　　贷：银行存款——××银行　3 120 000

　　　　其他应交税费——应交个人所得税　780 000

（3）逾期未兑付奖金 10 万元，转入彩票公益金。

按照《彩票管理条例》的规定，逾期未兑奖的奖金，纳入彩票公益金。同时，按规定，彩票公益金在中央和地方之间按 50∶50 的比例分配。

借：应付返奖奖金——当期返奖奖金——乐透型彩票——双色球　100 000

　　贷：应缴财政款——应缴中央公益金　50 000

　　　　应缴财政款——应缴地方公益金　50 000

2. 奖池

（1）彩票游戏设置奖池的，兑付当期返奖奖金后，按照提取的当期返奖奖金与当期实际中出奖金的差额，借记或贷记"应付返奖奖金"科目（当期返奖奖金——××游戏），贷记或借记"应付返奖奖金"科目（奖池——××游戏）。

（2）使用奖池资金兑付中奖者奖金时，按照实际兑付金额，借记"应付返奖奖金"科目（奖池——××游戏），贷记"银行存款"等科目。

【例 15-29】 某福利彩票销售机构发生以下业务：

（1）销售××即开型彩票，本期实现销售收入 1 000 万元，按 65% 比例提取当期返奖奖金 650 万元，本期实际中出奖金 500 万元。该品种彩票设置奖池，且为固定设奖的彩票游戏。

按照规定，彩票游戏设置奖池的，当期计提奖金超过当期实际中出奖金时，余额进入奖池。为此单位应做如下账务处理：

借：应付返奖奖金——当期返奖奖金——即开型彩票——××彩票　1 500 000

　　贷：应付返奖奖金——奖池——即开型彩票——××彩票　1 500 000

（2）单位本期继续实现××即开型彩票销售收入 600 万元，按 65% 比例提取当期返奖奖金 390 万元，本期实际中出奖金 400 万元。

固定设奖的彩票游戏，当期计提奖金小于当期实际中出奖金时，差额先由奖池资金支付。

借：应付返奖奖金——当期返奖奖金——即开型彩票——××彩票　3 900 000

　　应付返奖奖金——奖池——即开型彩票——××彩票　100 000

　　贷：银行存款——××银行　3 200 000

　　　　其他应交税费——应交个人所得税　800 000

3. 调节基金

（1）彩票游戏设置调节基金的，在提取调节基金时，按照彩票资金分配比例计算确定的调节基金金额，借记"彩票销售结算"科目，贷记"应付返奖奖金"科目（调节基金——××游戏)。

(2)彩票游戏设置奖池的,奖池资金达到一定额度后,按照彩票游戏规则中规定将超过部分转入该彩票游戏的调节基金时,按照实际转出的金额,借记"应付返奖奖金"科目(奖池——××游戏),贷记"应付返奖奖金"科目(调节基金——××游戏)。

(3)使用调节基金支付各种不可预见的奖金风险支出和开展派奖时,按照实际支出的金额,借记"应付返奖奖金"科目(调节基金——××游戏),贷记"银行存款"等科目。

(4)使用调节基金弥补奖池资金时,按照实际弥补奖池资金的金额,借记"应付返奖奖金"科目(调节基金——××游戏),贷记"应付返奖奖金"科目(奖池——××游戏)。

4. 一般调节基金

(1)停止销售的彩票游戏兑奖期结束后,奖池资金和调节基金有结余的,转入一般调节基金时,按照实际转出的金额,借记"应付返奖奖金"科目(奖池、调节基金——××游戏),贷记"应付返奖奖金"科目(一般调节基金)。

(2)使用一般调节基金弥补某游戏奖池资金时,按照实际弥补奖池资金的金额,借记"应付返奖奖金"科目(一般调节基金),贷记"应付返奖奖金"科目(奖池——××游戏)。

需要注意的是,由于应付返奖奖金不属于单位的预算资金,不纳入单位的预算管理,因此,以上业务均不做预算会计处理。

【例15-30】 某彩票销售机构发生以下业务:

(1)销售30选5福利彩票,本期实现销售收入1亿元,按49%比例提取当期返奖奖金,按1%比例提取调节基金。

借:彩票销售结算——乐透型彩票——30选5　　　　　　　　　　50 000 000

　　贷:应付返奖奖金——当期返奖奖金——乐透型彩票——30选5　　49 000 000

　　　　应付返奖奖金——调节基金——乐透型彩票——30选5　　　　1 000 000

(2)使用调节基金支付不可预见的风险支出15万元。

借:应付返奖奖金——调节基金——乐透型彩票——30选5　　　　　150 000

　　贷:银行存款——××银行　　　　　　　　　　　　　　　　　　150 000

(3)上述30选5彩票游戏兑奖期结束后,调节基金结余85万元。

按照规定,停止销售的彩票游戏兑奖期结束后,奖池资金和调节基金有结余的,转为一般调节基金,用于不可预见情况下的奖金风险支出或开展派奖;奖池资金和调节基金的余额为负数的,从彩票发行销售风险基金列支。

借:应付返奖奖金——调节基金——乐透型彩票——30选5　　　　　850 000

　　贷:应付返奖奖金——一般调节基金　　　　　　　　　　　　　　850 000

（4）单位使用一般调节基金 20 万元用于弥补××视频型彩票的奖池。

借：应付返奖奖金——一般调节基金　　　　　　　　　　　　　200 000

　　贷：应付返奖奖金——奖池——视频型彩票——××彩票　　　　　　200 000

应付返奖奖金主要经济业务会计核算情况如表 15-20 所示。

表 15-20　　　　　　　　　应付返奖奖金主要经济业务会计核算情况表

经济业务		财务会计核算		预算会计核算
（1）当期返奖奖金	提取当期返奖奖金	借：彩票销售结算 　　贷：应付返奖奖金——当期返奖奖金 　　　　　　　　　　——××游戏		—
	兑付中奖者奖金	借：应付返奖奖金——当期返奖奖金 　　　　　　　　——××游戏 　　贷：银行存款/其他应交税费/预收账款——预收彩票销售款等		—
	逾期未兑付的弃奖奖金转入彩票公益金	借：应付返奖奖金——当期返奖奖金 　　　　　　　　——××游戏 　　贷：应缴财政款		—
	彩票机构之间因联网游戏奖金结算产生的应收款项	借：应收账款——应收彩票联网游戏结算款 　　贷：应付返奖奖金——当期返奖奖金——××游戏	借：应付返奖奖金——当期返奖奖金——××游戏 　　贷：应付账款——应付彩票联网游戏结算款	
（2）彩票游戏设置奖池	兑付当期返奖奖金后，按照提取的当期返奖奖金与当期实际中出奖金的差额	借（或贷）：应付返奖奖金——当期返奖奖金——××游戏 　　贷（或借）：应付返奖奖金——奖池——××游戏		—
	使用奖池资金兑付中奖者奖金	借：应付返奖奖金——奖池——××游戏 　　贷：银行存款等		—
（3）彩票游戏设置调节基金	提取调节基金	借：彩票销售结算 　　贷：应付返奖奖金——调节基金——××游戏		—
	彩票游戏设置奖池的，奖池资金达到一定额度	借：应付返奖奖金——奖池——××游戏 　　贷：应付返奖奖金——调节基金——××游戏		—
	使用调节基金支付各种不可预见的奖金风险支出和开展派奖	借：应付返奖奖金——调节基金——××游戏 　　贷：银行存款等		—
	使用调节基金弥补奖池资金	借：应付返奖奖金——调节基金——××游戏 　　贷：应付返奖奖金——奖池——××游戏		—

（续表）

经济业务		财务会计核算	预算会计核算
（4）一般调节基金	停止销售的彩票游戏兑奖期结束后，奖池资金和调节基金有结余	借：应付返奖奖金——奖池/调节基金 　　　　　　　　　　——××游戏 　贷：应付返奖奖金——一般调节基金	—
	使用一般调节基金弥补某游戏奖池资金	借：应付返奖奖金——一般调节基金 　贷：应付返奖奖金——奖池——×× 　　　　　　　　　　　　　　游戏	—

三、应付代销费

应付代销费是指彩票机构按照彩票代销合同的约定比例从彩票销售额中提取，用于支付给彩票代销者的资金。

（一）会计科目设置

彩票机构应设置"应付代销费"科目，用于核算彩票机构按照彩票代销合同的约定比例从彩票销售额中提取，用于支付给彩票代销者的资金。"应付代销费"科目期末贷方余额反映彩票机构尚未支付给彩票代销者的代销费。

"应付代销费"科目应当按照彩票代销者和彩票结算方式进行明细核算。

（二）主要账务处理

（1）提取应付代销费时，按合同约定比例计算确定的金额，借记"彩票销售结算"科目，贷记"应付代销费"科目。

（2）实行内扣方式结算应付代销费的，结算彩票代销者代销费时，按照从彩票代销者缴交的彩票销售资金中直接抵扣的资金金额，借记"应付代销费"科目，贷记"预收账款——预收彩票销售款"科目。

（3）不实行内扣方式结算应付代销费的，向彩票代销者支付代销费时，按照实际支付的金额，借记"应付代销费"科目，贷记"银行存款"等科目。

应付代销费属于不纳入单位预算管理的资金，上述业务均不进行预算会计处理。

【例15-31】 某彩票销售机构发生以下业务：

（1）单位按8%的比例提取双色球彩票的代销费100万元。

借：彩票销售结算——乐透数字型彩票——双色球　　　　　　1 000 000

　贷：应付代销费——××代销点——内扣方式　　　　　　　　　1 000 000

（2）与代销者结算代销费用100万元。

借：应付代销费——××代销点——内扣方式　　　　　　　　1 000 000

　贷：预收账款——预收彩票销售款——××代销者　　　　　　　1 000 000

应付代销费的主要经济业务会计核算情况如表 15-21 所示。

表 15-21 应付代销费主要经济业务会计核算情况表

经济业务	财务会计核算	预算会计核算
（1）提取应付代销费	借：彩票销售结算 　　贷：应付代销费	—
（2）实行内扣方式结算应付代销费	借：应付代销费 　　贷：预收账款——预收彩票 　　　　　　　　销售款	—
（3）不实行内扣方式结算应付代销费	借：应付代销费 　　贷：银行存款等	—

第九节 待结算医疗款

一、待结算医疗款概述

待结算医疗款是指按"收支两条线"管理的基层医疗卫生机构的待结算医疗收费，是基层医疗卫生机构专用的科目。

按"收支两条线"管理的基层医疗卫生机构应当在为病人提供医疗服务（包括发出药品，下同）并收讫价款或取得收款权利时，按照规定的医疗服务项目收费标准计算确定收费金额并确认待结算医疗款。给予病人或其他付费方的折扣金额不计入待结算医疗款。

基层医疗卫生机构同医疗保险机构等结算时，因基层医疗卫生机构按照医疗服务项目收费标准计算确定的应收医疗款金额与医疗保险机构等实际支付金额之间的差额应当调整待结算医疗款。

按照规定将取得的医疗款上缴同级财政时，基层医疗卫生机构相应冲销待结算医疗款；对于依据有关规定确定留用的部分，相应确认增加基层医疗卫生机构的事业收入。

二、待结算医疗款的核算

（一）会计科目设置

基层医疗卫生机构应设置"待结算医疗款"总账科目，用于核算按"收支两条线"管理的基层医疗卫生机构的待结算医疗收费。"待结算医疗款"科目期末贷方余额反映基层医疗卫生机构期末待结算医疗款。

基层医疗卫生机构应当在"待结算医疗款"科目下设置"门急诊收费""住院收

费"明细科目,并按照医疗服务类型进行明细核算。

(1)"门急诊收费"明细科目,核算基层医疗卫生机构为门急诊病人提供医疗服务所确认的待结算医疗收费。

"门急诊收费"科目下应设置"挂号收费""诊察收费""检查收费""化验收费""治疗收费""手术收费""卫生材料收费""药品收费""一般诊疗费收费""其他门急诊收费"和"门急诊结算差额"明细科目。其中,"药品收费"明细科目下应设置"西药收费""中成药收费"和"中药饮片收费"明细科目;在"西药收费"科目下设置"西药""疫苗"明细科目。

(2)"住院收费"明细科目,核算基层医疗卫生机构为住院病人提供医疗服务所确认的待结算医疗收费。

"住院收费"明细科目下应设置"床位收费""诊察收费""检查收费""化验收费""治疗收费""手术收费""护理收费""卫生材料收费""药品收费""一般诊疗费收费""其他住院收费"和"住院结算差额"明细科目。其中,"药品收费"明细科目下应设置"西药收费""中成药收费"和"中药饮片收费"明细科目;在"西药收费"科目下应当设置"西药""疫苗"明细科目。

执行医事服务费的基层医疗卫生机构应当分别在"待结算医疗款——门急诊收费——诊察收费"和"待结算医疗款——住院收费——诊察收费"科目中核算医事服务费。

执行药事服务费的基层医疗卫生机构应当分别在"待结算医疗款——门急诊收费——其他门急诊收费"和"待结算医疗款——住院收费——其他住院收费"科目中核算药事服务费。

基层医疗卫生机构有打包性质收费的,应当按照医疗服务项目类别对收费进行拆分,分别记入"待结算医疗款"科目的相应明细科目。

(二) 主要账务处理

(1)基层医疗卫生机构与门急诊病人结算医疗款时,对于应向门急诊病人收取的部分,按照门急诊病人实际支付或应付未付的医疗款金额,借记"库存现金""银行存款""应收账款——应收医疗款——门急诊病人欠费"等科目,对于应由医疗保险机构等负担的部分,按照依有关规定计算确定的应收医保款金额,借记"应收账款——应收医疗款——应收医保款"科目,按照依有关规定计算确定的门急诊病人医疗款金额,贷记"待结算医疗款——门急诊收费"科目。

(2)病人住院期间,基层医疗卫生机构因提供医疗服务确认待结算医疗款时,按照依有关规定计算确定的住院病人医疗款金额,借记"应收账款——应收在院病人医疗款"科目,贷记"待结算医疗款——住院收费"科目。

(3)基层医疗卫生机构与住院病人结算医疗款时,住院病人应付医疗款金额大于其预交金额的,按照预收住院病人医疗款金额,借记"预收账款——预收医疗款——住院预收款"科目,按照病人实际补付或应付未付金额,借记"库存现金""银行存款""应收账款——应收医疗款——出院病人欠费"等科目,按照依有关规定计算的应由医疗保险机构等负担的医疗保险金额,借记"应收账款——应收医疗款——应收医保款"科目,按照依有关规定计算确定的住院病人医疗款金额,贷记"待结算医疗款——住院收费"科目。

住院病人应付医疗款金额小于其预交金额的,按照预收住院病人医疗款金额,借记"预收账款——预收医疗款——住院预收款"科目,按照依有关规定计算的应由医疗保险机构等负担的医疗保险金额,借记"应收账款——应收医疗款——应收医保款"科目,按照退还给住院病人的金额,贷记"库存现金""银行存款"等科目,按照依有关规定计算确定的住院病人医疗款金额,贷记"待结算医疗款——住院收费"科目。

(4)基层医疗卫生机构与医疗保险机构等结算时,按照实际收到的金额,借记"银行存款"科目,按照应收医保款的金额,贷记"应收账款——应收医疗款——应收医保款"科目,按照借贷方之间的差额,借记或贷记"待结算医疗款——门急诊收费——门急诊结算差额"科目或"待结算医疗款——住院收费——住院结算差额"科目。

(5)在期末或规定的上缴时间,基层医疗卫生机构按照依有关规定确定的金额,借记"待结算医疗款"科目,按照依有关规定确定的上缴同级财政部门的金额,贷记"银行存款"等科目,按照依有关规定确定留用的金额,贷记"事业收入——医疗收入"科目。同时,在预算会计下,按照依有关规定确定留用的金额,借记"资金结存"科目,贷记"事业预算收入"科目。

需要注意的是,按"收支两条线"管理的基层医疗卫生机构,所取得的待结算医疗款一般都属于应上缴款项,不纳入单位的部门预算管理,因此不做预算会计处理。只有按规定留用的部分,才属于单位自有收入,相应进行预算会计处理。

【例15-32】　某城市社区医院实行"收支两条线"管理,现发生以下业务:

(1)医院当日门诊医疗收入合计为3.3万元,其中收到现金2万元,病人欠款3 000元,应由医保机构负担的费用1万元。

借:库存现金	20 000
应收账款——应收医疗款——门诊病人欠费	3 000
应收账款——应收医疗款——应收医保款	10 000
贷:待结算医疗款——门急诊收费	33 000

"待结算医疗款"科目下应按照规定进行更为明细的核算,限于篇幅,本例仅核算到二级科目。

(2)医院确认应收住院病人医疗款5万元。

借:应收账款——应收在院病人医疗款	50 000
贷:待结算医疗款——住院收费	50 000

(3)收到病人预交住院费用10万元。

借：银行存款——××银行 10 000

  贷：预收账款——预收医疗款——住院预收款 10 000

（4）医院结算住院病人医疗款，本日结算的医疗款共计20万元，其中，病人预交12万元，应由医保机构负担6万元，病人当日补交1.6万元（转账支付），出院病人欠费4 000元。

借：预收账款——预收医疗款——住院预收款 120 000

  应收账款——应收医疗款——应收医保 60 000

  银行存款——××银行 16 000

  应收账款——应收医疗款——出院病人欠费——××× 4 000

  贷：待结算医疗款——住院收费 200 000

（5）医院与医保机构结算住院费用，上报应由医保机构负担的医疗保险费用30万元，医保机构实际拨付32万元。

借：银行存款——××银行 320 000

  贷：应收账款——应收医疗款——应收医保 300 000

    待结算医疗款——住院收费——住院结算差额 20 000

（6）月末，医院按规定将待上述结算医疗款的全部上缴财政。

借：待结算医疗款——门急诊收费 30 000

  待结算医疗款——住院收费 250 000

  待结算医疗款——住院收费——住院结算差额 20 000

  贷：银行存款 300 000

待结算医疗款的主要经济业务会计核算情况如表15-22所示。

表15-22   **待结算医疗款主要经济业务会计核算情况表**

经济业务	财务会计核算	预算会计核算

（1）与门急诊病人结算医疗款	借：库存现金/银行存款/应收账款——应收医疗款
	      ——门急诊病人欠费
	  应收账款——应收医疗款——应收医保
	 贷：待结算医疗款——门急诊收费
		—

（2）提供住院医疗服务确认待结算医疗款	借：应收账款——应收在院病人医疗款 贷：待结算医疗款——住院收费	—

（3）与住院病人结算医疗款	借：预收账款——预收医疗款——住院预收款
	  库存现金/银行存款/应收账款——应收医疗款
	      ——出院病人欠费（补付或未付）
	  应收账款——应收医疗款——应收医保
	 贷：待结算医疗款——住院收费
	  库存现金/银行存款（退还金额）
		—

（续表）

经济业务	财务会计核算	预算会计核算
（4）与医疗保险机构等结算	借：银行存款 借（或贷）：待结算医疗款——门急诊收费——门急诊结算差额/待结算医疗款——住院收费——住院结算差额 贷：应收账款——应收医疗款——应收医保款	—
（5）按规定上缴款项或留用款项	借：待结算医疗款 贷：银行存款等（上缴款） 事业收入——医疗收入（留用额）	按规定留用的： 借：资金结存 贷：事业预算收入

第十六章　政府单位净资产的核算

第一节　净资产概述

一、净资产的概念

净资产是指政府会计主体资产扣除负债后的净额。单位净资产金额取决于资产和负债的计量,体现的是单位持有的资产净值。单位净资产是形成单位资产的基本来源,也是单位清偿债务的重要财力保障,按照性质可分为累计盈余、专用基金、权益法调整、本期盈余、本年盈余分配、无偿调拨净资产和以前年度盈余调整。

二、净资产的管理

单位净资产种类多,形成过程复杂,单位应采取措施加强对净资产的管理。

一方面,要加强净资产的使用管理。净资产虽然归单位占有和使用,但国家拥有净资产的所有权,因此单位处置各项净资产应按规定程序报经上级主管部门或者财政部门批准。同时,单位还要按规定使用净资产,用于本单位未来的事业发展。

另一方面,要加强专用基金的管理。单位应当加强对基金的管理,遵循收支平衡的原则,统筹安排、合理使用,支出不得超出基金规模。各项基金的提取比例和管理办法,国家有统一规定的,按照统一规定执行;没有统一规定的,由主管部门会同同级财政部门确定。

三、财务会计净资产类科目的设置

政府单位净资产设置累计盈余、专用基金等7个会计科目,其中,专用基金、权益法调整等2个科目为事业单位专用科目,其他科目为行政单位、事业单位共用科目。财务会计净资产类科目设置的具体情况见表16-1。

表 16-1　　　　　　　　财务会计净资产类科目设置情况表

科目编码	会计科目	适用单位	科目编码	会计科目	适用单位
3001	累计盈余	行政单位、事业单位	3302	本年盈余分配	行政单位、事业单位
3101	专用基金	事业单位	3401	无偿调拨净资产	行政单位、事业单位
3201	权益法调整	事业单位	3501	以前年度盈余调整	行政单位、事业单位
3301	本期盈余	行政单位、事业单位			

四、净资产的会计核算过程

单位应按以下步骤对收入和费用进行结转和分配：

（1）期末，将单位财务会计下各类收入科目和支出科目的本期发生额转入"本期盈余"科目。

（2）年末，将"本期盈余"科目的余额转入"本年盈余分配"科目。

（3）年末，根据有关规定从预算会计本年度非财政拨款结余或经营结余中提取专用基金的，将计算确定的提取金额从"本年盈余分配"科目转入"专用基金"科目，余额转入"累计盈余"科目。

（4）年末，将"无偿调拨净资产"和"以前年度盈余调整"科目的余额转入"累计盈余"科目。

（5）年末，按照被投资单位除净损益和利润分配以外的所有者权益变动应享有（或应分担）的份额，增加或减少"权益法调整"科目。

按照上述步骤进行结算后，在年末的单位净资产科目中，只有"累计盈余""专用基金"和"权益法调整"等 3 个科目可能会有余额，最终保留在年度资产负债表中作为净资产科目反映。

需要说明的是，由于财务会计的收入类、费用类和净资产类科目，与预算会计的收入类、支出类和结余类科目，是两套相对独立的科目，两套科目的结转规则也是不一样的，因此，本章所分析阐述的净资产科目的核算与账务处理，在通常情况下只涉及财务会计，而不涉及预算会计。

单位净资产核算流程如图 16-1。

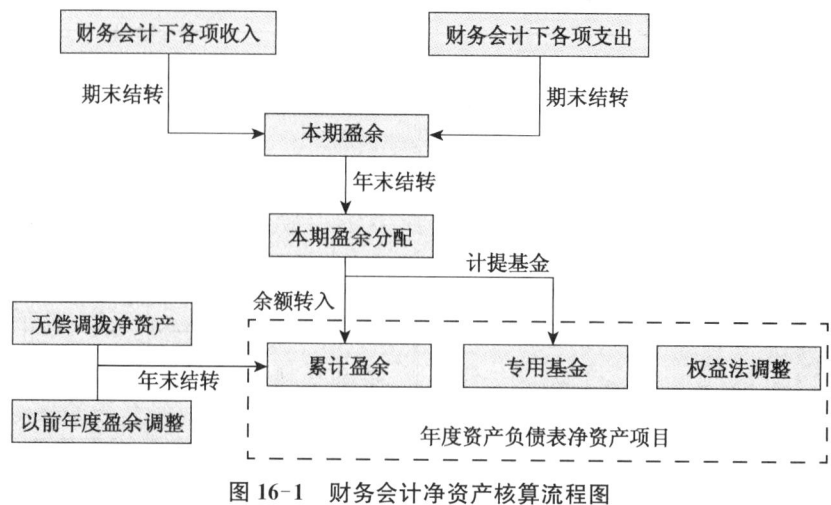

图 16-1　财务会计净资产核算流程图

第二节　盈余及盈余分配

政府单位的盈余及盈余分配包括本期盈余、本年盈余分配、以前年度盈余调整、累计盈余 4 个项目。

一、本期盈余

本期盈余是指单位本期各项收入、费用相抵后的金额。

（一）会计科目设置

单位应设置"本期盈余"科目，用于核算单位本年度各项收入、费用相抵后的余额。"本期盈余"科目期末如为贷方余额反映单位自年初至报告期末累计实现的盈余；如为借方余额，反映单位自年初至报告期末累计发生的亏损。年末结账后，本科目应无余额。

医院应当在"本期盈余"科目下设置如下明细科目：

（1）"财政项目盈余"科目，核算医院本期财政项目拨款相关收入、费用相抵后的余额。

（2）"医疗盈余"科目，核算医院本期医疗活动产生的、除财政项目拨款以外的各项收入、费用相抵后的余额。

（3）"科教盈余"科目，核算医院本期科研教学活动产生的、除财政项目拨款以外的各项收入、费用相抵后的余额。

考虑到在医疗盈余的结转过程中，财政基本拨款形成的医疗盈余与非财政基本拨款形成的医疗盈余采取的是不同的处理方式，医院可以根据核算需要在"医疗盈余"科目下设置"财政基本拨款医疗盈余"和"其他医疗盈余"明细科目,分别核算财政基本拨款形成的医疗盈余和非财政基本拨款形成的医疗盈余。由此,"本期盈余"下的明细科目与"业务活动费用""单位管理费用"科目下按照经费性质(财政基本拨款经费、财政项目拨款经费、科教经费和其他经费)设置的明细科目一一对应,使期末差异化结转的处理更加清晰准确。

基层医疗卫生机构应当在"本期盈余"科目下设置如下明细科目:

(1)"医疗盈余"科目,核算基层医疗卫生机构本期医疗活动产生的各项收入、费用相抵后的余额。

(2)"公共卫生盈余"科目,核算基层医疗卫生机构本期公共卫生活动产生的各项收入、费用相抵后的余额。

(3)"科教盈余"科目,核算基层医疗卫生机构本期科研教学活动产生的各项收入、费用相抵后的余额。

(二)主要账务处理

1. 一般单位本期盈余的账务处理

期末结转时,将各类收入科目的本期发生额转入本期盈余,借记"财政拨款收入""事业收入""上级补助收入""附属单位上缴收入""经营收入""非同级财政拨款收入""投资收益""捐赠收入""利息收入""租金收入""其他收入"科目,贷记"本期盈余"科目;将各类费用科目本期发生额转入本期盈余,借记"本期盈余"科目,贷记"业务活动费用""单位管理费用""经营费用""所得税费用""资产处置费用""上缴上级费用""对附属单位补助费用""其他费用"科目。

年末,在完成期末结转后,将"本期盈余"科目余额结转入"本年盈余分配"科目,借记或贷记"本期盈余"科目,贷记或借记"本年盈余分配"科目。

【例16-1】 某行政单位12月份当月收入费用情况如表16-2所示;同时,截至11月底,"本期盈余"科目贷方余额为6万元,现进行结转。

表16-2　　　　××单位12月份财务会计收入费用明细表　　　　单位:万元

收入项目	收入金额	费用项目	支出金额
合　计	4.55	合　计	2.05
财政拨款收入	1.5	业务活动费用	1
事业收入	0.5	单位管理费用	0.5
上级补助收入	0.5	资产处置费用	0.1
附属单位上缴收入	1	其他费用	0.45
利息收入	0.5		
其他收入	0.55		

(1)期末结转,将财务会计各项收入、费用科目的发生额结转入"本期盈余"科

目(假设不考虑各收入和费用科目的明细核算问题)。

借:财政拨款收入   15 000

 事业收入   5 000

 上级补助收入   5 000

 附属单位上缴收入   10 000

 利息收入   5 000

 其他收入   5 500

  贷:本期盈余   45 500

借:本期盈余   20 500

  贷:业务活动费用   10 000

   单位管理费用   5 000

   资产处置费用   1 000

   其他费用   4 500

(2)年末结转,将"本期盈余"科目余额结转入"本年盈余分配"科目。

"本期盈余"科目贷方余额=60 000+45 500-20 500=85 000(元)

借:本期盈余   85 000

  贷:本年盈余分配   85 000

2. 医院本期盈余的账务处理

1) 将财政项目拨款收入、费用转入"本期盈余——财政项目盈余"

期末,医院将财政拨款收入中的财政项目拨款收入的本期发生额转入本期盈余,借记"财政拨款收入——财政项目拨款收入"科目,贷记"本期盈余——财政项目盈余"科目;将业务活动费用、单位管理费用中经费性质为财政项目拨款经费部分的本期发生额转入本期盈余,借记"本期盈余——财政项目盈余"科目,贷记"业务活动费用""单位管理费用"科目的相关明细科目。

2) 将医疗收入、费用(含财政基本拨款)转入"本期盈余——医疗盈余"

期末,医院将财政拨款收入中的财政基本拨款收入、事业收入中的医疗收入、上级补助收入、附属单位上缴收入、经营收入、非同级财政拨款收入、投资收益、捐赠收入、利息收入、租金收入、其他收入的本期发生额转入本期盈余,借记"财政拨款收入——财政基本拨款收入""事业收入——医疗收入""上级补助收入""附属单位上缴收入""经营收入""非同级财政拨款收入""投资收益""捐赠收入""利息收入""租金收入""其他收入"科目,贷记"本期盈余——医疗盈余"科目;将业务活动费用、单位管理费用中与医疗活动相关且经费性质为财政基本拨款经费和其他经费的部分,以及经营费用、资产处置费用、上缴上级费用、对附属单位补助费用、所得税费用、其他费用的本期发生额转入本期盈余,借记"本期盈余——医疗盈余"科目,贷记"业务活动费用"和"单位管理费用"科目的相关明细科目、"经营费用""资产处置费用""上缴上级费用""对附属单位补助费用""所得税费用""其他费用"科目。

3）将科教项目收入、费用结转入"本期盈余——科教盈余"

期末，医院将事业收入中的科教收入的本期发生额转入本期盈余，借记"事业收入——科教收入"科目，贷记"本期盈余——科教盈余"科目；将业务活动费用中经费性质为科教经费的部分、单位管理费用中经费性质为科教经费的部分的本期发生额转入本期盈余，借记"本期盈余——科教盈余"科目，贷记"业务活动费用""单位管理费用"科目的相关明细科目。

4）将"本期盈余"转入"本年盈余分配"和"累计盈余"

年末，完成上述结转后，医院将"本期盈余——财政项目盈余"科目余额、"本期盈余——医疗盈余"科目中财政基本拨款形成的盈余余额和"本期盈余——科教盈余"科目余额转入累计盈余对应明细科目，借记或贷记"本期盈余——财政项目盈余""本期盈余——医疗盈余""本期盈余——科教盈余"科目的相关明细科目，贷记或借记"累计盈余——财政项目盈余""累计盈余——医疗盈余""累计盈余——科教盈余"科目。"本期盈余——医疗盈余"科目扣除财政基本拨款形成的盈余后为贷方余额的，将"本期盈余——医疗盈余"科目对应贷方余额转入"本年盈余分配"科目，借记"本期盈余——医疗盈余"科目，贷记"本年盈余分配"科目；"本期盈余——医疗盈余"科目扣除财政基本拨款形成的盈余后为借方余额的，将"本期盈余——医疗盈余"科目对应借方余额转入"累计盈余"科目，借记"累计盈余——医疗盈余"科目，贷记"本期盈余——医疗盈余"科目。

医院"本期盈余"的账务处理的具体案例详见本节"累计盈余"部分。

3. 基层医疗卫生机构本期盈余的账务处理

1）将医疗收入、费用转入"本期盈余——医疗盈余"

期末，基层医疗卫生机构将财政基本拨款收入和财政项目拨款收入中的医疗收入、事业收入中的医疗收入、上级补助收入、附属单位上缴收入、经营收入、非同级财政拨款收入中的医疗收入、投资收益、捐赠收入、利息收入、租金收入、其他收入的本期发生额转入本期盈余，借记"财政拨款收入——财政基本拨款收入——医疗收入""财政拨款收入——财政项目拨款收入——医疗收入""事业收入——医疗收入""上级补助收入""附属单位上缴收入""经营收入""非同级财政拨款收入——医疗收入""投资收益""捐赠收入""利息收入""租金收入""其他收入"科目，贷记"本期盈余——医疗盈余"科目；将业务活动费用中的医疗费用、单位管理费用、经营费用、资产处置费用、上缴上级费用、对附属单位补助费用、所得税费用、其他费用的本期发生额转入本期盈余，借记"本期盈余——医疗盈余"科目，贷记"业务活动费用——医疗费用""单位管理费用""经营费用""资产处置费用""上缴上级费用""对附属单位补助费用""所得税费用""其他费用"科目。

2）将公共卫生收入、费用转入"本期盈余——公共卫生盈余"

期末,基层医疗卫生机构将财政基本拨款收入和财政项目拨款收入中的公共卫生收入、事业收入中的公共卫生收入、非同级财政拨款收入中的公共卫生收入的本期发生额转入本期盈余,借记"财政拨款收入——财政基本拨款收入——公共卫生收入""财政拨款收入——财政项目拨款收入——公共卫生收入""非同级财政拨款收入——公共卫生收入"科目,贷记"本期盈余——公共卫生盈余"科目;将业务活动费用中的公共卫生费用的本期发生额转入本期盈余,借记"本期盈余——公共卫生盈余"科目,贷记"业务活动费用——公共卫生费用"科目。

3) 将科教项目收入、费用转入"本期盈余——科教盈余"

期末,基层医疗卫生机构将财政项目拨款收入中的科教收入、事业收入中的科教收入的本期发生额转入本期盈余,借记"财政拨款收入——财政项目拨款收入——科教收入""事业收入——科教收入"科目,贷记"本期盈余——科教盈余"科目;将业务活动费用中的科教经费的本期发生额转入本期盈余,借记"本期盈余——科教盈余"科目,贷记"业务活动费用——科教费用"科目。

4) 将"本期盈余"转入"本年盈余分配"和"累计盈余"

年末,完成上述结转后,"本期盈余——医疗盈余"科目为贷方余额的,基层医疗卫生机构应当将"本期盈余——医疗盈余"科目余额转入"本年盈余分配"科目,借记"本期盈余——医疗盈余"科目,贷记"本年盈余分配"科目;"本期盈余——医疗盈余"科目为借方余额的,基层医疗卫生机构应当将"本期盈余——医疗盈余"科目余额转入累计盈余对应明细科目,借记"累计盈余——医疗盈余"科目,贷记"本期盈余——医疗盈余"科目。基层医疗卫生机构应当将"本期盈余——公共卫生盈余""本期盈余——科教盈余"科目余额转入累计盈余对应明细科目,借记或贷记"本期盈余——公共卫生盈余""本期盈余——科教盈余"科目,贷记或借记"累计盈余——公共卫生盈余""累计盈余——科教盈余"科目。

本期盈余主要经济业务会计核算情况如表 16-3 所示。

表 16-3 本期盈余主要经济业务会计核算情况表

经济业务		财务会计核算	预算会计核算
(1) 期末结转	结转收入	借:财政补助收入/事业收入/上级补助收入/附属单位上缴收入/经营收入/非同级财政拨款收入/投资收益(为借方余额时贷记)/捐赠收入/利息收入/租金收入/其他收入 贷:本期盈余	—
	结转费用	借:本期盈余 贷:业务活动费用/单位管理费用/经营费用/资产处置费用/上缴上级费用/对附属单位补助费用/所得税费用/其他费用	—
(2) 年末结转		借(或贷):本期盈余 贷(或借):本年盈余分配	—

二、本年盈余分配

本年盈余分配是指单位本年度盈余分配的情况和结果。

（一）会计科目设置

单位应设置"本年盈余分配"科目，核算单位本年度盈余分配的情况和结果。"本年度盈余分配"科目属于财务会计净资产类科目；贷方登记年末转入的本期盈余、年末转出的累计亏损；借方登记年末转入的本期亏损、按照预算会计下计算的专用基金提取金额和年末转出的累计盈余；年末结转后，本科目应无余额。

医院应当在"本年盈余分配"科目下设置"提取职工福利基金""转入累计盈余"明细科目。基层医疗卫生机构应当在"本年盈余分配"科目下设置"提取职工福利基金""提取奖励基金""转入累计盈余"明细科目①。

（二）主要账务处理

1. 一般单位本年盈余分配账务处理

（1）年末，将"本期盈余"科目余额结转入"本年盈余分配"科目，借记或贷记"本期盈余"科目，贷记或借记"本年盈余分配"科目。

（2）年末，根据有关规定从本年度非财政拨款结余或经营结余中提取专用基金的，按照预算会计下计算的提取金额，借记"本年盈余分配"科目，贷记"专用基金"科目。同时，在预算会计下，按照提取金额，借记"非财政拨款结余分配"科目，贷记"专用结余"科目。

（3）年末，完成上述处理后，将"本年盈余分配"的余额结转入累计盈余，借记或贷记"本年盈余分配"科目，贷记或借记"累计盈余"科目。

2. 医院、基层医疗卫生机构本年盈余分配账务处理

（1）年末，收入和费用转入"本期盈余"科目后，医院"本期盈余——医疗盈余"科目扣除财政基本拨款形成的盈余后为贷方余额的，以及基层医疗卫生机构"本期盈余——医疗盈余"科目为贷方余额的，应将"本期盈余——医疗盈余"科目对应贷方余额转入"本年盈余分配"科目，借记"本期盈余——医疗盈余"科目，贷记"本年盈余分配"科目。

（2）年末，在按照规定提取专用基金后，将"本年盈余分配"科目余额转入累计盈余，借记"本年盈余分配——转入累计盈余"科目，贷记"累计盈余——医疗盈余"科目。

---

① 按照财政部发布的医院、基层医疗卫生机构执行《政府会计制度——行政事业单位会计科目和报表》的补充规定（财会〔2018〕24 号、财会〔2018〕25 号），医院和基层医疗卫生机构应在"本年盈余分配"科目下设置"提取职工福利基金""转入累计盈余"等明细科目。考虑到"本年盈余分配"只是一个过渡科目，完成分配后科目余额将不分内容全部转入"累计盈余"科目，因此，没有必要在"本年盈余分配"科目下设置明细科目，进行明细核算。

【例 16-2】　12 月 31 日,某事业单位发生以下业务:

(1) 在结余分配前"本期盈余"科目贷方余额 100 万元。现进行年末结转。

借:本期盈余　　　　　　　　　　　　　　　　　　　　　　1 000 000

　　贷:本年盈余分配　　　　　　　　　　　　　　　　　　　　1 000 000

(2) 按规定从本年预算会计非财政拨款结余中提取职工福利基金 20 万元。

财务会计:

借:本年盈余分配　　　　　　　　　　　　　　　　　　　　　200 000

　　贷:专用基金——职工福利基金　　　　　　　　　　　　　　200 000

预算会计:

借:非财政拨款结余分配　　　　　　　　　　　　　　　　　　200 000

　　贷:专用结余——职工福利基金　　　　　　　　　　　　　　200 000

(3) 将本年盈余分配余额转入累计盈余。

"本年盈余分配"贷方余额＝100－20＝80(万元)

借:本年盈余分配　　　　　　　　　　　　　　　　　　　　　800 000

　　贷:累计盈余　　　　　　　　　　　　　　　　　　　　　　800 000

本年盈余分配主要经济业务会计核算情况如表 16-4 所示。

表 16-4　　　　　　　　本年盈余分配主要经济业务会计核算情况表

经济业务	财务会计核算	预算会计核算
(1) 年末,将本期盈余科目余额转入	借(或贷):本期盈余 贷(借):本年盈余分配	—
(2) 年末,按照有关规定,根据预算会计下计算金额提取专用基金	借:本年盈余分配 贷:专用基金	借:非财政拨款结余分配 贷:专用结余
(3) 年末,将本科目余额转入累计盈余	借:本年盈余分配 贷:累计盈余	—

三、以前年度盈余调整

以前年度盈余调整是指单位本年度发生的调整以前年度盈余的事项,包括本年度发生的重要前期差错更正涉及调整以前年度盈余的事项。

(一) 会计科目设置

单位应设置"以前年度盈余调整"科目,用于核算单位本年度发生的调整以前年度盈余的事项。年末结转累计盈余后,本科目应无余额。

（二）主要账务处理

（1）调整增加以前年度收入时,按照调整增加的金额,借记有关科目,贷记"以前年度盈余调整"科目。调整减少的,做相反方向会计分录。

（2）调整增加以前年度费用时,按照调整增加的金额,借记"以前年度盈余调整"科目,贷记有关科目。调整减少的,做相反方向会计分录。

（3）盘盈的各种非流动资产,报经批准处理时,借记"待处理财产损溢"科目,贷记"以前年度盈余调整"科目。

（4）经上述调整后,将"以前年度盈余调整"科目的余额结转入累计盈余,借记或贷记"累计盈余"科目,贷记或借记"以前年度盈余调整"科目。

【例 16-3】　某事业单位进行资产清查时,发生以下业务:

（1）发现上年度将购入的一批已达到固定资产标准的办公设备误计入单位管理费用,设备原值为 100 万元,应补提上年折旧 10 万元。

借:固定资产——通用设备　　　　　　　　　　　　　　　1 000 000
　　贷:以前年度盈余调整　　　　　　　　　　　　　　　　　1 000 000

借:以前年度盈余调整　　　　　　　　　　　　　　　　　100 000
　　贷:固定资产累计折旧——通用设备　　　　　　　　　　　100 000

（2）另盘盈计算机一台,同类资产的账面价值 6 000 元,上报相关部门审批处理。

借:待处理财产损溢——盘盈资产　　　　　　　　　　　　6 000
　　贷:以前年度盈余调整　　　　　　　　　　　　　　　　　6 000

（3）对上述业务形成的以前年度损益调整进行结转。

借:以前年度盈余调整　　　　　　　　　　　　　　　　　906 000
　　贷:累计盈余　　　　　　　　　　　　　　　　　　　　　906 000

以前年度盈余调整主要经济业务会计核算情况如表 16-5 所示。

表 16-5　　　　以前年度盈余调整主要经济业务会计核算情况表

经济业务		财务会计核算	预算会计核算
（1）调整以前年度收入	增加以前年度收入	借:有关科目 　贷:以前年度盈余调整	借:资金结存 　贷:财政拨款结转/财政拨款结余/非财政拨款结转/非财政拨款结余(年初余额调整)
	减少以前年度收入	借:以前年度盈余调整 　贷:有关科目	借:财政拨款结转/财政拨款结余/非财政拨款结转/非财政拨款结余(年初余额调整) 　贷:资金结存

（续表）

经济业务		财务会计核算	预算会计核算
（2）调整以前年度费用	增加以前年度费用	借：以前年度盈余调整 　　贷：有关科目	借：财政拨款结转/财政拨款结余/非财政拨款结转/非财政拨款结余（年初余额调整） 　　贷：资金结存
	减少以前年度费用	借：有关科目 　　贷：以前年度盈余调整盈余	借：资金结存 　　贷：财政拨款结转/财政拨款结转/非财政拨款结转/非财政拨款结余（年初余额调整）
（3）盘盈非流动资产	报经批准处理	借：待处理财产损溢 　　贷：以前年度盈余调整	—
（4）将本科目余额转入累计盈余	本科目为借方余额	借：累计盈余 　　贷：以前年度盈余调整	—
	本科目为贷方余额	借：以前年度盈余调整 　　贷：累计盈余	—

四、累计盈余

累计盈余是指单位历年实现的盈余扣除盈余分配后滚存的金额，以及因无偿调入调出资产产生的净资产变动额。

（一）会计科目设置

单位应设置"累计盈余"科目，用于核算单位历年实现的盈余扣除盈余分配后滚存的金额，以及因无偿调入调出资产产生的净资产变动额。"累计盈余"科目期末如为贷方余额，反映单位历年来累计实现的净盈余；如为借方余额，反映单位历年来累计发生的净亏损。

按照规定上缴、缴回、单位间调剂结转结余资金产生的净资产变动额，以及对以前年度盈余的调整金额，也通过本科目核算。

行业事业单位应当根据行业特点与核算需要，在"累计盈余"科目下统一设置相应的明细科目。

1. 医院

医院应当在"累计盈余"科目下设置如下明细科目：

（1）"财政项目盈余"科目，核算医院财政项目拨款收入减去使用财政项目经费发生的费用后的累计盈余。

（2）"医疗盈余"科目，核算医院开展医疗活动形成的、财政项目盈余以外的累计盈余。

（3）"科教盈余"科目,核算医院开展科研教学活动形成的、财政项目盈余以外的累计盈余。

（4）"新旧转换盈余"科目,核算医院从2019年1月1日起,新旧制度衔接时转入新制度下累计盈余中除财政项目盈余、医疗盈余和科教盈余以外的累计盈余。

2. 基层医疗卫生机构

基层医疗卫生机构应当在"累计盈余"科目下设置如下明细科目:

（1）"医疗盈余"科目,核算基层医疗卫生机构开展医疗活动产生的累计盈余。

（2）"公共卫生盈余"科目,核算基层医疗卫生机构开展公共卫生活动产生的累计盈余。

（3）"科教盈余"科目,核算基层医疗卫生机构开展科研教学活动产生的累计盈余。

（4）"新旧转换盈余"科目,核算基层医疗卫生机构从2019年1月1日起,新旧制度衔接时转入新制度下医疗盈余、公共卫生盈余和科教盈余外的累计盈余。

（二）主要账务处理

1. 一般单位累计盈余账务处理

（1）年末,将"本年盈余分配"科目的余额转入累计盈余,借记或贷记"本年盈余分配"科目,贷记或借记"累计盈余"科目。

（2）年末,将"无偿调拨净资产"科目的余额转入累计盈余,借记或贷记"无偿调拨净资产"科目,贷记或借记"累计盈余"科目。

（3）按照规定上缴财政拨款结转结余、缴回非财政拨款结转资金、向其他单位调出财政拨款结转资金时,按照实际上缴、缴回、调出金额,借记"累计盈余"科目,贷记"财政应返还额度""零余额账户用款额度""银行存款"等科目。在预算会计下,根据具体情况参照"财政拨款结转""财政拨款结余""非财政拨款结转"等科目的介绍进行处理。

按照规定从其他单位调入财政拨款结转资金时,按照实际调入金额,借记"零余额账户用款额度""银行存款"等科目,贷记"累计盈余"科目。同时在预算会计下,借记"资金结存——零余额账户用款额度/货币资金"科目,贷记"财政拨款结转——归集调入"科目。

（4）将"以前年度盈余调整"科目的余额转入"累计盈余"科目,借记或贷记"以前年度盈余调整"科目,贷记或借记"累计盈余"科目。

（5）按照规定使用专用基金购置固定资产、无形资产的,按照固定资产、无形资产成本金额,借记"固定资产""无形资产"科目,贷记"银行存款"等科目。按照专用基金使用金额,借记"专用基金"科目,贷记"累计盈余"科目。同时在预算会计下,分两种情况处理:使用从收入中提取并列入费用的专用基金时,借记"事业支出"等科目,贷记"资金结存"科目;使用从非财政拨款结余或经营结余中提取的专用基金时,借记"专用结余"科目,贷记"资金结存——货币资金"科目。

【例 16-4】 12 月 31 日,某事业单位发生以下业务:

(1) 进行盈余分配后,单位"本年盈余分配""无偿调拨净资产""以前年度盈余调整"科目的贷方余额分别为 6 万元、20 万元和 5 万元。单位对上述科目进行结转。

借:本年盈余分配	60 000
无偿调拨净资产	200 000
以前年度盈余调整	50 000
贷:累计盈余	310 000

(2) 使用从预算会计非财政拨款结余中提取的职工福利基金,购置专用设备一台,价值 10 万元,通过银行转账支付。

财务会计:

借:固定资产——专用设备——××设备	100 000
贷:银行存款——××银行	100 000
借:专用基金——职工福利基金	100 000
贷:累计盈余	100 000

预算会计:

借:专用结余——职工福利基金	100 000
贷:资金结存——货币资金	100 000

2. 医院累计盈余账务处理

(1) 年末,医院应将"本期盈余——财政项目盈余""本期盈余——医疗盈余"科目中财政基本拨款形成的盈余余额和"本期盈余——科教盈余"科目余额转入累计盈余对应明细科目,借记或贷记"本期盈余——财政项目盈余""本期盈余——医疗盈余""本期盈余——科教盈余"科目的相关明细科目,贷记或借记"累计盈余——财政项目盈余""累计盈余——医疗盈余""累计盈余——科教盈余"科目。

(2) 年末,"本期盈余——医疗盈余"科目扣除财政基本拨款形成的盈余后为借方余额的,医院应将"本期盈余——医疗盈余"科目对应借方余额转入"累计盈余"科目,借记"累计盈余——医疗盈余"科目,贷记"本期盈余——医疗盈余"科目。

(3) 年末,在按照规定提取专用基金后,医院将"本年盈余分配"科目余额转入累计盈余,借记"本年盈余分配——转入累计盈余"科目,贷记"累计盈余——医疗盈余"科目。

(4) 年末,医院"累计盈余——医疗盈余"科目为借方余额的,医院应当按照有关规定确定的用于弥补医疗亏损的金额,借记"累计盈余——新旧转换盈余"科目,贷记"累计盈余——医疗盈余"科目。

3. 基层医疗卫生机构累计盈余账务处理

(1) 年末,基层医疗卫生机构应将"本期盈余——公共卫生盈余""本期盈余——科教盈余"科目余额转入累计盈余对应明细科目,借记或贷记"本期盈余——公共卫生盈余""本期盈余——科教盈余"科目,贷记或借记"累计盈余——公共卫生盈余""累计盈余——科教盈余"科目。

(2)年末,"本期盈余——医疗盈余"科目为借方余额的,基层医疗卫生机构应当将"本期盈余——医疗盈余"科目余额转入累计盈余对应明细科目,借记"累计盈余——医疗盈余"科目,贷记"本期盈余——医疗盈余"科目。

(3)年末,"累计盈余——医疗盈余"科目为借方余额的,基层医疗卫生机构应当按照有关规定确定的用于弥补医疗亏损的金额,借记"累计盈余——新旧转换盈余"科目,贷记"累计盈余——医疗盈余"科目。

【例16-5】　某市人民医院年度收入费用科目余额如表16-6所示;同时,单位"无偿调拨净资产"科目贷方余额为50万元,"以前年度盈余调整"科目借方余额为520万元。现进行年末结转(为完整介绍期末结转的过程,本例中假设财务会计收入费用类科目于年末结转。在实务工作中,收入费用类科目应于每月月末结转入本期盈余)。

表16-6　　　　　　×× 医院财务会计收入、费用类科目余额表　　　　　　单位:万元

科目名称	贷方余额	科目名称	借方余额
财政拨款收入	1 850	业务活动费用	29 600
其中:财政基本拨款收入	1 450	其中:财政基本拨款经费	1 000
财政项目拨款收入	400	财政项目拨款经费	100
事业收入	32 600	科教经费	500
其中:医疗收入	32 000	其他经费	28 000
科教收入	600	单位管理费用	2 250
经营收入	100	其中:财政基本拨款经费	400
上级补助收入	200	财政项目拨款经费	30
附属单位上缴收入	30	科教经费	20
非同级财政拨款收入	60	其他经费	1 800
投资收益	200	经营费用	60
捐赠收入	10	所得税费用	4
利息收入	100	资产处置费用	6
租金收入	20	上缴上级费用	25
其他收入	500	对附属单位补助费用	60
		其他费用	400
财务会计收入合计	35 670	财务会计费用合计	32 405

(1)将收入和费用科目余额转入本期盈余。

结转财政项目拨款收入和费用:

借:财政拨款收入——财政项目拨款收入　　　　　　　　　　　　　　　　　4 000 000

　　贷:本期盈余——财政项目盈余　　　　　　　　　　　　　　　　　　　　4 000 000

借：本期盈余——财政项目盈余　　　　　　　　　　　　　　　　　　1 300 000

　　贷：业务活动费用——财政项目拨款经费　　　　　　　　　　　　1 000 000

　　　　单位管理费用——财政项目拨款经费　　　　　　　　　　　　　300 000

结转科教收入和费用：

借：事业收入——科教收入　　　　　　　　　　　　　　　　　　　　6 000 000

　　贷：本期盈余——科教盈余　　　　　　　　　　　　　　　　　　6 000 000

借：本期盈余——科教盈余　　　　　　　　　　　　　　　　　　　　5 200 000

　　贷：业务活动费用——科教经费　　　　　　　　　　　　　　　　5 000 000

　　　　单位管理费用——科教经费　　　　　　　　　　　　　　　　　200 000

结转财政基本拨款收入和费用：

借：财政拨款收入——财政基本拨款收入　　　　　　　　　　　　　　14 500 000

　　贷：本期盈余——医疗盈余——财政基本拨款医疗盈余　　　　　　14 500 000

借：本期盈余——医疗盈余——财政基本拨款医疗盈余　　　　　　　　14 000 000

　　贷：业务活动费用——财政基本拨款经费　　　　　　　　　　　　10 000 000

　　　　单位管理费用——财政基本拨款经费　　　　　　　　　　　　4 000 000

结转其他各项收入和费用：

借：事业收入——医疗收入　　　　　　　　　　　　　　　　　　　320 000 000

　　经营收入　　　　　　　　　　　　　　　　　　　　　　　　　1 000 000

　　上级补助收入　　　　　　　　　　　　　　　　　　　　　　　2 000 000

　　附属单位上缴收入　　　　　　　　　　　　　　　　　　　　　　300 000

　　非同级财政拨款收入　　　　　　　　　　　　　　　　　　　　　600 000

　　投资收益　　　　　　　　　　　　　　　　　　　　　　　　　2 000 000

　　捐赠收入　　　　　　　　　　　　　　　　　　　　　　　　　　100 000

　　利息收入　　　　　　　　　　　　　　　　　　　　　　　　　1 000 000

　　租金收入　　　　　　　　　　　　　　　　　　　　　　　　　　200 000

　　其他收入　　　　　　　　　　　　　　　　　　　　　　　　　5 000 000

　　贷：本期盈余——医疗盈余——其他医疗盈余　　　　　　　　　332 200 000

借：本期盈余——医疗盈余——其他医疗盈余　　　　　　　　　　　303 550 000

　　贷：业务活动费用——其他经费　　　　　　　　　　　　　　　280 000 000

　　　　单位管理费用——其他经费　　　　　　　　　　　　　　　18 000 000

　　　　经营费用　　　　　　　　　　　　　　　　　　　　　　　600 000

　　　　所得税费用　　　　　　　　　　　　　　　　　　　　　　40 000

　　　　资产处置费用　　　　　　　　　　　　　　　　　　　　　60 000

　　　　上缴上级费用　　　　　　　　　　　　　　　　　　　　　250 000

　　　　对附属单位补助费用　　　　　　　　　　　　　　　　　　600 000

　　　　其他费用　　　　　　　　　　　　　　　　　　　　　　　4 000 000

需要注意的是,按照会计制度的规定,医院本期医疗活动产生的、除财政项目拨款以外的各项收入、费用都应转入医疗盈余科目。但是,制度同时规定,对于财政基本拨款形成的医疗盈余与非财政基本拨款收入、费用项目形成的医疗盈余,在结转时又采取不同的结转处理方式。为此,本案例在"医疗盈余"科目下设置了"财政基本拨款医疗盈余""其他医疗盈余"明细科目,分别核算财政基本拨款形成的医疗盈余和非财政基本拨款形成的医疗盈余,为后续两类医疗盈余的差异化结转奠定基础。

(2) 对本期盈余进行结转处理。

实施收入和费用结转后,本期盈余明细科目余额分别为:

"本期盈余——财政项目盈余"贷方余额＝400－130＝270(万元)

"本期盈余——科教项目盈余"贷方余额＝600－520＝80(万元)

"本期盈余——医疗盈余——财政基本拨款医疗盈余"贷方余额＝1 450－1 400＝50(万元)

"本期盈余——医疗盈余——其他医疗盈余"贷方余额＝33 220－30 355＝2 865(万元)

按照会计制度的规定,本期盈余下的财政项目拨款盈余、医疗盈余中的财政基本拨款盈余和科教盈余应直接转入累计盈余;本期盈余下的医疗盈余中非财政基本拨款医疗盈余为贷方余额的,转入本年盈余分配,为借方余额的,直接转入累计盈余。为此医院应做如下账务处理:

结转财政项目拨款盈余:

借:本期盈余——财政项目盈余		2 700 000
贷:累计盈余——财政项目盈余		2 700 000

结转科教项目盈余:

借:本期盈余——科教盈余		800 000
贷:累计盈余——科教盈余		800 000

结转医疗盈余中的财政基本拨款盈余:

借:本期盈余——医疗盈余——财政基本拨款医疗盈余		500 000
贷:累计盈余——医疗盈余		500 000

结转医疗盈余中的非财政基本拨款盈余:

借:本期盈余——医疗盈余——其他医疗盈余		28 650 000
贷:本年盈余分配		28 650 000

(3) 按 20% 的比例计算提取职工福利基金。

医院的职工福利基金是依据财务会计下医疗盈余(不含财政基本拨款形成的

部分)计算提取的。

$$应计提职工福利基金＝2\,865×20\%＝573(万元)$$

借:本年盈余分配　　　　　　　　　　　　　　　　　　　　5 730 000

　　贷:专用基金——职工福利基金　　　　　　　　　　　　　　　5 730 000

(4) 提取职工福利基金后,对本年盈余分配进行结转。

$$提取基金后“本年盈余分配”贷方余额＝2\,865－573＝2\,292(万元)$$

医院在按照规定提取专用基金后,应当将“本年盈余分配”科目余额转入“累计盈余——医疗盈余”科目。

借:本年盈余分配　　　　　　　　　　　　　　　　　　　22 920 000

　　贷:累计盈余——医疗盈余　　　　　　　　　　　　　　　22 920 000

(5) 将无偿调拨净资产、以前年度盈余调整转入累计盈余。

借:无偿调拨净资产　　　　　　　　　　　　　　　　　　　500 000

　　贷:累计盈余——医疗盈余　　　　　　　　　　　　　　　　500 000

借:累计盈余——医疗盈余　　　　　　　　　　　　　　　5 200 000

　　贷:以前年度盈余调整　　　　　　　　　　　　　　　　　5 200 000

累计盈余主要经济业务会计核算情况如表16-7所示。

表 16-7　　　　　　　　累计盈余主要经济业务会计核算情况表

经济业务	财务会计核算	预算会计核算
(1) 年末,将“本年盈余分配”科目余额转入	借(或贷):本年盈余分配 　贷(借):累计盈余	—
(2) 年末,将“无偿调拨净资产”科目余额转入	借(或贷):无偿调拨净资产 　贷(或借):累计盈余	—
(3) 按照规定上缴财政拨款结转结余、缴回非财政拨款结转资金、向其他单位调出财政拨款结转资金	借:累计盈余 　贷:财政应返还额度/零余额账户用款额度/银行存款等	参照“财政拨款结转”“财政拨款结余”“非财政拨款结转”等科目进行账务处理
(4) 按照规定从其他单位调入财政拨款结转资金	借:零余额账户用款额度/银行存款等 　贷:累计盈余	借:资金结余——零余额账户用款额度/货币资金 　贷:财政拨款结转——归集调入
(5) 将“以前年度盈余调整”科目的余额转入	借(或贷):以前年度盈余调整 　贷(或借):累计盈余	—
(6) 使用专用基金购置固定资产、无形资产	相关账务处理参见“专用基金”科目	

第三节　专用基金

一、专用基金概述

(一) 专用基金的概念

专用基金是指事业单位按规定提取或者设置的具有专门用途的净资产,主要包括职工福利基金、森林恢复基金、留本基金、医疗风险基金、奖励基金和彩票兑奖周转金等。

(1) 职工福利基金是指按照非财政补助结余的一定比例提取以及按照其他规定提取转入,用于单位职工的集体福利设施、集体福利待遇等的资金。

(2) 森林恢复基金是指国有林场和苗圃事业单位按林木产品销售收入的10％比例提取,全额留归林场,用于森林资源的培育、保护和管理的专项资金。破坏山林的赔偿款,征占用林地的林木赔偿款,以及上级林业主管部门拨入的造林资金补助应纳入森林恢复基金管理。

(3) 留本基金是指高等学校使用捐赠资金建立的具有永久性保留本金或在一定时期内保留本金的限定性基金。

(4) 医疗风险基金是指医院按照财务会计下相关数据计算提取并列入费用的医疗风险基金。医疗风险基金专门用于支付医院购买医疗风险保险发生的支出或实际发生的医疗事故赔偿。

(5) 奖励基金是指基层医疗卫生机构根据相关规定、按照财务会计下相关数据计算提取的奖励基金。

(6) 彩票兑奖周转金是指从彩票机构业务费中计提,专项用于彩票游戏奖池、当期返奖奖金、调节基金不足以兑付或弥补彩票中奖者奖金时的垫支周转资金。

(二) 专用基金的分类与管理

专用基金按照其来源可分为三类:一是从结余中提取的专用基金,如职工福利基金;二是从收入中提取的专用基金,如医疗风险基金;三是按照有关规定设置的专用基金,如高等院校的留本基金,彩票机构的彩票兑奖周转金。

专用基金属限定性净资产,各项专用基金均有专门的用途和使用范围,相互之间一般不准占用和挪用,其消耗属于一次性的耗费,不能通过专用基金直接得到补偿。

事业单位在使用专用基金时应按照"先提后用、收支平衡和专款专用"的原则,加强对专用基金的管理,专用基金的支出不得超出基金规模。

(三) 专用基金的提取

专用基金的取得有专门的来源,各项专用基金一般都是根据财政部门的规定,针对相关的收入或资金,按照一定的比例提取和计算的。

2012年4月,财政部下发了《关于事业单位提取专用基金比例问题的通知》(财教〔2012〕32号),对事业单位职工福利基金的提取比例问题进行了明确,自2012年4月1日起施行。该通知相关规定如下:①事业单位职工福利基金的提取比例在单位年度非财政拨款结余的40%以内确定,国家另有规定的,从其规定。②地方事业单位职工福利基金的提取比例,由省级财政部门参照以上通知的有关规定,结合本地实际确定。③中央级事业单位职工福利基金的提取比例,由主管部门会同财政部在单位年度非财政拨款结余的40%以内核定,国家另有规定的从其规定。

另外,对于部分行业事业单位专用基金的提取也有专门的规定。如《医院财务制度》规定,医院累计提取的医疗风险基金比例不应超过当年医疗收入的1‰~3‰,具体比例可由各省(自治区、直辖市)财政部门会同主管部门(或举办单位)根据当地实际情况制定。

二、专用基金的核算

(一) 会计科目设置

事业单位应设置"专用基金"科目,核算事业单位按规定提取或者设置的具有专门用途的净资产。"专用基金"科目期末贷方余额反映事业单位专用基金余额。

"专用基金"科目应当按照专用基金的类别进行明细核算。

行业事业单位应当根据行业特点与核算需要,在"专用基金"科目下统一设置相应的明细科目。

(1) 高等学校应当在"专用基金"科目下设置"留本基金"明细科目,核算高等学校使用捐赠资金建立的具有永久性保留本金或在一定时期内保留本金的限定性基金,高等学校如有两个以上留本基金,还应按照每个留本基金设置明细科目进行核算。

(2) 医院应当在"专用基金"科目下设置"职工福利基金"和"医疗风险基金"明细科目,核算医院根据有关规定,依据财务会计下医疗盈余(不含财政基本拨款形成的盈余)计算提取的职工福利基金,按照财务会计下相关数据计算提取并列入费用的医疗风险基金。

(3) 基层医疗卫生机构应当在"专用基金"科目下设置"职工福利基金""医疗风险基金"和"奖励基金"明细科目,核算基层医疗卫生机构根据有关规定、按照财务会计下相关数据计算提取的职工福利基金、医疗风险基金和奖励基金。

(4) 彩票机构应当在"专用基金"科目下设置"彩票兑奖周转金"明细科目,用于核算财政部门累计拨入结存的彩票兑奖周转金。

(二) 主要账务处理

1. 专用基金的通用账务处理

1) 专用基金的提取

根据有关规定从非财政拨款结余或经营结余中提取专用基金的,按照预算会计下计算的提取金额,借记"本年盈余分配"科目,贷记"专用基金"科目。同时在预算会计下,借记"非财政拨款结余分配"科目,贷记"专用结余"科目。

根据有关规定从收入中提取专用基金并计入费用的,一般按照预算会计下基于预算收入计算提取的金额,借记"业务活动费用"等科目,贷记"专用基金"科目。

根据有关规定设置的其他专用基金,按照实际收到的基金金额,借记"银行存款"等科目,贷记"专用基金"科目。

2)专用基金的使用

按照规定使用提取的专用基金时,借记"专用基金"科目,贷记"银行存款"等科目。使用提取的专用基金购置固定资产的,按照固定资产、无形资产成本金额,借记"固定资产""无形资产"科目,贷记"银行存款"等科目。同时按照专用基金使用金额,借记"专用基金"科目,贷记"累计盈余"科目。

在预算会计下,分两种情况处理:使用从收入中提取并列入费用的专用基金,由于在最初提取基金时,预算会计未做账务处理,现在使用的时候,应相应做列支处理,借记"事业支出"等科目,贷记"资金结存"科目;使用从非财政拨款结余或经营结余中提取的专用基金,由于在提取预算会计已经通过"非财政拨款结余分配"科目进行了分配处理,现在使用的时候,就不应再进行列支,而是应借记"专用结余"科目,贷记"资金结存——货币资金"科目。

【例16-6】　某水利技术推广事业单位发生以下业务:

(1)年末,单位"非财政补助结余"科目余额10万元,根据省财政部门的规定,按非财政补助结余的40%提取职工福利基金。

财务会计:

借:本年盈余分配	40 000
贷:专用基金——职工福利基金	40 000

预算会计:

按照政府会计制度的规定,职工福利基金是在非财政补助结余中提取的,应记入"非财政拨款结余分配"科目。

借:非财政拨款结余分配	40 000
贷:专用结余——职工福利基金	40 000

(2)单位购置专用设备一台,价值1万元,在职工福利基金中列支,款项通过银行转账支付。

财务会计:

借:固定资产——专用设备	10 000
贷:银行存款——××银行	10 000
借:专用基金——职工福利基金	10 000
贷:累计盈余	10 000

预算会计：

使用从非财政拨款结余中提取的专用基金时，预算会计下应冲减"专用结余——职工福利基金"科目。

借：专用结余——职工福利基金　　　　　　　　　　　　　　　　10 000
　　贷：资金结存——货币资金　　　　　　　　　　　　　　　　　　　　10 000

【例 16-7】　某省立医院发生以下业务：

(1) 12 月 31 日，医院按照规定提取医疗风险基金，提取比例为 2‰，医院全年实现医疗收入 4.5 亿元(假设提取前医疗风险基金余额为零)。

按照规定，医院医疗风险基金应依据财务会计下"事业收入——医疗收入"科目的发生额计算提取并列入费用。医院累计提取的医疗风险基金比例不应超过当年医疗收入的 1‰～3‰。

医疗风险基金提取金额＝45 000×2‰＝90(万元)

借：业务活动费用——其他经费——提取医疗风险基金　　　　　　900 000
　　贷：专用基金——医疗风险基金　　　　　　　　　　　　　　　　　900 000

(2) 下年 1 月，医院向某保险公司购买医疗责任保险，从提取的医疗风险基金支付保险费 85 万元，通过医院开户银行转账支付，支出功能分类列"卫生健康支出——公立医院——综合医院"预算科目，部门预算支出经济分类列"商品和服务支出——其他商品和服务支出"预算科目。

财务会计：

借：专用基金——医疗风险基金　　　　　　　　　　　　　　　850 000
　　贷：银行存款——××银行　　　　　　　　　　　　　　　　　　　850 000

预算会计：

提取医疗风险基金的时候，由于医疗风险基金只是提取出来，作为一个基金储备，在单位预算之外进行储存和管理。而当动用医疗风险基金时，动用的医疗风险基金部分就从单位"预算外"转入"预算内"，此时，预算会计就应该介入核算和反映。

借：事业支出——其他资金支出——购买医疗责任保险项目——其他商品和服务支出——综合医院　　850 000
　　贷：资金结存——货币资金　　　　　　　　　　　　　　　　　　850 000

2. 高等学校留本基金的账务处理

1) 形成留本基金

高等学校形成留本基金时，根据取得的留本基金数额，借记"银行存款"科目，贷记"专用基金——留本基金——本金——未投资"科目。

2）委托基金会进行投资

（1）投资时，按照转给基金会的留本基金数额，借记"其他应收款——留本基金委托投资"科目，贷记"银行存款"科目；同时，按照相同的金额，借记"专用基金——留本基金——本金——未投资"科目，贷记"专用基金——留本基金——本金——已投资"科目。

（2）收到基金会交回的投资收益，按照实际收到的金额，借记"银行存款"科目，贷记"专用基金——留本基金——收益"科目。

（3）从基金会收回使用留本基金委托的投资，按照收回的金额，借记"银行存款"科目，按照收回的留本基金本金金额，贷记"其他应收款——留本基金委托投资"科目，按照两者的差额，贷记或借记"专用基金——留本基金——收益"科目。同时，按照收回的留本基金本金金额，借记"专用基金——留本基金——本金——已投资"科目，贷记"专用基金——留本基金——本金——未投资"科目。

3）直接使用留本基金进行投资

（1）投资时，按照动用留本基金投资的数额，借记"短期投资""长期债券投资"等科目，贷记"银行存款"科目；同时，按照相同的金额，借记"专用基金——留本基金——本金——未投资"科目，贷记"专用基金——留本基金——本金——已投资"科目。

（2）期末，对持有的留本基金投资确认应计利息收入时，按照确认的应计利息，借记"应收利息""长期债券投资"科目，贷记"专用基金——留本基金——收益"科目。

（3）收到留本基金投资获得的利息时，按照实际收到的金额，借记"银行存款"科目，贷记"应收利息"科目。

（4）收回留本基金投资时，按照收回的金额，借记"银行存款"科目，按照收回的投资本金及相关利息金额，贷记"短期投资""长期债券投资"等科目，按照两者的差额，贷记或借记"专用基金——留本基金——收益"科目。同时，按照收回的留本基金本金金额，借记"专用基金——留本基金——本金——已投资"科目，贷记"专用基金——留本基金——本金——未投资"科目。

4）留本基金收益转增本金

高等学校按照协议将留本基金收益转增本金时，按照转增的金额，借记"专用基金——留本基金——收益"科目，贷记"专用基金——留本基金——本金——未投资"科目。

5）使用留本基金取得的收益

高等学校按照协议可以使用留本基金取得的收益时，按照可以使用的金额，借记"专用基金——留本基金——收益"科目，贷记"捐赠收入"科目；同时，在财务会计下，按照相同的金额，借记"资金结存——货币资金"科目，贷记"捐赠预算收入"

科目。

使用留本基金收益时,按照使用的金额,借记"业务活动费用"等科目,贷记"银行存款"等科目;同时,在财务会计下,借记"事业支出——教育支出"等科目,贷记"资金结存——货币资金"科目。

6)留本基金限定期限到期

按照协议规定的留本基金限定期限到期,高等学校将留本基金转为可以使用的资金,按照转为可以使用的资金数额,借记"专用基金——留本基金——本金——未投资"科目,贷记"捐赠收入"科目;同时,在财务会计下,按照相同的金额,借记"资金结存——货币资金"科目,贷记"捐赠预算收入"科目。

【例16-8】　某高等学校发生以下业务:

(1)1月1日,学校收到校友捐赠款2 000万元,专项用于设立留本基金(假设学校无其他留本基金)。

　　借:银行存款——××银行　　　　　　　　　　　　　　　20 000 000
　　　　贷:专用基金——留本基金——本金——未投资　　　　　　20 000 000

(2)当日,学校委托基金会将其中的1 000万元进行投资,投资收益率约定为4.5%的固定回报。

　　借:其他应收款——留本基金委托投资　　　　　　　　　　　10 000 000
　　　　贷:银行存款——××银行　　　　　　　　　　　　　　10 000 000

　　借:专用基金——留本基金——本金——未投资　　　　　　　10 000 000
　　　　贷:专用基金——留本基金——本金——已投资　　　　　　10 000 000

(3)12月31日,学校收到基金会转来的当年投资收益45万元。

　　借:银行存款——××银行　　　　　　　　　　　　　　　　450 000
　　　　贷:专用基金——留本基金——收益　　　　　　　　　　　450 000

(4)按照约定,留本基金的收益,50%转增留本基金本金,50%由学校用于发放困难学生奖学金。

留本基金的主要特征是永久性保留本金或在一定时期内保留本金,学校不能自行动用。也就是说,留本基金是学校按照约定,在预算资金之外设立的,独立于预算体系而单独存在、自我循环的资金,只有当单位按规定或约定动用基金收益时,动用的资金才从"体外"转入"体内",从预算之外进入单位预算体系,从留本基金转作单位预算资金。根据上述分析,本案例中的前3笔业务因为只是留本基金的内部处理,单位应只作财务会计处理,不作预算会计处理。而本笔业务中,50%转增留本基金本金,继续留在"体外"循环,预算会计仍不作处理;但50%由学校用于发放困难学生奖学金,就相应由"体外"转入"体内",预算会计就应根据转入"体

内"的部分,实施会计处理。单位应做如下账务处理:

财务会计:

借:专用基金——留本基金——收益　　　　　　　　　　　　　225 000

　　贷:专用基金——留本基金——本金——未投资　　　　　　　225 000

借:专用基金——留本基金——收益　　　　　　　　　　　　　225 000

　　贷:捐赠收入——留本基金　　　　　　　　　　　　　　　225 000

预算会计:

借:资金结存——货币资金　　　　　　　　　　　　　　　　225 000

　　贷:其他预算收入——捐赠收入——专项资金收入——奖学金发放　225 000

(5)学校实际留本基金收益中发放奖学金4.5万元,支出功能分类列"教育支出——普通教育——高等教育"预算科目,部门预算支出经济分类列"对个人和家庭的补助——助学金"预算科目。

财务会计:

借:业务活动费用——教育费用——对个人和家庭的补助费用　　　45 000

　　贷:银行存款——××银行　　　　　　　　　　　　　　　45 000

预算会计:

借:事业　——教育　——其他资　——基本　——高等　——助学金　　45 000
　　支出　　支出　　金支出　　支出　　教育

　　贷:资金结存——货币资金　　　　　　　　　　　　　　　45 000

3. 彩票机构彩票兑奖周转金的账务处理

(1)彩票机构取得财政部门拨付的彩票兑奖周转金时,按照财政授权支付额度到账通知书中的授权支付额度,借记"零余额账户用款额度"科目,贷记"财政拨款收入——政府性基金预算财政拨款"科目;同时,在预算会计下,按照相同的金额,借记"资金结存——零余额账户用款额度"科目,贷记"财政拨款预算收入"科目。

(2)报经批准将彩票兑奖周转金从零余额账户转入彩票机构的银行存款账户时,按照实际转入的金额,借记"银行存款"科目,贷记"零余额账户用款额度"科目;同时,在预算会计下,按照相同的金额,借记"资金结存——货币资金"科目,贷记"资金结存——零余额账户用款额度"科目。

(3)按规定提取专用基金时,按照提取的金额,借记"业务活动费用"科目,贷记"专用基金——彩票兑奖周转金"科目;同时,按照相同的金额,借记"事业支出"科目,贷记"资金结存——货币资金"科目。

专用基金主要经济业务会计核算情况如表16-8所示。

表 16-8   专用基金主要经济业务会计核算情况表

经济业务	财务会计核算	预算会计核算
(1) 按照规定从本年度非财政拨款结余或经营结余中提取专用基金	借：本年盈余分配 　　贷：专用基金	借：非财政拨款结余分配 　　贷：专用结余
(2) 根据规定从收入中提取专用基金并计入费用	借：业务活动费用等 　　贷：专用基金	—
(3) 根据有关规定设置的其他专用基金	借：银行存款等 　　贷：专用基金	—
(4) 按照规定使用专用基金	借：专用基金 　　贷：银行存款等 购置固定资产、无形资产： 借：固定资产/无形资产 　　贷：银行存款等 借：专用基金 　　贷：累计盈余	使用从收入中提取并列入费用的专用基金： 借：事业支出等 　　贷：资金结存 使用从非财政拨款结余或经营结余中提取的专用基金： 借：专用结余 　　贷：资金结存——货币资金

第四节　权益法调整与无偿调拨净资产

权益法调整和无偿调拨净资产是指单位除专用基金、盈余及盈余分配之外形成的净资产。

一、权益法调整

(一) 权益法调整的概念

权益法调整是指事业单位持有的长期股权投资采用权益法核算时，按照被投资单位除净损益和利润分配以外的所有者权益变动份额，引起长期股权投资账面余额的增减而对净资产的影响。

(二) 权益法调整的核算

事业单位应设置"权益法调整"科目，用于核算事业单位持有的长期股权投资采用权益法核算时，按照被投资单位除净损益和利润分配以外的所有者权益变动份额调整长期股权投资账面余额而计入净资产的金额。"权益法调整"科目期末贷方(借方)余额反映事业单位在被投资单位除净损益和利润分配以外的所有者权益变动中累计享有(分担)的份额。

"权益法调整"科目应按照被投资单位进行明细核算。

（1）年末，按照被投资单位除净损益和利润分配以外的所有者权益变动应享有（或应分担）的份额，借记或贷记"长期股权投资——其他权益变动"科目，贷记或借记"权益法调整"科目。

（2）采用权益法核算的长期股权投资，因被投资单位除净损益和利润分配以外的所有者权益变动而将应享有（或应分担）份额计入单位净资产的，处置该项投资时，按照原计入净资产的相应部分金额，借记或贷记"权益法调整"科目，贷记或借记"投资收益"科目。

上述处理表明，"权益法调整"科目如有余额，在年末转账时也无须进行转账处理，而是作为净资产项目直接体现在单位的资产负债表中。

【例 16-9】 某事业单位持有 A 公司 30％的股份，能够对 A 公司施加重大影响，因此，该单位对 A 公司的长期股权投资采用权益法核算。现发生以下业务：

（1）A 公司因持有可供出售金融资产公允价值增加 100 万元，导致单位长期股权投资的账面价值相应增加。

单位长期股权投资账面价值增加额＝100×30％＝30（万元）

借：长期股权投资——A 公司——其他权益变动   300 000

    贷：权益法调整——A 公司   300 000

（2）报经相关部门批准后，单位将对 A 公司的长期股权投资全部出售。对于因 A 公司可供出售金融资产公允价值增加而已计入单位净资产的部分，进行账务处理。

借：权益法调整——A 公司   300 000

    贷：投资收益——长期股权投资——A 公司   300 000

权益法调整主要经济业务会计核算情况如表 16-9 所示。

表 16-9   权益法调整主要经济业务会计核算情况表

经济业务	财务会计核算	预算会计核算
（1）按照被投资单位除净损益和利润分配以外的所有者权益变动应享有（或应分担）份额	借（或贷）：长期股权投资——其他权益变动 贷（或借）：权益法调整	—
（2）处置权益法核算的长期股权投资	借：权益法调整 贷：投资收益	—

二、无偿调拨净资产

（一）无偿调拨净资产的概念

无偿调拨净资产是指单位按照规定无偿调入或调出单位的非现金资产而引起的净资产变动。按照政府会计制度的规定，无偿调拨非现金资产对单位净资产的影响，通过"无偿调拨净资产"科目直接计入净资产；而出售、转让、接受捐赠、对外捐赠非现金资产时,则是通过收入、费用科目间接影响单位净资产。

(二)无偿调拨净资产的核算

1. 会计科目设置

单位应设置"无偿调拨净资产"科目,用于核算单位无偿调入或调出非现金资产所引起的净资产变动金额。"无偿调拨净资产"科目贷方登记单位按照规定取得无偿调入的存货、固定资产、公共基础设施等资产确定的成本(扣除单位负担的费用);借方登记单位按照规定经批准无偿调出的存货、固定资产、公共基础设施等资产的账面余额(或账面价值);年末结账后,本科目应无余额。

2. 主要账务处理

1)无偿调入非现金资产

按照规定取得无偿调入的存货、长期股权投资、固定资产、无形资产、公共基础设施、政府储备物资、文物文化资产、保障性住房等,按照确定的成本,借记"库存物品""长期股权投资""固定资产""无形资产""公共基础设施""政府储备物资""文物文化资产""保障性住房"等科目,按照调入过程中发生的归属于调入方的相关费用,贷记"零余额账户用款额度""银行存款"等科目,按照其差额,贷记"无偿调拨净资产"科目。

同时,在预算会计下,按照实际支付的归属于调入方的相关费用,借记"其他支出"科目,贷记"资金结存"等科目。

2)无偿调出非现金资产

按照规定经批准无偿调出存货、长期股权投资、固定资产、无形资产、公共基础设施、政府储备物资、文物文化资产、保障性住房等,按照调出资产的账面余额或账面价值,借记"无偿调拨净资产"科目,按照固定资产累计折旧、无形资产累计摊销、公共基础设施累计折旧或摊销、保障性住房累计折旧的金额,借记"固定资产累计折旧""无形资产累计摊销""公共基础设施累计折旧(摊销)""保障性住房累计折旧"科目,按照调出资产的账面余额,贷记"库存物品""长期股权投资""固定资产""无形资产""公共基础设施""政府储备物资""文物文化资产""保障性住房"等科目。同时,按照调出过程中发生的归属于调出方的相关费用,借记"资产处置费用"科目,贷记"零余额账户用款额度""银行存款"等科目。

同时,在预算会计下,按照实际支付的归属于调出方的相关费用,借记"其他支出"科目,贷记"资金结存"等科目。

3)年末结转

年末结转时,将"无偿调拨净资产"科目余额转入累计盈余,借记或贷记"无偿调拨净资产"科目,贷记或借记"累计盈余"科目。

【例16-10】 某林业事业单位发生以下业务:

(1)经有关部门的批准,从乙企业无偿调入一项生产设备。该设备在乙企业的账面原值为5万元,已计提折旧2万元。在调入该设备时通过银行转账支付运输费用 2 000 元,支出功能分类列"农林水支出——林业和草原——技术推广和转化"预算科目,部门预算支出经济分类列"商品和服务支出——其他交通费用"预算科目。

财务会计:

政府会计主体无偿调入的固定资产,其成本按照调出方账面价值加上相关税费、运输费等确定。

借:固定资产——专用设备 32 000
　贷:无偿调拨净资产——调入资产 30 000
　　银行存款——××银行 2 000

预算会计:

借:其他支出——其他资金支出——非专项资金支出——其他交通费用——技术推广和转化 2 000
　贷:资金结存——货币资金 2 000

(2) 上述业务进行年末结转。

财务会计:

借:无偿调拨净资产——调入资产 30 000
　贷:累计盈余 30 000

无偿调拨净资产主要经济业务会计核算情况如表 16-10 所示。

表 16-10　　　　　无偿调拨净资产主要经济业务会计核算情况表

经济业务	财务会计核算	预算会计核算
(1) 取得无偿调入非现金资产	借:库存物品/长期股权投资/固定资产/无形资产/公共基础设施/政府储备物资/保障性住房等 　贷:无偿调拨净资产 　　零余额账户用款额度/银行存款等	借:其他支出 　贷:资金结存等
(2) 经批准无偿调出非现金资产	借:无偿调拨净资产 　　固定资产累计折旧/无形资产累计摊销/公共基础设施累计折旧(摊销)/保障性住房累计折旧 　贷:库存物品/长期股权投资/固定资产/无形资产/公共基础设施/政府储备物资/保障性住房等 借:资产处置费用 　贷:银行存款/零余额账户用款额度等	借:其他支出 　贷:资金结存等
(3) 年末结转	借(或贷):无偿调拨净资产 　贷(或借):累计盈余	—

第十七章 政府单位预算收入的核算

第一节 预算收入概述

一、预算收入的概念与管理

预算收入是指政府会计主体在预算年度内依法取得的并纳入预算管理的现金流入。政府单位的各项收入应当全部纳入单位预算,统一核算,统一管理。单位应加强预算收入的管理,做好各类资金的统筹规划,保障单位履行职能和运行发展的资金需求。

行政单位依法取得的应上缴国库的行政事业性收费、政府性基金、罚没收入、国有资产处置收入和出租出借收入等,事业单位按照规定上缴国库或财政专户的国有资产处置收入、教育收费等,不属于行政事业单位的预算收入,单位应当按照有关规定及时足额上缴,不得隐瞒、截留、挪用和坐支。

预算收入以收付实现制为基础,一般在实际收到时予以确认,以实际收到的金额计量。

二、预算收入的科目设置

政府单位预算会计共设置了"财政拨款预算收入""事业预算收入"等9个预算收入类会计科目。与财务会计收入科目相比,预算收入科目有三个特点:

一是预算收入科目名称中均含有"预算"两个字,这是区别于财务会计收入科目的重要标记。

二是为了完整反映部门预算的资金来源,预算会计增设了"债务预算收入"科目,用于核算事业单位按规定从银行和其他金融机构等借入的、纳入部门预算管理的、不以财政资金作为偿还来源的债务本金;而财务会计的债务是作为负债反映。

三是预算会计的捐赠收入、利息收入、租金收入全部并入"其他预算收入"科目反映,而财务会计的捐赠收入、利息收入、租金收入则分别单设一级会计科目。

从科目的适用范围来看,"财政拨款预算收入""非同级财政拨款预算收入""其他预算收入"3 个科目是行政单位和事业单位共用科目,而"事业预算收入""上级补助预算收入""附属单位上缴预算收入"等 6 个科目是事业单位专用科目。预算收入类科目设置的具体情况见表 17-1。

表 17-1　　　　　　　　　预算收入科目设置情况表

科目编码	预算收入科目	适用范围	科目编码	预算收入科目	适用范围
6001	财政拨款预算收入	行政单位事业单位	6501	债务预算收入	事业单位
6101	事业预算收入	事业单位	6601	非同级财政拨款预算收入	行政单位事业单位
6201	上级补助预算收入	事业单位	6602	投资预算收益	事业单位
6301	附属单位上缴预算收入	事业单位	6609	其他预算收入	行政单位事业单位
6401	经营预算收入	事业单位			

第二节　财政拨款预算收入

一、财政拨款预算收入概述

财政拨款预算收入是指单位从同级政府财政部门取得的各类财政拨款。财政拨款预算收入按照资金用途分为基本支出拨款预算收入和项目支出拨款预算收入两类。

单位根据批准的部门预算财政拨款预算指标,有计划地申领和使用财政预算资金。根据业务工作进度和资金需求,编制分月用款计划,逐级审批后报财政部门核定。财政部门拨付单位款项或下达财政资金用款额度时,单位根据有关单据确认财政拨款预算收入。

需要注意的是,年末由于存在当年财政拨款预算资金当年尚未执行或未执行完毕的情况,预算资金需结转下一年度继续执行,基于预算管理要求,当年该部分财政资金仍应确认为财政拨款预算收入。这部分资金实际上采用了权责发生制的确认原则,以财政应返还额度的方式,将财政拨款预算资金结转下年继续使用。这样也实现了财政拨款预算收入与财务会计中的财政拨款收入确认和计量的统一和衔接。

二、财政拨款预算收入的核算

(一) 会计科目设置

行政事业单位应设置"财政拨款预算收入"科目,核算单位从同级财政部门取得的财政预算资金。"财政拨款预算收入"科目平时贷方余额反映当年单位财政拨款预算收入的累计数;年末结转后,本科目应无余额。

"财政拨款预算收入"科目应当设置"基本支出"和"项目支出"两个明细科目,并按照《政府收支分类科目》中"支出功能分类"的项级科目进行明细核算;同时,在"基本支出"明细科目下按照"人员经费"和"日常公用经费"进行明细核算,在"项目支出"明细科目下按照具体项目进行明细核算(见表 17-2)。

表 17-2　　　　　　　　　　财政拨款预算收入明细科目设置情况表

一级科目	二级科目	三级科目	辅助核算
财政拨款预算收入(6001)	基本支出	人员经费	支出功能核算
		日常公用经费	支出功能核算
	项目支出		支出功能核算、项目核算

注:有一般公共预算财政拨款、政府性基金预算财政拨款等两种或两种以上财政拨款的单位,还应当按照财政拨款的种类进行明细核算。具体核算过程中,可以把财政拨款种类也作为辅助核算,或者财政拨款种类与支出功能科目结合到一起,根据支出功能科目判断识别财政拨款种类。

(二) 主要账务处理

财政拨款预算收入需要分别按照财政直接支付、财政授权支付和财政实拨资金三种支付方式进行不同的账务处理。

1. 财政直接支付方式

1) 取得财政拨款

财政直接支付方式下,单位根据收到的"财政直接支付入账通知书"及相关原始凭证,按照通知书中的直接支付金额,借记"行政支出""事业支出"等科目,贷记"财政拨款预算收入"科目。同时,在财务会计下,借记"库存物品""固定资产""业务活动费用""单位管理费用""应付职工薪酬"等科目,贷记"财政拨款收入"科目。

2) 年末确认拨款差额

年度终了,根据本年度财政直接支付预算指标数与当年财政直接支付实际支出数的差额,借记"资金结存——财政应返还额度——财政直接支付"科目,贷记"财政拨款预算收入"科目。同时,在财务会计下,借记"财政应返还额度——财政直接支付"科目,贷记"财政拨款收入"科目。

【例 17-1】 某教育行政单位发生以下业务:

(1) 2 月份,单位通过财政直接支付方式,从财政预算安排的日常公用经费支付本月办公楼物业费 10 万元。物业费发票已收到,同时收到代理银行转来的财政直接支付入账通知书,支出功能分类列"教育支出——教育管理事务——行政运行"预算科目,部门预算支出经济分类列"商品和服务支出——物业管理费"预算科目。

预算会计:

借:行政 财政拨 基本 物业管 行政 100 000
　　支出 款支出 支出 理费 运行

　　贷:财政拨款预算收入——基本支出——日常公用经费——行政运行 100 000

财务会计:

借:业务活动费用——商品和服务费用 100 000

　　贷:财政拨款收入——一般公共预算财政拨款 100 000

(2) 12 月月末,单位本年尚有××信息化项目财政直接支付指标 40 万元未使用,支出功能分类列"教育支出——教育管理事务——一般行政管理事务"预算科目,按规定结转下年继续使用。

预算会计:

借:资金结存——财政应返还额度——财政直接支付 400 000

　　贷:财政拨款 项目 ××信息 一般行政 400 000
　　　　预算收入 支出 化项目 管理事务

财务会计:

借:财政应返还额度——财政直接支付 400 000

　　贷:财政拨款收入——一般公共预算财政拨款 400 000

2. 财政授权支付方式

1) 取得财政拨款

财政授权支付方式下,单位根据收到的"财政授权支付额度到账通知书",按照通知书中的授权支付额度,借记"资金结存——零余额账户用款额度"科目,贷记"财政拨款预算收入"科目。同时,在财务会计下,借记"零余额账户用款额度"科目,贷记"财政拨款收入"科目。

2) 年末确认拨款差额

年度终了,如本年度财政授权支付预算指标数大于零余额账户用款额度下达数的,按照两者差额,借记"资金结存——财政应返还额度——财政授权支付"科目,贷记"财政拨款预算收入"科目。同时,在财务会计下,借记"财政应返还额度——财政授权支付"科目,贷记"财政拨款收入"科目。

【例 17-2】 某地震行政单位发生以下业务:

(1) 2 月份,收到代理银行转来的财政授权支付额度到账通知书,通知书中注明,本月人员经费授权支付额度 100 万元,日常公用经费授权支付额度 30 万元,支出功能分类列"灾害防治及应急管理支出——地震事务——行政运行"预算科目;地震监测项目授权支付额度 50 万元,支出功能分类列"灾害防治及应急管理支出——地震事务——地震监测"预算科目。

预算会计:

借:资金结存——零余额账户用款额度 1 800 000
　　贷:财政拨款预算收入——基本支出——人员经费——行政运行 1 000 000
　　　　财政拨款预算收入——基本支出——日常公用经费——行政运行 300 000
　　　　财政拨款预算收入——项目支出——地震监测项目——地震监测 500 000

财务会计:

借:零余额账户用款额度 1 800 000
　　贷:财政拨款收入——一般公共预算财政拨款 1 800 000

(2) 12 月月末,本年度财政授权支付预算指标中尚有应急演练项目经费 20 万元未下达零余额账户用款额度,支出功能分类列"灾害防治及应急管理支出——地震事务——地震应急救援"预算科目。该资金结转下年继续使用。

预算会计:

借:资金结存——财政应返还额度——财政授权支付 200 000
　　贷:财政拨款预算收入——项目支出——应急演练项目——地震应急救援 200 000

财务会计:

借:财政应返还额度——财政授权支付 200 000
　　贷:财政拨款收入——一般公共预算财政拨款 200 000

3. 财政实拨资金方式

单位按照本期预算收到财政拨款预算收入时,按照实际收到的金额,借记"资金结存——货币资金"科目,贷记"财政拨款预算收入"科目。同时,在财务会计下,借记"银行存款"等科目,贷记"财政拨款收入"科目。

4. 差错更正或购货退回

因差错更正或购货退回等发生财政直接支付款项退回的,属于本年度支付的款项,按照退回金额,借记"财政拨款预算收入"科目,贷记"行政支出""事业支出"等有关科目。同时,在财务会计下,借记"财政拨款收入"科目,贷记"库存物品""固定资产""业务活动费用""单位管理费用"等科目。

属于以前年度支付的财政直接支付款项,支付发生的当年年末其收支已结转,因此应调整"财政拨款结转"或"财政拨款结余"的年初余额,不通过"财政拨款预算收入"科目核算。

【例 17-3】 某教育行政单位发生以下业务：

（1）3 月份，单位通过财政直接支付方式，从财政预算安排的××信息化项目中，支付服务器购置费用 50 万元。购货发票已收到，同时收到代理银行转来的财政直接支付入账通知书，支出功能分类列"教育支出——教育管理事务——一般行政管理事务"预算科目，部门预算支出经济分类列"资本性支出——信息网络及软件购置更新"预算科目。

预算会计：

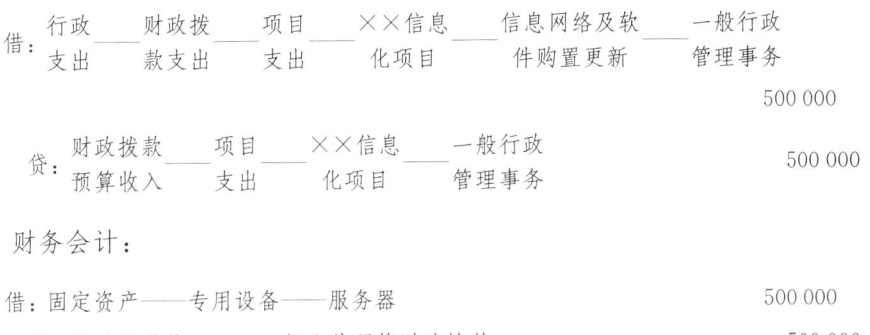

财务会计：

借：固定资产——专用设备——服务器　　　　　　　　　　　500 000
　　贷：财政拨款收入——一般公共预算财政拨款　　　　　　　　500 000

（2）9 月份，单位发现本年 3 月份购买并已经列支的服务器设备存在质量问题。经协商，供货商同意单位将设备退回，并退还原购货款 50 万元，款项已退回财政直接支付账户。财务会计处理不考虑折旧因素。

预算会计：

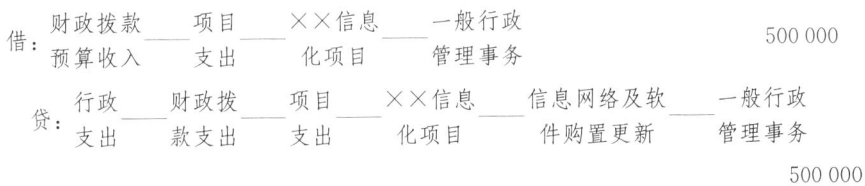

财务会计：

借：财政拨款收入——一般公共预算财政拨款　　　　　　　　500 000
　　贷：固定资产——专用设备——服务器　　　　　　　　　　　500 000

5. 年末／期末结转

年末，单位将"财政拨款预算收入"科目本年发生额转入财政拨款结转，借记"财政拨款预算收入"科目，贷记"财政拨款结转——本年收支结转"科目。

在财务会计下，期末结转时，借记"财政拨款收入"科目，贷记"本期盈余"科目。

【例 17-4】 年末（期末），对[例 17-2]形成的财政拨款预算收入、财政拨款收入进行结转处理。

预算会计：

借：财政拨款预算收入——基本支出——人员经费——行政运行　　　　1 000 000

　　贷：<u>财政拨</u>　<u>基本支</u>　<u>人员</u>　<u>行政</u>　<u>本年收</u>

　　　　款结转　出结转　经费　运行　支结转　　　　　　　　　1 000 000

借：财政拨款预算收入——基本支出——日常公用经费——行政运行　　300 000

　　贷：<u>财政拨</u>　<u>基本支</u>　<u>日常公</u>　<u>行政</u>　<u>本年收</u>

　　　　款结转　出结转　用经费　运行　支结转　　　　　　　　300 000

借：财政拨款预算收入——项目支出——地震监测项目——地震监测　　500 000

　　贷：<u>财政拨</u>　<u>项目支</u>　<u>地震监</u>　<u>地震</u>　<u>本年收</u>

　　　　款结转　出结转　测项目　监测　支结转　　　　　　　　500 000

借：财政拨款预算收入——项目支出——应急演练项目——地震应急救援 200 000

　　贷：<u>财政拨</u>　<u>项目支</u>　<u>应急演</u>　<u>地震应</u>　<u>本年收</u>

　　　　款结转　出结转　练项目　急救援　支结转　　　　　　　200 000

财务会计：

借：财政拨款收入——一般公共预算财政拨款　　　　　　　　　　　2 000 000

　　贷：本期盈余　　　　　　　　　　　　　　　　　　　　　　　2 000 000

财政拨款预算收入主要经济业务会计核算如表17-3所示。

表17-3　　　　　　财政拨款预算收入主要经济业务会计核算情况表

经济业务		预算会计核算	财务会计核算
（1）收到拨款	财政直接支付	借：行政支出/事业支出等 　贷：财政拨款预算收入	借：库存物品/固定资产/业务活动费用/单位管理费用/应付职工薪酬等 　贷：财政拨款收入
	财政授权支付	借：资金结存——零余额账户用款额度 　贷：财政拨款预算收入	借：零余额账户用款额度 　贷：财政拨款收入
	财政实拨资金	借：资金结存——货币资金 　贷：财政拨款预算收入	借：银行存款等 　贷：财政拨款收入
（2）差错更正或购货退回（财政直接支付）	属于本年度支付的款项	借：财政拨款预算收入 　贷：行政支出/事业支出等	借：财政拨款收入 　贷：业务活动费用/库存物品等
	属于以前年度支付的款项	借：资金结存——财政应返还额度 　贷：财政拨款结转——年初余额调整/财政拨款结余——年初余额调整	借：财政应返还额度——财政直接支付 　贷：以前年度盈余调整/库存物品等

（续表）

经济业务		预算会计核算	财务会计核算
（3）年末确认拨款差额	本年度财政直接支付预算指标数＞财政直接支付实际支付数	借：资金结存——财政应返还额度 　贷：财政拨款预算收入（拨款差额）	借：财政应返还额度——财政直接支付 　贷：财政拨款收入
	本年度财政授权支付预算指标数＞零余额账户用款额度下达数		借：财政应返还额度——财政授权支付 　贷：财政拨款收入
（4）年末/期末结转		借：财政拨款预算收入 　贷：财政拨款结转——本年收支结转	借：财政拨款收入 　贷：本期盈余

第三节　事业预算收入

一、事业预算收入概述

（一）事业预算收入的概念

事业预算收入是指事业单位开展专业业务活动及其辅助活动取得的现金流入。专业业务活动是指事业单位根据本单位特点所从事或开展的主要业务活动，如教育事业单位的教学活动、科学事业单位的科研活动、医疗卫生事业单位的临床医疗活动等。辅助活动是指与专业业务活动相关、直接为专业业务活动提供支持和服务的活动，如事业单位的行政管理活动、后勤服务活动及其他有关活动等。

事业预算收入是一种补偿性收入，是事业单位在业务活动及其辅助活动中通过有偿方式取得的。事业单位因开展科研及其辅助活动从非同级政府财政部门取得的经费拨款，也属于事业预算收入，因此，应作为事业预算收入进行核算。

（二）事业预算收入的分类

按照财政管理方式的不同，事业预算收入分为以下两类。

1. 财政专户返还收入

财政专户返还收入是指纳入财政专户管理，由财政部门通过财政专户返还单位的事业收入。事业单位开展一些特殊的专业业务活动及其辅助活动取得的资金，按照"收支两条线"的规定，应当上缴国库或者财政专户，这种资金属于国家的财政收入，事业单位不能确认事业收入或事业预算收入；只有财政部门从财政专户核拨给事业单位的资金，才确认为事业预算收入。按照现行的财政专户相关规定，比较典型的财政专户返还收入是教育收费。

2. 其他事业预算收入

其他事业预算收入是指事业单位取得的不用上缴财政的事业收入。这部分收入在收到款项时,直接确认为事业预算收入。另外,按规定应上缴财政,但经财政部门核准不上缴的资金,在事业单位取得时,也要直接计入事业预算收入。

(三)事业预算收入的管理

一是依法组织收入。事业单位应当在国家政策允许的范围内,严格按照规定的项目和标准进行收费。

二是规范使用票据。事业单位应当使用财政部门统一印制的行政事业性票据或税务部门统一印制的税务发票组织事业收入。取得的事业收入应及时入账,并全部纳入事业单位预算,统一核算,统一管理。

三是依法缴纳税款。对于事业单位取得的各类应税事业收入,应严格按照规定及时申报和缴纳各项税款。符合减免税政策的,应及时办理相关手续。

二、事业预算收入的核算

(一)会计科目设置

事业单位应设置"事业预算收入"科目,用于核算单位开展专业业务活动及其辅助活动取得的现金流入。"事业预算收入"科目平时贷方余额反映当年单位事业预算收入累计数;年末结转后,本科目应无余额。

"事业预算收入"科目应当按照事业预算收入类别、项目、来源、《政府收支分类科目》中"支出功能分类科目"项级科目等进行明细核算。对于因开展科研及其辅助活动从非同级政府财政部门取得的经费拨款,应当在"事业预算收入"科目下单设"非同级财政拨款"明细科目进行明细核算;事业预算收入中如有专项资金收入,还应按具体项目进行明细核算(见表17-4)。

表17-4 事业预算收入明细科目设置情况表

一级科目	二级科目	三级科目	辅助核算
事业预算收入(6101)	收入类别(或收入项目)	专项资金收入	支出功能核算、项目核算
		非专项资金收入	支出功能核算

注:对于因开展科研及其辅助活动从非同级政府财政部门取得的经费拨款,可以在"事业预算收入"科目下增设"非同级财政拨款"明细科目。

行业事业单位应当根据行业特点与核算需要,在"事业预算收入"科目下统一设置相应的明细科目。

1. 科学事业单位

科学事业单位应当在"事业预算收入"科目下设置"科研预算收入""非科研预

算收入"明细科目。

（1）"科研预算收入"明细科目核算科学事业单位开展科研活动及其辅助活动取得的现金流入。

（2）"非科研预算收入"明细科目核算科学事业单位开展科研活动以外的其他业务活动及其辅助活动取得的现金流入，包括技术活动预算收入、学术活动预算收入、科普活动预算收入、试制产品活动预算收入、教学活动预算收入等。

技术活动预算收入是指科学事业单位对外提供技术咨询、技术服务等活动取得的现金流入。

学术活动预算收入是指科学事业单位开展学术交流、学术期刊出版等活动取得的现金流入。

科普活动预算收入是指科学事业单位开展科学知识宣传、讲座和科技展览等活动取得的现金流入。

试制产品活动预算收入是指科学事业单位试制中间试验产品等活动取得的现金流入。

教学活动预算收入是指科学事业单位开展教学活动取得的现金流入。

2. 高等学校

高等学校应当在"事业预算收入"科目下设置"教育事业预算收入"和"科研事业预算收入"明细科目。

（1）"教育事业预算收入"科目核算高等学校开展教学活动及其辅助活动取得的现金流入。

（2）"科研事业预算收入"科目核算高等学校开展科研活动及其辅助活动取得的现金流入。

3. 医院

医院应当在"事业预算收入"科目下设置如下明细科目：

（1）"医疗预算收入"科目，核算医院开展医疗活动取得的现金流入。"医疗预算收入"科目下设置"门急诊预算收入""住院预算收入"明细科目。

（2）"科教预算收入"科目，核算医院开展科研教学活动取得的现金流入。"科教预算收入"科目下设置"科研项目预算收入""教学项目预算收入"明细科目，并单设"非同级财政拨款"明细科目进行核算。

4. 基层医疗卫生机构

基层医疗卫生机构应当在"事业预算收入"科目下设置如下明细科目：

（1）"医疗预算收入"科目，核算基层医疗卫生机构开展医疗活动取得的现金流入。"医疗预算收入"科目下设置"门急诊预算收入""住院预算收入"明细科目。

（2）"公共卫生预算收入"科目，核算基层医疗卫生机构开展公共卫生活动取得的现金流入。

（3）"科教预算收入"科目，核算基层医疗卫生机构开展科研教学活动取得的现金流入。"科教预算收入"科目下设置"科研项目预算收入""教学项目预算收入"明细科目，并单设"非同级财政拨款"明细科目进行核算。

（二）主要账务处理

（1）收到从财政专户返还的事业预算收入时，按照实际收到的返还金额，借记"资金结存——货币资金"科目，贷记"事业预算收入"科目。同时，在财务会计下，借记"银行存款"等科目，贷记"事业收入"科目。

【例 17-5】 某市高级中学的学费收入按规定应上缴财政专户，实行"收支两条线"管理。现发生以下业务：

（1）单位收取学生学费 100 万元，存入开设在××银行的学费专户。

在预算会计下，由于收到的学费属于应上缴财政的款项，在这种情况下单位不能确认收入，不做账务处理。单位应就财务会计做如下处理：

借：银行存款——××银行　　　　　　　　　　　　　　　1 000 000

　　贷：应缴财政款——应缴学费　　　　　　　　　　　　　1 000 000

（2）单位将上述学费归集上缴财政专户。

单位应做如下财务会计处理：

借：应缴财政款——应缴学费　　　　　　　　　　　　　　1 000 000

　　贷：银行存款——××银行　　　　　　　　　　　　　　1 000 000

（3）单位基本户收到财政部门通过财政专户返还的学费收入 80 万元，由单位作为日常公用经费，用于日常教学支出，支出功能分类列"教育支出——普通教育——高中教育"预算科目。

预算会计：

借：资金结存——货币资金　　　　　　　　　　　　　　　　800 000

　　贷：事业预算收入——学费收入——非专项资金收入——高中教育　800 000

财务会计：

借：银行存款——××银行　　　　　　　　　　　　　　　　800 000

　　贷：事业收入——学费　　　　　　　　　　　　　　　　　800 000

（2）收到其他事业预算收入时，按照实际收到的款项金额，借记"资金结存——货币资金"科目，贷记"事业预算收入"科目。在财务会计下，事业收入的确认采用权责发生制的原则，收到款项与事业收入的确定并不一定同步，具体可按照财务会计事业收入的核算要求，实际收到款项时，借记"银行存款"等科目，贷记"事业收入""应收款项""预收款项""应交增值税"等科目。

【例 17-6】 某科研事业单位为增值税小规模纳税人,收到样品检验技术服务收入(含税)20.6 万元,款项已汇入单位在××银行开设的基本账户。根据预算安排,此项收入专项用于科研条件建设,支出功能分类列"科学技术支出——科技条件与服务——科技条件专项"预算科目。根据税法规定,样品检验技术服务收入按照 3% 的征收率缴纳增值税。

预算会计下的收入核算不单独考虑税费(增值税),因此在确认收入时按照收到的价税合计金额确认预算收入。在财务会计下,增值税作为价外税,不确认为收入,通过"应交增值税"科目核算,收入的数额按照不含增值税的金额确定。

预算会计:

借:资金结存——货币资金　　　　　　　　　　　　　　　　　　　206 000

贷:事业预算收入——非科研预算收入——技术服务收入——专项资金收入——科研条件建设——科技条件专项　　206 000

财务会计:

$$应确认的事业收入 = 20.6 \div (1 + 3\%) = 20(万元)$$

$$应缴纳的增值税 = 20 \times 3\% = 0.6(万元)$$

借:银行存款——××银行　　　　　　　　　　　　　　　　　　　206 000

贷:事业收入——非科研收入——技术服务收入　　　　　　　　　200 000

应交增值税——代扣代缴增值税　　　　　　　　　　　　　　6 000

(3)年末,将"事业预算收入"科目本年发生额中的专项资金收入转入非财政拨款结转,借记"事业预算收入"科目下各专项资金收入明细科目,贷记"非财政拨款结转——本年收支结转"科目;将"事业预算收入"科目本年发生额中的非专项资金收入转入"其他结余",借记"事业预算收入"科目下各非专项资金收入明细科目,贷记"其他结余"科目。

在财务会计下,期末结转时,借记"事业收入"科目,贷记"本期盈余"科目。

【例 17-7】 年末(期末),将[例 17-6]业务形成的事业预算收入、事业收入进行结转处理。

预算会计:

借:事业预算收入——非科研预算收入——技术服务收入——专项资金收入——科研条件建设——科技条件专项　　206 000

贷:非财政拨款结转——科研条件建设——科技条件专项——本年收支结转　　206 000

财务会计:

借:事业收入——非科研收入——技术服务收入　　　　　　　　　200 000

贷:本期盈余　　　　　　　　　　　　　　　　　　　　　　　200 000

事业预算收入主要经济业务会计核算如表17-5所示。

表17-5　　　　　事业预算收入主要经济业务会计核算情况表

经济业务		预算会计核算	财务会计核算
（1）财政专户管理的收入	收到应上缴财政专户管理的资金	—	借：银行存款 　贷：应缴财政款
	向财政专户上缴款项	—	借：应缴财政款 　贷：银行存款
	收到从财政专户返还的款项	借：资金结存——货币资金 　贷：事业预算收入	借：银行存款等 　贷：事业收入
（2）其他事业预算收入	实际收到款项	借：资金结存——货币资金 　贷：事业预算收入	借：银行存款等 　贷：事业收入/应收账款/预收账款/应交增值税等
（3）年末/期末结转	专项资金收入结转	借：事业预算收入 　贷：非财政拨款结转——本年收支结转	借：事业收入 　贷：本期盈余
	非专项资金收入结转	借：事业预算收入 　贷：其他结余	

第四节　上级补助预算收入

一、上级补助预算收入概述

上级补助预算收入是事业单位从主管部门和上级单位取得的非财政补助现金流入，是主管部门或上级单位拨付所属事业单位的非财政性补助款，主要用于弥补或补助其业务活动开支。

从目的看，上级补助收入的目的主要包括三个方面：一是促进本部门所属事业的均衡发展；二是弥补事业单位的收支缺口，调剂事业单位资金余缺；三是按照财权事权统一的原则，对委托事业单位承担的支出项目给予相应的资金补助。

从来源看，上级补助收入的来源主要包括两个方面：一是主管部门或上级单位的自身收入；二是主管部门或上级单位从下属单位集中的收入。

从性质看，上级补助收入属于非财政性资金范畴，因此，事业单位通过主管部门或上级单位从同级财政部门取得的财政资金不属于上级补助收入的核算内容。

二、上级补助预算收入的核算

(一) 会计科目设置

事业单位应设置"上级补助预算收入"科目,用于核算单位从主管部门和上级单位取得的非财政补助现金流入。"上级补助预算收入"科目平时贷方余额反映当年单位取得的上级补助预算收入累计数;年末结转后,本科目应无余额。

"上级补助预算收入"科目应当按照发放补助单位、补助项目、《政府收支分类科目》中"支出功能分类科目"的项级科目等进行明细核算。上级补助预算收入中如有专项资金收入,还应按照具体项目进行明细核算(见表 17-6)。

表 17-6　　　　　　　　　　上级补助预算收入明细科目设置情况表

一级科目	二级科目	三级科目	辅助核算
上级补助预算收入(6201)	发放补助单位和补助项目	专项资金收入	支出功能核算、项目核算
		非专项资金收入	支出功能核算

(二) 主要账务处理

1. 收到上级补助预算收入

收到上级补助预算收入时,按照实际收到的金额,借记"资金结存——货币资金"科目,贷记"上级补助预算收入"科目。同时,在财务会计下,借记"银行存款"等科目,贷记"上级补助收入"科目。

【例 17-8】 某科研事业单位发生以下业务:

(1) 单位收到主管部门省科研院拨入的非财政资金补助款 500 万元,专项用于实验室改造,款项已存入银行,支出功能分类列"科学技术支出——基础研究——重点实验室及相关设施"预算科目。

预算会计:

借:资金结存——货币资金　　　　　　　　　　　　　　　　　　5 000 000
　贷:上级补助预算收入——省科研院——专项资金收入——实验室改造——重点实验室及相关设施　　5 000 000

财务会计:

借:银行存款——××银行　　　　　　　　　　　　　　　　　　5 000 000
　贷:上级补助收入——省科研院——实验室改造资金　　　　　5 000 000

(2) 单位收到主管部门省科研院拨入的非财政资金补助款 30 万元,用于日常公用经费补助,款项已存入银行,支出功能分类列"科学技术支出——基础研究——机构运行"预算科目。

预算会计:

借:资金结存——货币资金　　　　　　　　　　　　　　　　　　300 000
　贷:上级补助预算收入——省科研院——非专项资金收入——机构运行　300 000

财务会计：

借：银行存款——××银行   300 000

    贷：上级补助收入——省科研院——日常公用经费补助   300 000

2. 年末/期末结转

年末，将"上级补助预算收入"科目本年发生额中的专项资金收入转入非财政拨款结转，借记"上级补助预算收入"科目下各专项资金收入明细科目，贷记"非财政拨款结转——本年收支结转"科目；将本科目本年发生额中的非专项资金收入转入其他结余，借记"上级补助预算收入"科目下各非专项资金收入明细科目，贷记"其他结余"科目。

在财务会计下，期末结转时，借记"上级补助收入"科目，贷记"本期盈余"科目。

【例17-9】 年末（期末），将[例17-8]业务形成的上级补助预算收入、上级补助收入进行结转处理。

预算会计：

借：上级补助预算收入——省科研院——专项资金收入——实验室改造——重点实验室及相关设施   5 000 000

    贷：非财政拨款结转——实验室改造——重点实验室及相关设施——本年收支结转   5 000 000

借：上级补助预算收入——省科研院——非专项资金收入——机构运行   300 000

    贷：其他结余   300 000

财务会计：

借：上级补助收入——省科研院——实验室改造资金   5 000 000

      上级补助收入——省科研院——日常公用经费补助   300 000

    贷：本期盈余   5 300 000

上级补助预算收入主要经济业务会计核算如表17-7所示。

表17-7   上级补助预算收入主要经济业务会计核算情况表

经济业务		预算会计核算	财务会计核算

（1）收到上级补助预算收入		借：资金结存
		  贷：上级补助预算收入
			借：银行存款等
			  贷：上级补助收入

（2）年末/期末结转	专项资金收入	借：上级补助预算收入
		  贷：非财政拨款结转
			借：上级补助收入
			  贷：本期盈余

	非专项资金收入	借：上级补助预算收入 贷：其他结余	

第五节　附属单位上缴预算收入

一、附属单位上缴预算收入概述

附属单位上缴预算收入是事业单位取得附属独立核算单位根据有关规定上缴的现金流入。所谓事业单位附属独立核算单位是指具有独立法人资格的单位,包括附属的事业单位和附属的企业单位。上缴的收入包括附属的事业单位上缴的收入和附属的企业上缴的利润等。事业单位应当对其附属单位上缴款项实行计划管理,并加强调控和监督。

需要注意的是,事业单位开展非独立核算经营活动取得的现金流入,以及事业单位对附属企业投资所获得的投资收益,均不属于附属单位上缴预算收入。前者应作为经营预算收入核算,后者应作为投资预算收益核算。

二、附属单位上缴预算收入的核算

(一) 会计科目设置

事业单位应设置"附属单位上缴预算收入"科目,用于核算事业单位取得附属独立核算单位根据有关规定上缴的现金流入。"附属单位上缴预算收入"科目平时贷方余额反映单位取得的附属单位上缴预算收入累计数;年末结转后,本科目应无余额。

"附属单位上缴预算收入"科目应当按照附属单位、缴款项目、《政府收支分类科目》中"支出功能分类科目"的项级科目等进行明细核算。附属单位上缴预算收入中如有专项资金收入,还应按具体项目进行明细核算(见表17-8)。

表 17-8　　　　　　　附属单位上缴预算收入明细科目设置情况表

一级科目	二级科目	三级科目	辅助核算
附属单位上缴预算收入(6301)	附属单位和缴款项目	专项资金收入	支出功能核算、项目核算
		非专项资金收入	支出功能核算

(二) 主要账务处理

(1)收到附属单位缴来款项时,按照实际收到金额,借记"资金结存——货币资金"科目,贷记"附属单位上缴预算收入"科目。同时,在财务会计下,借记"银行存款"等科目,贷记"附属单位上缴收入"等科目。

【例 17-10】　某环保事业单位发生以下业务:

(1) 单位收到所属的污染防治公司上缴的收入 200 万元。按照财政部门批复的预算,该笔收入专项用于地下水修复项目,支出功能分类列"节能环保支出——污染防治——水体"预算科目。

预算会计:

借:资金结存——货币资金　　　　　　　　　　　　　　　　　2 000 000

　　贷:附属单位上　　污染防　　专项资　　地下水修
　　　　缴预算收入　　治公司　　金收入　　复项目　——水体　　2 000 000

财务会计:

借:银行存款——××银行　　　　　　　　　　　　　　　　　2 000 000

　　贷:附属单位上缴收入——污染防治公司——上缴收入　　　　2 000 000

(2) 单位下属的独立核算的××科研所,按规定上缴管理费 30 万元。按照财政部门批复的预算,该款项用于补充单位的日常公用经费缺口,支出功能分类列"节能环保支出——环境监测与监察——其他环境监测与监察支出"预算科目。

预算会计:

借:资金结存——货币资金　　　　　　　　　　　　　　　　　300 000

　　贷:附属单位上　　××科　　非专项资　　其他环境监测
　　　　缴预算收入　　研所　　金收入　　与监察支出　　　　　300 000

财务会计:

借:银行存款——××银行　　　　　　　　　　　　　　　　　300 000

　　贷:附属单位上缴收入——××科研所——上缴管理费　　　　300 000

(2) 年末,将"附属单位上缴预算收入"科目本年发生额中的专项资金收入结转入非财政拨款结转,借记"附属单位上缴预算收入"科目下各专项资金收入明细科目,贷记"非财政拨款结转——本年收支结转"科目;将"附属单位上缴预算收入"科目本年发生额中的非专项资金收入结转入其他结余,借记"附属单位上缴预算收入"科目下各非专项资金收入明细科目,贷记"其他结余"科目。

在财务会计下,期末结转时,借记"附属单位上缴收入"科目,贷记"本期盈余"科目。

【例 17-11】　年末(期末),将[例 17-10]中形成的附属单位上缴预算收入、附属单位上缴收入进行结转处理。

预算会计:

借:附属单位上　　污染防　　专项资　　地下水修
　　缴预算收入　　治公司　　金收入　　复项目　——水体　　　2 000 000

　　贷:非财政拨款结转——地下水修复项目——水体——本年收支结转　　2 000 000

借：附属单位上缴预算收入——××科研所——非专项资金收入　　　300 000

　　贷：其他结余　　　　　　　　　　　　　　　　　　　　　　　　　300 000

财务会计：

借：附属单位上缴收入——污染防治公司——上缴收入　　　　　2 000 000

　　附属单位上缴收入——××科研所——上缴管理费　　　　　　300 000

　　贷：本期盈余　　　　　　　　　　　　　　　　　　　　　　　　2 300 000

附属单位上缴预算收入主要经济业务会计核算如表17-9所示。

表 17-9　　　　　附属单位上缴预算收入主要经济业务会计核算情况表

经济业务		预算会计核算	财务会计核算
（1）收到附属单位上缴预算收入		借：资金结存 　　贷：附属单位上缴预算收入	借：银行存款 　　贷：附属单位上缴收入/ 　　　　其他应收款
（2）年末/期末结转	专项资金收入	借：附属单位上缴预算收入 　　贷：非财政拨款结转——本年 　　　　　　　　　收支结转	借：附属单位上缴收入 　　贷：本期盈余
	非专项资金收入	借：附属单位上缴预算收入 　　贷：其他结余	

第六节　经营预算收入

一、经营预算收入概述

（一）经营预算收入的概念

经营预算收入是事业单位在专业业务活动及其辅助活动之外开展非独立核算经营活动取得的现金流入。事业单位开展经营活动的目的是通过经营活动获取一定的收入,弥补事业经费的不足。因此,经营收入是一种有偿收入,以提供各项服务或商品为前提,是事业单位在经营活动中通过收费等方式取得的。

需要注意的是,事业单位的经营活动,应当尽可能进行独立核算,执行企业财务会计制度。只有经营活动规模较小,不便或无法独立核算的,才应纳入经营收入中核算。

（二）经营（预算）收入与事业（预算）收入的区别

事业（预算）收入是指事业单位开展专业业务活动及辅助活动取得的收入（现金流入）。专业业务活动又称主营业务,是指事业单位根据本单位专业特点所从事或开展的主要业务活动,如文化事业单位的演出活动、科学事业单位的科研活动、医院的医疗活动及教育事业单位的教学活动等。辅助活动是指与专业业务活动相关，直接为专业业务活动服务的行政管理活动、后勤保障活动及其他有关活动。如科研单位的技术收入、科普活动收入、试制产品收入、教学活动收入等。上述专业业务活动及辅助活动取得的收入均属于事业（预算）收入。

经营（预算）收入是指事业单位在专业业务活动及其辅助活动之外开展非独立核算经营活动取得的收入（现金流入）。比如科研单位的产品（商品）销售收入、经营服务收入、工程承包收入等。事业单位的经营（预算）收入必须同时具备两个特征：一是开展经营活动取得的收入，而不是开展专业业务活动及其辅助活动取得的收入。比如事业单位在正常的业务活动之外，向社会开展有偿的服务活动，所取得的收入就属于经营收入。二是非独立核算的经营活动取得的收入，而不是独立核算的经营活动取得的收入。独立核算的经营活动是指具有独立法人地位，有独立的财务会计组织体系，独立完整地进行会计核算的经济组织所开展的经营活动；反之，就属于非独立核算的经营活动。比如事业单位的食堂等后勤单位，不是独立法人，不单独设置财会机构，不单独会计核算，如果他们对社会开展了有关的服务活动，就属于非独立核算的经营活动，实现的收入就应当作为经营（预算）收入管理。

区分两者的标志主要是看取得收入的业务活动性质，如果是开展专业业务活动及其辅助活动取得的收入，就是事业（预算）收入；如果是在专业业务活动及其辅助活动以外取得的收入就是经营（预算）收入。对少部分事业收入与经营收入的性质和内容存在相互交叉，难以准确地划分清楚的，可由主管部门和财政部门根据实际情况予以认定。

（三）经营（预算）收入与附属单位上缴（预算）收入的区别

经营（预算）收入是事业单位附属非独立核算单位开展经营活动或经营性项目而获得的经济收入（现金流入）。附属单位上缴（预算）收入是指事业单位附属独立核算单位按有关规定上缴的收入（现金流入），包括附属的事业单位上缴的收入和附属的企业上缴的利润等。

独立核算是指单位对其经济活动或预算执行过程及其结果，独立地、完整地进行会计核算。比如学校的校办企业，要独立设置财会机构或配备财会人员，单独设置账目，单独计算盈亏，属于独立核算的经营活动。

非独立核算是指单位所属部门从单位领取一定数额的物资、款项从事业务活动，不独立会计核算，把日常发生的经营业务资料报给单位集中进行会计核算。比如学校食堂等后勤部门，财务不独立核算，其对社会服务取得的收入及支出，就属于非独立核算的经营活动。

区分两者的标志主要看是否独立核算。非独立核算单位开展经营活动取得的收入，就是经营收入；独立核算单位按规定上缴的收入就是附属单位上缴收入。同时还要注意，如果事业单位从附属企业获得属于对外投资收益性质的收入，比如事业单位与附属企业之间建立了以产权为纽带的分配关系,事业单位据此分配的投资收益,就不再属于附属单位上缴(预算)收入,而应作为投资(预算)收益核算。

二、经营预算收入的核算

(一) 会计科目设置

事业单位应设置"经营预算收入"科目,用于核算事业单位在专业业务活动及其辅助活动之外开展非独立核算营利性活动取得的现金流入。"经营预算收入"科目平时贷方余额反映当年取得的经营预算收入累计数;年末结转后,本科目应无余额。

"经营预算收入"科目应当按照经营活动类别、项目、《政府收支分类科目》中"支出功能分类科目"的项级科目等进行明细核算(见表17-10)。

表 17-10 经营预算收入明细科目设置情况表

一级科目	二级科目	三级科目	辅助核算
经营预算收入(6401)	经营活动类别	经营活动项目	支出功能核算

(二) 主要账务处理

(1) 收到经营预算收入时,按照实际收到的金额,借记"资金结存——货币资金"科目,贷记"经营预算收入"科目。同时,在财务会计下,借记"银行存款"等科目,贷记"经营收入""应收账款"等科目。

(2) 年末,将"经营预算收入"科目本年发生额转入经营结余,借记"经营预算收入"科目,贷记"经营结余"科目。财务会计下,期末结转时,借记"经营收入"科目,贷记"本期盈余"科目。

【例 17-12】 某交通事业单位为小规模纳税人,适用的增值税征收率为 6%。单位发生以下业务:

(1) 单位对外提供咨询服务(非专业业务活动且非独立核算),取得含税收入10.6 万元,其中增值税 0.6 万元,支出功能分类列"交通运输支出——公路水路运输——其他公路水路运输支出"预算科目。款项已收到并存入银行。

预算会计:

借:资金结存——货币资金　　　　　　　　　　　　　　　　106 000
　　贷:经营预算收入——提供劳务——咨询服务——其他公路水路运输支出　106 000

财务会计:

借:银行存款——××银行　　　　　　　　　　　　　　　　106 000
　　贷:经营收入——提供劳务——咨询服务　　　　　　　　100 000
　　　　应交增值税——代扣代缴增值税　　　　　　　　　　　6 000

（2）年末（期末），对上述业务形成的经营预算收入、经营收入进行结转处理。

预算会计：

借：经营预算收入——提供劳务——咨询服务——其他公路水路运输支出 106 000

    贷：经营结余 106 000

财务会计：

借：经营收入——提供劳务——咨询服务 100 000

    贷：本期盈余 100 000

经营预算收入主要经济业务会计核算如表17-11所示。

表17-11 经营预算收入主要经济业务会计核算情况表

经济业务	预算会计核算	财务会计核算

（1）收到经营预算收入	借：资金结存
	  贷：经营预算收入
		借：银行存款等
		  贷：经营收入/应收账款等

（2）年末/期末结转	借：经营预算收入
	  贷：经营结余
		借：经营收入
		  贷：本期盈余

第七节 债务预算收入

一、债务预算收入概述

债务预算收入是事业单位按照规定从银行和其他金融机构等借入的、纳入部门预算管理的、不以财政资金作为偿还来源的债务本金。

从定义可以看出，债务预算收入具有以下特征：

一是按照规定取得。按照规定，行政单位不得举借任何债务，事业单位举借债务需要执行审批程序。任何单位不得违反规定举借债务。

二是从金融机构借入。从其他单位或非金融机构借入的款项不属于债务预算收入的范围。

三是纳入预算管理。借款资金作为单位预算资金来源的，纳入部门预算管理，才确认为债务预算收入。

四是自筹资金偿还。债务预算收入应由单位以自有资金偿还，不得以财政资金作为偿还来源。以财政资金作为偿还来源的债务，应通过省级以上财政部门发行地方政府性债券的形式筹集,财政拨付单位后,单位应作为财政拨款预算收入管理,不能作为债务预算收入管理。

事业单位举借债务前应进行必要的论证和风险评估;同时要规范和加强借入款项管理,建立健全财务风险控制机制,确保债务按期归还。

二、债务预算收入的核算

(一)会计科目设置

事业单位应设置"债务预算收入"科目,用于核算事业单位按照规定从银行和其他金融机构等借入的、纳入部门预算管理的、不以财政资金作为偿还来源的债务本金。"债务预算收入"科目平时贷方余额反映债务预算收入的累计数。年末结转后,本科目应无余额。

"债务预算收入"科目应当按照贷款单位、贷款种类、《政府收支分类科目》中"支出功能分类科目"的项级科目等进行明细核算。债务预算收入中如有专项资金收入,还应按照具体项目进行明细核算(见表17-12)。

表 17-12　　　　　　　　债务预算收入明细科目设置情况表

一级科目	二级科目	三级科目	四级科目	辅助核算
债务预算收入(6501)	贷款单位	贷款种类	专项资金收入	支出功能核算、项目核算
			非专项资金收入	支出功能核算

(二)主要账务处理

(1)借入各项短期或长期借款时,按照实际借入的金额,借记"资金结存——货币资金"科目,贷记"债务预算收入"科目。同时,在财务会计下,借记"银行存款"科目,贷记"短期借款""长期借款"科目。

(2)年末,将"债务预算收入"科目本年发生额中的专项资金收入转入非财政拨款结转,借记"债务预算收入"科目下各专项资金收入明细科目,贷记"非财政拨款结转——本年收支结转"科目;将本科目本年发生额中的非专项资金收入转入其他结余,借记"债务预算收入"科目下各非专项资金收入明细科目,贷记"其他结余"科目。

在财务会计下,由于债务不作为收入而是作为负债反映,因此,期末不需做结转账务处理。

【例17-13】　某公立医院从农业银行获得贷款授信额度5 000万元。其中:5年期固定资产投资贷款额度4 000万元,专项用于门诊楼建设;1年期流动资金贷款额度1 000万元,用于单位生产经营流动资金周转。单位现发生以下业务:

（1）固定资产投资贷款到账 2 000 万元，流动资金贷款到账 1 000 万元，全部存入单位在农业银行开设的银行账户，支出功能分类列"卫生健康支出——公立医院——综合医院"预算科目。

预算会计：

借：资金结存——货币资金　　　　　　　　　　　　　　　　30 000 000

　　贷：债务预│农业│长期│专项资│门诊楼│综合　　　　　20 000 000
　　　　算收入│银行│贷款│金收入│建设│医院

　　　　债务预│农业│短期│非专项资│综合　　　　　　　　10 000 000
　　　　算收入│银行│贷款│金收入│医院

财务会计：

借：银行存款——农业银行　　　　　　　　　　　　　　　　30 000 000

　　贷：长期借款——农业银行——固定资产贷款——本金　　　20 000 000

　　　　短期借款——农业银行——流动资金贷款　　　　　　　10 000 000

（2）年末（期末），对上述业务形成的收入进行结转处理。

由于在财务会计下，单位的债务不作为收入反映，因此期末无须进行结转处理。单位应就预算会计做如下账务处理：

借：债务预│农业│长期│专项资│门诊楼│综合　　　　　　20 000 000
　　算收入│银行│贷款│金收入│建设│医院

　　贷：非财政拨款结转——门诊楼建设——综合医院——本年收支结转　20 000 000

借：债务预│农业│短期│非专项资│综合　　　　　　　　　　10 000 000
　　算收入│银行│贷款│金收入│医院

　　贷：其他结余　　　　　　　　　　　　　　　　　　　　10 000 000

债务预算收入主要经济业务会计核算如表 17-13 所示。

表 17-13　　　　　　债务预算收入主要经济业务会计核算情况表

经济业务		预算会计核算	财务会计核算
（1）收到债务借款		借：资金结存 　贷：债务预算收入	借：银行存款 　贷：短期借款/长期借款
（2）年末/期末结转	专项资金收入	借：债务预算收入 　贷：非财政拨款结转——本年收支结转	—
	非专项资金收入	借：债务预算收入 　贷：其他结余	

第八节　非同级财政拨款预算收入

一、非同级财政拨款预算收入概述

非同级财政拨款预算收入是指单位从非同级政府财政部门取得的财政拨款，包括同级横向转拨财政款和非同级财政拨款。

同级横向转拨财政款是指通过同级政府其他部门或单位，间接从同级财政部门取得的财政拨款。比如，人力资源和社会保障部门组织实施的考核奖，纳入人社部门的部门预算，财政部门批复预算时将预算指标下达人社部门，再由人社部门根据考核情况，将考核奖励资金转拨给相关的部门和单位。对受到考核奖励的部门和单位来讲，这笔通过人社部门拨付的考核奖励资金，就属于同级横向转拨财政款。

非同级财政拨款是指"非同级财政"部门的"拨款"，即单位从其他层级的财政部门取得的财政拨款。地方政府及其财政部门，经常要对没有直接领拨款关系的垂直管理行政事业单位，给予一定的业务经费补助、执法办案经费补助、支持地方发展奖励以及代征地方收入的手续费等。这些收入对垂直管理的行政事业单位来说，就属于非同级财政拨款，不能作为财政拨款预算收入管理，而应作为非同级财政拨款预算收入核算。

非同级财政拨款预算收入与财政拨款预算收入相比，共同点是从本质上看，两种收入都是财政拨款；区别是财政拨款预算收入是直接从同级财政部门取得的，而非同级财政拨款预算收入则是从同级政府的非财政部门或单位取得的财政拨款，或者是从其他层级的政府财政部门取得的财政拨款。

二、非同级财政拨款预算收入的核算

(一) 会计科目设置

单位应设置"非同级财政拨款预算收入"科目，核算单位从非同级政府财政部门取得的经费拨款。"非同级财政拨款预算收入"科目平时贷方余额反映当年单位非同级财政拨款预算收入累计数；年末结账后，该科目应无余额。

对于因开展科研及其辅助活动从非同级政府财政部门取得的经费拨款，应当通过"事业预算收入——非同级财政拨款"科目进行核算，不通过"非同级财政拨款预算收入"科目核算。

"非同级财政拨款预算收入"科目应当按照非同级财政拨款预算收入的类别、来源、《政府收支分类科目》中"支出功能分类科目"的项级科目等进行明细核算。非同级财政拨款预算收入中如有专项资金收入，还应按照具体项目进行明细核算

（见表17-14）。

表17-14　　　　　　　非同级财政拨款预算收入明细科目设置情况表

一级科目	二级科目	三级科目	辅助核算
非同级财政拨款预算收入（6601）	收入类别、来源	专项资金收入	支出功能核算、项目核算
		非专项资金收入	支出功能核算

（二）主要账务处理

（1）取得非同级财政拨款预算收入时，按照实际收到的金额，借记"资金结存——货币资金"科目，贷记"非同级财政拨款预算收入"科目。同时，在财务会计下，借记"银行存款"科目，贷记"非同级财政拨款收入"科目。

（2）年末，将"非同级财政拨款预算收入"科目本年发生额中的专项资金收入转入非财政拨款结转，借记"非同级财政拨款预算收入"科目下各专项资金收入明细科目，贷记"非财政拨款结转——本年收支结转"科目；将"非同级财政拨款预算收入"科目本年发生额中的非专项资金收入转入其他结余，借记"非同级财政拨款预算收入"科目下各非专项资金收入明细科目，贷记"其他结余"科目。

财务会计下，期末结转时，借记"非同级财政拨款收入"科目，贷记"本期盈余"科目。

【例17-14】　实行垂直管理的某海关行政单位发生以下业务：

（1）单位收到市财政部门拨付的补助资金1 200万元，其中，信息化项目补助资金900万元，支出功能分类列"一般公共服务支出——海关事务——信息化建设"预算科目；办公经费补助资金300万元，支出功能分类列"一般公共服务支出——海关事务——行政运行"预算科目。

预算会计：

借：资金结存——货币资金　　　　　　　　　　　　　　　12 000 000

　　贷：非同级财政拨　非同级财　市财　专项资　信息化　信息化
　　　　款预算收入　　政拨款　　政局　金收入　项目　　建设
　　　　　　　　　　　　　　　　　　　　　　　　　　　　9 000 000

　　贷：非同级财政拨　非同级财　市财　非专项资　行政　3 000 000
　　　　款预算收入　　政拨款　　政局　金收入　　　运行

财务会计：

借：银行存款——××银行　　　　　　　　　　　　　　　12 000 000

　　贷：非同级财政拨款收入——非同级财政拨款——市财政局　12 000 000

（2）单位收到市人力资源和社会保障局转拨的财政拨款100万元，系市政府根据中央、省属单位对地方的贡献而发放的奖励资金，由单位统筹用于弥补经费不足,支出功能分类列"一般公共服务支出——人力资源事务——一般行政管理事务"预算科目。

预算会计:

借:资金结存——货币资金　　　　　　　　　　　　　　　　　1 000 000

贷:非同级财政拨　　同级横向转　　市人　　非专项资　　一般行政
　　款预算收入　　　拨财政款　　　社局　　金收入　　　管理事务　1 000 000

财务会计:

借:银行存款——××银行　　　　　　　　　　　　　　　　　1 000 000

　　贷:非同级财政拨款收入——同级横向转拨财政款——市人社局　1 000 000

(3)年末(期末),将上述业务形成的非同级财政拨款预算收入、非同级财政拨款收入进行结转处理。

预算会计:

借:非同级财政拨　　非同级财　　市财　　专项资　　信息化　　信息化
　　款预算收入　　　政拨款　　　政局　　金收入　　项目　　　建设

　　　　　　　　　　　　　　　　　　　　　　　　　　　　　9 000 000

　　贷:非财政拨款结转——信息化项目——信息化建设——本年收支结转　9 000 000

借:非同级财政拨　　非同级财　　市财　　非专项资　　行政
　　款预算收入　　　政拨款　　　政局　　金收入　　　运行　　3 000 000

非同级财政拨　　同级横向转　　市人　　非专项资　　一般行政
款预算收入　　　拨财政款　　　社局　　金收入　　　管理事务　1 000 000

贷:其他结余　　　　　　　　　　　　　　　　　　　　　　4 000 000

财务会计:

借:非同级财政拨款收入——非同级财政拨款——市财政局　　　12 000 000

　　非同级财政拨款收入——同级横向转拨财政款——市人社局　　1 000 000

　　贷:本期盈余　　　　　　　　　　　　　　　　　　　　　13 000 000

非同级财政拨款预算收入主要经济业务会计核算如表17-15所示。

表17-15　　非同级财政拨款预算收入主要经济业务会计核算情况表

经济业务		预算会计核算	财务会计核算
(1) 收到非同级财政拨款		借:资金结存 贷:非同级财政拨款预算收入	借:银行存款 贷:非同级财政拨款收入
(2) 年末/期末结转	专项资金收入	借:非同级财政拨款预算收入 贷:非财政拨款结转	借:非同级财政拨款收入 贷:本期盈余
	非专项资金收入	借:非同级财政拨款预算收入 贷:其他结余	

第九节　投资预算收益

一、投资预算收益概述

投资预算收益是事业单位取得的按照规定纳入部门预算管理的属于投资收益性质的现金流入，包括股权投资收益、出售或收回债券投资所取得的收益和债券投资利息收入。

二、投资预算收益的核算

（一）会计科目设置

事业单位应设置"投资预算收益"科目，核算股权投资收益、出售或收回债券投资所取得的收益和债券投资利息收入。"投资预算收益"科目平时贷方余额反映当年投资预算收益累计数；年末结转后，该科目应无余额。

"投资预算收益"科目应当按照《政府收支分类科目》中"支出功能分类科目"的项级科目等进行明细核算。

（二）主要账务处理

1. 收到利息

持有短期投资以及分期付息、一次还本的长期债券投资，收到利息时，按照实际收到的金额，借记"资金结存——货币资金"科目，贷记"投资预算收益"科目。同时，在财务会计下，借记"银行存款"科目，贷记"投资收益"科目（短期投资）或"应收利息"科目（分期付息、一次还本债券）等。

2. 收到现金股利或利润

持有长期股权投资，取得被投资单位分派的现金股利或利润时，按照实际收到的金额，借记"资金结存——货币资金"科目，贷记"投资预算收益"科目；同时，在财务会计下，借记"银行存款"科目，贷记"应收股利"等科目。

3. 出售短期、长期债券或到期收回短期、长期债券本息

（1）出售或到期收回本年度取得的短期、长期债券，按照实际取得的价款或实际收到的本息金额，借记"资金结存——货币资金"科目，按照取得债券时"投资支出"科目的发生额，贷记"投资支出"科目，按照其差额，贷记或借记"投资预算收益"科目。

（2）出售或到期收回以前年度取得的短期、长期债券，按照实际取得的价款或实际收到的本息金额，借记"资金结存——货币资金"科目，按照取得债券时"投资支出"科目的发生额，贷记"其他结余"科目，按照其差额，贷记或借记"投资预算收

益"科目。

在财务会计下,以上两项业务不区分本年度取得还是以前年度取得,而是区分短期债券和长期债券分别进行不同的账务处理。其中:

出售或到期收回短期债券本息,按照实际收到的金额,借记"银行存款"科目,按照出售或收回短期投资的成本,贷记"短期投资"科目,按照其差额,贷记或借记"投资收益"科目。

出售长期债券投资或到期收回长期债券投资本息,按照实际收到的金额,借记"银行存款"等科目,按照债券初始投资成本和已计未收利息金额,贷记"长期债券投资——成本、应计利息"科目(到期一次还本付息债券)或"长期债券投资""应收利息"科目(分期付息债券),按照其差额,贷记或借记"投资收益"科目。

【例 17-15】 某测绘事业单位发生以下业务:

(1) 3 月 1 日,单位购买半年期短期债券 10 万元,年化收益率为 4.2%,支出功能分类列"自然资源海洋气象等支出——测绘事务——基础测绘"预算科目,部门预算支出经济分类列"其他支出——其他支出"预算科目。

预算会计:

借:投资支出——短期投资——××债券——其他支出——基础测绘　　100 000
　　贷:资金结存——货币资金　　　　　　　　　　　　　　　　　　　　　　　100 000

财务会计:

借:短期投资——××债券　　　　　　　　　　　　　　　　　　　　　　100 000
　　贷:银行存款——××银行　　　　　　　　　　　　　　　　　　　　　　　　100 000

(2) 4 月至 8 月,每月初单位收到短期债券利息 350 元。

预算会计:

借:资金结存——货币资金　　　　　　　　　　　　　　　　　　　　　　　350
　　贷:投资预算收益——基础测绘　　　　　　　　　　　　　　　　　　　　　350

财务会计:

借:银行存款——××银行　　　　　　　　　　　　　　　　　　　　　　　350
　　贷:投资收益——短期投资——××债券　　　　　　　　　　　　　　　　　　350

(3) 9 月 30 日,短期债券到期,单位收到 100 350 元,其中,本金 100 000 元,最后 1 个月的利息 350 元。

预算会计:

借:资金结存——货币资金　　　　　　　　　　　　　　　　　　　　　　100 350
　　贷:投资支出——短期投资——××债券——其他支出——基础测绘　　　　100 000
　　　　投资预算收益——基础测绘　　　　　　　　　　　　　　　　　　　　　350

财务会计：

借：银行存款——××银行　　　　　　　　　　　　　　　　　100 350

　　贷：短期投资——××债券　　　　　　　　　　　　　　　100 000

　　　　投资收益——短期投资——××债券　　　　　　　　　　　350

4. 出售、转让长期股权投资

（1）出售、转让以货币资金取得的长期股权投资的，其账务处理参照出售或到期收回债券投资。同时，在财务会计下，按照实际取得的价款，借记"银行存款"等科目，按照被处置长期股权投资的账面余额，贷记"长期股权投资"科目，按照尚未领取的现金股利或利润，贷记"应收股利"科目，按照发生的相关税费等支出，贷记"银行存款"等科目，按照借贷方差额，借记或贷记"投资收益"科目。

（2）出售、转让以非货币性资产取得的长期股权投资时，按照实际取得的价款扣减支付的相关费用和应缴财政款后的余额（按照规定纳入单位预算管理的），借记"资金结存——货币资金"科目，贷记"投资预算收益"科目。同时，在财务会计下，按照被处置长期股权投资的账面余额，借记"资产处置费用"科目，贷记"长期股权投资"科目，同时，按照实际取得的价款，借记"银行存款"等科目，按照尚未领取的现金股利，贷记"应收股利"科目，按照发生的相关税费等支出，贷记"银行存款"等科目，按照贷方差额，贷记"应缴财政款"科目（投资收益上缴国库）或"投资收益"科目（投资收益纳入本单位预算管理）。

5. 年末/期末结转

年末，将"投资预算收益"科目本年发生额转入其他结余，借记或贷记"投资预算收益"科目，贷记或借记"其他结余"科目。

在财务会计下，期末结转时，借记或贷记"投资收益"科目，贷记或借记"本期盈余"科目。

【例17-16】某规划技术服务事业单位发生以下业务：

（1）2×19年10月，单位以30万元存货取得××公司10%的股权，股权价值30万元（采用成本法核算）。在置换过程中未发生其他相关支出。

借：长期股权投资——××公司——资产置换　　　　　　　　　300 000

　　贷：库存物品——××存货　　　　　　　　　　　　　　　300 000

（2）2×20年1月，××公司宣告发放股利20万元，其中归属本单位的股利2万元。

借：应收股利——××公司　　　　　　　　　　　　　　　　　20 000

　　贷：投资收益——长期股权投资——××公司　　　　　　　　20 000

（3）2×20年2月，单位收到××公司股利2万元，支出功能分类列"城乡社区支出——城乡社区规划与管理"预算科目。

预算会计：

借：资金结存——货币资金 20 000
　　贷：投资预算收益——城乡社区规划与管理 20 000

财务会计：

借：银行存款——××银行 20 000
　　贷：应收股利——××公司 20 000

（4）2×20 年 12 月，单位将上述股权投资对外出售，获得出售价款 31 万元。按照规定该投资收益纳入单位预算管理，不上缴国库。资产处置不考虑相关税费。

单位获得出售价款 31 万元，扣除被处置长期股权投资账面余额（30 万元）、应收股利账面余额（本例无）、相关税费支出（本例无）后的余额（1 万元）才是该项投资的投资收益。出售价款，扣除应收股利账面余额（本例无）、相关税费支出（本例无）、投资收益（1 万元）后的余额（30 万元），属于资产处置收入（往前追溯实际上属于换得长期股权投资的存货的资产处置收入）。事业单位国有资产处置收入属于国家所有，应当按照政府非税收入管理的规定，实行"收支两条线"管理。因此，在账务处理上这种资产处置收入应作为"应缴财政款"科目核算。同时，对预算会计而言，尽管单位获得了 31 万元的出售价款，但其中 30 万元作为处置收入应上缴财政，单位只需根据扣减相关税费和应缴财政款后的余额增加"资金结存"和"投资预算收益"科目即可，而不能根据收到的现金满额增加"资金结存"科目和"投资预算收益"科目。

预算会计：

借：资金结存——货币资金 10 000
　　贷：投资预算收益——城乡社区规划与管理 10 000

财务会计：

借：资产处置费用——长期股权投资 300 000
　　贷：长期股权投资——××公司——资产置换 300 000

借：银行存款——××银行 310 000
　　贷：投资收益——长期股权投资——××公司 10 000
　　　　应缴财政款——应缴资产处置收入 300 000

（5）年末（期末），将本例第（4）项业务形成的投资收益结转处理。

预算会计：

借：投资预算收益——城乡社区规划与管理 10 000
　　贷：其他结余 10 000

财务会计：

借：投资收益——长期股权投资——××公司   10 000

  贷：本期盈余   10 000

投资预算收益主要经济业务会计核算如表 17-16 所示。

表 17-16   投资预算收益主要经济业务会计核算情况表

经济业务		预算会计核算	财务会计核算

（1）持有短期投资以及分期付息、一次还本的长期债券投资收到利息		借：资金结存
		  贷：投资预算收益
			借：银行存款
			  贷：投资收益/应收利息

（2）持有长期股权投资，取得被投资单位分派的现金股利或利润		借：资金结存
		  贷：投资预算收益
			借：银行存款
			  贷：应收股利

（3）出售或到期收回短期、长期债券、以货币资金取得的长期股权投资	本年度取得的	借：资金结存
		  贷：投资支出
		  贷（或借）：投资预算收益
			借：银行存款
			  贷：短期投资/长期债券投资/长期股权投资
			  贷（或借）：投资收益

	以前年度取得的	借：资金结存
		  贷：其他结余
		  贷（或借）：投资预算收益	

（4）出售、转让以非货币性资产取得的长期股权投资		借：资金结存
		  贷：投资预算收益（按照规定纳入单位预算资金管理的数额）
			借：资产处置费用
			  贷：长期股权投资
			借：银行存款（收到价款）
			  贷：应收股利
			     银行存款（相关税费）
			     应缴财政款/投资收益

（5）年末/期末结转		借：投资预算收益
		  贷：其他结余
			借：投资收益
			  贷：本期盈余

第十节　其他预算收入

一、其他预算收入概述

其他预算收入是单位除财政拨款预算收入、事业预算收入、上级补助预算收入、附属单位上缴预算收入、经营预算收入、债务预算收入、非同级财政拨款预算收入、投资预算收益之外的纳入部门预算管理的现金流入，包括捐赠预算收入、利息预算收入、租金预算收入、现金盘盈收入等。

二、其他预算收入的核算

（一）会计科目设置

单位应设置"其他预算收入"科目，用于核算单位除财政拨款预算收入、事业预算收入、上级补助预算收入、附属单位上缴预算收入、经营预算收入、债务预算收入、非同级财政拨款预算收入、投资预算收益之外的纳入部门预算管理的现金流入。"其他预算收入"科目平时贷方余额反映本年其他预算收入的累计数；年末结转后，本科目应无余额。

"其他预算收入"科目应当按照其他收入类别、《政府收支分类科目》中"支出功能分类科目"的项级科目等进行明细核算。其他预算收入中如有专项资金收入，还应按照具体项目进行明细核算（见表17-17）。

表 17-17　　　　　　　　　其他预算收入明细科目设置情况表

一级科目	二级科目	三级科目	辅助核算
其他预算收入（6609）	类别	专项资金收入	支出功能核算、项目核算
		非专项资金收入	支出功能核算

注：单位发生的捐赠预算收入、利息预算收入、租金预算收入金额较大或业务较多的，也可单独设置"6603 捐赠预算收入""6604 利息预算收入""6605 租金预算收入"等一级科目。

（二）主要账务处理

1. 接受捐赠现金资产、收到银行存款利息等

接受捐赠现金资产、收到银行存款利息、收到资产承租人支付的租金时，按照实际收到的金额，借记"资金结存——货币资金"科目，贷记"其他预算收入"科目。同时，在财务会计下，借记"银行存款""库存现金"等科目，贷记"捐赠收入""利息收入""租金收入"或者"预收账款""应收账款"等科目。

2. 发生现金溢余

每日现金账款核对中如发现现金溢余，按照溢余的现金金额，借记"资金结存——货币资金"科目，贷记"其他预算收入"科目。经核实，属于应支付给有关个人和单位的部分，按照实际支付的金额，借记"其他预算收入"科目，贷记"资金结存——货币资金"科目。

在财务会计下，发现现金溢余时，借记"库存现金"科目，贷记"待处理财产损溢"科目；无法查明原因的，借记"待处理财产损溢"科目，贷记"其他收入"科目，属于应支付给个人和单位的，借记"待处理财产损溢"科目，贷记"其他应付款"科目。

对于现金溢余的账务处理，预算会计在发现时即确认预算收入，后续经查实不符合确认条件的，再予以冲减；而财务会计则是在发现时记入"待处理财产损溢"这个过渡科目,待查实情况后,再确定是否确认收入。这种制度安排,主要是预算会计无过渡性科目,为强化现金溢余的管理,只能先确认预算收入,再区别不同情况进行调整。

3. 收到其他预算收入

收到其他预算收入时,按照收到的金额,借记"资金结存——货币资金"科目,贷记"其他预算收入"科目。同时,在财务会计下,借记"银行存款"等科目,贷记"其他收入"等科目。

4. 年末/期末结转

年末,将"其他预算收入"科目本年发生额中的专项资金收入转入非财政拨款结转,借记"其他预算收入"科目下各专项资金收入明细科目,贷记"非财政拨款结转——本年收支结转"科目;将"其他预算收入"科目本年发生额中的非专项资金收入转入其他结余,借记"其他预算收入"科目下各非专项资金收入明细科目,贷记"其他结余"科目。

在财务会计下,期末结转时,借记"捐赠收入""利息收入""租金收入""其他收入"等科目,贷记"本期盈余"科目。

【例 17-17】 某体育事业单位的基本支出和项目支出的支出功能分类均列"文化体育与传媒支出——体育——体育场馆"预算科目。单位现发生以下业务:

(1)单位收到银行存款利息 3 万元。

预算会计:

借:资金结存——货币资金	30 000
贷:其他预算收入——利息收入——非专项资金收入——体育场馆	30 000

财务会计:

借:银行存款——××银行	30 000
贷:利息收入	30 000

(2)单位收到房屋承租人××公司转入的半年租金收入 60 万元,按照预算安排,租金收入专项用于房屋维修项目。房租采取预付租金方式缴纳。

预算会计:

借:资金结存——货币资金	600 000
贷:其他预算收入——房租收入——专项资金收入——房屋维修——体育场馆	600 000

财务会计:

借:银行存款——××银行	600 000
贷:预收账款——××公司	600 000

（3）单位出纳人员在现金盘点时，发现现金长款 150 元，经核查，无法查明长款原因。

预算会计：

借：资金结存——货币资金　　　　　　　　　　　　　　　　　　150
　　贷：其他预算收入——现金溢余收入——非专项资金收入——体育场馆　　150

财务会计：

发现现金溢余时：

借：库存现金　　　　　　　　　　　　　　　　　　　　　　　　150
　　贷：待处理财产损溢　　　　　　　　　　　　　　　　　　　　150

无法查明原因时：

借：待处理财产损溢　　　　　　　　　　　　　　　　　　　　　150
　　贷：其他收入——现金盘盈收入　　　　　　　　　　　　　　　150

（4）年末（期末），将上述业务产生的收入进行结转处理。

预算会计：

借：其他预算收入——利息收入——非专项资金收入——体育场馆　30 000
　　其他预算收入——现金溢余收入——非专项资金收入——体育场馆　150
　　贷：其他结余　　　　　　　　　　　　　　　　　　　　　　30 150

借：其他预___房租___专项资___房屋___体育　　　　　　　600 000
　　算收入　收入　金收入　维修　场馆
　　贷：非财政拨款结转——房屋维修——体育场馆——本年收支结转　600 000

财务会计：

借：利息收入　　　　　　　　　　　　　　　　　　　　　　30 000
　　其他收入——现金盘盈收入　　　　　　　　　　　　　　　　150
　　贷：本期盈余　　　　　　　　　　　　　　　　　　　　　30 150

其他预算收入主要经济业务会计核算如表 17-18 所示。

表 17-18　　　　其他预算收入主要经济业务会计核算情况表

经济业务	预算会计核算	财务会计核算
（1）接受捐赠现金资产，收到银行存款利息，收到资产承租人支付的租金等	借：资金结存——货币资金 　　贷：其他预算收入	借：银行存款/库存现金等 　　贷：捐赠收入/利息收入/租金收入/其他收入/预收账款/应收账款等

（续表）

经济业务		预算会计核算	财务会计核算
（2）现金溢余	发现现金溢余	借：资金结存——货币资金 　贷：其他预算收入	借：库存现金 　贷：待处理财产损溢
	未查明原因	—	借：待处理财产损溢 　贷：其他收入
	查明并支付个人和单位	借：其他预算收入 　贷：资金结存——货币资金	借：待处理财产损溢 　贷：其他应付款 借：其他应付款 　贷：银行存款
（3）收到其他预算收入		借：资金结存——货币资金 　贷：其他预算收入	借：银行存款等 　贷：其他收入等
（4）年末/期末结转	专项资金收入	借：其他预算收入 　贷：非财政拨款结转	借：利息收入/租金收入/捐赠收入/其他收入 　贷：本期盈余
	非专项资金收入	借：其他预算收入 　贷：其他结余	

第十八章　政府单位预算支出的核算

第一节　预算支出概述

一、预算支出的概念与管理

预算支出是指政府会计主体在预算年度内依法发生并纳入预算管理的现金流出。预算支出一般在实际支付时予以确认，以实际支付的金额计量。

政府单位要按以下要求加强对支出的管理：

一是加强预算管理。单位应当将各项支出全部纳入单位预算，建立健全支出管理制度，并严格按财政部门批准的支出预算执行。

二是加强开支管理。单位支出应当严格执行国家有关财务规章制度规定的开支范围和开支标准。对于"三公"经费，坚持从紧从严管理，严格按标准支出。

三是加强专项管理。单位从财政部门和主管部门取得的专项资金，应当按照指定的项目和用途使用，专款专用、单独核算，并按照规定向同级财政部门或者主管部门报送专项资金使用情况；项目完成后，应当报送专项资金支出决算和使用效果的书面报告，接受同级财政部门或者主管部门的检查、验收。

二、预算支出的科目设置

按照支出的性质，政府单位的预算支出可以分为行政支出、事业支出、经营支出、上缴上级支出、对附属单位补助支出、投资支出、债务还本支出和其他支出。

与此相应，预算会计应设置 8 个预算支出科目，其中，"行政支出"科目为行政单位专用科目，"其他支出"科目为行政和事业单位共用科目，"事业支出""经营支出""上缴上级支出"等 6 个科目为事业单位专用科目。预算支出类科目设置的具体情况见表 18-1。

表 18-1　　　　　　　　　　　　预算支出科目设置明细表

科目编码	预算支出科目	适用范围	科目编码	预算支出科目	适用范围
7101	行政支出	行政单位	7501	对附属单位补助支出	事业单位
7201	事业支出	事业单位	7601	投资支出	事业单位
7301	经营支出	事业单位	7701	债务还本支出	事业单位
7401	上缴上级支出	事业单位	7901	其他支出	行政单位、事业单位

第二节　行政支出

一、行政支出概述

行政支出是指行政单位履行其职责实际发生的各项现金流出。行政支出是行政单位专用的会计科目,是行政单位预算资金流出的主要渠道。

为加强行政支出的预算管理和会计核算,行政单位应对行政支出进行适当的分类。

(一) 按资金来源分类

按资金来源不同,行政支出可分为财政拨款支出和非财政拨款支出。财政拨款支出是行政单位使用同级财政拨款预算收入安排的支出;非财政拨款支出是行政单位使用除了同级财政拨款预算收入以外的其他资金安排的支出。按照资金使用要求的不同,非财政拨款支出又分为非财政专项资金支出和其他资金支出。

(二) 按部门预算管理要求分类

按部门预算管理要求不同,行政支出可分为基本支出和项目支出。基本支出是指为保障行政单位正常运转、完成日常工作任务而发生的支出,按性质又可分为人员经费和日常公用经费。项目支出是指行政单位为完成特定工作任务和事业发展目标,在基本支出之外所发生的支出。

(三) 按经济支出分类

行政单位应根据《政府收支分类科目》的规定,按照"部门预算支出经济分类科目"对行政支出进行分类,反映各项支出的经济性质和具体用途。现行部门预算支出的经济分类包括工资福利支出、商品和服务支出、对个人和家庭的补助、资本性支出等类级科目;每一类下又设若干款级科目,如商品和服务支出类级科目下设办公费、印刷费、咨询费等款级科目。

（四）按支出功能分类

除了部门预算支出经济分类，行政支出还应按照"支出功能分类科目"进行分类，反映政府各项职能活动。现行行政支出的功能分类包括一般公共服务、教育支出、科学技术支出等类级科目，类下再细分款、项两级科目。

行政单位在会计核算中应将上述分类综合使用，实现对行政支出的多维反映和计量，为会计核算和预算管理提供全面、完整、准确的信息支撑。

二、行政支出的核算

（一）会计科目设置

行政单位应设置"行政支出"科目，用于核算行政单位履行其职责实际发生的各项现金流出。"行政支出"科目平时借方余额反映当年行政单位行政支出累计数；年末结转后，本科目应无余额。

"行政支出"科目应当分别按照"财政拨款支出""非财政专项资金支出""其他资金支出"设置二级科目、按照"基本支出""项目支出"设置三级科目来进行明细核算，并按照《政府收支分类科目》中"支出功能分类科目"的项级科目进行明细核算；"基本支出"和"项目支出"明细科目下应当按照《政府收支分类科目》中"部门预算支出经济分类科目"的款级科目进行明细核算，同时在"项目支出"明细科目下按照具体项目进行明细核算（见表18-2）。

表 18-2　　　　　　　　行政支出明细科目设置情况表

一级科目	二级科目	三级科目	辅助核算
行政支出（7101）	财政拨款支出	基本支出	支出功能核算、支出经济核算
		项目支出	支出功能核算、支出经济核算、项目核算
	非财政专项资金支出		支出功能核算、支出经济核算、项目核算
	其他资金支出	基本支出	支出功能核算、支出经济核算
		项目支出	支出功能核算、支出经济核算、项目核算

注：有一般公共预算财政拨款、政府性基金预算财政拨款等两种或两种以上财政拨款的行政单位，还应当在"财政拨款支出"明细科目下按照财政拨款的种类进行明细核算，或以财政拨款种类进行辅助核算。

关于科目设置，有以下两个方面的问题需要注意：

一是对于预付款项，从收付实现制的角度看，既然现金流出，那就应该确认支出；同时，从支出的实际用途和投向来看，又有很大的不确定性。为此，政府会计制度规定可以在"行政支出"科目下设置"待处理"明细科目进行核算，待确认具体支出项目后再转入本科目下相关明细科目。但年末结账前，无论是否确认具体支出项目，均应将本科目"待处理"明细科目余额全部转入"行政支出"科目下相关明细科目。

二是在行政支出科目下,制度设置了"财政拨款支出""非财政专项资金支出""其他资金支出"3个二级科目,而"非财政专项资金支出"和"其他资金支出"两者都属于非财政资金支出,很多人不理解为什么要分为两项,特别是"其他资金支出"科目下也设置了"项目支出"明细科目,认为至少"非财政专项资金支出"与"其他资金支出"科目下的"项目支出"明细科目是重复的。其实两者是有所区别的,非财政专项资金支出主要核算从非同级财政以及其他单位取得的具有专门用途、需要专账核算的项目资金;而其他资金支出侧重于单位使用自有资金安排的支出,其中根据支出的具体用途再分"基本支出"和"项目支出"科目进行明细核算。

(二) 主要账务处理

1. 支付单位职工薪酬

向单位职工个人支付薪酬时,按照实际支付的金额,借记"行政支出"科目,贷记"财政拨款预算收入""资金结存"科目。同时,在财务会计下,计提职工薪酬时,按照单位应承担的职工薪酬费用,借记"业务活动费用"科目,贷记"应付职工薪酬"科目;实际支付薪酬时,则借记"应付职工薪酬"科目,贷记"银行存款""财政拨款收入""零余额账户用款额度"等科目。

按照规定代扣代缴个人所得税,以及代扣代缴或为职工缴纳职工社会保险费、住房公积金等时,按照实际缴纳的金额,借记"行政支出"科目,贷记"财政拨款预算收入""资金结存"科目。同时,在财务会计下,实际缴纳代扣代缴个人所得税,以及代扣代缴或为职工缴纳职工社会保险费、住房公积金等时,借记"其他应交税费——应交个人所得税""应付职工薪酬"等科目,贷记"银行存款""财政拨款收入""零余额账户用款额度"等科目。

【例 18-1】　某财政行政单位发生以下业务:

(1) 单位计提基本工资,本月应发基本工资 20 万元,单位为职工计算缴纳的住房公积金 2 万元、社会保险费(职业年金缴费)3 万元。

单位确认当期应付职工薪酬时,由于不涉及现金流出,预算会计不做处理,财务会计应做如下账务处理:

借:业务活动费用——工资福利费用	250 000
贷:应付职工薪酬——基本工资(含离退休费)	200 000
应付职工薪酬——住房公积金	20 000
应付职工薪酬——社会保险费	30 000

(2) 实际发放基本工资 16 万元,单位代扣应由职工承担的相关税费 4 万元,其中,个人所得税 0.5 万元、住房公积金 2 万元、社会保险费(职业年金缴费)1.5 万元。基本工资通过财政零余额账户支付,支出功能分类列"一般公共服务支出——财政事务——行政运行"预算科目。

预算会计：

借：行政支出——财政拨款支出——基本支出——基本工资——行政运行 160 000

　　贷：资金结存——零余额账户用款额度　　　　　　　　　　　　　160 000

财务会计：

借：应付职工薪酬——基本工资（含离退休费）　　　　　　　　200 000

　　贷：零余额账户用款额度　　　　　　　　　　　　　　　　160 000

　　　其他应交税费——应交个人所得税　　　　　　　　　　　　5 000

　　　应付职工薪酬——住房公积金　　　　　　　　　　　　　20 000

　　　应付职工薪酬——社会保险费　　　　　　　　　　　　　15 000

（3）单位将代扣代缴的个人所得税0.5万元、住房公积金2万元、社会保险费1.5万元，以及单位为职工计算缴纳的住房公积金2万元、社会保险费3万元，通过零余额账户资金支付给相关单位。

预算会计：

借：行政支出——财政拨款支出——基本支出——基本工资——行政运行 40 000

| 行政
支出 | 财政拨
款支出 | 基本
支出 | 住房
公积金 | 住房
公积金 | 20 000 |

| 行政
支出 | 财政拨
款支出 | 基本
支出 | 职工年
金缴费 | 机关事业单位职业
年金缴费支出 | 30 000 |

　　贷：资金结存——零余额账户用款额度　　　　　　　　　　　90 000

财务会计：

借：其他应交税费——应交个人所得税　　　　　　　　　　　　5 000

　　应付职工薪酬——住房公积金　　　　　　　　　　　　　40 000

　　应付职工薪酬——社会保险费　　　　　　　　　　　　　45 000

　　贷：零余额账户用款额度　　　　　　　　　　　　　　　90 000

本例中有两点需要注意。一是单位代扣的个人所得税系由职工个人承担，单位实际上是从"应付职工薪酬"科目下的"基本工资（含离退休费）"明细科目中代扣的，因此，其在预算会计下的支出经济分类科目应列"基本工资"而不能列"商品和服务支出"类级科目下的"税金及附加费用"科目。"税金及附加费用"科目应核算和反映由单位负担的相关税费，而不能核算代扣代缴的税费。二是按照政府会计制度的规定，无论是单位为职工缴纳的社会保险费、住房公积金，还是单位从职工工资中代扣代缴的社会保险费、住房公积金，都要在"应付职工薪酬"下的"社会保险费"和"住房公积金"明细科目反映。但在预算会计下，两类支出所使用的部门预算支出经济分类科目是不一样的。其中，单位为职工缴纳的社会保险费、住房公积金，作为单位的社会保险费和住房公积金支出，应使用"工资福利支出"类级科目下的"机关事业单位基本养老保险缴费""职业年金缴费""职工基本医疗保险缴费"

"公务员医疗补助缴纳""其他社会保险缴费"以及"住房公积金"等科目;而单位从职工工资中代扣的社会保险费、住房公积金,系单位抵减了职工的基本工资支出,在实际代缴时,为完整反映单位的支出结构,应列基本工资支出,不应作为社会保险费和住房公积金支出,因此,单位从职工工资中代扣的社会保险费、住房公积金在实际列支时,应使用"工资福利支出"下的"基本工资"科目。

2. 支付外部人员劳务费

按照实际支付给外部人员个人的金额,借记"行政支出"科目,贷记"财政拨款预算收入""资金结存"科目。同时,在财务会计下,借记"其他应付款"科目,贷记"银行存款""零余额账户用款额度"等科目。

按照规定代扣代缴个人所得税时,按照实际缴纳的金额,借记"行政支出"科目,贷记"财政拨款预算收入""资金结存"科目。同时,在财务会计下,借记"其他应交税费——应交个人所得所"科目,贷记"银行存款""零余额账户用款额度"等科目。

【例 18-2】 某发展改革行政单位现发生以下业务:

(1) 发放外聘专家劳务费 2 万元,单位代扣个人所得税 0.4 万元后,实际发放 1.6 万元。资金从本单位的零余额账户支付,支出功能分类列"一般公共服务支出——发展与改革事务——行政运行"预算科目,部门预算支出经济分类列"商品和服务支出——劳务费"预算科目。

从预算会计角度来看,应发劳务费 2 万元,代扣个人所得税 0.4 万元,实际发放个人 1.6 万元,按照收付实现制的要求,上述业务只能就发放个人的 1.6 万元进行列支,代扣的 0.4 万元待缴付税务部门时才能列作支出。从财务会计角度看,无论代扣款项是否支付,由于支出责任归属本期,按照权责发生制的要求,单位应全额确认相关费用。

预算会计:

借:行政支出——财政拨款支出——基本支出——劳务费——行政运行　　16 000
　　贷:资金结存——零余额账户用款额度　　　　　　　　　　　　　　　　　16 000

财务会计:

借:业务活动费用——商品和服务费用　　　　　　　　　　　　　　　　　　20 000
　　贷:零余额账户用款额度　　　　　　　　　　　　　　　　　　　　　　　16 000
　　　　其他应交税费——应交个人所得税　　　　　　　　　　　　　　　　　4 000

(2) 单位将代扣的个人所得税 0.4 万元通过零余额账户缴付税务机关。

预算会计:

借:行政支出——财政拨款支出——基本支出——劳务费——行政运行　　4 000
　　贷:资金结存——零余额账户用款额度　　　　　　　　　　　　　　　　　4 000

财务会计：

借：其他应交税费——应交个人所得税   4 000

 贷：零余额账户用款额度   4 000

3. 为购买存货、固定资产、无形资产等以及在建工程支付款项

为购买存货、固定资产、无形资产等以及在建工程支付相关款项时，按照实际支付的金额，借记"行政支出"科目，贷记"财政拨款预算收入""资金结存"科目。同时，在财务会计下，借记"库存物品""固定资产""预付账款"等科目，贷记"财政拨款收入""零余额账户用款额度""银行存款"等科目。

4. 发生预付账款和暂付款项

发生预付账款时，按照实际支付的金额，借记"行政支出"科目，贷记"财政拨款预算收入""资金结存"科目。同时，在财务会计下，按照实际支付的金额，借记"预付账款"科目，贷记"银行存款""零余额账户用款额度"等科目。

发生暂付款项时，在支付款项时预算会计可暂不做处理；在财务会计下，按照实际支付的金额，借记"其他应收款"科目，贷记"零余额账户用款额度""银行存款""库存现金"等科目。待结算或报销时，预算会计按照结算或报销的金额，借记"行政支出"科目，贷记"资金结存"等科目；财务会计则按照结算或报销的金额，借记"业务活动费用"等科目，按照原暂付款金额，贷记"其他应收款"科目，按照收回或补付的金额，借记或贷记"库存现金"等科目。

【例18-3】 某规划行政单位发生以下业务：

（1）单位通过政府采购购置台式电脑20台，采购价款10万元通过财政直接支付方式支付，从财政专项资金办公设备更新项目中支出，支出功能分类列"城乡社区支出——城乡社区规划与管理"预算科目，部门预算支出经济分类"资本性支出——办公设备购置"预算科目。电脑验收合格，并办理出入库手续。

预算会计：

借：行政支出 财政拨款支出 项目支出 办公设备更新项目 办公设备购置 城乡社区规划与管理 100 000

 贷：财政拨款预算收入 项目支出 办公设备更新项目 城乡社区规划与管理 100 000

财务会计：

借：固定资产——通用设备——台式电脑   100 000

 贷：财政拨款收入——一般公共预算财政拨款 100 000

（2）单位通过政府招标采购方式选定××公司作为××片区规划项目的编制单位，合同总价款1 000万元。按照合同约定，单位通过财政直接支付方式预付规划设计费400万元，支出功能分类列"城乡社区支出——城乡社区规划与管理——

城乡社区规划与管理"科目,部门预算支出经济分类列"商品和服务支出——劳务费"预算科目。

预算会计:

借:行政　财政拨　项目　××片区　劳务　城乡社区规　　　4 000 000
　　支出　款支出　支出　规划项目　费　　划与管理

贷:财政拨款　项目　××片区　城乡社区规　　　　　　　　4 000 000
　　预算收入　支出　规划项目　划与管理

财务会计:

借:预付账款——××公司——××片区规划项目　　　　　　4 000 000

贷:财政拨款收入——一般公共预算财政拨款　　　　　　　4 000 000

(3)单位职工张××到较为偏僻地区公务出差,因担心无法使用公务卡,向财务部门借现金5 000元。

按照制度规定,行政单位发生暂付款项时,在支付款项时可不做预算会计处理,待结算或报销时,再按照结算或报销的金额进行处理。为此,职工借款时,单位可只就财务会计做如下账务处理:

借:其他应收款——出差借款——张××　　　　　　　　　5 000

贷:库存现金　　　　　　　　　　　　　　　　　　　　5 000

(4)张××出差归来,共报销差旅费4 500元,从单位非财政非专项资金中列支,支出功能分类列"城乡社区支出——城乡社区管理事务——行政运行"预算科目,部门预算支出经济分类列"商品和服务支出——差旅费"预算科目。余款缴回单位财务。

在一般情况下,不涉及现金流入流出的业务,无须进行预算会计的处理。而该业务较为特殊,虽然报销差旅费时,未发生现金的流出,但预算会计依然需要进行会计处理。原因是在前期暂付款业务有现金流出时,单位并未进行预算会计处理,现在进行报销结算,本应发生的现金流出因前期暂付款业务的现金流出而抵销,故未发生现金流出。但如果将两项业务综合起来看,现在的经费列支与前期暂付款业务的现金流出具有关联对应关系,只是时间上未同步。可以说,现在预算会计的处理是对原现金流出业务的补充登记。针对此类业务,在账务处理时务必做好前后业务的衔接,避免漏记和重复登记。

预算会计:

借:行政支出——其他资金支出——基本支出——差旅费——行政运行　4 500

贷:资金结存——货币资金　　　　　　　　　　　　　　4 500

财务会计:

借:业务活动费用——商品和服务费用　　　　　　　　　　4 500

　　库存现金　　　　　　　　　　　　　　　　　　　　500

贷:其他应收款——出差借款——张××　　　　　　　　　5 000

5. 发生其他各项支出

发生其他各项支出时,按照实际支付的金额,借记"行政支出"科目,贷记"财政拨款预算收入""资金结存"科目。同时,在财务会计下,借记"业务活动费用""预付账款"等科目,贷记"财政拨款收入""零余额账户用款额度""银行存款"等科目。

6. 款项退回或差错更正

因购货退回等发生款项退回,或者发生差错更正的,属于当年支出收回的,按照收回或更正金额,借记"财政拨款预算收入""资金结存"科目,贷记"行政支出"科目。同时,在财务会计下,借记"银行存款""零余额账户用款额度""财政拨款收入"等科目,贷记"业务活动费用"等科目。

7. 年末/期末结转

年末,将"行政支出"科目本年发生额中的财政拨款支出转入财政拨款结转,借记"财政拨款结转——本年收支结转"科目,贷记"行政支出"科目下各财政拨款支出明细科目;将"行政支出"科目本年发生额中的非财政专项资金支出转入非财政拨款结转,借记"非财政拨款结转——本年收支结转"科目,贷记"行政支出"科目下各非财政专项资金支出明细科目;将"行政支出"科目本年发生额中的其他资金支出(非财政非专项资金支出)转入其他结余,借记"其他结余"科目,贷记"行政支出"科目下其他资金支出明细科目。

财务会计下,期末结转时,借记"本期盈余"科目,贷记"业务活动费用"科目。

【例18-4】 年末(期末),对[例18-3]形成的行政支出、业务活动费用进行结转处理。

预算会计:

借:财政拨款结转——项目支出——办公设备更新项目——城乡社区规划与管理——本年收支结转　　100 000
　　贷:行政支出——财政拨款支出——项目支出——办公设备更新项目——办公设备购置——城乡社区规划与管理　　100 000

借:财政拨款结转——项目支出——××片区规划项目——城乡社区规划与管理——本年收支结转　　4 000 000
　　贷:行政支出——财政拨款支出——项目支出——××片区规划项目——劳务费——城乡社区规划与管理　　4 000 000

借:其他结余　　4 500
　　贷:行政支出——其他资金支出——基本支出——差旅费——行政运行　　4 500

财务会计:

借:本期盈余　　4 500
　　贷:业务活动费用——商品和服务费用　　4 500

行政支出主要经济业务会计核算如表18-3所示。

表 18-3　　　　　　　行政支出主要经济业务会计核算情况表

经济业务	预算会计核算	财务会计核算
(1) 实际向单位职工支付薪酬、外部人员支付劳务费	借：行政支出 　　贷：财政拨款预算收入/资金结存	借：应付职工薪酬/其他应付款等 　　贷：财政拨款收入/零余额账户用款额度/银行存款
(2) 实际缴纳代扣代缴个税及社保费用等	借：行政支出 　　贷：财政拨款预算收入/资金结存	借：其他应交税费/应付职工薪酬等 　　贷：财政拨款收入/零余额账户用款额度/银行存款
(3) 购买存货、固定资产、无形资产等以及在建工程支付相关款项	借：行政支出 　　贷：财政拨款预算收入/资金结存	借：库存物品/固定资产/预付账款等 　　贷：财政拨款收入/零余额账户用款额度/银行存款
(4) 发生预付账款	借：行政支出 　　贷：财政拨款预算收入/资金结存	借：预付账款等 　　贷：财政拨款收入/零余额账户用款额度/银行存款
(5) 购货退回等发生款项退回(当年支出业务)	借：财政拨款预算收入/资金结存 　　贷：行政支出	借：财政拨款收入/零余额账户用款额度/银行存款 　　贷：业务活动费用等
(6) 年末/期末结转　　财政拨款支出	借：财政拨款结转——本年收支结转 　　贷：行政支出	借：本期盈余 　　贷：业务活动费用
(6) 年末/期末结转　　非财政专项资金支出	借：非财政拨款结转——本年收支结转 　　贷：行政支出	
(6) 年末/期末结转　　其他资金支出	借：其他结余 　　贷：行政支出	

第三节　事业支出

一、事业支出概述

事业支出是指事业单位开展专业业务活动及其辅助活动实际发生的各项现金流出，是事业单位预算支出的主要内容和主要渠道。

事业支出与事业(预算)收入两者之间不是配比的关系。事业单位依法组织的各项收入，包括财政拨款(预算)收入、事业(预算)收入、上级补助(预算)收入、附属单位上缴(预算)收入、债务预算收入、非同级财政拨款(预算)收入、投资(预算)收益以及其他(预算)收入等,从中安排用于专业业务活动及其辅助活动的各项支出,都属于事业支出。也就是说,事业(预算)收入只是事业支出的一个来源。

为加强事业支出的预算管理和会计核算,事业单位应对事业支出进行适当的分类。具体的分类标准和分类情况可以参见行政单位行政支出的分类。为满足财政预算管理和事业单位财务管理的需要,事业单位会计核算过程中也要将各种支出分类结合使用,实现对支出的全面、完整地反映。

二、事业支出的核算

(一) 会计科目设置

事业单位应设置"事业支出"科目,核算事业单位开展专业业务活动及其辅助活动实际发生的各项现金流出。"事业支出"科目平时借方余额反映当年事业单位事业支出累计数;年末结转后,该科目应无余额。

"事业支出"科目应当分别按照"财政拨款支出""非财政专项资金支出""其他资金支出"设置二级科目、按照"基本支出""项目支出"设置三级科目来进行明细核算,并按照《政府收支分类科目》中"支出功能分类科目"的项级科目进行明细核算;"基本支出"和"项目支出"明细科目下应当按照《政府收支分类科目》中"部门预算支出经济分类科目"的款级科目进行明细核算,同时在"项目支出"明细科目下按照具体项目进行明细核算(见表18-4)。

表 18-4　　　　　　　事业支出明细科目设置情况表

一级科目	二级科目	三级科目	辅助核算
事业支出 (7201)	财政拨款支出	基本支出	支出功能核算、支出经济核算
		项目支出	支出功能核算、支出经济核算、项目核算
	非财政专项资金支出		支出功能核算、支出经济核算、项目核算
	其他资金支出	基本支出	支出功能核算、支出经济核算
		项目支出	支出功能核算、支出经济核算、项目核算

注: 有一般公共预算财政拨款、政府性基金预算财政拨款等两种或两种以上财政拨款的事业单位,还应当在"财政拨款支出"明细科目下按照财政拨款的种类进行明细核算。

对于预付款项,可通过在本科目下设置"待处理"明细科目进行明细核算,待确认具体支出项目后再转入本科目下相关明细科目。年末结账前,应将本科目"待处理"明细科目余额全部转入本科目下相关明细科目。

行业事业单位应当根据行业特点与核算需要,在"事业支出"科目下统一设置相应的明细科目。

1. 科学事业单位

科学事业单位应当在"事业支出"科目下设置"科研支出""非科研支出""管理支出"明细科目。

（1）"科研支出"明细科目核算科学事业单位开展科研活动及其辅助活动发生的各项现金流出。

（2）"非科研支出"明细科目核算科学事业单位开展科研活动以外的其他业务活动及其辅助活动发生的各项现金流出，包括技术活动支出、学术活动支出、科普活动支出、试制产品活动支出和教学活动支出等。

技术活动支出是指科学事业单位对外提供技术咨询、技术服务等活动发生的各项现金流出。

学术活动支出是指科学事业单位开展学术交流、学术期刊出版等活动发生的各项现金流出。

科普活动支出是指科学事业单位开展科学知识宣传、讲座和科技展览等活动发生的各项现金流出。

试制产品活动支出是指科学事业单位试制中间试验产品等活动发生的各项现金流出。

教学活动支出是指科学事业单位开展教学活动发生的各项现金流出。

（3）"管理支出"明细科目核算科学事业单位行政及后勤管理部门开展管理活动发生的各项现金流出，包括单位行政及后勤管理部门发生的人员经费、公用经费，以及由单位统一负担的离退休人员经费、工会经费、诉讼费、中介费等现金流出。

2. 高等学校

高等学校应当在"事业支出"科目下设置"教育支出""科研支出""行政管理支出""后勤保障支出""离退休支出""其他事业支出"明细科目。

（1）"教育支出"科目核算高等学校开展教学及其辅助活动、学生事务等活动实际发生的各项现金流出。

（2）"科研支出"科目核算高等学校开展科研及其辅助活动实际发生的各项现金流出。

（3）"行政管理支出"科目核算高等学校开展单位的行政管理活动实际发生的各项现金流出。

（4）"后勤保障支出"科目核算高等学校开展后勤保障活动实际发生的各项现金流出。

（5）"离退休支出"科目核算高等学校实际发生的用于离退休人员的各项现金流出。

（6）"其他事业支出"科目核算高等学校发生的除教学、科研、后勤保障、行政管理、离退休支出之外的其他各项事业支出。

3. 中小学校

中小学校应当在"事业支出"科目下,按表18-5设置明细科目,进行明细核算。

表18-5　　　　　中小学校事业支出明细科目设置情况表

一级科目	二级科目	三级科目	辅助核算
事业支出 (7201)	同级财政拨款	基本支出	支出功能核算、支出经济核算
		项目支出	支出功能核算、支出经济核算、项目核算
	事业收入	基本支出	支出功能核算、支出经济核算
		项目支出	支出功能核算、支出经济核算、项目核算
	非同级财政拨款	基本支出	支出功能核算、支出经济核算
		项目支出	支出功能核算、支出经济核算、项目核算
	其他资金	基本支出	支出功能核算、支出经济核算
		项目支出	支出功能核算、支出经济核算、项目核算

(二) 主要账务处理

1. 支付单位职工(经营部门职工除外)薪酬

向单位职工个人支付薪酬时,按照实际支付的数额,借记"事业支出"科目,贷记"财政拨款预算收入""资金结存"科目。同时,在财务会计下,计提职工薪酬时,按照单位应承担的职工薪酬费用,借记"业务活动费用""单位管理费用"科目,贷记"应付职工薪酬"科目;实际支付职工薪酬时,借记"应付职工薪酬"科目,贷记"银行存款""财政拨款收入""零余额账户用款额度"等科目。

按照规定代扣代缴个人所得税以及代扣代缴或为职工缴纳职工社会保险费、住房公积金等时,按照实际缴纳的金额,借记"事业支出"科目,贷记"财政拨款预算收入""资金结存"科目。同时,在财务会计下,按照实际缴纳的金额,借记"其他应交税费——应交个人所得税""应付职工薪酬"等科目,贷记"银行存款""财政拨款收入""零余额账户用款额度"等科目。

【例18-5】　某小学事业单位发生以下经济业务:

(1) 单位核算本月职工薪酬,应付教职工基本工资80万元,代扣个人所得税8万元、住房公积金10万元,实际应发62万元;应付行政管理人员基本工资15万元,代扣个人所得税1.2万元、住房公积金1.8万元,实际应发12万元。

借:业务活动费用——工资福利费用　　　　　　　　　　　　　　800 000

　　贷:应付职工薪酬——基本工资(含离退休费)　　　　　　　　800 000

借：应付职工薪酬——基本工资(含离退休费)　180 000
　　贷：其他应交税费——应交个人所得税　　　　80 000
　　　　应付职工薪酬——住房公积金　　　　　100 000

借：单位管理费用——工资福利费用　150 000
　　贷：应付职工薪酬——基本工资(含离退休费)　150 000

借：应付职工薪酬——基本工资(含离退休费)　30 000
　　贷：其他应交税费——应交个人所得税　　　　12 000
　　　　应付职工薪酬——住房公积金　　　　　18 000

(2) 单位通过财政授权支付方式发放本月计提确认的应付职工薪酬74万元，缴纳个人所得税9.2万元和住房公积金11.8万元，支出功能分类列"教育支出——普通教育——小学教育"预算科目。

对预算会计来讲，单位代扣代缴的个人所得税和住房公积金，因代扣时抵减了单位工资薪金支出，在代缴时其支出的实质依然是单位工资薪金支出，并不能按照代缴的项目来确定支出经济科目，因此，在本例代扣代缴支出的经济科目应为"基本工资"，而不是"住房公积金""税金及附加费用"等科目。

预算会计：

借：事业支出——同级财政拨款——基本支出——基本工资——小学教育 950 000
　　贷：资金结存——零余额账户用款额度　　　　950 000

财务会计：

借：应付职工薪酬——基本工资(含离退休费)　740 000
　　其他应交税费——应交个人所得税　　　　92 000
　　应付职工薪酬——住房公积金　　　　　118 000
　　贷：零余额账户用款额度　　　　　　　　950 000

2. 为专业业务活动及其辅助活动支付外部人员劳务费

按照实际支付给外部人员个人的金额，借记"事业支出"科目，贷记"财政拨款预算收入""资金结存"科目。按照规定代扣代缴个人所得税时，按照实际缴纳的金额，借记"事业支出"科目，贷记"财政拨款预算收入""资金结存"科目。

同时，在财务会计下，按照实际支付给外部人员个人的金额，借记"其他应付款"等科目，贷记"财政拨款收入""零余额账户用款额度""银行存款"等科目。按照实际缴纳代扣的个人所得税金额，借记"其他应交税费——应交个人所得税"科目，贷记"财政拨款收入""零余额账户用款额度""银行存款"等科目。

3. 为购买存货、固定资产、无形资产等以及在建工程支付款项

开展专业业务活动及其辅助活动过程中为购买存货、固定资产、无形资产等以及在建工程支付相关款项时，按照实际支付的金额，借记"事业支出"科目，贷记"财政拨款预算收入""资金结存"科目。同时,在财务会计下,借记"库存物品""固定资产""无形资产"等科目,贷记"财政拨款收入""零余额账户用款额度""银行存款"等科目。

4. 发生预付账款和暂付款项

开展专业业务活动及其辅助活动过程中发生预付账款时,按照实际支付的金额,借记"事业支出"科目,贷记"财政拨款预算收入""资金结存"科目。同时,在财务会计下,借记"预付账款"科目,贷记"银行存款""零余额账户用款额度"等科目。

发生暂付款项时,在支付款项时可不做预算会计处理;而在财务会计下,则应按照实际支付的暂付款金额,借记"其他应收款"科目,贷记"零余额账户用款额度""银行存款""库存现金"等科目。待结算或报销时,预算会计按照结算或报销的金额,借记"事业支出"科目,贷记"资金结存"科目;财务会计按照结算或报销的金额,借记"业务活动费用""单位管理费用"科目,按照原支付的暂付金额,贷记"其他应收款"科目,按照收回或补付的金额,借记或贷记"库存现金"等科目。

【例 18-6】 某小学事业单位接收捐赠现金 50 万元,专项用于学校购买教学耗材、更新教学设备。学校现发生以下业务:

(1)单位使用该项捐赠购买教学耗材一批,通过银行转账支付价款 7 000 元,支出功能分类列"教育支出——普通教育——小学教育"预算科目,部门预算支出经济分类列"商品和服务支出——专用材料费"预算科目,耗材直接下发各教学单位使用。

预算会计:

借:事业 其他 项目 捐赠 专用材 小学
　　支出 资金 支出 项目 料费 教育　　　　7 000
　　贷:资金结存——货币资金　　　　7 000

财务会计:

借:业务活动费用——商品和服务费用　　　　7 000
　　贷:银行存款——××银行　　　　7 000

(2)学校使用捐赠款采购××公司教学电子白板一批,合同金额 30 万元。根据合同约定,学校需预付货款 10 万元,部门预算支出经济分类列"资本性支出——专用设备购置"预算科目。

预算会计:

借:事业 其他 项目 捐赠 专用设 小学
　　支出 资金 支出 项目 备购置 教育　　　　100 000
　　贷:资金结存——货币资金　　　　100 000

财务会计:

借：预付账款——××公司　　　　　　　　　　　　100 000

　　贷：银行存款——××银行　　　　　　　　　　　　　100 000

（3）学校收到采购的教学电子白板，验收合格入库，学校支付剩余款项 20 万元。

预算会计：

借：事业　　其他　　项目　　捐赠　　专用设　　小学　　　　200 000
　　支出　　资金　　支出　　项目　　备购置　　教育

　　贷：资金结存——货币资金　　　　　　　　　　　　　200 000

财务会计：

借：固定资产——专用设备——电子白板　　　　　　　300 000

　　贷：预付账款——××公司　　　　　　　　　　　　　100 000

　　　　银行存款——××银行　　　　　　　　　　　　　200 000

5. 缴纳的相关税费以及发生其他各项支出

开展专业业务活动及其辅助活动过程中缴纳的相关税费以及发生的其他各项支出，按照实际支付的金额，借记"事业支出"科目，贷记"财政拨款预算收入""资金结存"科目。同时，在财务会计下，借记"其他应交税费""业务活动费用""单位管理费用"等科目，贷记"财政拨款收入""零余额账户用款额度""银行存款"等科目。

6. 发生款项退回或者差错更正

开展专业业务活动及其辅助活动过程中因购货退回等发生款项退回，或者发生差错更正的，属于当年支出收回的，按照收回或更正金额，借记"财政拨款预算收入""资金结存"科目，贷记"事业支出"科目。同时，在财务会计下，借记"财政拨款收入""零余额账户用款额度""银行存款"等科目，贷记"业务活动费用""单位管理费用"科目。

7. 年末结转

年末，将"事业支出"科目本年发生额中的财政拨款支出转入财政拨款结转，借记"财政拨款结转——本年收支结转"科目，贷记"事业支出"科目下各财政拨款支出明细科目；将"事业支出"科目本年发生额中的非财政专项资金支出转入非财政拨款结转，借记"非财政拨款结转——本年收支结转"科目，贷记"事业支出"科目下各非财政专项资金支出明细科目；将"事业支出"科目本年发生额中的其他资金支出（非财政非专项资金支出）转入其他结余，借记"其他结余"科目，贷记"事业支出"科目下其他资金支出明细科目。

在财务会计下，期末结转时，借记"本期盈余"科目，贷记"业务活动费用""单位管理费用"科目。

【例18-7】　年末（期末），对［例18-5］和［例18-6］业务形成的支出进行结转处理。

预算会计：

借：财政拨　　基本支　　人员　　小学　　本年收　　　　　950 000
　　款结转　　出结转　　经费　　教育　　支结转

　　贷：事业支出——同级财政拨款——基本支出——基本工资——小学教育　950 000

借：非财政拨　　项目支　　捐赠　　小学　　本年收　　　　　307 000
　　款结转　　出结转　　项目　　教育　　支结转

　　贷：事业　　其他　　项目　　捐赠　　专用材　　小学　　　7 000
　　　　支出　　资金　　支出　　项目　　料费　　教育

　　　　事业　　其他　　项目　　捐赠　　专用设　　小学　　　300 000
　　　　支出　　资金　　支出　　项目　　备购置　　教育

财务会计：

借：本期盈余　　　　　　　　　　　　　　　　　　　　　　950 000

　　贷：业务活动费用——工资福利费用　　　　　　　　　　800 000

　　　　单位管理费用——工资福利费用　　　　　　　　　　150 000

借：本期盈余　　　　　　　　　　　　　　　　　　　　　　7 000

　　贷：业务活动费用——商品和服务费用　　　　　　　　　7 000

事业支出主要经济业务会计核算如表18-6所示。

表 18-6　　　　　事业支出主要经济业务会计核算情况表

经济业务	预算会计核算	财务会计核算
（1）实际向单位职工支付薪酬、外部人员支付劳务费	借：事业支出 　　贷：财政拨款预算收入/资金结存	借：应付职工薪酬/其他应付款等 　　贷：财政拨款收入/零余额账户用款额度/银行存款
（2）实际缴纳代扣代缴个税及社保费用等	借：事业支出 　　贷：财政拨款预算收入/资金结存	借：其他应交税费/应付职工薪酬等 　　贷：财政拨款收入/零余额账户用款额度/银行存款
（3）购买存货、固定资产、无形资产等以及在建工程支付相关款项	借：事业支出 　　贷：财政拨款预算收入/资金结存	借：库存物品/固定资产/预付账款等 　　贷：财政拨款收入/零余额账户用款额度/银行存款
（4）发生预付账款	借：事业支出 　　贷：财政拨款预算收入/资金结存	借：预付账款等 　　贷：财政拨款收入/零余额账户用款额度/银行存款
（5）购货退回等发生款项退回（当年支出业务）	借：财政拨款预算收入/资金结存 　　贷：事业支出	借：财政拨款收入/零余额账户用款额度/银行存款 　　贷：业务活动费用/单位管理费用

（续表）

经济业务		预算会计核算	财务会计核算
（6）年末/期末结转	财政拨款支出	借：财政拨款结转——本年收支结转 　贷：事业支出	借：本期盈余 　贷：业务活动费用/单位管理费用
	非财政专项资金支出	借：非财政拨款结转——本年收支结转 　贷：事业支出	
	其他资金支出	借：其他结余 　贷：事业支出	

第四节 经营支出

一、经营支出概述

（一）经营支出的概念

经营支出是指事业单位在专业业务活动及其辅助活动之外开展非独立核算经营活动实际发生的各项现金流出。

事业单位开展非独立核算经营活动的目的是充分利用事业单位的资源优势，通过向社会提供经营性服务弥补事业经费的不足，更好地促进事业发展。

（二）经营支出的管理

一是准确把握非独立核算经营活动与独立核算经营活动的界限。事业单位开展的经营活动，有的是独立核算的，有的是非独立核算的。独立核算的经营活动，应按照企业会计制度的规定，单独设账，单独核算；只有非独立核算的经营活动发生的支出，才可以纳入经营支出核算的范围。

二是经营支出应当与经营预算收入相配比。事业单位开展经营活动的目的是为了获得经济利益，弥补事业经费的不足，促进事业的发展。因此，事业单位在开展非独立核算经营活动中，应当以经营活动项目为对象，对经营活动产生的收入和支出进行归集，从而对经营活动实现的收益和现金流入流出情况进行核算和反映。

三是要合理划分经营支出和事业支出。在具体核算中，要正确区分界定经营支出和事业支出的经济事项，不能混淆和错用。对于在业务中统一开支而又难以划清的支出，应当按照科学的比例合理分摊。经营活动发生的亏损或现金净流出只能由以后经营预算收入弥补，不能用事业收入或财政资金弥补。

四是经营支出和经营费用的确认基础不同。经营支出属于预算会计范畴，以收付实现制为基础进行确认计量；而经营费用则属于财务会计范畴，以权责发生制为基础来确认计量。

二、经营支出的核算

(一) 会计科目设置

事业单位应设置"经营支出"科目,用于核算事业单位在专业业务活动及其辅助活动之外开展非独立核算经营活动实际发生的各项现金流出。"经营支出"科目平时借方余额反映事业单位经营支出实际累计数;年末结转后,本科目应无余额。

"经营支出"科目应当按照经营活动类别、项目、《政府收支分类科目》中"支出功能分类科目"的项级科目和"部门预算支出经济分类科目"的款级科目等进行明细核算(见表 18-7)。

表 18-7　　　　　　　　　　　经营支出明细科目设置情况表

一级科目	二级科目	三级科目	辅助核算
经营支出(7301)	活动类别	项目	支出功能分类 支出经济分类

对于预付款项,可通过在"经营支出"科目下设置"待处理"明细科目进行明细核算,待确认具体支出项目后再转入"经营支出"科目下相关明细科目。年末结账前,应将"经营支出"科目"待处理"明细科目余额全部转入"经营支出"科目下相关明细科目。

(二) 主要账务处理

1. 支付经营部门职工薪酬

向职工个人支付薪酬时,按照实际的金额,借记"经营支出"科目,贷记"资金结存"科目。同时,在财务会计下,计提职工薪酬时,按照单位应承担的职工薪酬费用,借记"经营费用"科目,贷记"应付职工薪酬"科目;实际支付职工薪酬时,借记"应付职工薪酬"科目,贷记"银行存款"等科目。

按照规定代扣代缴个人所得税以及代扣代缴或为职工缴纳职工社会保险费、住房公积金时,按照实际缴纳的金额,借记"经营支出"科目,贷记"资金结存"科目。同时,在财务会计下,按照实际缴纳的金额,借记"其他应交税费""应付职工薪酬"等科目,贷记"银行存款"等科目。

2. 为经营活动支付外部人员劳务费

按照实际支付给外部人员个人的金额,借记"经营支出"科目,贷记"资金结存"科目。按照规定代扣代缴个人所得税时,按照实际缴纳的金额,借记"经营支出"科目,贷记"资金结存"科目。

在财务会计下,按照计算确定的金额,借记"经营费用"科目,按照代扣代缴个人所得税的金额,贷记"其他应交税费——应交个人所得税"科目,按照扣税后实际支付的金额,贷记"银行存款"等科目。实际缴纳代扣代缴个人所得税时,借记"其他应交税费——应交个人所得税"科目,贷记"银行存款"等科目。

【例18-8】 某环境监测站事业单位在专业业务活动及其辅助活动之外,向社会提供非独立核算的装修污染检测服务。单位现发生以下业务事项:

(1)单位计提检测人员应付工资60 000元,其中,应代扣个人所得税9 000元。

借:经营费用——工资福利费用   60 000
    贷:应付职工薪酬——基本工资(含离退休费)   60 000

借:应付职工薪酬——基本工资(含离退休费)   9 000
    贷:其他应交税费——应交个人所得税   9 000

(2)单位通过银行账户发放检测人员工资51 000元,代缴个人所得税9 000元,支出功能分类列"节能环保支出——环境监测与监察——其他环境监测与监察支出"预算科目,部门预算支出经济分类列"工资福利支出——基本工资"预算科目。

预算会计:

借:经营支出—装修污染检测服务—基本工资—其他环境监测与监察支出   60 000
    贷:资金结存——货币资金   60 000

财务会计:

借:应付职工薪酬——基本工资(含离退休费)   51 000
    其他应交税费——应交个人所得税   9 000
    贷:银行存款——××银行   60 000

(3)单位向装修污染检测服务临时聘用的外部人员发放劳务费3万元,其中,代扣个人所得税6 000元,支出功能分类列"节能环保支出——环境监测与监察——其他环境监测与监察支出"预算科目,部门预算支出经济分类列"商品和服务支出——劳务费"预算科目。

为经营活动支付外部人员劳务费并代扣代缴个人所得税,财务会计与预算会计账务处理的最大不同是,财务会计要按照实际应支付给外部人员个人的金额(包括个人所得税),全额确认经营费用;而预算会计则需根据实际支付情况逐笔确认经营支出,即首先根据支付给个人的金额(不含代扣个人所得税)确认经营支出,然后代缴个人所得税时,再根据个人所得税金额确认一次经营支出。

预算会计:

借:经营支出—装修污染检测服务—劳务费—其他环境监测与监察支出   24 000
    贷:资金结存——货币资金   24 000

财务会计：

借：经营费用——商品和服务费用   30 000

  贷：其他应交税费——应交个人所得税   6 000

      银行存款——××银行   24 000

（4）单位将代扣的个人所得税 6 000 元上缴税务机关。

预算会计：

借：经营   装修污染   劳务   其他环境监测   6 000
　支出　　检测服务　　费　　与监察支出

  贷：资金结存——货币资金   6 000

财务会计：

借：其他应交税费——应交个人所得税   6 000

  贷：银行存款——××银行   6 000

3. 购买存货、固定资产、无形资产等以及在建工程支付款项

开展经营活动过程中为购买存货、固定资产、无形资产等以及在建工程支付相关款项时，按照实际支付的金额，借记"经营支出"科目，贷记"资金结存"科目。同时，在财务会计下，外购入库验收合格时，按照确定的成本，借记"库存物品""固定资产""无形资产""在建工程"等科目，贷记"银行存款"等科目；开展经营活动领用或发出库存物品时，按照物品实际成本，借记"经营费用"科目，贷记"库存物品"科目。

【例 18-9】 承[例 18-8]，该环境监测站继续发生以下业务：

（1）单位购买相关的耗材和资产 10 万元用于污染检测服务项目，其中，购买污染检测耗材 3 万元，部门预算支出经济分类列"商品和服务支出——专用材料费"预算科目；购买室内空气检测仪 7 万元，部门预算支出经济分类列"资本性支出——专用设备购置"预算科目。产品验收入库且款项已通过银行存款支付。

预算会计：

借：经营   装修污染   专用材   其他环境监测   30 000
　支出　　检测服务　　料费　　与监察支出

　经营   装修污染   专用设   其他环境监测   70 000
　支出　　检测服务　　备购置　　与监察支出

  贷：资金结存——货币资金   100 000

财务会计：

借：库存物品——污染检测耗材   30 000

    固定资产——专用设备——室内空气检测仪   70 000

  贷：银行存款——××银行   100 000

（2）单位经营活动部门领用上述耗材和固定资产。

对于预算会计来讲,经营活动购买存货和购买固定资产、无形资产的账务处理是相同的,都要增加经营支出。

对于财务会计而言,购买环节两者的账务处理是相同的,都是借记资产科目,贷记"银行存款"等科目。但在领用环节,两者的账务处理则略有出入,其中,领用存货时,一般一次性计入经营费用,但固定资产和无形资产的领用,就不能一次性计入经营费用,而是要根据使用情况,分期提取折旧摊销逐步计入经营费用。

借:经营费用——商品和服务费用　　　　　　　　　　　　　　　30 000

　　贷:库存物品——污染检测耗材　　　　　　　　　　　　　　　　30 000

4. 经营活动过程中发生预付账款和暂付款项

开展经营活动过程中发生预付账款时,按照实际支付的金额,借记"经营支出"科目,贷记"资金结存"科目。同时,在财务会计下,按照实际支付的金额,借记"预付账款"科目,贷记"银行存款""库存现金"等科目。

开展经营活动过程中发生暂付款项时,在支付款项时可不做预算会计处理;在财务会计下,借记"其他应收款"科目,贷记"银行存款""库存现金"等科目。待结算或报销时,预算会计按照结算或报销的金额,借记"经营支出"科目,贷记"资金结存"科目;同时,在财务会计下,按照报销的金额,借记"经营费用"科目,按照收回的金额或补付的金额,借记或贷记"银行存款"等科目,按照原暂付款金额,贷记"其他应收款"科目。

【例18-10】　承[例18-9],该环境监测站继续发生以下业务:

(1)单位预付供电公司装修污染检测服务经营活动电费2万元。

预算会计:

借:经营支出——装修污染检测服务——电费——其他环境监测与监察支出20 000

　　贷:资金结存——货币资金　　　　　　　　　　　　　　　　　20 000

财务会计:

借:预付账款——供电公司　　　　　　　　　　　　　　　　　　20 000

　　贷:银行存款——××银行　　　　　　　　　　　　　　　　　　20 000

(2)单位本月经营活动电费实际发生1万元,已经取得供电公司出具的电费发票。剩余预付款继续留存供电公司冲抵下月电费。

由于在预付环节,预算会计已经就预付账款全额列支,因此,在实际发生相关费用时,预算会计不再处理。财务会计做如下账务处理:

借:经营费用——商品和服务费用　　　　　　　　　　　　　　　10 000

　　贷:预付账款——供电公司　　　　　　　　　　　　　　　　　10 000

(3)单位因经营活动的需要,临时租用××公司设备,支付设备押金2万元,通过银行存款支付。

本案例,虽然支付设备押金发生了现金支出,但该款项属于暂付款项,并不能确认为经营支出,因此预算会计不做账务处理。财务会计做如下账务处理:

借:其他应收款——××公司——设备押金　　　　　　　　　　　　　20 000

　　贷:银行存款——××银行　　　　　　　　　　　　　　　　　　　　20 000

(4)单位租用的设备使用完毕,将设备归还××公司,结算租赁费用5 000元,自设备押金中扣除,实际退回款项15 000元。部门预算支出经济分类列"商品和服务支出——租赁费"预算科目。

预算会计:

借:经营支出　装修污染检测服务　租赁费　其他环境监测与监察支出　　　5 000

　　贷:资金结存——货币资金　　　　　　　　　　　　　　　　　　　　5 000

财务会计:

借:银行存款——××银行　　　　　　　　　　　　　　　　　　　　　15 000

　　经营费用——商品和服务费用　　　　　　　　　　　　　　　　　　　5 000

　　贷:其他应收款——××公司——设备押金　　　　　　　　　　　　　20 000

5. 经营活动缴纳相关税费以及发生其他各项支出

因开展经营活动缴纳的相关税费以及发生的其他各项支出,按照实际支付的金额,借记"经营支出"科目,贷记"资金结存"科目。

在财务会计下,发生税费及其他各项费用时,按照应承担的税费及其他费用进行计提,借记"经营费用"科目,贷记"其他应交税费""其他应付款"等科目;实际支付税费及其他各项费用时,借记"其他应交税费""其他应付款"等科目,贷记"银行存款"等科目。

6. 经营活动发生款项退回或者差错更正

开展经营活动中因购货退回等发生款项退回,或者发生差错更正的,属于当年支出收回的,按照收回或更正金额,借记"资金结存"科目,贷记"经营支出"科目。同时,在财务会计下,按照收回或应收的金额,借记"银行存款""其他应收款"科目,贷记"经营费用"等科目。

7. 年末/期末结转

年末,将"经营支出"科目本年发生额转入经营结余,借记"经营结余"科目,贷记"经营支出"科目。

在财务会计下,期末结转时,借记"本期盈余"科目,贷记"经营费用"科目。

【例18-11】　年末(期末),对[例18-10]业务形成的经营支出、经营费用进行结转处理。

预算会计：

借：经营结余 25 000

　贷：经营支出——装修污染检测服务——电费——其他环境监测与监察支出 20 000

　　经营　　装修污染　　租赁　　其他环境监测
　　支出　　检测服务　　费　　　与监察支出 5 000

财务会计：

借：本期盈余 15 000

　贷：经营费用——商品和服务费用 15 000

经营支出主要经济业务会计核算如表18-8所示。

表18-8　　　　　　　　经营支出主要经济业务会计核算情况表

经济业务		预算会计核算	财务会计核算
（1）支付经营活动人员职工薪酬	计提应付职工薪酬	—	借：经营费用 　贷：应付职工薪酬
	实际支付给职工	借：经营支出 　贷：资金结存——货币资金	借：应付职工薪酬 　贷：银行存款等 　　其他应交税费——应交个人所得税
	实际支付税款	借：经营支出 　贷：资金结存——货币资金	借：其他应交税费——应交个人所得税 　贷：银行存款等
（2）为经营活动支付外部人员劳务费	实际支付给外部人员个人金额	借：经营支出 　贷：资金结存	借：经营费用 　贷：其他应交税费——应交个人所得税 　　银行存款等
	代缴个人所得税	借：经营支出 　贷：资金结存	借：其他应交税费——应交个人所得税 　贷：银行存款等
（3）为开展经营活动购买资产或支付在建工程款		借：经营支出 　贷：资金结存——货币资金	借：库存物品/固定资产/无形资产/在建工程 　贷：银行存款等
（4）开展经营活动缴纳相关税费	计提应缴纳额	—	借：经营费用 　贷：其他应交税费
	实际缴纳税费	借：经营支出 　贷：资金结存——货币资金	借：其他应交税费 　贷：银行存款等
（5）开展经营活动发生预付款项		借：经营支出 　贷：资金结存——货币资金	借：预付账款 　贷：银行存款等

（续表）

经济业务		预算会计核算	财务会计核算
（6）开展经营活动发生暂付款项	支付暂付款	—	借：其他应收款 　　贷：银行存款等
	实际结算或报销时	借：经营支出 　　贷：资金结存——货币资金	借：经营费用 　　贷：其他应收款 　　贷（或借）：银行存款等
（7）当年购货退回		借：资金结存——货币资金 　　贷：经营支出	借：银行存款/其他应收款 　　贷：经营费用等
（8）年末/期末结转		借：经营结余 　　贷：经营支出	借：本期盈余 　　贷：经营费用

第五节　上缴上级支出与对附属单位补助支出

一、上缴上级支出

（一）上缴上级支出概述

上缴上级支出是指事业单位按照财政部门和主管部门的规定上缴上级单位款项发生的现金流出。

事业单位实行收入上缴办法是有条件的，事业单位及其上级单位应加强上缴上级支出的管理，注意把握以下几点：

（1）从单位性质看，实行收入上缴的单位应为独立核算事业单位，且附属于上级单位。

（2）从财务状况看，只有非财政补助收入较多，且超过其正常支出也比较多的事业单位才可以实行收入上缴，大多数事业单位的非财政补助收入应主要用于本单位的事业发展，通常不实行收入上缴办法。

（3）从审批流程看，事业单位上缴上级支出的具体办法应由财政部门会同事业单位的主管部门制定，未经财政部门同意，事业单位可以拒绝上缴。

（4）从资金来源看，事业单位需要上缴上级的款项通常为单位的事业（预算）收入、经营（预算）收入、其他（预算）收入等，即上缴上级的款项应为非财政拨款收入。

（5）从会计核算看，当事业单位发生上缴上级支出业务时，收到上缴款项的上级单位如果是事业单位，则应将其作为附属单位上缴收入核算和管理，上下级单位在会计科目上存在对应关系，在编制部门预算、决算汇总报表时应予以内部抵销。

（二）上缴上级支出的核算

1. 会计科目设置

事业单位应设置"上缴上级支出"科目，用于核算事业单位按照财政部门和主管部门的规定上缴上级单位款项发生的现金流出。"上缴上级支出"科目平时借方余额反映事业单位上缴上级支出实际累计数；年末结转后，该科目应无余额。

"上缴上级支出"科目应当按照收缴款项单位、缴款项目、《政府收支分类科目》中"支出功能分类科目"的项级科目和"部门预算支出经济分类科目"的款级科目等进行明细核算（见表18-9）。

表18-9 上缴上级支出明细科目设置情况表

一级科目	二级科目	三级科目	辅助核算
上缴上级支出 （7401）	收缴款项单位	缴款项目	支出功能分类 支出经济分类

2. 主要账务处理

（1）按照规定将款项上缴上级单位的，按照实际上缴的金额，借记"上缴上级支出"科目，贷记"资金结存"科目。

在财务会计下，按照规定计提应上缴上级单位款项时，借记"上缴上级费用"科目，贷记"其他应付款"等科目；实际上缴上级款项时，借记"其他应付款"等科目，贷记"银行存款"科目。

（2）年末，将本科目本年发生额转入其他结余，借记"其他结余"科目，贷记"上缴上级支出"科目。

在财务会计下，期末结转时，借记"本期盈余"科目，贷记"上缴上级费用"科目。

【例18-12】 某研究所事业单位发生以下业务：

（1）单位按规定上缴其主管部门省科学院科技转化调剂基金10万元，支出功能分类列"科学技术支出——基础研究——其他基础研究支出"预算科目，部门预算支出经济分类列"其他支出——其他支出"预算科目。

预算会计：

借：上缴上　省科　科技转化　其他　其他基础　　　　　　　　　100 000
　　级支出　学院　调剂基金　支出　研究支出

　　贷：资金结存——货币资金　　　　　　　　　　　　　　　　　　100 000

财务会计：

计提时：

借：上缴上级费用——省科学院——科技转化调剂基金　　　　　　100 000

　　贷：其他应付款——省科学院　　　　　　　　　　　　　　　　　100 000

上缴时：

借：其他应付款——省科学院　　　　　　　　　　　　　　　　100 000

　　贷：银行存款——××银行　　　　　　　　　　　　　　　　100 000

（2）年末（期末），将上述业务形成的上缴上级支出、上缴上级费用进行结转处理。

预算会计：

借：其他结余　　　　　　　　　　　　　　　　　　　　　　100 000

　　贷：
| 上缴上
级支出 | 省科
学院 | 科技转化
调剂基金 | 其他
支出 | 其他基础
研究支出 |

　　　　　　　　　　　　　　　　　　　　　　　　　　　　　100 000

财务会计：

借：本期盈余　　　　　　　　　　　　　　　　　　　　　　100 000

　　贷：上缴上级费用——省科学院　　　　　　　　　　　　　100 000

上缴上级支出主要经济业务会计核算如表18-10所示。

表18-10　　　　　　　上缴上级支出主要经济业务会计核算情况表

经济业务	预算会计核算	财务会计核算
（1）按规定计提上缴上级款项	—	借：上缴上级费用 　　贷：其他应付款等
（2）上缴上级款项	借：上缴上级支出 　　贷：资金结存——货币资金	借：其他应付款等 　　贷：银行存款
（3）年末/期末结转	借：其他结余 　　贷：上缴上级支出	借：本期盈余 　　贷：上缴上级费用

二、对附属单位补助支出

（一）对附属单位补助支出概述

对附属单位补助支出是事业单位用财政拨款预算收入之外的收入对附属单位补助发生的现金流出。关于对附属单位补助支出，要注意把握以下三点：

一是从单位性质上看，与附属单位上缴收入不同，对附属单位补助支出中的附属单位是指事业单位所属的实行独立核算的事业单位，而附属单位上缴收入中的附属单位不仅包括独立核算的事业单位，也包括独立核算的企业。

二是从资金性质上看，一方面要注意区分与事业支出的关系，对附属单位补助支出是一种均衡所属单位发展的调剂性质的支出，并不构成事业单位本身的正常支出，因此与事业支出有很大不同；另一方面要注意区分对附属单位补助支出与向附属单位转拨财政拨款的关系，对附属单位补助支出的资金来源是非财政资金，而向附属单位转拨财政拨款的资金来源是财政性资金。

三是从会计核算上看，当上级事业单位对下级事业单位进行补助时，上级单位确认为对附属单位补助支出,下级单位应相应确认为上级补助收入,两者存在相互对应关系,在编制部门预算、决算汇总报表时应予以内部抵销。

(二)对附属单位补助支出的核算

1. 会计科目设置

事业单位应设置"对附属单位补助支出"科目,用于核算事业单位用财政拨款预算收入之外的收入对附属单位补助发生的现金流出。"对附属单位补助支出"科目平时借方余额反映单位对附属单位补助支出的累计数;年末结转后,本科目应无余额。

"对附属单位补助支出"科目应当按照接受补助单位、补助项目、《政府收支分类科目》中"支出功能分类科目"的项级科目和"部门预算支出经济分类科目"的款级科目等进行明细核算(见表 18-11)。

表 18-11 　　　　　　　对附属单位补助支出明细科目设置情况表

一级科目	二级科目	三级科目	辅助核算
对附属单位补助支出 (7501)	接受补助单位	补助项目	支出功能分类 支出经济分类

2. 主要账务处理

(1)发生对附属单位补助支出的,按照实际补助的金额,借记"对附属单位补助支出"科目,贷记"资金结存"科目。

在财务会计下,按照规定计提对附属单位补助的数额时,借记"对附属单位补助费用"科目,贷记"其他应付款"等科目;实际拨付附属单位补助款时,借记"其他应付款"等科目,贷记"银行存款"科目。

(2)年末,将"对附属单位补助支出"科目本年发生额转入其他结余,借记"其他结余"科目,贷记"对附属单位补助支出"科目。

在财务会计下,期末结转时,借记"本期盈余"科目,贷记"对附属单位补助费用"科目。

【例 18-13】 某农业事业单位发生以下业务:

(1)单位使用自有资金向所属的农业研究所拨付科研补助专项资金 8 万元,支出功能分类列"农林水支出——农业——科技转化与推广服务"预算科目,部门预算支出经济分类列"其他支出——其他支出"预算科目。

预算会计:

借:对附属单位补助支出——农业研究所——科研补助——其他支出——科技转化与推广服务　　　　　80 000
　　贷:资金结存——货币资金　　　　　80 000

财务会计:

借：对附属单位补助费用——农业研究所——科研补助　　　　　　　80 000

　　贷：银行存款——××银行　　　　　　　　　　　　　　　　　　80 000

（2）年末（期末），对上述业务形成的对附属单位补助支出、对附属单位补助费用进行结转。

预算会计：

借：其他结余　　　　　　　　　　　　　　　　　　　　　　　　80 000

贷：对附属单位补助支出——农业研究所——科研补助——其他支出——科技转化与推广服务　80 000

财务会计：

借：本期盈余　　　　　　　　　　　　　　　　　　　　　　　　80 000

　　贷：对附属单位补助费用——农业研究所——科研补助　　　　　80 000

对附属单位补助支出主要经济业务会计核算如表18-12所示。

表18-12　　对附属单位补助支出主要经济业务会计核算情况表

经济业务	预算会计核算	财务会计核算
（1）按照规定计提对附属单位补助	—	借：对附属单位补助费用 　　贷：其他应付款等
（2）实际拨付对附属单位补助	借：对附属单位补助支出 　　贷：资金结存——货币资金	借：其他应付款等 　　贷：银行存款
（3）年末/期末结转	借：其他结余 　　贷：对附属单位补助支出	借：本期盈余 　　贷：对附属单位补助费用

第六节　投资支出与债务还本支出

一、投资支出与债务还本支出的概念

投资支出是指事业单位以货币资金对外投资发生的现金流出。债务还本支出是指事业单位偿还自身所承担的纳入预算管理的从金融机构举借的债务本金的现金流出。

在财务会计中，单位对外投资不作为费用管理，而是直接列入短期投资、长期股权投资和长期债券投资等资产科目反映；同样，在财务会计中，单位偿还短期或长期借款，也不作为费用或支出反映，而是直接冲减短期借款或长期借款。因此，投资支出与债务还本支出都是预算会计专设科目，在财务会计中并未设置与之对应的费用类科目。

需要注意的是,事业单位对外投资可以采用货币资金、实物、无形资产等不同方式,投资支出仅指事业单位以货币资金对外投资发生的现金流出。

二、投资支出

(一) 会计科目设置

事业单位应设置"投资支出"科目,用于核算事业单位以货币资金对外投资发生的现金流出。"投资支出"科目平时借方余额反映当年事业单位投资支出累计数;年末结转后,本科目应无余额。

"投资支出"科目应当按照投资类型、投资对象、《政府收支分类科目》中"支出功能分类科目"的项级科目和"部门预算支出经济分类科目"的款级科目等进行明细核算(见表18-13)。

表 18-13 投资支出明细科目设置情况表

一级科目	二级科目	三级科目	辅助核算
投资支出 (7601)	投资类型	投资对象	支出功能分类 支出经济分类

(二) 主要账务处理

1. 以货币资金对外投资

以货币资金对外投资时,按照投资金额和所支付的相关税费金额的合计数,借记"投资支出"科目,贷记"资金结存"科目。同时,在财务会计下,根据投资类型不同,借记"短期投资""长期股权投资""长期债券投资"科目,贷记"银行存款"科目。

2. 出售、对外转让或到期收回以货币资金取得的对外投资

出售、对外转让或到期收回本年度以货币资金取得的对外投资的,如果按规定将投资收益纳入单位预算,按照实际收到的金额,借记"资金结存"科目,按照取得投资时"投资支出"科目的发生额,贷记"投资支出"科目,按照其差额,贷记或借记"投资预算收益"科目;如果按规定将投资收益上缴财政的,按照取得投资时"投资支出"科目的发生额,借记"资金结存"科目,贷记"投资支出"科目。

出售、对外转让或到期收回以前年度以货币资金取得的对外投资的,如果按规定将投资收益纳入单位预算,按照实际收到的金额,借记"资金结存"科目,按照取得投资时"投资支出"科目的发生额,贷记"其他结余"科目,按照其差额,贷记或借记"投资预算收益"科目;如果按规定将投资收益上缴财政的,按照取得投资时"投资支出"科目的发生额,借记"资金结存"科目,贷记"其他结余"科目。

上述两种情况,在财务会计下核算分录是一致的,不管是本年度还是以前年度以货币资金取得的对外投资,均按照实际收到的金额,借记"银行存款"科目,按照被处置对外投资的账面余额,贷记"短期投资""长期债券投资""长期股权投资"科目,如有应收利息或股利的,贷记"应收利息""应收股利"科目,按照其差额贷记或借记"投资收益"科目。

3. 年末／期末结转

年末,将"投资支出"科目本年发生额转入其他结余,借记"其他结余"科目,贷记"投资支出"科目。

在财务会计下,对外投资属于资产类科目,期末不涉及结转业务。

【例 18-14】 某专科医院事业单位发生以下业务:

(1) 2×19 年 1 月,经财政及主管部门批准,单位以现金投资入股××医疗器械公司,投资金额 50 万元,占××医疗器械公司总股本的 5%,不参与企业经营管理决策。支出功能分类科目列"卫生健康支出——公立医院——其他专科医院"预算科目,部门预算支出经济分类科目列"对企业补助——资本金注入"预算科目。

预算会计:

借:投资支出　长期股权投资　××医疗器械公司　资本金注入　其他专科医院　　　500 000

　　贷:资金结存——货币资金　　　　500 000

财务会计:

借:长期股权投资——××医疗器械公司　　　　500 000

　　贷:银行存款——××银行　　　　500 000

部门预算支出经济分类科目中,与股权投资有关的科目只有"资本金注入"和"政府投资基金股权投资"。其中,"资本金注入"一般是指政府对国有企业的资本金注入,不同于本案例中的事业单位市场化投资。综合权衡,只能选用"资本金注入"科目。

(2) 2×19 年 12 月,单位对上述业务形成的投资支出进行年终结转。

由于在财务会计下,单位对外投资未作为费用,而是列入短期投资、长期股权投资、长期债券投资等相关的资产科目管理,因此,对投资支出进行结转只涉及预算会计,而不涉及财务会计。在预算会计下,单位应做如下账务处理:

借:其他结余　　　　500 000

　　贷:投资支出　长期股权投资　××医疗器械公司　资本金注入　其他专科医院　　　500 000

(3) 2×21 年 2 月,单位将上述股权对外转让,转让价款 60 万元,转让时,尚有公司已宣告但未发放股利 0.5 万元。根据规定,投资收益纳入单位预算。

预算会计:

借：资金结存——货币资金　　　　　　　　　　　　　　　　600 000

　　贷：其他结余　　　　　　　　　　　　　　　　　　　　500 000

　　　　投资预算收益——其他专科医院　　　　　　　　　　100 000

财务会计：

借：银行存款——××银行　　　　　　　　　　　　　　　　600 000

　　贷：长期股权投资——××医疗器械公司　　　　　　　　500 000

　　　　应收股利——××医疗器械公司　　　　　　　　　　　5 000

　　　　投资收益——长期股权投资　　　　　　　　　　　　 95 000

投资支出主要经济业务会计核算如表18-14所示。

表18-14　　　　　　　　　投资支出主要经济业务会计核算情况表

经济业务		预算会计核算	财务会计核算
(1) 以货币资金对外投资		借：投资支出 　贷：资金结存——货币资金	借：短期投资/长期股权投资等 　贷：银行存款
(2) 出售、转让或到期收回本年度以货币资金取得的对外投资	投资收益纳入单位预算	借：资金结存——货币资金 　贷：投资支出 　贷(或借)：投资预算收益	借：银行存款 　贷：短期投资/长期股权投资等 　　　应收利息/应收股利 　贷(或借)：投资收益
	投资收益上缴财政	借：资金结存——货币资金 　贷：投资支出	
(3) 出售、转让或到期收回以前年度以货币资金取得的对外投资	投资收益纳入单位预算	借：资金结存——货币资金 　贷：其他结余 　贷(或借)：投资预算收益	
	投资收益上缴财政	借：资金结存——货币资金 　贷：其他结余	
(4) 年末结转		借：其他结余 　贷：投资支出	—

三、债务还本支出

(一) 科目设置

事业单位应设置"债务还本支出"科目，用于核算事业单位偿还自身承担的纳入预算管理的从金融机构举借的债务本金的现金流出。"债务还本支出"科目平时借方余额为债务还本支出的累计数；年末结转后，本科目应无余额。

"债务还本支出"科目应当按照贷款单位、贷款种类、《政府收支分类科目》中"支出功能分类科目"的项级科目和"部门预算支出经济分类科目"的款级科目等进行明细核算(见表18-15)。

表 18-15　　　　　　　　　　债务还本支出明细科目设置情况表

一级科目	二级科目	三级科目	辅助核算
债务还本支出(7701)	贷款单位	贷款种类	支出功能分类 支出经济分类

(二) 主要账务处理

(1) 偿还各项短期或长期借款时,按照偿还的借款本金,借记"债务还本支出"科目,贷记"资金结存"科目。同时,在财务会计下,借记"短期借款""长期借款"科目,贷记"银行存款"等科目。

(2) 年末,将"债务还本支出"科目本年发生额转入其他结余,借记"其他结余"科目,贷记"债务还本支出"科目。在财务会计下,偿还借款本金仅调整负债类科目,不涉及期末结转业务。

【例 18-15】 某林业事业单位现发生以下业务:

(1) 通过银行转账偿还××银行长期贷款本金 100 万元,支出功能分类列"农林水支出——林业——林业产业化"预算科目,部门预算支出经济分类列"其他支出——其他支出"预算科目。

预算会计:

借：债务还　　××　　长期　　其他　　林业产
　　本支出　　银行　　贷款　　支出　　业化　　　　　　　　1 000 000
　　贷：资金结存——货币资金　　　　　　　　　　　　　　1 000 000

财务会计:

借：长期借款——本金——××银行　　　　　　　　　　　1 000 000
　　贷：银行存款——××银行　　　　　　　　　　　　　　1 000 000

支出经济分类科目包括政府预算支出经济分类科目和部门预算支出经济分类科目两套,其中,在政府预算支出经济分类科目中设置了"债务还本支出"科目,用来反映政府债务的还本支出;而在部门预算支出经济分类科目中则未设置"债务还本支出"科目,从而导致事业单位"债务还本支出"会计科目没有部门预算支出经济分类科目与之对应。据了解,之所以只在政府预算支出经济分类科目中设置"债务还本支出"科目,主要有以下两种观点:

一种观点认为,由于政府举债融资机制改革后,政府债务只能通过政府及其部门举借,且直接通过财政预算安排还本,并不需要通过单位还本。但是这种科目设置没有考虑事业单位经批准也可以对外借款,从而在政府预算资金之外也会发生债务还本支出。

另一种观点认为,如果在部门预算支出经济分类科目中设置"债务还本支出"科目,就会导致会计科目与预算科目的重复,因此,"债务还本支出"会计科目下的支出经济分类科目应该根据债务资金的实际用途来选择适用的科目,而不能笼统地用一个"债务还本支出"科目来概括。我们认为会计科目与预算科目是从不同维度、不同角度对单位支出进行归集和反映的,不存在重复的问题。同时,在债务资金通过"债务预算收入"科目进入单位后,具体安排使用时,已经在"事业支出""经营支出"下通过具体的支出经济分类科目反映和核算了,在债务还本的时候,就没有必要再反映一遍了。而且有的长期贷款好多年以后才还,届时很难厘清当时使用的经济科目。

综合上述情况,我们建议应该在部门预算支出经济分类科目中增设"债务还本支出"科目,专门用于反映单位举借的债务还本支出。目前"债务还本支出"会计科目明细核算的支出经济分类科目可使用"其他支出"科目。

(2)年末(期末),对上述业务形成的债务还本支出进行结转。

借:其他结余　　　　　　　　　　　　　　　　　　　　　　1 000 000

贷:债务还　　××　　长期　　其他　　林业产
　　本支出　　银行　　贷款　　支出　　业化　　　　　　　1 000 000

债务还本支出主要经济业务会计核算如表18-16所示。

表 18-16　　　　　债务还本支出主要经济业务会计核算情况表

经济业务	预算会计核算	财务会计核算
(1) 偿还借款本金	借:债务还本支出 　贷:资金结存——货币资金	借:短期借款/长期借款 　贷:银行存款等
(2) 年末结转	借:其他结余 　贷:债务还本支出	—

第七节　其他支出

一、其他支出概述

其他支出是指单位除行政支出、事业支出、经营支出、上缴上级支出、对附属单位补助支出、投资支出、债务还本支出以外的各项现金流出,包括利息支出、对外捐赠现金支出、现金盘亏损失、接受捐赠(调入)和对外捐赠(调出)非现金资产发生的税费支出、资产置换过程中发生的相关税费支出、罚没支出等。

二、其他支出的核算

(一) 会计科目设置

单位应设置"其他支出"科目,用于核算单位除行政支出、事业支出、经营支出、上缴上级支出、对附属单位补助支出、投资支出、债务还本支出以外的各项现金流出。"其他支出"科目平时借方余额反映单位其他支出的累计数;年末结转后,本科目应无余额。

"其他支出"科目应当按照其他支出的类别,"财政拨款支出""非财政专项资金支出"和"其他资金支出",《政府收支分类科目》中"支出功能分类科目"的项级科目和"部门预算支出经济分类科目"的款级科目等进行明细核算。其他支出中如有专项资金支出,还应按照具体项目进行明细核算(见表18-17)。

表18-17　　　　　　　　　其他支出明细科目设置情况表

一级科目	二级科目	三级科目	四级科目	辅助核算
其他支出(7901)	类别	财政拨款支出	基本支出	支出功能分类、支出经济分类
			项目支出	支出功能分类、支出经济分类、项目核算
		非财政专项资金支出		支出功能分类、支出经济分类、项目核算
		其他资金支出	基本支出	支出功能分类、支出经济分类
			项目支出	支出功能分类、支出经济分类、项目核算

注:单位发生利息支出、捐赠支出等其他支出金额较大或业务较多的,可单独设置"7902 利息支出""7903 捐赠支出"等科目。

(二) 主要账务处理

1. 利息支出

支付银行借款利息时,按照实际支付金额,借记"其他支出"科目,贷记"资金结存"科目。

在财务会计下,计提银行利息时,借记"其他费用——利息费用""在建工程"科目,贷记"应付利息""长期借款——应计利息"科目;实际支付银行借款利息时,借记"应付利息""长期借款——应计利息"科目,贷记"银行存款"等科目。

2. 对外捐赠现金资产

对外捐赠现金资产时,按照捐赠金额,借记"其他支出"科目,贷记"资金结存——货币资金"科目。同时,在财务会计下,借记"其他费用"科目,贷记"银行存款""库存现金"等科目。

3. 现金盘亏损失

在现金盘点时,如发现现金短缺,按照短缺的现金金额,借记"其他支出"科目,贷记"资金结存——货币资金"科目;经核实,属于应当由有关人员赔偿的,按照收到的赔偿金额,借记"资金结存——货币资金"科目,贷记"其他支出"科目。

在财务会计下,发现现金短缺时,借记"待处理财产损溢"科目,贷记"库存现金"科目。经核实,属于应当由有关人员赔偿的,借记"其他应收款"科目,贷记"待处理财产损溢"科目;无法查明原因的,报经批准核销时,借记"资产处置费用"科目,贷记"待处理财产损溢"科目。

【例 18-16】 某广播事业单位现发生以下业务:

(1)单位计提并使用自有资金偿还××银行的短期贷款利息 4 万元,支出功能分类列"文化旅游体育与传媒支出——广播电视——广播"预算科目,部门预算支出经济分类列"债务利息及费用支出——国内债务付息"预算科目。

预算会计:

借:其他支出——利息支出——其他资金支出——基本支出——国内债务付息——广播 40 000

　　贷:资金结存——货币资金 40 000

财务会计:

计提利息时:

借:其他费用——利息费用 40 000

　　贷:应付利息——××银行 40 000

偿还利息时:

借:应付利息——××银行 40 000

　　贷:银行存款——××银行 40 000

(2)单位使用自有资金向定点帮扶村捐赠 20 万元,经费由定点帮扶项目支出,部门预算支出经济分类列"其他支出——赠与"预算科目。

预算会计:

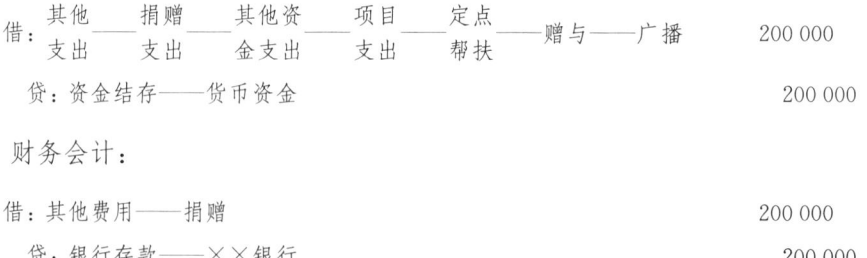

借:其他支出——捐赠支出——其他资金支出——项目支出——定点帮扶——赠与——广播 200 000

　　贷:资金结存——货币资金 200 000

财务会计:

借:其他费用——捐赠 200 000

　　贷:银行存款——××银行 200 000

(3)单位出纳在现金盘点时,发现现金短缺 150 元,无法查明原因,报经批准予以核销,部门预算支出经济分类列"商品和服务支出——其他商品和服务支出"预算科目。

预算会计：

借：其他支出——现金盘亏——其他资金支出——基本支出——其他商品和服务支出——广播　　　150

　　贷：资金结存——货币资金　　　150

财务会计：

发现时：

借：待处理财产损溢——现金盘亏　　　150

　　贷：库存现金　　　150

核销时：

借：资产处置费用——现金盘亏　　　150

　　贷：待处理财产损溢——现金盘亏　　　150

4. 接受捐赠(或无偿调入)和对外捐赠(或无偿调出)非现金资产发生的税费支出

接受捐赠(无偿调入)非现金资产发生的归属于捐入方(调入方)的相关税费、运输费等，以及对外捐赠(无偿调出)非现金资产发生的归属于捐出方(调出方)的相关税费、运输费等，按照实际支付金额，借记"其他支出"科目，贷记"资金结存"科目。

在财务会计下，接受捐赠(或无偿调入)存货、固定资产、无形资产、公共基础设施、文物文化资产等非现金资产，发生的归属于捐入方(或调入方)相关税费作为非现金资产成本的组成部分，借记"库存物品""固定资产""无形资产""公共基础设施"等科目，贷记"财政拨款收入""零余额账户用款额度""银行存款"等科目。接受捐赠以名义金额计量的存货、固定资产、无形资产，以及成本无法可靠取得的公共基础设施、文物文化资产等，按照发生的归属于捐入方(或调入方)相关税费，借记"其他费用"科目，贷记"财政拨款收入""零余额账户用款额度""银行存款"等科目。具体可参考相关资产账务处理。

在财务会计下，对外捐赠(或无偿调出)存货、固定资产、无形资产、公共基础设施、文物文化资产等非现金资产，发生的归属于捐出方(或调出方)相关税费部分计入资产处置费用，借记"资产处置费用"科目，贷记"银行存款"等科目。具体可参考相关资产账务处理。

【例 18-17】 某新闻出版事业单位向文物管理部门捐赠文物一件，文物账面余额 50 万元，发生运输费用 3 000 元，使用单位日常公用经费通过零余额账户支付，支出功能分类列"文化旅游体育与传媒支出——新闻出版电影——新闻通讯"预算科目，部门预算支出经济分类列"商品和服务支出——其他交通费用"预算科目。

预算会计：

	其他支出	捐赠支出	财政拨款支出	基本支出	其他交通费用	新闻通讯	
借：							3 000
贷：资金结存——零余额账户用款额度							3 000

财务会计：

借：资产处置费用——文物文化资产——捐赠		503 000
贷：文物文化资产——××文物		500 000
零余额账户用款额度		3 000

5. 资产置换过程中发生的相关税费支出

资产置换过程中发生的相关税费,按照实际支付金额,借记"其他支出"科目,贷记"资金结存"科目。同时,在财务会计下,资产置换过程中发生的相关税费作为换入资产成本的组成部分,借记"库存物品""固定资产"等科目,贷记"银行存款""库存现金"等科目。具体可参考资产置换相关账务处理。

6. 其他支出

发生罚没等其他支出时,按照实际支出金额,借记"其他支出"科目,贷记"资金结存"科目。同时,在财务会计下,借记"其他费用"科目,贷记"财政拨款收入""零余额账户用款额度""银行存款"等科目。

7. 年末结转

年末,将"其他支出"科目本年发生额中的财政拨款支出转入财政拨款结转,借记"财政拨款结转——本年收支结转"科目,贷记"其他支出"科目下各财政拨款支出明细科目;将"其他支出"科目本年发生额中的非财政专项资金支出转入非财政拨款结转,借记"非财政拨款结转——本年收支结转"科目,贷记"其他支出"科目下各非财政专项资金支出明细科目;将"其他支出"科目本年发生额中的其他资金支出(非财政非专项资金支出)转入其他结余,借记"其他结余"科目,贷记"其他支出"科目下各其他资金支出明细科目。

在财务会计下,期末结转时,借记"本期盈余"科目,贷记"其他费用"科目。

【例18-18】　年末(期末),将[例18-17]业务中形成的支出、费用进行结转处理。

预算会计：

	财政拨款结转	基本支出结转	日常公用经费	新闻通讯	本年收支结转	
借：						3 000
	其他支出	捐赠支出	财政拨款支出	基本支出	其他交通费用	新闻通讯
贷：						3 000

财务会计：

	借：本期盈余	503 000
	贷：资产处置费用——文物文化资产——捐赠	503 000

其他支出主要经济业务会计核算如表 18-18 所示。

表 18-18　　　其他支出主要经济业务会计核算情况表

经济业务		预算会计核算	财务会计核算
（1）实际支付利息支出		借：其他支出——利息支出 　贷：资金结存——货币资金	借：应付利息/长期借款 　　——应计利息 　贷：银行存款等
（2）对外捐赠现金资产		借：其他支出——捐赠支出 　贷：资金结存——货币资金	借：其他费用 　贷：银行存款等
（3）现金盘亏损失	发现现金短缺	借：其他支出 　贷：资金结存——货币资金	借：待处理财产损溢 　贷：库存现金
	核实由有关人员赔偿	借：资金结存——货币资金 　贷：其他支出	借：其他应收款 　贷：待处理财产损溢 借：库存现金 　贷：其他应收款
	无法查明，报经批准核销	——	借：资产处置费用 　贷：待处理财产损溢
（4）接受捐赠（或无偿调入）非现金资产发生税费支出	资产以名义金额入账	借：其他支出 　贷：资金结存	借：其他费用（相关税费） 　贷：银行存款等
	资产以确定成本入账		借：库存物品/固定资产等 　贷：银行存款等（相关税费） 　　捐赠收入/无偿调拨净资产
（5）对外捐赠（或无偿调出）非现金资产发生税费支出	对外捐赠	借：其他支出 　贷：资金结存	借：固定资产累计折旧等 　　资产处置费用 　贷：库存物品/固定资产等 　　银行存款等（相关税费）
	无偿调出		借：固定资产累计折旧等 　　无偿调拨净资产 　贷：库存物品/固定资产等 借：资产处置费用 　贷：银行存款等（相关税费）

（续表）

经济业务		预算会计核算	财务会计核算
（6）资产置换过程中发生的相关税费支出		借：其他支出 　　贷：资金结存	借：库存物品/固定资产等 　　贷：银行存款等（相关税费）
（7）年末/期末结转	财政拨款支出	借：财政拨款结转——本年收支结转 　　贷：其他支出	借：本期盈余 　　贷：其他费用
	非财政专项资金支出	借：非财政拨款结转——本年收支结转 　　贷：其他支出	
	其他资金支出	借：其他结余 　　贷：其他支出	

第十九章　政府单位预算结余的核算

第一节　预算结余概述

一、预算结余的概念

预算结余是指政府会计主体预算年度内预算收入扣除预算支出后的资金余额，以及历年滚存的资金余额。

预算结余包括结余资金和结转资金。结余资金是指年度预算执行终了，预算收入实际完成数扣除预算支出和结转资金后剩余的资金。结转资金是指预算安排项目的支出，在年终尚未执行完毕或者因故未执行，且下年需要按原用途继续使用的资金。

二、预算结余的科目设置

按照结余的性质，预算结余共设置资金结存、财政拨款结转、财政拨款结余等9个一级科目。其中，资金结存比较特殊，并不是真正的预算结余，而是为了预算会计复式记账借贷平衡而设置的，核算收付实现制下预算资金流入、流出和结存情况的科目，年末为借方余额；其他结余、非财政拨款结余分配为年终结转过渡科目，年终转账后无余额；经营结余也是年终结转过渡科目，年终结转后一般无余额，但如经营结余亏损，则反映借方余额；其他的预算结余科目，年终转账后均为贷方余额。

从适用范围看，专用结余、经营结余、非财政拨款结余分配3个科目为事业单位专用科目，其他科目为行政单位和事业单位共用科目。预算结余类科目设置的具体情况如表19-1所示。

三、预算结余的会计核算过程

行政事业单位应按以下步骤对预算收入和预算支出进行结转。

表 19-1 预算结余类科目设置情况表

科目编码	预算结余科目	适用范围	科目编码	预算结余科目	适用范围
8001	资金结存	行政单位、事业单位	8301	专用结余	事业单位
8101	财政拨款结转	行政单位、事业单位	8401	经营结余	事业单位
8102	财政拨款结余	行政单位、事业单位	8501	其他结余	行政单位、事业单位
8201	非财政拨款结转	行政单位、事业单位	8701	非财政拨款结余分配	事业单位
8202	非财政拨款结余	行政单位、事业单位			

(一) 财政拨款收支结转

(1) 年末,将"财政拨款预算收入"科目本年发生额转入"财政拨款结转"贷方科目;将"行政支出""事业支出""其他支出"科目本年发生额中的财政拨款支出转入"财政拨款结转"借方科目。

(2) 对财政拨款结转项目进行分析,将符合财政拨款结余性质的财政拨款项目余额,从"财政拨款结转"科目转入"财政拨款结余"科目。

(二) 经营收支结转

(1) 将"经营预算收入"和"经营支出"本年发生额转入"经营结余"科目。

(2) 如经营结余为贷方余额,将"经营结余"贷方余额转入"非财政拨款结余分配"科目;如经营结余为借方余额,为经营亏损,不予结转。

(三) 非财政专项资金收支结转

(1) 年末,将"事业预算收入""上级补助预算收入""附属单位上缴预算收入""债务预算收入""非同级财政拨款预算收入""其他预算收入"科目本年发生额中的专项资金收入转入"非财政拨款结转"贷方科目;将"行政支出""事业支出""其他支出"科目本年发生额中的非财政专项资金支出转入"非财政拨款结转"借方科目。

(2) 对非财政拨款结转项目进行分析,将留归本单位使用的非财政拨款结转项目余额,从"非财政拨款结转"科目转入"非财政拨款结余"科目。缴纳企业所得税时,相应冲减"非财政拨款结余"科目。

(四) 其他资金(非财政非专项资金)收支结转

(1) 年末,将"事业预算收入""上级补助预算收入""附属单位上缴预算收入""债务预算收入""非同级财政拨款预算收入""其他预算收入"科目本年发生额中的非专项资金收入,以及投资预算收益本年发生额,转入"其他结余"贷方科目;将"行政支出""事业支出""其他支出"科目本年发生额中的其他资金支出(非财政非专项资金支出),以及"上缴上级支出""对附属单位补助支出""投资支出""债务还本支出"科目本年发生额,转入"其他结余"借方科目。

（2）行政单位将"其他结余"科目余额转入"非财政拨款结余——累计结余"科目；事业单位将"其他结余"科目余额转入"非财政拨款结余分配"科目。

（3）事业单位按规定从结余分配中提取专用基金的,将计算确定的提取金额从"非财政拨款结余分配"科目转入"专用结余"科目,余额转入"非财政拨款结余"科目。

预算结余的核算过程详见图 19-1。

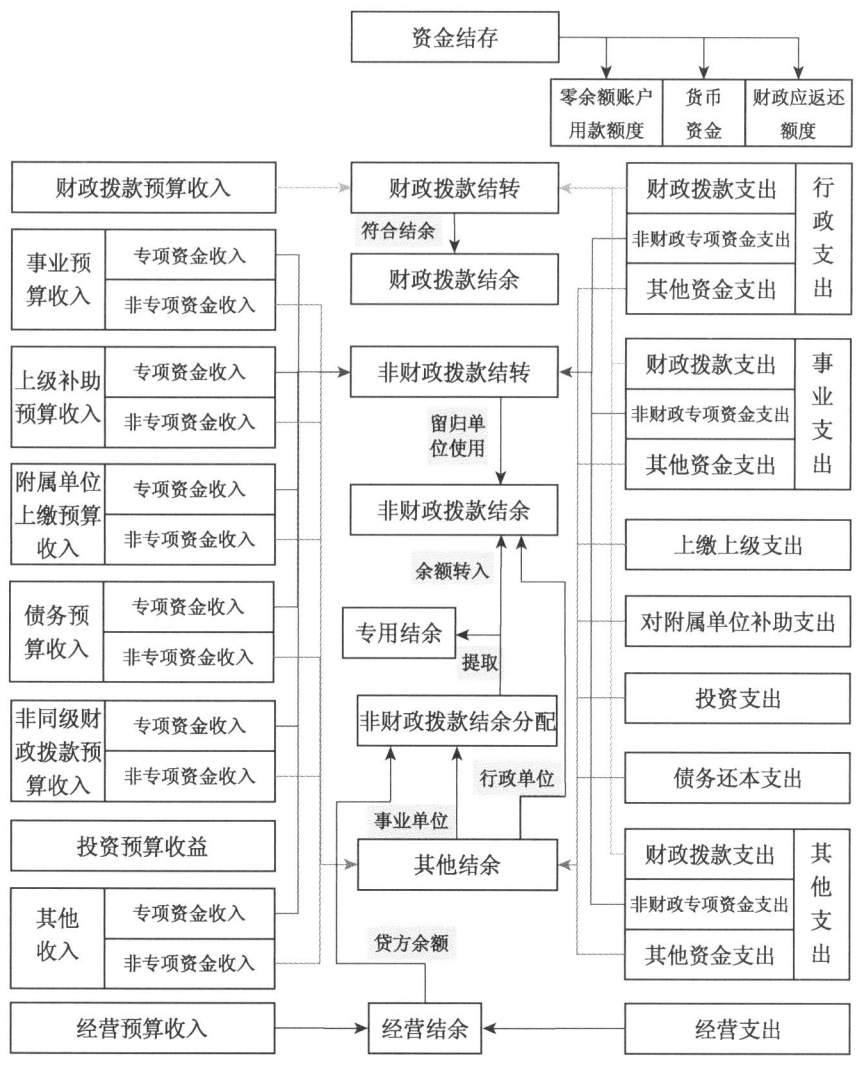

图 19-1　单位预算结余核算流程图

第二节　资金结存

一、资金结存概述

(一) 资金结存的概念

结存,顾名思义就是结算后剩余的存量,在财务管理中一般用于物资的结存。资金结存是政府会计制度改革创设的一个概念,用来核算单位纳入部门预算管理的资金的流入、流出、调整和滚存等情况。

政府会计制度改革后,将政府单位会计分为财务会计和预算会计两部分,这两部分并不是相互独立的,而是两位一体,互为补充的。其中,财务会计从财务管理的角度对单位的全部经济业务进行核算,核算基础是权责发生制,设置资产、负债、净资产、收入、费用5类科目,而预算会计仅从预算管理的角度对单位的收入、支出和结余进行核算,核算基础是收付实现制,设置预算收入、预算支出和预算结余3类科目。预算会计根据复式记账法的要求,在对预算收入、支出和结余进行核算的同时,需要对应调整库存现金、银行存款、零余额账户等现金类资产,而预算会计未设置资产类科目。针对这一问题,预算会计创设了"资金结存"科目,用于填补所有的现金类科目的空缺,反映纳入部门预算管理的资金的流入、流出、调整和滚存等情况。由于预算会计不设资产类科目,因此将其归入预算结余类科目。同时,资金结存属于资金占用,而其他预算结余类科目属于资金来源,两者为反向对应关系,因此,与其他结余类科目贷方余额不同,资金结存为借方余额。

(二) 资金结存的分类

从资金形态上看,资金结存分为货币资金、零余额账户用款额度和财政应返还额度三类。

货币资金是指单位以库存现金、银行存款、其他货币资金形态存在的资金,具体可细分为库存现金、银行存款、其他货币资金三种形式。

零余额账户用款额度是指实行国库集中支付的单位根据财政部门批复的用款计划收到和支用的零余额账户用款额度。

财政应返还额度是指实行国库集中支付的单位可以使用的以前年度财政直接支付资金额度和财政应返还的财政授权支付资金额度,具体又可以分为财政直接支付应返还额度和财政授权支付应返还额度两部分。

(三) 资金结存与财务会计现金类资产的关系

资金结存分为货币资金、零余额账户用款额度和财政应返还额度三类。从预算会计与财务会计相互之间的关系来看,零余额账户用款额度和财政应返还额度核算的是同级财政核拨的国库集中支付预算资金,且预算会计和财务会计同步确认其增减变动,因此,资金结存下的零余额账户用款额度和财政应返还额度明细科目金额,应与财务会计中零余额账户用款额度和财政应返还额度账户金额一一对应。

资金结存下的货币资金核算的是单位以库存现金、银行存款、其他货币资金形态存在的资金。从核算的内容看,资金结存下的货币资金与财务会计库存现金、银行存款、其他货币资金具有形式上的对应关系。但从核算范围看,资金结存下的货币资金仅核算纳入单位预算管理的库存现金、银行存款、其他货币资金;而财务会计库存现金、银行存款、其他货币资金核算范围,不仅包括纳入单位预算管理的资金,还包括不纳入单位预算管理的资金。不纳入单位预算管理的资金主要包括两类:一类是非预算业务导致的货币资金暂存,比如暂收押金、应缴财政款项、受托代理资产等形成的货币资金,财务会计确认货币资金,但预算会计不确认;另一类是非预算业务导致的货币资金占用,比如支付押金、周转金借款等暂付款业务支付的货币资金,财务会计应确认货币资金的减少,但预算会计不确认。因此,从这个角度看,资金结存下的货币资金与财务会计库存现金、银行存款、其他货币资金之间不存在直接的等量关系。

尽管如此,考虑到财务会计与预算会计之间的主要联通渠道就是资金,为了增强预算会计核算的准确性,我们可以在财务会计"库存现金""银行存款""其他货币资金"科目下增设"非预算资金"辅助核算,从而打通财务会计与预算会计的试算平衡通道。实行"非预算资金"辅助核算后,凡是不属于单位预算的资金,不需要进行预算会计处理的资金,均通过辅助核算增设"非预算资金"标识,以此来归集和汇总非预算业务资金增减变化和存量情况。"非预算资金"辅助核算的实行,使我们构建了财务会计与预算会计数据钩稽关系,并随时可以通过"预算会计资金结存＝财务会计现金类资产－非预算资金"的试算公式,在一定程度上对预算会计和财务会计核算的准确性进行校验。

二、资金结存的核算

(一) 会计科目设置

行政事业单位应设置"资金结存"科目,核算单位纳入部门预算管理的资金的流入、流出、调整和滚存等情况。"资金结存"科目属于预算结余类科目,年末借方余额反映单位预算资金的累计滚存金额。

"资金结存"科目应当设置下列明细科目(见表 19-2)。

表 19-2　　　　　　　　　　　　资金结存明细科目设置情况表

一级科目	二级科目	三级科目
资金结存(8001)	零余额账户用款额度	
	货币资金	
	财政应返还额度	财政直接支付
		财政授权支付

（1）"零余额账户用款额度"科目,核算实行国库集中支付的单位根据财政部门批复的用款计划收到和支用的零余额账户用款额度。年末,财政部门将单位未使用的零余额账户用款额度予以收回,剩余资金转入"财政应返还额度"明细科目,因此,年末本明细科目应无余额。

（2）"货币资金"科目,核算单位以库存现金、银行存款、其他货币资金形态存在的预算资金。本明细科目年末借方余额,反映单位尚未使用的货币形态的预算资金。

（3）"财政应返还额度"科目,核算实行国库集中支付的单位可以使用的以前年度财政直接支付资金额度和财政应返还的财政授权支付资金额度。本明细科目下可设置"财政直接支付""财政授权支付"两个明细科目进行明细核算。年末本明细科目借方余额,反映单位应收财政返还的资金额度。

（二）主要账务处理

1. 财政授权支付额度到账、非国库集中支付方式取得预算收入

财政授权支付方式下,单位根据代理银行转来的财政授权支付额度到账通知书,按照通知书中的授权支付额度,借记"资金结存——零余额账户用款额度"科目,贷记"财政拨款预算收入"科目。同时,在财务会计下,借记"零余额账户用款额度"科目,贷记"财政拨款收入"科目。

以国库集中支付以外的其他支付方式取得预算收入时,按照实际收到的金额,借记"资金结存——货币资金"科目,贷记"财政拨款预算收入""事业预算收入""经营预算收入"等科目。同时,在财务会计下,借记"银行存款"科目,贷记"财政拨款收入""事业收入""经营收入"等科目。

2. 发生非财政直接支付方式支出、零余额账户提现

财政授权支付方式下,发生相关支出时,按照实际支付的金额,借记"行政支出""事业支出"等科目,贷记"资金结存——零余额账户用款额度"科目。同时,在财务会计下,借记"业务活动费用""单位管理费用""库存物品"等科目,贷记"零余额账户用款额度"科目。

使用以前年度财政直接支付额度发生支出时,按照实际支付金额,借记"行政支出""事业支出"等科目,贷记"资金结存——财政应返还额度"科目。同时,在财务会计下,借记"业务活动费用""单位管理费用""库存物品"等科目,贷记"财政应返还额度"科目。

国库集中支付以外的其他支付方式下,发生相关支出时,按照实际支付的金额,借记"事业支出""经营支出"等科目,贷记"资金结存——货币资金"科目。同时,在财务会计下,借记"业务活动费用""单位管理费用""库存物品"等科目,贷记"银行存款"等科目。

从零余额账户提取现金时,借记"资金结存——货币资金"科目,贷记"资金结存——零余额账户用款额度"科目。同时,在财务会计下,借记"库存现金"科目,贷记"零余额账户用款额度"科目。

【例 19-1】 某县公安行政单位发生以下经济业务:

(1)单位收到代理银行转来的财政授权支付额度到账通知书,人员经费 20 万元,日常公用经费 10 万元,支出功能分类列"公共安全支出——公安——行政运行"预算科目。

预算会计:

借:资金结存——零余额账户用款额度　　　　　　　　　　　　　300 000

　　贷:财政拨款预算收入——基本支出——人员经费——行政运行　　200 000

　　　　财政拨款预算收入——基本支出——日常公用经费——行政运行　100 000

财务会计:

借:零余额账户用款额度　　　　　　　　　　　　　　　　　　　300 000

　　贷:财政拨款收入——一般公共预算财政拨款　　　　　　　　　300 000

(2)单位通过零余额账户支付单位当月办公电话费 0.8 万元,支付办公用品采购费用 1.5 万元,办公用品已办理入库手续。

预算会计:

借:行政支出——财政拨款支出——基本支出——邮电费——行政运行　　8 000

　　　行政支出——财政拨款支出——基本支出——办公费——行政运行　　15 000

　　贷:资金结存——零余额账户用款额度　　　　　　　　　　　　　　23 000

财务会计:

借:业务活动费用——商品和活动费用　　　　　　　　　　　　　　8 000

　　贷:零余额账户用款额度　　　　　　　　　　　　　　　　　　8 000

借:库存物品——××办公用品　　　　　　　　　　　　　　　　15 000

　　贷:零余额账户用款额度　　　　　　　　　　　　　　　　　15 000

(3)单位使用以前年度财政直接支付额度(××项目)支付设备购置款 10 万元,支出功能分类列"公共安全支出——公安——执法办案"预算科目,部门预算支出经济分类列"资本性支出——专用设备购置"预算科目。设备验收合格并办理了入库手续。

预算会计：

借：行政	财政拨	项目	××	专用设	执法	100 000
支出	款支出	支出	项目	备购置	办案	

　　贷：资金结存——财政应返还额度——直接支付　　　　　100 000

财务会计：

　　借：固定资产——专用设备——××设备　　　　　　　　100 000

　　贷：财政应返还额度——财政直接支付　　　　　　　　　100 000

3. 财政拨款结转结余、非财政拨款结转资金处理

按照规定上缴财政拨款结转结余资金或注销财政拨款结转结余资金额度的，按照实际上缴资金数额或注销的资金额度数额，借记"财政拨款结转——归集上缴"或"财政拨款结余——归集上缴"科目，贷记"资金结存"科目（财政应返还额度、零余额账户用款额度、货币资金）。同时，在财务会计下，借记"累计盈余"科目，贷记"财政应返还额度""零余额账户用款额度""银行存款"等科目。

按规定向原资金拨入单位缴回非财政拨款结转资金的，按照实际缴回资金数额，借记"非财政拨款结转——缴回资金"科目，贷记"资金结存——货币资金"科目。同时，在财务会计下，借记"累计盈余"科目，贷记"银行存款"等科目。

收到从其他单位调入的财政拨款结转资金的，按照实际调入资金数额，借记"资金结存"科目（财政应返还额度、零余额账户用款额度、货币资金），贷记"财政拨款结转——归集调入"科目。同时，在财务会计下，借记"财政应返还额度""零余额账户用款额度""银行存款"等科目，贷记"累计盈余"科目。

4. 使用专用基金

按照规定使用专用基金时，按照实际支付金额，借记"专用结余"科目（从非财政拨款结余中提取的专用基金）或"事业支出"等科目（从预算收入中计提的专用基金），贷记"资金结存——货币资金"科目。同时，在财务会计下，如果是费用化支出，借记"专用基金"科目，贷记"银行存款"等科目；如果是资本化支出，则借记"固定资产""无形资产"等科目，贷记"银行存款"科目，同时，借记"专用基金"科目，贷记"累计盈余"科目。

5. 已经支付的款项退回

因购货退回、发生差错更正等退回国库直接支付、授权支付款项，或者收回货币资金的，属于本年度支付的，借记"财政拨款预算收入"或"资金结存"科目（零余额账户用款额度、货币资金），贷记相关支出科目；属于以前年度支付的，借记"资金结存——财政应返还额度、零余额账户用款额度、货币资金"科目，贷记"财政拨款结转""财政拨款结余""非财政拨款结转""非财政拨款结余"科目。

同时,在财务会计下,属于本年度支付的,借记"财政拨款收入""零余额账户用款额度""银行存款"等科目,贷记"业务活动费用""库存物品"等相关科目;属于以前年度支付的,借记"财政应返还额度""零余额账户用款额度""银行存款"等科目,贷记"以前年度盈余调整"科目。

6. 缴纳所得税

有企业所得税缴纳义务的事业单位在缴纳所得税时,按照实际缴纳金额,借记"非财政拨款结余——累计结余"科目,贷记"资金结存——货币资金"科目。同时,在财务会计下,借记"其他应交税费"科目,贷记"银行存款"等科目。

【例 19-2】 某科研事业单位发生以下经济业务:

(1)单位使用以前年度非财政拨款结余中提取的科技成果转化基金购置科研仪器设备 5 万元,货款已通过银行转账支付供应商,设备尚未交付。

预算会计:

借:专用结余——科技成果转化基金　　　　　　　　　　　　50 000
　　贷:资金结存——货币资金　　　　　　　　　　　　　　　50 000

财务会计:

借:预付账款——××供应商　　　　　　　　　　　　　　　50 000
　　贷:银行存款——××银行　　　　　　　　　　　　　　　50 000

借:专用基金——科技成果转化基金　　　　　　　　　　　　50 000
　　贷:累计盈余　　　　　　　　　　　　　　　　　　　　50 000

(2)单位发现甲公司检测服务不符合标准,经协商,甲公司退还上年度支付的检测费 3 万元(非财政拨款、非专项资金),款项已退回单位银行账号。

预算会计:

借:资金结存——货币资金　　　　　　　　　　　　　　　　30 000
　　贷:非财政拨款结余——年初余额调整　　　　　　　　　　30 000

财务会计:

借:银行存款——××银行　　　　　　　　　　　　　　　　30 000
　　贷:以前年度盈余调整　　　　　　　　　　　　　　　　30 000

(3)单位通过银行账户划转缴纳企业所得税 3.5 万元。

预算会计:

借:非财政拨款结余——累计结余　　　　　　　　　　　　　35 000
　　贷:资金结存——货币资金　　　　　　　　　　　　　　　35 000

财务会计:

借:其他应交税费——单位应交所得税　　　　　　　　　　　35 000
　　贷:银行存款——××银行　　　　　　　　　　　　　　　35 000

7. 年末处理财政直接支付预算指标差额

年末,根据本年度财政直接支付预算指标数与当年财政直接支付实际支出数的差额,借记"资金结存——财政应返还额度——财政直接支付"科目,贷记"财政拨款预算收入"科目。同时,在财务会计下,借记"财政应返还额度——财政直接支付"科目,贷记"财政拨款收入"科目。

8. 年末处理零余额账户用款额度及授权支付预算指标差额

年末,单位依据代理银行提供的对账单作注销零余额账户用款额度的相关账务处理,借记"资金结存——财政应返还额度——财政授权支付"科目,贷记"资金结存——零余额账户用款额度"科目。同时,在财务会计下,借记"财政应返还额度——财政授权支付"科目,贷记"零余额账户用款额度"科目。

本年度财政授权支付预算指标数大于零余额账户用款额度下达数的,根据未下达的用款额度,借记"资金结存——财政应返还额度——财政授权支付"科目,贷记"财政拨款预算收入"科目。同时,在财务会计下,借记"财政应返还额度——财政授权支付"科目,贷记"财政拨款收入"科目。

9. 下年年初恢复零余额账户用款额度

下年年初,单位依据代理银行提供的额度恢复到账通知书或收到未下达零余额账户用款额度,借记"资金结存——零余额账户用款额度"科目,贷记"资金结存——财政应返还额度——财政授权支付"科目。同时,在财务会计下,借记"零余额账户用款额度"科目,贷记"财政应返还额度——财政授权支付"科目。

【例19-3】 某图书馆事业单位,支出功能分类列"文化体育与传媒支出——文化——图书馆"预算科目,现发生以下经济业务:

(1)年末,单位核实本年度财政直接支付预算指标尚有专项资金20万元尚未使用,该项目为图书购置专项,资金结转下年继续执行。

预算会计:

借:资金结存——财政应返还额度——财政直接支付   200 000
　　贷:财政拨款预算收入——项目支出——图书购置项目——图书馆   200 000

财务会计:

借:财政应返还额度——财政直接支付   200 000
　　贷:财政拨款收入——一般公共预算财政拨款   200 000

(2)年末,单位发现财政授权支付预算指标数与零余额账户用款额度当年下达数相差3.5万元,经核实为尚未申请的人员经费授权支付预算指标,结转下年继续使用。

预算会计:

借:资金结存——财政应返还额度——财政授权支付   35 000
　　贷:财政拨款预算收入——基本支出——人员经费——图书馆   35 000

财务会计：

借：财政应返还额度——财政授权支付 35 000

　　贷：财政拨款收入——一般公共预算财政拨款 35 000

（3）单位收到代理银行注销零余额账户用款额度对账单 5 万元，资金结转下年使用。

预算会计：

借：资金结存——财政应返还额度——财政授权支付 50 000

　　贷：资金结存——零余额账户用款额度 50 000

财务会计：

借：财政应返还额度——财政授权支付 50 000

　　贷：零余额账户用款额度 50 000

（4）下年年初，单位收到代理银行提供的授权支付额度到账通知书，恢复上年结转的零余额账户用款额度 8.5 万元。

预算会计：

借：资金结存——零余额账户用款额度 85 000

　　贷：资金结存——财政应返还额度——财政授权支付 85 000

财务会计：

借：零余额账户用款额度 85 000

　　贷：财政应返还额度——财政授权支付 85 000

资金结存主要经济业务会计处理如表 19-3 所示。

表 19-3　　　　　　　资金结存主要经济业务会计核算情况表

经济业务	预算会计核算	财务会计核算
（1）收到财政授权支付额度到账通知书	借：资金结存——零余额账户用款额度 　　贷：财政拨款预算收入	借：零余额账户用款额度 　　贷：财政拨款收入
（2）其他支付方式取得预算收入	借：资金结存——货币资金 　　贷：财政拨款预算收入/事业预算收入/经营收入等	借：银行存款 　　贷：财政拨款收入/事业收入/经营收入等
（3）财政授权支付方式下相关支出	借：行政支出/事业支出等 　　贷：资金结存——零余额账户用款额度	借：业务活动费用/单位管理费用/库存物品等 　　贷：零余额账户用款额度
（4）零余额账户提取现金	借：资金结存——货币资金 　　贷：资金结存——零余额账户用款额度	借：库存现金 　　贷：零余额账户用款额度

（续表）

经济业务		预算会计核算	财务会计核算
（5）使用以前年度财政直接支付额度发生支出		借：行政支出/事业支出等 　贷：资金结存——财政应返还额度	借：业务活动费用/单位管理费用/库存物品等 　贷：财政应返还额度
（6）国库集中支付以外的其他支付方式的支出		借：行政支出/事业支出等 　贷：资金结存——货币资金	借：业务活动费用/单位管理费用/库存物品等 　贷：银行存款等
（7）上缴财政拨款结转结余资金或注销财政拨款结转结余资金额度		借：财政拨款结转——归集上缴/财政拨款结余——归集上缴 　贷：资金结存——财政应返还额度/零余额账户用款额度/货币资金	借：累计盈余 　贷：财政应返还额度/零余额账户用款额度/银行存款
（8）向原资金拨入单位缴回非财政拨款结转资金		借：非财政拨款结转——缴回资金 　贷：资金结存——货币资金	借：累计盈余 　贷：银行存款
（9）收到从其他单位调入的财政拨款结转资金		借：资金结转——财政应返还额度/零余额账户用款额度/货币资金 　贷：财政拨款结转——归集调入	借：财政应返还额度/零余额账户用款额度/银行存款 　贷：累计盈余
（10）使用专用基金的支出	从非财政拨款结余中提取的专用基金	借：专用结余 　贷：资金结存——货币资金	费用化支出 借：专用基金 　贷：银行存款等 资本化支出 借：固定资产等 　贷：银行存款
	从预算收入中计提的专用基金	借：事业支出 　贷：资金结存——货币资金	借：专用基金 　贷：累计盈余
（11）因购货退回、发生差错更正等退回国库直接支付、授权支付款项，或者收回货币资金的	本年度支付的	借：财政拨款预算收入/资金结存——零余额账户用款额度、货币资金 　贷：相关支出科目	借：财政拨款收入/零余额账户用款额度/银行存款等 　贷：相关科目
	以前年度支付的	借：资金结余——财政应返还额度/零余额账户用款额度/货币资金 　贷：财政拨款结转/财政拨款结余/非财政拨款结转/非财政拨款结余	借：财政应返款额度/零余额账户用款额度/银行存款等 　贷：以前年度盈余调整
（12）缴纳企业所得税		借：非财政拨款结余——累计结余 　贷：资金结存——货币资金	借：其他应交税费 　贷：银行存款等

（续表）

经济业务	预算会计核算	财务会计核算
（13）年末，本年度财政直接支付预算指标数与当年财政直接支付实际支出数的差额	借：资金结存——财政应返还额度 　贷：财政拨款预算收入	借：财政应返还额度 　贷：财政拨款收入
（14）年末，注销零余额账户用款额度	借：资金结转——财政应返还额度 　贷：资金结转——零余额账户用款额度	借：财政应返还额度 　贷：零余额账户用款额度
（15）年末，本年度财政授权支付预算指标数大于零余额账户用款额度下达数	借：资金结存——财政应返还额度 　贷：财政拨款预算收入	借：财政应返还额度 　贷：财政拨款收入
（16）下年年初，零余额用款额度恢复或收到未下达零余额账户用款额度	借：资金结存——零余额账户用款额度 　贷：资金结存——财政应返还额度	借：零余额账户用款额度 　贷：财政应返还额度

第三节　财政拨款结转

一、财政拨款结转概述

（一）财政拨款结转的概念

财政拨款结转是指单位各项财政拨款预算收入和其相关支出相抵后滚存的、按照规定用途结转下年继续使用的财政资金。财政拨款结转包括基本支出结转和项目支出结转。其中，基本支出结转分为人员经费结转和日常公用经费结转，主要是财政拨付的基本支出资金当年未能及时支付，结转下年按原用途继续使用的资金；项目支出结转是财政拨付的项目资金尚未执行完毕，结转下年按原用途继续使用的资金。

（二）财政拨款结转的管理

1. 基本支出结转资金的管理

年度预算执行结束时，尚未列支的基本支出全部作为结转资金管理，结转下年继续用于基本支出。部分地方财政部门出于加强结转结余资金管理的需要，将基本支出结转资金全部收回财政总预算。

编制年度预算时，各预算部门应充分预计和反映基本支出结转资金，并结合结转资金情况统筹安排以后年度基本支出预算。财政部门批复年初预算时一并批复部门上年年底基本支出结转资金情况。

预算部门在预算执行中因增人增编需增加基本支出的,应首先通过基本支出结转资金安排。

2. 项目支出结转资金的管理

项目实施周期内,年度预算执行结束时,除连续两年未用完的预算资金外,已批复的预算资金尚未列支的部分,作为结转资金管理,结转下年按原用途继续使用。

基本建设项目竣工之前,均视为在项目实施周期内,年度预算执行结束时,已批复的预算资金尚未列支的部分,作为结转资金管理,结转下年按原用途继续使用。

编制年度预算时,各预算部门应充分预计和反映项目支出结转资金,并结合结转资金情况统筹安排以后年度项目支出预算。财政部门批复年初预算时一并批复部门上年年底项目支出结转资金情况。

项目支出结转资金原则上不得调整用途,确需调整的应报同级财政部门审批。

单位应加快预算执行,避免财政拨款资金长期结转沉淀,减少结转资金规模,盘活存量资金,发挥财政资金效益效果。

二、财政拨款结转的核算

(一) 会计科目设置

行政事业单位应设置"财政拨款结转"科目,核算单位取得的同级财政拨款结转资金的调整、结转和滚存情况。"财政拨款结转"科目年末贷方余额反映单位滚存的财政拨款结转资金数额。

"财政拨款结转"科目应当设置下列明细科目。

1. 与会计差错更正、以前年度支出收回相关的明细科目

"年初余额调整":本明细科目核算因发生会计差错更正、以前年度支出收回等原因,需要调整财政拨款结转的金额。年末结账后,本明细科目应无余额。

2. 与财政拨款调拨业务相关的明细科目

(1)"归集调入":本明细科目核算按照规定从其他单位调入财政拨款结转资金时,实际调增的额度数额或调入的资金数额。

(2)"归集调出":本明细科目核算按照规定向其他单位调出财政拨款结转资金时,实际调减的额度数额或调出的资金数额。

(3)"归集上缴":本明细科目核算按照规定上缴财政拨款结转资金时,实际核销的额度数额或上缴的资金数额。

(4)"单位内部调剂":本明细科目核算经财政部门批准对财政拨款结余资金改变用途,调整用于本单位其他未完成项目等的调整金额。

年末结账后,上述明细科目应无余额。

3. 与年末财政拨款结转业务相关的明细科目

(1)"本年收支结转":本明细科目核算单位本年度财政拨款收支相抵后的余额。

(2)"累计结转":本明细科目核算单位滚存的财政拨款结转资金。

年末结账后,"本年收支结转"明细科目应无余额;"累计结转"明细科目年末贷方余额,反映单位财政拨款滚存的结转资金数额。

政府会计制度根据业务需要,在"财政拨款结转"科目下设了上述7个明细科目。年末结账后,除"累计结转"明细科目外,其他明细科目结账后均无余额,属于典型的过渡性科目。这种过渡性明细核算的理念在"财政拨款结余""非财政拨款结转"和"非财政拨款结余"科目中也都有所体现,主要的目的是为了加强结转结余资金的精细化核算与管理,清晰反映结转结余资金的来源与去向,有利于强化结转结余资金的全过程管理。

在设置上述明细科目基础上,本科目还应当设置"基本支出结转""项目支出结转"两个明细科目,并在"基本支出结转"明细科目下按照"人员经费""日常公用经费"进行明细核算,在"项目支出结转"明细科目下按照具体项目进行明细核算;同时,本科目还应按照《政府收支分类科目》中"支出功能分类科目"的相关科目进行明细核算(见表19-4)。

表 19-4　　　　　　　　　　　财政拨款结转明细科目设置情况表

一级科目	二级科目	三级科目	辅助核算
财政拨款结转 (8101)	基本支出结转	人员经费	支出功能核算、结转变动原因核算
		日常公用经费	支出功能核算、结转变动原因核算
	项目支出结转		支出功能核算、结转变动原因核算、项目核算

注:结转变动原因即指年初余额调整、归集调入、归集调出、归集上缴、单位内部调剂、本年收支结转、累计结转等导致结转变化的7项业务。为了简化明细科目设置,可以将其作为辅助核算进行处理。

(二)主要账务处理

1. 与会计差错更正、以前年度支出收回相关的账务处理

(1)因发生会计差错更正退回以前年度国库直接支付、授权支付款项或财政性货币资金,或者因发生会计差错更正增加以前年度国库直接支付、授权支付支出或财政性货币资金支出,属于以前年度财政拨款结转资金的,借记或贷记"资金结存——财政应返还额度、零余额账户用款额度、货币资金"科目,贷记或借记"财政拨款结转——年初余额调整"。同时,在财务会计下,根据会计差错的具体情况进行账务调整,借记或贷记"财政应返还额度""零余额账户用款额度""银行存款"等科目,贷记或借记"以前年度盈余调整"等科目。

（2）因购货退回、预付款项收回等发生以前年度支出又收回国库直接支付、授权支付款项或收回财政性货币资金,属于以前年度财政拨款结转资金的,借记"资金结存——财政应返还额度、零余额账户用款额度、货币资金"科目,贷记"财政拨款结转——年初余额调整"科目。同时,在财务会计下,根据业务具体情况,借记"财政应返还额度""零余额账户用款额度""银行存款"等科目,贷记"以前年度盈余调整"等科目。

2. 与财政拨款结转资金调整业务相关的账务处理

（1）按照规定从其他单位调入财政拨款结转资金的,按照实际调增的额度数额或调入的资金数额,借记"资金结存——财政应返还额度、零余额账户用款额度、货币资金"科目,贷记"财政拨款结转——归集调入"科目。同时,在财务会计下,借记"财政应返还额度""零余额账户用款额度""银行存款"科目,贷记"累计盈余"科目。

（2）按照规定向其他单位调出财政拨款结转资金的,按照实际调减的额度数额或调出的资金数额,借记"财政拨款结转——归集调出"科目,贷记"资金结存——财政应返还额度、零余额账户用款额度、货币资金"科目。同时,在财务会计下,借记"累计盈余"科目,贷记"财政应返还额度""零余额账户用款额度""银行存款"科目。

（3）按照规定上缴财政拨款结转资金或注销财政拨款结转资金额度的,按照实际上缴资金数额或注销的资金额度数额,借记"财政拨款结转——归集上缴"科目,贷记"资金结存——财政应返还额度、零余额账户用款额度、货币资金"科目。同时,在财务会计下,借记"累计盈余"科目,贷记"财政应返还额度""零余额账户用款额度""银行存款"科目。

（4）经财政部门批准对财政拨款结余资金改变用途,调整用于本单位基本支出或其他未完成项目支出的,按照批准调剂的金额,借记"财政拨款结余——单位内部调剂"科目,贷记"财政拨款结转——单位内部调剂"科目。

【例 19-4】 某城市管理行政单位发生以下业务:

（1）某供货商因无法履行上年签订的合同,与单位协商后,将上年已经预付的,由专项检查项目购买的材料款 3.5 万元退回单位零余额账户,支出功能分类列"城乡社区支出——城乡社区管理事务——城管执法"预算科目。

预算会计:

借:资金结存——零余额账户用款额度						35 000
贷:财政拨款结转	项目支出结转	专项检查项目	城管执法	年初余额调整		35 000

财务会计:

借：零余额账户用款额度　　　　　　　　　　　　　　　　　　35 000

　　贷：预付账款——××供应商　　　　　　　　　　　　　　　　35 000

（2）单位上年预算安排但没有实施的××道路养护项目，因一直不具备实施条件，经与财政部门沟通，项目不再实施，项目经费（财政直接支付资金）150万元全额退回财政，支出功能分类列"城乡社区支出——城乡社区公共设施——其他城乡社区公共设施"预算科目。

预算会计：

借：财政拨　　项目支　　××道　　其他城乡社　　归集
　　款结转　　出结转　　路养护　　区公共设施　　上缴　　　　1 500 000

　　贷：资金结存——财政应返还额度——财政直接支付　　　　1 500 000

财务会计：

借：累计盈余　　　　　　　　　　　　　　　　　　　　　　1 500 000

　　贷：财政应返还额度——财政直接支付　　　　　　　　　　1 500 000

（3）经财政部门批准，单位将本单位已经完工的数字化城管项目结余资金50万元，调整用于尚未完工的垃圾处理场改造项目，支出功能分类相应由"城乡社区支出——城乡社区管理事务——一般行政管理"调整为"城乡社区支出——城乡社区环境卫生——城乡社区环境卫生"预算科目。

由于属于财政拨款结转项目的内部调整，不涉及单位的累计盈余，因此，财务会计无须进行账务处理。单位应做如下预算会计处理：

借：财政拨　　项目支　　数字化城　　一般行政　　单位内
　　款结余　　出结余　　管项目　　　管理　　　　部调剂　　　500 000

　　贷：财政拨　　项目支　　垃圾处理场　　城乡社区　　单位内
　　　　款结转　　出结转　　改造项目　　　环境卫生　　部调剂　　500 000

3. 与年末财政拨款结转业务相关的账务处理

（1）年末，将财政拨款预算收入本年发生额转入本科目，借记"财政拨款预算收入"科目，贷记"财政拨款结转——本年收支结转"科目；将各项支出中财政拨款支出本年发生额转入本科目，借记"财政拨款结转——本年收支结转"科目，贷记各项支出（财政拨款支出）科目。

（2）年末冲销有关明细科目余额。将"财政拨款结转"科目（本年收支结转、年初余额调整、归集调入、归集调出、归集上缴、单位内部调剂）余额转入"财政拨款结转——累计结转"科目。结转后，"财政拨款结转"科目除"累计结转"明细科目外，其他明细科目应无余额。

（3）年末完成上述结转后，应当对财政拨款结转各明细项目执行情况进行分析,按照有关规定将符合财政拨款结余性质的项目余额转入财政拨款结余,借记"财政拨款结转——累计结转"科目,贷记"财政拨款结余——结转转入"科目。

【例 19-5】 某公安行政单位发生以下预算会计业务(本例不考虑财务会计结转处理):

(1)年末,单位对本年财政拨款收支进行结转。财政拨款收入和支出科目余额如表 19-5 所示(仅选择部分科目和项目为例)。

表 19-5 　　　　　转账前的财政拨款收支科目余额情况表 　　　　单位:元

科　　目	余额
财政拨款预算收入——基本支出拨款——人员经费——行政运行	1 000 000
财政拨款预算收入——基本支出拨款——日常公用经费——行政运行	500 000
财政拨款预算收入——项目支出拨款——综合执法专项——执法办案	1 300 000
行政支出——财政拨款支出——基本支出——基本工资——行政运行	950 000
行政支出——财政拨款支出——基本支出——办公费——行政运行	450 000
行政支出——财政拨款支出——项目支出——综合执法专项——专用材料费——执法办案	1 200 000

借:财政拨款预算收入——基本支出——人员经费——行政运行 1 000 000

　　贷:财政拨 　　基本支 　　人员 　　行政 　　本年收
　　　　款结转 　　出结转 　　经费 　　运行 　　支结转 1 000 000

借:财政拨款预算收入——基本支出——日常公用经费——行政运行 500 000

　　贷:财政拨 　　基本支 　　日常公 　　行政 　　本年收
　　　　款结转 　　出结转 　　用经费 　　运行 　　支结转 500 000

借:财政拨款预算收入——项目支出——综合执法专项——执法办案 1 300 000

　　贷:财政拨 　　项目支 　　综合执 　　执法 　　本年收
　　　　款结转 　　出结转 　　法专项 　　办案 　　支结转 1 300 000

借:财政拨 　　基本支 　　人员 　　行政 　　本年收
　　款结转 　　出结转 　　经费 　　运行 　　支结转 950 000

　　贷:行政支出——财政拨款支出——基本支出——基本工资——行政运行 950 000

借：财政拨　　基本支　　日常公　　行政　　本年收　　　　　450 000
　　款结转　　出结转　　用经费　　运行　　支结转

　贷：行政支出——财政拨款支出——基本支出——办公费——行政运行　450 000

借：财政拨　　项目支　　综合执　　执法　　本年收　　　　　1 200 000
　　款结转　　出结转　　法专项　　办案　　支结转

　贷：行政　　财政拨　　项目　　综合执　　专用材　　执法　　1 200 000
　　　支出　　款支出　　支出　　法专项　　料费　　　办案

（2）年末，对"财政拨款结转"科目下明细科目进行冲销处理。

对"财政拨款结转"有关明细科目进行冲销处理，即对反映"财政拨款结转"变动原因的明细科目进行结转冲销。单位应做如下账务处理：

借：财政拨　　基本支　　人员　　行政　　本年收　　　　　50 000
　　款结转　　出结转　　经费　　运行　　支结转

　贷：财政拨　　基本支　　人员　　行政　　累计　　　　　50 000
　　　款结转　　出结转　　经费　　运行　　结转

借：财政拨　　基本支　　日常公　　行政　　本年收　　　　　50 000
　　款结转　　出结转　　用经费　　运行　　支结转

　贷：财政拨　　基本支　　日常公　　行政　　累计　　　　　50 000
　　　款结转　　出结转　　用经费　　运行　　结转

借：财政拨　　项目支　　综合执　　执法　　本年收　　　　　100 000
　　款结转　　出结转　　法专项　　办案　　支结转

　贷：财政拨　　项目支　　综合执　　执法　　累计　　　　　100 000
　　　款结转　　出结转　　法专项　　办案　　结转

（3）综合执法专项已经全部执行完毕。年末，单位将其结转资金转入财政拨款结余。

借：财政拨　　项目支　　综合执　　执法　　累计　　　　　100 000
　　款结转　　出结转　　法专项　　办案　　结转

　贷：财政拨　　项目支　　综合执　　执法　　结转　　　　　100 000
　　　款结余　　出结余　　法专项　　办案　　转入

按照政府会计制度规定，年末先将财政拨款所有收支全部转入"财政拨款结转"科目，再逐项梳理，将符合结余性质的项目资金从"财政拨款结转"科目转入"财政拨款结余"科目。这样的制度安排使得年末结转结余资金流向清晰，有利于加强项目资金结转结余的管理。

财政拨款结转主要经济业务会计核算如表19-6所示。

表 19-6　　　　　　　　　　**财政拨款结转主要经济业务会计核算情况表**

经济业务		预算会计核算	财务会计核算
(1) 因会计差错更正发生以前年度调整事项增加或减少相关资产		借(或贷)：资金结存 　贷(或借)：财政拨款结转 　　　　——年初余额调整	借(或贷)：财政应返还额度/零余额账户用款额度/银行存款等 贷(或借)：以前年度盈余调整等
(2) 因购货退回、预付款项收回等发生以前年度支出又收回的调整事项		借：资金结存 　贷：财政拨款结转——年初余额调整	借：财政应返还额度/零余额账户用款额度/银行存款等 贷：以前年度盈余调整/预付账款等
(3) 从其他单位调入财政拨款结转资金		借：资金结存 　贷：财政拨款结转——归集调入	借：财政应返还额度/零余额账户用款额度/银行存款 贷：累计盈余
(4) 向其他单位调出财政拨款结转资金		借：财政拨款结转——归集调出 　贷：资金结存	借：累计盈余 贷：财政应返还额度/零余额账户用款额度/银行存款
(5) 上缴财政拨款结转资金或注销财政拨款结转资金额度		借：财政拨款结转——归集上缴 　贷：资金结存	借：累计盈余 贷：财政应返还额度/零余额账户用款额度/银行存款
(6) 经财政部门批准对财政拨款结余资金改变用途		借：财政拨款结余——单位内部调剂 　贷：财政拨款结转——单位内部调剂	—
(7) 本年财政拨款预算收入、支出结转	收入结转	借：财政拨款预算收入 　贷：财政拨款结转——本年收支结转	—
	支出结转	借：财政拨款结转——本年收支结转 　贷：行政支出/事业支出等	—
(8) 年末冲销有关明细科目余额		借：财政拨款结转——本年收支结转、年初余额调整、归集调入、单位内部调剂 　贷：财政拨款结转——累计结转 借：财政拨款结转——累计结转 　贷：财政拨款结转——本年收支结转、年初余额调整、归集调出、归集上缴	—
(9) 将符合财政拨款结余性质的项目余额转入财政拨款结余		借：财政拨款结转——累计结转 　贷：财政拨款结余——结转转入	—

第四节　财政拨款结余

一、财政拨款结余概述

财政拨款结余是指单位各项目的财政拨款预算收入与其财政拨款支出相抵后剩余滚存的、需按规定管理的项目结余资金。

项目支出结余资金包括：项目目标完成或项目提前终止，尚未列支的预算资金；实施周期内，因实施计划调整，不需要继续支出的预算资金；实施周期内，连续两年未用完的预算资金；实施周期结束，尚未列支的预算资金；部门机动经费在预算批复当年未动用的部分。

项目支出结余资金原则上由财政部门收回。按照《关于改进加强中央财政科研项目和资金管理的若干意见》（国发〔2014〕11号）精神，中央财政科研项目结余资金中符合相关条件的，报财政部门确认后，可在一定期限内由项目单位统筹安排用于科研活动的直接支出。

年度预算执行中，因项目目标完成、项目提前终止或实施计划调整，不需要继续支出的预算资金，单位应及时调整为结余资金并报财政部门，由财政部门发文收回。

二、财政拨款结余的核算

（一）会计科目设置

行政事业单位应设置"财政拨款结余"科目，核算单位取得的同级财政拨款项目支出结余资金的调整、结转和滚存情况。"财政拨款结余"科目年末贷方余额反映单位滚存的财政拨款结余资金。

"财政拨款结余"科目应当设置下列明细科目。

1. 与会计差错更正、以前年度支出收回相关的明细科目

"年初余额调整"：本明细科目核算因发生会计差错更正、以前年度支出收回等原因，需要调整财政拨款结余的金额。

年末结账后，本明细科目应无余额。

2. 与财政拨款结余资金调整业务相关的明细科目

（1）"归集上缴"：本明细科目核算按照规定上缴财政拨款结余资金时，实际核销的额度数额或上缴的资金数额。

（2）"单位内部调剂"：本明细科目核算经财政部门批准对财政拨款结余资金改变用途，调整用于本单位其他未完成项目等的调整金额。

年末结账后,上述明细科目应无余额。

3. 与年末财政拨款结余业务相关的明细科目

(1)"结转转入":本明细科目核算单位按照规定转入财政拨款结余的财政拨款结转资金。

(2)"累计结余":本明细科目核算单位滚存的财政拨款结余资金。

年末结账后,"结转转入"明细科目应无余额;"累计结余"明细科目年末贷方余额,反映单位财政拨款滚存的结余资金数额。

"财政拨款结余"科目还应当按照具体项目、《政府收支分类科目》中"支出功能分类科目"的相关科目等进行明细核算(见表 19-7)。

表 19-7 　　　　　　　　　　**财政拨款结余明细科目设置情况表**

一级科目	辅助核算
财政拨款结余(8102)	支出功能核算、项目核算、结余变动原因核算

注:结余变动原因即指年初余额调整、归集上缴、单位内部调剂、结转转入、累计结余等导致结余变化的 5 项业务。为了简化明细科目设置,可以将其作为辅助核算进行处理。

(二) 主要账务处理

1. 与会计差错更正、以前年度支出收回相关的账务处理

(1)因发生会计差错更正退回以前年度国库直接支付、授权支付款项或财政性货币资金,因发生会计差错更正增加以前年度国库直接支付、授权支付支出或财政性货币资金支出,属于以前年度财政拨款结余资金的,借记或贷记"资金结存——财政应返还额度、零余额账户用款额度、货币资金"科目,贷记或借记"财政拨款结余——年初余额调整"科目。同时,在财务会计下,根据会计差错的具体情况进行账务调整,借记或贷记"财政应返还额度""零余额账户用款额度""银行存款"等科目,贷记或借记"以前年度盈余调整"等科目。

(2)因购货退回、预付款项收回等发生以前年度支出又收回国库直接支付、授权支付款项或收回财政性货币资金,属于以前年度财政拨款结余资金的,借记"资金结存——财政应返还额度、零余额账户用款额度、货币资金"科目,贷记"财政拨款结余——年初余额调整"科目。同时,在财务会计下,根据具体业务实际,借记"银行存款""零余额账户用款额度"等科目,贷记"以前年度盈余调整"等科目。

2. 与财政拨款结余资金调整业务相关的账务处理

(1)经财政部门批准对财政拨款结余资金改变用途,调整用于本单位基本支出或其他未完成项目支出的,按照批准调剂的金额,借记"财政拨款结余——单位内部调剂"科目,贷记"财政拨款结转——单位内部调剂"科目。

(2)按照规定上缴财政拨款结余资金或注销财政拨款结余资金额度的,按照实际上缴资金数额或注销的资金额度数额,借记"财政拨款结余——归集上缴"科目,贷记"资金结存——财政应返还额度、零余额账户用款额度、货币资金"科目。同时,在财务会计下,借记"累计盈余"科目,贷记"财政应返还额度""零余额账户用款额度""银行存款"科目。

【例19-6】　某技工学校事业单位发生以下业务:

(1) 经审计,发现单位上年已经完工并办理竣工决算、结清账款的房屋修缮项目,重复结算一笔施工款项15万元。根据审计意见,经与施工单位协调,施工单位将款项通过原直接支付渠道退回国库,支出功能分类列"教育支出——职业教育——技校教育"预算科目。

预算会计:

借:资金结存——财政应返还额度——财政直接支付　　　　　150 000

　　贷:财政拨款结余——房屋修缮项目——技校教育——年初余额调整　150 000

财务会计:

借:财政应返还额度——财政直接支付　　　　　　　　　　150 000

　　贷:以前年度盈余调整　　　　　　　　　　　　　　　150 000

(2) 单位将施工企业退回的施工款15万元缴回财政。

预算会计:

借:财政拨款结余——房屋修缮项目——技校教育——归集上缴　150 000

　　贷:资金结存——财政应返还额度——财政直接支付　　　150 000

财务会计:

借:以前年度盈余调整　　　　　　　　　　　　　　　　150 000

　　贷:财政应返还额度——财政直接支付　　　　　　　　150 000

按照政府会计制度的规定,单位按规定上缴财政拨款结余资金或注销财政拨款结余资金额度的,在财务会计下,应借记"累计盈余"科目,贷记"财政应返还额度"等科目。本案例中,因为收回资金时,增加了"以前年度盈余调整"科目,在将收回资金上缴财政时,也可直接冲减"以前年度盈余调整"科目,而不必再通过"累计盈余"科目办理。

3. 与年末财政拨款结余业务相关的账务处理

(1) 年末,对财政拨款结转各明细项目执行情况进行分析,按照有关规定将符合财政拨款结余性质的项目余额转入财政拨款结余,借记"财政拨款结转——累计结转"科目,贷记"财政拨款结余——结转转入"科目。

(2) 年末冲销有关明细科目余额。将"财政拨款结余"科目(年初余额调整、归集上缴、单位内部调剂、结转转入)余额转入"财政拨款结余——累计结余"科目。结转后,"财政拨款结余"科目除"累计结余"明细科目外,其他明细科目应无余额。

【例 19-7】　年末,某司法行政单位对财政拨款结余明细项目进行冲销。转账冲销前的财政拨款结余明细科目余额情况表如表 19-8 所示。

表 19-8　　　　　　转账冲销前的财政拨款结余明细科目余额情况　　　　单位:元

项目	支出功能分类	变动原因	借方余额	贷方余额
数字化平台	信息化建设	年初余额调整		50 000
数字化平台	信息化建设	单位内部调剂	50 000	
普法考试	普法宣传	结转转入		200 000
普法考试	普法宣传	单位内部调剂	120 000	
普法考试	普法宣传	归集上缴	80 000	
××法律援助项目	法律援助	结转转入		150 000

从表 19-8 中可以看出,财政拨款结余明细科目冲销前,信息化平台项目由于收回以前年度拨款等原因,增加财政拨款结余 5 万元,然后经财政部门同意,将 5 万元结余内部调剂给本单位其他项目;普法考试项目结转转入 20 万元,其中,12 万元调剂给本单位其他项目,8 万元上缴财政;××法律援助项目结余 15 万元,财政部门尚未要求上缴财政。冲销相关变动原因明细项目后,"累计结余"明细科目余额即为 15 万元的××法律援助项目结余。单位应做如下账务处理:

借:财政拨款结余——数字化平台——信息化建设——年初余额调整　　50 000

　　贷:财政拨款结余——数字化平台——信息化建设——累计结余　　　　50 000

借:财政拨款结余——数字化平台——信息化建设——累计结余　　　　50 000

　　贷:财政拨款结余——数字化平台——信息化建设——单位内部调剂　　50 000

借:财政拨款结余——普法考试——普法宣传——结转转入　　　　　　200 000

　　贷:财政拨款结余——普法考试——普法宣传——累计结余　　　　　　200 000

借:财政拨款结余——普法考试——普法宣传——累计结余　　　　　　120 000

　　贷:财政拨款结余——普法考试——普法宣传——单位内部调剂　　　　120 000

借:财政拨款结余——普法考试——普法宣传——累计结余　　　　　　80 000

　　贷:财政拨款结余——普法考试——普法宣传——归集上缴　　　　　　80 000

借:财政拨款结余——××法律援助项目——法律援助——结转转入　　150 000

　　贷:财政拨款结余——××法律援助项目——法律援助——累计结余　　150 000

财政拨款结余主要经济业务会计核算如表 19-9 所示。

表 19-9　　　　　**财政拨款结余主要经济业务会计核算情况表**

经济业务	预算会计核算	财务会计核算
(1) 因会计差错更正发生以前年度调整事项增加或减少相关资产	借(或贷)：资金结存 贷(或借)：财政拨款结余——年初余额调整	借(或贷)：财政应返还额度/零余额账户用款额度/银行存款等 贷(或借)：以前年度盈余调整等
(2) 因购货退回、预付款项收回等发生以前年度支出又收回的调整事项	借：资金结存 贷：财政拨款结余——年初余额调整	借：财政应返还额度/零余额账户用款额度/银行存款等 贷：以前年度盈余调整等
(3) 财政拨款结余资金调整用于本单位基本支出或其他未完成项目支出	借：财政拨款结余——单位内部调剂 贷：财政拨款结转——单位内部调剂	—
(4) 上缴财政拨款结余资金或注销财政拨款结余资金额度	借：财政拨款结余——归集上缴 贷：资金结存	借：累计盈余 贷：财政应返还额度/零余额账户用款额度/银行存款
(5) 将符合结余性质的财政拨款结转项目余额转入财政拨款结余	借：财政拨款结转——累计结转 贷：财政拨款结余——结转转入	—
(6) 年末冲销有关明细科目余额	借：财政拨款结余——年初余额调整、结转转入 贷：财政拨款结余——累计结余 借：财政拨款结余——累计结余 贷：财政拨款结余——年初余额调整、归集上缴、单位内部调剂	—

第五节　非财政拨款结转

一、非财政拨款结转概述

非财政拨款结转是行政事业单位除财政拨款收支、经营收支以外各非同级财政拨款专项资金收入与其相关支出相抵后剩余滚存的、需按规定用途使用的结转资金。

非财政拨款结转资金有三个特点：一是从资金来源上看，属于除了同级财政拨款资金和经营收支以外的其他资金；二是从资金性质上看，属于专项资金；三是从资金使用上看，结转下年按规定用途使用。

因此，从收入项目上看，转入非财政拨款结转的收入只能来自6项专项资金收入，即事业预算收入、上级补助预算收入、附属单位上缴预算收入、非同级财政拨款预算收入、债务预算收入、其他预算收入本年发生额中的专项资金收入；从支出项目上看，转入非财政拨款结转的支出只能来自3项专项资金支出，即行政支出、事业支出、其他支出本年发生额中的非财政拨款专项资金支出。

二、非财政拨款结转的核算

（一）会计科目设置

行政事业单位应设置"非财政拨款结转"科目，核算单位除财政拨款收支、经营收支以外各非同级财政拨款专项资金的调整、结转和滚存情况。"非财政拨款结转"科目年末贷方余额反映单位滚存的非同级财政拨款专项结转资金数额。

本科目应当设置下列明细科目：

（1）"年初余额调整"：本明细科目核算因发生会计差错更正、以前年度支出收回等原因，需要调整非财政拨款结转的资金。

（2）"缴回资金"：本明细科目核算按照规定缴回非财政拨款结转资金时，实际缴回的资金数额。

（3）"项目间接费用或管理费"：本明细科目核算单位取得的科研项目预算收入中，按照规定计提项目间接费用或管理费的数额。

（4）"本年收支结转"：本明细科目核算单位本年度非同级财政拨款专项收支相抵后的余额。

（5）"累计结转"：本明细科目核算单位滚存的非同级财政拨款专项结转资金。

年末结账后，除"累计结转"明细科目外，其他明细科目均应无余额；"累计结转"明细科目年末贷方余额，反映单位非同级财政拨款滚存的专项结转资金数额。

本科目还应当按照具体项目、《政府收支分类科目》中"支出功能分类科目"的相关科目等进行明细核算（见表19-10）。

表 19-10　　　　　　　　非财政拨款结转明细科目设置情况表

一级科目	辅助核算
非财政拨款结转（8201）	支出功能核算、项目核算、变动原因核算

注：结转变动原因即指年初余额调整、缴回资金、项目间接费用或管理费、本年收支结转、累计结转等导致结转变化的5项业务。为了简化明细科目设置，可以将其作为辅助核算进行处理。

（二）主要账务处理

1. 提取项目管理费或间接费

按照规定从科研项目预算收入中提取项目管理费或间接费时，按照提取金额，借记"非财政拨款结转——项目间接费用或管理费"科目，贷记"非财政拨款结余——项目间接费用或管理费"科目。同时，在财务会计下，借记"单位管理费用"等科目，贷记"预提费用"科目。

关于从科研项目预算收入中提取项目管理费或间接费的核算，预算会计和财务会计总的处理思路都是一样的，即从项目资金中划转出来一块资金，对其进行单独的支配与管理。预算会计由于受到了科目设置的限制和收付实现制的束缚，无法设置预提科目和提前列支，因而采取通过调整结余结转资金的间接方式，按照应提取项目管理费或间接费的金额，从"非财政拨款结转"中划转出来，同时转入"非财政拨款结余"予以隔离和锁定。在实际发生项目管理费或间接费支出时，通过"事业支出"等相关支出科目核算，同时根据实际支出额度，调减"非财政拨款结余——项目间接费用或管理费"科目，调增"非财政拨款结转"科目，确保结转数额的准确性。"非财政拨款结转——项目间接费用或管理费"作为过渡科目，构建了项目管理费或间接费支出与"非财政拨款结余——项目间接费用或管理费"科目的关联关系，比较好地满足了项目管理费或间接费预提、使用及核算的管理需求。具体分析详见本书第十七章第六节"预提费用"科目。

2. 收到或支出非财政拨款结转资金

因会计差错更正收到或支出非同级财政拨款货币资金，以及因收回以前年度支出等收到非同级财政拨款货币资金，属于非财政拨款结转资金的，按照收到或支出的金额，借记或贷记"资金结存——货币资金"科目，贷记或借记"非财政拨款结转——年初余额调整"科目。同时，在财务会计下，借记或贷记"银行存款"等科目，贷记或借记"以前年度盈余调整"等科目。

3. 缴回非财政拨款结转资金

按照规定缴回非财政拨款结转资金的，按照实际缴回资金数额，借记"非财政拨款结转——缴回资金"科目，贷记"资金结存——货币资金"科目。同时，在财务会计下，借记"累计盈余"科目，贷记"银行存款"等科目。

【例19-8】 某药物研究所事业单位，承担了横向科研课题"新药研究"和"药物成分分析"项目，项目的支出功能分类列"科学技术支出——技术研究与开发——应用技术研究与开发"预算科目。针对上述项目，单位现发生以下业务：

（1）单位根据"新药研究"项目预算，从项目预算收入中提取项目间接费用2

万元。

预算会计：

| | 借 | 非财政拨款结转 | 新药研究项目 | 应用技术研究与开发 | 项目间接费用或管理费 | 20 000 |

| | 贷 | 非财政拨款结余 | 新药研究项目 | 应用技术研究与开发 | 项目间接费用或管理费 | 20 000 |

财务会计：

借：单位管理费用——商品和服务费用 20 000

　　贷：预提费用——项目间接费用或管理费 20 000

（2）因试剂质量问题，单位收到供应商退回的上年购买的试剂款 1 万元。该试剂用于"新药研究"项目。

预算会计：

借：资金结存——货币资金 10 000

| | 贷 | 非财政拨款结转 | 新药研究项目 | 应用技术研究与开发 | 年初余额调整 | 10 000 |

财务会计：

借：银行存款——××银行 10 000

　　贷：以前年度盈余调整 10 000

（3）单位按照"药物成分分析"项目经费管理规定，将上年结转的经费 3 万元，通过银行转账缴回原项目管理部门。

预算会计：

| | 借 | 非财政拨款结转 | 药物成分分析项目 | 应用技术研究与开发 | 缴回资金 | 30 000 |

| | 贷 | 资金结存——货币资金 | | | | 30 000 |

财务会计：

借：累计盈余 30 000

　　贷：银行存款——××银行 30 000

4. 年末结转处理

年末，将事业预算收入、上级补助预算收入、附属单位上缴预算收入、非同级财政拨款预算收入、债务预算收入、其他预算收入本年发生额中的专项资金收入转入本科目，借记"事业预算收入""上级补助预算收入""附属单位上缴预算收入""非同级财政拨款预算收入""债务预算收入""其他预算收入"科目下各专项资金收入明细科目,贷记"非财政拨款结转——本年收支结转"科目;将行政支出、事业支出、其他支出本年发生额中的非财政拨款专项资金支出转入本科目,借记"非财政拨款结转——本年收支结转"科目,贷记"行政支出""事业支出""其他支出"科目下各非财政拨款专项资金支出明细科目。

5. 年末冲销有关明细科目余额

将"非财政拨款结转——年初余额调整、项目间接费用或管理费、缴回资金、本年收支结转"科目余额转入"非财政拨款结转——累计结转"科目。结转后,"非财政拨款结转"科目下除"累计结转"明细科目外,其他明细科目应无余额。

6. 已经完成的非财政拨款专项资金进行结转处理

年末完成上述结转后,应当对非财政拨款专项结转资金各项目情况进行分析,将留归本单位使用的非财政拨款专项(项目已完成)剩余资金转入非财政拨款结余,借记"非财政拨款结转——累计结转"科目,贷记"非财政拨款结余——结转转入"科目。

【例19-9】 某药物研究所事业单位现发生以下业务:

(1) 年末,单位对非同级财政拨款专项资金收支进行结转处理。转账冲销前的非同级财政拨款专项资金收支科目余额情况见表19-11。

表19-11 转账前的非同级财政拨款专项资金收支科目余额情况表 单位:元

科目	借方余额	贷方余额
事业预算收入——科研收入——专项资金收入——新药研究项目——应用技术研究与开发		100 000
上级补助预算收入——省科研院——专项资金收入——实验室改造——重点实验室及相关设施		400 000
事业支出——非财政专项资金支出——新药研究项目——劳务费——应用技术研究与开发	30 000	
事业支出——非财政专项资金支出——实验室改造——专用材料费——重点实验室及相关设施	350 000	

借:事业预算收入——科研收入——专项资金收入——新药研究项目——应用技术研究与开发 100 000
　贷:非财政拨款结转——新药研究项目——应用技术研究与开发——本年收支结转 100 000

借:上级补助预算收入——省科研院——专项资金收入——实验室改造——重点实验室及相关设施 400 000
　贷:非财政拨款结转——实验室改造——重点实验室及相关设施——本年收支结转 400 000

借：非财政拨款结转——新药研究项目——应用技术研究与开发——本年收支结转

                                                              30 000

  贷：事业支出——非财政专项资金支出——新药研究项目——劳务费——应用技术研究与开发   30 000

借：非财政拨款结转——实验室改造——重点实验室及相关设施——本年收支结转   350 000

  贷：事业支出——非财政专项资金支出——实验室改造——专用材料费——重点实验室及相关设施   350 000

（2）年末，将上述业务形成的非财政拨款结转明细科目进行冲销。

借：非财政拨款结转——新药研究项目——应用技术研究与开发——本年收支结转   100 000

  贷：非财政拨款结转——新药研究项目——应用技术研究与开发——累计结转   100 000

借：非财政拨款结转——实验室改造——重点实验室及相关设施——本年收支结转   400 000

  贷：非财政拨款结转——实验室改造——重点实验室及相关设施——累计结转   400 000

借：非财政拨款结转——新药研究项目——应用技术研究与开发——累计结转   30 000

  贷：非财政拨款结转——新药研究项目——应用技术研究与开发——本年收支结转   30 000

借：非财政拨款结转——实验室改造——重点实验室及相关设施——累计结转   350 000

  贷：非财政拨款结转——实验室改造——重点实验室及相关设施——本年收支结转   350 000

（3）年末，单位对非财政拨款专项结转资金各项目情况进行分析，发现"实验室改造"项目已完成，按合同约定结余资金5万元留归单位使用。

借：非财政拨款结转——实验室改造——重点实验室及相关设施——累计结转   50 000

  贷：非财政拨款结余——实验室改造——重点实验室及相关设施——结转转入   50 000

非财政拨款结转主要经济业务会计核算如表 19-12 所示。

表 19-12　　　　非财政拨款结转主要经济业务会计核算情况表

经济业务		预算会计核算	财务会计核算
（1）从科研项目预算收入中提取项目间接费或管理费		借：非财政拨款结转——项目间接费用或管理费 贷：非财政拨款结余——项目间接费用或管理费	借：单位管理费用等 贷：预提费用
（2）因会计差错更正、购货退回等发生以前年度调整事项增加或减少相关资产		借（或贷）：资金结存——货币资金 贷（或借）：非财政拨款结转——年初余额调整	借（或贷）：银行存款等 贷（或借）：以前年度盈余调整等
（3）缴回非财政拨款结转资金		借：非财政拨款结转——缴回资金 贷：资金结存——货币资金	借：累计盈余 贷：银行存款等
（4）年末结转	结转非财政拨款专项资金收入	借：事业预算收入/上级补助预算收入/附属单位上缴预算收入/非同级财政拨款预算收入/债务预算收入/其他预算收入［专项资金部分］ 贷：非财政拨款结转——本年收支结转	—
	结转非财政拨款专项资金支出	借：非财政拨款结转——本年收支结转 贷：行政支出/事业支出/其他支出［非财政专项资金部分］	—
（5）年末冲销有关明细科目余额		借：非财政拨款结转——年初余额调整/本年收支结转 贷：非财政拨款结转——累计结转 借：非财政拨款结转——累计结转 贷：非财政拨款结转——年初余额调整/缴回资金/项目间接费用或管理费/本年收支结转	—
（6）结转留归本单位使用的非财政拨款专项剩余资金		借：非财政拨款结转——累计结转 贷：非财政拨款结余——结转转入	—

第六节　非财政拨款结余

一、非财政拨款结余概述

非财政拨款结余核算单位历年滚存的非限定用途的非同级财政拨款结余资金，主要为非财政拨款结余扣除结余分配后滚存的金额。

二、非财政拨款结余的核算

（一）会计科目设置

行政事业单位应设置"非财政拨款结余"科目，用于核算单位历年滚存的非限定用途的非同级财政拨款结余资金。"非财政拨款结余"科目年末贷方余额反映单位滚存的非限定用途的非同级财政拨款结余资金。

本科目应设置下列明细科目：

（1）"年初余额调整"：本明细科目核算因发生会计差错更正、以前年度支出收回等原因，需要调整非财政拨款结余的资金。

（2）"项目间接费用或管理费"：本明细科目核算单位取得的科研项目预算收入中，按照规定计提的项目间接费用或管理费数额。

（3）"结转转入"：本明细科目核算按照规定留归单位使用，由单位统筹调配，纳入单位非财政拨款结余的非同级财政拨款专项剩余资金。

（4）"累计结余"：本明细科目核算单位历年滚存的非同级财政拨款、非专项结余资金。

年末结账后，除"累计结余"明细科目外，其他明细科目均应无余额。"累计结余"明细科目年末贷方余额，反映单位非同级财政拨款滚存的非专项结余资金数额。

本科目还应当按照《政府收支分类科目》中"支出功能分类科目"的相关科目进行明细核算（见表 19-13）。

表 19-13　　　　　　　非财政拨款结余明细科目设置情况表

一级科目	辅助核算
非财政拨款结余（8202）	支出功能核算、结余变动原因核算

注：结余变动原因即指年初余额调整、项目间接费用或管理费、结转转入、累计结余等导致结余变化的4项业务。为了简化明细科目设置，可以将其作为辅助核算进行处理。

（二）主要账务处理

1. 提取项目间接费用或管理费

按照规定从科研项目预算收入中提取项目间接费用或管理费时，借记"非财政拨款结转——项目间接费用或管理费"科目，贷记"非财政拨款结余——项目间接费用或管理费"科目。同时，在财务会计下，借记"单位管理费用"等科目，贷记"预提费用"科目。具体详见"非财政拨款结转"和"预提费用"科目相关内容。

2. 缴纳企业所得税

有企业所得税缴纳义务的事业单位实际缴纳企业所得税时，按照缴纳金额，借记"非财政拨款结余——累计结余"科目，贷记"资金结存——货币资金"科目。同时，在财务会计下，借记"其他应交税费——单位应交所得税"科目，贷记"银行存款"科目。

【例 19-10】　某高校事业单位通过银行账户缴纳企业所得税 5 万元，支出功能分类列"教育支出——普通教育——高等教育"预算科目。

预算会计：

借：非财政拨款结余——高等教育——累计结余 50 000
　　贷：资金结存——货币资金 50 000

财务会计：

借：其他应交税费——单位应交所得税 50 000
　　贷：银行存款——××银行 50 000

3. 收到或支出非财政拨款结余资金

因会计差错更正收到或支出非同级财政拨款货币资金，以及因收回以前年度支出等收到非同级财政拨款货币资金，属于非财政拨款结余资金的，按照收到或支出的金额，借记或贷记"资金结存——货币资金"科目，贷记或借记"非财政拨款结余——年初余额调整"科目。同时，在财务会计下，根据具体业务情况，借记或贷记"银行存款"等科目，贷记或借记"以前年度盈余调整"等科目。

4. 对已经完成的非财政拨款结转资金进行结转处理

年末，对非财政拨款结转资金进行分析，将项目已完成且剩余资金留归本单位使用的非财政结转资金转入本科目，借记"非财政拨款结转——累计结转"科目，贷记"非财政拨款结余——结转转入"科目。

5. 年末冲销有关明细科目余额

将"非财政拨款结余——年初余额调整、项目间接费用或管理费、结转转入"科目余额结转入"非财政拨款结余——累计结余"科目。结转后，"非财政拨款结余"科目除"累计结余"明细科目外，其他明细科目无余额。

6. 结余分配与结转

年末，事业单位将"非财政拨款结余分配"科目余额转入非财政拨款结余，根据

"非财政拨款结余分配"科目的贷方余额或借方余额,借记或贷记"非财政拨款结余分配"科目,贷记或借记"非财政拨款结余——累计结余"科目。

行政单位将"其他结余"科目余额转入非财政拨款结余,根据"其他结余"的贷方余额或借方余额,借记或贷记"其他结余"科目,贷记或借方"非财政拨款结余——累计结余"科目。

"非财政拨款结余"科目的相关案例,具体详见"非财政拨款结转""其他结余""非财政拨款结余分配"科目。

非财政拨款结余主要经济业务会计核算如表 19-14 所示。

表 19-14　　　　　非财政拨款结余主要经济业务会计核算情况表

经济业务		预算会计核算	财务会计核算
(1) 从科研项目预算收入中提取项目间接费用或管理费		借:非财政拨款结转——项目间接费用或管理费 　贷:非财政拨款结余——项目间接费用或管理费	借:单位管理费用等 　贷:预提费用
(2) 因会计差错更正、购货退回等发生以前年度调整事项增加或减少相关资产		借(或贷):资金结存——货币资金 　贷(或借):非财政拨款结余——年初余额调整	借(或贷):银行存款等 　贷(或借):以前年度盈余调整等
(3) 事业单位实际缴纳企业所得税		借:非财政拨款结余——累计结余 　贷:资金结存——货币资金	借:其他应交税费——单位应交所得税 　贷:银行存款
(4) 结转留归本单位使用的非财政拨款专项剩余资金		借:非财政拨款结转——累计结转 　贷:非财政拨款结余——结转转入	—
(5) 年末冲销有关明细科目余额		借:非财政拨款结余——年初余额调整/项目间接费用或管理费/结转转入 　贷:非财政拨款结余——累计结余	—
		借:非财政拨款结余——累计结余 　贷:非财政拨款结余——年初余额调整/缴回资金	
(6) 结余分配与结转	事业单位	借(或贷):非财政拨款结余分配 　贷(或借):非财政拨款结余——累计结余	—
	行政单位	借(或贷):其他结余 　贷(或借):财政拨款结余——累计结余	—

第七节　其他预算结余

一、经营结余

经营结余是事业单位本年度经营活动收支相抵后余额弥补以前年度经营亏损后的余额，反映事业单位开展非独立核算经营活动的收支差额。经营亏损应当使用以后年度的经营盈余弥补，不可使用其他结转结余资金弥补。

(一) 会计科目设置

事业单位应当设置"经营结余"科目，用于核算事业单位本年度经营活动收支相抵后余额弥补以前年度经营亏损后的余额。"经营结余"科目年末结账后，一般无余额；如为借方余额，反映事业单位累计发生的经营亏损。

"经营结余"科目应当按照经营活动类别进行明细核算。

(二) 主要账务处理

(1) 年末，将经营预算收入本年发生额转入经营结余科目，借记"经营预算收入"科目，贷记"经营结余"科目；将经营支出本年发生额转入经营结余科目，借记"经营结余"科目，贷记"经营支出"科目。

(2) 年末，完成经营收支结转后，如经营结余为贷方余额，将经营结余贷方额转入非财政拨款结余分配科目，借记"经营结余"科目，贷记"非财政拨款结余分配"科目；如经营结余为借方余额，为经营亏损，不予结转。

【例 19-11】　某文化事业单位在专业业务活动外，开展咨询服务经营活动，现发生以下业务：

(1) 年末，对经营成果进行归集汇总，"经营预算收入——咨询服务——文化活动"科目贷方余额 50 万元，"经营支出——咨询服务——劳务费——文化活动"科目借方余额 40 万元。单位进行年终结转。

借：经营预算收入——咨询服务——文化活动 　　　　　　　　　500 000

　贷：经营结余——咨询服务 　　　　　　　　　　　　　　　　500 000

借：经营结余——咨询服务 　　　　　　　　　　　　　　　　400 000

　贷：经营支出——咨询服务——劳务费——文化活动 　　　　　400 000

(2) 单位对结转后的经营结余进行处理。

预算收支结转后，经营结余为贷方余额。按照规定，单位应将经营结余转入非财政拨款结余分配。

借：经营结余——咨询服务　　　　　　　　　　　　　　　　　　　100 000

　　贷：非财政拨款结余分配　　　　　　　　　　　　　　　　　　　100 000

经营结余主要经济业务会计核算如表19-15所示。

表19-15　　　　　　　　　经营结余主要经济业务会计核算情况表

经济业务	预算会计核算		财务会计核算
(1) 年末经营收支结转	借：经营预算收入 　贷：经营结余	借：经营结余 　贷：经营支出	—
(2) 经营收支结转后,如经营结余为贷方余额,转入结余分配	借：经营结余 　贷：非财政拨款结余分配		—

二、其他结余

其他结余核算单位本年度除财政拨款收支、非同级财政专项资金收支和经营收支以外各项收支相抵后的余额。从概念可以看出,其他结余的收入包括事业预算收入、上级补助预算收入、附属单位上缴预算收入、非同级财政拨款预算收入、债务预算收入、其他预算收入中的非专项资金收入以及投资预算收益;其他结余的支出包括行政支出、事业支出、其他支出中的非同级财政、非专项资金支出,以及上缴上级支出、对附属单位补助支出、投资支出、债务还本支出。

(一) 会计科目设置

行政事业单位应当设置"其他结余"科目,用于核算单位本年度除财政拨款收支、非同级财政专项资金收支和经营收支以外各项收支相抵后的余额。年末结账后,"其他结余"科目应无余额。

(二) 主要账务处理

(1) 年末,将事业预算收入、上级补助预算收入、附属单位上缴预算收入、非同级财政拨款预算收入、债务预算收入、其他预算收入本年发生额中的非专项资金收入以及投资预算收益本年发生额转入本科目,借记"事业预算收入""上级补助预算收入""附属单位上缴预算收入""非同级财政拨款预算收入""债务预算收入""其他预算收入"科目下各非专项资金收入明细科目和"投资预算收益"科目,贷记"其他结余"科目;将行政支出、事业支出、其他支出本年发生额中的非同级财政、非专项资金支出,以及上缴上级支出、对附属单位补助支出、投资支出、债务还本支出本年发生额转入本科目,借记"其他结余"科目,贷记"行政支出""事业支出""其他支出"科目下各非同级财政、非专项资金支出明细科目和"上缴上级支出""对附属单位补助支出""投资支出""债务还本支出"科目。

(2) 完成上述结转后,行政单位将本科目余额转入"非财政拨款结余——累计结余"科目;事业单位将本科目余额转入"非财政拨款结余分配"科目。当"其他结余"科目为贷方余额时,借记"其他结余"科目,贷记"非财政拨款结余——累计结余"(行政单位)或"非财政拨款结余分配"(事业单位)科目;当"其他结余"科目为借方余额时,借记"非财政拨款结余——累计结余"(行政单位)或"非财政拨款结余分配"(事业单位)科目,贷记"其他结余"科目。

需要注意的是,行政单位和事业单位对"其他结余"的结转处理是不一样的。事业单位按照国家有关规定可以对非财政拨款结余、经营结余进行分配,提取专用基金,因此,事业单位应将其他结余资金先转入"非财政拨款结余分配"科目,待提取专用基金后,再转入"非财政拨款结余"科目;而行政单位结余资金不进行分配,因此直接将其他结余资金转入"非财政拨款结余"科目。

其他结余主要经济业务会计核算如表 19-16 所示。

表 19-16 其他结余主要经济业务会计核算情况表

经济业务		预算会计核算	财务会计核算
(1) 年末,结转相关收入		借:事业预算收入/上级补助预算收入/附属单位上缴预算收入/非同级财政拨款预算收入/债务预算收入/其他预算收入(非专项资金收入部分) 借(或贷):投资预算收益 　贷:其他结余	—
(2) 年末,结转相关支出		借:其他结余 　贷:行政支出/事业支出/其他支出(非财政、非专项资金支出部分) 　上缴上级支出/对附属单位补助支出/投资支出/债务还本支出	—
(3) 结转"其他结余"	行政单位	借(或贷):其他结余 　贷(或借):非财政拨款结余——累计结余	—
	事业单位	借(或贷):其他结余 　贷(或借):非财政拨款结余分配	—

三、非财政拨款结余分配概述

非财政拨款结余分配是事业单位按照规定对实现的非财政拨款结余进行分配。该科目为年末结转过渡性科目,主要用于事业单位结余分配。

（一）会计科目设置

事业单位应当设置"非财政拨款结余分配"科目,核算核算事业单位本年度非财政拨款结余分配的情况和结果。年末结转后,本科目应无余额。

（二）主要账务处理

（1）年末,将"其他结余"科目余额转入本科目,当"其他结余"科目为贷方余额时,借记"其他结余"科目,贷记"非财政拨款结余分配"科目;当"其他结余"科目为借方余额时,借记"非财政拨款结余分配"科目,贷记"其他结余"科目。

年末,将"经营结余"科目贷方余额转入本科目,借记"经营结余"科目,贷记"非财政拨款结余分配"科目。

(2)根据有关规定提取专用基金的,按照提取的金额,借记"非财政拨款结余分配"科目,贷记"专用结余"科目。

(3)年末,完成上述处理后,将本科目余额转入"非财政拨款结余——累计结余"科目。当本科目为贷方余额时,借记"非财政拨款结余分配"科目,贷记"非财政拨款结余——累计结余"科目;当本科目为借方余额时,借记"非财政拨款结余——累计结余"科目,贷记"非财政拨款结余分配"科目。

【例 19-12】　某事业单位进行年终结转,发生以下业务:

(1)年末,收支结转后,"其他结余"科目贷方余额为 70 万元,"经营结余"科目贷方余额 10 万元。进行年终结转。

借:其他结余　　　　　　　　　　　　　　　　　　　　　700 000
　　贷:非财政拨款结余分配　　　　　　　　　　　　　　　　700 000

借:经营结余　　　　　　　　　　　　　　　　　　　　　100 000
　　贷:非财政拨款结余分配　　　　　　　　　　　　　　　　100 000

(2)根据规定,单位对上述结余资金提取职工福利基金,提取比例为 20%。

提取职工福利基金＝(70＋10)×20%＝16(万元)

借:非财政拨款结余分配　　　　　　　　　　　　　　　　160 000
　　贷:专用结余——职工福利基金　　　　　　　　　　　　　160 000

(3)非财政拨款结余分配后,进行年终结转。

借:非财政拨款结余分配　　　　　　　　　　　　　　　　640 000
　　贷:非财政拨款结余——累计结余　　　　　　　　　　　　640 000

非财政拨款结余分配主要经济业务会计核算如表 19-17 所示。

表 19-17　　　　非财政拨款结余分配主要经济业务会计核算情况表

经济业务	预算会计核算	财务会计核算
(1)年末,事业单位结余转入	借(或贷):其他结余 　贷(或借):非财政拨款结余分配	—
(2)年末,经营结余(贷方余额)转入	借:经营结余 　贷:非财政拨款结余分配	—
(3)提取专用基金	借:非财政拨款结余分配 　贷:专用结余	—
(4)事业单位转入非财政拨款结余	借(或贷):非财政拨款结余分配 　贷(或借):非财政拨款结余——累计结余	—

四、专用结余

（一）专用结余概述

专用结余是事业单位按照规定从非财政拨款结余或经营结余中提取的具有专门用途的资金。专用结余有以下特点：

一是专用结余的取得有专门的来源。专用结余一般是按照财政部门的规定，从有关结余资金中，按照一定的比例提取的。

二是专用结余的使用有限定的范围。各项专用结余都应按照规定的用途和范围实行专款专用，不得随意挤占和挪用。

三是专用结余的使用不得超出提取规模。事业单位应当按照先提后用、收支平衡的原则，加强对专用结余使用的管理，专用结余的支出不得超出结余规模。

四是专用结余不同于财务会计中的专用基金。专用结余仅指从非财政拨款结余或经营结余中提取的基金，而财务会计的专用基金不仅包括从非财政拨款结余或经营结余中提取的基金，还包括从收入中直接提取或按规定直接设置的专用基金。

（二）专用结余的核算

事业单位应当设置"专用结余"科目，用于核算事业单位按照规定从非财政拨款结余或经营结余中提取的具有专门用途的资金的变动和滚存情况。"专用结余"科目年末贷方余额反映事业单位专用结余的累计滚存数额。

"专用结余"科目应当按照专用结余的类别进行明细核算。其中，基层医疗卫生机构应当在"专用结余"科目下设置"职工福利基金""奖励基金"明细科目，分别用于核算基层医疗卫生机构职工福利基金资金、奖励基金的变动和滚存情况。

（1）根据有关规定从本年度非财政拨款结余或经营结余中提取基金的，按照提取金额，借记"非财政拨款结余分配"科目，贷记"专用结余"科目。同时，在财务会计下，借记"本年盈余分配"科目，贷记"专用基金"科目。

（2）根据规定使用从非财政拨款结余或经营结余中提取的专用基金时，按照使用金额，借记"专用结余"科目，贷记"资金结存——货币资金"科目。同时，在财务会计下，根据支出使用方向，如果是费用化支出，借记"专用基金"科目，贷记"银行存款"等科目；如果是资本化支出，借记"固定资产""无形资产"等科目，贷记"银行存款"等科目，同时，借记"专用基金"科目，贷记"累计盈余"科目。

【例19-13】 某事业单位发生以下业务：

（1）单位根据有关规定，从本年度非财政拨款结余中提取职工福利基金20万元。

预算会计：

借：非财政拨款结余分配   200 000

 贷：专用结余——职工福利基金   200 000

财务会计：

借：本年盈余分配 200 000

 贷：专用基金——职工福利基金 200 000

（2）单位使用职工福利基金3万元购置职工餐厅桌椅，通过银行转账支付。桌椅已经交付，并办理了固定资产出入库手续。

预算会计：

借：专用结余——职工福利基金 30 000

 贷：资金结存——货币资金 30 000

财务会计：

借：固定资产——家具——桌椅 30 000

 贷：银行存款——××银行 30 000

借：专用基金——职工福利基金 30 000

 贷：累计盈余 30 000

专用结余主要经济业务会计核算如表19-18所示。

表 19-18   专用结余主要经济业务会计核算情况表

经济业务		预算会计核算	财务会计核算
（1）从本年度非财政拨款结余或经营结余中提取基金		借：非财政拨款结余分配 贷：专用结余	借：本年盈余分配 贷：专用基金
（2）使用从非财政拨款结余或经营结余中提取的专用基金	费用化支出	借：专用结余 贷：资金结存——货币资金	借：专用基金 贷：银行存款等
	资本化支出		借：固定资产/无形资产等 贷：银行存款等 借：专用基金 贷：累计盈余

第二十章 政府单位的财务报表与预算会计报表

第一节 财务报告概述

一、财务报表与预算会计报表的关系

根据《政府会计准则——基本准则》的规定,政府会计报告包括政府决算报告和政府财务报告。其中,政府决算报告包括决算报表和其他应当在决算报告中反映的相关信息和资料;政府财务报告包括财务报表和其他应当在财务报告中披露的相关信息和资料。

"双报告"制度是政府会计制度的主要创新点之一。所谓"双报告",具体是指单位通过财务会计的核算形成财务报告,通过预算会计的核算形成决算报告,财务报告和决算报告相互补充,共同反映单位的财务信息和预算执行信息。行政事业单位的财务报表通过财务会计的核算形成,而预算会计报表通过预算会计的核算形成,因此,政府单位的财务报表实际上属于政府(或政府部门)财务报告的一部分,而预算会计报表则构成政府决算报告下决算报表的一部分内容。

二、财务报表

财务报表是反映政府单位财务状况、运行情况和现金流量等的书面文件。单位在编制财务报表时,根据财务会计的核算资料进行整理汇总,综合、系统地反映出单位的财务收支活动。单位财务报表由会计报表及其附注构成。

(一)会计报表

会计报表根据反映经济内容的不同,分为资产负债表、收入费用表、净资产变动表和现金流量表。

1. 资产负债表

资产负债表是反映单位在某一特定日期财务状况的报表,包括单位在某一特定日期所拥有或控制的经济资源、所承担的现时义务和净资产的构成情况。资产

负债表是单位最基本、最重要的报表。

2. 收入费用表

收入费用表是反映单位在某一会计期间内发生的收入、费用及当期盈余情况的报表。

3. 净资产变动表

净资产变动表是反映单位在某一会计年度内净资产项目的变动情况的报表。

4. 现金流量表

现金流量表是反映单位在某一会计年度内现金及现金等价物流入和流出信息的报表。

（二）附注

附注是对在资产负债表、收入费用表、净资产变动表、现金流量表等报表中列示项目所做的进一步说明，以及对未能在这些报表中列示项目的说明，是对会计报表所做的补充和解释。附注是单位财务报表的有机组成部分。

按照政府会计制度规定，单位财务报表至少应包括资产负债表、收入费用表和附注部分，并根据实际情况自行选择编制现金流量表。

三、预算会计报表

预算会计报表是反映政府单位预算执行情况的书面文件。单位在编制预算会计报表时，根据预算会计的核算资料进行整理汇总，综合、系统地反映单位的预算收支活动。根据反映经济内容的不同，预算会计报表分为预算收入支出表、预算结转结余变动表和财政拨款预算收入支出表。单位只编制年度预算会计报表。

1. 预算收入支出表

预算收入支出表是反映单位在某一会计年度内各项预算收入、预算支出和预算收支差额情况的报表。

2. 预算结转结余变动表

预算结转结余变动表是反映某一会计年度内预算结转结余的变动情况的报表。

3. 财政拨款预算收入支出表

财政拨款预算收入支出表是反映单位本年财政拨款预算资金收入、支出及相关变动的具体情况的报表。

四、行业事业单位的报表

由于行业事业单位会计核算的特殊性，在《政府会计制度——行政事业单位会计科目和报表》所规定的报表格式的基础上，财政部结合行业事业单位财务管理需要，通过补充规定的方式，对科学、高等学校、中小学校、医院、基层医疗卫生机构、彩票机构以及国有林场和苗圃等行业事业单位的财务报表和预算会计报表进行了调整,相应增加了一些报表项目,医院、基层医疗卫生机构、彩票机构等还增设了新的报表。

政府单位(包括行业事业单位)报表分类及编制时间如表 20-1 所示。

表 20-1　　　　　　　　政府单位报表分类及编制时间一览表

编号	报表名称	编制期	适用单位
财务报表			
会政财 01 表	资产负债表	月度、年度	行政单位、事业单位
会政财 01 表附表 01	待结算医疗款明细表	月度、年度	基层医疗卫生机构
会政财 01 表附表 01	返奖奖金变动明细表	月度、年度	彩票机构
会政财 01 表附表 02	彩票资金分配明细表	月度、年度	彩票机构
会政财 02 表	收入费用表	月度、年度	行政单位、事业单位
会政财 02 表附表 01	医疗活动收入费用明细表	月度、年度	医院
会政财 02 表附表 01	医疗及公共卫生收入费用明细表	月度、年度	基层医疗卫生机构
会政财 03 表	净资产变动表	年度	行政单位、事业单位
会政财 04 表	现金流量表	年度(选编)	行政单位、事业单位
	附注	年度	行政单位、事业单位
预算会计报表			
会政预 01 表	预算收入支出表	年度	行政单位、事业单位
会政预 02 表	预算结转结余变动表	年度	行政单位、事业单位
会政预 03 表	财政拨款预算收入支出表	年度	行政单位、事业单位

第二节　财务报表

一、资产负债表

(一)资产负债表的内容和格式

资产负债表是反映行政事业单位某一特定日期财务状况的报表,主要反映单位在某一特定日期占有或使用的资源、承担的债务和形成的净资产情况的会计信息。单位应按照规定定期编制资产负债表,披露单位在会计期末的财务状况。

科学事业单位的报表

高等学校的报表

中小学校的报表

医院的报表

基层医疗卫生机构的报表

彩票机构的报表

国有林场和苗圃的报表

资产负债表可以向报表使用者提供以下几个方面的信息：一是提供单位某一日期所掌握的经济资源及这些资源的分布和结构；二是提供单位某一日期的负债及其结构；三是提供单位净资产的情况；四是通过对资产负债表的分析，可以了解单位的财务实力、短期偿债能力和支付能力；五是将前后期的资产负债表进行对照分析，可以看出单位资产负债变化情况及发展趋势。

资产负债表的格式根据"资产＝负债＋净资产"的会计等式，分为左右两部分，左方反映资产情况，右方反映负债、净资产情况。资产和负债类科目按其流动性由强到弱排列，分别按流动资产和非流动资产、流动负债和非流动负债列示。资产负债表格式如表20-2所示。

表 20-2

资 产 负 债 表

会政财 01 表

编制单位：＿＿＿＿＿＿ ＿＿＿年＿月＿日 单位：元

资　　产	期末余额	年初余额	负债和净资产	期末余额	年初余额
流动资产：			**流动负债：**		
货币资金			短期借款		
短期投资			应交增值税		
财政应返还额度			其他应交税费		
应收票据			应缴财政款		
应收账款净额			应付职工薪酬		
预付账款			应付票据		
应收股利			应付账款		
应收利息			应付政府补贴款		
其他应收款净额			应付利息		
存货			预收账款		
待摊费用			其他应付款		
一年内到期的非流动资产			预提费用		
其他流动资产			一年内到期的非流动负债		
流动资产合计			其他流动负债		
非流动资产：			**流动负债合计**		
长期股权投资			**非流动负债：**		
长期债券投资			长期借款		
固定资产原值			长期应付款		

（续表）

资　产	期末余额	年初余额	负债和净资产	期末余额	年初余额
减：固定资产累计折旧			预计负债		
固定资产净值			其他非流动负债		
工程物资			**非流动负债合计**		
在建工程			受托代理负债		
无形资产原值			**负债合计**		
减：无形资产累计摊销					
无形资产净值					
研发支出					
公共基础设施原值					
减：公共基础设施累计折旧（摊销）					
公共基础设施净值					
政府储备物资					
文物文化资产					
保障性住房原值					
减：保障性住房累计折旧			净资产：		
保障性住房净值			累计盈余		
长期待摊费用			专用基金		
待处理财产损溢			权益法调整		
其他非流动资产			无偿调拨净资产*		—
非流动资产合计			本期盈余*		
受托代理资产			**净资产合计**		
资产总计			**负债和净资产总计**		

"＊"标识项目为月报项目，年报中不需列示。

（二）资产负债表的编制方法

资产负债表反映单位在某一特定日期全部资产、负债和净资产的情况。表中"资产总计"项目期末（年初）余额应当与"负债和净资产总计"项目期末（年初）余额相等。

1．栏次填报

资产负债表各项目都设有"年初余额"和"期末余额"两个栏目。

（1）"年初余额"栏内各项数字应根据上年年末资产负债表"期末余额"栏内数字填列。如果本年度资产负债表规定的项目名称和内容同上年度不一致，应当对上年年末资产负债表项目的名称和数字按照本年度的规定进行调整,将调整后数字填入本表"年初余额"栏内。如果本年度单位发生了因前期差错更正、会计政策变更等调整以前年度盈余的事项,还应当对"年初余额"栏中的有关项目金额进行相应调整。

(2)"期末余额"表示报告期末的状况,因而应根据截至报告月份的各项目的总账科目期末余额填列。"期末余额"栏内各项数字,一般可以通过以下几种方式取得具体的数据来源:

一是直接根据总账科目的余额填列。如短期投资、财政应返还额度、应收票据、应收账款等。

二是根据几个总账科目的余额计算填列。如"货币资金"项目应当根据"库存现金""银行存款""零余额账户用款额度""其他货币资金"科目的期末余额合计填列。

三是根据总账科目和明细科目的余额分析计算填列。如"长期债券投资"项目应当根据"长期债券投资"科目的期末余额减去其中将于1年内(含1年)到期的长期债券投资余额计算填列。

2. 项目填报

资产负债表的大部分科目只需按照总账科目的余额逐项填列即可。下面仅就需要计算、分析填列的项目进行介绍。

1)资产类项目

(1)"货币资金"项目,反映单位期末库存现金、银行存款、零余额账户用款额度、其他货币资金的合计数。本项目应当根据"库存现金""银行存款""零余额账户用款额度""其他货币资金"科目的期末余额的合计数填列;若单位存在通过"库存现金""银行存款"科目核算的受托代理资产还应当按照前述合计数扣减"库存现金""银行存款"科目下"受托代理资产"明细科目的期末余额后的金额填列。

(2)"应收账款净额"项目,反映单位期末尚未收回的应收账款减去已计提的坏账准备后的净额。本项目应当根据"应收账款"科目的期末余额,减去"坏账准备"科目中对应收账款计提的坏账准备的期末余额后的金额填列。

(3)"其他应收款净额"项目,反映单位期末尚未收回的其他应收款减去已计提的坏账准备后的净额。本项目应当根据"其他应收款"科目的期末余额减去"坏账准备"科目中对其他应收款计提的坏账准备的期末余额后的金额填列。

(4)"存货"项目,反映单位期末存储的存货的实际成本。本项目应当根据"在途物品""库存物品""加工物品"科目的期末余额的合计数填列。

(5)"长期债券投资"项目,反映事业单位期末持有的长期债券投资的账面余额。本项目应当根据"长期债券投资"科目的期末余额减去其中将于1年内(含1年)到期的长期债券投资余额后的金额填列。

（6）"固定资产净值"项目，反映单位期末固定资产的账面价值。本项目应当根据"固定资产"科目期末余额减去"固定资产累计折旧"科目期末余额后的金额填列。

（7）"无形资产净值"项目，反映单位期末无形资产的账面价值。本项目应当根据"无形资产"科目期末余额减去"无形资产累计摊销"科目期末余额后的金额填列。

（8）"公共基础设施净值"项目，反映单位期末控制的公共基础设施的账面价值。本项目应当根据"公共基础设施"科目期末余额减去"公共基础设施累计折旧（摊销）"科目期末余额后的金额填列。

（9）"保障性住房净值"项目，反映单位期末控制的保障性住房的账面价值。本项目应当根据"保障性住房"科目期末余额减去"保障性住房累计折旧"科目期末余额后的金额填列。

（10）"受托代理资产"项目，反映单位期末受托代理资产的价值。本项目应当根据"受托代理资产"科目的期末余额与"库存现金""银行存款"科目下"受托代理资产"明细科目的期末余额的合计数填列。

2）负债类项目

（1）"一年内到期的非流动负债"项目，反映单位期末将于1年内（含1年）偿还的非流动负债的余额。本项目应当根据"长期应付款"、"长期借款"等科目的明细科目的期末余额分析填列。

（2）"长期借款"项目，反映事业单位期末长期借款的余额。本项目应当根据"长期借款"科目的期末余额减去其中将于1年内（含1年）到期的长期借款余额后的金额填列。

（3）"长期应付款"项目，反映单位期末长期应付款的余额。本项目应当根据"长期应付款"科目的期末余额减去其中将于1年内（含1年）到期的长期应付款余额后的金额填列。

3）净资产类项目

（1）"无偿调拨净资产"项目，反映单位本年度截至报告期期末无偿调入的非现金资产价值扣减无偿调出的非现金资产价值后的净值。本项目仅在月度报表中列示，年度报表中不列示。月度报表中本项目应当根据"无偿调拨净资产"科目的期末余额填列；"无偿调拨净资产"科目期末为借方余额时，以"－"号填列。

（2）"本期盈余"项目，反映单位本年度截至报告期期末实现的累计盈余或亏损。本项目仅在月度报表中列示，年度报表中不列示。月度报表中本项目应当根据"本期盈余"科目的期末余额填列；"本期盈余"科目期末为借方余额时，以"－"号填列。

二、收入费用表

（一）收入费用表的内容和格式

收入费用表是指反映行政事业单位在某一会计期间的业务活动成果及其分配情况的报表，包括单位在某一会计期间内各项收入、支出和结转结余情况。收入费用表可以提供一定时期单位收入总额及构成情况、费用总额及构成情况以及盈余及其分配内容的会计信息，通过收入费用表能够分析判断单位的发展成果，评价单位的工作业绩，预测其未来发展趋向。单位应按照规定定期编制收入费用表，披露单位在一定会计期间的业务活动成果。

收入费用表从格式上按照收入、费用的明细构成和盈余分配情况分别列示，同时按本期收入、本期费用和本期盈余等项目分层次排列。月报的收入费用表由"本月数"和"本年累计数"两个栏目组成，年报的收入费用表由"上年数"和"本年累计数"两个栏目组成。收入费用表的格式如表 20-3 所示。

表 20-3　　　　　　　　**收 入 费 用 表**

会政财 02 表

编制单位：_____　　　　　____年__月　　　　　单位：元

项　　目	本月数	本年累计数
一、本期收入		
（一）财政拨款收入		
其中：政府性基金收入		
（二）事业收入		
（三）上级补助收入		
（四）附属单位上缴收入		
（五）经营收入		
（六）非同级财政拨款收入		
（七）投资收益		
（八）捐赠收入		
（九）利息收入		
（十）租金收入		
（十一）其他收入		
二、本期费用		
（一）业务活动费用		

（续表）

项　目	本月数	本年累计数
（二）单位管理费用		
（三）经营费用		
（四）资产处置费用		
（五）上缴上级费用		
（六）对附属单位补助费用		
（七）所得税费用		
（八）其他费用		
三、本期盈余		

（二）收入费用表的编制方法

1. 栏次填报

收入费用表各项目都设有"本月数"和"本年累计数"两个栏目。"本月数"栏反映表中各项目的本月实际发生数。编制年度收入费用表时，应当将本栏改为"本年数"，反映本年度各项目的实际发生数。"本年累计数"栏反映表中各项目自年初至报告期期末的累计实际发生数。编制年度收入费用表时，应将本栏改为"上年数"，反映上年度各项目的实际发生数，"上年数"栏应根据上年年度收入费用表中"本年数"栏内所列数字填列。

如果本年度收入费用表规定的项目的名称和内容同上年度不一致，应当对上年度收入费用表项目的名称和数字按照本年度的规定进行调整，将调整后的金额填入本年度收入费用表的"上年数"栏内。

如果本年度单位发生了因前期差错更正、会计政策变更等调整以前年度盈余的事项，还应当对年度收入费用表中"上年数"栏中的有关项目金额进行相应调整。

2. 项目填报

收入费用表的填报较为简单，各个项目都可以直接从收入、费用和净资产的相关科目中直接取数。因此，具体填报时，把各项收入科目、费用科目的本期发生额或本年累计发生额填列到对应项目即可。

三、净资产变动表

（一）净资产变动表的内容和格式

净资产变动表是反映行政事业单位在某一会计年度内各项净资产变动情况的报表。单位应按规定定期编制净资产变动表，反映单位净资产各个组成项目的金额变动情况，披露单位在一定会计期间的资产结存状况。

净资产变动表从格式上按照本年数、上年数等情况分项列示,同时按上年年末余额、以前年度盈余调整、本年年初余额、本年变动金额和本年年末余额等项目分层次排列。净资产变动表的格式如表20-4所示。

(二)净资产变动表的编制方法

1. 栏次填报

净资产变动表中各项目都设有"本年数"和"上年数"两个栏目。"本年数"栏反映本年度各项目的实际变动数。"上年数"栏反映上年度各项目的实际变动数,应当根据上年度净资产变动表中"本年数"栏内所列数字填列。

如果上年度净资产变动表规定的项目的名称和内容与本年度不一致,应对上年度净资产变动表项目的名称和数字按照本年度的规定进行调整,将调整后金额填入本年度净资产变动表"上年数"栏内。

2. 项目填报

(1)"上年年末余额"行,反映单位净资产各项目上年年末的余额。本行各项目应当根据"累计盈余""专用基金""权益法调整"科目上年年末余额填列。

(2)"以前年度盈余调整"行,反映单位本年度调整以前年度盈余的事项对累计盈余进行调整的金额。本行"累计盈余"项目应当根据本年度"以前年度盈余调整"科目转入"累计盈余"科目的金额填列;如调整减少累计盈余,以"－"号填列。

(3)"本年年初余额"行,反映经过以前年度盈余调整后,单位净资产各项目的本年年初余额。本行"累计盈余""专用基金""权益法调整"项目应当根据其各自在"上年年末余额"和"以前年度盈余调整"行对应项目金额的合计数填列。

(4)"本年变动金额"行,反映单位净资产各项目本年变动总金额。本行"累计盈余""专用基金""权益法调整"项目应当根据其各自在"本年盈余""无偿调拨净资产""归集调整预算结转结余""提取或设置专用基金""使用专用基金""权益法调整"行对应项目金额的合计数填列。

(5)"本年盈余"行,反映单位本年发生的收入、费用对净资产的影响。本行"累计盈余"项目应当根据年末由"本期盈余"科目转入"本年盈余分配"科目的金额填列;如转入时借记"本年盈余分配"科目,则以"－"号填列。

(6)"无偿调拨净资产"行,反映单位本年无偿调入、调出非现金资产事项对净资产的影响。本行"累计盈余"项目应当根据年末由"无偿调拨净资产"科目转入"累计盈余"科目的金额填列;如转入时,借记"累计盈余"科目,则以"－"号填列。

(7)"归集调整预算结转结余"行,反映单位本年财政拨款结转结余资金归集调入、归集上缴或调出,以及非财政拨款结转资金缴回对净资产的影响。本行"累计盈余"项目应当根据"累计盈余"科目明细账记录分析填列;如归集调整减少预算结转结余,则以"－"号填列。

表 20-4

净资产变动表

编制单位：＿＿＿＿　　　＿＿＿＿年

会政财 03 表

单位：元

项　目	本年数				上年数			
	累计盈余	专用基金	权益法调整	净资产合计	累计盈余	专用基金	权益法调整	净资产合计
一、上年年末余额		—	—				—	
二、以前年度盈余调整（减少以"—"号填列）		—	—			—	—	
三、本年年初余额								
四、本年变动金额（减少以"—"号填列）		—	—			—	—	
（一）本年盈余		—	—			—	—	
（二）无偿调拨净资产		—	—			—	—	
（三）归集调整预算结转结余		—	—		—		—	
（四）提取或设置专用基金			—				—	
其中：从预算收入中提取	—		—		—		—	
从预算结余中提取	—		—		—		—	
设置的专用基金	—		—		—		—	
（五）使用专用基金			—				—	
（六）权益法调整	—	—			—	—		
五、本年年末余额								

注："—"标识单元格不需填列。

657

（8）"提取或设置专用基金"行,反映单位本年提取或设置专用基金对净资产的影响。本行"累计盈余"项目应当根据"从预算结余中提取"行"累计盈余"项目的金额填列。本行"专用基金"项目应当根据"从预算收入中提取""从预算结余中提取""设置的专用基金"行"专用基金"项目金额的合计数填列。

"从预算收入中提取"行,反映单位本年从预算收入中提取专用基金对净资产的影响。本行"专用基金"项目应当通过对"专用基金"科目明细账记录的分析,根据本年按有关规定从预算收入中提取基金的金额填列。

"从预算结余中提取"行,反映单位本年根据有关规定从本年度非财政拨款结余或经营结余中提取专用基金对净资产的影响。本行"累计盈余""专用基金"项目应当通过对"专用基金"科目明细账记录的分析,根据本年按有关规定从本年度非财政拨款结余或经营结余中提取专用基金的金额填列;本行"累计盈余"项目以"一"号填列。

"设置的专用基金"行,反映单位本年根据有关规定设置的其他专用基金对净资产的影响。本行"专用基金"项目应当通过对"专用基金"科目明细账记录的分析,根据本年按有关规定设置的其他专用基金的金额填列。

（9）"使用专用基金"行,反映单位本年按规定使用专用基金对净资产的影响。本行"累计盈余""专用基金"项目应当通过对"专用基金"科目明细账记录的分析,根据本年按规定使用专用基金的金额填列;本行"专用基金"项目以"一"号填列。

（10）"权益法调整"行,反映单位本年按照被投资单位除净损益和利润分配以外的所有者权益变动份额而调整长期股权投资账面余额对净资产的影响。本行"权益法调整"项目应当根据"权益法调整"科目本年发生额填列;若本年净发生额为借方时,以"一"号填列。

四、现金流量表

（一）现金流量表的内容和格式

现金流量表是反映行政事业单位在某一会计年度内现金流入和流出情况和相关会计信息的报表。现金流量表中的现金是指单位的库存现金以及其他可以随时用于支付的款项,包括库存现金、可以随时用于支付的银行存款、其他货币资金、零余额账户用款额度、财政应返还额度,以及通过财政直接支付方式支付的款项。单位应按规定定期编制现金流量表,披露单位在一定会计期间的现金流入和流出情况。

现金流量表从格式上按照本年日常活动、投资活动和筹资活动情况分别列示,同时按三种活动分别产生的现金流量等项目分层次填列,现金流量包括现金的流入和流出。现金流量表的格式如表20-5所示。

表 20-5   现 金 流 量 表

会政财 04 表

编制单位：_____   ____年   单位：元

项 目	本年金额	上年金额
一、日常活动产生的现金流量：		
财政基本支出拨款收到的现金		
财政非资本性项目拨款收到的现金		
事业活动收到的除财政拨款以外的现金		
收到的其他与日常活动有关的现金		
日常活动的现金流入小计		
购买商品、接受劳务支付的现金		
支付给职工以及为职工支付的现金		
支付的各项税费		
支付的其他与日常活动有关的现金		
日常活动的现金流出小计		
日常活动产生的现金流量净额		
二、投资活动产生的现金流量：		
收回投资收到的现金		
取得投资收益收到的现金		
处置固定资产、无形资产、公共基础设施等收回的现金净额		
收到的其他与投资活动有关的现金		
投资活动的现金流入小计		
购建固定资产、无形资产、公共基础设施等支付的现金		
对外投资支付的现金		
上缴处置固定资产、无形资产、公共基础设施等净收入支付的现金		
支付的其他与投资活动有关的现金		
投资活动的现金流出小计		
投资活动产生的现金流量净额		
三、筹资活动产生的现金流量：		
财政资本性项目拨款收到的现金		
取得借款收到的现金		
收到的其他与筹资活动有关的现金		
筹资活动的现金流入小计		

（续表）

项　　目	本年金额	上年金额
偿还借款支付的现金		
偿还利息支付的现金		
支付的其他与筹资活动有关的现金		
筹资活动的现金流出小计		
筹资活动产生的现金流量净额		
四、汇率变动对现金的影响额		
五、现金净增加额		

（二）现金流量表的编制方法

行政事业单位应以收付实现制为基础，采用直接法编制现金流量表。

1. 栏次填报

现金流量表各项目都设有"本年金额"和"上年金额"两个栏目。"本年金额"栏目反映各项目的本年实际发生数。"上年金额"栏目反映各项目的上年实际发生数，应当根据上年现金流量表中"本年金额"栏内所列数字填列。

2. 项目填报

1）日常活动产生的现金流量

（1）"财政基本支出拨款收到的现金"项目，反映单位本年接受财政基本支出拨款取得的现金。本项目应当根据"零余额账户用款额度""财政拨款收入""银行存款"等科目及其所属明细科目的记录分析填列。

（2）"财政非资本性项目拨款收到的现金"项目，反映单位本年接受除用于购建固定资产、无形资产、公共基础设施等资本性项目以外的财政项目拨款取得的现金。本项目应当根据"银行存款""零余额账户用款额度""财政拨款收入"等科目及其所属明细科目的记录分析填列。

（3）"事业活动收到的除财政拨款以外的现金"项目，反映事业单位本年开展专业业务活动及其辅助活动取得的除财政拨款以外的现金。本项目应当根据"库存现金""银行存款""其他货币资金""应收账款""应收票据""预收账款""事业收入"等科目及其所属明细科目的记录分析填列。

（4）"收到的其他与日常活动有关的现金"项目，反映单位本年收到的除以上项目之外的与日常活动有关的现金。本项目应当根据"库存现金""银行存款""其他货币资金""上级补助收入""附属单位上缴收入""经营收入""非同级财政拨款收入""捐赠收入""利息收入""租金收入""其他收入"等科目及其所属明细科目的记录分析填列。

（5）"购买商品、接受劳务支付的现金"项目，反映单位本年在日常活动中用于购买商品、接受劳务支付的现金。本项目应当根据"库存现金""银行存款""财政拨款收入""零余额账户用款额度""预付账款""在途物品""库存物品""应付账款""应付票据""业务活动费用""单位管理费用""经营费用"等科目及其所属明细科目的记录分析填列。

（6）"支付给职工以及为职工支付的现金"项目，反映单位本年支付给职工以及为职工支付的现金。本项目应当根据"库存现金""银行存款""零余额账户用款额度""财政拨款收入""应付职工薪酬""业务活动费用""单位管理费用""经营费用"等科目及其所属明细科目的记录分析填列。

（7）"支付的各项税费"项目，反映单位本年用于缴纳日常活动相关税费而支付的现金。本项目应当根据"库存现金""银行存款""零余额账户用款额度""应交增值税""其他应交税费""业务活动费用""单位管理费用""经营费用""所得税费用"等科目及其所属明细科目的记录分析填列。

（8）"支付的其他与日常活动有关的现金"项目，反映单位本年支付的除上述项目之外与日常活动有关的现金。本项目应当根据"库存现金""银行存款""零余额账户用款额度""财政拨款收入""其他应付款""业务活动费用""单位管理费用""经营费用""其他费用"等科目及其所属明细科目的记录分析填列。

（9）"日常活动产生的现金流量净额"项目，应当按照本表中"日常活动的现金流入小计"项目金额减去"日常活动的现金流出小计"项目金额后的金额填列；如为负数，以"－"号填列。

2）投资活动产生的现金流量

（1）"收回投资收到的现金"项目，反映单位本年出售、转让或者收回投资收到的现金。本项目应该根据"库存现金""银行存款""短期投资""长期股权投资""长期债券投资"等科目的记录分析填列。

（2）"取得投资收益收到的现金"项目，反映单位本年因对外投资而收到被投资单位分配的股利或利润，以及收到投资利息而取得的现金。本项目应当根据"库存现金""银行存款""应收股利""应收利息""投资收益"等科目的记录分析填列。

（3）"处置固定资产、无形资产、公共基础设施等收回的现金净额"项目，反映单位本年处置固定资产、无形资产、公共基础设施等非流动资产所取得的现金，减去为处置这些资产而支付的有关费用之后的净额。由于自然灾害所造成的固定资产等长期资产损失而收到的保险赔款收入，也在本项目反映。本项目应当根据"库存现金""银行存款""待处理财产损溢"等科目的记录分析填列。

（4）"收到的其他与投资活动有关的现金"项目，反映单位本年收到的除上述项目之外与投资活动有关的现金。对于金额较大的现金流入，应当单列项目反映。本项目应当根据"库存现金""银行存款"等有关科目的记录分析填列。

（5）"购建固定资产、无形资产、公共基础设施等支付的现金"项目，反映单位本年购买和建造固定资产、无形资产、公共基础设施等非流动资产所支付的现金；融资租入固定资产支付的租赁费不在本项目反映，在筹资活动的现金流量中反映。本项目应当根据"库存现金""银行存款""固定资产""工程物资""在建工程""无形资产""研发支出""公共基础设施""保障性住房"等科目的记录分析填列。

（6）"对外投资支付的现金"项目，反映单位本年为取得短期投资、长期股权投资、长期债券投资而支付的现金。本项目应当根据"库存现金""银行存款""短期投资""长期股权投资""长期债券投资"等科目的记录分析填列。

（7）"上缴处置固定资产、无形资产、公共基础设施等净收入支付的现金"项目，反映本年单位将处置固定资产、无形资产、公共基础设施等非流动资产所收回的现金净额予以上缴财政所支付的现金。本项目应当根据"库存现金""银行存款""应缴财政款"等科目的记录分析填列。

（8）"支付的其他与投资活动有关的现金"项目，反映单位本年支付的除上述项目之外与投资活动有关的现金。对于金额较大的现金流出，应当单列项目反映。本项目应当根据"库存现金""银行存款"等有关科目的记录分析填列。

（9）"投资活动产生的现金流量净额"项目，应当按照本表中"投资活动的现金流入小计"项目金额减去"投资活动的现金流出小计"项目金额后的金额填列；如为负数，以"－"号填列。

3）筹资活动产生的现金流量

（1）"财政资本性项目拨款收到的现金"项目，反映单位本年接受用于购建固定资产、无形资产、公共基础设施等资本性项目的财政项目拨款取得的现金。本项目应当根据"银行存款""零余额账户用款额度""财政拨款收入"等科目及其所属明细科目的记录分析填列。

（2）"取得借款收到的现金"项目，反映事业单位本年举借短期借款、长期借款所收到的现金。本项目应当根据"库存现金""银行存款""短期借款""长期借款"等科目记录分析填列。

（3）"收到的其他与筹资活动有关的现金"项目，反映单位本年收到的除上述项目之外与筹资活动有关的现金。对于金额较大的现金流入，应当单列项目反映。本项目应当根据"库存现金""银行存款"等有关科目的记录分析填列。

（4）"偿还借款支付的现金"项目，反映事业单位本年偿还借款本金所支付的现金。本项目应当根据"库存现金""银行存款""短期借款""长期借款"等科目的记录分析填列。

（5）"偿付利息支付的现金"项目，反映事业单位本年支付的借款利息等。本项目应当根据"库存现金""银行存款""应付利息""长期借款"等科目的记录分析填列。

（6）"支付的其他与筹资活动有关的现金"项目，反映单位本年支付的除上述项目之外与筹资活动有关的现金，如融资租入固定资产所支付的租赁费。本项目应当根据"库存现金""银行存款""长期应付款"等科目的记录分析填列。

（7）"筹资活动产生的现金流量净额"项目,应当按照本表中"筹资活动的现金流入小计"项目金额减去"筹资活动的现金流出小计"金额后的金额填列;如为负数,以"一"号填列。

4）"汇率变动对现金的影响额"项目

本项目反映单位本年外币现金流量折算为人民币时,所采用的现金流量发生日的汇率折算的人民币金额与外币现金流量净额按期末汇率折算的人民币金额之间的差额。

5）"现金净增加额"项目

本项目反映单位本年现金变动的净额。本项目应当根据本表中"日常活动产生的现金流量净额""投资活动产生的现金流量净额""筹资活动产生的现金流量净额"和"汇率变动对现金的影响额"项目金额的合计数填列;如为负数,以"一"号填列。

第三节 预算会计报表

一、预算收入支出表

（一）预算收入支出表的内容和格式

预算收入支出表是反映行政事业单位在某一会计年度内各项预算收入、预算支出和预算收支差额情况的报表。预算收入支出表能够体现一定时期单位的预算收入总额及构成情况、预算支出总额及构成情况,以及预算收支差额的会计信息,单位应按规定定期编制预算收入支出表,披露单位在一定会计期间的预算收支执行情况。

预算收入支出表从格式上按照本年预算收入、本年预算支出的构成和本年预算收支差额情况分别列示,同时在本年预算收入、本年预算支出项目下,按照具体的收入和支出项目分层次列示。预算收入支出表的格式如表 20-6 所示。

表 20-6 预算收入支出表

会政预 01 表

编制单位：_____ ___年 单位：元

项　　　目	本年数	上年数
一、本年预算收入		
（一）财政拨款预算收入		
其中：政府性基金收入		
（二）事业预算收入		

（续表）

项　目	本年数	上年数
（三）上级补助预算收入		
（四）附属单位上缴预算收入		
（五）经营预算收入		
（六）债务预算收入		
（七）非同级财政拨款预算收入		
（八）投资预算收益		
（九）其他预算收入		
其中：利息预算收入		
捐赠预算收入		
租金预算收入		
二、本年预算支出		
（一）行政支出		
（二）事业支出		
（三）经营支出		
（四）上缴上级支出		
（五）对附属单位补助支出		
（六）投资支出		
（七）债务还本支出		
（八）其他支出		
其中：利息支出		
捐赠支出		
三、本年预算收支差额		

（二）预算收入支出表的编制方法

1. 栏次填报

预算收入支出表各项目均设有"本年数"和"上年数"两个栏目。"本年数"栏反映各项目的本年实际发生数。"上年数"栏反映各项目上年度的实际发生数,应当根据上年度预算收入支出表中"本年数"栏内所列数字填列。

如果本年度预算收入支出表规定的项目的名称和内容同上年度不一致,应当对上年度预算收入支出表项目的名称和数字按照本年度的规定进行调整,将调整后金额填入本年度预算收入支出表的"上年数"栏。

2. 项目填报

预算收入支出表中的部分项目只需按照科目发生额填列即可,下面仅就需要计算或分析填列的项目进行介绍。

1）本年预算收入

(1)"利息预算收入"项目,反映单位本年取得的利息预算收入。本项目应当根据"其他预算收入"科目的明细记录分析填列。单位单设"利息预算收入"科目的,应当根据"利息预算收入"科目的本年发生额填列。

(2)"捐赠预算收入"项目,反映单位本年取得的捐赠预算收入。本项目应当根据"其他预算收入"科目明细账记录分析填列。单位单设"捐赠预算收入"科目的,应当根据"捐赠预算收入"科目的本年发生额填列。

(3)"租金预算收入"项目,反映单位本年取得的租金预算收入。本项目应当根据"其他预算收入"科目明细账记录分析填列。单位单设"租金预算收入"科目的,应当根据"租金预算收入"科目的本年发生额填列。

2）本年预算支出

(1)"利息支出"项目,反映单位本年发生的利息支出。本项目应当根据"其他支出"科目明细账记录分析填列。单位单设"利息支出"科目的,应当根据"利息支出"科目的本年发生额填列。

(2)"捐赠支出"项目,反映单位本年发生的捐赠支出。本项目应当根据"其他支出"科目明细账记录分析填列。单位单设"捐赠支出"科目的,应当根据"捐赠支出"科目的本年发生额填列。

3）本年预算收支差额

"本年预算收支差额"项目,反映单位本年各项预算收支相抵后的差额。本项目应当根据本表中"本期预算收入"项目金额减去"本期预算支出"项目金额后的金额填列;如相减后金额为负数,以"－"号填列。

二、预算结转结余变动表

(一) 预算结转结余变动表的内容和格式

预算结转结余变动表是反映行政事业单位在某一会计年度内预算结转结余的变动情况的报表。预算结转结余变动表只编制年度报表,用于体现会计年度内单位的预算结转结余各个组成项目金额的变动情况。单位应按规定在会计年度结束后编制预算结转结余变动表,披露单位在一定会计期间的预算结转结存状况。

预算收入支出表从格式上按照本年数、上年数等情况分项列示,同时按照年初预算结转结存、年初余额调整、本年变动金额、年末预算结转结存等项目分层次排列。预算结转结余变动表的格式如表 20-7 所示。

表 20-7　　　　　　　　　　　　预算结转结余变动表

会政预 02 表

编制单位：＿＿＿＿＿＿　　　　　　　　＿＿年　　　　　　　单位：元

项　　目	本年数	上年数
一、年初预算结转结余		
（一）财政拨款结转结余		
（二）其他资金结转结余		
二、年初余额调整（减少以"一"号填列）		
（一）财政拨款结转结余		
（二）其他资金结转结余		
三、本年变动金额（减少以"一"号填列）		
（一）财政拨款结转结余		
1. 本年收支差额		
2. 归集调入		
3. 归集上缴或调出		
（二）其他资金结转结余		
1. 本年收支差额		
2. 缴回资金		
3. 使用专用结余		
4. 支付所得税		
四、年末预算结转结余		
（一）财政拨款结转结余		
1. 财政拨款结转		
2. 财政拨款结余		
（二）其他资金结转结余		
1. 非财政拨款结转		
2. 非财政拨款结余		
3. 专用结余		
4. 经营结余（如有余额，以"一"号填列）		

（二）预算结转结余变动表的编制方法

1. 栏次填报

预算结转结余变动表各项目均设有"本年数"和"上年数"两个栏目。"本年数"栏反映各项目的本年实际发生数。"上年数"栏反映各项目的上年实际发生数，应当根据上年度预算结转结余变动表中"本年数"栏内所列数字填列。

如果本年度预算结转结余变动表规定的项目的名称和内容同上年度不一致，应当对上年度预算结转结余变动表项目的名称和数字按照本年度的规定进行调整，将调整后金额填入本年度预算结转结余变动表的"上年数"栏。

2. 项目填报

1）年初预算结转结余

（1）"财政拨款结转结余"项目，反映单位本年财政拨款结转结余资金的年初余额。本项目应当根据"财政拨款结转""财政拨款结余"科目本年年初余额合计数填列。

（2）"其他资金结转结余"项目，反映单位本年其他资金结转结余的年初余额。本项目应当根据"非财政拨款结转""非财政拨款结余""专用结余""经营结余"科目本年年初余额的合计数填列。

2）年初余额调整

（1）"财政拨款结转结余"项目，反映单位本年财政拨款结转结余资金的年初余额调整金额。本项目应当根据"财政拨款结转""财政拨款结余"科目下"年初余额调整"明细科目的本年发生额的合计数填列；如调整减少年初财政拨款结转结余，以"－"号填列。

（2）"其他资金结转结余"项目，反映单位本年其他资金结转结余的年初余额调整金额。本项目应当根据"非财政拨款结转""非财政拨款结余"科目下"年初余额调整"明细科目的本年发生额的合计数填列；如调整减少年初其他资金结转结余，以"－"号填列。

3）本年变动金额

（1）"本年收支差额"项目，反映单位本年财政拨款资金收支相抵后的差额。本项目应当根据"财政拨款结转"科目下"本年收支结转"明细科目本年转入的预算收入与预算支出的差额填列；差额为负数的，以"－"号填列。

（2）"归集调入"项目，反映单位本年按照规定从其他单位归集调入的财政拨款结转资金。本项目应当根据"财政拨款结转"科目下"归集调入"明细科目的本年发生额填列。

（3）"归集上缴或调出"项目，反映单位本年按照规定上缴的财政拨款结转结余资金及按照规定向其他单位调出的财政拨款结转资金。本项目应当根据"财政拨款结转""财政拨款结余"科目下"归集上缴"明细科目，以及"财政拨款结转"科目下"归集调出"明细科目本年发生额的合计数填列，以"－"号填列。

（4）"本年收支差额"项目，反映单位本年除财政拨款外的其他资金收支相抵后的差额。本项目应当根据"非财政拨款结转"科目下"本年收支结转"明细科目、"其他结余"科目、"经营结余"科目本年转入的预算收入与预算支出的差额的合计数填列；如为负数，以"－"号填列。

（5）"缴回资金"项目，反映单位本年按照规定缴回的非财政拨款结转资金。本项目应当根据"非财政拨款结转"科目下"缴回资金"明细科目本年发生额的合计数填列；如为负数，以"－"号填列。

（6）"使用专用结余"项目，反映本年事业单位根据规定使用从非财政拨款结余或经营结余中提取的专用基金的金额。本项目应当根据"专用结余"科目明细账中本年使用专用结余业务的发生额填列，如为负数，以"－"号填列。

（7）"支付所得税"项目，反映有企业所得税缴纳义务的事业单位本年实际缴纳的企业所得税金额。本项目应当根据"非财政拨款结余"明细账中本年实际缴纳企业所得税业务的发生额填列，如为负数，以"－"号填列。

4）年末预算结转结余

（1）"财政拨款结转""财政拨款结余"项目，分别反映单位本年财政拨款结转和财政拨款结余的年末余额，应当分别根据"财政拨款结转""财政拨款结余"科目的本年年末余额填列。

（2）"非财政拨款结转""非财政拨款结余""专用结余""经营结余"项目，反映单位本年其他相关资金结转结余的年末余额，应当分别根据"非财政拨款结转""非财政拨款结余""专用结余""经营结余"科目的本年年末余额填列。

三、财政拨款预算收入支出表

（一）财政拨款预算收入支出表的内容和格式

财政拨款预算收入支出表是反映行政事业单位本年财政拨款预算资金收入、支出及相关变动的具体情况的报表，体现某一会计年度内单位的财政拨款收入、支出各个组成项目金额的变动情况。单位应按规定在会计年度末编制预算结转结余变动表，披露单位在某一会计年度内的财政拨款收入、支出的变动情况。

财政拨款预算收入支出表从格式上按照年初财政拨款结转结余、调整年初财政拨款结转结余、本年归集调入、本年归集上缴或调出、单位内部调剂、本年财政拨款收入、本年财政拨款支出、年末财政拨款结转结余等情况分项列示，同时按照一般公共预算财政拨款、政府性基金预算财政拨款等项目分层次排列。

财政拨款预算收入支出表"项目"栏内各项目，应当根据单位取得的财政拨款种类分项设置。其中"项目支出"项目下，根据每个项目设置；单位取得除一般公共财政预算拨款和政府性基金预算拨款以外的其他财政拨款的，应当按照财政拨款种类增加相应的资金项目及其明细项目。

财政拨款预算收入支出表的格式如表20-8所示。

（二）财政拨款预算收入支出表的编制方法

财政拨款预算收入支出表各栏及其对应项目的内容和填列方法如下：

表 20-8

财政拨款预算收入支出表

编制单位：＿＿＿＿＿＿　　　　　　　　　＿＿＿＿年

会政预 03 表

单位：元

| 项　　　目 | 年初财政拨款结转结余 | | 调整年初财政拨款结转结余 | 本年归集调入 | 本年归集上缴或调出 | 单位内部调剂 | | 本年财政拨款收入 | 本年财政拨款支出 | 年末财政拨款结转结余 | |
	结转	结余				结转	结余			结转	结余
一、一般公共预算财政拨款											
（一）基本支出											
1. 人员经费											
2. 日常公用经费											
（二）项目支出											
1. ××项目											
2. ××项目											
……											
二、政府性基金预算财政拨款											
（一）基本支出											
1. 人员经费											
2. 日常公用经费											
（二）项目支出											
1. ××项目											
2. ××项目											
……											
总　计											

(1)"年初财政拨款结转结余"栏中各项目,反映单位年初各项财政拨款结转结余的金额。各项目应当根据"财政拨款结转""财政拨款结余"及其明细科目的年初余额填列。本栏中各项目的数额应当与上年度财政拨款预算收入支出表中"年末财政拨款结转结余"栏中各项目的数额相等。

(2)"调整年初财政拨款结转结余"栏中各项目,反映单位对年初财政拨款结转结余的调整金额。各项目应当根据"财政拨款结转""财政拨款结余"科目下"年初余额调整"明细科目及其所属明细科目的本年发生额填列;如调整减少年初财政拨款结转结余,以"一"号填列。

(3)"本年归集调入"栏中各项目,反映单位本年按规定从其他单位调入的财政拨款结转资金金额。各项目应当根据"财政拨款结转"科目下"归集调入"明细科目及其所属明细科目的本年发生额填列。

(4)"本年归集上缴或调出"栏中各项目,反映单位本年按规定实际上缴的财政拨款结转结余资金,及按照规定向其他单位调出的财政拨款结转资金金额。各项目应当根据"财政拨款结转""财政拨款结余"科目下"归集上缴"科目和"财政拨款结转"科目下"归集调出"明细科目,及其所属明细科目的本年发生额填列;如为负数,以"一"号填列。

(5)"单位内部调剂"栏中各项目,反映单位本年财政拨款结转结余资金在单位内部不同项目等之间的调剂金额。各项目应当根据"财政拨款结转"和"财政拨款结余"科目下的"单位内部调剂"明细科目及其所属明细科目的本年发生额填列;对单位内部调剂减少的财政拨款结余金额,以"一"号填列。

(6)"本年财政拨款收入"栏中各项目,反映单位本年从同级财政部门取得的各类财政预算拨款金额。各项目应当根据"财政拨款预算收入"科目及其所属明细科目的本年发生额填列。

(7)"本年财政拨款支出"栏中各项目,反映单位本年发生的财政拨款支出金额。各项目应当根据"行政支出""事业支出"等科目及其所属明细科目本年发生额中的财政拨款支出数的合计数填列。

(8)"年末财政拨款结转结余"栏中各项目,反映单位年末财政拨款结转结余的金额。各项目应当根据"财政拨款结转""财政拨款结余"科目及其所属明细科目的年末余额填列。

第四节 附 注

一、附注的概念及主要内容

附注是对在会计报表中列示的项目所做的进一步说明,以及对未能在会计报表中列示项目的说明。附注是财务报表的重要组成部分。凡是对报表使用者的决策有重要影响的会计信息，不论政府会计制度是否有明确规定，行政事业单位均应当在附注中予以充分披露。

附注主要包括下列内容：①单位的基本情况（包括行政事业单位主要职能、主要业务活动、所在地、预算管理关系等）。②会计报表编制基础。③遵循政府会计准则、制度的声明。④重要会计政策和会计估计。⑤会计报表重要项目的说明。⑥本年盈余与预算结余的差异情况说明。⑦其他重要事项的说明。

虽然政府会计制度明确规定了附注包含的主要内容，但需要注意的是，行政事业单位不能以附注披露代替确认和计量，不恰当的确认和计量并不能通过充分披露相关会计政策而纠正。如果按照政府会计准则制度规定披露的信息不足以让报表使用者了解特定经济业务或事项对政府会计主体财务状况和运行情况的影响时，单位还应当披露其他的必要信息。

二、重要会计政策和会计估计

行政事业单位应当采用与其业务特点相适应的具体会计政策，并充分披露报告期内采用的重要会计政策和会计估计。其主要包括以下内容：

（1）会计期间。

（2）记账本位币，外币折算汇率。

（3）坏账准备的计提方法。

（4）存货类别、发出存货的计价方法、存货的盘存制度，以及低值易耗品和包装物的摊销方法。

（5）长期股权投资的核算方法。

（6）固定资产分类、折旧方法、折旧年限和年折旧率；融资租入固定资产的计价和折旧方法。

（7）无形资产的计价方法；使用寿命有限的无形资产，其使用寿命估计情况；使用寿命不确定的无形资产，其使用寿命不确定的判断依据；单位内部研究开发项目划分研究阶段和开发阶段的具体标准。

（8）公共基础设施的分类、折旧（摊销）方法、折旧（摊销）年限，以及其确定的依据。

（9）政府储备物资分类，以及确定其发出成本所采用的方法。

（10）保障性住房的分类、折旧方法、折旧年限。

（11）其他重要的会计政策和会计估计。

（12）本期发生重要会计政策和会计估计变更的，变更的内容和原因、受其重要影响的报表项目名称和金额、相关审批程序，以及会计估计变更开始适用的时点。

三、会计报表重要项目的说明

行政事业单位应当按照资产负债表和收入费用表项目列示顺序,采用文字和数据描述相结合的方式披露重要项目的明细信息。报表重要项目的明细金额合计,应当与报表项目金额相衔接。报表中某些项目的重要性程度不足以在资产负债表、收入费用表等报表中单独列示,但对附注具有重要性的,则应当在附注中单独披露。

此处所说的重要性是指在合理预期下财务报表某些项目的省略或错报会影响使用者据此做出决策的,该项目具有重要性。重要性应当根据单位所处的具体环境,从项目的性质和金额两方面予以判断,且对各项目重要性的判断标准一经确定,不得随意变更。判断项目性质的重要性,应当考虑该项目在性质上是否显著影响政府会计主体的财务状况和运行情况等因素;判断项目金额大小的重要性,应当考虑该项目金额占资产总额、负债总额、净资产总额、收入总额、费用总额、盈余总额等直接相关项目金额的比重或所属报表单列项目金额的比重。

报表重要项目说明应包括但不限于下列内容:

(1)货币资金的披露格式(见表 20-9)。

表 20-9　　　　　　　货币资金的披露格式

项　　目	期末余额	年初余额
库存现金		
银行存款		
其他货币资金		
合　　计		

(2)应收账款的披露格式(见表 20-10)。

表 20-10　　　　　　　应收账款的披露格式

债务人类别	期末余额	年初余额
政府会计主体:		
部门内部单位		
单位 1		
……		
部门外部单位		
单位 1		

（续表）

债务人类别	期末余额	年初余额
……		
其他:		
单位1		
……		
合　计		

注：①"部门内部单位"是指纳入单位所属部门财务报告合并范围的单位(下同)。②有应收票据、预付账款、其他应收款的,可比照应收账款进行披露。

（3）存货的披露格式（见表 20-11）。

表 20-11　　　　　　　　　**存货的披露格式**

存货种类	期末余额	年初余额
1.		
……		
合　计		

（4）其他流动资产的披露格式（见表 20-12）。

表 20-12　　　　　　　　　**其他流动资产的披露格式**

项　　目	期末余额	年初余额
1.		
……		
合　计		

注：有长期待摊费用、其他非流动资产的,可比照其他流动资产进行披露。

（5）长期投资的披露格式。长期投资的披露包括长期债券投资的披露、长期股权投资的披露和当期发生的重大投资净损益项目的披露。前两类的披露格式见表 20-13 和表 20-14;后一类的披露需列明净损益的金额及原因。

表 20-13　　　　　　　　　**长期债券投资的披露格式**

债券发行主体	年初余额	本期增加额	本期减少额	期末余额
1.				
……				
合　计				

注：有短期投资的,可比照长期债券投资进行披露。

表 20-14　　　　　　　　　　长期股权投资的披露格式

被投资单位	核算方法	年初余额	本期增加额	本期减少额	期末余额
1.					
……					
合　计					

（6）固定资产的披露格式（见表 20-15）。

表 20-15　　　　　　　　　　固定资产的披露格式

项　　目	年初余额	本期增加额	本期减少额	期末余额
一、原值合计				
其中：房屋及构筑物				
通用设备				
专用设备				
文物和陈列品				
图书、档案				
家具、用具、装具及动植物				
二、累计折旧合计				
其中：房屋及构筑物				
通用设备				
专用设备				
家具、用具、装具				
三、账面价值合计				
其中：房屋及构筑物				
通用设备				
专用设备				
文物和陈列品				
图书、档案				
家具、用具、装具及动植物				

此外，固定资产的披露还包括已提足折旧的固定资产名称、数量等，以及出租、出借固定资产和固定资产对外投资等情况。

（7）在建工程的披露格式（见表 20-16）。

表 20-16　　　　　　　　　　在建工程的披露格式

项　　目	年初余额	本期增加额	本期减少额	期末余额
1.				
……				
合　　计				

（8）无形资产的披露格式（见表 20-17）。

表 20-17　　　　　　　　　　无形资产的披露格式

项　　目	年初余额	本期增加额	本期减少额	期末余额
一、原值合计				
1.				
……				
二、累计摊销合计				
1.				
……				
三、账面价值合计				
1.				
……				

此外，无形资产的披露还包括计入当期损益的研发支出金额、确认为无形资产的研发支出金额，以及出售、对外投资等处置情况。

（9）公共基础设施的披露格式（见表 20-18）。

表 20-18　　　　　　　　　　公共基础设施的披露格式

项　　目	年初余额	本期增加额	本期减少额	期末余额
原值合计				
市政基础设施				
1.				
……				
交通基础设施				
1.				
……				
水利基础设施				

（续表）

项　　目	年初余额	本期增加额	本期减少额	期末余额
1.				
……				
其他				
……				
累计折旧合计				
市政基础设施				
1.				
……				
交通基础设施				
1.				
……				
水利基础设施				
1.				
……				
其他				
……				
账面价值合计				
市政基础设施				
1.				
……				
交通基础设施				
1.				
……				
水利基础设施				
1.				
……				
其他				
……				

此外，公共基础设施的披露还包括确认为公共基础设施的单独计价入账的土地使用权的账面余额、累计摊销额及变动情况，以及已提取折旧继续使用的公共基础设施的名称、数量等。

（10）政府储备物资的披露格式（见表20-19）。

表 20-19　　　　　　　　政府储备物资的披露格式

物资类别	年初余额	本期增加额	本期减少额	期末余额
1.				
……				
合　计				

注：如单位有因动用而发出需要收回或者预期可能收回、但期末尚未收回的政府储备物资，应当单独披露其期末账面余额。

（11）受托代理资产的披露格式（见表 20-20）。

表 20-20　　　　　　　　受托代理资产的披露格式

资产类别	年初余额	本期增加额	本期减少额	期末余额
货币资金				
受托转赠物资				
受托存储保管物资				
罚没物资				
其他				
合　计				

（12）应付账款的披露格式（见表 20-21）。

表 20-21　　　　　　　　应付账款的披露格式

债权人类别	期末余额	年初余额
政府会计主体：		
部门内部单位：		
单位 1		
……		
部门外部单位：		
单位 1		
……		
其他：		
单位 1		
……		
合　计		

注：有应付票据、预收账款、其他应付款、长期应付款的，可比照应付账款进行披露。

（13）其他流动负债的披露格式（见表20-22）。

表20-22　　　　　　　　　　其他流动负债的披露格式

项目	期末余额	年初余额
1.		
……		
合　计		

注：有预计负债、其他非流动负债的，可比照其他流动负债进行披露。

（14）长期借款的披露格式（见表20-23）。

表20-23　　　　　　　　　　长期借款的披露格式

债权人	期末余额	年初余额
1.		
……		
合　计		

注：有短期借款的，可比照长期借款进行披露。

此外，单位有基建借款的，应当分基建项目披露长期借款年初数、本年变动数、年末数及到期期限。

（15）事业收入的披露格式（见表20-24）。

表20-24　　　　　　　　　　事业收入的披露格式

收入来源	本期发生额	上期发生额
来自财政专户管理资金		
本部门内部单位		
单位1		
……		
本部门以外同级政府单位		
单位1		
……		
其他		
单位1		
……		
合　计		

（16）非同级财政拨款收入的披露格式（见表20-25）。

表 20-25 非同级财政拨款收入的披露格式

收入来源	本期发生额	上期发生额
本部门以外同级政府单位		
单位1		
……		
本部门以外非同级政府单位		
单位1		
……		
合　计		

（17）其他收入的披露格式（见表 20-26）。

表 20-26 其他收入的披露格式

收入来源	本期发生额	上期发生额
本部门内部单位		
单位1		
……		
本部门以外同级政府单位		
单位1		
……		
本部门以外非同级政府单位		
单位1		
……		
其他		
单位1		
……		
合　计		

（18）业务活动费用的披露格式。业务活动费用的披露可分为按经济分类的披露和按支付对象的披露两种，其对应披露格式见表 20-27 和表 20-28。

表 20-27 业务活动费用按经济分类的披露格式

项　　目	本期发生额	上期发生额
工资福利费用		
商品和服务费用		
对个人和家庭的补助费用		

（续表）

项　　目	本期发生额	上期发生额
对企业补助费用		
固定资产折旧费		
无形资产摊销费		
公共基础设施折旧（摊销）费		
保障性住房折旧费		
计提专用基金		
……		
合　　计		

注：有单位管理费用、经营费用的，可比照此表格式进行披露。

表 20-28　　　　　　　　业务活动费用按支付对象的披露格式

支付对象	本期发生额	上期发生额
本部门内部单位		
单位 1		
……		
本部门以外同级政府单位		
单位 1		
……		
其他		
单位 1		
……		
合　　计		

注：有单位管理费用、经营费用的，可比照此表格式进行披露。

（19）其他费用的披露格式（见表 20-29）。

表 20-29　　　　　　　　其他费用的披露格式

费用类别	本期发生额	上期发生额
利息费用		
坏账损失		
罚没支出		
……		
合　　计		

（20）本期费用的披露格式（见表 20-30）。

表 20-30 本期费用的披露格式

项 目	本期发生额	上期发生额
工资福利费用		
商品和服务费用		
对个人和家庭的补助费用		
对企业补助费用		
固定资产折旧费		
无形资产摊销费		
公共基础设施折旧（摊销）费		
保障性住房折旧费		
计提专用基金		
所得税费用		
资产处置费用		
上缴上级费用		
对附属单位补助费用		
其他费用		
本期费用合计		

注：单位在按照制度规定编制收入费用表的基础上，可以根据需要按照此表披露的内容编制收入费用表。

四、本年盈余与本年预算结余的差异情况说明

为了反映行政事业单位财务会计和预算会计因核算基础和核算范围不同所产生的本年盈余数与本年预算结余数之间的差异，单位应当按照重要性原则，对本年度发生的各类影响收入（预算收入）和费用（预算支出）的业务进行适度归并和分析，披露将年度预算收入支出表中"本年预算收支差额"调节为年度收入费用表中"本期盈余"的信息。有关的披露格式如表 20-31 所示。

表 20-31 本年盈余与本年预算结余差异情况的披露格式

项 目	金额
一、本年预算结余（本年预算收支差额）	
二、差异调节	—
（一）重要事项的差异	

（续表）

项　　目	金额
加：1. 当期确认为收入但没有确认为预算收入	
（1）应收款项、预收账款确认的收入	
（2）接受非货币性资产捐赠确认的收入	
2. 当期确认为预算支出但没有确认为费用	
（1）支付应付款项、预付账款的支出	
（2）为取得存货、政府储备物资等计入物资成本的支出	
（3）为购建固定资产等的资本性支出	
（4）偿还借款本息支出	
减：1. 当期确认为预算收入但没有确认为收入	
（1）收到应收款项、预收账款确认的预算收入	
（2）取得借款确认的预算收入	
2. 当期确认为费用但没有确认为预算支出	
（1）发出存货、政府储备物资等确认的费用	
（2）计提的折旧费用和摊销费用	
（3）确认的资产处置费用（处置资产价值）	
（4）应付款项、预付账款确认的费用	
（二）其他事项差异	
三、本年盈余(本年收入与费用的差额)	

五、其他重要事项说明

（1）资产负债表日存在的重要或有事项说明。没有重要或有事项的，也应说明。

（2）以名义金额计量的资产名称、数量等情况，以及以名义金额计量理由的说明。

（3）通过债务资金形成的固定资产、公共基础设施、保障性住房等资产的账面价值、使用情况、收益情况及与此相关的债务偿还情况等的说明。

（4）重要资产置换、无偿调入（出）、捐入（出）、报废、重大毁损等情况的说明。

（5）事业单位将单位内部独立核算单位的会计信息纳入本单位财务报表情况的说明。

（6）政府会计具体准则中要求附注披露的其他内容。

（7）有助于理解和分析单位财务报表需要说明的其他事项。

参 考 文 献

［1］财政部.2019年政府收支分类科目［M］.北京：中国财政经济出版社,2018.

［2］财政部.政府会计准则［M］.上海：立信会计出版社,2018.

［3］财政部.政府会计制度——行政事业单位会计科目和报表［M］.上海：立信会计出版社,2017.

［4］财政部编写组.行政单位财务规则解读［M］.北京：经济科学出版社,2013.

［5］财政部编写组.事业单位财务规则解读［M］.北京：经济科学出版社,2012.

［6］财政部会计司.政府会计改革：理论与探索［M］.北京：经济科学出版社,2015.

［7］崔运政.行政事业单位会计理论与实务［M］.上海：立信会计出版社,2015.

［8］路军伟.双轨制政府会计模式研究［M］.厦门：厦门大学出版社,2010.

［9］王惠平.政府会计相关问题研究［M］.北京：中国财政经济出版社,2012.

［10］张曾莲.政府会计准则制定的动因、路径、内容与效果研究［M］.北京：经济科学出版社,2016.

［11］政府会计制度编审委员会.政府会计制度详解与实务［M］.北京：人民邮电出版社,2018.